cost 50/8 —

8º X
1250

1604

Bartomeu Andreu
di Sangalls

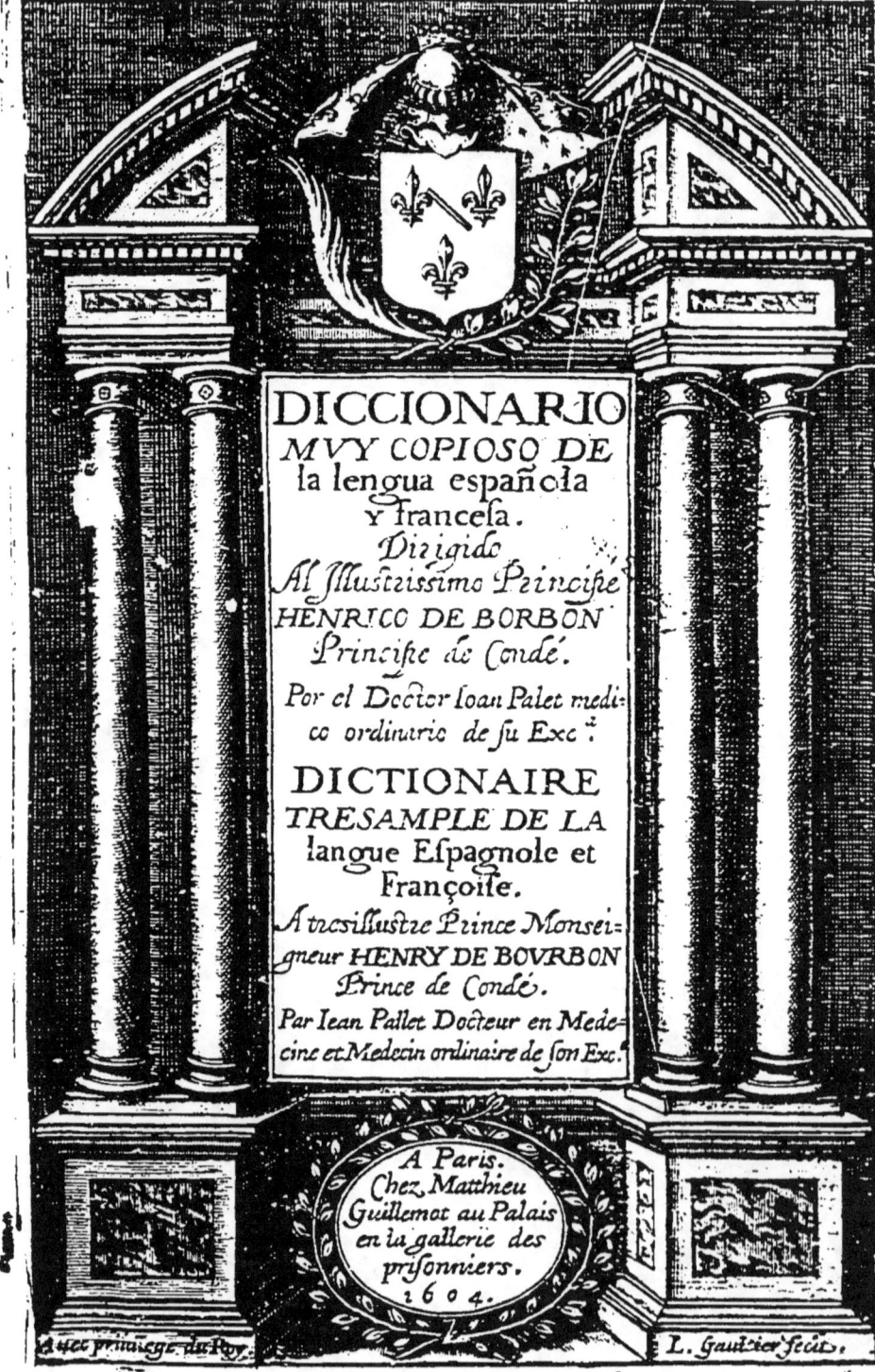

Dedans ces yeux et dessus ce visage
Mille vertus pourtraites on peut voir,
Et soubs l'espoir d'vn grand et fort courage
Durer encor de ses Ayeulx l'espoir.

I.P.S.

SONETO
De Ioan de Errera

Al Illustrißimo y Excelentiß. Sennor Principe de Conde,
ENRICO DE BORBON, *primero Principe
del sangre Real, primero par de Francia, y Gouernador
general en Guiena por su Magestad Christianiß.*

Rico ENRICO de yngenio raro y rico,
En tiernos años oy promete al mundo,
Que en supremo valor sera un segundo
De aquel QVARTO (Y SIN PAR PRIMERO) ENRICO.

Quien lo mira con animo no oblico
Vee claro en este aspecto tan jocundo,
Vn grande esfuerzo con saber profundo,
Y vn alma muy mayor que yo aqui explico.

Lleue pues desde el vno al otro polo,
La fama queste anuncio verdadero,
Y sepa el mundo todo en toda parte,

Las partes deste Par vnico y solo,
Que pues sera segundo a aquel PRIMERO
Segundo ansi sera a Minerua y Marte.

ã ij

AL ALTISSIMO, ILLVᵐᵒ, Y
POTENTISSIMO, PRINCIPE.
MI SENNOR
HENRICO DE BORBON
PRINCIPE DE CONDE,
PRIMERO PRINCIPE DEL SANGRE
Real, primero Par de Francia, y Gouer-
nador general en Guiena por su Maje-
stad Christianissima.

SENNOR MIO

LOS grandes y sumptuosos edificios que arrebatando asi los ojos de
los que los miran, espantados de la
riqueza de la materia, y de la hermosura de
la obra, no podrian ser leuantados a tal perfecion, si para tan grande ympressa, el artifice
no se siruiesse de ayudas flacas y de poco valor, a quien los de aquel arte llaman tabla-
dos. Estos son ciertos pedazos de madera, sobre que son puestos algunos zarzos simples,
que son pero muy propios para encaminar

A TRESHAVT,
TRES-ILLVSTRE ET TRES-
PVISSANT PRINCE
Monseigneur

Henry De Bovrbon, Prince de Condé, premier Prince du Sang, premier Pair de France, & Gouuerneur General pour sa Majesté en Guyenne.

MONSEIGNEVR,

Les grands & somptueux bastimens qui rauissent à soy les yeux de ceux qui les regardent, estonnés & de la richesse de l'estofe, & de la belle mode de l'ouurage, ne pourroyent estre esleués à telle perfection, si l'ouurier à si haute entreprise, ne se seruoit d'aydes foibles & de peu de valeur que les Artisans nomment Eschafaux: Ce sont quelques pieces de bois, sur lesquelles on jette de simples clayes, qui toutesfois sont propres à conduire de hauteur en hauteur cette grande masse, jusques à ce que toute l'assiette soit posee, & que la derniere

de altura en altura, aquella gran maſſa, haſta que todo el aſiento es hecho, y pueſta la vltima mano a la obra. Anſi eſta recopilacion de palabras que de ſuyo parece poco, es vn medio para componer, de parte, a parte, todo vn lenguage elqual quando eſcumplido arrebata los buenos entendimientos a la viſta de las raras bellezas, que en todas ſuertes de artes y ciencias repreſenta, y como lo vno es neceſſariiſſimo alque edifica, lo otro no lo es menos a quien quiere entender loque cada nacion tiene de excelente: Porque aunque en todo el mundo no ay mas que vn miſmo ſaber, no por eſſo eſta ſugeto a vna ſola lengua, antes en cada nacion, reſplandece vn no ſe que de ſingular y propio que no ſe aprende ſino por el conocimiento del lenguage en que es tractado. Pues ſi la naturaleza es hermoſa, porque es rica de diuerſas variedades, yo pieſo que es muy conueniente a vn lindo entendimiento, entrar en buſca dellas por todas las puertas de las lenguas que encierran los teſoros. Y ſi eſta curioſidad ſe apoſenta en las al-

main y soit mise. Ainsi ce Recueil de mots qui de soy semble peu de chose, est vn moyẽ pour dresser de piece en piece tout vn langage, lequel accompli qu'il est, rauit les bõs Esprits à la veuë des rares beautés qu'il represente en toutes sortes d'Arts & de Sciences, & comme l'vn est tres-necessaire à celuy qui batist, l'autre ne l'est pas moins à qui veut entendre ce que chacune Nation a d'exellent. Car encore qu'il n'y ait qu'vn mesme sçauoir parmy tout le monde, si est-ce qu'il n'est point asseruy à vne Langue seule, ains reluit en chasque peuple ie ne sçay quoy de propre & de singulier qui ne s'aprend que par la cognoissance du langage auquel il est traitté. Si donques la Nature est belle, d'autant qu'elle est riche de varietés diuerses, i'estime qu'il est bien seant à vn bel entendement d'entrer à la recherche d'icelles par toutes les portes des Langages qui en reserrent les thresors. Que si cete curiosité loge dans l'ame des plus petits, ne doit-elle pas estre empreinte d'auantage au desir des Grands ; non pour le contentement qu'ils en reçoiuent, mais pour la necessité qui semble les y contraindre? Il n'y a rien qui apporte plus de bien à l'importance de leurs affaires que le straitter par leur

ã iiij

mas de los mas pequeños, porque no deue con mayores ventajas estar ympressa en las voluntades de los grandes: no por el contentamiento que con ella reciuen, mas por la necesidad que parece que los esfuerza? No hay cosa que mayor bien acarree a la importancia de sus negocios que tractar los por su propia boca, sin ser señoreados de la sospecha, ni tiranizados de la infidelidad, que en este siglo miserable vltrajosamente triunfa de la fee. Aquel gran Principe Mitridates no fue mas loado de infinitas virtudes que lo adornauan, como de hauer sabido ventidos lenguas, con cuya ayuda hablaua a ventidos naciones a el sugetas a cada vna segun su lenguage. No es por cierto la menor parte que tiene el principe, poderse pasar sin faraute, el qual se haze como compañero de su señor en aquello, alomenos, que participa de sus mas secretos negocios. Con estas pocas razones he prouado yo, Señor mio, a hazer a V. Exc tener por bueno el pequeño presente que le hago desta junta de palabras Españolas cō cuya guia le sera facilissi-

propre bouche, sans estre maistrisés du soupçon, & tyrannisés de l'infidelité, laquelle en ce miserable siecle triomphe outrageusement de la Foy. Ce grand Prince Mithridates n'a point esté plus loüé d'infinies vertus dont il estoit orné, que d'auoir sçeu vingt & deux langues, à l'ayde desquelles il parloit à vingt & deux Peuples ses subiectz, à chacun selon son langage. Ce n'est pas la moindre partie qu'ayt le Prince de se pouuoir passer de Trucheman, lequel se rend comme compagnon du Maistre en ce, aumoins qu'il participe à ses plus secrettes affaires. Auec ce peu de raisons, Monseigneur, i'essaye de faire trouuer bon à V. Exc. le petit present que ie luy fay de cet amas de mots Espagnols, à la guide duquel il sera tres-aysé d'apprendre tout ce qu'il y a de bon & de beau parmy cette Nation: Mais ie sçay que vostre vif esprit qui ne permet que rien luy demeure caché, & lequel ne trouue repos que dans les exercices vertueux, n'aura besoin de raisons pour le receuoir fauorablement. Vous auez des-ja la cognoissance de la Langue Latine, & auec elle de l'Italienne, par la soigneuse instruction de Monsieur le Febure precepteur de V. Exc. homme que toute l'Europe cognoist, quand à

mo de prender todo lo bueno y hermoso que ay
en aquesta nacion: Aunque yo se que el viuo
yngenio de V.Ex el qual no permite que cosa alguna se sea escondida, y que no halla so-
siego sino en los virtuosos exercicios, no terna
necesidad de razones para recebirla fauora-
blemente.V. Exc. tiene ya el conocimiento de
la lengua Latina y con ella de la Italiana,
por la cuydadosa instrucion de M. le Febure
preceptor suyo hombre a quien toda la Euro-
pa conoce, quando à ellas V.Exc. juntara la
Española terna, entre las que oy viuen las
mas necessarias, las mas buscadas, y las mas
gustosas para leer, para escreuir, y para hablar:
y de mas de la ciencia solida de que V. Exc.
amplamente esta doctado, estas ayudas lo for-
tificaran para exercitar mas dignamente los
cargos en que su Magestad Christianissima
lo empleara y a cuya grandeza su calidad lo
llama, no solo semejandose à sus illustrissimos
y generosissimos antepassados: mas sobrepu-
jandolos con tal ventaja qual el Cielo fauorable tan excelentemente à sus tiernos años ha

celles-là vous joindres l'Espagnole, vous aurez entre les viues les plus necessaires, les plus recherchees, les plus plaisantes à lire, à escrire, à parler: & outre la Science solide dont V. Exc. est amplement doüée, ces aydes l'affermiront à plus dignement executer les charges où sa Majesté l'emploiera, & à la grandeur desquelles sa qualité l'appelle, non seulement ressemblant à vos tres-illustres & tres-genereux deuanciers: mais les surpassant d'vn tel auantage que le Ciel fauorable a si excellemment departy à vos jeunes ans. Ce Trauail Monseigneur, c'est le compte que ie rends à V. Exc. des trois années où ma fascheuse blessure m'a continuellement tenu cloüé sur vn lict comme inutile, & lequel a charmé partie de mes douleurs par la douceur de si aggreable diuertissement. S'il se trouue capable d'estre agreé de V. Exc. d'apporter quelque soulagement à ses Estudes, & soubs nom tât illustre se peut rendre profitable à plusieurs, ce ne me sera peu de contentement, & ie priseray la recompense pardelà le merite. C'est ce que ie me suis promis de vostre bon naturel, & voulu jusques aux moindres choses, voire grandement eslongnees de ma profession, tesmoigner l'aise que i'ay à vous

repartido. Este trauajo, Señor mio, es la cuenta que yo doy à V. Exc. de tres años que mi fastidiosa herida me ha tenido continuamente enclauado en vna cama como ynutil, y que ha ensalmado parte de mis dolores con la dulzura de tan agradable diuertimiento. Si el se halla capaz de ser agradable a V. Exc. de atraer algun aliuio à sus estudios, y que debaxo de vn nombre tan illustre pueda ser probechoso a muchos, sera para mi no poco contento, y yo estimare el galardon mucho mas que el merecimiento: que es lo que yo me he prometido siempre del buen natural de V. Exc. y asi hasta en las mas pequeñas cosas, y aun agenas grandemente de mi profession, he querido dar testimonio del contento que reciuo en dar à V. Ex. prueua de mi humilissimo y fidelissimo seruicio; como criado à sus pies desde su nacimiēto, y deseoso assi mismo, de en vegezer acerca de V. Exc. en la fuerza de sus años a quien Dios quiera colmar de benediciones sin numero, y que yo sia tenido, Señor mio

   Humiliss°, fideliss°, y obedientiss° criado de
   V. Exc.   I. PALET.

rendre preuue de mon tres-humble, & tres-
fidelle feruice, nourry à vos pieds dés vostre naissance, desireux encor de vieillir pres
de V. Exc. en la force de ses ans que Dieu
vueille combler de benedictions sans nombre, & d'estre creu

MONSEIGNEVR,

Vostre tres-humble, tres-obeyssant, & tres-fidelle seruiteur,

I. PALLET. S.

A LOS LETTORES

SEÑORES,

Es muy dificil, y aun impossible, contentar a todos de tal manera, que alguno no tenga que replicar deste trauajo, el qual es mas trauajoso que honrroso, ni los Franceses, ni los Españoles seran satisfechos y cada vno dellos en lo que es suyo hallara de que reprehender los vnos por ver aqui empleadas muchas palabras por la vegez talmente vsadas que no quieren seruirse mas dellas, y que son menos delicadas que las orejas coxquillosas deste tiempo las desean, los otros por no señalar aqui todas las suyas, o porque lo son contra su gusto. Yo no quiero disputar contra los vnos ni contra los otros: porque yo me tengo por menos contento de mi mismo que todos ellos juntos. Yo no doi por perfecta aquesta obra

siendo

AVX LECTEVRS.

MESSIEVRS,

Il est fort difficile, ouy impossible de tellement contenter vn chacun qu'il n'y ait que redire. De ce trauail qui est plus penible qu'honorable, ny les François ny les Espagnols en seront satisfaicts, & chacun d'eux, en ce qui est du sien, trouuera dequoy reprendre: Les vns, pour y voir employés beaucoup de mots tellement vsés de vieillesse, qu'on ne daigne pas s'en seruir, & moins delicats que les oreilles chatouilleuses de ce temps ne desirent: les autres pour n'y remarquer tous lesleurs ou pour y estre contre leur gré. Ie ne veux debattre ny auec les vns ny auec les autres, car ie me tien moins content de moi-mesme, qu'eux tous ensemble. Ie ne le donne pas pour œuure parfaict estant malaisé du premier coup de se conduire si haut. Il me suffit de monstrer le chemin à ceux qui suiuront de le rendre à sa perfection n'ayāt entrepris cette tache que pour obeir à ceux qui ont toute puissance sur moy, &

siendo dificil la primera vez subirla tan alta. Bastame mostrar el camino a los que proseguiran para llegarla à su perfecion, pues yo no emprendi aquesta tarea sino por obedecer à los que sobre mi tienen todo el poder, y por satisfacer a su curiosidad y a la mia, sin algun desinio de darla a la emprenta. Despues yo he sido como forzado a mudar de parecer por las honrradas amonestaciones de Joan de Herrera Gentilhombre Español, el qual no solo me ha estimulado a hacerlo mas tan liueralmente me ha comunicado su assistencia que me ha ayudado a llegarla al punto en que la veis corrigiendo mis faltas, y haciendo añadir muy mucho, como aquel que es el mas docto en su lengua que otro qual quiera que hallarse pueda. Agradeced lo pues à el tanto quanto a mi y aun mas. Yo no discurro aqui de la pronunciacion ni de las reglas de la lengua Española, visto que seria remachar vn mismo clauo, y que teneis vna muy ampla ynstruccion en la Gramatica de Cesar Oudin, el qual todos los dias, por su suficiencia en las lenguas obli-

pour satisfaire à leur curiosité & à la mienne sans aucun dessein de le mettre à la presse. Depuis i'ay esté comme contraint à changer d'aduis par les honnestes semences du seigneur I. Herrera Gentilhomme Espagnol, lequel ne m'a pas seulement aiguillonné à ce faire, mais m'a si liberalement departy son assistance qu'il m'a aidé à le mener au poinct où vous le voyez, redressant mes defauts, & y faisant adjouster beaucoup, comme celuy qui est le plus sçauant en sa langue qu'autre qui se puisse trouuer. Sçachez-luy en donc autant de gré qu'à moy, voire plus. Ie ne discours point icy de la prononciation, ny des regles de la langue Espagnole, veu que ce seroit rebattre vn mesme clou, & que vous en auez vn bien ample enseignement dans la Grammaire du sieur Cesar Oudin, lequel tous les iours par sa suffisance aux langues oblige infiniment les François. Receuez donc ce liure tel qu'il est. Que si c'est de bon œil, comme vos courtoisies me l'osent faire esperer, attendez-le à la seconde Edition & bien tost beaucoup plus ample, & par le soing du seigneur Herrera vne certaine & brefue instruction à l'intelligence de la langue Espagnole, voire vn recueil des belles façons de

ẽ

ga los Franceses infinitamente. Receuid pues este libro tal qual es: y si sera con buenos ojos como vuestras cortesias me hacen confiar esperad lo à la segunda edicion, y bien presto muy mas copioso, y por la diligencia del mismo Herrera, una breue y cierta ynstruccion para la inteligencia de la lengua Española juntamente con vn compendio de las mas hermosas maneras de hablar aquien llaman Phrases, en que consiste todo el sal de ste excelente lenguage. Y sino os place el honrrarme con alabanzas, no me castigueis con vituperio poniendo la vista en mi sincera yntencion, la qual ha sido ensayarse à aprobechar à muchos y de no dañar à alguno. A Dios

parler que l'on nomme Phrases, ausquelles
gist tout le sel de cet excellent langage. Que
s'il ne vous plaist m'honorer de loüange, ne
me punissez de blasme, jettans l'œil sur ma
syncere intention, qui a esté d'essayer de
profiter à beaucoup, & de ne nuire à personne. Adieu.

Extraict du Priuilege du Roy.

PAr grace & priuilege du Roy il est permis à MATHIEV GVILLEMOT marchand Libraire en ceste ville de Paris, d'imprimer, faire imprimer, vendre & distribuer ce present liure intitulé *Dictionaire Espagnol & François, & François & Espagnol*. Et sont faictes defences à tous marchans Libraires Imprimeurs & autres dequelque qualité ou condition qu'ils soyent d'imprimer ledit liure, en vendre ni distribuer d'autre impression que de ceux dudit Guillemot, & ce iusques au teps & terme de dix ans finis & accomplis, à peine de confiscation desdicts liures par eux imprimez ou vendus, & de trois mille liures d'amende. Voulons en outre, que mettant en brief au commencement ou à la fin desdicts liure l'extraict dudit priuilege, il soit tenu pour signifié & venu à la cognoissance de tous, comme plus amplement est declaré audit Priuilege donné à Rouen le 26. iour d'Aoust mil six cens & trois.
Par le ROY en son Conseil

BOVCHERI.

Verifié & intheriné par Arrest de la Cour de Parlement.

Acheué d'imprimer pour la premiere impression le 15. Ianuier 1604.

DICCIONARIO
MVY COPIOSO DE LA LENgua Española y Francesa,

En el qual son declaradas todas las palabras Castellanas y Francesas, con sus proprias y naturales significationes sacadas de muchos y muy excelentes autores antiguos y modernos.

... chez, vers, helas

A B

Abad, *Abbé.*
Abadejo, *Mouche cantaride, merlus, poisson.*
Abadengo, *appartenant à l'Abbé*
Abadessa, *Abbesse.*
Abadexo, *Merlus, poisson, mouche cantaride.*
Abadia, *Abbaye.*
Abahar, *souffler, halener, euaporer*
Abalançado, *Auancé.*
Abalançar, *auancer, ietter dedans.*
Abaldonado, *Abandonné.*
Abaldonar, *Abandonner, Faire honte.*
Aballar, *Mouuoir à force, Essayer auec difficulté.*
Abarca, *Guestre de cuir, Trique-house.*
Abarcado, *Qui est chaussé de guestres de cuir.*
Abarcado, *Pris, attrapé.*

Abarcar, *Briguer, enuier, agraper, haper.*
Abarloar, *Gaigner le dessus du vent.*
Abarraganada, *cōcubine, putain.*
Abarraganado, *Adultere.*
Abarraganamiento, *concubinage*
Abarraganar, *Estre adultere.*
Abarrajado, *Pris de force.*
Abarrajar, *Enuahir de force.*
Abarrancadero, *Precipice.*
Abarrancado, *Precipité.*
Abarrancar, *Tomber dans les precipices, dans les barricaues.*
Abarrar, *Froisser, heurter.*
Abarisco, *En tout & par tout.*
Abastadamente, *Suffisamment*
Abastado, *Fourny, muny.*
A bastança, *Abōdāce, suffisance*
Abastecer, *Auictuailler, munir*
Abastionado, *fait en bastion.*
Abastionar, *faire des bastions.*
Abasto, *suffisamment.*
A basto, *Abondance, suffisance.*

A

A B

Abatidamente, *Bassemēt, auec soufmission.*
Abatido, *Humble, soufmis, bas.*
Abatimiento, *Bassesse, foufmission, abatement.*
Abatir, *Abbatre, soufmettre, mettre à bas.*
Abaxado, *Abaissé, descendu.*
Abaxamiento, *Descente, abbaissement, bassesse*
Abaxar, *Abaisser, Descendre, Humilier.*
Abaxo, *à bas*
Abeja, *Mouche à miel, Auette, abeille*
Abejarron, *Hanneton*
Abejaruco, *Oiseau qui mange les mouches à miel, mesange*
Abejera, *Melisse herbe*
Abejon, *Hanneton.*
Abejon, *Vne sorte de ieu*
Abejonazo, *Vne grande mouche à miel.*
Abertura, *Ouuerture.*
Abestruz, *Austruche.*
Abestializar, *abestir*
Abeto, *Sapin.*
Abetunado, *Gouldronné*
Abetunar, *Gouldronner*
Abezadamēte, *coustumierement.*
Abezado, *Accoustumé.*
Abezamiento, *coustume.*
Abezar, *Apprendre, instruire, accoustumer.*
Abibas, *Auines des cheuaux.*
Abiertamente, *Ouuertement*
Abierto, *Ouuert*
Abil, *Propre, apte, habile.*
Abilidad, *Habilesse, Aptitude.*
Abilmente, *Habilement.*
Abilitar, *Rendre propre, Faire habile*
Abiltadamente, *Vilement, Abiectement.*
Abiltamiento, *Auilissement.*
Abiltar, *Auilir, abbatre, Rendre abiect.*
Abion, *Martinet, oiseau*
Abismales, *Les cloux du fer de la lance*
Abismar *Abismer, profonder, plonger*
Abismo *Abisme*
Abispa *Guespe*
Abispillo del aue, *Le cropion*
Abispon, *Grosse guespe, frelon*
Abitacion, *Habitation, demeure*
Abitado *Frequenté, habité*
Abitador *Habitant, demourant*
Abitante *Demourant, habitant.*
Abitar *Habiter, demourer.*
Abito *Vestement, coustume*
Abituacion *coustume*
Abituado *Accoustumé*
Abituar *Accoustumer*
Abitud *coustume, habitude*
Abiuado, *Animé, accouragé.*
Abiuador, *Qui accourage*
Abiuamiento *Accouragement.*
Abiuar *Animer, accourager, esueiller, inciter*
Ablandar *Amollir, adoucir*
Ablandadura *Mollette, Mollesse*
Abobado *Sot, ignorant, nouueau, estonné*
Abobar *Estonner, assoter*
Abobas *Ignoramment*
Abocados *A morsures, à belles dents*
Abofetear *Soufleter*
Abogacia *Aduocassement.*
Abogado *Aduocat*

Abogar *Aduocasser*, *Patrociner*
Abollado *Froissé*, *meurtri*, *esbouillé*.
Abollador *Qui froisse*
Abolladura, *Froissure*, *bosse*, *meurtrissure*.
Abolliamento *Froissure*
Abollar *Esbouiller*, *froisser*, *bossuer*
Abollonar *Piler*, *broyer*, *rompre*, *froisser*
Abolengo, *Race*, *genealogie des ancestres*
Abolicion *Abolition*
Abolido *Aboly*
Abolir *Abolir*
Abolorio *Genealogie des ancestres*, *Race*
Abominable *Abominable*
Abominacion *Abomination*, *Execration*
Abominar *Abominer*, *Maudire*, *Detester*
Abonado *Plegé*, *asseuré*, *cautionné*
Abonança *Caution*, *seureté*, *plegement*, *tranquillité*
Abonançar *Rendre tranquille*
Abonar *Loüer*, *Pleger*, *cautionner*, *dire bien de quelqu'vn*
Abonarse *S'ameliorer*, *s'esclarcir*
Abonado *Loüé*, *cautionné*
Abono *asseurance*, *caution*, *louange*
Abordar *aborder*, *aller à bord*
Aborrecedor *qui hait*, *qui a en horreur*
Aborrecer *hair*, *auoir en horreur*
Aborrecible *odieux*
Aborrecido *hay*

Aborrecimiento, *haine*, *horreur*
Abortado *auorté*
Abortadura *auortement*
Abortamiento *auortement*
Abortar *auorter*
Aborto *auortement*, *auorton*
Aborton *auorton*
Abotonado *boutonné*
Abotonadura *boutonnement*
Abotonadura de plata o oro *vne boucle*, *vne agraphe*
Abotonar *boutonner*.
Abouado *estonné esbahy*, *assoté*
Abouamiento *sottise*, *estonnement*
Abouar *estonner assoter*
Abouedado *vouité*, *fait en voulté*
Abouedar *voulter faire en voulte*.
Abraçado *embrassé*
Abraçador *embrasseur*
Abraçamiento *embrassement*.
Abraçar *embrasser*
Abraço *embrassemens*
Abrasado *bruslé*
Abrasadura *bruslement*
Ambrasamiento *embrasement*
Abrasar *bruler*
Abrego *vent Sudouest*
Abreuadero *abreuoir*
Abreuado *abreué*
Abreuador *abreuoir*
Abreuar *abreuer*
Abreuiado *abregé*, *accourcy*
Abreuiador *qui abrege*
Abreuiadura *abregement*, *abregé*
Abreuiamiento, *abregement*.
abreuiar y abrebiar *abreger accourcir*

A ij

A B

Abrido *ouuert*
Abrigado *qui est à l'abri, à l'abry*
Abrigar *estre a l'abry, mettre à*
Abrigaño *Lieu d'abry*
Abrigo *Lieu d'abry, abry*
Abridor *Qui ouure*
Abril *Auril*
Abrir mano *Quitter*
Abrir *Ouurir*
Abrochadura *Boutonnement, Agraffe*
Abrochar *Boutonner, agrafer*
Abrogado *Annulé*
Abrogador *Qui annule*
Abrogamiento *Annulement*
Abrogar *Destruire, annuler, abroger, desfaire*
Abrojos y abrollos *chausse-trape, espines*
Abrotono *Herbe appellee Aurocsne*
Absolucion *absolution*
Absoluedera *Façon d'absoudre*
Absoluedor *qui absoult*
Absoluer *Absoudre*
Absorto *Estonné*
Absuelto *Absoult*
Abstener *Abstenir*
Abstenido *Abstenu*
Abstinencia *abstinence*
Abubilla *Hupe, oiseau*
Abuela, *Ayeule, meregrand.*
Abuelo, *Ayeul, Peregrand.*
Abuenas, *A bien, bonnement à bon escient.*
Abuhado, *Bouffi.*
Abuhetado *idem*
abuhamiento, *Bouffissure.*
Abuhar, *Bouffir.*
Abultado, *Engrossi, releué.*
Abultar, *Engrossir quelque chose,*

A C

releuer.
Abulto, *Sans esgard, sans choix.*
Abundancia, *Abondance.*
Abundamiento, *abondance.*
Abundante, *abondant.*
Abundantemẽte, *abondámente.*
Abundar, *Abonder.*
Abundosamente, *abondámente.*
Abundoso, *abondant.*
Aburado, *bruslé.*
Aburar, *Brusler, embraser.*
Aburrido, *hay, fasché.*
Aburrir, *hayr.*
Abusado, *abusé.*
Abusar, *abuser.*
Abuso, *abus.*
Abutarda, *Otarde, oiseau.*

A C

Aca, *icy.*
Acabador *finisseur, accomplisseur*
Acabadamente, *parfaitement.*
Acabamiento, *acheuement.*
Acabado, *acheué.*
Acabar, *acheuer, faire.*
Acachado, *Atterré, couché tout plat.*
Acachar, *abaisser, atterrer.*
acacia *Vne sorte d'espine*
Acada, *à chaque, à chacun.*
acada barrio *De rue en rue*
acada casa *De maison en maison*
Acaecido, *aduenu.*
Acaecimiento, *aduenement, euenement, succez.*
Acaecer, *aduenir.*
Acallado, *apaisé.*
Acallar, *appaiser.*
Acalmar, *calmer.*
Acanalado, *Canelé, à façon de canaux.*
Acanalar, *Couler par tuyaux.*

Acamodador, Ioueur de passe-passe, basteleur.
Acamodar, Basteler.
Acañaucrear, Poursuyure à coups de roseaux.
Acanoneado, canonné.
Acanonear, canonner.
Acarar, Confronter, Estre vis à vis, accarrer.
Acarreado, aporté, charié.
Acarreador, charrieur.
Acarreadizo, charriable.
Acarreadura, charriage.
Acarreamiento, aport, chariage
Acarrear, Porter, apporter, amener, charrier.
Acarrear nueuas, Semer vn bruit, porter nouuelles.
Acarreo, Voiture, chariage, aport
Acarreto, charriage.
Acariciado, caressé.
Acariciar, caresser, amadoüer.
Acarrilado, acheminé.
Acarrilar, acheminer.
A caso, d'auanture.
Acatado, Honoré, respecté, reueré, venerable. (regard.
Acatamiento, honneur, respect,
Acatar, Regarder, honnorer, respecter.
acatadura Visage, chere, trongne
Acaualar, Enrichir, acquerir moyens, faire fond.
Acaudalar, Deuenir riche, faire fond, reduire par teste, acquerir, gaigner.
Acaudillamiento, charge, preeminence de Capitaine.
Acaudillar, conduire, cōmander.
Acatarrado, morfondu, enrumé.
Acatarrarse, Se morfōdre, enrumer.

Aceptar, accepter.
Achacar, mettre sus, imposer, prēdre l'occasion, calomnier.
Achacoso, maladif, qui prend l'occasion.
Achaque, Excuse, pretexte, aduenture, occasion.
Achancletado çapato, Soulier aculé, mis en pantoufle.
Achancletar, aculer ses souliers.
Acharcamiento, Estanchement.
Acharcar, estancher.
Achicadura, accourcissement, appetissement.
Achicar, appetisser, diminuer.
Achocar, choquer, ruer sus.
Aciegas, aueugleement.
Aclaracion, esclarcissement.
Aclarado, esclarcy.
aclaramiento, Esclarcissement
Aclarar, esclarcir, declarer.
Acobar, appuyer.
Acobardamiento, coüardise.
Acobardado, acoüardé.
Acobardar, acoüarder.
Acoceado, frapé de coups de pied.
Acoceador, rueur, regimbeur.
Acoceamiento, regimbement.
Acocear, Ruer, donner coups de pieds.
Acoces, à coups de pied.
Acodadura, appuy sur le coude.
Acodar y acobdar, S'appuyer sur le coude.
Acodiciar, Plaire, desirer, enuier
Acogedor, Qui recueille.
Acogida, Retraitte, recueil.
Acogido, Recueilly. (tirer
Acoger, recueillir, se reduire, retirer
Acogimiēto, Recueil, retraitte
Acogotar, Assommer.

A iij

Acombado, *Cambré*
Acombadura, *Cambrure.*
Acombar, *Cambrer.*
Acometedor, *Aggresseur, noiseur assaillant.*
Acometer, *Assaillir, outrager, quereler, entreprendre, agresser.*
Acometido, *Assailly, outragé, aggressé.*
Acometimiēto, *Outrage, assaut, aggression.*
Acomodado, *Accommodé.*
Acomodamiēto, *Accōmodemēt.*
Acomodador *Celui qui accommode*
Acomodar, *Accommoder.*
Acompañado, *Accompagné.*
Acompañador, *qui accompagne.*
Acompañamiēto, *Conduire, accompagner.*
Acōpañar, *accompagner, cōduire*
Acondicionado, *complexionné.*
Acōdicionar, *Estre complexionné*
Aconortacion, *confort.*
Aconortado, *Reconforté.*
Aconortar, *conforter.*
Aconsejadamente, *auec conseil.*
Aconsejado, *conseillé.*
Aconsejar, *conseiller.*
Acontecido, *Aduenu, succez.*
Acōtecer, *Aduenir, eschecir, succeder.*
Acontecimiento, *Euenement, succez.*
Acopado arbol, *Rond en façon de coupe.*
acopar *Arondir en façon de coupe*
Acordadamente *D'accord*
Acordado *Reuenu à soy, resolu, accordé*
Acordar *Accorder, admonester,*

se souuenir
Acorde *accord, accordant*
Acorralado, *Enserré.*
acorralar *enserrer, estre à l'estroit*
Acorrer *Accourir, Secourir*
Acorrido *Secouru*
Accorrimiento *secours accourrement*
Acorro *Secours, retraitte fauorable*
Acortado *rongné, coupé accourcy*
Accortamiento *rongnure*
Acortar *abreger, rongner, couper, accourcir*
Acoruado *courbé*
Acoruar *Courber*
Acossadamente *auec presse*
Acossado *Pressé, trauaillé, poursuyuy*
Acossador *Qui presse, qui pousse, qui chasse*
Acossamiento *Poussement, Trauail*
Acossar *Pousser, chasser, presser, trauailler, heurter*
Acostado *Panchant couché*
Acostamiento *Apuy, panchement, entretien, pension*
Acostar *Apuyer, coucher, pācher*
Acostumbrado *Acoustumé*
Acostumbramiento *Coustume, accoustumance*
Acostumbrar *Acoustumer*
Acotar *Alleguer (couard*
acouardar, *estre couard, faire*
Acrecentado *Accreu, augmēté.*
Acrecentamiento *Accroissement*
Acrecentar *Accroistre*
Acreditado *Qui est en credit.*
Acreditar *Mettre en credit*
Acreedor *Creancier*

A C

Acreedora *Creanciere*
Acriminado *Criminel*
Acriminar *Rendre criminel*
Acriuado *Criblé*
Acriuadura *Criblure*
Acriuar *Cribler*
Acruciado *Tourmenté*
acruciar *Tourmenter*
Acuchillado *Decoupé*
Acuchillar *Faire à coups d'espee, Decouper*
Acuchilladas *Detailler par parcelles*
Acucia *Aiguisement, la pointe*
Acuciar *Aiguiser*
Acuciosamente *Aiguement, curieusement*
Acucioso *Aigu, Curieux, diligent*
Acudimiento *Recours*
Acudir *Auoir recours, Accourir, Aborder, Aller diligemment*
Acuerdar *Auiser*
Acuerdo *Aduis, En bon sens, Souuenance, Sagesse*
Acuestas *Sur le dos, Sur les espaules*
Aculla *En ce lieu là*
Acuñado *Fendu auec coings, Marque de coings de monnoye.*
Acuñamiento *Marquement de la monnoye*
Acuñador *Forgeur de monnoye*
Acuñar *Fraper, fedre auec coings, Serrer argent*
Acusacion *Accusation*
Acusado *Accusé*
Acusador *Accusateur, qui accuse*
Acusar *Accuser*

A Ç

Açacan *Porteur d'eau*
Açacanar *Porter eau à vendre*

A Ç

Açada *Hoyau, beche*
Açadon *Houe, besche*
Açadonada *Coup de hoyau*
Açadonear *Becher*
Açadonero *Pionnier, Becheur*
Açafran *Saffran*
Açafranado *Saffrané*
Açafranar *Saffraner*
Acechança *Guet, Guettement*
Acechado *Guetté*
Acechador *Espion, Guetteur*
Acechar *Guetter*
Acecho *Guet*
Acedia *Aigreur, Amertume, ou degoust*
Aceleradamente *Hastiuement*
Acelerado *Hasté*
Aceleramiento *Haste, auancement*
Acelerar *Haster, auancer*
Açender *Allumer, enflamber, monter*
Acendiente *Ascendant, Predecesseur*
Acelga *Bete, Poiree*
Acelga saluage *Bete sauuage*
Acemite *Fleur de farine*
Acendrado *Experimenté, espuré, affiné*
Acendrar *Affiner, espurer*
Aceña *Moulin*
Aceñero *Musnier*
Acento *Accent*
Acentuar *Faire les accents*
Acepillado *Dolé, Rabotté, Poly*
Acepilladura *Rabotement, Polissure*
Acepillar *Polir, Vnir, Doler, Raboter.*
Aceptable *Acceptable*
Aceptacion *Acceptation*

A iiij

A C

Aceptar *Accepter, Recevoir*
Acepto *Bienvenu, receu, caressé.*
Acequia *canal, fossé, Esgout d'eau*
Acerca *Aupres*
Acercado *Approché*
Acercamiento *Approche, Approchement*
Acercar *Approcher, Environner*
Acertada cosa *Chose bien faicte*
Acertadamente *Veritablement, Bien à propos*
Acertado *Asseuré, Veritable*
Acertamiento *Attainte, consideration*
acertar *Assener, attaindre, rencontrer, Faire bien quelque chose*
Acetre, *Seau de cuivre, Coquemar Vaisseau à mettre eau beniste.*
acetre *idem*
Acetreria *Fauconnerie*
Acetrero *Fauconnier*
Accuadado *Remply d'orge, Malade de manger trop d'orge*
accuadamiento *Maladie de trop manger d'orge*
Accuilar *Estre infame*
Accuadar *Remplir trop d'orge*
Acezar *Halleter, respirer, avec difficulté* (lene
Acezo *Halletement, dificulté d'halene*
Acezoso, *Halletant, Pantois, Poussif.*
Acibar, *Aloes, Herbe*
Acicaladamente, *Poliment.*
Acicalado, *Poly, Bruny, Fourby.*
Acicaladura, *Fourbissure, Polissure*
Acicalamiento *Polissure, Fourbissure*
Acicalar *Fourbir, Polir, Vnir, Brunir, Orner*

A C

Acicate *Esperon à la genette*
Acidental, *accidental*
Acidente, *accident.*
Acidia *Paresse*
Acierto, *rencontre.*
Acion, *Estriuiere.*
Accion, *action.*
Acipres, *Cyprès, arbre.*
Acitara, *couverture de selle à la genette.*
Açofar, *Laton, ou chose qui reluyt*
Açofeyfa, *Iuiube, fruict.*
Açofeyfo, *Iuiubier, arbre.*
Açofar, *Airin, cuivre, metal à fondre.*
Açomamiento, *Irritation, halement de chiens.* (chiens.
Açomar, *Irriter, inciter, haler les*
Açor, *Faucon, oiseau de proye.*
Açorado, *Oiseau à l'essor, colere.*
Açoramiēto, *Colere, intimidatiō*
Açorar, *Colerer, intimider, faire peur.*
Açotadizo, *Fouettable.*
Açotado, *Fouetté.*
Açotador, *Fouetteur, qui fouette.*
Açotar, *Fouetter.*
Açote, *Fouet.*
Açotea, *Terrasse, tourette au dessus du logis.*
Açucarado, *sucré.*
Açucar, *du Sucre.*
Açucaramiento, *Sucrement.*
Açucar piedra, *Sucre candy.*
Açucena, *Lis, herbe.*
Açuda, *Roüe avec laquelle on tire l'eau.*
Açuela, *Hachereau, doloire.*
Açufeyfa, *Iuiube, fruict.*
Açufeyfo, *Iuiubier, arbre.*
Açufre, *Soulfre.*

DA

Açufrar, Ensoulfrer.
Açumbre, Sorte de mesure, Vne quarte.
Açutea Tourette au dessus du logis Terrasse.

AD

Adalid, Guide, conducteur.
Adarga, Targe, Bouclier de cuir.
Adargado, Arme de bouclier.
Adargar, Armer de bouclier.
Adarme, Drachme, sorte de poix à peser.
Adaruas, Minieres d'or.
Adaruc, Muraille.
Adelantado, Dignité particuliere d'vn Seigneur.
Adelantamiento, Auancement, Dignité d'vn Seigneur.
Adelantar, Auancer, aller deuát, Deuancer.
Adelante, Deuant, Par cy apres.
Adelantar Bailler la superintendance, & commettre à quelque affaire
Adelfa, Rosage, herbe.
Adelgazadaméte, Menuement, Chichement.
Adelgazado, amenuisé, assoibly.
Adelgazamiéto, Amenuisemét
Adelgazar, Assoiblir, amenuiser, Subtiliser.
Ademan, Essay, Maintié, Geste de mains.
Amas, Oultre.
Adentelladura, Coup de dent, Morsure.
Adentellamiento, Morsure.
Adentellar, Mordre.
Adentelladas, A morsures.
A dentro, Dedans.
Aderecadaméte, Auec adresse

AD

Dextrement.
Adereçado, Adroit, Adextre, paré.
Adereçador, Qui pare, Qui met en ordre.
Adereçamiento, Addresse, Parement, Ornement.
Adereçar, Adresser, Apréster, Mettre en ordre, Parer, Orner
Adereço, Aprest, Ornement, Parure.
Adereços de casa, Les vtensiles de la maison.
A desora, Hors d'heure.
A despecho, Par despit.
Adestrado, Guidé, conduit.
Adestramiento, Adresse, Conduite.
Adestrar, Adextrer, Guider, conduire.
Adeudado, Endebté.
Adeudar, Endebter.
Adeuinacion, Deuinement.
Adeuinador, Deuin.
Adeuinadora, Deuineresse.
Adeuinança, Deuinement.
Adeuinar y adiuinar, Deuiner.
Adeuino, Deuin.
Adjetiuar, Ioindre, Adiouster.
Adinerado, Riche, qui a beaucoup d'argent.
Adinerar, Amasser de l'argent.
Adiuas, Maladie de bestes.
Administracion, Administratió.
Administrador, Administrateur
Administrar, Administrer, fournir.
Admirable, Esmerueillable.
Admirablemen-illeusement.
Admiracion, Merueille.
Admirado, Esmerueillé.

A D

Admirador, *Admirateur, Qui s'esmerueille*.
Admirar, *Admirer, esmerueiller*
Admitido, *Admis*.
Admitir, *Admettre*.
Adobado, *Acoustré, Assaisonné*.
Adobador, *Qui acoustre*.
Adobar y adouar, *Abiller, Accoustrer, Assaisonner*.
Adobe, *Carreau de terre crue*.
Adobo, *Racoustrement, saulce, appareil*.
Adofuere, *En quelque part que ce soit*.
Adolecer, *Tomber malade*.
Adolecido, *Maladif*.
Adolentado, *Malade*.
Adolentar, *Estre malade*.
Adoler, *Estre malade, Se douloir*.
Adonde, *Où, En quel lieu*.
Adonde quiera, *Où que ce soit*.
Adopcion, *Adoption*.
Adoptacion, *Adoptation*.
Adoptado, *Adopté*.
Adoptar, *Adopter*.
Adoracion, *Adoration, priere*.
Adorado, *Adoré*.
Adorador, *Adorateur*.
Adorar, *Adorer*.
Adormecer, *Dormir estre endormy, engourdy*.
Adormecido, *Endormy, engourdy*
adormecimiéto, *engourdissemés*
Adormidera, *Pauot, herbe*
Adormir, *endormir, faire dormir*
Adornado, *Orné, paré, embelly*.
Adornamiento, *Parure, ornement, embellissement*.
Adornar, *Orner, embellir, parer*.
Ados, *Tous deux*.
Adouar, *Voyez* adobar

A D

Adquirido, *Acquis*.
Adquiridor, *acquereur, qui acquiert*.
adquirir *acquerir*
Adrama, *Drachme, poix à poiser*.
Adredé, *Expres*.
Adredemente *Expres*.
Adrianes, *Nids de Pie*.
Aduana, *la Douane*.
Aduar, *Cabane, logette de pasteurs*
Aduenedizo, *Estranger*.
Aduenidero, *qui doit aduenir*.
Aduenimiento, *Aduenement*.
Aduenir, *Aduenir*.
Aduersar, *Estre aduersaire*.
Aduersario, *Aduersairer*.
aduersidad, *Aduersité*
aduertentia, *Aduertissement*.
aduertimiento, *Aduertissement*.
aduertir, *Aduertir*.
adufe, *Tambour de biscaye*.
adufero, *Ioueur de tambour de biscaye*.
Adulador, *Flateur*.
Adulçar *adoucir*
adulterado *adulteré*
adulterar *adulterer, paillarder*
adulterio *adultere, paillardise*
adulterino *né d'adultere, contrefaict*
adultero *adultere*

A E

aecheuadura *Cribleure, la bale grain*
aechar *Vanter le bled, cribler*.
aecho *la bale du grain*
a empuxones *en poussant, a heurts*
a escondidas *a cachettes*,
a escondillas *a cachettes*
a escuras *a l'obscurité*

afable Affable, courtois, gracieux
afablemente Courtoisement
afabilidad Courtoisie, gracieuseté
afamado Renommé
afamar Estre renommé
afan Peine, trauail, ennuy
afanado Trauaillé, Ennuyé
afanador qui ennuye, qui trauaille
afanar Trauailler, peiner, ennuyer
afe En bonne foy
afeado Enlaidi, diffamé
afeador Qui diffame, qui enlaidist
afear Enlaidir, souiller, diffamer
afectado Affecté
afectar affecter
afeminacion Effeminement
afeminado Effeminé
afeminar Effeminer
aferes Folies, baliuernes
aferradura Agrafement
aferramiento, Agraffement.
aferrar, Agraffer, tenir fort
afeytado, Fardé.
afeytador, Fardeur, qui farde.
afeytar, Farder, Polir.
afeytadera, ouuroir d'vn Barbier
afeyte, Fard.
aficion, Afection.
aficionadamēte, Afectueusemēt
aficionado, afectionné.
aficionar, afectionner.
afierrar, Prendre de la main, acrocher, empoigner.
afilado, Aguisé pointu.
afiladura, Aguisement, le tranchant, la pointe de quelque fer & autre chose.
afilar, aiguiser.
afilo, aiguisement.

afin, affin.
afin. alié. parent.
afinado, Finy, acheué.
afinadura, acheuement.
afinar, Mettre a fin, acheuer.
afinidad, Alliance, parentage, afinité.
afirmacion, afirmation.
afirmadamente, assurement.
afirmado, asuré, afermy.
afirmamiento, assurance.
afirmador, Celui qui assure.
afirmar, assurer, afermer, confirmer.
afistolado, Vlceré, plein de trous & fistules.
afistolar, Estre plein d'vlceres, de fistules
aficion, afliction.
afligido, afligé.
afigimiento, afliction.
afligir, afliger tourmenter.
afloxado, Relasché, afoibly.
afloxadura, Relaschement, afoiblissement.
afloxar, Relascher, afoiblir, destendre
aforrado, Fourré, doublé.
aforradura, Doublure.
aforrar, Fourer, doubler.
aforro, Fourrure, doubleure,
afortunadamente, Par fortune heureusement.
afortunado, Fortuné.
afortunar, Estre heureux, faire heureux.
afrecho, Le son du bled.
afrechoso, Plein de son.
afrenta, Honte, blasme, danger.
afrentar, Blasmer, faire honte.
Afrentosamente Honteusement

A G

afrentoso *Honteux, blasmable*
A fuer *A la guise, A la mode, selon*
A fuera *Dehors*
Afufar *Fuir, Se retirer*
Afuzia *Asseurance*
Afuziado *Asseuré*
Afuziar *Donner esperance, asseurer*

A G

Agaçapado *Tapy comme un conil, couché tout plat*
Agaçapamiento, *Couchement tout plat*
Agaçapar *Estre couché tout plat*
Agalla *Vne glande*
Agalla *ouye ou oreille d'vn poisson*
Agalla *Noix de galle*
Agalanadamente *Ioliment, Orneement*
Agalanado, *Paré, Ioly, coint.*
Agalanamiento, *Parement, ornement*
Agalanar, *Parer, Orner, aioliuer.*
Agana, *Volontiers.*
Agarrado, *Agraffé, acroché*
Agarramiento, *Acrochement, Agraffement.*
Agarrar, *Acrocher, graper, agrafer*
Agasajado, *Bon receuil, bon traitement.*
Agata *Agathe, pierre.*
Agatas, *A quatre piedz.*
Agasajamiento, *Bon receuil bon traitement.*
Agasajar, *Loger vn amy, & le bien traiter.*
Agenado, *Alienè.*
Agenamiento, *Alienation*
Agenar, *Aliener.*
Agenar el hijo *Abdiquer*
Ageno, *Autruy.*
agerato *Herbe dite Aigremoine*

A G

Aglayar, *Espouuanter.*
Aglayo, *Espouuantement.*
Agonia, *Agonie.*
Agonizado, *qui est en agonie.*
Agonizamiento, *Agonie.*
Agonizar, *Estre en agonie.*
Agora, *Tatost, maintenant, n'agueres*
Agorar, *Deuiner, augurer.*
Agorera, *Deuineresse.*
Agoreria, *Art d'augurer.*
Agorero, *Augure, deuin.*
Agostado, *Sec, qui n'est pas bon, neau mois d'Aoust.*
Agostadero, *Lieu pour serrer le grain.*
Agostar, *Serrer les bleds, faire l'Aoust, secher.*
Agosto, *Le mois d'Aoust.*
Agotado, *egouté espuisé.*
Agotamiento, *Agoutement.*
Agotar, *Secher, agouter, consommer, espuiser.*
agouear *Humilier*
Agraciadamēte, *Gracieusement*
Agraciado, *Gracieux, agreable.*
Agradable, *Agreable.*
Agradablemēte, *Agreablemēt.*
Agradamiento, *Plaisir, grè*
Agradar, *Agreer, plaire.*
Agradecer, *Agreer, remercier.*
Agradecido, *Agreé.*
Agradecidissimo, *tres-agreable*
Agradecimiento, *remerciment, grè*
Agramente, *Aigrement.*
Agrauado, *Greué, chargé.*
Agrauar, *Greuer, facher, fouler, charger.*
Agrauiadamēte, *Griefuement.*
Agrauiado, *Foulé, faché, outragé.*

Agrauiador, *Qui faict tort.*
Agrauiar, *Fascher, greuer, faire tort, fouler, oppresser.*
Agrauio, *Grief, tort.*
Agraz, *Du verius.*
Agregadamente, *Conioinctement*
Agregado, *Conioint.*
Agregamiento, agregaçion *Conionction, congregation.*
Agregar, *Conioindre.*
Agreste, *Champestre, sauuage.*
Agriamente, *Aigrement.*
Agrillo, *Aigret.*
Agrio, *Aigre.*
Agror, *Aigreur.*
Agrura, *Aigreur.*
Agua, *Eau.*
Aguaçado, *Mouillé.*
Aguaçar, *Estre mouillé*
Aguaçal, } *Mare, lieu plein*
Aguacero } *d'eau.*
Aguaderas, *Barreaux à porter eau*
Aguado, *Plein d'eau, qui ne boit point de vin.*
Aguado cauallo, *cheual morfondu*
Aguadero, *Porteur d'eau.*
Aguador, *Porteur d'eau.*
aguadaña *Vne faulx, vne serpe*
Aguar, *Mettre de l'eau, euer, mesler l'eau auec le vin.*
Aguarse el cauallo, *Se morfondre*
Aguaducho, *Torrent d'eau quand il pleut.*
Aguamanil, *Fontaine à lauer les mains*
Aguamanos, *eau à lauer les mains*
Aguamiel, *hydromel.*
Aguanoso, *humide, plein d'eau*
Aguapie, vino, *Despence, vin de valet, boire.*
Aguardar, *Attendre.*

Aguayta. *Guette, aguet, embusche*
Aguaytador, *Agueteur, espion.*
Aguaytamiento, *Aguet.*
Aguaytar, *Aguetter, espier.*
Aguaxaque, *Gomme ammoniac*
Agudamente, *Aiguement, ingenieusement.*
Agudeza, *Acuité, acrimonie*
Agudillo, *Fin, caut, aigu.*
Agudo, *Aigu, aspre.*
Aguela, *Ayeule, mere-grand.*
Aguelo, *Ayeul, pere-grand.*
Aguero, *Augure.*
Aguja, *Aiguille.*
Agujerar, y agujerear, *percer, trouer.*
Agujero, *Trou, pertuis.*
Agujeta, *Esguillette.*
Agujetero, *Esguilletier.*
Aguijada, *Aiguillon.*
Aguijado, *Piqué, eguillonné.*
Aguijador, *piqueur, qui eguillonne*
Aguijadura, *Piquement, eguillonnement, hastiueté, haste.*
Aguijar, *Pousser, piquer, Eguillonner, haster.*
Aguijeño, *plein de grauier.*
Aguijon, *Eguillon.*
Aguijonear, *Eguillonner.*
Aguila, *Aigle.*
Aguileño, *D'aigle, Appartenant à aigle.*
Aguilocho y aguilucho, *Poussin de l'aigle.*
Aguinaldo, *Estrennes.*
A gusto, *A plaisir.*
Aguzadera, *Vne queux à aiguiser*
aguzado *Eguisé*
Aguzadura, *aiguisement.*
Aguzanieue, *Baqueue, Bergeronnette, oiseau.*

Aguzar, *aiguiser*.

A H

Ahao, *hola, hò*.
Ahechadura, *La bale du grain, criblure*.
Ahechar, *Cribler, Vanner, Nestoyer*.
Ahelear, *Enfieler, Sentir le fiel, Sentir l'amer*.
Aherrojado, *Enferré*.
Aherrojar, *Enferrer*.
Aherrumbrado, *Rouillé*.
Aherrumbramiento, *Rouillure*
Aherrumbrar, *Rouiller*.
Ahidalgado, *Noble, anobly*.
Ahidalgar, *Estre noble, Anoblir*.
Ahijada, *adoptee pour fille, filleule*
Ahijado *Adopté pour fils, filleul*.
Ahijamiento, *Adoption*.
Ahijar *Adopter pour fils*.
Ahilado, *Maigre, flestry*.
Ahilado, *arengé, mis en file, affilé*
Ahilamiento, *Moisissure*.
Ahilar, *Moisir, flestrir*.
Ahilar, *Affiler, arenger, mettre en file*.
Ahincadamete, *affectueusemēt, instamment*.
Ahincado. *Pressé, hasté*.
Ahincar, *haster, insister presser*.
Ahinco, *Affection, instance, presse, haste*.
ahinojadamente, *à genoux*.
ahinojado, *Agenouillé*.
ahinojar, *agenouiller*.
ahitado, *Degousté*.
ahitar, *Degouster, estre malade pour trop manger*.
ahito, *Degoust, repletion de trop manger*.
ahocinar, *Estressir, faire un destroit*

ahocinado *Qui a beaucoup de tours*
ahogado *Estouffé, Suffoqué*
ahogamiento *Estouffement*
ahogamiento de vrina *Suppression d'vrine*
ahogar *Suffoquer, Estouffer*
ahondar *Profonder, Enfoncer*
ahorcadizo *Pendable*
ahorcado *Pendu*
ahorcadura *Penderie, Pendement*
ahorcar *Pendre*
ahornagado *Bruiné, Gâsté de la bruine*
ahornagamiento *Bruinement, bruine*
ahornagar *Estre bruslé de bruine*
ahorrado *Mis en liberté, Espargné*
ahorradura *Liberté, Espargne*
ahorramiento *Espargne*
ahorrar *Mettre le serf en liberté, Espargner*
ahorro *liberté d'esclaues, espargne*
ahotado *Audacieux, Outrecuidé*
ahoyado *Fossoyé*
ahoyadura *Fossoyement*
ahoyamiento *Fossoyement*
ahoyar *Fossoyer*
ahuchar *Serrer l'argent*
ahullar *Hurler*
ahumadas *Fumees, Feu de signal*
ahumado *Enfumé*
ahumadura *Fumee*
ahumar *Fumer, Enfumer*
ahusado *Pointu en façon de fuseau*.
Ahusamiento, *Apointissement*.
Ahusar, *Apointir, faire pointu*.

A j

ahuyentado, *Banny, chassé, fugitif*
Ahuyentator, *Qui chasse, qui fait*
aajada *Saulce à ail*
ajo *Ail*
ajo castañuelo *Ail sauuage*
ajustado *Egalé, Adiusté*
ajustador *Qui adiuste*
ajustar *Egaler, Adiuster*
ajusticiado *Iusticié*
justiciar *Iusticier, Faire iustice.*

A L

Al *Quelque chose, Autre chose*
ala *Saune, herbe*
ala *Aile, Nageoire de poisson*
ala de tejado, *Festiere, Tuile qui auance sur toict, Osteuent*
alabado *Loüé*
alabador *Qui loüe & dit bien de quelqu'vn.*
alabança *Loüange*
alabancioso *Vanteur, Qui se loüe*
alabar, *Loüer, Vanter*
alabarda *Halebarde*
alabardazo *Coup de halebarde*
alabastro *Albastre*
alache *Haran*
alachera *Harangere*
alaçor *Safran sauuage, Carthame*
alacran *Scorpion*
alado *Qui a des ailes*
aladar *La temple de la teste*
alajur *Sorte de confiture*
alamar *Bouton à queuë*
alambre *Du cuiure*
alambique *Alambic*
alameda *Aunaye, Lieu plein d'Aunes*
alamin *Homme affidé*
alamo *Aune, Peuplier, arbre*
alamud, *Vn verroüil*

A L

alançado *Chassé, Esloigné*
alançar *Eslancer, Chasser, Esloigner, Mettre hors*
alanceado *Percé de lance*
alancear *Percer de lance*
alano *Leurier d'attache, Dogue*
alacorta *En bref*
alalarga *Au long*
alapar *Egalement, A la pareille*
alaredonda *Tout autour, A l'environ*
alarde *Monstre de gens de guerre, Reueuë*
alardoso *Qui se monstre*
alargado *Allongé*
alargamiento *Allongement*
alargar *Allonger, Esloigner*
alargas de tiempo *Delay, prolongement de temps*
alarido *Cry, huee*
alarifadgo *Office à iuger des bastimens*
alarife *Iuge des bastimens*
ala sazon *Alors*
alastado *Condamné à l'amende*
alastar *Payer l'amende*
alastrado *Lesté, Qui a sa charge*
alastrar *Lester vn nauire*
alaton *Laton, cuiure*
alatron *Escume de salpestre, espece de sel*
a las parejas *Au pair, Egalemēt.*
à las vezes *Aucunefois, Parfois*
alauas, *Les dents ou allochons d'vn roüet*
alazan *Alezan couleur*
albacea *Executeur de testament*
albahaca *Basilic, herbe*
albahaquera *Pot à mettre fleurs*
albahaquilla *Parietaire, herbe*
albala *cedule*

albanega Coiffe, Scoffion
albañar Cloaque, Esuier, Esgout.
albañeria Maçonnerie
albañir Maçon
albarda Bast à porter faix
albardan Farceur, Basteleur
albardar Baster vne beste
albardero Bastier, Faiseur de basts
albardon Cheual ou mulet à bast
albarrada Barriere, rampart
albarran Celuy qui ne se marie point
albarrana Tour
albarrana cebolla Squille, herbe
albarrania Celibat, Vie solitaire.
albartada Monceau, Amas
albatoça Sorte de nauire, Vaisseau de guerre
albaquia Dette peu recouurer.
alberca Estang, Mare, Viuier
albeytar Mareschal, Penseur de bestes
albeyteria Art de penser les bestes
albiharres Narcisse, fleur
albogue Vne fluste
alboguero Ioueur de fluste
albor l'Aurore, Le matin
alborada Aubade, La matinee
alborbolas y alborbolos, bruit, cry de ioye
alborear Faire iour, Poindre le iour.
alboroço, alborote Esmotion, mutinerie
alborotadamente Auec esmeute
alborotador Seditieux, Mutin.
alborotamiento Sedition.
Alborotar, Troubler, faire sedition, mutiner.

alboroto, Sedition, esmotion, mutinerie.
albornoz, Gaban de Turquie.
albricias, Estrennes.
albur, Meusl, poisson.
alcabo, En fin, à la fin, finalement
alcaçaba, Forteresse
alcaçar, Forteresse, palais.
alcaçer, Orge verd.
alcahueta, Macquerelle.
alcahuetador, Macquereau.
alcahuete, Maquereau.
alcahuetar, Faire maquerelage.
alcahuetejo, Petit maquereau.
alcahueteria, Maquerelage.
alcaldia, Office du Iuge.
alcalde, Iuge du lieu, Consul.
alcanà, lieu où les merciers est alés
alcançado, attaint, recouuert, necessiteux.
alcançar, Obtenir, attaindre, suiure, esprouuer, recouurer, assener, acquerir.
alcance, Obtenement, la suite.
alcancia, Tirelire à mettre argēs
alcancilla, couleur rouge, rosette, fard.
alcandala y alcandara, Perche à mettre oyseaux de proye.
alcanfor, Canfre.
alcaparra, Caprier, arbrisseau.
alcaparral, Lieu de capres.
alcaravan, Cheruy herbe.
alcaravia, cheruy herbe.
alcarchofa, Artichault.
alqueria, Ferme, grãge, mestairie
alcarraza, Vaisseau de terre comme vne cruche.
alcartaz, cornet à mettre espices.
alcarifa, Tapis de Turquie.
alcauala, Peage, Tribut, dace.

alcaualero, Pasger
alcauci, carde à manger.
alcayde, capitaine de forteresse ou prison, Geolier.
alcaydia, capitainerie, geolerie.
alcayta, croc, crochet.
alcoba, cabinet à mettre vn lict, chambrette.
alcohela, Eau d'endiue.
alcohol, antimonie, fard.
alcoholar, Farder, poudrer.
alcomenias, Les menus droicts de la cuisine.
alcornocar, Lieu planté de lieges
alcorça, Sorte de confiture.
alcornoque, Liege, bois.
alcorque, Pantoufle de femme vefue.
alcotan Esmerillon, oyseau.
alcoua, Garderobe à mettre vn lict, lieu dans le nauire.
alcreuite, Du soulfre.
alcuña, Race, genealogie.
alcuza, Vaisseau à mettre huile, Iarre.
alçader, contrepoix de celuy qui dance sur la corde
alçadura de baruecho, Labourage.
alçar baruecho, Labourer.
alçamiēto, rebelliō, banqueroute
alçaprimar, hausser quelque chose auec engins. (beller
alçarse, faire banqueroute, se rebeller
alçar de obra, cesser son œuure.
alçar el naype, couper la carte.
alcion, Alcion oyseau.
aldaba, y aldaua, Verrouil de porte, marteau, maillet.
aldauada, coup de marteau ou maillet à la porte
aldauear Fraper auec le maillet à la porte

Aldauilla Petit verrouil, petit maillet
Aldea Village, Bourgade
Aldeano Vilageois, Paysan, Rustique
Aldeana cosa De vilage
Aldevela Hameau, petit vilage
Aleacion Aloyement, alliage de metaux
Aleada S. cousse
Alear Allier metaux
Alear Tremousser des ailes, voleter, secouer
Aleche Haran
Aleda La premiere cire de la ruche.
Alegrado Ioyeux, Content
Alegrarse Estre ioyeux, Content, Se resiouyr
Alegre Alegre, Ioyeux
Alegremente Alegrement
Alegria Alegresse
Alegria Sesame, herbe
Alegron Alegresse soudaine
Alelis Giroflee, herbe & fleur
Alentado Qui a longue haleine, Courageux.
Alentar Prendre haleine, animer, Accourager
Alerta Soigneux, vigilant, preparé
Alertamente Diligemment, Soigneusement, à descouuert
Alerze Cedre, arbre
Alesna Alesne
Aleta Petite aile
Aleudar Faire leuer la paste
Aleue Trahison
Aleue Traistre
Aleuemente Traistreusement

B

Aleuosamente, Traistreusement.
Aleuosia, Trahison.
Aleuoso, Traistre.
Alexado, Eslongné.
Alexar, Eslongner.
Alexarse, Se departir.
Alexixa, Andouille, Saulcice.
Alexur, Confiture auec miel.
Alexura, Eslongnement.
Alezna, Alesne.
Alfabar, Boutique de potier.
Alfabega, Basilic, herbe.
Alfalfa, Saintfoin, herbe.
Alfamar, Couuerture de laine, Tapy.
Alfaneque, Vne sorte de faulcon, oiseau.
Alfange, Coutelas, Espee large.
Alfarge, Meule de moulin à huile, Pressoir d'huile.
Alfaxor, Confiture auec miel.
Alfayate, Cousturier.
Alfeña, Troesne, arbrisseau.
Alfenique, Paste de sucre.
Alferez, Port'enseigne.
Alferezia, Maladie d'enfans.
Alfil, Augure.
Alfiler, Espingle.
Alfilelero, Espinglier.
Alfin, Finalement, En fin.
Alfocigo, Pistache, fruict & arbre.
Alforja, Bissac, Besace.
Alforuas, Fenugrec, herbe.
Alforxa, Bougette, Bissac, Besace.
Algaida, Bois, Hallier.
Algalia, Ciuette.
Algarada, Tumulte, Bruit.
Algarauia, Langue Arabesque

Algarda, Serenade, Chant du soir.
Algares, Fosses.
Algarroua, Carrobe, fruict.
Algarue, Antre, Fosse, Cauerne.
Algazara, Bruit, Crierie.
Algibe, Cisterne.
Algo, Quelque chose, Autre chose.
Algodon, Du coton.
Algodonar Cotonner.
Algorfa grenier, plancher
Alguazil huissier, sergêt de ville
Alguaziladgo office d'huissier
Algebra, Algebre, Art de nombrer.
Alguarismo art de ietter & compter.
Algebrista renoueur de membres desloues
Alguien quelqu'un
Alguna, Aucune chose
Alguna vez quelquefois
Alguno aucun, quelqu'un
Algun tanto vn peu, quelque peu
Alguno aucun, quelqu'un
Alhadida cuiure brulé
Alhaja meuble, vtensile
Alhajeme, Tondeur, Qui tond.
Alhamel, Vn crocheteur.
Alharaca, Crierie, bruit.
Alharaquiento, criard, brauache.
Alhargama, Rue sauuage, herbe.
Alhazena, Armoire dans vne muraille pour serrer quelque chose.
Al Leli, Girofl.

A L

Alheña *Troësne, arbrisseau.*
Alhilel *Espingle*
Alholi *Grenier public, Magazin de bled*
Alholuas *Fenugrec, herbe*
Alhocigo *Pistache, fruict & arbre*
Alhombra *Tapis de Turquie*
Alhondiga *Grenier public.*
Alhondiguero *Gardien de grenier*
Alhorça, *Troussure de robbe, Troussis*
Alhondon, *Le fonds de quelque chose*
Alhostigo y al hocigo, *Certain arbre dit Pistacea nux.*
Alhostiga, *La noix mesme de cest arbre.*
Alhurreca de la mar, *Certaine escume qui s'attache aux arbres & aux roseaux par temps sec.*
Alhuzema *Primevere, herbe*
Aliado *Allié*
Aliança *Alliance*
Aliar *Allier*
Aliçace *Fondement de mur.*
Aliento *Haleine*
Alilla *Petite aile, aileron*
Alimaña *Beste, animal*
Alimentar *Nourrir*
Alimento *Nourriture*
Alimpiadera *Vergette à nettoyer, decrotoire.*
Alimpiadero, *Mouchettes de chandelle, la bonde par où se purge le vin.*
Alimpiaduras, *Immondices, baliures.*

A L

Alimpiado, *Nettoyé.*
Alimpiadura, *Nettoyement, baliure.*
Alimpiamento, *Nettoyement.*
Alimpiar, *Nettoyer.*
Alindar, *Limiter, Borner, Aboutir.*
Alinde, *Verre comme lunettes qui fait les choses plus grandes qu'elles ne sont. C'est le tin qui est couché derriere la glace du miroir. Boscan, Alinde, en yr à do vas.*
Aliñado, *Accommodé, Orné, Paré.*
Aliñar, *Parer, Orner, Accommoder, Aproprier.*
Alisadura, *Polissure.*
Alisar, *Polir, Vnir, Aplanir.*
Aliso, *Alisier, arbre.*
Alisura, *Polissure.*
Alisma, *Vne plante.*
Alistado, *Enrollé, enregistré.*
Alistar, *Enregistrer, enroller.*
Aliuiado, *Allegé.*
Aliuiador, *Qui allege.*
Aliuiamiento, *Allegement.*
Aliuianar, *Alleger, Soulager.*
Aliuiar, *Alleger, Soulager.*
Aljaua, *Vn carquois.*
Aljama O Alcama, *Synagogue de Iuifs, Assemblee.*
Aljonge, *Suc de chardon dont on fait du glu.*
Aljongero, *Chameleon, herbe.*
Aljofar, *Perles petites.*
Aljofarado, *Emperlé.*
Aljoforar, *Emperler*
Aljofisar ladrillado, *Pavé, fait à carreaux.*

B ij

AL

Aljonjoli, *Sesame, herbe.*
Alioñar ladrillado, *Paué à faire carreaux*
Aljox *Maarbre*
Aljuba *Robe de Mores*
Aljumia *Meslange de plusieurs langues*
Alla *Là*
Allado *A costé*
Allanado *Aplani, Vny*
Allanadura *Aplanissement*
Allanar *Vnir, Aplanir*
Allarriba *Là hault*
Allegada *Abord, Approche*
Allegadizo *Approchable, Qui approche*
Allegado *Approché, Assemblé.*
Allegado de Señor *Amy d'vn grand*
Allegamiento *Approchement, Amas*
Allegar *Amasser, Approcher, ioindre.*
Allende, *En oultre, delà, au reste.*
Allende y aquende, *Par icy & par la.*
Alli, *Delà, de ce costé là.*
Allomar, *Mauldire.*
Alma, *Ame, esprit.*
Almaciga, *Mastic.*
Almaciga, *Pepiniere d'arbres.*
Almadana, *Vne marre instrument.*
Almaden, *Miniere, veine de metal*
Almadia, *Vaisseau de mer.*
Almadraque, *Mattelatz, coite de lict.*
Almadraua, *Sorte de rets à pré-*

AL

dre grands poissons.
Almagrado, *Reglé de rouge, marque d'ocre.*
Almagradura, *Marque de rouge*
Almagrar, *Teindre, marquer de rouge.*
Almagre, *Terre à teindre en rouge, Ocre.*
Almanach, *Ephomeride.*
Almario, *Armoire, Buffet.*
Almariete, *Petite armoire.*
Almarraxa, *Bocal, Fiole.*
Almartaga, *Litharge.*
Almas finadas, *Ames des trepassés.*
Almastica, *Mastic.*
Almayzar *Vn grand voile à la Turquesque de diuerses couleurs*
Almazen *Arcenal, magazin*
Almear *Vn fenouil où l'on garde le foin*
Almea *Storax rouge*
Almeja, *Limaçon, Coquille à manger*
Almena *Creneau*
Almenado *Crenelé*
Almenara *Chandelier fait plusieurs branches.*
Almendra *Amande, fruict*
Almendral *Lieu plein d'amandiers*
Almendrada *Laict d'amendes*
Almendro *Amandier*
Almeron *Cichorée sauuage*
Almete *Heaume*
Almez *Micocoulier, arbre, sorte d'alisier*
Almiar *Monceau, Tas*
almiar de heno *Moceau de foin*

A L

Almidon *Amydon*
Almidonado *Empoisé*
Almidonar *Empoiser*
Almilla *Camisolle, collet de femme*
Almirantazgo *Admirauté*
Almirante *Admiral*
Almirez *Vn mortier d'airin*
Almiron *Endiue, Cichoree*
Almiuar *Composte de sucre*
Almiuarado *Cuit en composte*
Almiuarar *Confire en composte.*
Almizcle y Almizque *Du musc*
Almizquera *Animal qui fait le musc*
Almocafre *Serpe de vigneron*
Almodrote *Saulce faicte d'ail & de fromage, Bignet*
Almofrex *Sorte de lict, Couuerture de lict*
Almofia *Vn plat*
Almogauar *Cheual leger, Soldat*
Almohada *Coussin*
Almohaça *Vne estrille*
Almohaçado *Estrillé*
Almohaçar *Estriller*
Almohada, *Cheuet, Oriller, Coussin*
Almohadilla *Petit oriller, coussin.*
Almojater *Sel Ammoniac*
Almojauana *Tourteau de farine & fromage*
Almoneda *Encant, criee*
Almonedear *Vendre à l'encāt, Subhaster*
Almoradux *Marjolaine, herbe*
Almorrana *Hemorrhoide*
Almorranado *Subiect aux hemorrhoides*

A L

Almorranamiento *Subiet aux hemorrhoides*
Almorzar, *Desieuner, Collatiōner.*
Almotacen, *Celui qui tient le poix du Roy.*
Almotacenadgo, *L'office de tenir le poix du Roy.*
Almoxarifazgo, *Le salaire du bateur, le nauire*
Almoxarife, *Fermier d'vn passage sur l'eau.*
Almuerzo, *Le desieuner.*
Almud, *Vne mesure, comme vn boisseau.*
Almucdano, *Priseur, vendeur qui prise à l'encant.*
Almuñecar *Marché où l'on vend les raisins*
Alna *Aulne à mesurer*
Alnado *le beau fils*
Alocado *affolé, qui est fol*
Alocar *deuenir fol*
Alojado *logé*
Alojablemente *logeablement*
Alojamiento *logement*
Alojar *loger*
Alomas *le plus souuent*
Alomenos *au moins*
Alon *aileron, aile*
Alongado *prolongé, allongé*
Alongar *esloigner, prolonger*
Aloque *vin clairet*
Alosa *alose poisson*
Alosna *absynthe herbe*
Aloxa *breuage d'eau & de miel*
Alpargata *sorte de souliers de corde.*
Alpechin *lie d'huile d'oliue*

B iij

Al presente *tout maintenant*
Alpiste *cene de renard*
Al principio *au commencement*
Alpiure *nielle herbe*
Alqueria *ferme, cense, grange*
Alquerque *Damier à iouer*
Alquetifa *Tapy de Turquie*
Alquetifar, *Tapisser*
Alquetira *Dragacant, gomme*
Alquicer *sorte de vestement more*
Alquiladero *louager, qui tient à louage*
Alquiladizo *Qui est à louër, loüable*
Alquilado *Loüé.*
Alquilador *qui donne à loüage*
Alquilar *loüer, donner à loüage*
Alquile *payement de louage*
Alquiler *loüage, location*
Alquimia *alquemie*
Alquimista *alquemiste*
Alquinal morisio *vn mouchoir*
Alquitara *alambic, sublimatoire*
Alquitran *gouldron*
Alrededor *le contour, l'entour*
Alreues, *au rebours*
Alsine
Altabaque *petit panier à mettre fuseaux, ou ouurage*
Altanero *vn faulcon, oyseau*
Altanero *hautain, esleué*
Altar *vn autel*
Alteracion *troublement, perturbation*
Alterado *troublé, esleué*
Alteramiento *troublement*
Alterar *troubler*
Altercacion *debat*
Alternacion *vicissitude*
Altercar *debatre.*

Alteza *haultesse, grandeur*
Altibaxo *coup de hault en bas, branlement.*
Altiuamente *superbement, hautainement*
Altiuez *orgueil, hautaineté*
Altiueza, *idem*
Altiuo *hautain, superbe*
Altiueza *superbe hautaineté*
Alto *haut*
Alto hazer, *Se tenir sur le haut bout*
Altramuzes *lupin, herbe*
Altraues, *De trauers, obliquemẽt*
Altura *hauteur, sommet*
Alua *l'aurore, l'aube du iour*
Alua *l'aube d'un prestre*
Aluayalde, *ceruse.*
Aluada *aulbade*
Aluala *Cedule*
Aluala de guia *passeport*
Aluala de paga *quittance*
Aluanega *coiffe, coffion*
Aluañar *esgout, esuier*
Aluañir, *masson*
Aluar *qui meurist trop à coup*
Aluarazo, *Mal qui vient à la bouche des petits enfans*
Aluarcoque *abricot*
Aluarda, *Bast de beste à porter*
Alvardilla, *petit bast*
Aluardero *bastier*
Aluardon *petit bast*
Aluarino *color, brun*
Aluayaldado *fardé de ceruse.*
Aluayarda *farder*
Aluayalde *ceruse*
Aludir *correspondre*
Aludo *ailé*
Aluedrar, *Iuger par arbitrage, arbitrer.*

A L

Aluedrio, *Arbitrage, Franc arbitre.*
Aluerca, *Logis.*
Aluerchigas, *Alberges, fruict.*
Aluerchigo, *Arbre portant Alberges.*
Aluerguado, *Logé, Hebergé*
Aluerguar, *Loger, Heberger.*
Aluergue, *Hostelerie, Logis, Demeure.*
Aluergueria, *Logis, Hostellerie.*
Aluin, *Pierre sanguine*
Alumbrado, *Esclairé*
Alumbramiento, *Clarté, Esclairement*
Alumbrar, *Esclairer.*
Alumbre, *Alum*
Alunado, *Lunatique, Fol.*
Alunamiento, *Folie*
Alunar, *Deuenir fol*
Aluina, *Flot de la mer*
Aluo, *Blanc.*
Aluorada, *Aulbade.*
Aluura, *Blancheur, Taye en l'œil, L'aubour du bois*
Aluziado, *Esclairé.*
Aluziar, *Esclairer.*

A M

Ama *nourrice, vieille seruante vefue maistresse*
Amable *aymable*
Amablemente *aymablement, amiablement*
Amado *aymé*
Amador *amoureux, qui ayme*
Amaestrado *enseigné*
Amaestramiento *enseignement*
Amaestrar *enseigner*
Amagar *menacer, faire signe,*

A M

essayer à fraper
Amamantado *allaité*
Amamantamiento *allaitement*
Amamantar *allaite, donner à teter*
Amancebado *paillard, adultere*
Amancebar, *Paillarder, Entretenir vne garce.*
Amanecer, *Faire iour.*
Amanecciendo, *Au poinct du iour.*
Amañado, *Orné, Façonné.*
Amañamiento, *Ornement, Façonnement.*
Amañar, *Preparer, Orner, Façonner.*
Amanojado, *Empaqueté.*
Amanojar, *Lier, Empaqueter*
Amanzillado, *Affligé, Attristé.*
Amanzillamiento, *Affliction.*
Amanzillar, *Affliger, Attrister, Entacher.*
Amansado, *Apriuoisé*
Amansamiento, *Apriuoisemēt.*
Amansar, *Adoucir, Apriuoiser.*
Amante, *Aimant, Amant.*
Amapolas, *Pauot de bleds.*
Amar, *Aimer*
Amarañamiento, *Embrouillement.*
Amarañar, *Brouiller, Enueloper.*
Amargamente, *Amerement.*
Amargar, *Rendre amer.*
Amargo, *Amer.*
Amargor, *Amertume.*
Amargoso, *Amer.*
Amarguillo, *Vn peu amer,*
Amargura, *Amertume, Aigreur.*
Amarillar, *Iaunir.*

AM

Amarillecer *Deuenir iaune ou pale*
Amarillejo *Iaunastre*
Amarillamente *Iaunement*
Amarillez *Couleur palle, iaunisse.*
Amarillo, *Pale, blaffard, iaune*
Amarillecer *Palir*
Amarillo del hueuo *Le iaune d'vn œuf.*
Amarrado *Attaché, lié*
Amarrar *Attacher, Lier*
Amarra *Corde, Chable*
Amartelado *Enamouré, Qui a martel.*
Amartelamiento *Martel d'amour.*
Amartelar *Estre amoureux, donner martel*
Amartillado *Frapé de marteau*
Amartillar *Fraper à coups de marteau*
Amassadera *Boulangere*
Amassador *Boulanger, Qui pestrit*
Amassadura *Pestrissure*
Amassar *Pestrir la paste*
Amatar *Tuer.*
Amaynar *Baisser les voiles, Amayner*
Amaytinar *Espier*
Ambar *Ambre*
Ambargris, *Ambre gris*
Ambaxada *Ambassade*
Ambaxador, *Ambassadeur*
Ambiguidad, *Ambiguité.*
Amblador, *Qui va l'amble.*
Amblar *Aller l'amble.*
Ambas *Toutes les deux*
Vmbos *Tous les deux.*

AM

Ambrolla *Brouillerie.*
Amedrentado *Espouuanté, paoureux.*
Amedrentador *Qui fait peur*
Amedrentamiento, *Peur*
Amedrentar *Espouuanter, faire peur, auoir peur.*
Amedezinar *Medeciner.*
Amolonado, *Amolly, Rendu souple*
Amenaza, *Menace.*
Amenazador *Qui menace.*
Amenazado, *Menacé.*
Amenazando., *Auec des menaces*
Amenazar, *Menacer*
Amenguado, *Honteux, A qui on fait honte*
Amenguador, *Afronteur, Qui fait honte*
Amenguamiento, *Honte, Affront*
Amenguar, *Faire honte, Faire affront.*
Amentar, *Attacher vn lien*
Ameno, *Doux, plaisant*
Amenudo, *Souuent*
Ametalado, *Feint, dissimulé, double, meslé de metaux*
Amethisto, *Amatiste.*
Amexca, *Prune, fruict*
Amidon *aydon, empois*
Amiento *lien courraye*
Amiesgado *fraise, fruict*
Amiga *amye*
Amygable *amyable*
Amigar *faire amis*
Amigo *amy*
Amigote *amy tel quel, amy de peu de valeur*
Amiguilla *petite amye*

Amilanado, *Abaissé, mis bas.*
amilanar, *Abbaisser, Mettre bas, Abbatre*
amistad, *Amitié.*
amo, *Maistre, Pere, Nourrissier.*
amodorrecer, *Estre malade de letargie. Estre estonné.*
amodorrido, *Estonné, Malade de letargie*
Amohinado, *Courroncé, Despité.*
Amohado, *Moisi, Relant*
amohatrarse. *S'endebter ou emprunter pour d'un payer un autre.*
Amohinar, *Fascher, Despiter, Courroucer.*
Amojonar, *Mettre des bornes*
Amolado, *Esguisé Esmoulu.*
Amolador, *Esmouleur, Eguiseur*
Amoladura, *Esmoulure*
Amolar, *Esmoudre, Eguiser.*
Amoladuras, *Merde de fer.*
Amoldar, *Ietter en moule, mouler.*
Amollentado, *Amoly*
Amollentadura, *Amolissement.*
Amollentar, *Amollir.*
Amonestacion, *Remonstrance.*
Amonestado, *Amonesté.*
Amonestador, *Qui admoneste.*
Amonestar, *Remonstrer, Admonester, Conseiller.*
Amostramiento, *Remonstrance.*
Amonstrar, *Remonstrer.*
Amontonadamente, *A monceaux.*
Amontonado, *Amoncelé.*
Amontonamiento, *Amas, a-moncellement.*
Amontonar, *Amonceler.*
Amortones, *A monceaux.*
Amor, *Amour.*
Amor de hortelano, *Veble, herbe.*
Amorosamente, *Amoureusement.*
Amoroso, *Doux, paisible, amoureux.*
Amoradux, *Mariolaine, herbe.*
Amordazado, *Fasché, courroucé*
Amordazador, *Qui fasche.*
Amordazando, *A coups de dents, à morsures.*
Amordazamiento, *Fascherie.*
Amordazar, *Courroucer, Fascher.*
Amor myos, *Narcisse, herbe.*
Amorraua de sangre, *Hemorrhoide.*
Amortajado, *Ensuairé pour enterrer.*
Amortajar, *Ensuairer, pour enterrer.*
Amortecer, *Esuanouir, Pasmer.*
Amortecido, *Esuanoui, Pasmé.*
Amortecimiento, *Pasmoison, Esuanouissement.*
Amortiguado, *Mortifié.*
Amortiguamiento, *Mortification.*
Amortiguar, *Mortifier.*
Amoscador, *Esuentail a chasser mouches.*
Amostazado, *Courroucé, despité*
Amostazar, *Se courroucer, se despiter.*
Amostrar, *Monstrer.*
Amotinado, & amotinador, *Rebelle, mutin.*

AN

Amotinar, *Rebeller, Mutiner.*
Amparado, *Garanti.*
Amparar, *Garder, Garantir, Proteger.*
Amparo, *Garde, Souſtien, Protection.*
Ampoila, *Fiole, Bouteille.*
Ampolla *Bouillole qui vient ſur l'eau quand il pleut*
Ampollado, *Enflé, Plein de veſsies.*
Ampollar, *Enfler, Faire des veſsies.*
Ampolleta, *Petite bouteille, Fiole.*
Ampolloſo, *Plein de veſsies.*
Amulatado, *Né d'un noir & d'une blanche, ou autrement.*
Amulatar, *Naiſtre d'un blanc & d'une noire ou autrement.*
Amuſgar, *Auancer le muſeau pour eſſayer à mordre.*

AN

Anade, *Cane ou canart*
Anadear, *Nager en façon de canes.*
Anadino, *Hallebran, canet.*
Anadon, *Vn grand canard*
Anales, *Annales, hiſtoires*
Anapelo, *Napellus, herbe.*
Anca, *La hanche.*
Ancas, *La croupe, les feſſes.*
Ancuſa *Vne eſpece de bugloſe.*
Anchamente, *Largement, Amplement.*
Ancho, *Large, Ample.*
Anchouas, *Anchois, poiſſon.*
Anchura, *Largeur.*
Anchuroſamente, *Largement.*

AN

Anchuroſo, *Large.*
Anciana, *Vieille*
Anciano, *vieil, Vieillard, Ancien*
Anciania, *Ancienneté, Vieilleſſe.*
Ancla *ancre de nauire*
Ancorar, *Ancrer*
Ancora, *Ancre de nauire*
Ançuelo *hameçon*
Andada *belle fille*
Andado *beau fils*
Andado *allé*
Andador *allant, qui va*
Andadizo *qui va, qui ſe promeine*
Andadura *allure*
Andamio *pourmenoir*
Andança *ſuccés*
Andante, *Voyageur, errant çà & là*
Andar *aller*
Andar en çancos *aller ſur les eſchaſſes*
Andar a ſeſgo, *Aller de trauers.*
Andar a gatas *aller de quatre pattes*
Andaraia *ieu de damier*
Andariega *vne coureuſe*
Andas *brancart, biere à enterrer,*
Anden *pourmenoir, allee*
Andilla *ſeule pour mener vne femme*
Andrajero *crieur de haillons & vieux drapeaux*
Andrajos *haillons, vieux drapeaux*
Andrajoſo *haillonneux, deſchiré*
Anfiteatro *Theatre, Amphitheatre.*
Anegadizo *noyé*

Anegado *noyé, qui a fait naufrage*
Anegamiento *noyement, naufrage*
Anegar *noyer, faire naufrage*
Anejar *vieillir*
Anejo *vieil, d'vn an*
Angarillas *chariot de clisse*
Angel *Ange*
Angelical *angelique, d'ange*
Angeo *caneuaz, grosse toile*
Angostado *estressy*
Angostar *estressir*
Angosto *estroit*
Anguilla *anguille*
Angurias *sorte de pepons*
Angustia *angoisse detresse*
Angustiar *tormenter, fascher, trauailler*
Angustiado *greué*
Anhelar, *Desirer, souhaiter, aspirer*
Anhorca *Couleuree, herbe*
Anidado *niché*
Anidamiento *nichement*
Anidar *nicher, faire son nid*
Anillo *aneau, bague*
Animal *animal*
Animales ceñidos *des mouches des vers & autres semblables bestes infectes.*
Animalia *Beste, animal.*
Animalejo *petite beste*
Animado *acouragé, courageux*
Animar *acourager, animer, donner courage*
Anime *gomme anime*
Animosamente, *courageusemét.*
Animosidad *courage*

Animoso *courageux*
Aniñadamente *à façon de petis enfans*
Aniñada cosa, *chose de petis enfãs*
Aniñado *d'enfant*
Aniquilado, *Annulé.*
Aniquilar, *Annuler.*
Anis, *Anis herbe.*
Anoche, *Hier au soir.*
Anochecer, *Anuiter, faire nuict*
Anocheciendo, *Le tard, le soir, Le crepuscule.*
Anodado, *Noüé.*
Ansa, *Crochet, Anse.*
Ansar, *Oye, jars.*
Ansaron, *Iars, Oye.*
Ansareria, *Lieu à nourrir oyes.*
Anodar, *Voüer*
Ansarero, *Gardeur d'oyes, oisonnier.*
Ansarillo, *Oison.*
Ansarino, *Appartenant à oye.*
Ansia, *Angoisse, Tourment.*
Ansina, *ainsi*
Ansioso, *Facheux, Angoissé*
Antaño, *L'an deuant.*
Ante y Antes, *Auant, Depuis, parauant.*
Antes que, *Plustost que*
Ante, *Buffle, Chamois*
Antecamara, *Antichambre*
Antecedente, *Precedent.*
Anteceder, *Preceder.*
Antecessor, *Antecesseur.*
Antena de naue, *Antene de nauire.*
Antenada, *Belle fille.*
Antenado, *Beau fils.*

A N

Antemuro, Avantmur.
Antepecho, Parapet de muraille.
Antepensar, Preuoir.
Anteponer, Preferer, Mettre deuant.
Antepuerta, Tapy à mettre deuant la porte.
Antepuesto, Preferé
Anterior, Anterieur.
Antes, Plustost, Ains.
Antesaleta, Petite auant sale.
Anteyer, Deuant hier.
Antesno, Plustost, Mais plustost
Anticipacion, Anticipation
Anticipado, Anticipé.
Anticipamiento, Anticipation.
Anticipar, Anticiper, Prendre premier
Antier, L'autre iour.
Antifaz, Voile, Masque, Bande.
Antigualla, Articulle.
Antiguamente, Anciennement.
Antiguamiento, Enuieillissement.
Antiguar, Enuieillir, Faire antique.
Antiguedad, Antiquité.
Antiguor, Vieillesse.
Antiguo, Vieil, Ancien.
Antillo, Cheuedre, Hibou.
Antiparas, Chausses de peaux que portent les moissonneurs contre la chaleur du Soleil.
Antipecho, Barriere, Parapet.
Antojadizo, Enuieux, Conuoiteux, Capricieux, fantastic.
Antojar, Conuoiter, Desirer come femme grosse, Aparoir.
Antojo, Enuie de femme grosse,

A N

Desir, Caprice, Fantasie.
Antojos, Lunettes.
Antorcha, Vne torche, flambeau
Antruejo, Caresme prenant
antuviar, Preuenir, Aller deuant.
antuvio, Preuention
Antuvion, idem
anunciar, Annoncer
anxia, Anxietude, Grief
anzel, mot Arabic, Decret, arrest.
anzolado, Hameçonné, plein d'ameçons
anzolejo, Petit hameçon.
anzuelado, Hameçonné.
anzuelar, Hameçonner.
anzuelo, Hameçon.

A ñ

añadido, Adiousté
añadidura, Adioustement.
añadir, Adiouster.
añafil, Trompette de Mores, Fluste.
añafilero, Ioueur de fluste, trõpette.
añagaza, Apast, Chose qui incite
añal, Offerte, Annuel.
añales, Annales
añaza, Foire, Marché public
añejo, Vieil, Ancien, Qui a beaucoup d'ans.
añejar, Deuenir vieil, Enuieillir
añir, Azur.
añilado, Peint en azur.
añino, Toison d'aigneaux, Aignelin.
añir, Pastel.
añirado, Teinct en pastel.

A O

Año, *An, Annee*
añojo, *Qui a vn an.*
añublado, *Plein de nuages, bruiné.*
añublamiento, *Bruinement, de fruicts.*
añublarse, *Estre plein de nuages, estre bruine gasté.*
añublo de trigo, *La bruine des bleds, & fruicts.*
añudamiento, *noüment.*
añudar, *noüer de nœuds.*

A O

Aocado, *Fossoye, Creux.*
aocador, *Fossoyeur, qui creuse.*
aocar, *Creuser fossoyer.*
aojado, *Ensorcelé.*
aojadura, *Ensorcelement.*
aojamiento, *Sorcelerie.*
aojar, *Ensorceler, œillader.*
aojo, *Sorcelerie.*
aojo, *A veüe de païs en bloc.*
aora, *Maintenant, presentement.*
aorça, *Contre le vent.*
aosadas, *Hardiment, peut estre, pleust à Dieu, certainement.*

A P

Apacentado, *Repeu.*
apacentamiento, *Refection, repeüe, pasturage.*
apacentar, *Paistre.*
apadrinar, *Estre parrain.*
apagado, *Esteins, estanché, apaisé.*
apagamiento. *Extinction, estanchement.*
apagar, *Esteindre, estancher, a-paiser.*

A O

apaleado, *Frapé de baston.*
apaleador, *Donneur de bastonnades.*
apaleamiento, *Batterie de baston.*
apalear, *Bastonner, fraper de baston.*
apandillar, *Faire vn pasté au ieu de cartes.*
apañamiento, *Agrapement.*
apañar, *Predre, graper, attraper, derober.*
apar, *Pres, tout contre.*
aparador, *Buffet.*
aparado, *Aprésté.*
aparar, *apprester.*
aparato, *Appareil, aprest.*
aparceria, *Societé.*
aparcero, *Qui a part, parsonnier.*
aparear, *Acoupler, apparier.*
aparecido, *Apparu.*
aparecimiento, *Semblance, apparition.*
aparecer, *Apparoistre.*
aparejado, *Prompt, apareillé, apresté.*
aparejador, *Qui apreste.*
aparejamiento, *Appareil.*
aparejar, *Apareiller, preparer, Appresser.*
aparejas, *Egalement, au pair*
aparejo, *Apprest.*
apartadizo *Separable, Separé, Lieu à part.*
apartadamente, *A part, En lieu secret*
apartado, *Separé.*
apartamiento, *Separation, Garderobe.*
apartar, *Desunir, Separer, eston-*

gner, chasser, mettre à part.
A parte, *A part.*
Apassionadamẽte, *Auec beaucoup de peine, passionnément.*
Apassionado, *afligé.*
Apassionar, *Estre fasché, estre afligé, tourmenter, afliger.*
Apazible, *Paisible, coy.*
Apaziblemente, *Paisiblement, Doucement.*
Apazibledad, *Tranquillité.*
Apaziguado, *Apaisé.*
Apaziguador, *Qui apaise, Apaiseur.*
Apaziguamente, *Paisiblement, Pacifiquement.*
Apaziguamiento, *Apaisement.*
Apaziguar, *Apaiser, Acoiser, Rendre paisible.*
Apeado, *Descendu de cheual.*
Apeamiento, *descente de cheual.*
Apearse, *Descendre de cheual, se mettre à pied.*
Apedaçado, *Mis en pieces, Despecé.*
Apedaçar, *Despiecer, Mettre en pieces.*
Apedaços, *A morceaux, Par cy par là, A pieces.*
Apedreado, *Lapidé, Greslé*
Apedreador, *Qui lapide*
Apedreamiento, *Lapidement.*
Apedrear, *Lapider, Gresler.*
Apegado, *Collé, Attaché.*
Apegamiento, *Collement, Attachement.*
Apegar, *Coller, Attacher.*
Apelacion, *Appel, Appellation.*
Apelar, *Appeler.*
Apellidar, *Nommer.*

Apellido, *Surnom, Renom.*
Apelo, *Appel, Appellation.*
Apelo, *Au poil, Aux cheueux.*
Apelluzado, *Assemblé.*
Apelluzar, *Presser, Assembler, Empoigner.*
Apelluzcado, *Assemblé*
Apelluzcar, *Assembler, Presser, Empoigner.*
Apelmazado, *Aparessé, Apoltrony.*
Apelmazar, *Apparesser, Apoltronir.*
A pena y a penas, *A peine, Difficilement.*
Apercebido, *Prompt, Appareillé, Preparé.*
Apercebimiento, *Admonition, Incitation.*
Apercebir, *Aduertir, Appareiller, Mettre en ordre.*
Aperrochado, *Achalandé.*
Aperrochar *achalander*
Apesgado *abbaissé, appesanty*
Apesgamiento *abaissemens, apesantement*
Apesgar *abaisser, agrauer, presser en bas*
Apesarado *ennuyé, ennuyeux*
Apesar *ennuyer*
Apesares *Malgré*
Apetecido *desiré*
Apetecer *desirer, enuier*
Apetito *desir, enuie, apetit*
Apiadado *pitoyable*
Apiadar *auoir pitié*
Apiñado *vny, assemblé*
Apiñadura *vnion, assemblemẽt, assemblage*
Apiñamiento *vnion, assemblement*

Apiñar *vnir, assembler, ioindre.*
Apio *Ache, herbe*
Apitonado *furibond*
Apitonamiento *furie*
A pique *sur le point, au point*
Aplacado *apaisé*
Aplacar, *Apaiser.*
Aplazado, *Adiourné, Atermoyé.*
Aplazar *atermoyer, adiourner, assigner*
Aplazer *complaire.*
Aplazer *à plaisir*
Aplazible *plaisant, agreable*
Aplazmar *aplanir*
Aplauso *aplaudissement, gré*
Aplicacion, *aplication*
Aplicado *apliqué*
Aplicar *apliquer, apuyer*
Aplomar *plomber*
Aplomado *plombé*
Apocadamente *chichement*
Apocado *eschars, chiche, vilain*
Aplocamiento *diminutio, bassesse*
Apocar *estre chiche, diminuer*
Apodador, *Moqueur, brocardeur, Qui prise.*
Apodamiēto *taxatiō, taux, prix*
Apodo, *Idem.*
Apodar *taxer, brocarder, des-aproprier, depriser, parāgonner.*
Apoderamiento, *Seigneurie*
Apoderado, *Puissant, estably.*
Apoderar *S'emparer, Seigneurier, S'establir, Se rendre puissant.*
Apoliliado, *Rongé de tignes.*
Apolillar *estre rongé de tignes*
Apolilladura *Rongeure de tignes*

Apoplexia, *Apoplexie*
Aporcadura *sillonnement, couurement d'herbes soubs le rayon*
Aporcar *labourer, sillonner, couurir des herbes soubs le rayon*
Aporfia *A l'enuy, à qui mieux, mieux.*
Aporreado *assommé*
Aporreadura *frapure, frapemēt*
Aporreamiento *frapement*
Aporrear *fraper, battre à coups de baston*
Aporreo *frapement*
Aportado *abordé, arriué*
Aportar *Aborder, arriuer*
Aportillar, *faire breche, faire vn trou ou passage dans vn mur*
Aposentado, *Logé, locataire*
Aposentador, *Qui loge, hoste*
Aposentadora *hostesse qui loge*
Aposentamiento *logis hostelerie*
Aposentar *loger*
Aposentar arboles *planter & mettre d'ordre les arbres*
Aposentador de Principe *fourrier, ou marechal des logis*
Aposentillo *chambrette, petite chambre*
Aposento *chambre, logis.*
Apossessionado *qui est en possession*
Apossessionamiento *possession*
Apossessionar *estre en possession*
Aposta *expres, a escient*
Apostar, *gager, faire gageure*
Apostata *apostat*
Apostatar *apostater, affecter*
Apostema *aposteme*
Apostemacion *aposteme*
Apostemar *apostumer*

Apostolico, *Apostolique, d'Apostre.*
apostura, *Bône façon, bon maintien, garbe.*
apoyar, *Appuyer, Soustenir.*
apoyo, *Appuy.*
apreciado, *Prisé, Mis à prix.*
apreciador, *Priseur*
apreciadura, *Estimation, Prix.*
apreciamiento, *Appreciation, Prix.*
apreciar, *Priser, estimer, apreciér.*
aprecio, *Prix.*
aprehender, *Aprehender.*
apregonado, *Crié, divulgué.*
apregonar, *Crier, divulguer.*
apremiado, *Contraint, pressé.*
apremiadura, *Contrainte.*
apremiar, *Presser, Contraindre, serrer, forcer.*
apremio, *Pressement, contrainte.*
aprender, *Aprendre.*
aprendiz, *Aprenty.*
aprendizadgo, *aprentissage.*
apressuradamente, *Hastivement.*
apressurado, *Hastif.*
apressuramiento, *Hastiveté.*
apressurar, *Haster.*
apressuroso, *Hastif.*
apretadamente, *Estroitement, Serrément.*
apretado, *Pressé serré.*
apretamiento, *Estreinte, pressement.*
apretar, *Presser, Serrer, Estreindre.*
apretura, *Pressement.*
apriessa, *à la haste, hastivement,*

en folle.
aprieto, *Pressement, destroit, foule, presse.*
aprisco, *Tect, Bergerie, estable.*
apriscon, *Estable, bergerie, tect.*
aprisionado, *Emprisonné.*
aprisionamiento, *Emprisonnement.*
aprisionar, *Emprisonner*
apropriacion, *Ressemblance, Apropriement.*
apropriar, *Aproprier, faire sembler.*
apropriacion, *Comparaison.*
aprouacion, *Preuue, aprobatiō.*
aprouado, *Experimenté, aprouué, esprouué.*
aprouar, *Experimenter, aprouuer, esprouuer.*
aprouecer, *Profiter, augmenter.*
aprouecimiento, *Profit, acroissement.*
aprouechamiento, *Profit.*
aprouechar, *Profiter, augmenter.*
a prueua, *A l'espreuue, à l'essay.*
apuesta, *Gageure.*
apuestamente, *Proprement, à propos.*
apuesta cosa, *ornement.*
apuesto *de bonne grace, adroitement*
Apuñadura, *frapemēt de poings*
apuñar, *fraper de poings.*
apuñear *faire a coups de poing*
Apuntaladura *estayement, soustenement*
apuntalar *apuyer, estayer, soustenir*
apuntamiento *apointement, demonstration*

apuntar

A Q

Apuntar, *Noter, Apointer, Monstrer, Marquer, aiguiser, viser, Rencontrer, Poindre.*
Apuntillar, *Fraper du pied.*
Apunto, *Apoint.*
Apurado, *Pur, Espuré, Rassiné.*
Apurar, *Espurer, Rendre plus parfait, Rassiner.*

A C

Aquedado, *Arresté, Retenu.*
Aquedador, *Qui retient, Qui arreste.*
Aquedar, *Arrester, Retenir, Demourer.*
Aquel, *Celui-là.*
Aquella, *Celle-là.*
Aquello, *Celui-là.*
Aquello, a, o, *Cestuy, Ceste, Cestuy.*
Aqueste, *Cestuicy.*
Aquesta, *Ceste cy.*
Aquesto, *Cestuicy.*
Aquende, *Deça.*
Aquexadamente *hastivement, à la haste*
Aquexado *hasté, pressé*
Aquexamiento *haste, diligence, poursuitte*
Aquexar *haster, presser*
Aqui *icy*
Aquitar *aquitter*

A R

Ara *or sus, or donc*
Ara *la pierre sacrée de l'autel*
Arada *lieu labouré & à labourer*
Arado *charrue à labourer*
Arador *laboureur*
Arador de la mano *ciron*

A R

Arador *son petit ver qui ronge la cire, mitte*
Aradro *charrue à labourer*
Aradura, *Labourage.*
Arajeda, *Le cœur de la charrue.*
Arar, *Labourer.*
Arambel, *Façon de tapisserie.*
Arambrado, *Couloure de cuivre.*
Arambrar, *Colorer de cuivre.*
Arambre, *Cuivre, Airain.*
Araña, *Araigne, animal.*
Araña, *Vive, poisson.*
Arañado, *Esgratigné.*
Arañador, *Esgratigneur.*
Arañar, *Esgratigner.*
Arañento, *Araigneux.*
Araño, *Esgratigneure.*
Arañuelo, *Engin à prendre oiseaux.*
Aranzel, *Ordonnance de quoy que ce soit, Tableau où l'on attache l'ordonnance à l'hostellerie, ou ailleurs.*
Arbitrador, *Qui arbitre.*
Arbitrar, *Arbitrer, Iuger.*
Arbitrario, *Arbitraire*
Arbitrio, *Arbitrage, Arbitre.*
Arbitro, *Iuge, Arbitre.*
Arbol, *Arbre.*
Arbolar, *Arborer, Eslever.*
Arbolecer, *Devenir arbre.*
Arboleda, *Bocage, Lieu plein d'arbres.*
Arborcillo, *Petit arbre*
Arborillo, *Petit arbre*
Arca, *Coffre.*
Arcabuco, *Bocage espais*
Arcabuz, *Harquebus.*
Arcabuzaço *harquebusade*
Arcabuzear *harquebuser*
Arcabuzeria *harquebuserie*

C

AR

Arcabuzero *harquebusier*
Arcaduçar *conduire*
Arcaduco *conduit large*
Arcaduz *tuyau de fontaine*
Arcangel *archange*
Arcaz *grand cofre de bois*
Archero *archer*
Archezuelo *petit archer*
Archibribon *maistre gueux*
Arcedianadgo *office d'Archediacre*
Arcediano *Archediacre*
Arcipielago *archipelague.*
Arciprestadgo *Archiprevtré*
Arcipreste *Archiprêstre*
Arco, *Arc, voulte, cercle*
Arçobispado *Archevesché*
Arçobispo *archevesque*
Arçobispal *d'Archevesque*
Arçobispalia *Archevesché*
Arçon *arçon de selle*
Arcon *grand coffre*
Ardid *finesse, ruse de guerre, stratageme*
Ardid *avisé, fin, habile*
Ardido *brulé*
Ardiente *ardant*
Ardientemente *ardamment*
Ardimento *hardiesse*
Ardimiento *bruslure*
Ardor *Ardeur*
Arduamente *difficilement*
Arduo *dificile*
Arebentamiento *crevement*
Arebentar *crever, acravanter*
Arena *sable, sablon*
Arenal *sablonniere*
Arenga *harangue*
Arenisco *de sablon*
Arenoso *sablonneux*
Arestin *esparuin de chevaux*,

AR

mal de teste, comme tigne
Arexaque *martinet oiseau*
Argadijo *invention, devidoir*
Argalia *Instrument de barbier, sonde*
Argamassa *chaux mise avec sable, argille terre*
Argueña *besace, bissac*
Argolla *boucle, aneau de fer, carquan*
Argollia *carquan où l'on attache les larrons.*
Arguir, *Arguer, Obiecter.*
Argullo, *Orgueil*
Argullosamente, *Orgueilleusement.*
Argulloso, *Orgueilleux.*
Argumentador, *Qui argumente.*
Argumentar, *Argumenter.*
Argumento, *Argument.*
Arisca, *Facheuse.*
Ariscar, *Esgratigner.*
Arista, *Tige, Espy.*
Aristologia, *Sarrasine, herbe.*
Aritmetica, *y arismetica, Arithmetique.*
Armada, *Armee, tente à loger.*
Armado, *Armé*
Armadura, *Armure*
Armandijas, *Lacets à prendre animaux.*
Armar, *Armer.*
Armar vna cama, *Dresser vn lict.*
Armar ballesta, *Bander l'arbaleste.*
Armario, *Armoire.*
Armas, *Armes, Armoiries, Devises.*
Armatoste, *Bandage d'...*

Armazon, *Bois de lict, Eſtan-*
çonnement.
Armella, *Anneau, Boucle*
Armero, *Armurier.*
Armiño, *Hermine, ſorte de rat.*
Armonia, *Harmonie*
Armoniaque gomma, *Gom-*
me Ammoniac.
Armuelles, *Arroches, herbe.*
Aro, *Cercle.*
Aroadillo, *Roüet à filer.*
Arquear, *Courber en arc.*
Arquero, *Artiller, faiſeur d'arcs*
Arqueta, *Petit coffre*
Arqueton, *Grand coffre*
Arquetoncillo, *Petit coffre*
Arquilla, *Coffret*
Arrabal, *Fauxbourg de ville.*
Arracife y arrecife, *Chemin*
pavé.
Arraez, *Barquerol, Nautonnier.*
Arraygado, *Enraciné*
Arraygadura, *Pouſſement de*
racines.
Arraygar, *Pouſſer racines, En-*
raciner.
Arrayan y arrhayan, *Myrte*
arbriſſeau.
Arrayanal, *Lieu plein de myr-*
tes.
Arrayz, *Le patron d'une galeotte*
Arrayz, *Tout ras, Dez la raci-*
ne, au long & au large.
Arrancadas, *Pendans d'oreilles.*
Arrancado, *Arraché*
Arrancador, *Arracheur.*
Arrancadura, *Arrachement.*
Arrancamiento, *Arrachement*
Arrancar, *Arracher, Tirer*
Arras, *Erres que l'on donne pour*
ſeureté.

Arraſado, *Ras, raſé*
Arraſadura, *Raſement, Ra-*
ſure.
Arraſamiento, *Raſement, em-*
pliſſement.
Arraſar, *Raſer, Emplir*
Arraſar la medida, *Raſer le*
boiceau.
Arraſtrado, *Trainé, Tiré par*
force.
Arraſtradamente, *Entrainant*
par force
Arraſtradura, *Trainement*
Arraſtramiento, *Tirement, trai-*
nement
Arraſtrar, *Tirer par force, trai-*
ner, Tirer un criminel à qua-
tre chevaux
Arratonado, *Rongé de rats.*
Arratonadura, *Rongement de*
ſouris.
Arratonamiento, *Rongement*
de rats.
Arratonar, *eſtre rongé de Souris*
Arraxaque *Fourche à trois doigs*
Arreadamente, *Orneement, par*
ordre
Arrear *Arranger, mettre d'or-*
dre, orner
Arrebañadura *Amas, amonce-*
lement
Arrebañamiento *Amas, a-*
moncelement
Arrebañar *Amaſſer, amonceler*
Arrebatadamente *Violément,*
haſtivement, ſoudain.
Arrebatado *Viſte, violent, pre-*
cipité
Arrebatador *Raviſſeur*
Arrebatadora *auc Oyſeau de*
proye, raviſſant.

C ij

AR

Arrebatamiento, *Impetuosité, effort, violence.*
Arrebatar *Rauir par force, arracher, attraper, precipiter.*
Arrebatina, *Rapine.*
Arreboçado, *Qui a le visage couuert.*
Arreboçar, *Se couurir le visage.*
Arrebolar, *Farder de rouge, Estre peint de rouge, comme les nues*
Arrebol, *Rouge à farder.*
Arreboles, *Nuées rouges.*
Arreboluer, *Embrouiller*
Arreboluimiento, *Embrouillement.*
Arrebueltamente, *Embrouillement.*
Arrebuelto, *Entourné, Enueloppe, embrouillé*
Arrebujado, *Accroupy.*
Arrebujadura, *Accroupissement*
Arrebujamiento, *Accroupissement.*
Arrebujadamente, *Estant accroupy.*
Arrebujar, *Courber, Accroupir, Se couurir.*
Arrebuxar, *idem*
Arrechadura, *Arresement.*
Arrechar, *Arrester.*
Arrecho, *Arressement.*
Arredradamente, *En arriere.*
Arredrado, *Reculé, retiré.*
Arredradura, *Reculement*
Arredrar, *Reculer, retirer en arriere, oster, chasser arriere.*
Arregaçar, *Trousser.*
Arregaçado, *Troussé*
Arregostar, *Tourner à manger de quelque chose, desirer de remanger, estre affriandé.*

AR

Arrejada, *Le curoir de la charrüe*
Arrellanadamente, *Tout plat à terre.*
Arrellanadura, *Siege à terre.*
Arrellanamiento, *Siege contre terre.*
Arrellanar, *S'asseoir en terre.*
Arrelde, *Poix de quatre liures.*
Arremangado *troussé, ceint*
Arremangadura *troussure, enceinte*
Arremango *troussure*
Arremangar *trousser, ceindre sur les reins*
Arremeter *assaillir, agresser, courre sus, enuahir, choquer*
Arremetida *irruption, assault, choc*
Arremetimiento *choc, assault, attaque*
Arremetido *assailly*
Arremolinar *reculer, se retirer à part*
Arremuda *tour à tour*
Arrendado *arrenté*
Arrendador *arrenteur, qui donne & prend à rente*
Arrendamiento *arrentement*
Arrendar *arrenter*
Arrendar *attacher la bride*
Arrendar el cauallo, *Brider, attacher par la bride.*
Arreo, *Parement, ornement, arroy.*
De arreo, *Consecutiuement, l'vn apres l'autre.*
Arrepastar, *Pasturer, Faire paistre.*
Arrepentidamente, *En repentant.*

arrepentido, *Qui se repent, Penitent.*
arrepentimiento, *Repentance.*
arrepentir, *Repentir.*
arrepiso, *Repenty.*
arrequiue, *Certaine parure de femme, pompe.*
arrexaque, *Fourche a trois dents, Fourchette de table.*
arreziamiento, *Affermissement.*
arreziar, *s'affermir, releuer de maladie, se fortifier.*
arrezil, *Rauine d'eau.*
arriate, *Vne chaussée, un chemin.*
arriba, *En haut, par cy deuant.*
arribar, *Aborder, arriuer, aprocher.*
arriesgado, *Auantureux, hazardeux.*
arriesgamiento, *Hazard.*
arriesgar, *Hazarder, auanturer.*
arriesgo, *Hazard, auanture.*
arrimado, *Apuyé.*
arrimadura, *Apuy, Aprochement.*
arrimar, *Apuyer, Ioindre, Aprocher.*
arrimo, *Abord, Apuy, Aproche.*
arrinconado, *Reduit en vn coing.*
arrinconadura, *Retirement en quelque coing.*
arrinconamiento, *Retirement dans vn coing.*
arrinconar, *Reduire en vn coing, musser, reculer, cacher en quelque coin.*
arriscadamente, *Hazardeusement.*
arriscado, *Hazardeux, hazardé.*
arriscar, *Hazarder, Estre en dāger.*

arroba, *Sorte de mesure, & sorte de poix de vint cinq liures.*
arrobar, *Peser du poix de 25. liures.*
arrodeamiento, *Tour, tournoyement.*
arrodear, *Circuir, entourner.*
arrodeo, *Tour, tournoyement.*
arrodillado, *Agenouillé.*
arrodilladura, *Agenouillement.*
arrodillamiento, *Agenouillement.*
arrodillar, *Agenouiller.*
arrogancia, *Arrogance.*
arrogante, *Arrogant, presomptueux.*
arrogantemente, *Arrogammēt.*
arrogar, *Attribuer, aduoüer.*
arrojadizo, *Chose à tirer.*
arrojado, *Tiré, jetté, poussé auant*
arrojadamente, *Violemment.*
arrojado, *Tiré, chassé, poussé.*
arrojador, *Tireur, qui chasse.*
arrojar, *Ietter, tirer, pousser.*
arrollar, *Rouler, faire rouleaux.*
arromadizado, *Enrumé, morfondu.*
arromadizar, *Morfondre.*
arrondar, *Arrondir.*
arropar, *Couurir de robes, vestir.*
arrope, *Raisiné, vin cuit.*
arrostrar, *Regarder, tourner le visage.*
arroua, *Sorte de mesure & poix.*
arrouador, *Qui mesure à telle mesure & poix.*
arrouar, *Mesurer à telle mesure ou poix.*
arroxar, *Faire reluire comme Eor.*

C iij

Arroyada, *Ruiſeau, rauine d'eau.*
Arroyar, *Labourer pour la ſecōde fois.*
Aroyo, *Torrent, Ruiſſeau.*
Arroyuelo, *Petit ruiſſeau, Ruiſſelet.*
Arroz, *Du ris.*
Arruga, *Ride, Ply, Froncement.*
Arrugado, *Ridé.*
Arrugadura, *Ridement.*
Arrugamiento, *Ridement.*
Arrulladura, *Bercement d'enfans.*
Arrullar el niño, *Endormir l'enfant, Bercer.*
Arrullar, *Se plaindre comme les tourtes ou pigeons.*
Arrullo, *Le bruit des pigeons qui font l'amour.*
Arrumbada, *Le priué, ou retrait de la galere.*
Arrumbado, *Tumbé d'vn precipice.*
Arrumbar, *Tumber d'vn precipice.*
Arruynado, *Ruiné, deſtruit.*
Arruynar, *Deſtruire, Ruiner.*
Arſenico, *Arſenic.*
Arte, *Art, Meſtier.*
Artejo, *Iointure, Nœud, Arteil*
Artemiſa, *Armoiſe, herbe.*
Artero, *Fin, Ruſé, Experimenté, Fraudeur.*
Arteſa, *Huche à peſtrir.*
Arteſano, *Artiſan.*
Arteſilla, *Petite huche, Huchette.*
Arteſon, *Carré de peinture que l'on fait aux lambris*
Articular, *Faire articles.*

Articulo, *Article.*
Artifice, *Artiſan.*
Artificial, *Artificiel.*
Artificialmente, *Artificiellement.*
Artificioſamente, *Artificiellement.*
Artificio, *Artifice.*
Artificioſo, *Artificiel.*
Artillado, *Muny d'artillerie.*
Artillar, *Munir d'artillerie.*
Artilleria, *Artillerie.*
Artillero, *Canonnier.*
Artimaña, *Dol, Fraude, Ruſe, Fineſſe.*
Artimañoſo, *Fin, Ruſé.*
Artiſta, *Artiſte.*
Arueja, *Pois, Legume.*
Aruejal, *Lieu ſemé de pois.*
Aruejalua, *Veſſe ſauuage.*
Aruejon, *Veſſe legume.*
Arruuiar, *Blondir, Reluire comme or.*
Arazenal y Arzenal } *Arcenal*
Arzilla, *Argile, terre.*
Arzon, *Arçon de ſelle.*

A S

As, *Vn point en dé à iouer, vn as.*
Aſa, *Anſe à tenir quelque choſe, Occaſion.*
Aſabiendas, *Exprés.*
Aſaborear, *Aſſaiſonner.*
Aſaco, *A ſac.*
Aſalariado, *Guerdonné.*
Aſalariar, *Guerdonner, Salarier.*
Aſaltos, *En ſurſault.*

AS   AS

Afarabacara, *Cabaret, herbe.*
Afcalonia cebolla, *Efchalottes.*
Afco, *Horreur, Defdain, Mal de cœur, Ennuy.*
Afconder, *Cacher.*
Afcondida, *Cachette.*
Afcondidamente, *Secretement A cachettes.*
Afcondido, *Caché.*
Afcorofo, *Qui fait horreur, Qui fait mal au cœur, Dedaigneux, Poutieux.*
Afcua, *Braife, Rechaud.*
Afelgas, *Bette, herbe.*
Afemejanza, *Tout ainfi comme.*
Afial, *Morailles du marechal.*
Afidero, *Vn crochet.*
Afidiar, *Afsieger.*
Afido, *Acroché, Saifi, Attaché.*
Afidura, *Attache.*
Afilla, *Petite anfe.*
Afilia, *Petite occafion, prife, moyen.*
Afir, *Saifir, Prendre, Acrocher, Attacher.*
Afma, *Courte haleine.*
Afmar, *Eftimer, Efmer.*
Afmatico, *Qui a courte haleine.*
Afna, *Afneffe*
Afnal, *D'afne.*
Afnaldad, *Afnerie, rufticité, Beftife.*
Afnedad, *Afnerie.*
Afnerizo, *Toucheur d'afnes.*
Afnero, *Afnier, Gardeur d'afnes.*
Afnillo, *Afnon, Petit afne.*
Afno, *Afne.*
Afoleamiéto, *Chaleur du foleil*
Afolear, *Eftre bruslé du Soleil.*

Afombrar, *Faire ombre.*
Afpa, *Deuidoir.*
Afpar, *Deuider.*
Afperamente, *Afprement.*
Afperamiento, *Exacerbation, Aprifsement.*
Afperear, *Afprir, faire afpre.*
Afpereza, *Afpreté.*
Afpero, *Afpre, Raboteux, Dificile.*
Afpramente, *Afprement, Dificilement.*
Afpro, *Afpre, Dificile.*
Afquerofidad, *Dedain.*
Afquerofo, *Qui fait horreur, Qui fait mal au cœur, Dedaigneux.*
Afre, *Erable, arbre.*
Affaderia, *Roftifferie.*
Affaderillo, *Petite broche.*
Affadero, *Broche à roftir.*
Affado, *Rofty.*
Affador, *vne broche.*
Affadorcillo, *Petite broche.*
Affadura, *La freffure.*
Affar, *Roftir.*
Affaeteado, *Frapé de fleches.*
Affaeteador, *Tireur de fleches.*
Affaetear, y Affaetar, *Tirer à coups de fleches.*
Affaz, *Affez.*
Affeadico, *Propre, Poly, Ioliet, Ioly.*
Affeado, *Gentil, Propre, Bien en point, Ioly.*
Affear, *Orner, aproprier, enioliuer.*
Affegurado, *Affeuré.*
Affegurador, *Qui affeure.*
Afseguramiento, *Affeurance.*
Affegurar, *Affeurer.*

C iiij

assensios, *Absynthe, herbe.*
assentadamente, *Posément.*
assentaderas, *Les fesses.*
assentado, *Assis, disposé.*
assentador, *Qui assiet, qui dispose.*
assentamiento, *Seance, disposition.*
assentar, *Asseoir, disposer, assieger entrer au seruice de quelqu'vn, remarquer, affermir.*
asseo, *Ornement, parure, enjoliuement.*
asserrador, *Scieur.*
asserradura, *Sciciure, culimure de bois ou fer.*
asserrar, *Scier.*
asseruar, *Garder.*
assestadamente, *Droit auec visée.*
assestado, *affusté pour tirer.*
assestadura, *Visée, adresse.*
assestar, *S'adruster, s'affuster pour tirer, viser.*
assessor, *Assesseur.*
assi, *Ainsi, pareillement.*
assiento, *Fondement, Siege, assiete, demeure.*
assientos, *Lie, excremens, bourbe.*
assignacion, *Assignation.*
assignar, *Assigner.*
assique, *Doncques.*
assistencia, *Assistance.*
assistente, *Qui assiste.*
assistir, *Assister.*
assolado, *Destruit, desert.*
assoladura, *Desolation.*
assolamiento, *Ruine, destructiõ.*
assolar, *Deserter, desoler, rendre vn lieu desert*

Assolucion, *Absolution.*
Assoluer, *absoudre.*
Assolutamente, *absolument.*
Assomada, *Vn lieu eminent.*
Assomado, *Qui se monstre à la fenestre.*
Assomar, *Se monstrer à vne fenestre, Arriuer, Commencer à paroistre.*
Assombrado, *Espouuanté, estonné, estourdy.*
Assombramiento, *Estonnement.*
Assombrar, *Estonner, espouuanter.*
Assombro, *Estonnement.*
Assonadas de guerra, *Expedition de guerre.*
Assonado, *Conuoqué, Apellé.*
Assonador, *Qui accorde le chant qui conuoque.*
Assonar, *Conuoquer, Accorder le chant, apeller.*
Assoplado, *Soufflé.*
Assoplador, *Soufflet à feu.*
Assoplar, *Soufler.*
Assordado, *Assourdi, Sourd.*
Assordamiento, *Assourdissemēt.*
Assordadura, *Assourdissement.*
Assordar, *Assourdir.*
Assossegadamente, *A repos.*
Assossegado, *Rassis, Reposé, à repos.*
Assossegar, *Apaiser, Mettre en repos.*
Assossiego, *Repos, Tranquillité.*
Assulcado, *Sillonné.*
Assulcador, *Laboureur, qui fait des sillons.*
Assulcar, *Labourer, faire des sillons.*
Assulco, *Sillon.*

A S

Aſſuelto, *abſous, expedié*
Aſſuncion, *aſſemption*
Aſta, *Le fuſt ou bois de lance ou de picque.*
Aſtil, *Fuſt, hante*
Aſtil. *La tige des herbes.*
Aſtil de la coluna, *Le corps de la colonne*
Aſtilejos, *Orion, Signe du ciel*
Aſtilla, *Coupeau de bois, eſclat.*
Aſtilla a aſtilla, *A petites pieces, Par eſclats.*
Aſtillado, *Rompu par pieces, par eſclats.*
Aſtilladura, *Eſclattement.*
Aſtillar, *Eſclatter par morceaux.*
Aſtenir, *Abſtenir.*
Aſtinencia, *Abſtinence*
Aſtrologal, *d'Aſtrologue*
Aſtrologia, *Aſtrologie*
Aſtrologo, *Aſtrologue.*
Aſtroſo, *Infortuné, Deſaſtré, Né ſous mauuais aſtre.*
Aſtucia, *Fineſſe.*
Aſtutamente, *Finement*
Aſtuto, *Fin, ſage, auiſé, accort.*

A T

Atabal, *Tambour imperial.*
Atabalero, *Tambourineur.*
Atabalillo *Petit tambour*
Atacado, *Attaché.*
Atacadura, *Attachement.*
Atacar *Attacher*
Atacar les calças *Aiguilleter*
Atado *lié, empeſché, attaché*
Atador *qui lie, lieur*
Atadura *liure, attache*
Atamiento *Attachement*
ataharradura *Accouſtrement de la croupiere*
Ataharrar *mettre la croupiere*
Ataharre *croupiere*
Atahona *moulin à aſnes & à bras*
Atahonar *Moudre à tel moulin*
Atahoneria *L'ouurage de tel moulin*
Atahonero *faiſeur de tel moulin, muſnier*
Atahorma *ſorte d'aigle à la queue blanche*
Atahud *Biere, cercueil*
Ataifor *un contoir, ſorte de plat creux*
Atajado *entrecoupé, empeſché*
Atajador *qui empeſche*
Atajador de ganado *larron de beſtail*
Atajar *empeſcher, interrompre, couper, abreger*
Atajar ganado *deſrober, chaſſer le beſtail*
Atajo *empeſchement, abregé, adreſſe de chemin, route*
Atalar *deſtruire, ruiner*
Atalaya *ſentinelle, eſchauguette*
Atalaya *un eſpion, une ſentinelle*
Atalayador *qui fait la ſentinelle*
Atalayamiento *eſpiement*
Atalayar *eſpier, regarder, eſtre en ſentinelle*
Atalayero *ſentinelle*
Atambor *Tabour, Tabourineur*
Atamborcillo *petit tambour*
Atamborear *ſonner du tabour, tabouriner*
Atamiento *liure attache*
Atanazeado *Tenaillé*
Atanazeador *Tenailleur*
Atanazear *Tenailler*

A T

Atañer *Apartenir*
Atanor *Canal, tuyau*
Atanquia *Remede à oster le poil*
Atapadera *Couuercle*
Atapadero *Couuercle*
Atapado *estoupé, couuert, bouché*
Atapar *couurir, boucher, estouper, cacher.*
Atapiar *Faire murailles de terre*
Atapiada, *Muraille de terre.*
Atapierna *Iarretiere*
Atar *lier, attacher.*
Ataraçana *Arcenal, port de mer*
Atarse *Tamaris arbrisseau*
Atascadero *Bourbier*
Atascado *embourbé*
Atascar *estre embourbé*
Atauiado *attifé, orné, paré*
Ataud *Biere, cercueil*
Atauiar *Aproprier, accommoder, parer*
Atauio *Ornement, parure, attiffement*
Atauxia *Marqueterie d'or & d'argent*
Atemorizado *Effrayé, espouuanté*
Atemorizador *qui effraye*
Atemorizadamente *Effrayément*
Atemorizamiento *effroy, frayeur*
Atemorizar *effrayer, espouuanter, faire peur*
Atencion *Entente, intention*
Atener *estre attaché, tenir*
Atenido *Attaché*
Atender *Entendre*

A T

Atentado *Attenté*
Atentamente *Soigneusement*
Atentar, *Essayer, Attenter*
Atentar a escuras, *tastonner*
Atento, *Attentif*
Atenazadas, *A coup de tenailles*
Atenazado, *Tenaillé*
Atenazadura *Tenaillement*
Atenazar y atenazear *Tenailler*
Aterecer *deuenir roide de froid, transir*
Aterecido *transi*
Aterecimiento *Trasissement de froid*
Aterido *Trasi de froid, engourdi*
Aterrado *Atterré*
Aterramiento *Aterrissement*
Aterrar *Aterrer, mettre par terre*
Aterrero *Bute a tirer au blanc*
Atesorado *Thesorisé*
Atesoramiento *Thesorisement*
Atesorar *Amasser thresors, thesoriser*
Atestacion *Tesmoignage*
Atestador *Tesmoin, qui tesmoigne*
Atestado *Remply*
Atestar *Remplir*
Atestante *qui tesmoigne*
Atestiguador *qui tesmoigne, tesmoin*
Atestiguamiento *Tesmoignage*
Atestiguar *Tesmoigner*
Atibiar *Tiedir*
A tiempo *Oportunemét, à temps*
Atiento *à tastons*
Atincadura *Soudure auec borax*
Atincamiento *Soudure auec borax*

AT

Atincar *Borax, drogue*
Atinadamente *Auiseément, habilement*
Atinado *auisé, considerant*
Atinar *Considerer, auiser, preuoir, user, deuiner, aspirer, s'adresser au chemin, faire bien.*
Atino *Aduis, prudence, consideration, preuoyance*
Atizado *Attisé*
Atizador *Attiseur, quereleur*
Atizadura *Attisement*
Atizar *Attiser*
Atisbado *Descouuert*
Atisbar *Voir, descouurir, guetter, parole de jargon.*
Ato *Action, acte.*
Atocha *les branchettes ou gousses du geneste d'Espagne*
Atochado *Fol, estourdy*
Atochamiento *Folie*
Atochar *estre fol*
Atolladar *Bourbier, lieu à se veautrer*
Atolladero *Bourbier profond*
Atolladura *Veautrement au bourbier*
Atollar *Veautrer dans la fange*
Atonado *Estonné*
Atonar *Estonner*
Atonitamente *Auec estonnement*
Atonito *Estonné*
Atontado *Estourdy, esbahy, fol*
Atontas *Follement*
Atorçonado *malade de tranchees de ventre*
Atorçonar *deuenir malade de tranchees*
Atordido *Estourdy, estonné*
Atormecer, *Estre engourdy, Engourdir.*
Arormecidamente, *Auec engourdissement.*
Atormecido, *Engourdy.*
Atormecimiento, *Engourdissement*
Atormentado, *Tormenté.*
Atormentador, *Qui tormente.*
Atormentamiento, *Torment*
Atormentar, *Tormenter, Bourreler, Punir.*
Atorre, *Grosse tour*
Atossigado, *Empoisonné.*
Atossigador *Empoisonneur*
Atossigamiento *Empoisonnement*
Atossigar *Empoisonner*
Atraër *Appeller dehors, attirer, tirer*
Atraimiento *Attirement*
Atraylla *lesse de chiens*
Atrayllado *Mené en lesse*
Atrayllar *Mener en lesse*
Atrancadura *Barrement de porte*
Atrancar *Barrer la porte*
Atramuz *Lupin herbe, legume*
Atras *Derriere*
Atrasmano *hors de main*
Atrassado *Redeuable, qui est en arriere*
Atrassar *Mettre en arriere*
Atratiuo *Attirant, qui attire*
Atrauancar *Trauerser*
Atrauessado *Trauersé*
Atrauessamiento, *Trauersement.*
Atrauessar *Trauerser*
Atreguada cosa *Chose certaine & asseuree*
Atreguar *Faire treues*

A L

Atregado y arreguado, fol.
Atregar y arreguar, estre fol.
Atreuado fol par interualle
Atreuidamente hardiment
Atreuidillo petit presomptueux
Atreuido hardy, asseuré, auda-
　cieux, temeraire
Atreuimiento hardiesse, audace
Atreuerse oser, s'asseurer, prendre
　la hardiesse
Atriaca Theriaque
Atriaquero Charlatan, triacleur
Atribuladamente auec ennuy
Atribulado, Ennuyé
Atribular Ennuier
Atribuir attribuer
Atril pupiltre
Atrilejo Valet de miroir ou pour
　tenir quelque chose
Atrinchear faire tranchees
Atronadamente par effroy
Atronado estourdy, estonné
Atronamiento estonnement, to-
　nerre, espouuantement
Atronar estonner, effrayer, es-
　tourdir, tonner
Atropado couuert dans le lict
Atropadura couuerture
Atropamiento couurement
Atropar couurir quelqu'vn au
　lict
Atropellado renuersé
Atropellar renuerser
Atroz fier, cruel
Atrozmente Cruellement
Atruenar tonner
Atruendo bruit de tonnerre
Atruendo Equipage, train
Atufado despité, courroucé
Atufamiento despit
Atufar courroucer, despiter

A L

Atun Thon, thonnine, poisson
Aturdidamente estourdiement
Aturdidadura estourdissement
Aturdido estourdy
Aturdimiento estourdissement
Aturdir estourdir
Atuerto A tort

A V

Auanillo Vn esuantail
Auarraz Staphisaigre herbe
Auaricia Auarice
Auarientamente Auarement
Auariento auare, chiche
Auaro Auare
Auassallar Assuiettir
Audaz Vaillant, hardy
Audiencia Audience
Auditor Auditeur
Auditorio Auditoire
Aue Oiseau
Aueja Mouche à miel
Auenencia Accord, conue-
　nance
Auenida descente, venüe, arriuee
Auenado Fol, insensé
Auenado D'auoine
Auena Auoine
Auellacado Meschant
Auellacamiento Meschanceté
Auellacar faire meschant
Auellana Noisette fruit
Auellanado Vieillard qui se por-
　te bien
Auellanarse s'enuieillir
Auellano coudre, noisiller, ar-
　bre
Auellanedo Coudraye
Auenedizo Estranger, surue-
　nant

Auenida de agua, *rauine d'eau, inondation*
Auenimiento, *Aduenement.*
Auenir, *Accorder, conuenir, assembler*
Auentadero, *Esuantail*
Auentado, *Esuanté.*
Auentador, *Esuantail*
Auentajadamente, *auantageusement.*
auentajado, *Auantageux, surpassant*
auentajamiento, *Auantage.*
Auentajar *Surpasser, auoir de l'auantage s'auancer*
Auentadura *Esuantement*
Auentamiento *Repos du bestail couché contre terre*
Auentanado *Fenestré*
Auentanar se *Se mettre à la fenestre*
Auentar *Esuenter, faire un petit vent, venter le bled*
Auentar se el ganado *Prendre le frais, coucher à terre*
Auentura *Fortune, auanture*
Auenturado *Hazardeux, heureux*
Auenturar *S'aduenturer, hazarder*
Auenturero *Aduanturier*
Auer *Auoir*
Auer *Auoir, richesse*
Aueramia *Pochecuillere oiseau*
Auergonçadamente *Honteusement*
Auergonçado *Infame, impudent, honteux*
Auergonçar *Honnir, deshonorer*
Auergonçamiento *Impudence*

Aueriguacion, *Enqueste, verification*
Aueriguado *Verifié, veritable*
Aueriguador *Enquesteur*
Aueriguamiento *Verification*
aueriguar *verifier, auerer*
auestruz *austruche oiseau*
auezado *acoustumé*
auezamiento *coustume*
auezar *acoustumer*
auezes *l'un apres l'autre, quelquefois, par fois*
auezilla *petit oiseau*
auezinar *auoisiner, aprocher*
auezindar, *aprocher, auoisiner, se faire bourgeois*
auezo, *coustume*
auiamiento *acheminement*
auiar *acheminer*
auieldar *esuenter*
auiento *Repos du bestail couché contre terre quand il prend le frais*
auiesso *de trauers, à rebours, desuoyé, au contraire*
auilanteza, *bassesse, poltronnerie*
auinenteza *conformité*
auisadamente *accortement*
auisado *auisé, accort*
auisar, *auiser, estre accort*
auiso *aduis, accortise, conseil, prudence*
aula *sale où l'on fait leçon*
aullador *crieur, hurleur*
aullamiento *hurlement*
aullar *hurler*
aullido *hurlement*
aullo *hurlement*
aumentamiento *augmentation*
aumentar *augmenter*
aumentado *augmenté*

A V

Aumento, *Acroissement.*
Aumentador, *Qui augmente.*
Aun, *Encore.*
Aunar, *Assembler.*
Aunque, *Iaçoit que.*
Aun no, *Non encores.*
Ausencia, *Absence.*
Ausentar, *Absenter, Estre absent*
Ausente, *Absent.*
Autentico, *Authentique.*
Autillo, *Cheueche, oyseau.*
Auto, *Acte.*
Autonada, *Automne.*
Autoridad, *Authorité.*
Autor, *Autheur.*
Autorizado, *Authorisé.*
Autorizamiento, *Authorisement.*
Autorizar, *Authoriser.*

A X

Axaqueca, *Migraine, douleur de (teste.*
Axaraca, *un lacet.*
Axarafe, *Vne galerie.*
Axedrea, *Sarriette, herbe.*
Axedrez, *Eschiquier à iouer, Damier.*
Axenjos, *Absynthe.*
Axenus, *Nielle, herbe.*
Aximenez, *Abry au soleil.*
Axorca, *Bracelet, Iarretiere*
Axuaguas, *Esparuins, Malandres*
Axuar *Meuble, utensile, Mesnage*

A Y

Ay, *Là, en ce lieu là.*
Ay, *Las, Helas, Ah.*
Ayantar, *Le disner*
Ayer, *Hyer.*
Ayna, *Promptement, Vistement.*
Ayo, *Gouuerneur d'un ieune Prince, d'un grand, Nourrissier.*
Aya, *Nourrissiere, Gouuernante.*
Ayradamente, *En cholere.*
Ayrado, *Courroucé.*
Ayramento, *Courroux.*
Ayrar, *Courroucer.*
Ayre, *Air, vent,*
Ayre, *Façon, bonne grace.*
Ayrezillo, *Petit vent, ventelet.*
Ayrosamente, *De bonne grace.*
Ayroso, *Gaillard, de bonne grace, aëré.*
Ayslado, *Fait en façon d'isle, retiré dans une isle*
Ayslar, *Estre en façon d'isle, estre isle.*
Ayuda, *Ayde, secours.*
Ayuda, *Supositoire, clystere.*
Ayudador, *Qui ayde.*
Ayudar, *Ayder*
Ayunar, *Ieusner.*
Ayuno, *Ieusne, qui ieusne.*
Ayunque, *Enclume.*
Ayuntadamēte, *Ensemblemēt, Vnanimement.*
Ayuntado, *Assemblé, Conuoqué.*
Ayuntamiēto, *Assemblee, Conuocation, Maison de ville, Conionction.*
Ayuntar, *Ioindre, Accommoder, Adiouster, assembler.*
Ayuso, *En bas, ius.*

A Z

Az, *Fagot.*
Azache, *De la soye.*
Azafran, *Safran.*
Azaguan, *L'entree du logis.*
Azagaya, *Iaueline.*
Azahar, *Fleur d'oranger.*
Azar, *Hasard, as en dé.*
Azarcon, *Plomb brulé, minium.*
Azarotes, *Sarcocole, drogue.*
Azauaje, *Agathe, iayet, pierre.*

A Z

Azcona, *Traict, dard*
Azebuchal, *Lieu plein d'oliuiers sauuages*
Azebuche, *Oliuier sauuage*
Azebo, *Houx, arbre.*
Azeche, *Terre noire, attrament.*
Azedar, *Aigrir, enaigrir.*
Azeder, *Deuenir aigre*
Azedera, *Ozeille, herbe*
Azederilla, *Petite ozeille*
Azedia, *Aigreur.*
Azedo, *Aigre.*
Azeyte, *Huile.*
Azeytera, *Vaisseau à mettre huile.*
Azeytero, *Huillier*
Azeytoso, *Huileux.*
Azeytuna, *Oliue, fruict.*
Azeytunada, *Saison d'oliues.*
Azeytuno, *Oliuier.*
Azemila, *Mulet de Seigneur.*
Azemilar, *De mulet.*
Azemilero, *Muletier.*
Azerado, *Aceré.*
Azerar, *Acerer.*
Azero, *Acier.*
Azial, *Gourmette de cheual.*
Azicate, *Esperon à la genette.*
Azigue, *Couperose, drogue.*
Aziago, *Iour malheureux, infortune.*
Azogado, *Frotté de vif argent.*
Azogue, *Argent vif.*
Azogar, *Frotter d'argent vif.*
Azre, *Erable, arbre.*
Azul, *Azur.*
Azulaque, *Sorte de ciment, pour les tuyaux.*
Azulejos, *Sorte de pavé peint*
Azumbadura, *Bourdonnement.*
Azumbar, *Bourdonner.*

B A

azumbar, *Spica nardi, Nard drogue.*

B A

Baberon, *La bauiere d'un heaume.*
Bacia, *Bassin.*
Bacilar, *Vaciler.*
Bacin, *Bassin.*
Bacinejo, *Petit bassin.*
Bacinero, *Faiseur de bassins.*
Bacinete, *Morrion, Heaume.*
Bacinilla, *Petit bassin.*
Baça, *Ieu de cartes.*
Baço, *La ratte.*
Baço, *Bis, noir, brun, obscur.*
Bachiler, *Bachelier.*
Bachilleria, *Babillage.*
Badajada, *Coup de cloche.*
Badajada, *Impertinence, sottise.*
Badajear, *Badiner, dire des sottises.*
Badajear, *Sonner les cloches.*
Badajo, *Batail de cloche.*
Badajo, *Sot, lourdault.*
Badajuelo, *Petit sot, petit badault, petit batail de cloche.*
Badana, *Basane, cuir.*
Badea, *Sorte de concombre.*
Badea, *Sorte de bateau.*
Badil, *Fers a attiser le feu.*
Baga de laurel, *Baye, graine.*
Bagaje, *Bagage, hardes.*
Bagajero, *Porteur de bagage.*
Bahari, *Autour, oyseau.*
Baheadura, *Euaporation, Exhalaison.*
Baheamiento, *Vapeur.*
Bahear, *Euaporer, Halener, exhaler.*
Baho, *Vapeur, Halaine, Exhalaison.*

BA

Bahuna gente, *Populace, Menu peuple.*
Baja, *Diminution.*
Baja, *La basse de mer, le reflux, la rade.*
Baja de cuenta, *Rabais.*
Bajar, *Descendre, baisser.*
Bajo de vientre, *Le gras du ventre.*
Bala, *Pelotte, Bale de canon.*
Bala, *Bale de marchandise.*
Baladrear, *Bauarder, brauer.*
Baladron, *bauard.*
Baladronear, *brauer, faire rodomontades.*
Baladroneria, *brauerie.*
Balançar, *Peser à la balance, Balancer.*
Balance, *Balance.*
Balar, *Besler comme les brebis.*
Balax, *Ruby, balay.*
Balazo, *Coup de bale.*
Balcon, *Fenestre sur rue, Apuy.*
Baldio, *Champ commun, oisif.*
Baldia cosa, *Chose publique & commune, cisiue.*
Baldon, *Reproche, iniure, honte, oprobre.*
Baldonado, *A qui on fait honte.*
Baldonar, *Reprocher, iniurier, abandonner, laisser.*
Baldres, *Bauldrier, peaux.*
Baldion, *Bauard.*
Baldroncar, *Bauarder, brauer, causer.*
Balido, *Beslement de brebis.*
Balija, *Valise.*
Balitado, *Cry du faon de biche.*
Balitar, *Crier comme le faon de biche.*
Balon, *Chausses à l'Espagnolle.*

BA

Balsa, *Fosse, baricaue.*
Balsa de agua, *Fosse d'eau croupissante, eau morte.*
Balsamo, *Baume.*
Balsar, *Emplir vne fosse d'eau.*
Ballena, *Baleine, poisson.*
Ballesta, *Arbaleste.*
Ballesta armada, *arbaleste bandee.*
Ballestar, *Tirer de l'arbaleste.*
Ballestear, *idem.*
Ballestero, *Arbalestier, qui fait & tire de l'arbaleste.*
Baltrueto, *Vagabond, coureur.*
Baluarte, *Bouleuart.*
Baluma, *Volume, quantité.*
Bambalear, *branler.*
Bambaneamiento, *Chancellement.*
Bambancar, *Chanceler.*
Bambolear, *branler.*
Bambonear, *chanceler.*
Banasta, *Grand panier, hotte.*
Bancal, *Tapy de banc.*
Banco, *vn banc.*
Banco, *banque, change.*
Bandido, *bany.*
Bandir, *banir.*
Bandolero, *Bany.*
Bandujo, *Farcy, andouille, saucisse.*
Bañado, *baigné.*
Bañador, *baigneur.*
Bañadura, *bain.*
Bañar, *baigner.*
Baño, *bain.*
Baños, *Estiues.*
Banquero, *Changeur, banquier.*
Banquillo, *Petit banc, petit bateau.*
Banquete, *banquet.*

Baque

BA

baque, *cheute*
barahunda, *tumulte, bruit*
barahuſtar, *Faire des baluſtres, tirer & desbander vne machine*
barahuſte, *baluſtre.*
barajada, y baraja, *Meslement de cartes, brouillerie*
barajador, *Mesleur de cartes, brouillon*
barajar, *brouiller, mesler les cartes.*
batanda, *Apuy de galeries, gardefou.*
baratar, *Troquer, changer.*
barateria, *Tromperie*
baratija, *bagatelles, drolerie*
barato, *change, troc.*
barato, *bon marché, vil prix.*
barato dar, *Donner du gain du ieu.*
baraton, *trompeur, troqueur.*
baraz, *brouillement, empeſchement*
barba, *barbe*
barbacanera, *vne putain.*
barbada, *Gourmette de cheual.*
barbado, *barbu*
barbar, *Mettre barbe*
barbadura, *barbeure*
barbaria, *barbarie, ruſticité*
barbaro, *barbare*
barbaramente, *barbarement*
barberia, *boutique à Barbier*
barbero, *barbier.*
barbezilla, *petite barbe*
barbiponiente, *Ieune garçon*
barbo, *Barbeau, poiſſon*
barbudo, *barbu*
barbutija, *bouteille qui ſe fait ſur l'eau quand il pleut*

BA

barbullamiento, *brouillement.*
barbulleria, *brouillerie*
barbullar, *tromper, brouiller*
barbullas, *brouilleries.*
barca, *barque, bateau, eſquif.*
barco, *bateau, barque.*
barda, *Couuerture de muraille, cloiſon.*
bardadura, *Bardeau à couurir.*
bardar, *Couurir les murailles.*
barcuño, bareñon, *Vne terrine.*
barjolera, *Valize.*
barlontear, barloar, *Oueer, aller ſur le vent.*
barlouento, *Le deſſus du vent.*
barniz, *Verny à vernir.*
barnizado, *Verny, verniſſé.*
barnizadura, *Verniſſure.*
barnizar, *Vernir, verniſſer.*
barquero, *Battelier.*
barqueta, *Petit bateau, Petite barque*
barra, *Barre, maſſe, leuier.*
barra, *Argile, terre.*
barraca, *cabane, cahuette, truchee*
barrā, *Ruſtique, hôme de village.*
barragan, *Ieune homme, non marié.*
barragania, *Cælibat.*
barranco, *Barricaue, lieu dificile.*
barrancoſo, *Rude, facheux, plein de baricaue.*
barrar, *Barrer, Croiſer*
barreado, *Barré.*
barrear, *barrer.*
barredera red, *Traineau à peſcher.*
barredero, *balay.*
barredor, *balayeur, qui nettoye.*
barredura, *balayure.*

D

barrenar, Tariere, foret.
barrenar, Trouer, percer, forer, trepaner.
barrenilla, Petit foret.
barrenillo, Trepan de barbier.
barreña, barreño, Vne terrine.
barreñon, idem.
barrendero, Qui balaye.
barreno, Trou, pertuis.
barrer, balayer, agencer, nettoyer.
barrera, barriere.
barrera, Lieu où l'on tire l'argile.
barrial, Lieu où l'on tire l'argile.
barriga, Le ventre.
barriguita, Petit ventre.
barrido, balayé, nettoyé.
barrigudo, Ventru, gros vêtre.
barriguela, Petit ventre.
barril, barril, vaisseau à vin.
barrilejo, Petit barril.
barrio, Contree, rue.
barrisco, Raflade
barro, bouton qui vient au visage
barro, Argile, terre à potier.
barron, Terrine.
barroso, boutonné au visage.
barroso, Argileux.
barrunta, Soupçon.
barruntado, Soupçonné.
barruntar, Soupçonner, douter.
barrunto, Soupçon.
barua, barbe, menton.
baruacana, Auantmur, barbacane.
baruado, Barbu.
baruar, Mettre barbe.
baruasco, Bouillon blanc, herbe.
baruechado, Garette, desfriche.
baruecho, Terre qu'on laisse reposer.

baruechar, Labourer, faire guarets, defricher.
baruechazon, Labourage du printemps, leuement de garetz.
barueria, Boutique à barbier.
baruero, Barbier.
baruilla, Le menton.
baruo, Barbeau, poisson.
basa, Base, fondement.
basa, Bassegue, ieu de cartes.
bascas, Agonie de la mort.
bascoso, Homme qui est en agonie.
basilisco, basilic.
basquear, Estre en agonie.
basquiña, Cotillon de femme.
bastaje Portefais, crocheteur.
bastamente, Lourdement, grossement.
bastante, Suffisant.
bastantemente, Suffisamment
bastar, Suffire.
bastardia, Bastardise.
bastardo, bastard.
bastear, bastir.
bastecer, Fournir, munir.
bastecimiento, Fourniture.
bastimiento, Viure, munition.
bastida, Chasteau fort.
bastidor, Mestier de brodeur.
bastidor, Le poteau de la porte.
bastion, bastion, fort.
basto, Lourd, Grossier, Espais, Rude.
basto, bast d'asne.
baston, baston.
basura, Ordure, balayeüre.
batalla, bataille, combat.
batallar, batailler, combattre.
batalolla, Pieu pour hausser la

BA

couuerture de la galere.
batallon, bataillon.
batan, batoir, Moulin à draps.
batanador, Foulon de draps.
batanadura, Foulement de draps.
batanar, battre les draps, fouler.
batel, bateau.
batelillo, bachot.
bateo, Le baptesme.
bateria, batterie.
batiente, Iambage de porte.
batihoja, batteur d'or ou d'argent.
batihoja, batture d'or ou d'argent.
batir, battre.
batidor, bateur.
batidura, batterie
batimiento, battement.
batido, battu.
batir hoja, Batre or ou argent
baua, baue.
bauadero, Bauette de petits enfans.
bauador, bauette.
bauaza, baue.
baucar, bauer
baucar, barbute
bauosa, Limaçon, escargot.
bauoso, baueux.
Baul, Coffre, bahu
Bausan, Fantosme, Fol, Lourdault.
Bautizar, Baptiser.
Bautismo, Baptesme.
Bautista, Baptiseur.
Bautisterio, Lieu à baptiser.
Baxa, Gué d'eau.
Baxa, Diminution.
baxada, Descente.

BA

Baxadura, Descente.
Baxamente, Bassement, humblement.
Baxamiento, Descente.
Baxar, Baisser, Abaisser, descendre, diminuer.
Baxado, Baissé.
Baxas, Bancs en mer.
Baxel, Bateau.
Baxeza, Bassesse, humilité, vilainie.
Baxilla, Vaisselle d'argent.
Baxio, Bancs dans la mer.
Baxo, Bas, Humble, Abiect, Vil.
Baxo, bac, Auge à porceaux.
Baxo, Soubs, dessoubs.
Baxuelo, Qui est bien bas.
Baxura, Humilité, bassesse.
Baya, Rade.
Baybenes, branles, tours & retours.
Bayladera, Danseresse, baladine
Baylador, Danseur, baladin.
Bayladura, Danse.
Baylar, Danser, baler.
bayle, bal, danse.
bayle, Baillif, Senechal, Iuge.
baylerin, baladin, danseur.

BE

beca, Cornette d'homme de iustice ou d'Eglise, Drap à couurir la gorge.
beçacho, Lippu, qui a les leures grosses.
beço La leure.
beço, Vn baiser.
beçote, Anneau, que les Indiens mettent aux leures
beçudo, Qui a les leures grosses.
beso, Pieds tors, tortu.
befre, bieure, castor animal.

D ii

Beguin, *Religieux, conuers.*
Beguina, *Nonnain.*
Behetria, *Bruit en troupe, Confusion, discord.*
Beldad, *Beauté.*
Bellamente, *Bellement.*
Belleza, *Beauté.*
Belicosamente, *En guerre, vaillamment.*
Belicoso, *Guerrier.*
Bello, *Beau.*
Bellota, *Gland d'arbre, Bouton de fleur.*
Bellotero, *Arbre qui porte le gland, Celui qui amasse le gland.*
Bendezir, *Benir, bien dire.*
Bendicho, *Benist.*
Bendicion, benedicion, *Benediction.*
Bendito, *Benist.*
Beneficiado, *Beneficié.*
Beneficiar, *Bien faire.*
Benficiar la tierra, *Cultiuer la terre.*
Beneficio, *Bienfait, benefice.*
Benignamente, *Doucement.*
Benignidad, *Douceur, Benignité.*
Benigno, *Doux, courtois.*
Beodez, *yurongnerie.*
Beodo, *yurongne.*
Beneuolencia, *Bien-veillance.*
Beneuolo, *Bien voulu.*
Berça, *Des choux, herbe.*
Bercera, *De choux, venderesse de choux.*
Berçuelas, *Petis choux.*
Berengena, *Pommes d'amour.*
Beril, *Beril, pierre.*
Bermejer, *Rougir, Roussir.*
Bermejecer, *Roussir, Rougir.*

Bermejo, *Rouge, roux.*
Bermejuelo, *Rousselet, vn peu roux.*
Bermejura, *Rousseur, Rougeur.*
Bermellon, *Vermillon.*
Bernia, *Robe à la façon d'Hirlande.*
Berraco, *Verrat, porc non chastré.*
Berrear, *Besler comme cheureaux.*
Berriondez, *Chaleur de la truye.*
Berrionda la lochona, *Truye en chaleur.*
Berriondo puerco, *Porc qui gronde.*
Berrocal, *Lieu plein de cailloux.*
Berros, *Cresson, herbe.*
Berrueco, *Precipice, sommet d'vne montaigne.*
Berrueco, *Verrue.*
Berrueco, *Perle cornue, qui n'est ronde.*
Berruga, *Verrue, poreau.*
Berrugoso, *Plein de verrues.*
Besamiento, *Baiser, baisement.*
Besar, *Baiser.*
Beso, *Le baiser.*
Bestia, *Beste.*
Bestial, *de Beste.*
bestialdad, Bestialidad, *Bestise.*
Besugo, *Poisson de mer.*
Betonica, *betoine, herbe.*
Betun, *La cire, qui est à l'entree des ruches.*
Betun, *Gouldron, bitume.*
Betunar, *Gouldronner.*
Beuanda, *Bruuage.*
Beuedizo, *Mauuaise boisson.*
Beuedor, *Beuueur, biberon.*

BE

Beuedora, *Biberonne.*
Beuer, *Boire.*
Beuida, *Boisson, beuette, banquet.*
Beuido, *Beu.*
Bexiga, *Empoule, vessie.*
Bexuco, *Hard à lier, riote.*
Bezado, *Accoustumé.*
Bezar, *Enseigner, accoustumer.*
Bezero, *Qui tient le lieu à son tour.*
Bezo, *Coustume, enseignement.*
Bezerra, *Genisse.*
Bezerrillo, *Petit veau.*
Bezerro, *Veau.*

BI

Biblia, *La bible.*
Bicha, *Vne vipere.*
Bieldo, *Vn van à vanner.*
Bien, *Bien.*
Bienauanturadamēte, *Heureusement.*
Bienauanturança, *Bonheur.*
Bienauanturar, *Bienheurer*
Biengranada, *Botrys, piment, herbe.*
Bienes rayzes, *Biens immeubles.*
Bienhablado, *Courtois, affable.*
Bienhazer, *Bienfaire.*
Bienhecho, *Bien fait.*
Bienhechor, *Bienfaicteur.*
Bien que, *Encore que.*
Bienquerencia, *Bienueillance.*
Bienquistamente, *Amiablement.*
Bienquerer, *Vouloir bien, aymer*
Bienquisto, *Bien voulu.*
Bigornia, *Enclume.*

BI

Bigorda, *Liseron piquant, herbe.*
Bigote, *Moustache de la barbe.*
Billete, *Billet, petite lettre, poulet.*
Billon, *Billon de monnoye.*
Bilma, *Clisse, attelle.*
Bimbrar, *Brasler.*
Birlos, *Quilles à jouer.*
Birrete, *Bonnet.*
Bisabuelo, *Bisayeul.*
Biscocho, *Biscuit.*
Bisabuela, *Bisayeule.*
Bisnaga, *Visnaga, herbe*
Bisnieto, *Arriereneueu.*
Bisnieta, *Petite niepce.*
Bisoño, *Nouueau soldat.*
Bisperas, *Vespres.*
Bissiesto, *Bisexte.*
Bispera, *Veille de feste.*
Bistorta, *Bistorte, herbe.*
Bitor, *Butor, oyseau.*
Biuar, *Clapier, viuier, voliere.*
Biuaro, *Bieure, animal.*
Biuda, *Vefue.*
Biudar, *Faire vefue, estre vefue.*
Biudez, *Vefuage.*
Biudo, *Veuf.*
biucrio, *Bieure, animal.*
biucza, *Viuacité.*
biuienda, *Vie, façon de viure.*
biuiente, *Viuant, vif.*
biuir, *Viure.*
biuo, *Vif.*
biuos, *Bords de vestement.*
biuora, *Vipere.*
Biuorezno, *De vipere.*
bizarrear, *Estre braue.*
bizarria, *Brauerie, Galantise.*
bizarro, *Galant, braue.*
bizma, *Emplastre.*
bizmar, *Emplastrer.*

D iij

B L

blanca, Denier, sorte de monnoye
blanco, blanc.
blanco, blanc où l'on tire.
blancor, blancheur.
blancura, blancheur.
blanchete, Petit chien, turquet.
blandamēte, doucement, mollement.
Blandear, Brandir, Ployer, Ietter de force.
blandico, Douillet, mollet.
blandir, brandir, branler.
blando, Mol, doux.
blandon, Torche, brandon, chandelier à mettre un flambeau.
blandura, Flaterie, mollesse.
blanqueado, blanchy.
blanqueadura, blanchiment de mur.
blanquear, blanchir.
blanquete, blanc d'espaigne.
blanquilla, Petit denier.
blanquibol, Ceruse.
blanquezino, blanchastre.
blasfemado, blasphemé.
blasfemador, Qui blaspheme.
blasfema, blaspheme.
blasfemar, blasphemer.
blasfemia, blaspheme.
blason, Armoirie, blason, vanteries.
blasonar, blasonner, faire armoirie, vanter.
bledo, blettes, herbe.

B O

bobarron, Vn sat, qui n'a point de sens.
bobo, Fol, sot, &c.
boca, La bouche.
boca deslenguada, bouche mesdisante.

B O

boca de noche, Annuittem ent
boca del rio, Embouchure de riuiere.
becaci, boucassin.
bocado, Morsure, bouchee.
bocadillo, Petit morceau.
bocal, bocal, fiole, vaisseau.
boçal, Morrail.
boçal, Nouueau aprenty.
boçar, Esbaucher.
bocaza, grande bouche
bocezamiento, baaillement.
bocezar, baailler.
bocezo, baaillement.
bocellar, vn chaudron.
boço, la premiere barbe, poil folet
bochornamiēto, chaleur estoufee
bochornar, faire chaleur estoufee.
bochorno, Chaleur estoufee.
bocina, Trompette
bodas, Nopces
bodega, caue, celier
bodegon, tauerne, cabaret, hostellerie
bodegonero, cabaretier, tauernier
bodeguero, Sommelier, qui a charge de la caue
bodigo, pain mollet, pai d'offerte
bodoque, Iallet d'arbaleste
boezuelo, beuf peint pour chasser aux perdrix
bofes, Les poulmons
bofetada, Souflet, coup
bofeton, souflet, coup
boffo, meurtrissure
boffo, miche
boga, vogue
bogar, voguer
bohio, cabane à la Indienne

bohordar, courre vn cheual
bohorde, lance a faire licts, masses d'eau
bohordo, Petite carriere de cheual
bohornamiento, course de cheual auec sauts.
boja, pustule, petite vessie
bojar, Enuironner, Entourner
boija, Le liege qui est à la ligne du pescheur
bola, boule, ballon, balle
bolar, voler
bolarmenico, bol d'Armenie
bolatear, voleter
bolcar Rouler, tournoyer, tourniller.
bolcadura, boulement.
bolcar, bouler.
bolco, boulement.
bolilla, boulette, petite boule.
bolla de pan, Tourteau, miche.
bollador, Qui froisse, qui meurtrit.
bollado, Froissé.
bolladura, Meurtrisseure, Foulement.
bollar, Meurtrir, Froisser.
boliiciador, Qui trouble le repos Seditieux.
bolliciar, Esmouuoir, Troubler le repos
bollicio, Tumulte, Sedition, Inquietude.
bollicioso, Inquiet, Remuant.
bollon, bouillon, ampoule.
bollonado, Garny d'ampoules.
bolo, Vol, volee.
bolos, Quilles à iouer.
bohonero, mercier, porteur de balles.

bohordar, Faire licts de masses d'eau
bolsa, bourse.
bolsa de arçon, Gibessiere, Fauconniere.
bolsa del sayo, Ply de l'habit qui fronce.
bolsa natural, bourse virile.
bolsar, Faire plis, bourser, froncer.
bolsico, Petite bourse
bolson, Gibessiere.
boltario, Tournoyant.
bolteador, Voltigeur, faiseur de sauts.
bolteadura, Voltigement, Tournoyement.
boltear, Voltiger, tournoyer.
boltejador, Voltigeur.
boltejar, Voltiger.
boluedizo, Qui retourne.
boluer, Tourner, retourner, rendre.
boluimiento, Retour, tournoyement.
bomba, Pompe à tirer eau.
bombacy, bombasin, estoffe.
bombarda, Canon.
bombardero, Canonnier.
bonança, bonace, Temps calme & prospere.
bonançar, Calmer, appaiser.
bondad, bonté.
bonitacola, Chose assez bonne, Iolye.
bonito, Ioly.
boneta de la naue, Le trinquet.
bonete, Vn bonnet.
bonetero, bonnetier.
bonico, Assez bon Vn peu bon.

D iiij

Boñiga Bouze, ou fiante de bœuf
Boñolero Faiseur de bignetz
Boñuelo Bignet
Bonuaron Seneçon herbe
Boqueada Baaillement
Boqueadura Baaillement
Boquamiento Baaillement
Boquear Baailler, ouurir la bouche, beer
Boqueron Ouuerture, grande bouche
Boquilla Petite bouche
Boquirroto Bauard
Boquirruuio Qui a la bouche rouge, Sot.
Boquisumido, Bouche effondrée
Boquiseco, Bouche seche.
Boquiabierto, Beant, à bouche ouuerte.
Boquita, Petite bouche.
Borbollear, Bouillir.
Borbollita, Boules qui viennent sur l'eau quand il pleut.
Borbollon, Bouillement, bouillon.
Bordado, Brodé.
Bordador, Brodeur.
Bordadura, Brodure, bordure.
Bordar, Broder, border.
Borde, Bord, bordure.
Borde, Bastard.
Bordo, L'abord du nauire, le bord.
Bordon, Baston, bourdon
Bordonero, Mendiant, pelerin.
Borla, Houppe.
Borne, L'aubour du bois.
Borneado, Cambré, tortu.
Bornear, Pancher, Cambrer, faire le bois tortu.

Borni, Espece de faulcon, oiseau.
Borra, Bourre, lie.
Borrachera, y borracheria, yurongnerie, banquet où l'on boit d'autans.
Borracheamiento, yurongnerie.
Borrachear, yurongner.
Borrachez, yurongnerie.
Borracho, yurongne.
Borrachonazo, Grand yurongne.
Borrachuelo, Petit yurongne.
Borrada, Effacement, Rayure.
Borrado, Effacé, rayé.
Borrador, Papier brouillard, bureau.
Borradorcillo, Petit brouillard, bordereau.
Borraja, Bourrache.
Borrar, Effacer, Rayer.
Borradura, Effaceure.
Borrasca, Tempeste.
Borrascoso, Plein de tempeste.
Borrax, Borax, drogue.
Borrego, Aigneau d'un an.
Borreguero, Berger d'aigneaux
Borrica, Asnesse.
Borrico, Asne.
Borron, Effacement, Rayeure, brouillard.
Borujo, Marc, rape.
Borzegui, Brodequin, botte, bottine.
Borzeguineria, Lieu où l'on fait des brodequins.
Borzeguinero, Faiseur de brodequins.
Boslador, Brodeur.
Bosladera, Broderie.
Boslar, Broder.

boscaje, Bocage.
bosque, Bois, bocage.
bosquejado, Esbauché en peinture.
bosquejar, Esbaucher en peinture.
bosquero, Garde bois, homme de bois.
bosquexo, Esbauchement en peinture.
bosquillo, Boquet, Petit bois.
bossada, Vomissement.
bossadura, Vomissement.
bossadina, Vomissement.
bossar, Vomir.
bostezar, Baailler.
bostezo, baaillement.
bota, Tonneau, cuue.
bota, botte, bouteille de cuir.
botado, Mousse, hebeté.
botana, Fistule.
botar, Chasser dehors, pousser.
botas, bottes à chausser.
bote, bond, sault, poussement.
bote, vaisseau
botes, Pots d'Apotiquaire
botero, Tonnelier, faiseur d'oudres à vin.
botezillo, Petit vaisseau.
botiboleo, Entre bond & volee.
botica, boutique d'Apotiquaire.
Boticario, Apotiquaire
botija, bouteille, vaisseau
botilla, bouteille
botiller, vendeur de vin, sommelier
botilleria, Sommelerie
botin, butin
botin, Escarpin de femme
botinero, Qui butine, qui fait le butin.
Botinero, faiseur d'escarpins.
boto, Mousse, espointe, lourd.
boton, bouton, bouton de fleurs.
boton, vn cautere de feu, actuel
botonar, boutonner
botonar, Cauteriser.
bouamente, Follement, Sottement.
bouaron, Lourdault.
boueda, Voulte, barreau de iardin.
bouedad, Sottise.
boucar, Faire le fat.
boucria, Sottise, fadaise.
bouito, Petit badault, follet.
bouo, Fol, lourdault, sot, badin.
box, Bouy, arbre.
boxedal, Boissiere, lieu plein de bouy.
boya, Le liege qui est à la ret à pescher.
boyada, Troupeau de bœufs.
boyar, Mugir comme le bœuf.
boyero, Bouuier.
boyezuelo, Petit bouuier.
boyuno, Apartenant à bœufs.
boz, Voix.
bozal, Bossette.
bozcar, Crier à haulte voix.
bozeria, Crierie.
bozina, Trompette.
bozinglear, Criailler.
bozingleria, Crierie.
bozinglero, Criard.

B R

braça, Vne brasse, vne aulne.
braçada, Vne brassee, vne aulne.
braçal, Brassal, armure.

B R

braçalete *brasselet, brassart arme*
braceár *remuer fort les bras*
braccero *Manouurier, qui a les bras forts*
braço *le bras*
bragas *brayes, chausses*
braguero *brayer*
brama *rugissement, mugissement, rut*
bramar *mugir, rugir estre en rut*
bramear *mugir, rugir, estre en rut*
bramido *mugissement, rugissement*
brasa *charbon ardent, brasier, braise*
Brasero *rechaud, poile à tenir la brase*
Braserico *Rechaud, chaufette*
Braserillo *petit rechaud, chaufette*
Brasil *bresil bois*
Brauamente *Furieusemēt, cruellement brauement*
Brauata *brauade*
Brauear *brauer, estre fier*
Brauera *Soupirail*
Braueza *fierté, cruauté*
Brauo *fier, cruel, sauuage*
Brauoso *Fier, cruel*
Brauura *Fierté, cruauté*
Brea *Poix, gouldron*
Breado *Poissé*
Breadura *Poissemēt de nauires*
Brear *Gouldronner, poisser nauires*
Breço *Bois à faire charbon*
Breços *Verges, houssines*
Bredos *Bétes, herbe*

B R

Brega, *Debat, noise.*
Bregar, *Debatre, quereller, noiser.*
Breña. *Precipice, rocher, lieu aspre, buisson*
Breñal, *Lieu de precipices.*
Breñoso, *Plain de ronces, Espineux.*
Breton, *Reietton de choux, La cime des herbes.*
Bretonica, *Betoine, herbe*
Breua. *Figue meure de premier.*
Breual higuero, *Figuier de premier.*
Breue, *Brief, court.*
Breuedad, *Brefueté.*
Breuemente, *Brefuement.*
Breuiario, *Abregé.*
Brezna, *Luttes, bois à lutter.*
Bribar, *Gueuser, Caimander.*
Bribia, *Gueuserie.*
Bribon, *Gueux, Caimand.*
Bridon, *Homme de cheual.*
Brincador, *Sautelant.*
Brincar, *Fretiller, saulter, sauteler.*
Brinco, *Sault.*
Brindar, *Boire l'un à l'autre.*
Brinquillos, *Gambades, moqueries, bourdes.*
Brio, *Maintien, façon, courage.*
Briosa, *Courageuse.*
Brioso, *Vif, de bonne façon de grand courage.*
Briuar, *Mendier, gueuser.*
Briuoneria, Briuonismo. *Gueuserie.*
Broca, *Clou ou tache à souliers.*
Brocado, *Drap d'or.*
Brocadoriço, *Toile d'or.*
Broçal, *Couuercle du puy, Marseille.*

Brocal, L'emboucheure d'un flacon.
Brochon, Vne grosse branche.
Broma, Ver qui ronge les nauires.
Bromada nauc, Nauire vermoulue.
Broma, L'escume que rend le sauon.
Broncar, Pancher, cambrer.
Bronco, L'ourdauit.
Bronze, Bronze, metal.
Broquel, Bouclier.
Broquelado, Armé de bouclier.
Broquelejo, Petit bouclier.
Broquelero, Faiseur de bouclier.
Broslado, Brodé.
Broslador, Brodeur.
Brosladura, Broderie.
Broslar, Broder.
Brotado, Germé, boutonné.
Brotadura, Bourgeonnement.
Brotar, germer, boutoner, jaillir
Brozno, Rude, Aspre.
Bruças, Le ventre en bas.
Brujulear, Regarder attentiuement.
Bruma, Brume, froid.
Brumar, broyer.
Brumamiento, broyement.
Bruno, Noir, brun.
Bruneta, Drap noir.
Bruñir, Polir, brunir, nettoyer.
Brunos, Prunelles, prunier sauuage.
Bruscamente, Fierement, aigrement.
Brusco, Fier, cruel.
Brusio, Petit houx, arbrisseau.
Brutal, Abesty, brutal.
Brutesco, Lourd, grotesque.

Bruto, brut, abesty.
Bruxa, y bruja, Sorciere qui va de nuit, fresaye.
Bruxear, Estre sorcier, aller de nuit.
Bruxo, Sorcier.
Bruxola, } boussole de nauire
Bruxula,
Bruxulear, Regarder a la boussolle, regarder les cartes en iouant peu à peu, sonder.

B V

Buas, Feu volant, verole.
Bubas, Dartre, rongne, verole.
Buboso, Plein de pustules, verolé.
De buças, De bouche à dent.
Buche, Le gizier d'vn oyseau.
Buchete, Enfleure de bouche, le son que l'on fait en enflant la bouche.
Buelco, Tour, secousse, veautrement.
Buelo, Vol, volee.   (bruit
Buelta, Retour, trouble, tumulte,
Abuelta, Parmy.
Abueltas, En foule, au lieu.
Buelto, Tourné, retourné, troublé, renuersé, rendu.
Bueltos, Ieu de cartes.
Buenamente, bonnement.
buenaboya, Vn qui tire a la rame de sa franche volonté.
bueno, bon, sain.
buetagos, Les poulmons.
bucy, beuf.
bueyero, bouuier.
bueyezuelo, Petit beuf.
bueytre, Vaultour.
bueytrera, Trape à prendre vaultours.

bufalo, *Buffle, animal*
bufar, *souffler*
bufete, *table*
bufido, *soufflement*
bugada, *buee, lessiue*
bugelada, *petite lessiue*
bugeria, *drolerie.*
buho, *Hibou, Chathuant.*
buhoneria, *Mercerie*
buhonero, *Mercier.*
bujarron, *bougre*
bujarronear, *estre bougre.*
bula, *bulle, priuilege*
bular, *marquer*
bular la frente, *marquer le front d'vn fer chaud*
Buldero, *Porteur de bulles.*
bullidura, *Source d'eau.*
bullicio, *Inquietude, Tumulte, Esmotion.*
bullicioso, *Bouillonnant, Inquiet, Tumultueux.*
bulliciosamente, *Sans repos.*
bullir, *Bouillonner, Ietter sources Iaillir.*
bullir, *Mouuoir, Esmouuoir, Troubler.*
bullon, *Sorte de dague, arme.*
bulto, *Vn destour, vn enuelopement.*
bulto, *Statue de relief, Relief, Grosseur.*
buñclero, *Faiseur de bignets.*
buñuelo, *bignet.*
burbuja, *Bouteille qui vient sur l'eau.*
burbujear, *Faire des ampoules ou bouteilles.*
burdegano, *Mulet.*
burdel, *Bordeau.*
burdelear *Bordeler, aller au bordeau.*
burges, *Bourgeois.*
burla, *Ieu, moquerie, tromperie.*
burlar, *Moquer, Tromper, Iouer.*
burlario, *Moqueur.*
burlon, *Moqueur, Facetieux.*
buril *Burin à grauer.*
burilada, *Coup de burin.*
burra, *Asnesse.*
burro, *Asne.*
burrada, *Asnerie.*
burujo, *Marc, paquet.*
busca, *Recherche, enqueste.*
buscador, *Chercheur, qui cherche.*
buscadura, *Recherche.*
buscar, *Chercher.*
buua, *Verole, Vessies qui viennent à la face.*
buuoso, *Verolé, boutonné par la face.*
buxerias, *Baliuernes, droleries.*
buxeta, *boite de bouy.*

C

Ca, *Car.*
Cabal, *Iuste, Egal.*
Cabalmente, *Iustement.*
Cabaña, *Cabane, loge.*
Cabañero, *Faiseur de cabanes.*
Cabañuela, *Petite loge.*
Cabar, *Cauer.*
Cabe, *Aupres.*
Cabeça, *La teste.*
Cabeçada, *Coup de teste.*
Cabeçada, *Testiere de cheua', Cauezon*
Cabeçal, *Le cheuet du lict.*
Cabeçalero, *Executeur de testament.*
Cabecear, *Hocher la teste, faire signe.*

CA

Cabeceamiento, *Remuement de teste.*
Cabecera, *Le chevet.*
Cabecera, *Chef, conducteur.*
Cabecicaydo, *Qui a la teste basse.*
Cabeço, *Colline, Tuquet, lieu esleué.*
Cabeçon, *Rabat de chemise, collet.*
Cabeçudo, *Opiniastre, testu, qui a grosse teste.*
Cabeçuela, *Petite teste.*
Cabelladura, *Cheueleure.*
Cabellera, *Fausse perruque, cheueleure.*
Cabello, *Cheueu, poil.*
Cabelludo, *Cheuelu.*
Caber, *Tenir, contenir, entrer.*
Cabero, *Le dernier.*
Cabestraje, *Encheuestrement.*
Cabestrante, *Cabestan.*
Cabestrar, *Encheuestrer.*
Cabestrero, *Faiseur de licolz.*
Cabestro, *Vn licol.*
Cabestro, *Le mouton qui va deuant le troupeau.*
Cabida, *Reception, contenement entree.*
Cabildo, *congregation, chapitre, confrairie.*
Cabizbaxo, *Qui a la teste baissee, triste.*
Cabizcaydo, *Abattu de vieillesse, qui a le col tors.*
Cabo, *La fin, l'extremité, le bout.*
Cabo, *Vn manche.*
Cabo, *Vn promontoire, Cap de mer.*
Al cabo, *En fin.*
Por el cabo, *Extrememet.*

CA

Cabra, *Cheure.*
Cabrahigadura, *Façon de cultiuer figuiers sauuages.*
Cabrahigar, *Domestiquer figuiers sauuages.*
Cabrahigo, *Figuier sauuage.*
Cabre, *Chable de nauire.*
Cabrerizo, *Cheurier.*
Cabreo, *Cheurier, gardeur de cheures.*
Cabrial, *Cheuron, Soliueau.*
Cabrilla, *Petite cheure.*
Cabrillas, *Les Pleiades, estoiles au ciel.*
Cabrillas, *Les maquereaux qui viennent aux jambes.*
Cabrio, *Cheuron, Soliueau.*
Cabrio, *Troupeau de cheures.*
Cabrito, *Cheureau.*
Cabrituno, *De Cheures ou boucs.*
Cabron, *Bouc.*
Cabroncillo, *Cheureau.*
Cabruno, *Apartenant à bouc ou à cheure.*
Cabuxon, *cabochon.*
Cacareadora, *Poule cacassante.*
Cacareamiento, *cacassement.*
Cacarear, *Coqueter, cacasser come poule.*
Caça, *Chasse.*
Caçador, *Chasseur.*
Caçadura, *Chasse.*
Caçar, *Chasser.*
Cacin, *Vn poisson.*
Cacico, *Petit poisson.*
Caço, *Poisson.*
Caçoleta, *Cassolette.*
Caçoleta, *Le foyer de l'harquebuz.*
(terre
Caçolilla, *Cassolette, escuelle de*

terre.
Caçon, Colle, poisson à colle.
Caçorro, Auare, chiche.
Cachar, Mettre en pieces (teau
Cachas, Le manche d'vn cou-
Cachetes, La gorge
Cachetudo, Qui a grosse gorge.
Cachibache, Meslange
Cacho, Abaissé, qui s'abaisse, piece, morceau.
Cachonda perra chiéne chaude
Cachorrillo, Petit faon.
Cachorro, Le petit de quelque beste, le faon.
Caçuela, Escuelle de terre.
Cada, Chasque, chacun
Cadahalso, Eschafaut, theatre.
Cadalecho, Biere, cercueil.
Cadaño, Chacun an, tous les ans
Cadañero, Solennel, Annuel.
Cadaqual, Quiconques
Cadauno, Chacun
Cadena, Chaine
Cadeneta, Petite chaine
Cadeneta, Ouurage de poinct coupé.
Cadenilla, Petite chaine
Cadera, Le croupe, la hanche
Caducamiento, Debilité de vieillesse.
Caducar, Resuer de vieillesse.
Caduquear, Estre caduc.
Caduco, Caduque, Vieil
Caedizo, Subiect à cheoir
Caer, Choir, branler, vaciler.
Cagado, Merde.
Cagajon, Merde.
Cagar, Chier.
Cagarruta, crotte.
Caiz, Mesure de bled
Caida, cheute, secousse

Caimiento, Cheute
Cal, Chaux.
Cala, Cale en la mer
Cala, Visite, Recherche
Cala, Esprouuette, Sonde de barbier.
Cala, Supositoire.
Calabaça, Citrouille, coye, courge,
Calabaçada, Coup de teste (ste
Calabaçear, Doner coups de te-
Calaboço, Scie a scier du bois
Calaboço, Cachot, basse fosse, prison.
Calado, Sondé, Outrepassé
Calador, Vne sonde. (passer.
Calar, Penetrer, sonder, outre-
Calar, Baisser.
Calamar, Seche, poisson
Calamarejo, Casseron, poisson
Calambre, Goutte crampe
Calambria, Goutte crampe
Calafetear calfeutrer vn nauire
Calamidad, Torment, calamité
Calamiento, Sondement, penetration.
Calamita, Calamite, pierre
Calamitoso, calamiteux.
Calandria, Alouette
Calauera, Le test de la teste.
Calauerna Test de la teste, crane
Calcañar, Le talon
Calcaño, Le talon
Calcar, Fouler aux pieds
Calça, Chausse, botine, chausse troussée.
Calçada, Paué, chaussee
Calçado, chaussé
Calçador, Chaussepied
Calçadura, chaussure.
Calçamiento, chaussement
Calçar, chausser

C A

Calçar, *arrester.*
Calcetero, *chauffetier*
Calçon, *caison*
Calculo, *compte*
Caldera, *chaudron, chaudiere*
Caldereria, *boutique de chau-*
dronnier.
Calderero, *Chaudronnier.*
Caldero, *chaudron.*
Caldereta, *Petite chaudiere*
Calderon, *chaudiere, chaudron*
Calderuela, *Petit chaudron.*
Caidillo, *Brouet, petit bouillon.*
Caldo, *Ius, bouillon, brouet.*
Caldero, *Mangeur de potage*
Calendario, *Calandrier.*
Caletador, *baßinoire, chaufelict*
Calentamiento, *Eschauffemét.*
Calentar, *Eschauffer.*
Calentura, *Fieure, chaleur*
Calenturiento, *Fieureux.*
Calenturoso, *Fieureux.*
Calenturilla, *Petite fieure.*
Calera, *Four à chaux*
Calero, *Faiseur de chaux.*
Caleta, *Supositoire*
Calidad, *Qualité.*
Caliente, *chaud.* (*fier*
Calificar, *Donner valeur, quali-*
Calilla, *Suppositoire*
Calladamente, *Secrettement*
Callado, *Taciturne, Qui ne dit*
mot.
Callandico, *Coyement, En si-*
lence, Doucement.
Caliante, *Taciturne, Coy*
Callar, *Taire.*
Calle, *Rue, chemin.*
Calleja, *Petite rue.*
Callecer, *Auoir des cals ou cors*
Callejera, *Femme courante.*
Callejero, *Vn coureur.*

C A

Callejon, *Rue estroitte*
Callejuela, *Petite rue*
Calleta, *Petite rue.*
Callo, *Cal, Dureté qui vient*
aux mains, ou ailleurs, cor
Callo de vientre, *Les tripes*
Callo de herradura, *Vn mor-*
ceau de fer de cheual.
Calloso, *Plein de cals.*
Calma, *bonasse, calme*
Calmar, *calmer.*
Calofrio, *Frisson de fieure.*
Calongia, *Chanoinerie*
Calomniar, *calomnier.*
Caloña, *calomnie.*
Calor, *chaleur.*
Caloftre, *Le premier laict, laict*
nouueau.
Caluña, y Calunia *calomnie*
Caluniador, *calomniateur.*
Caluniar, *calomnier*
Calura, *chaleur.*
Caluroso, *chaleureux*
Calua, *Le test de la teste.*
Calua, *chauueté.*
Caluo, *chauue.*
Calzar rueda, *Enrayer vne roue*
Cama, *lict*
Cama de jardin, *couche de iardi*
Cama de cauallo, *Litiere de*
cheual.
Cama de melon, *couche de melõ*
Camafeo, *camoyeu de pierrerie*
Camara, *chambre.*
Camara, *Garnier.*
Camarada, *compagnon.*
Camaras, *Flux de ventre.*
Camaranchon, *grenier, plácher*
Camaretta, *chambrette, petite*
chambre.
Camarero, *Valet de chambre*
Camarilla, *Petite chambre*

Cambiado, *changé*
Cambiador, *changeur*
Cambiante, *changeant*
Cambiar, *changer*
Cambio, *change*
Cambron, *halier, buisson, Nerprun arbre*
Cambronera, *halier, buisson.*
Cambux, *un voile à couvrir le visage*
Camello, *petite planche que l'on met sous le ioug des bœufs*
Camellerea, *traitement de chameaux*
Camellero, *qui traitte les chameaux*
Camella, *Chameau, animal*
Camfor, *Camfre, drogue.*
Camilla, *Couchette, petit lict*
Caminador, *Chemineur.*
Caminante, *Voyageur, qui chemine.*
Caminar, *Cheminer.*
Camino, *Chemin.*
Caminos, *Voyages.*
De camino, *En passant.*
Caminillo, *Petit chemin.*
Camisa, *Chemise.*
Camisilla, *Petite chemise*
Camita, *Couchette, petit lict.*
Camodamiento, *Tromperie, eschange.*
Camodar, *Tromper, eschanger.*
Campal, *De campagne.*
Campana, *Une cloche.*
Campanada, *Son de cloche.*
Campanella, *Liseron, herbe.*
Campanario, *Clocher.*
Campanero, *Faiseur ou sonneur de cloches.*
Campanilla, *La luette.*

Campaña, *Campagne.*
Campaneador, *Sonneur de cloches.*
Campanear, *Sonner les cloches.*
Campañear, *Camper.*
Campeador, *Guerrier, guerroyeur*
Campear, *Camper, guerroyer*
Campero, *Prevost qui tient les champs*
Campesino, *Champestre, sauuage*
Campo, *Champ.*
Camueza, *Pomme de cap endu.*
Can, *Chien.*
Can, *Courbeau sur quoy l'on appuye les poultres.*
Canal, *Canal.*
Canalado, *Canelé, fait en canal.*
Canas, *Cheueux blancs.*
Canasta, *Grand panier, Bouillon.*
Canastillo, *Petit panier.*
Canasto, *Panier.*
Cancel, *Garderobe à mectre un lict.*
Cancellador, *Qui efface, qui cancele.*
Celladura, *Effacement.*
Cancellamiento, *Cancelemen. Effacement.*
Cancellar, *Effacer, Canceler.*
Cancer, *Cancre signe du ciel.*
Cancion, *Chanson.*
Cancioneador, *Chanteur, faiseur de chansons.*
Cancionear, *Faire chansons, chanter.*
Cancionero, *Liure de chansons.*

C A

Candado, Cadenaz, serrure.
Candeda, Chatton de noyer, ou autre arbre.
Candela, Chandelle.
Candelera, Chandelier à metre la chandelle.
Candelero, Chandelier qui fait la chandelle.
Candelero, Vn chandelier.
Candelica, Petite chandelle.
Candil, Lampe.
Candilejo, Petite lampe.
Candilera, Bouillon blanc, herbe.
Candilero, Faiseur de lampes.
Candiota, Vaisseau de malvoisie.
Candiotero, Faiseur de vaisseaux.
canela, Canelle.
Canez, Blancheur de cheueux, vieillesse.
Cangamo, Frelon.
Cangilon, Pot de terre, terrin, vaisseau à huille.
Cangrejo, Cancre, poisson, escreuisse.
Canilla, Le petit focile, ou os du bras ou iambe.
Caninero, Sureau, arbre.
Canino, De chien.
Canilla, vn douzil à mettre à vn muy de vin.
Canilla, La bobine du tisseran.
caña, La moëlle.
Cañada, Vallon, petite vallee.
Cañada, Lieu plein de roseaux.
Cañon, Tuyau de plume.
Cañon, Canon d'artillerie.
Cañonear, Canonner.
Cano, Blanc de poil, vieil.
Canoso, Vieil, Blanc de poil.
Canoa, Bateau des Indiens.

C A

Canongia, Chanoinerie.
Canonigo, Chanoine.
Canonizacion, canonization.
Canonizado, canonizé.
Canonizamiento, canonization.
Canonizar, canonizer.
Cansado, Las, lasse.
Cansancio, Lassitude.
Cansar, Lasser.
Cantar, Chanter.
Cantaro, Cruche, vaisseau.
Cantarillo, Petite cruche.
Canteria, Carriere de pierres, maçonnerie de pierres de taille.
Canterico, Quignon de pain, chanteau.
Cantero, L'entameure du pain, quignon de pain.
Cantero, Tailleur de pierres, Masson.
Canterudo, Qui a l'escorce grosse & espaisse.
Cantica, Chanson.
Cantidad, Quantité.
Cantimplora, Flacon, Bouteille.
Canto, Chant.
Canto, Roc, pierre.
Canto, Bord.
Canton, Carresour, canton.
Cantonada, Coin de maison.
Cantonera, Garse, putain.
Cantor, Chantre.
Cantueso, Stœcas, herbe.
Canzel, Cabinet à mettre vn lict.
Caña, Canne, roseau.
Cañafistola, Casse, fruict.
Cañahicha, Ferule, herbe.
Cañal, Lieu plein de roseaux.

E

CA

cañama *Rente, reuenu*
cañamazo *Toile de chanure*
cañamo *Chanure herbe*
cañamon *Graine de chanure, cheneuy.*
cañarroja *Parietaire herbe*
cañaueral *Lieu plein de roseaux*
cañauerazo *Coup de roseau*
cañizo *assemblage de roseaux, couuerture d'un charriot.*
caño *canal, conduit, retrait*
cañoncito *Petit tuyau*
cañoncito *canule de barbier*
cañuto *Tuyau*
cañuto *Cigue herbe*
capa
capacete *Morrion*
capacha *Panier de jonc, cabat à mettre Figues*
capacho *Panier de jonc*
capacho *cheueche oyseau*
capacidad *Capacité*
capaço *Panier de jonc*
capado *chastré*
capadura *chastrement*
capar *chastrer, chaponner*
caparra *Arres*
caparrosa *couperose, vitriol*
capatas *concierge, fermier*
capaz *capable*
capeador *Tireur de laine, voleur*
capeadura *Tirement de cape, Volerie*
capear *Tirer la laine, voler, faire signe de la cappe*
capear vn toro *Ietter manteaux contre le toreau*
Capelo *chapeau capeline*
Caperuça *capuchon, bonnet de paysan*

CA

Capellejo *coiffe.*
Capellan *Prestre*
Capellar *Manteau de gendarme*
Capigorrista, Capigorron, *Valet d'escolier*
Capilla *Chapelle*
Capilla de capa *Capuchon*
Capillado *Capuchonné*
Capillar *Capuchonner*
Capillejo *Coiffe, caffion.*
Capirotada *Saulce d'ail & de fromage*
Capirote, *Capuchon, chapron d'oiseau.*
Capiscol, *Maistre Chantre d'Eglise.*
Capitan, *Capitaine.*
Capitanear, *Commander, mener armee.*
Capitania, *Capitainerie.*
Capitel, *Chapiteau de colonne*
Capitoso, *Opiniastre.*
Capitular, *Capituler.*
Capitulo, *Chapitre.*
Capon, *Chapon.*
capon, *Chastré*
caponadura, *Chastrement.*
caponar, *Chaponner, chastrer.*
caponara, *Mue à engraisser chapons.*
caponcillo, *Chaponneau, petit chapon.*
caponera, *Mue à engraisser chapons.*
capote, *Sorte de vestement de village.*
capricho, *Caprice.*
captiuar, *Captiuer.*
captiuerio, *Captiuité.*
capullo, *Le prepuce du membre, bouton d'arbre.*

CA

Capullo de la seda, *Capiton de joye.*
Capuz *Manteau.*
Capuz de luto, *Manteau de dueil, cappe.*
Cara, *La face.*
Cara, *Vers.*
De cara del nauio, *Vers le nauire.*
Cara a cara, *Face à face.*
Cara cosa, *Chose chere.*
Caramente, *Cherement.*
Carabo, *Espece de nauire.*
Bien carado, *Qui a bonne mine.*
Caracol, *Escargot, limaçon.*
Caracol, *Vis à monter.*
Carambalo, *Glaçon, Roupie au nez.*
Carambano, *Glaçon, roupie au nez.*
Carambanoso, *Roupieux.*
Caramila, *Calamire, pierre.*
Caramilla, *Noise, debat.*
Caramillo, *Flageol, instrument.*
Caramuyo, *Limaçon de mer.*
Carátoña *Masque, Masquarade*
Caratula, *Masque*
Caratulado, *Masqué.*
Caratular, *Masquer.*
Carauela, *Sorte de nauire.*
Carauo, *Sorte de nauire.*
Carbon, *Charbon.*
Carbonado, *Charbonné.*
Carbonar, *Charbonner.*
Carboncillo, *Petit charbon.*
Carboncol, *Escarboucle.*
Carboncol, *Charbon, maladie.*
Carbonero, *Charbonnier.*
Carbunco, *Escarboucle.*
Carcajada de risa, *Esclattement de rire, ris demesuré.*

CA

Carcajear, *Esclatter de rire.*
Carcaua, carcauo, *Fossé, Grande fosse à enterrer les morts.*
Carcauera puta, *Putain, qui hante les enterreurs de morts.*
Carcax, *Carquois.*
Carcel, *Prison.*
Carcelage, *Geolage.*
Carcelero, *Geolier.*
Carcillos de la vid, *Tortillons de vigne.*
Carço, } *Vne Claye*
Carce }
Carcoma *Vermoulure, ver qui ronge le bois*
Carcomer *se despiter, se courroucer, se chagriner*
Carcomido *Vermoulu*
Carda *Escarde à carder*
Cardaderas *Escardes à carder*
Cardado *Escardé*
Cardador *Escardeur*
Cardadura *Escardure*
Cardar *Escarder*
Carde *Vitriol, couperose*
Cardenal *Cardinal*
Cardenal *Meurtrisseure.*
Cardenaladgo *Cardinauté,*
Cardencha yerua *Chardon à foulon*
Cardenillo *Couleur bleüe*
Cardeño } *Plombé liuide, basané, brun*
Cardeno }
Cardillo *Petit chardon*
Cardo *Chardon*
Cardo corredor *Panicault herbe*
Carduçador *Escardeur*
Carduças *grosses Escardes*
Carduçar *Escarder de grosses escardes*

E ij

Careado, Accaré.
Carear, Estre vis à vis, S'accarer.
Carecer, Auoir faute.
Carecimiento, Disette, faute.
Carena, Le fond du nauire.
Carestia, Cherté.
Careza, Cherté.
Carga, charge.
Cargadamente, Auec charge.
Cargado, Chargé.
Cargadura, Charge.
Cargamiento, Charge.
Cargar, charger.
Cargazon, charge.
A mi cargo, Sur moy, à ma charge.
Carja de coluna, Base de la colonne, pedestal.
Cariacuchillado, Balafré.
Cariampollado, Qui a le visage gros.
Caricia, caresse.
Caridad, charité, ausmone.
Carijusto, Hypocrite.
Carillado, Ioffu, qui a les ioues grosses.
Cariluengo, Visage long.
Cariño, L'amour que l'on porte à ce qu'on regrette.
Caritatiuo, charitable.
Carlanca, colier garny de cloux pour les chiens.
Carleante, Halletant.
Carlear, Halleter comme fait vn chien qui a couru.
Carlina, carline herbe.
Carmel, Petit plantain herbe.
Carmenado, Escardé.
Carmenador, Escardeur.
Carmenadura, Escardure.

Carmenar, Escarder.
Carmesi, cramoisi.
Carnacha, churongne.
Carnal, charnel.
Carnalidad, charnalité.
Carne, chair.
Carnemola, Faux germe, Fausse grosse.
Carnemomia, Mumie.
Carnero, Mouton.
Carnero murueco, Mouton à faire race.
Carnero, charnier de cimetiere.
Carnestollendas, caresmeprenant.
Carneual, Mardy gras, caresmeprenant.
Carniceria, Boucherie.
Carnicero, Boucher, cruel.
Carnicol, Tacon osselet à iouer.
Carnosidad, carnosité.
Carnoso, charnu.
Caroça, carrosse.
Carpa, carpe, poisson.
Carpe, cherpre, cherme, arbre.
Carpeal, charmaye, lieu planté de chermes.
Carpintera, charpente.
Carpinteadura, charpenterie.
Carpinteria, charpenterie.
Carpintear, charpenter.
Carpintero, charpentier.
Carraca, Grand nauire.
Carrancas, chasse trape, les pointes de fer qu'on met au colier d'vn chien.
Carrasca, chesne, arbre.
Carrascal, Lieu plein de chesnes
Carrasco, chesne.
Carrasqueño, Dur comme chesne.

Carrera, carriere, course, chemin, sentier.
Carreta, Charrette, charriot.
Carretero, Chartier, cocher.
Carreton, Petit charriot.
Carril, L'orniere de la roüe.
Carrillada, Sorte d'onguent.
Carriliado, Enfle de joues.
Carrillo, La joue.
Carrillo, Vne poulie.
Carrizal, Lieu plein de roseaux.
Carrizo, Ionc, roseau, herbe jeiche
Carro, Charrette.
Carro de viña, Treille de vigne.
Carruaje, Charriage.
Carta, Lettre, page.
Carta mensajera, Lettre missiue
Cartabon, L'esquierre d'vn charpentier.
Cartamo, Carthame, herbe.
Cartapacio, Liure de papier, liure blanc.
Cartel, Lettre, cartel.
cartear, Se seruir de la carte sur mer.
carteta, Ieu de cartes.
cartilla, ABC, pour aprendre a lire.
Cartica billet, poulet, petite lettre
Cartuxano, Chartreux.
Caruon, Charbon.
Caruoncol, Escarboucle.
Caruoncol, Charbon, maladie.
caruonero, Charbonnier.
casa, Maison.
casa Pagiza, Maison couuerte de paille
casada, Mariee.
casadera, Mariable, bonne à marier.
casado, Marié.

Casamentero, Faiseur de mariages.
Casamiento, Mariage.
Casañero, Domestique.
Casar, Lieu de trois ou quatre maisons
Casar, Marier.
Casca, Le marc, la rape du vin.
Cascajal, Lieu plein de grauier.
Cascajo, Grauier.
Cascajos de los edificios, Les deliures, les ruines d'vn logis.
Cascajoso, Plein de grauier.
Cascar, Rompre, feller.
Cascara, Coquille, escorce.
Cascatreguas, Rompeur de treues.
cascauanco, Fol, fainéant.
cascauel, Sonnette.
cascaueladas, Baliuernes.
casco, Test de la teste.
casco de casa, Maison vuide.
casco de cebolla, Roüelle d'oignon.
casera, Mesnagere, concierge.
caseria, Ferme.
caseramente biuir, Viure de mesnage, de prouision.
casero, Concierge, mesnager.
casi, Quasi, presque.
casilla, Logette, petite maison.
caso, Cas.
caspa, Crasse de la teste.
casposo, Crasseux.
casquete, Casque.
casquillo de facta, La pointe de fer d'vne fleche.
cassacion, Effacement.
cassado, Effacé.
cassador, Effaceur.

E iij

CA

Caſſadura, effacement.
Caſſar, effacer.
Caſta, Race, ligne.
Caſtamente, chaſtement.
Caſtaña, chaſtagner & chaſta-
gne.
Caſtañal, chaſtaigneraye
Caſtañetas entre dedos, le ſon quãd on fait peter les doigts
Caſtaño, Bay, couleur.
Caſtidad, chaſteté.
caſtigado, chaſtié.
Caſtigador, qui chaſtie.
caſtigar, chaſtier
Caſtigo, chaſtiment.
Caſtillejo petit Chaſteau
Caſtillejo Ieu de petis enfans, creſſerelle d'enfans
Caſtillo Chaſteau
Caſtizo de bonne race.
Caual caſtizo Cheual de race
Caſto Chaſte
Caſtor Bieure animal
Caſtrado Chaſtré
Caſtrador Chaſtreur
Caſtradura Chaſtrement
Caſtrar Chaſtrer
Caſtrazon ſaiſon de Chaſtrer
Caſtrazon de colmenas Le chaſtrement des ruches quand on tire le miel
Caſtradura L'inſtrument pour chaſtrer
Caſulla Chaſuble
Cata Voilà, voicy
Catadura veuë, regard
Catar auiſer, regarder
Cararata Taye qui vient ſur les yeux
Cararaña Meſange, coquemeu-che oiſeau

CA

Catarrado Enrheumé
Catarroſo Enrumé, rheumatic
Catarrar S'enrrhumer
Catarro Catharre, rhume
Catedra Chaire
Catedral Apartenãt à la chaire
Catedral ygleſia L'egliſe cate-drale
Catedrante Qui reſpond en chaire
Catedratico Qui lit en chaire
Catedra Vne chaire
Catiua Captiue
Catiuar eſtre captif, captiuer
Catiuerio Capture
Catiuidad Captiuité
Catiuo Captif
Catolico Catholique
Cato Eſgard
Catorze Quatorze
Catorzeno Quatorzieme
Caua, caue, foſſé, foſſe.
Cauada, foſſoyement
Cauado, foſſoyé.
Cauador, foſſoyeur, becheur.
Cauadura, foſſoyement
Cauar, Houer, becher, foſſoyer, fouyr, creuſer.
Cauazon Temps de becher, foſ-ſoyement
Caualgada Cheuauchee
Caualgador Cheuaucheur
Caualgadura cheuauchement
Caualcar, Cheuaucher
Cauallar Eſtalonner,
Cauallar Apartenãs à cheuaux
Caualleria Cheualerie, monture
Caualleriza Eſcurie, eſtable
Cauallerizo Eſcuyer
Cauallejo Petit cheual
Cauallero Cheualier

C A

Cauallero *Bastion, caualier*
Caualiete *sorte de gehenne*
Cauallete de tejado *Le feste ou sommet du logis*
Caualillo *sillon de terre*
Cauallo *Cheual*
Caudal *Sort principal, richesse, le fond*
Caudeloso *Abondant, principal, riche*
Caudillo *Capitaine, chef.*
Cauerna *cauerne*
Cauernoso *cauerneux*
Caueza *La teste*
Cauezada *La testiere de la bride*
Cauilacion *Calomnie*
Cauilar *Calomnier*
Cauilosamente *Finement, malicieusement*
Cauiloso *Calomniateur, rusé*
Caulenador *Qui souleue*
Caulenar *Soubsleuer*
Cauo *le bout, la fin*
causa *cause, occasion*
Causado, *causé, occasionné*
causador *Qui donne occasion*
causar *causer, estre occasion*
cautela *Finesse*
cautelosamēte *Finement, malicieusement*
cauteloso *Malin, cauteleux*
cautelar *Estre fin, faire des finesses*
cauterio *cautere*
cauterizado *Cauterisé*
cauterizamiento *cauterisement*
cauterizar *cauteriser*
cautiuar *captiuer, faire captif*
cautusar *tromper*
caxa *Boite, layette, Es-*

C A.

crin
caxa de escriuanias, *calmar d'escritoire.*
caxabel, *sonnette*
caxco, *Casque de fer.*
caxco, *Le test de la teste, noyau de fruict.*
caxcanuezes, *casseur de noix.*
caxcara, *Escorce.*
caxeta, caxua, *Boite, Layette.*
caxon, *Tiroir, grand buffet*
caxoncillo, *Petit tiroir.*
carquillo, *La pointe du fer de la fleche.*
caxuela, *Boite, layette.*
cayman, *Vn poisson.*
cayrel, *Carreau en passement & bordure.*
cazaca, *Hoqueton, Iuppe*
cazcarrias, *crottes, baliyeures, choses de neant.*
cazcarriento, *crotté.*
cazcarrioso, *crotté.*
çabra, *Sorte de nauire court.*
çabordar, *Ietter l'ancre.*
çabullido, *Plongé.*
çabullidura, *Plongement.*
çabullimiento, *Plongement.*
çabullir, *Plonger.*
çafari, *Lourdault, qui parle mal*
çafio, *Lourdaut, stupide.*
çafio, *certain poisson.*
çaga, *Extremité, derriere.*
De çaga, *Derriere, apres.*
çaguan, *L'entree du logis.*
çaguaque, *Encant, criee.*
çaguera, *Derniere.*
çaguero, *Dernier.*
çahareña, *Dedaigneuse.*
çahareño, *Dedaigneuse, dificile, hagard.*

E iiij

çaherido *Reproché*
çaherimiento *Reproche*
çaherir *Reprocher, imposer*
çahinas *Levain*
çahon *haut de chausses*
çahondadura *Sondement*
çahondamiento *Sondement*
çahondar *Sonder, affaiser*
çaheri *Ingenieux qui disent qu'ils voyent ce qui est soubs terre.*
çaburda *Tect à pourceaux*
çalagarda *Embusche*
çala *Salutation à la Turque*
çalemas *Mignardises, Flateries, Salutations à la Turque*
çamarra *Marte veine, pelisse*
çamarilla *Petite pelisse*
çamarrilla *Pouliot de montagne, herbe*
çamarreador *Batteur*
çamarreadura *Batterie*
çamarrear *Battre*
çamarrero *faiseur de pelisses*
çamarron *Saye de berger, pelisse*
çampoña *Fluste*
çampoñear *Fluster*
çampoñero *Sonneur & faiseur de Flustes*
çanahoria *Carrote, pastenade herbe*
çanja *fosse pour fonder vne maison, fossé*
çanca *Los de la cuisse & jambe*
çanca de piernas *jambe torte*
çancadilla *La gambette à la luitte*
çancajear *Marcher tortu*
çancajoso *Qui a les jambes tortes*
çancarron *Os de la jambe d'vne beste.*
çancos, *Galloches.*
çanjado, *fossoyé.*
çanjar, çanjear, *fossoyer.*
çanqueador, *Qui marche tortu.*
çanquear, *Marcher tortu.*
çanqueamiento, *Clochement*
çapar, *Sapper, miner.*
çapatear, *Danser en frapant les piedz auec les mains.*
çapateria, *Boutique & art de cordonnier.*
çapaterias, *Sauattes.*
çapatero, *Cordonnier.*
çapateta, *Coup de main au soulier en dansant.*
çapatillo, *Petit soulier.*
çapato, *soulier.*
çapo, *Vn crapault.*
çapezar, *Plonger.*
çaquiçami, *Lambris, Lambrissure.*
çaraças, *Poison à chiens, comme verre pilé ou espingles tortues.*
çarafuel, *Caison.*
çaraguel, *Caisons, haut de chausses.*
çaranda, *Crible, van.*
çarandadura, *La bale du grain.*
çarandajas, *Droleries, Criblures.*
çarandajas, *Les menus droits de la cuisine.*
çarandamiento, *Criblure.*
çarandear, *Cribler, Vanner.*
çarandear, *faire des tours, tournoyer.*
çarandero, *Vanneur, Cribleur.*
çaratan, *Cancer, maladie.*
çarauanda, *sorte de chanson.*
çarça, *Ronce, buisson espineux.*

ÇA

çarçaidea, *framboisier.*
çarçal, *Lieu plein de buissons.*
çarçamoras, *Meures de buisson.*
çarçaperruna, *Esglantier.*
çarçarosa, *Rose sauuage.*
çarçillos, *La bague des pendans d'oreille.*
çarpadura, *Crotte.*
çarpas, *Crottes, boue.*
çarpar, *Leuer l'ancre.*
çarposo, *Crotté.*
çatico de pan, *Quignon, Chanteau de pain.*
çauila, *Panicault, Aloës herbe.*

CE

Ce, *Hola, ho*
Cebado, *Amorcé.*
cebar, *Amorcer, Apaster.*
ceatica, *sciatique, maladie.*
cebolla, *Oignon.*
cebolla albarana, *squile, herbe.*
cebolleria, *Oignonnerie.*
cebollino, *semence d'oignons, oignonnets.*
ceccamiento, *Beguayement.*
ceccar, *Beguayer.*
ecceoso, *Begue.*
cecial, *saleure, sorte de poisson, comme moluë.*
cecina, *Chair salee.*
cecinado, *salé.*
cecinar *saler.*
cedacillo, *Petit sas à sasser.*
cedaço, *sas, crible, tamy.*
cediço, *Mol, Tary, flac.*
cedo, *Maintenant, Presentement.*
cedro, *Cedre, arbre.*
cedula, *Escriteau.*

CE

cedulilla, *Petit papier.*
cegamiento, *Aueuglement.*
cegajear, *Estre chassieux.*
cegajez, *Chassie.*
cegajoso, *Chassieux.*
cegar, *Aueugler, estre aueugle.*
cegar, *Fermer, combler.*
ceguedad, *Aueuglement, Esblouissement faite d'ardur.*
ceguejar, *Ne voir goutte.*
ceguera, *Aueuglement, Esblouissement.*
ceguta, *Cigue, herbe.*
ceja, *sourcil.*
ceja de monte, *Le coupeau de la montaigne.*
cejunto, *Qui a les sourcils ioints*
celada, *Embusche.*
celada, *salade, armeure de teste.*
celado, *Caché.*
celador, *Qui cache.*
celar, *cacher, Estre ialoux.*
celda, *cellule, garderobe.*
celebracion, *celebration.*
celebrado, *celebré.*
celebrador, *Qui celebre.*
celebramiento, *celebration.*
celebrar, *celebrer.*
celebro, *celebre, la ceruelle.*
celemas, *flatteries, salutations à la Turque.*
celemin, *Demy boisseau, mesure.*
celeminero *Boisselier, faiseur de boisseaux.*
celestial, *celeste.*
celestialmente, *celestement.*
celidonia, *chelidoine.*
celogia, *Ialousie, cage à mettre à la fenestre*
celosamente, *Ialousement.*
celos, *Ialousie, soupçon.*

Celoso *Ialoux*
Cementado *Fondé, cimenté*
Cementador *Faiseur de ciment*
Cementar *Fonder, cimenter*
Cementerio *Cimetiere*
Cena *le souper*
Cenacho *Panier*
Cenadero *Lieu pour souper*
Cenadero del jardin *Cabinet*
Cenador *Lieu pour souper*
Cenar *Souper*
Cenceño *Pur, sans levain, gresle, delié*
Cencerreamiento *Tournoyement*
Cencerrear *Tourner çà & là, tournoyer*
Cencerrear *Sonner le clairon au col d'vne beste*
Cencerro *La sonnette ou clairon qu'vne beste porte au col*
Cencerron *La grappe du raisin, la queüe d'vn fruit*
Cendra *Cendre*
Cendrada *Argent affiné*
Cendrado *Copellé, affiné, excellent*
Cendrar *Copeller, affiner argent*
Cenadal *Lieu fangeux, bourbier*
Cenagal *Bourbier, lieu fangeux*
Ceniza *Cendre*
Ceniziento *Cendreux*
Cenizoso *Cendreux*
Cenogil *Iarretiere, genouillere*
Cenojoso *Fangeux*
Censo *Rente, reuenu*
Censor *Iuge*
Censura *Iugement*
Centaurea *Centauree herbe*
Centauro *Centaure*
Centella, *Estincelle*

Centelladura *Estincellement*
Centellante *Estincelant*
Centellar } *Estinceler*
Centellear }
Centelluela *Petite estincelle*
Centenar *Centaine*
Centenar *champ semé de segle*
Centeno *Segle, bled*
Centinela *Sentinelle, guet*
Centro *centre*
Centuria *centenerie*
Centurion *centenier*
Centurionadgo *office de Centenier*
Ceñidero *Vne ceinture*
Ceñidor *Vne ceinture*
Ceñidorcillo *Petite ceinture*
Ceñidura *ceinture*
Ceñimiento *ceinture*
Ceñir *ceindre, enuironner*
Cepa *Souche, Sep, lignee*
Cepacauallo *Chameleon herbe*
Cepilladuras *coupeaux*
Cepillar *polir, aplanir, vnir*
Cepillo *Rabot*
Ceppo *cep, prison, piege*
Ceptro, *Sceptre*
Cera *cire*
Cera hilada *bougie*
Cerapez *Cerat onguent*
Cerbiguillo *le chinon du col*
Cerca *Enuiron, de pres, aupres*
Cerca *L'entour des murailles*
Cercado *entourné, assiegé, enuironné*
Cercador *assiegeant*
Cercanamente *prochainement*
Cercanidad *Voisinage, prochaineté*

Cercano *Proche, voisin*
Cercar, *Assieger, environner, Approcher.*
Cercenado, *Rongné, coupé autour.*
Cercenadura, *Rongnement, circoncision.*
Cercenar, *Couper tout autour, Rongner.*
cerceta, *Sarcelle, poule d'eau.*
cercetas de cieruo, *Les andouillers du cerf.*
cercillo, *la bague du pendant d'Oreille*
cercillo *le Tortillon de la vigne*
cerco *Siege, environnement, cercle*
cerdas *Soye, crin, poil de bestes*
cerdoso *Plein de crins*
cereria *Boutique & ouurage de Cirier*
cerero *Cirier, faiseur de cire*
ceremoniatico *Plein de ceremonie*
ceremonia *Cerimonie*
cereza *Cerise*
cerezo *Cerisier*
cerezo siluestre *Courgnolier, Cornier*
cergaços *Cistus arbrisseau*
cerilla *Virgule ou marque que l'on fait soubs le c ainsi ç*
cerilla, *Petite cire.*
cerimonia, *cerimonie.*
cermeña, *Poire muscatelle.*
cernada, *cendre de lessiue.*
cernaguero, *charrier de lessiue.*
cernejas, *crins, poils.*
cernejoso, *Plein de crins, qui a les crins longs.*
cerner, *Sasser.*

cernicalo, *Quercerelle oiseau.*
cernido, *Sassé.*
cernidor, *Sasseur, qui sasse.*
cernidura, *Sassure.*
cernimiento, *Sasseure.*
cernir, *Sasser.*
cerote, *cerat, onguent.*
cerquita, *A peu pres.*
cerradamente, *A l'estroit, serrement.*
cerradero, *Lien, cordon, serrail.*
cerrado, *Lieu enfermé.*
cerrado el cielo, *Le temps tout couuert.*
cerrado, *Fermé, bouché, serré.*
cerradura, *serrure.*
cerraja, *serrure.*
cerrajas, *Laiteron, herbe*
cerraje, *serrail.*
cerrajero, *serrurier*
cerramiento, *fermure*
cerrar, *Fermer, boucher.*
cerrar, *Donner dans vn escadron*
cerril, *farrouche, non dompté.*
cerrillo, *Petite colline.*
cerrion, *Gouttes d'eau gelee, roupie au nez.*
cerrito, *petite colline*
cerro, *Tertre, colline, precipice*
cerro, *le dos*
cauallo en cerro, *cheual nud, à dos.*
cerrojo, *verrouil.*
certero, *seur, certain, asseuré, qui tire bien au blanc.*
certeza, *asseurance.*
certidumbre, *asseurance.*
certificado, *certifié.*
certificador, *qui certifie*
certificamiento, *tesmoignage.*

CE

certificatoria, *lettre de tesmoignage*
certinidad, *asseurance*
certitud, *certitude*
ceruatillo, *faon de biche*
cerueza, *ceruoise, biere*
ceruezero, *faiseur de biere*
ceruigudo, *Qui a le col gros.*
ceruiz, *Le hault du col.*
ceruuno, *de cerf*
cesped, *Gazon, motte de terre.*
cessacion, *cesse, cessement*
cessar, *cesser*
cesta, *panier, corbeille*
cestero, *Qui fait ou porte paniers.*
cestillo, *Petit panier.*
cesto, *Panier, Corbeille.*
cesson, *Grand panier, gabion.*
cestonear, *Gabionner, faire de grands paniers.*
cetro, *Sceptre.*
ceuada, *Orge.*
ceuadado, *Nourry d'orge.*
ceuadar, *nourrir d'orge.*
ceuadazo, *D'orge.*
ceuadera, *Sac à mettre orge.*
cenadera, *Le beaupré du nauire.*
ceuado, *Engraissé, Amorcé.*
ceuadero, *Apast, Amorce, mue à engraisser.*
ceuadura, *Engraissement.*
ceuamiento, *Engraissement.*
ceuar, *Engraisser, Amorcer, apaster, tromper.*
ceuil, *Bas, Abiect, Infame.*
ceuo, *Manger, Apast.*
ceuon, *Engraissé, Gras, animal que l'on engraisse.*
cezear, *Begayer.*
cezeo, *Begayement.*

CH

CH

chaça, *chasse à la paulme.*
chacharrear, *Crier comme la cicongne.*
chacota, *Ioye, Allegresse auec bruit.*
chacotear, *Moquer en compagnie, faire bruit, allegresse*
chacotero, *Moqueur.*
chafaldete, *Petit voile du nauire.*
chafalla, *Haillons.*
chambrana de puerta, *Portique.*
chamelote, *Camelot.*
chamuscadura, *Bruslement, cauterisation.*
chamuscar, *Cauteriser, brusler autour.*
chamusquina, *Bruslement, cauterisation.*
chancelar, *Abolir.*
chanciller, *Chancelier.*
chacilleria *Chancelerie.*
chancleta, *Pantoufle.*
Chantre, *Chantre d'Eglise.*
chantria, *Office de chantre.*
chapa, *Feuille de metal, Lame, plaque de fer.*
chapado, *Galand, Gaillard.*
chapas, *Bossettes de cheual.*
chapeado, *Couuert de feuilles de metal.*
chapear, *Faire bruit comme de sonnettes.*
chaperia, *Chose de lames.*
chapeton, *Nouueau.*
chapido, *Son comme de sonnettes.*

CH

chapilla, *Petite lame ou feuille.*
chapin, *Soulier de femme, patin.*
chapinazo, *Coup de patin.*
chapineria, *Boutique ou se vendent patins*
chapinero, *Faiseur de patins*
chapitel, *Chapiteau.*
chapuceador, *Qui patrouille dans l'eau, plongeur.*
chapuceadura, *Patrouillement dans l'eau.*
chapuceamiento, *Patrouillement dans l'eau.*
chapuçar, *Patrouiller dãs l'eau, plonger.*
chaquiras, *Grains d'Inde, comme perles.*
charco, *Mare, Eau croupissante.*
charlar, *Babiller, Parler.*
charlatan, *Bauard, trompeur.*
charlatar, *Babiller, engeoler.*
Cherubin, *Cherubin.*
chibatal, *Tect à cheures.*
chibato, *cheureau.*
chibo, *Bouc.*
chicharra, *cigale, animal.*
chicharreamiento, *cry de cigale.*
chicharrear, *crier comme la cigale.*
chichon, *Bosse, enfleure, tumeur.*
chichoncilio, *Petite enfleure.*
chico y chico, *Petit.*
chicorea, *cichoree.*
chiflador, *Sifleur.*
chifladura, *Siflement.*
chiflar, *Sifler.*
chiflete, *Siflet, huchet.*
chiflo, *Siflet, siflement.*
chilladura, *Pepiement.*
chillar, *crier, pepier, rechigner.*
chillo, *Pepiement.*

CH

chile, *Poivre d'Inde.*
chillido, *Grincement, criement.*
chiminea, *Cheminee.*
chinche, *Punaise animal.*
china, *Petite pierre grauier.*
chinela, *Pantoufle, mule.*
chiquillo, *Petit, petiot.*
chirriador, *Grinçant.*
chirriadura, *Grincement.*
chirriar, *Babiller, jaser, grincer.*
chirimias, *cornet à bouquin.*
chiriuia, *cheruiz, herbe.*
chirlar, *chanter comme l'arondelle, desgoiser, babiller.*
chirlido, *Desgoisement, babillement.*
chirlito, *courlis, pluuier oiseau.*
chisme, *Punaise.*
chisme, *Diuision, raport, schisme.*
chismeria, *Diuision.*
chismero, *Semeur de querelles. Raporteur, qui fait schisme.*
chismoso, *Seditieux, raporteur.*
chispa, *Estincele.*
chispear, *Estinceler.*
chistar, *Bauarder, dire des sornettes.*
chistes, *Sornettes, Gausseries, faceties.*
chiuato, *Bouc.*
chizquete, *Flux de ventre, foire.*
choça, *Logette, cabane de berger.*
chocar, *choquer.*
chocarrear, *Badiner, Bouffonner.*
chocarreria, *Badinerie, Baliuerne.*
chocarrero, *Bouffon, basteleur.*

CH

Choçallos, *Sonnettes, clochettes.*
Choçuela, *Petite loge, petite cabane.*
Chocha perdiz, *Becasse, oiseau.*
Chopo, *Peuplier, arbre.*
Choque, *Le choc.*
Chorlito *Courlis, oiseau.*
Chorrear, *Couler comme torrent.*
Chorro, *Torrent d'eau, Source, Ruisseau.*
Chozno, *Arriere fils.*
Chrisol, *Creuset.*
Christianismo, *Baptesme.*
Chucheria, *Drolerie, Friandise à manger.*
Chuço, chuçon, *Iaueline, dard, arme.*
Chueca, *Vertebre, sur quoy meuuent les os.*
Chupado, *Succé.*
Chupador, *Qui tire, qui trait.*
Chupadura, *Succement, tettement.*
Chupar, *Succer, Tetter, Tirer le laict.*
Chusma, *Canaille, chiorme de galere.*

CI

Ciar, *Mouuoir en arriere*
ciçaña *Noise, querelle, debat.*
ciçañador, *Quereleux.*
ciçañero, *Noiseur, Semeur de querelles.*
cicatero, *Coupebourse.*
cicheres, *Pois chiches*
cicion de calentura, *Acces de fiebure tierce.*
cicorea, *cichoree.*
cid, *Seigneur.*

CI

cid, *Espece de mesange, oiseau.*
cidra, *Citronnier, & citron.*
cidron, *citron.*
ciega, *Aueugle.*
ciegamente, *Aueugleement.*
ciego, *Aueugle.*
cielo, *Ciel.*
cienaga, cienago, *Bourbier, lieu fangeux.*
ciennudillos, *Renoüee, herbe.*
cieno, *Fange, Bourbier*
cien mill, *cent mil.*
cientenal, *centenaire.*
ciento, *cent.*
cienuaronadgo, *Office de cent hommes.*
cienuarones, *cent hommes.*
cienuezes, *cent fois*
cierço, *Vent debise.*
cierne, *fleur de vigne.*
ciertamente, *certainement.*
cierua, *Vne biche.*
cieruo, *Vn cerf.*
cifra, *chifre à compter & escrire.*
cifrado, *Obscur, dificile.*
cigarra, *cigale animal.*
cigarral, *campagne.*
cigueña, *cicongne, oiseau.*
cigueñal, *Bassecule, grüe à tirer eau.*
ciguenino, *Poussin de cicongne.*
cilicio, *Estamine, haire.*
cilindro, *cilindre, figure ronde & longue.*
cilla, *Grenier, celier.*
cillero, *celier.*
cillerero, *Sommelier.*
cillaereda, *Glande à la gorge.*
cima, *Le bout, Le haut, La cime.*
cimentado, *fondé, cimenté.*
cimentador, *Qui fonde, qui ci-*

C I

ciente.
cimentar, Faire fondemens de murailles.
cimera, Le cimier, Le hault de l'heaume.
cimiento, ciment, fondement de muraille.
cimitarra, cimeterre
cinco, cinq.
cinco en rama, Quintefueille, herbe.
cincuenta, cinquante.
cincuentañal, Qui a cinquante ans.
cincuesma, la Pentecoste, feste
cincha, sangle
cinchadura, sanglement
cinchar, sangler
cincho de queso clisse à faire fromage
cinchos de rueda gentes de roüe
cinta ceinture, cordon, enceint
cinto ceinture, cordon, enceint
cintura ceinture
ciptes cipres arbre
cipressal Lieu plain de cypres
cipressedal lieu plain de cypres
circular Qui est en rond
circularmente En rond
circulo cercle, rond
circuncidado circoncis
circuncidador Qui circoncist
circuncidar circoncir
circoncision circoncision
circunferencia circonference
cirial lieu à mettre cierges
cirio cierge, chandelle de cire
ciruela Prune
ciruelo Prunier arbre
cirugia chirurgie
cirujano, chirurgien.

C I

ciscado, Estonné.
ciscador, qui estonne
ciscar, Estre estonné.
cisco, Poussiere de charbon.
cisma, Schisme, Division.
cismatico, Schismatic.
cisne, cygne, oyseau.
cisterna, cisterne.
citacion, Adiournement.
citado, Adiourné.
citador, Qui adiourne.
citar, Adiourner, citer.
citola, Instrument de musique.
citola, Le traquet des moulins.
citolero, Ioueur & faiseur de tel instrument.
ciudad, Ville, cité.
ciudadano, citoyen.
ciuil, ciuil.
ciuilidad, ciuilité.
ciuilmente, ciuilement.
cizaña, Noise, debat.
cizercha, Vesse, sorte de legume.
cizylaon, Orobe, sorte de legume.

C L

clamido, Bruit, cry.
clamor, Bruit, cry.
clamoreo, Bruit, glatissement.
clamoroso, Criard, qui crie à haulte voix
claramente, clairement,
clara, Le blanc de l'œuf, la glaire.
claraboya, Oeil de bœuf en maçonnerie, claire voye.
clarecedor, Qui esclarcit.
clarecer, Esclarcir.
claridad, clarté.

C L

clare, Meslage de miel & de vin.
clarificar, Esclarcir, clarifier.
clarin, clairon de trompette.
claro, clair, serain.
claror, clarté.
claua, Massue.
clauado, cloué, Attaché, ferré.
clauador, Qui cloue.
clauadura, Ferrure.
clauar, Ferrer, clouer, attacher.
clauazon, Ferrure.
clauel, œillet, herbe.
claucilina, œillet, fleur.
clauero, clauier, qui porte les clefs.
clauicordio, Espinette instrument.
clauija, cheuille de luth, ou autre instrument.
clauo, clou.
clemencia, douceur, clemence.
clemente, doux, plaisant.
clerezia, clergé.
clerigo, prestre, religieux, clerc d'Eglise.
clerizon, clerc.
clines, Les cheueux.
cloque, croc, hauer, croc à nauire.
cloquear, clousser côme la poule.
clueca, Poule qui clousse, ou qui coue.
cluquillas, Les fesses.
Estar en cluquillas, Estre accroupy.

C O

cobardar, Faire le couard.
cobarde, couard.
cobardemente, couardement.
cobardia, couardise.

C O

cobdo, Le coude, coudee.
cobertera, couuercle de pot.
cobertijo, Logette, galerie.
cobertizo, Logette, galerie.
cobertor, couuercle, couuerture de parade.
cobertura, couuerture.
cobierta, couuercle, couuerture de lict.
cobierto, couuert.
cobija, couuerture.
cobijado, couuert, echauffé.
cobijar, couurir, echauffer.
cobrador, Exacteur, qui recouure.
cobramiento, Recouurement.
cobrar, Recouurer.
cobre, cuiure.
cobre de bestias, Troupeau de bestail.
cobre de ajos, Paquet d'aulx.
cobridor, Qui couure.
cobrimiento, couuerture.
cobrir, couurir.
cobro, Ordre, Seureté, recouurement.
En cobro, En ordre, en seureté.
coca, La teste, mot d'enfant.
cocador, Moqueur.
cocadriz, crocodile.
cocar, moquer.
coce, Ruade, coup de pied.
coceador, Rueur, donneur de coups de pied.
coceadura, Ruement.
coceamiento, Regimbement.
cocear, Ruer, Tirer coups de pied.
coche, coche, charriot.
cochero, cocher.
cochineria, Saleté.
cochinilla, cochenille, teinture

cochinilla, cochenille, teinture.
cochinillo, Marcassin.
cochino, cochon, Marcassin.
cocle, croc à acrocher navires.
coclillo, Petit ver qui ronge la vigne.
coco, Grimasse que l'on fait pour faire peur aux petis enfans.
coco, calandre, charanson.
coco de grana, La graine du Kermes. (que
coco de viña Ver qui ronge la vi-
cocoso, Mangé de charansons.
cocote, Le chignon du col.
codada, Coup de coude.
codal, Qui a vne coudee.
codazo, Coup de coude
codear coudoyer, fraper du coude
codera, Rompure de l'habit au coude, Gale qui vit aux coudes
codicia, Enuie, Desir, Auarice.
codiciable, Desirable.
codiciar, Desirer.
codiciosamente, Ambicieusement.
codicioso, Desireux, Ambicieux
codicilo, Codicile.
codigo, Le code, liure.
codo, Le coude.
codoñero, Coigner, arbre.
codorniz, Vne caille.
cofia, Coiffe.
cofin, Panser, cofin.
cofrade, Confrere.
cofradia, confrairie.
cofre, coffre.
cogedizo, Propre à estre recueilly.
cogedor, Ceuilleur, qui ceuille.
coger, Receuillir, Amasser.
cogido, Ceuilly, ramassé

cogimiento, Ceuillette, recueil.
cogollo, Brin, rejetton, Le cœur de la laitue.
cogombrillo amargo, concombre sauuage.
cogombro, Concombre, fruit.
cogomelo, Champignon, potiron.
cogote, Le derriere de la teste.
cogujada, Alouette, oiseau.
cogulla, capuchon.
cogullada, Le lieu où sont les glandes du porceau, la fagone.
cohechado, Suborné, attiré, aposté.
cohechador, Qui suborne.
cohechar, Suborner, aposter, attirer.
cohechazon, Subornement.
cohecho, Subornement.
cohermanar S'allier, S'associer
cohete Fusée de poudre à canon
coheteria, Iect de fusées.
cohombral, lieu a concombres.
cohombrillo, Petit concombre.
cohombro, Concombre.
cohondedor, Qui confond.
cohonder, corrompre, confondre.
cohondido, confondu.
cohondimiento, confusion, corruption.
cojon, Couillon.
cojudo, couillu, qui a grosses couilles.
cola, Queuë.
cola, cole à coller.
col, Des choux, herbe.
colacion, collation.
colada, La lessiue.
coladero, Vn couloir à couler.
colador, Vn couloir à couler

coladura, _coulement, couleure._
colar, _couler, passer._
colcedra, _coite de lict._
colcha, _costepointe, coite de lict._
colchar, _cotonner, embourrer._
colchon, _Mattelatz._
colear, _Branler la queuë._
colegado, _Assemblé._
colegar, _Assembler._
colegial, _De college._
colegio, _college._
colera, _colere._
colerico, _Qui est colere._
coletilla, _colet de femme._
colgadizo, _Pendu en hault, attaché._
colgado, _Attaché, pendu._
colgador, _Qui pend._
colgadero, _chose qui pend._
colgadura, _Pendement._
colgadura, _Tapisserie._
colgadura de cama, _Garniture de lict._
colgajo, _chose qui pend comme raisin_
colgar, _Pendre, attacher._
colica, _Colique, maladie_
colica passio, _Colique passion_
colico, _qui a la colique_
colino, _Semence de choux._
collacion, _Parroisse, tribu._
collaço, _Frere de laict, nourry de mesme laict._
collado, _Tertre, coline, Montagnette._
collar, _colier._
collegir, _Receuillir._
colmadamente, _Plainement._
colmado, _comblé._
colmador, _qui comble._
colmadura, _Le comble._
colmar, _combler._

colmena, _Ruche de mouches à miel._
colmenar _Apartenant à ruches, lieu de ruches._ (ches.
colmenero, _Gouuerneur de ru-_
colmillo, _Dent œillere._
colmillos de jauali, _Deffences de sangler._
colmilludo, _Garny de deffenses_
colmo, _Le comble._
colodra, _Tasse de corne à boire_
colocar, _colloquer, mettre._
colodrillo, _le derriere de la teste_
coloquintida, _coloquinte, fruict._
color, _couleur._
colorado, _couloré, rouge._
colorear, _colorer._
colorir, _colorer._
columpio, _Baiser._
columbrar, _Voir, descouurir._
columpiar, _Baiser._
coluna, _colonne._
colusion, _collusion._
comadrazgo, _commerage._
comadre, _commere._
comadreja, _Belette, animal._
comarca _Le païs voisin, la marche._
comarcano, _Voisin, proche._
comarco, _Proche, voisin_
comba, _courbure, cābrure, bosse._
combar, _cambrer, courber._
combate, _assault, conflit, combat._
cōbatible, _qui peut estre cōbatu._
cōbatido, _combatu, assailly._
cōbatidor, _qui assault, cōbatant._
Cōbatiente, _Champion, assaillāt_
Combatimiento, _Combat_
Combatir, _Assaillir, combatre._
combidado, _Conuié, inuité._
combidador, _Qui inuite._

combidar, Conuier, inuiter.
combite, Conuy, banquet.
combleça g.trce, putain qui prẽ la part de la femme legitime.
combleço, Corriual d'amour, competiteur.
comedidamente, Sagement, auisement, acortement, courtoisement
comedero, Mangeable.
comedido, Officieux, ciuil, respectueux, courtois.
comedia, Comedie.
comedimiento, Respect, courtoisie, accortise.
comedio, Interualle.
comedir, Estre officieux, courtois, S'inuiter a faire quelque chose d'honnesteté.
comedor, Mageur, lieu à manger.
comer, Manger.
començado, Commencé.
començador, Qui commence.
començamiento, Commencement.
començar, Commencer.
comendador, Commandeur.
comendamiento, Commandement.
comendar, Commander.
comensal, Qui est de mesme table.
cometa, Comete.
cometedor, qui commet, qui depute.
cometer, Commettre, deputer.
cometido, Commis, deputé.
cometimiento, Commission.
comida, Disner, manger.
comienço, Commencement.
comigo, Auec moy.
comilon, Gourmand.
cominos, Du cumin, herbe.

comiſſario, Commiſſaire.
comiſsion, Commiſsion.
comiſſura, iointure.
comitre, Comite de galere.
comminatorio, Menaçant.
communeros, La commune, la populace.
como, comme, enuiron
como quiera, come on voudra.
comodidad, commodité
comouer, Esmouuoir
comouido, Esmeu.
compadecer, compatir, endurer
compadecimiento compatissemēt
compadrazgo, comperage
compadre, compere
compaña, compagnee
compañera, compagne
compañero, compagnon.
compañia, compagnee
compañones, les couillons
comparable, accomparable
comparacion comparaison
comparado, accomparé
comparador, Qui compare.
comparar, Accomparer.
compartir, Departir.
compas, Compas.
compaſſador, qui compaſſe.
compaſſamiento, Compaſſemēt
compaſſar, Compaſſer.
compaſsion, Pitie, compaſsion.
compatia, Sympathie.
cōpeler, Pouſſer, preſſer, efforcer.
compenſar, Recompenſer.
Cōpetencia Cōpetēce, cōcurrēce
Competentemēte ſuffiſammēt
Competer Apartenir, faire concurrence
Competicion Concurrence
Cōpetidor Concurrent, corriual

F ij

Competir, *Entrer en concurrece*
Complacencia, *Complaisance.*
Complazedor, *Qui complaist.*
Complazer, *Complaire.*
Complesion, *Complexion.*
Complessionadamente, *Auec complexion.*
Complessionado, *Coplexioné*
Complessionar, *Complexionner.*
Complidamente, *Plainement.*
Complimiento, *Acomplißement.*
Complir, *Acomplir.*
Componedor, *Qui compose, qui acorde.*
Componer, *Composer, acorder.*
Composicion, *Composition, accord.*
Compostura, *Composition, bonne façon.*
Compra, *Achapt.*
Compradizo, *Achetable.*
Comprado, *Achatté.*
Comprador, *Achapteur.*
Compradura, *Achapt.*
Comprar, *Achapter.*
Comprehendedor, *Qui comprend.*
Comprehender, *Comprendre.*
Comprehension *Coprehension*
Comprobacion, *Approbation.*
Comprobar, *Approuuer.*
Comprometer, *Promettre ensemble.*
Compromisso, *Compromis.*
Comprouar, *Approuuer.*
Compuerta, *Herße, ou rateau de porte de ville, Couliße.*
Compuesto, *Ageancé, Acommodé.*

Comulgado, *Communié.*
Comulgador, *Qui communie.*
Comulgar, *Communier.*
Comun, *Commun.*
Comunal, *Qui est commun.*
Comunmente, *Commun.mēt.*
Comunicar, *Communiquer.*
Comunidad, *Communauté.*
Comunion, *Communion.*
Con, *Auec.*
Concauidad, *Concauité, cauité*
Concauo, *Caue, creux.*
Concebido, *Conceu.*
Concebidor, *Qui conçoit.*
Concebimiento, *Conception.*
Concebir, *Conceuoir.*
conceder, *Acorder, ceder.*
Concedido, *Acordé, Ottroyé.*
concession, *Accord.*
concegil, *Public, Commun.*
concepto, *Concept. Conception.*
concertadamente, *D'accord.*
concertado, *Accordé.*
concertador, *Accordeur.*
concertamiento, *Accord.*
concertar, *Acorder, Deliberer, Traitter.*
concha, *Escaille, coquille de mer.*
concheta, *Petite coquille.*
conciencia, *Conscience.*
concienciudo, *Conscientieux.*
concierto, *Accord, traitté.*
conciliado, *Accordé.*
conciliador, *Qui accorde.*
conciliar, *acorder.*
concilio, *concile.*
conclusion, *conclusion.*
concluso, *conclus.*
concluydo, *conclu.*
concluydor, *Qui concluft.*
concluyr, *conclurre.*

concordancia, *Accord.*
cōcordar, *cõsentir, estre d'acord.*
concorde, *consentant.*
concordemente, *Vnaximemēt.*
cōcordable, *qui se peut acorder.*
concordia, *concorde, acord.*
concurso, *frequence, multitude, abord.*
condado, *conté, seigneurie.*
conde, *conte, seigneur.*
condecendencia, *Acord.*
condecender, *condescendre.*
condenacion, *condemnation.*
condenado, *condamné.*
condenador, *Qui condamne.*
condenar, *condamner.*
condessa, *contesse.*
condestable, *connestable*
condicion, *condition.*
condicional, *Subiect à condítió.*
condicionalmēte *Auec conditió*
condolencia, *Douleur.*
condoler, *condouloir.*
conduta, *Lettres de commission pour vn capitaine.*
conduzido, *conduit.*
conduzidor *Qui conduit, condu-* (cteur
conduzir, *conduire.*
conejo, *connil, lapin.*
conejuela, *connille.*
conel, *Auec luy.*
confacion, *confection.*
confacionador, *Faiseur de con-fitures.*
confacionadura, *confiture.*
confacionar, *confire*
confederation, *confederation.*
confederado, *confederé.*
confederador, *qui confedere.*
confederamiento, *confederatió*
confederar, *confederer.*

conferir, *conferer.*
confessar, *confesser.*
confession, *confession.*
confessor, *confesseur.*
confesso, *Vn Marran.*
confiadamente, *confidamment.*
confiado, *confident, asseuré.*
cōfiador, *qui asseure, depositeur.*
confiança, *confiance, asseurance*
confiar, *asseurer, donner en gage*
conficionar, *accomoder, confire*
confirmacion, *asseurāce, confir-mation.*
confirmado, *asseuré, confirmé.*
confirmador, *Qui confirme.*
confirmar, *asseurer, confirmer.*
confiscacion, *confiscation.*
confiscado, *confisqué.*
confiscador, *Qui confisque.*
confiscar, *confisquer.*
confitar, *Faire confitures.*
confitera, *Boite à confitures.*
confitero, *Faiseur de confitures.*
confites, *confitures seches.*
conflicto, *combat.*
conformacion, *conformation.*
conformado, *conformé.*
conformador, *Qui conforme.*
conformar, *conformer.*
conforme, *conforme, selon.*
conformidad, *conformité, res-semblance.* (*semble.*
De conformidad, *d'accord, en-*
confortamiento, *confort.*
confortar, *conforter.*
confrade, *confrairie.*
Cōfundidamēte *Confusement*
Confundido *Confondu*
Confundidor *Qui confond*
Confundir *Confondre*
Confusamente *Confusement*

E iij

CO

Confusion *Confusion*
Cōfuso *Confus*
Confutacion *Confutation*
Confutado *Refute*
Confutador *Qui refute*
Confutar *Refuter*
Congoxa *Angoisse*
Cōgoxadamēte *angoisseusemēt*
Congoxado *Ennuye*
Congoxador *Qui ennuye*
Cōgoxamiēto *Angoisse, ennuy*
Congoxar *ennuyer, tormenter*
Cōgoxosamēte *auec angoisse*
Congoxoso *ennuyé, tormenté*
Congelado *Gelé, congelé*
Congelar *Congeler*
Congraciador *Flatteur*
Congraciamiento *Flatterie*
Congraciar *Flatter*
Congrio *Congre poisson*
Conjectura *Coniecture*
Conjecturador *Qui coniecture*
Conjecturar *Coniecturer*
Conjugar *Ioindre*
Conjura } *Coniuration*
Cōjuraciō }
Conjuramiento *Coniuration*
Conjurado *Coniuré*
Conjurador *Coniurateur*
Conjurar *Coniurer*
Conjuncion *Assemblage*
comminatorio *Menaçant*
comminar *Menacer*
conocedor, *qui cognoist.*
conocer *cognoistre.*
conocible, *cognoissable.*
conocidamente, *clairement, Euidemment.*
conociente, *Qui cognoist, cognoissant.*
conocido, *cogneu.*
conocimiento, *cognoissance.*

CO

coño, *La nature de la femme.*
conortar, *consoler.*
con nosotros, *auec nous.*
conpuncion, *Repentance.*
conquista, *acquest, conqueste.*
conquezuela, *Petite coquille.*
conquistado, *conquis.*
conquistador, *conquerant.*
conquistar, *conquerir.*
consagracion, *consecration.*
consagrado, *consacré.*
consagrador, *Qui consacre.*
consagrar, *consacrer.*
consanguinidad, *Parēté de sang.*
con sazon, *A temps.*
conseja, *Fable, conte.*
consejar, *conseiller.*
consejero, *conseiller.*
consejo, *conseil.*
conseguir, *Obtenir, attaindre.*
consentido, *consenty.*
consentidor, *Qui consent.*
consentimiento, *consentement.*
consentir, *consentir, suporter, endurer.*
consequencia, *consequence.*
conserua, *conserue, garde.*
conseruado, *Gardé.*
conseruador, *qui garde.*
conseruar, *Garder.*
consideracion, *consideration.*
consideradamēte, *consideremēt*
considerado, *consideré*
considerador, *qui considere.*
considerar, *considerer.*
consigo *auec soy*
consiguiente *qui attaint*
consiguiētemēte *conséquāmēt*
conseguimiento *Obtenement*
consistir *Consister*
consistorio *Consistoire*
consolacion *consolation*

CO

Consolado, *Consolé*
Consoladora *Femme qui côsole*
côsolador *qui console, côsolateur*
Consolar, *Consoler*
consonancia *acord, consonance*
consonante *Consonãt, la rithme*
consonar *accorder, consoner*
constancia *constance*
constante *constant.*
constantemente *constamment*
constelacion *constellation*
constitucion *constitution*
constituydo *constitué*
constituydor *Qui constitue*
constituyr *constituer*
constreñido *contraint*
constreñidor, *qui contraint.*
constreñir *contraindre*
consuegra *Bellemere*
consuegro *Beaupere*
consuelda *consoulde, herbe*
consuelo *consolation*
consul *consul*
consulado *consulat*
côsular *Qui appartient à consul*
consulta { *consultation*
côsulracion {
consultado *consulté*
consultador *qui consulte*
consultar *consulter*
consumacion *consommation*
consumido *consommé*
côsumidor *qui côsome, despêsier*
consumir *consommer*
consuno *ensemble, vnanime- mêt, conformemêt, de côpagnee*
contado, *conté.*
de contado *comptant*
Contador, *Tresorier, compteur.*
contador *jetton à compter*
contadora *Femme qui compte*
Contaduria *Estat de Tresorier*

CO

contagion *contagion*
contagioso *contagieux*
contal que *pourueu que*
côtal de cuêtas *ligne de compte*
côtaminacion *contamination*
contaminado *contaminé*
contaminador *qui contamine*
contaminar *Tacher*
contante *Getton à compter*
contemplacion *contemplation*
contemplado *contemplé*
contemplador *qui contemple*
contemplar *contempler*
contencion *contention, debat*
contenciosamente *auec debat, à l'enuy.*
contêcioso *quereleux, côtêtieux*
contêdedor *qui debat*
contender *Debattre*
contenencia *continence*
contenentemête *auec côtinence*
contener *contenir*
contentado *contenté*
contentador *qui contente*
contentamicnto *contentemêt.*
contentar *contenter*
contento *contant*
contêto *gré, plaisir, côtentement*
contera *le fer qui est au bout du fourreau de l'espee*
conteste *Tesmoin auec vn autre*
contienda, *debat*
contia *quantité*
contigo *auec toy*
continêcia *côtinence abstinence*
Continente *Continent*
Continuacion *Continuation*
Continuado *Continué*
Continuador *Qui continue*
Continuamête *Continuellemêt*
Continuar, *continuer.*
Continuo, *continuel*

De contino, _Souuent._
Continos, _Gentilshommes qui sont à la suyte d'vn grand._
Contonear _Faire gestes, brauer_
Contonoeo _Maintien_
Contra _Vers, contre_
Contra todo esso _Neantmoins_
Contradezido _Contredit_
Contradezidor _Qui contredict_
Contradezir _Contredire_
Contradicion _Contradiction_
Contraditor _Contredisant_
Contrahazedor _Qui contrefait_
Contrahazer _Contrefaire, imiter_
Contrahazimiento _Imitation_
Contrahecho _Contrefait_
Contramina _Contremine_
Contraminado _Contreminé_
Contraminador _qui cotremine_
Contraminar _Contreminer_
Contramuro _Contremur_
Contrapasso _Faux pas, cotrepas_
Contrapesar _Contrepeser_
Contrapeso _Contrepoix_
Contraponedor _Qui s'oppose_
Contraponer _Opposer, obiecter_
Contraposicion _Obiection_
Contrariado _Contrarié_
Contrariador _Qui contrarie_
Contrariamiento _Contrarieté_
Contrariar _Contrarier_
Contrariedad _Contrarieté_
Contrario _Contraire_
Contrastado _Empesché, debatu_
Contrastador _Qui debat, qui empesche_
Cōtrastar _Debattre, empescher_
Cōtraste de oro y plata _Chāgeur, peseur d'or & dargent_
contratacion _Communication_
cōtratar _Comuniquer, cōtracter_

contrato _Contract, conuention_
contrauenido _Contreuenu_
contrauenidor _Qui contreuient_
contrauenir _contreuenir_
contray _Drap fin_
contrecho, _Stropiat contrefait_
contribucion _contribution_
contribuido _contribué_
contribuydor _Qui contribue_
contribuyr _contribuer_
contricion _Repentance_
contrito _contrit, penitent_
contumacemēte _Opiniastremēt_
contumacia _contumace, opiniastreté_
cōtumaz _Opiniastre, contumax_
conturbacion _Trouble_
conturbado _Troublé_
conturbador _Qui trouble_
conturbar _Troubler_
conualecer _Releuer de maladie_
conualecido _Releué de maladie_
conualecimiento _conualescēce_
conuencion _conuention_
conuencional _Qui est de conuention_
conuenencia _conuenance_
conuenible _conuenable_
conueniblemente _conuenablemēt_
conuenido _conuenu_
conuenidor _Qui conuient_
conueniente _conuenable_
conuenientemente _conuenablement_
conuenir _conuenir_
conuento _conuent_
conuentual _De conuent_
conuersable _conuersable_
conuersacion _Hantise_
conuersar _Hanter, frequenter_

ç o   ç o

conuersion *Conuersion*
conuertido *conuerty*
conuertidor *Qui conuertist*
conuertimiento *conuersion*
conuertir *conuertir*
conuiene à saber *c'est à dire*
conuezino *concitoyen*
conuocacion *assemblée*
conuocado *assemblé*
conuocador *qui assemble*
conuocar *assembler*
con vosotros *Auec vous*
copa *coupe, tasse*
copa *le sommet*
copa del broquel *le milieu d'vne rondache, ou bouclier*
copada *Vne aloüette*
coparro *Petit bateau*
copela *copelle*
copero *Sommelier, eschanson*
copete *le poil qui pend sur le front*
copia *Abondance, quantité*
copilla *Gobelet*
copiosamente *Abondamment*
copioso *Abondant*
coplas *Rithmes, vers, couplets.*
copleador *Rithmeur*
copiear *Poetiser, rithmer*
copo *Toupet, floccon*
copo de lino *Poupee de lin*
copo de nieue *floccon de neige*
copo *Trebuchet à prédre oiseaux*
copon *Grande tasse, coupe*
coraça *cuirasse*
coracina *cuirassine*
coraçon *le cœur*
coraçonzillo *petit cœur*
coraçonzillo *Mille pertuis herbe.*
coradela *Entrailles, fressure*

coraje *courage*
corajosamente *courageusement*
corajudo *courageux*
Coral *Coral*
Coralgota *Epilepsie*
Corbe *vn coffin*
Corbejon *Le jarret*
Corbetear *Faire courbettes*
Corbetes *Courbettes de cheual.*
Corça *La femelle du Daim ou chevreul.*
Corço *Daim ou chevreul*
Corchetar *Accrocher*
Corchete *Crochet, crampon*
Corchete *Sergeant, huissier*
Corcha y corcho *Liege arbre*
Corcilla *Vn petit Daim*
Corcoba *Bosse, courbeure*
Corcobado *Bossu, courbé*
Corcobo *Courbettes*
Cordel *Corde, cordon, ficelle.*
Cordelejo *filiere, petite corde*
Corderica *Aignelette*
Corderico *Petit agneau*
Corderito *Agnelet, petit agneau*
Cordero *Agneau*
Cordezuela *Cordelette, petit cordon*
Cordillera *Precipice, pendant de montagne*
Cordouan *Marroquin, cuir*
Cordojo *Tristesse, marrisson creuecœur, douleur de cœur*
Cordon *Corde, cordon*
Cordonazo *Bout de corde, coup de corde*
cordonero *Cordier*
cordonzillo *Petit cordon*
cordura *Sagesse, preud'homie*
cornada *Les cornes d'vn bœuf*

Cornado *espece de monnoye valant dix deniers, un Carolus*
Cornadura *Encorneure.*
Cornamusa *cornemuse, musette*
Corneador *qui frape des cornes*
Corneamiento *Frapement de cornes*
Cornear, *Fraper des cornes.*
Corneja, *Corneille.*
Corneja cabezcana, *Corneille emmantelee.*
Corneta, *Cornet à bouquin.*
Cornerina, *Cornaline, pierre.*
Cornicabra, *Terebenthine.*
Cornudar, *Devenir cornu.*
Cornudaria, *Cocuage.*
Cornudo, *Cornu.*
Coro, *Chœur, assemblee.*
De coro, *Par cœur.*
Coroça, *Mitre qu'on met aux infames.*
Coroçado, *Mitré comme larron*
Coroçar *Mitrer de mitre infame*
Corona, *Couronne.*
Corona de rey, *Melilot, herbe.*
coronacion, *Couronnement.*
Coronado, *Couronné.*
Coronador, *Qui couronne.*
Coronamiento, *Couronnemēt.*
Coronar, *Couronner.*
Coronel, *Colonel, Chef.*
Colonel, *La couronne sur les armoiries.*
Coronica, *Chronique, Histoire.*
Coronilla, *Bluet des champs, herbe.*
Coronilla, *Le sommet de quelque chose.*
Coronista, *historiē, chroniqueur*
Corpazo, *Grand corps*
Corporal, *appartenant au corps*

Corpulencia, *Corpulence, gros corps.*
corral, *Bassecourt, parc.*
corralillo, *petite bassecourt*
correa, *courraye*
corredera, *carriere* (rir
Corredizo, *courāt, propre à cou-*
Corredor, *Galerie, allee de la maison.*
Corredor, *Courratier, entremetteur, qui court, pilleur, sacageur.*
Correduria, *Courraterie.*
Corregidor, *Gouverneur.*
Corregimiento, *Gouvernement*
Corregir, *Corriger.*
Correhuela, *Renoüee, herbe.*
Correncia, *Flux.*
Correndilla, *Petite carriere.*
Correo, *Courrier, Messager.*
Correo de dineros, *Sac à mettre argent.*
Correon, *Courraye.*
Correosa, *Couriace, mol.*
Correr, *Tirer, courir, harceler, cholerer.*
Correrse, *Se courroucer, Avoir honte.*
Correria, *Course, carriere.*
Correspondiente, *Correspondant, Acordant.*
Corretaje, *Courretage, Courraterie.*
Corretor, *Correcteur.*
Cotrida, *Course, carriere.*
Corrido, *Courroucé, estonné, honteux, couru.*
Corriente, *Torrent, duree, continuité.*
Corrimiento, *Estonnement, cholere, confusion, fluxion.*
Corillo, *Petit cercle, Assemblee*

d'hommes en rond.
Corriola, Renoüee, herbe.
Corro, Danse ronde, cercle
Corroba, Bosse, fronde
Corroborar, fortifier
Corromper, corrompre, violer, forcer.
Corrompido, corrompu.
Corrompimiento, violement, corruption.
Corrucion, corruption
Corsia, Tillac de navire
Cortabolsas, coupebourse.
Cortado, coupé.
Cortador, Qui coupe, qui rogne
Cortadura, coupure, rongneure.
Cortante, Le coupant, le taillant.
Cortapisa, Broderie, le bord de la robe.
Cortar, Couper, rongner.
Corte, Le trenchant, le fil.
Corte, La Cour
Cortedad, Briefueté, empeschement.
Cortes, Courtois, affable.
Cortes, Les Estatz.
Cortesana, Courtisane.
Cortesanamente, A la courtisane.
Cortesania, Courtisanerie.
Cortesano, Courtisan.
Cortesia, Courtoisie.
Cortesmente, Courtoisement.
Corteza, Escorce, croûte.
Cortezica, Petite escorce.
Cortezilla, Petite escorce.
Cortezon, Crouste, escorce.
Cortijo, courtil, grande court
Cortina, custode, courtine.
Corto, court, bref, petit, prompt

à se courroucer.
Corua, courbe, courbure.
Coruadura, courbure.
Coruar, courber.
Coruato, Le petit du corbeau.
coruo, courbé.
coruura, courbure.
coruza, Hibou.
cosa, chose.
coscoja, Eouse, sorte de chesne arbre.
coscojal, Lieu plein d'Eouses.
cosecha, cueillette, recolte, le procedor, qui coud.
cosedura, couture.
cosciete, corselet.
coser, coudre.
cosido, cousu, racoustré.
cosquillas, chatouillemens.
cosquilioso, chatouilleux.
cossario, corsaire.
cosso, Lieu où l'on court les toreaux.
costa, despence, coust.
costa de la mar, coste de mer.
costa, De costé, costierement.
costado, Le costé.
costal, Sac, panetiere
costallejo, Sachet, pochette.
costar, couster.
costear, costoyer.
costilla, Vne coste.
costosamente, Auec despence, somptueusement.
costoso, Somptueux, qui despend.
costra, crouste, escaille.
costreñider, qui contraint.
costreñimiento, contrainte.
costreñir, contraindre.
costribar, S'efforcer, Estouper.
costumbre, coustume.

ço

costura *Couture*
costurera *Couturiere*
costurero *Couturier*
cota *Cotte de maille, Iacque*
cotejado *Comparé*
cotejador *Qui compare*
cotejamiento *Comparaison*
cotejar *comparer, confronter*
cotejo *confrontement, comparaison*
cotidiano *Quotidien, tous les iours*
coto *defence, tribut*
cotorrera *Vne putain*
cotorro *Esgout de boües*
corral *Animal de rebut, qu'on laisse pour sa vieillesse*
coxcorron *coup de baston sur la teste*
coxeador *Qui cloche*
coxear *Marcher boiteux, clocher*
coxedad *clochement*
coxin *coussin*
coxinete *coussinet petit coussin*
coxijo de tierra *deporte animal*
coxinillo *coussinet, petit coussin*
couarde *couard*
couardia *couardise*
coxilloso *chatouilleux*
coxo *Boiteux.*
cocoxqueador *Qui cloche*
coxquear *clocher*
coxquillas *chatouillemens*
coxquillas hazer *chatouiller*
coxquillosica *chatouilleuse*
coxquilloso *chatouilleux, delicat*
coymero *Reuendeur de cartes*
coyunda *courraye à lier le ioug des beufs*
coyuntura *Ioincture, oportunité,*

co

occasion
coz *coup de pied*
cozedor *qui cuit, & lieu à cuire*
cozedizo *cuisant*
cozedura *cuisson, cuite*
cozer *cuire.*
cozido *cuit.*
cozimiento, *cuisson.*
cozina, *cuisine, le potage.*
cozinar, *cuisiner, tremper le potage.*
cozinera, *cuisiniere.*
cozinero, *cuisinier.*
cozor, *cuisson.*

ço

ço̧o, *Marché, foire.*
ço̧obra, *Tourment, Fascherie, creuecœur.*
ço̧po, *Estropiat.*
ço̧mpo, *Boiteux*
ço̧rita paloma *Pigeon priué*

CR

cra *voix du corbeau*
crecer *croistre, profiter*
crecedor *qui croist*
crecido *creu, profité*
creciente *croissant, le gros de la maree*
crecimiento *croissance*
credito *credit*
creedor *qui croit*
creencia *creance*
creer *croire*
crencha *la greue de la teste*
crespa *crespe, crespelue*
crespina *frange, crespine.*
crespo *crespelu*
cresta *creste*
crestado *cresté, qui a creste*
crestilla *Petite creste*
creyble *croyable*

CR

cria, nourriture
criada, nourrie, chambriere.
criadillas, truffes.
criado, nourry, seruiteur
criador, nourrissier, createur.
criança, nourriture.
criacion, creation.
criar, nourrir, esleuer, creer.
criatura, creature
crica Partie secrette de la femme
crimen, crime.
criminador, qui fait crime.
criminal, criminel.
criminalmente, criminellemēt.
criminosamēte, criminellemēt
criminoso, criminel
crinado, qui a les cheueux entrelassez, cheuelu.
crinar, entrelasser les cheueux.
crines, creins, poils
crisma, Cresme, onction.
crismar, oindre.
crisneja, cheuelure frisee, tresse.
crisol, creuset d'Orfeure
cristal, cristal.
cristalino, de cristal
cristel, clystere.
Cristianamente, Chrestiēnemēt
cristianar, Baptiser, faire Chrestien.
Cristiandad, chrestienté.
Cristianismo, Baptesme.
Cristiano, Chrestien.
CRISTO, CHRIST, Fils de Dieu.
Criuado, criblé.
criuar, cribler.
Criuo, crible.
crocodilo, crocodile, animal.
crudeza, cruauté, crudité.
crudo, cru, cruel.

CR

Cruel, cruel.
crueldad, cruauté.
cruelmente, cruellement.
crueza, crudité, cruauté.
crucificado, crucifié.
crucificador, Qui crucifie.
crucificacion, crucifiement.
crucificar, crucifier.
crugir, craquer.
cruxia, coursie de la galere.
cruxias, Petites grues.
cruxido, Esclat, grincement.
cruxir, Grincer, craquer.
cruz, croix, potence. (gal.
cruzado Monnoye d'or de Portu-
cruzador, Qui croise.
cruzamiento, croisement.
cruzar, croiser.
cruzero, carrefour en croix.
cruzero, L'estoile du Sud
cruzijada, carrefour.

CV

cuba, cuue à vin, tonneau.
cubero, Tonnelier, faiseur de cuues.
cubeto, Petit tonneau.
cubierta, couuerture.
cubierto, couuert.
cubijadera, couuerture.
cubillo, cuuier, petit tonneau.
cubil, couche, tasniere.
cubo, cuuier, fossé d'eau fait en rond.
cubril, Tasniere, couche.
cubrir, couurir.
cuchar, cuilleree
cuchara, cuillere
cucharada, cuilleree.
cuchareta, cucharica, Petite cuillere.
cucharon, cuillere.

Cuchilla, La lame d'une espee, vn grand couteau.
Cuchillada, Taillade.
A cuchilladas, A coups d'espee, à taillades.
Cuchillador, qui fait à coups d'epee.
Cuchillar, Faire à coups d'espee.
Cuchillero, Coutelier.
Cuchillico, Petit couteau, canivet.
Cuchillo, Espee, couteau.
Cuchillos de las alas, Les maistresses plumes de l'aisle.
Cuchillo, Cocu, oiseau.
Cudar Peser soigneusement, songer fort.
Cuello, Le col.
Cuello, Vn collet de chemise.
Cuenca, Vn terrain, vne coquille
Cueca del ojo, Le creux de l'œil
Cuenquezilla, Porcelaine.
Cuenta, Conte, raison, getton, patenostre.
Cuento, Fable, nouuelle, conte, raison, nombre.
Cuento, Le gros bout d'vne pique ou lance.
Cuera, Collet de cuir.
Cuerbo, Corbeau.
Cuerda, corde
Cuerdamente, Sagement.
Cuerdero, cordier.
Cuerdo, Sage, prudent, prudhomme.
Cuero, cuir, oudre à porter vin, ou huile.
Cuero, Biberon, yurongne.
Cuerpo, corps.
En cuerpo, En pourpoint, sans manteau.

Cuerno, corne, cornet.
Cueruo, corbeau.
Cueruato, Le petit du corbeau.
Cueruo caluo, cormoran.
Cuesco, coquille comme de noix, noyau.
Cuesco hombre, Sage.
Cuesta, Tertre, colline, coste
Cuesta arriba, Le montant de la coline contremont.
Cuesta baxo, Le pendant de la colline.
Cueua, cauerne, fosse, cuue, antre.
Cueuano, coffin, cuuette.
Cuexco, Noyau de fruit.
Cuexco, Vn pet.
Cuexo, Noyau.
Cugulla, capuchon.
Culantro, coriandre, herbe.
Culantrillo, capillus veneris herbe.
Culebra, couleuure, serpent.
Culebrilla, Petite couleuure.
Culebrilla, Gale, dartre, feu volant.
Culebrilla, couleurine.
Culebruno, De couleuure.
Culero, drapeau de petis enfans.
Culo, Le cul.
Culon, Fessu
Culpa, Faulte.
Culpadamente, coupablement.
Culpable, coupable.
Culpado, Blasmé.
Culpador, Qui blasme.
Culpar, Blasmer.
Cultiuado, cultiué.
Cultiuador, Qui cultiue.
Cultiuar, cultiuer.
Culto, Honneur, culte.

Cumaya, *Fresaye, cheueche oiseau.*
Cumbre, *cime, sommet, moceau.*
Cumple, *Il conuient.*
Cumpletas, *complies.*
Cumplidamente, *Entierement.*
Cumplido, *Acomply, Acheué.*
Cumplidor, *Qui acheue.*
Cumplidissimo, *Tres acomply.*
Cumplimiento, *Acomplissemēt.*
Cumplir, *Acomplir, acheuer.*
Cundido, *Assaisonné, penetré.*
Cundir, *S'estendre comme l'huile, Assaisonner, penetrer.*
Cuña, *coin à fendre bois.*
Cuñada, *Belle sœur.*
Cuñado, *Beau frere.*
Cuñar, *cogner, fraper sur le metal pour monnoyer.*
Cuño, *coin de monnoye*
Cupir, *Renger, comprendre*
Cura, *Soing, guarison*
Cura, *Vn curé*
Curado, *Pensé, guary*
Curador, *curateur*
Curadoria, *curatelle*
Curar, *Penser, guarir.*
Curazgo, *cure d'Eglise.*
Cureña, *combat.*
Curial, *courtisan*
Curiosidad, *curiosité.*
Curioso, *curieux*
Curruxa, *Chathuant, hibou.*
Cursado, *Experimenté, rusé, fin, pratic.*
Cursador, *qui hante, qui pratique.*
Cursar, *Frequenter, hanter, se faire fin, pratiquer.*
Curso, *cours.*

Curtido, *courraye.*
Curtidor, *courrayeur de cuirs*
Curtidura, *courrayement.*
Curtijo, *Bassecourt.*
Curtir, *courrayer, destremper, macerer.*
Custodia, *La chasse d'vn sainct*
cutir, *Frapper.*
cuyda, *Soing.*
cuydado, *Soing.*
cuydadoso, *Soigneux.*
cuydadosamente, *Soigneusement.*
cuydar, *Soigner, auoir soing.*
çucca, *Souche.*
çucca, *Pontoufle de femme vieille.*
çueco, *Soulier de bois.*
çumacado, *courraye auec sumach.*
çumacacador, *courrayeur auec sumach.*
çumacar, *courrayer auec sumach*
çumaque, *Sumach dont on courroye les cuirs.*
çumillo, *Petit sac.*
çumo, *Suc, humeur.*
çumoso, *Plein de suc.*
çuños, *Mines de visage.*
çurana paloma, *Roquet, pigeon sauuage.*
çurdo, *Gauche, Senestre.*
çurita, y çurito, *Pigeon.*
çurrador, *courrayeur.*
çurradura, *courrayement.*
çurrar, *courrayer, chier.*
çurrapa, *La lie.*
çurriaga, *Vn foüet.*
çurriagador, *qui foüette.*

D A

çurriagar Foüetter
çurron Besace, panetiere

D A

Dadiua Don, present
Dadiuosamente Liberalemēt
Dadiuosidad Liberalité
Dadiuoso Liberal
Dado Donné
Dado De iouer
Dador Liberal, qui donne
Daga Dague
Dama Dame, gentifemme
Dama Daim animal
Damascado Damasquiné
Damascar Damasquiner
Damasco de Damas
Dança Danse
Dançador Danseur
Dançadura Danse
Dançante Dansant
Dançar Danser
Dañadamente Nuisiblement, auec nuisance
Dañado Endommagé, offensé
Dañador qui nuit, qui endommage
Dañar Offenser, endommager, nuire, condamner
Daño Dommage, nuisance
Dañosamente Dommageablement
Dañoso Dommageable
Dar Donner. Doy, ie donne
Dar de mano Laisser, reietter
Dar de nalgas Tumber du cul
Dares Donnees
Darse Serendre
Datil Dattes fruit de palme
Datilazedo Tamarins, fruict.

D E

Dadiuo Datif

D E

De De
Dean Doyen
Deanadgo Doyenné
Deantes Parauant, cydeuant
De aqui adelante Parcy apres
Debalde en vain
Debastamiento Dolement
Debastar Doler du bois
Debate Debat
Debatir Debatre
Debaxo Dessoubs, soubs, en bas
Debil Foible
Debilidad Foiblesse, debilité
Debilitadamente Debilement
Debilitado Affoibly
Debilitador qui afoiblit
Debilitamiento afoiblissement
Debilitar Afoiblir
Debotar Desboter, oster les bottes
De buena gana Volontiers
Debuxado Peint, esbauché
Debuxador Qui esbauche
Debuxar Esbaucher en peinture
Debuxo Peinture
De cada parte de toutes pars
De camino En passant
Decendencia Posterité, lignee
Decender Descendre
Decendida Descente
Decendiente Descendans
Decendimiento Descente
Deceno Dixieme
Decentado Percé, entamé
Decentar vna tinaja Percer vn vaisseau

Decener

D E

Decente *Conuenable*
Decentemente *Conuenablemēt*
De cerca *Aupres*
Decerrajador *qui oste la serrure*
Decerrajar *Oster la serrure*
Decerruigar *Descapiter*
Decession *contraire à succession*
Decessor *contraire au successeur*
Dechado *Exēplaire, patrō, copie*
Decidir *Decider*
Decimo *Dixieme*
Decision *Decision*
Declamador *qui declame*
Declamacion *Declamation*
Declamar *Declamer, haranguer*
Declaracion *Declaration*
Declaradamente *Ouuertement*
Declarado *Declaré*
Declarador *qui declare, qui expose*
Declarar *Declarer*
Declinacion, *Declinaison.*
Declinador, *Qui decline.*
Declinar, *Decliner.*
Decorar, *Aprendre par cœur.*
Decoraçon, *Volontiers, du bon du cœur.*
De coro, *Par cœur.*
Decoro, *Bienseance.*
De corillo en corillo, *De cercle en cercle.*
Decostrado, *Escrouté.*
Decostrador, *qui oste la crouste.*
Decostradura, *descroutement.*
Decostrar, *Oster la crouste*
Decretar *Resoudre, determiner*
Decreto *Decret*
De dentro, *Au dedans.*
Dedicacion, *Dedicace.*

D E

Dedicado, *Desdié.*
Dedal *Dé à coudre*
Dedicador *qui desdie*
Dedicamiento *Dedicace*
Dedicar *Desdier*
Dedito *Petit doigt*
Dedo *Le doigt*
Dedo pulgar *Le Poulce*
Dedo menique *le petit doigt*
De donde, *d'où*
De donde quiera *d'où l'en voudra*
Deesa *Deesse*
De espacio *à loisir, à l'aise*
Defendedor *qui defend*
Defender *defendre*
Defendido *defendu*
Defecto *Default*
Defectuoso *Māque, defectueux*
Defension *Defence*
Defensa, *defense*
Defensor *celuy qui defend*
Defensora *Celle qui defend*
Defraudacion *Tromperie*
Defraudador *Trompeur*
Defraudar *Tromper*
Defrutar *cueillir le fruit*
De fuera *Dehors*
Defunto *Mort, defunct*
Degeneracion *Forlignement*
Degenerado *Degeneré*
Degenerador, *qui forligne*
Degenerar, *forligner*
Degollado, *Esgorgé*
Degollador, *qui esgorge*
Degolladura, *Esgorgement*
Degollamiento, *Esgorgement.*
Degollar, *Esgorger, decoller*
Degotado, *degouté*
Degotador, *Qui degoutta.*
Degotamiento, *Degouttement*

G

Degotar, *Degoutter.*
degradar, *Degrader.*
dehecho, *Tout a faict.*
dehender, *Fendre en deux.*
dehendimiento, *Fente, fendure*
dehesa, *jachere, pastiz*
dejarretar, *Couper les jarretz, se desmettre le jarret*
del, *de, de luy*
de la, *dela*
delantal, *tablier de femme*
delantar, *Aller deuant*
delante, *Auant, deuant*
delanteramente, *Auantageusement*
delantera, *L'entree, le deuant, l'auance, le frontispice, l'auantgarde*
delantero, *Le premier qui va deuant*
delegacion, *delegation*
delegado, *delegué*
delegador, *qui delegue*
delegar, *deleguer*
deletrear, *Adiouster les lettres, espeler*
delexos, *de loing*
deleytador, *qui resiouist*
deleytar, *delecter, resiouir*
deleyte, *Plaisir, recreation*
eleytoso, *plaisant, delectable*
dleznable, *coulant, glissant*
deeznadero *Lieu glissant*
deleznamiento, *Glissement, coulement*
delznar, *Couler, glisser, fondre*
delfin, *Daufin, poisson*
Delgadamente, *Menuement, deliement*
delgadez, *Gresleté, menuesse*
delgadillo, *Fort delié, menu*

delgadito, *Fort menu, delié*
delgado, *Menu, delié*
delgado, *Le boire, la despence, le petit vin*
delgazar, *Amenuiser.*
deliberacion, *Deliberation*
deliberadamente, *Auec deliberation*
deliberado, *deliberé*
deliberador, *qui delibere*
deliberar, *deliberer*
delicadamente, *delicatement*
delicadeza, *delicatesse*
delicado, *delicat*
delinquente, *qui commet delict*
delito, *delict, faute*
delleno, *Plainement*
del todo, *du tout, de tout en tout*
demadrugada, *du matin*
demanda, *Demande, recherche*
demandado, *demandé*
demandador, *demandeur*
de manera, *de sorte, de façon*
demañana, *du matin, demain.*
demarcar, *marquer*
demas, *Dauantage*
demasia, *Folie, superfluité*
demasiadamente, *Excessivemét*
demasiado, *Superflu, excessif*
demediado, *Party par moitié*
demediador, *qui partit par moitié*
demediar, *Partir par moitié*
demientras, *Tandis, pendant que*
demochado, *Rongné*
demochar, *Rongner, Accourcir*
demonio, *Mauuais esprit, diable*
demonton, *A tas, A monceau*
demostracion, *Monstre, demonstrances*

demostrado, _demonstré_
demostrador, _qui demonstre_
demostrar, _demonstrer_
demudado, _Changé_
demudador, _qui change_
demudança, _Changement_
demudar, _Changer_
demudarse, _Changer de couleur_
demuestra, _demostratiō, mōstre_
denantes, _Cy deuant_
dende, _desormais_
dende arriba, _de dessus_
dende entonces, _desia, deslors, des maintenant_
dende hasta, _depuis, jusques à_
denegado, _desnié_
denegador, _qui desnie_
denegacion, _desny_
denegar, _desnier_
denegrido, _Noircy_
denegrimiento, _Noircissement_
denegrir, _Noircir_
deñar, _daigner_
denostado, _diffamé_
denostador, _Affronteur_
denostar, _Faire honte, diffamer_
denodado, _Libre, franc, agile, resolu_
denodamente, _Librement, resoluement_
denostoso, _Outrageux_
denotar, _denoter._
denuedo, _Bonne grace, bonne façon, courage, agilité, resolutiō_
dentado, _qui a des dents_
dentadura, _denture_
dental, _Le soc de la charrue_
dentar, _Aiguiser._
dentarada, _Coup de dent_
dentear, _Remuer les dents, estre agacé._

dentecer, _Mettre les dents_
dentera, _Mal de dents, agacemēt_
denton, _Vne grand dent_
denton, _qui a grandes dens_
denton, _Vne sorte de poisson_
dentro, _dedans_
dentudo, _qui a grandes dents, qui a bonnes dents_
denuesto, _Blasme, oprobre, honte_
denueuo, _de rechef_
denunciacion, _denontiation_
denunciado, _denoncé_
denunciador, _qui denonce_
denunciar, _denoncer_
deparado, _Enuoyé_
deparar, _Enuoyer, departir, presenter_
de parte de fuera, _de dehors_
de passada, _En passant_
deponer, _deposer, desmettre_
deposicion, _deposition_
depositado, _Mis en garde_
depositador, _depositeur_
depositar, _Mettre en garde, depositario, depositaire, à qui on donne en garde._
deposito, _depost._
deprauacion, _Mauuaise depra-_
deprauado, _depraué_
deprauador, _qui depraue_
deprauar, _deprauer_
deprender, _Aprendre_
de presto, _Incontinent_
deprimir, _Abaisser, Contraindre_
de punta, _de pointe_
de rays, _deZ la racine, du tout_
derechamente, _droitement._
derecho, _droit_
derechura, _droicture, dexterité._
derepente, _soudain_
deriuar, _deriuer, tirer._

G ij

Derrabado, *Qui a la queüe cou-*
   pee.   (queüe.
Derrabadura, *Coupement de*
Derrabar, *Couper la queüe.*
Derramadamente, *Esparce-*
   ment, par cy par là.
Derramado, *Espars, espandu.*
Derramador, *qui espand.*
Derramadura, *Espanchement.*
Derramamiento, *espanchemēt,*
   Coulement.
Derramadero, *lieu où l'on verse*
Derramar, *Espandre, verser, ar-*
   roser.
Derredor, *Autour.*
Derrencar, *Glisser.*
Derrengado, *Esrené.*
Derrengador, *Qui esrene.*
Derrengadura, *Esrenement.*
Derrengamiento, *Esrenement.*
Derrengar, *Esrener, casser les*
   reins.
Derretido, *Fondu.*
Derretidor, *qui fond.*
Derretidura, *Fondure.*
Derretimiento, *Fondure.*
Derretir, *Fondre.*
Derribado, *Ietté à bas, precipité*
Derribador, *Qui precipite.*
Derribamiento, *Precipice, de-*
   molition.
Derribar, *Abattre, Ietter bas,*
   desmolir.
Derrocadero, *Precipice.*
Derrocado, *Abattu.*
Derrocador, *Qui abat.*
Derrocamiento, *Abattement.*
Derrocar, *Ietter bas, abattre,*
   desrocher.
Derrocar lagrimas, *Pleurer.*
Derrota, *Route, trace.*

Derrotado *Trauaillé de la mer,*
   qui est en desroute.
Derrotar, *Mettre en desroute.*
Derrumbadero, *Precipice.*
Desabahar, *Euaporer.*
Desabezar, *Oublier, desacoustu-*
   mer.
Dasabido, *Sot, ignorant.*
Desabimiento, *Sottise.*
Desabituació, *Desacoustumāce.*
Desabituado, *Desacoustumé.*
Desabituar, *Desacoustumer.*
Desabollar, *Oster les foulures,*
   les bosses.
Desabotonado, *Desboutonné.*
Desabotonadura, *Desbouton-*
   nement.
Desabotonar, *Desboutonner.*
Desabrido, *Desgouté.*
Desabrigado, *Qui est hors d'a-*
   bry, sans deffence
Desabrimiento, *Degoust.*
Desabrigar, *Oster d'abry.*
Desabrochado, *Desagraffé.*
Desabrochar, *Desagraffer, des-*
   boutonner.
Desacatado, *Sans respect.*
Desacatar, *Mespriser, n'honnorer*
   pas.
Desacato, *Iniure, mespris, peu de*
   respect.
Desacomodacion, *Incōmodité.*
Desacomodado, *Incommodé.*
Desacomodamiento, *Incom-*
   modité.
Desacomodar, *Incommoder.*
Desacomodadamente, *Incom-*
   modement.
Desacompañado, *Sans compa-*
   gnee, seul.
Desacompañamiento, *Faulce-*

ment de compagnee.
Desacompañar, Desacōpagner.
Desaconsejado, Desconseillé.
Desaconsejar, Desconseiller.
Desaçorar, Apriuoiser.
Desacordado, Estourdy, ou-
blieux, esbahy, sans souuenance
Desacordadamente, Par oubly.
Desacordar, Oublier, discorder.
Desacorde, Discordant.
Desacreditado, Sans credit
Desacreditar, Perdre le credit.
Desacuerdo, Oubly, discord.
Desacostūbrado, Desacoustumé
Desacostumbrar, Desacoustu-
mer.
Desadormecedor, Qui esueille.
Desadormecido, Esueillé.
Desadormecer, Esueiller, des-
dormir.
Desadormecimiento, Desen-
dormissement.
Desadornado, Qui n'est point
orné ny embelly.
Desadornar, Desembellir.
Desaferrar, Desgraffer.
Desafiado, Deffié.
Desafiador, qui deffie.
Desafiar, irriter, prouoquer, des-
fier.
Desafio, Deffy.
Desaforadamente, Desmesure-
ment.
Desaforado Hors de raison, des-
mesuré, impudent.
Desafuero, Desraison, Impudēce
Desafuero, Rompement de pri-
uileges, contrauention
Desafuziado, Abandonné des
medecins, desesperé.
Desafuziar, Estre abandōné des

medecins, desesperer, oster l'espoir
Desagradable, Mal plaisant,
desagreable.
Desagradablemente, desagrea-
blement.
Desagradar, Desagreer.
Desagradecer, Desagreer.
Desagradecidamente, Ingrate-
ment, desdaigneusement.
Desagradecido, Mal plaisant,
Ingrat, desdaigneux.
Desagradecimiento, Ingrati-
tude.
Desagrauiado, Desdommagé.
Desagrauiar, Reparer vne in-
iure, desdommager.
Desaguadero, Le canal de la
fontaine, esgout.
Desahogar, Desestoufer, desgor-
ger.
Desayudar, N'ayder point.
Desalabado, Blasmé, mesloüé.
Desalabar, Blasmer, mesloüer.
Desalauear, Dresser.
Desalbardar, Desbaster, oster le
bast.
Desalentado, Sans haleine.
Desalentador, Qui descourage.
Desalentamiento, Faulte d'ha-
leine.
Desalentar, Descourager, perdre
l'haleine.
Desaliñado, Maussade, mal pro-
pre, peruerty. (uerty.
Desaliñar Estre mal propre, per-
Desaliño, mauuaise façon, saleté
desaliño, mal propre
desalmado, hors de soy, sans ame
desalmamiento, faute d'ame
desalmar, Estre sans ame
desalojado, deslogé

G iiij

desalojamiento, *deslogement*
desalojar, *desloger*
desalumbrar, *oster la lumiere*
desamado *hay, qui n'est pl' aimé*
desamar, *hayr.*
desamanzillar, *oster la douleur, l'affliction.*
desamarrar, *desmarrer, destacher les nauires.*
desamor, *haine, chagrin.*
desamoradaméte, *chagrinemét*
desamorado, *sans amour.*
desamparado, *abandonné.*
desamparador, *qui abandonne.*
desamparar, *abandonner.*
desamparo, *abandon.*
desanclar, *leuer les ancres, desancrer.*
desandar *cesser d'aller, retourner*
desandrajado, *deschiré, haillonneux.*
desanidar, *desnicher*
desanimado, *descouragé*
desanimador, *qui descourage.*
desanimar, *descourager, perdre courage*
desangrado *qui a perdu le sang, sans sang.*
Desangrar, *perdre le sang, tirer le sang.*
desanublar, *oster les nuages*
desañudado, *desnoüé*
desañudadura, *desnoüement*
desañudar, *desnoüer*
desaparear, *desassembler.*
desaparecer, *disparoir.*
desaparejadaméte, *inegalemét.*
desaparejado, *desassemblé.*
desaparejador, *qui desassemble*
desaparejar, *desharnacher, desappareiller, desassembler.*

desapassionadaméte *sans passió*
desapassionado, *non passionné*
desapassionar, *oster l' passion.*
desapazible, *mal plaisant*
desapercebidamente, *à la despourueuë.*
Desapercebido, *despourueu, non preparé*
Desapiadado, *sans pitié, maupiteux*
Desaplaçar, *oster de la place*
Desapoderado, *sans puissance osté de possession*
Desapoderar, *oster hors de possession*
Desapostura, *Messeance*
Desapriscar, *Desparquer*
Desaprouechadamente, *Inutilement*
Desaprouechado, *Inutile*
Desaprouechamiento, *Incommodité*
Desaprouechar, *Incommoder.*
Desaprisionar, *oster de prison*
Desapuntar, *oster la pointe, esmousser*
Desarmado, *Desarmé*
Desarmador, *qui desarme*
Desarmadura *ostemét d'armes*
Desarmar, *Desarmer*
Desharrapado, *Deschiré*
Desharrapar, *Deschirer*
Desarraygado, *Desraciné*
Desarraygador, *qui desracine*
Desarraygadura, *desracinemét*
Desarraygamiento, *desracinement*
Desarraygar, *desraciner*
Desarrebañar, *separer le troupeau.*
desarreboluer, *desuiloper.*

desarrodillar, desagenouiller, s'oster de genoux.
desarrugado, desridé.
desarrugador, qui desride.
desarrugamiento, desridement
desarrugar desrider.
desasir, destacher, desprendre.
desasnar, desniaiser, redre acort.
desasortado, infortuné, à qui le sort ne dit point.
desasortar, Estre infortuné.
desastillar, Oster les esclats.
desastradamente, malheureusement. (reux
desastrado, infortuné, malheu-
desastre, malheur, desastre.
desassosegadamète, sans repos
desassosegado, qui n'a point de repos.
desassosegador, qui ne donne point de repos.
desassosegar, n'auoir point de repos, estre à malaise (tude.
desassossiego, malaise, inquie-
desatado, deslié, destaché.
desatador, qui deslie
desatadura, desliement
desatar, deslier, destacher, dissoudre.
desatapado, desbouché.
desatapador, qui desbouche
desatapadura, desbouchement
desatapar, desboucher, desfermer.
desatauiadamète, mal en ordre.
desatauiado, mal agencé, mal seant.
desatauiador, qui desageance.
desatauiar, desageancer
desatentadamente, follement, desesperement.
desatentar, faire chose mal à propos.

Desatiento, Estourdissement, estonnement
Desatinadamente, à l'estourdie
Desatinado, Estourdi, fol
Desatinando, En chancelant.
Desatinar, Resuer, chanceler, varier de propos.
desatino, folie, chancellement.
desatormecer, desgourdir.
desatormecido, desgourdy.
desatrauessar, oster ce qui est en trauers.
desatronado, destourdy (ment
desatronar, oster d'estourdisse-
desaturdido, osté d'estourdissement.
desauantajado, desauantagé.
desauantajar, desauantager.
desauantajoso, desauantageux
desauenido, discordant
desauenir, discorder, ne conuenir pas.
desauezar, desacoustumer.
desautorizar, oster l'authorité.
desbalido, Esperdu, sans aide
desayunar, desieuner.
desayudar, n'aider point.
desbalijado, desualisé.
desbalijador, qui desualise
desbalijar, desualiser.
desballestar, oster & demonter l'arbaleste, desbider, tirer.
desbarrar, glisser.
desbarrajadamente, mal à propos, en trouble.
desbarratado, deffait, desconfit.
desbarratador, qui desfait, qui trouble, qui demolit
desbarratar, troubler, desmolir, ruiner, desfaire, desconfire
desbarrato, demolition, route, desconfiture.

Desbarbado, qui n'a point de barbe.
Desbarbar, Oster la barbe
Desbarrar, glisser
Desbastado, Esquierré, dolé
Desbastador, Qui escarre le bois
Desbastadura, Escarrement de bois
Desbastar, Escarrer, doler, polir
Desbastecer, Desgarnir de munitions
Desbastecido, Desgarny, sans munitions
Desboçado, fort en bouche, sans bride, mal parlant
Desbordado, desbordé, insolent
Desbrauar, descharger sa cholere apriuoiser, oster la furie.
Desbriznar, trier le saffran.
Desbuchar, esuentrer.
Dscabeçado, Descapité.
Descabeçamiento, ostement de teste.
Descabeçar, Descapiter, oster la teste.
Descabellado, eschevelé.
Descabelladura, Descheuelure.
Descabellar, decoiffer, decheueler.
Descabestrar, oster le licol.
Descabullir, disparoistre, se retirer, escouler, fuir.
Descadenar, dechainer.
Descaecer, decheoir, defaillir.
Descaecido, foible, decheu.
Descaecimiento, oubly de faillement, dechet.
Descalabrado, qui a la teste rompue, ecervelee
Descalabrador, Rompeur de teste.

Descalabradura, Ecervellemēt.
Descalabrar, Rompre la teste, Ecerueler.
Descalçado, Deschaussé.
Descalçador, qui deschausse.
Descalçamiēto Deschaussemēs.
Descalçar, Deschausser.
Descalço, Deschaussé.
Descaminador, qui fait esgarer.
Descaminado, Esgaré.
Descaminadamente, Hors du chemin.
Descaminar, Oster du chemin, desuoyer.
Descampar, Descāper, s'en aller.
Descansadamente, A laise, A repos.
descansado, Delassé, reposé.
descansar, Se deslasser, Se reposer
descanso, Aise, repos, soulagemēt.
descaperuçar, Oster le bonnet.
descapirotar, Deschapronner.
descaradamente, Impudēment.
descarado, Eshonté.
descargado, deschargé.
descargador, qui descharge.
descargar, descharger.
descargo, deschargé.
descarrear y descarriar, desuoyer, fouruoyer.
descarriado, desuoyé.
descarriadura, fouruoyement.
descarriamiento, Fouruoyemēt.
descarnar, Descharner.
descarrilladura, desenfleure de joües.
descarrillar, desenfler les joües
descartar, Escarter aux cartes.
descasamiento, Rompement de mariage
descasar, Desmarier.

Descaualgadura, *Descente de cheual.*
Descaualgar, *Descendre de cheual.*
Descato, *Mespris.*
Descaxcar, *Oster le noyau ou la raspe.*
Descercado, *Non entourné de murailles, desassiegé.*
Descercador, *Qui leue le siege.*
Descercar, *Desassieger, oster les murailles.*
Descerco, *Leuement de siege.*
Desceñido, *Desceint, sans ceinture.*
Desceñir, *Desceindre, Oster la ceinture.*
Descepar, *Arracher les ceps.*
Descerrajador, *qui oste la serrure.*
Descerrajar, *Oster la serrure.*
Desceruigar, *Oster le col, decoller*
Desclauado, *Descloüé, destaché.*
Desclauador, *qui descloüe.*
Desclauazon, *Descloüement.*
Desclauar, *Descloüer.*
Descobrido, *Descouuert.*
Descobridor, *Descouureur.*
Descobrimiento, *Descouuerte, Descouurement.*
Descobrir, *descouurir.*
Descogedor, *qui desploye.*
Descogedura, *Desployement.*
Descoger, *Deueloper, desployer.*
Descogido, *Desployé.*
Descogotar, *Decapiter, decoller.*
Descolgado, *Despendu, deualé.*
Descolgador, *qui despend.*
Descolgar, *Deualer, descendre, couler à bas.*
Descolorido, *Descoloré.*

Descoloramiento, *Descoulorement.*
Descolorar, *Descolorer.*
Descolorir, *Descolorer.*
Descombrar, *Nettoyer.*
Descomedidamente, *Discourtoisement.*
Descomedido, *Mal apris, discourtois.*
Descomedimiéto, *Discourtoisie*
Descomedir, *Estre mal courtois*
Descomodidad, *Incommodité.*
Descompadrar, *Deuenir ennemy, rompre le comperage, la societé.*
Descóponedor, *qui desarrenge*
Descomponer, *Deffaire, desarrenger.*
Descóposicion, *Desarrengemét*
Descompostura, *Mauuais ordre*
Descompuestamente, *Mal en ordre.*
Descompuesto, *Mal arrengé, mal acommodé, desordonné.*
Descomulgado, *Excommunié*
Descomulgar, *Excommunier*
Descomunion, *Excómunicatió*
Descomunal, *Hors le commun.*
Desconcertadamente, *Sans ordre, en desarroy.*
Desconcertado, *Confus, mal arrengé.*
Desconcertar, *Desacorder, desarreger, oster de son lieu & rág*
Desconcierto, *Confusion, desarroy, mauuais succés*
Desconfiadaméte *Auec defiáce*
Desconfiado, *Deffiant.*
Desconfiança, *deffiance*
Desconfiar, *Se deffier ne s'asseurer point.*

Desconformar, *dissentir*
Desconfortar, *desconforter*
Desconocer, *Mescognoistre*
Desconocidamente, *A l'inco-gneuë, ingratement*
Desconocido, *Mescognu, ingrat*
Desconocimiento, *Mescognoissance, ingratitude*
Desconsoladamente, *Sans consolation*
Desconsolacion, *desconfort*
Desconsolado, *desconforté*
Desconsolador, *qui desconforte*
Desconsolar, *desconforter, estre sans consolation*
Desconsuelo, *desconfort*
Descontar, *desconter, rabattre*
Descouenible, *non conuenable*
Desconueniblemente, *Mal à propos*
Desconueniencia, *descouenãce*
Desconueniente, *dissemblable*
Desconuenir, *desconuenir, dissembler*
Desconuersar, *Ne frequenter point*
Descoraçonado, *Sans cœur*
Descoraçonar, *Perdre cœur*
Descoraznado, *Paresseux, de cœur faîlly*
Descoraznadamente, *Negligemment*
Descoraznamiento, *Negligence, fetardise*
Descoraznar, *Estre paresseux, sans courage*
Descorchar, *Oster l'escorce*
Descordar, *Discorder*
Descorner, *descouurir, deffaire*
Descortes, *Inciuil, mal courtois*
Descortesmente, *Inciuilemēt*

Descortesia, *Discourtoisie*
Descortezado, *Qui a l'escorce ostee*
Descortezador *Qui oste l'escorce*
Descortezadura, *Escorceure, Ostement d'escorce*
Descortezar, *Oster l'escorce*
Descosedor, *Qui descoust*
Descosedura, *Descouture*
Descosido, *Descousu*
Descostūbre, *non en coustume*
Descostūbrado, *non acoustumé*
Descostūbrar, *Desacoustumer*
Descoyuntado, *Desioint, Gasté de jointures*
Descoyuntador, *Qui desioint*
Descoyuntar, *Desioindre*
Descrecer, *Decroistre*
Descrecimiento, *Descroissemēt*
Descreedor, *Qui mescroit*
Descreer, *Mescroire, ne croire point*
Descreydo, *Mescreant*
Descreyentes, *Infidelles, mescreans*
Descreuir, *Descrire*
Descripcion, *Description*
Descrochetar, *Decrocher, debouder.*
Descruzar, *Descroiser*
Descubierto, *Descouuert*
Descubridor, *Descouureur*
Descubrimiento, *Descouuerture*
Descubrir, *Descouurir*
Descuenta, descuento, *Rabais de conte, deduction, oubly*
Desculpa, *Excuse*
Desculpado, *Excusé*
Desculpar, *Excuser*
Descuydadamente, *negligēmēt*

Descuydado, negligét, s'ás soing
Descuydar, n'auoir point de soing
Descuydo, negligence, mesgarde
Descuytar, Oster de trauail
Desde, De, en aprés
Desde en cima, Par dessus
Desde luego, dés maintenant
Desden, desdain
Desdeñado, desdaigné
Desdeñador, desdaigneux
Desdeñar, desdaigner
Desdentado, Esdenté
Desdentador, qui esdente
Desdentar, Esdenter
Desdezir, desdire
Desdicha, Malheur
Desdichadamente, Malheureusement
Desdichado, Malheureux
Desdir, desdire
Desdoblar, desployer
Desdon, Inciuilité, rusticité
Desdonadamente, Rustiquement, goffement
Desdonado, Inciuil, mal plaisát
Desdorar, desdorer
Desdormir, Esueiller
Desduzir, desduire
Desechado, Chassé, delaissé
Desechamiento, Chassement, delaissement. (dier
Desechar, chasser, rejetter, repu-
Desecho, Refus, delaissement, diuorce
Desedificar, desbastir
Deselar, desgeler
Desembarraçado, Libre, sans empesche
Desembarraçadamente, Sans empeschement.

Desembarraçar, desempescher, oster l'empeschement
Desembarraçamiento, depesche, expedition
Desembarraço, depesche, expedition, entreprise
Desembarcar, desbarquer
Desembargado, desaisy, deliuré
Desembargar, desaisir
Desembargo, deliurance, ostement, desaisie
Desebocar, Oster de la bouche
Desemboltura, dexterité, hardiesse, babil, liberté
Desemboluer, desueloper, estre en liberté
Desembolsar, desbourser
Desemborrachar, desenyurer
Desemboscar, sortir d'embusche, laisser les bois
Desebotar, espointer, emousser
Desembraçar su arco, Tirer l'arc, deslacher
Desembrauecedor, qui apriuoise
Desembrauecer, Apriuoiser, oster la cruauté
Desembrauecimiento, Apriuoisement, douceur
Desembriagar, desyurer
Desembuxar, Oster les tripes, esuentrer
Desembueltamente, libremét
Desembuelto, Libre
Desemejadamente, nonpareillement
Desemejado, defiguré, sans pareil
Desemejante, dissemblable
Desemejança, dissemblance
Desemejar, Estre diss... e

Desempachar, despecher, expedier
Desempacho, despeche, expedition
Desempalagar, nettoyer le palais de la bouche
Desemparado, abandonné
Desemparador, qui abandonne
Desemparar Laisser, abádonner
Desemparo, abandon.
Desemparejar, Separer, desioindre
Desempedrar, Oster les pierres.
Desempegar, destacher, oster la poix.
Desempeñado, desgagé
Desempeñador, qui desgage
Desempeñar desgager
Desempeño, desgagement
Desempeorar, deuenir meilleur
Desemperezar, oster de paresse
Desemplumar, oster les plumes, plumer
Desempoluolar oster la pouldre
Desempreñar, auorter
Desempulgadura, destachemét d'arc ou d'arbaleste
Desempulgar, destendre l'arc
Desencabestrar, oster le licol
Desencadenado, dechainé
Desencadenar, dechainer
Desencaminar, fouruoyer
Desencandilar, deseblouyr
Desencantar, deschanter
Desencapotadura, Leuement d'yeux ou d'oreilles
Desencapotar los ojos, Leuer, hausser les yeux
Desencasado, disloqué, osté de son lieu
Desencasadura, dislocation
Desencasados huessos, os demis

Desencasar, demettre de son lieu
Desencasura, dislocation
Desencastillar, chasser hors du fort.
Desencaualgar, Ietter bas du cheual
Desencaxar, deschasser
Desencerrar, desfermer, ouurir
Desenclauar, descloüer
Desencolar, Oster la cole, decoler
Desenconar, Oster le venin
Desencruelecer, N'estre plus cruel.
Desenfadar, Recreer, prendre plaisir
Desenfado, Recreation
Desenfamar, Diffamer.
Desenfardelar, despaqueter
Desenfrenadamente, A bride abatue, Effrenement
Desenfrenado Sás frein, effrené
Desenfrenamiéto, Effrenemē:
Desenfrenar, Oster le frein
Desengañadaméte, Claireméi
Desengañado, Destrompé
desengañador, qui destrompe
desengañar, Destromper, esclarcir.
desengaño, Esclarcissement.
desengrudado, descolé
desengrudamiento, descolemět
desengrudar, Oster la cole, descoler
desenhadado, Non desgousté
desenhadar, Oster le degoust
desenhastiar, Oster la fascherie
desenhetrar, depestrer, desmesler, denoüer
desenjahezar, desharnacher
desenlazar, deslacer
desennuuar, Sortir de la nuee

DE

desempiezgar, desboucher, ouurir
desenquadernado, desrelié
desenquadernadura, desreliement
desenquadernador, qui desrelie
desenquadernar, desrelier
desensañar, Apaiser la cholere
desensenar, oster du sein
desenseñar, desenseigner
desensillar, deseller
desenterrado, desterré
desenterramiento, desterremét
desenterrar, oster de terre, desterrer
desentido, qui n'a point de sens
desentir, n'auoir point de sens
desentonado, hors de ton, discordant, licentieux
Desentonar, sortir de ton
desentonarse, parler licentieusement
desentrañar, estriper
desenuaynado, desguainé
desenuaynar, desguayner
desenxalmar, oster le bast, debaster
deseredado, desherité
deseredador, qui desherite
deseredamiento, exheredation
deseredar, desheriter
deserencia, desheritement
desermanar, quitter la fraternité
desesperadamete, desesperemét
desesperacion, desespoir
desesperado, desesperé
desesperar, desesperer
desesterar, desnatter
desfallecer, affoiblir, defaillir, finir
desfallecido, failly, afoibly

DE

desfallecimiento, affoiblissement, defaillement
desfamado, diffamé
desfamador, qui diffame
desfamar, diffamer
desfauorecedor, qui desfauorise
desfauorecer, desfauoriser
desfauorecido, desfauorisé
desfauor, desfaueur
desfaxar, desbander, desueloper, desmaillotter
desfigurado, desfiguré
desfiguramiento, desfiguremét
desfigurar, desfigurer
desflaquecer, Affoiblir
desflaquecido, foible, debile
desflaquecimiento, foiblesse
desflorar, Oster les fleurs, despuceler
desfloramiento, despucelemét
desfogar, desgorger
desformar, desformer
desfrenamiento, desbridement, debordement
desfrutar, Ceuillir les fruicts
desgajar, deschirer
desgargolado, Lin esgrené ou chanure
desgargoladura, Esgrenement de lin
desgargolar, Esgrener le lin ou chanure
desgarrado, deschiré
desgarrado, Braue, faiseur de rodomontades
desgarrar, deschirer, s'eschaper, brauer
desgarro, deschirement, brauade
desgayre, A la volee, en se moquant
desgouernar, oster de gouuernement

desgouernar miembro, disloquer
desgoznar, oster hors des gonds
desgracia, Mauuaise grace
desgraciadamente, lourdement de mauuaise grace
desgraciado, Maussade
desgraciar, Sçauoir mauuais gré
desgraciar, Esgrener
desgreñada, Femme escheuelee
desgreñador, qui escheuele
desgreñadura, Escheuelement
desgreñar, Escheueler
desguarecer, desmunir
desgarecido, non aydé, desmuny
desgustar, desplaire
desgustoso, desplaisant
desgusto, desplaisir, ennuy, degoust
deshazedor, Qui defait
deshazer, defaire
deshazendado, Oisif, qui n'a que faire
deshazimiento, defaite
deshechizado, desensorcelé
deshechizador, qui desensorcele
deshechizar, desensorceler
deshecho, defait
desheredacion, desheritement
desheredado, desherité
desheredar, desheriter
desherenciado, desherité
desherrado, deferré
desherrar, defferrer
desherrumbrar, desrouiller
deshilada, desroute, desbandade
deshilado, defilé, hors de rang
deshiladura, defilure
deshilar, defiler
deshincado, desfiché
deshincadura, desfichement

deshincar, desficher
deshinchadura, desenfleure
deshinchar, desenfler
deshinchazon, desenfleure
deshojado, Effeuillé
deshojador, Qui effeuille
deshojadura, Effeuillement
deshojar, Effeuiller, Oster les feuilles
deshollejar, oster la peau, ou l'escorce
deshollinador, Ramonneur de cheminees
deshollinar, Oster, ramonner la suye
deshonrrado, deshonnoré
deshonrrabuenos, Qui deshonnore
deshonrrador, Qui deshonnore
deshonrrar, deshonnorer
deshora, Hors d'heure
deshuziado, Abandonné des medecins
deshuzia, Abandon des medecins
deshuziar, Estre abandonné des medecins, estre hors d'espoir
desjarretador, desjarreteador, Coupeur de jarretz
desjarretar, desjarretear, couper les jarretz
desierto, desert
desigual, Inegal
desigualdad, inegalité
desigualmente, Inegalement
desiniar, desseigner
desinio, dessein
desinteressar, desinteresser
desistir, desister
deslatadamente, Folement
deslatar, Faire folies

deſlate, Folie
deſlauadura, Effacement
deſlauar, Eslauer, effacer
deſleal, desloyal
deslealdad, desloyauté
deslealmente, desloyaument
deſlechugador, Qui eſpampre les vignes
deſlechugar las vides, Eſpamprer les vignes
deſleydo, delayé, fondu
deſleydura, delayemēt, fondure
deſleyr, diſſoudre, fondre, delayer
deſlenguado, Bauard, Babillard
deſlenguamiento, Meſdiſance
deſliar, deſpaqueter
deſliberar, Aſſeruir
deſligar, deslier
deſlindado, desborné
deſlindadura, desbornement, debat
deſlindador, debateur, desborneur
deſlindar, desborner, debatre, rechercher, eſclarcir, departir, manifeſter
deſlizado, Gliſſé, eſcoulé
deſlizadero, Lieu gliſſant, & coulant
deſlizadura, Gliſſement
deſlizamiento, Gliſſement
deſlizar, Couler, gliſſer
deſloador, qui blaſme
deſloar, Blaſmer, vituperer
deslomado, Eſrené
deslomadura, Eſrenement
deslomar, Eſrener
deslumbramiento, Esblouiſſement
deslumbrar, Esblouir

desluſtradamente, Sans luſtre
desluſtrar, Oſter le luſtre
desluzido, Sans luſtre, obſcur
desluzir, Obſcurcir, perdre le luſtre
deſmadexado, Las, foible
deſmadexar, Eſtre las
deſmayadamente, nonchalamment
deſmayado, Eſuanouy, paſmé
deſmayar, Eſuanouir, paſmer, s'anonchaloir
deſmayo, Paſmoiſon, nonchalā e
deſmajolado çapato, Soulier ſans oreilles, & ſans cordons
deſmallado, deſmaillé, deſchiré
deſmallador, qui deſchire
deſmalladura deſchirement
deſmallar, Deſchirer, Oſter la maille
deſman, Eſgarement, fouruoyement, empeſche.
deſmanar, Eſgarer, ſeparer, eſcarter.
deſmandado, libre, licentieux.
deſmandar, ſortir de commandement & de rang, oublier.
deſmando, ce qui n'eſt cōmendé
deſmangorrear, deſmancher.
deſmantelar, deſmanteler
deſmarañar, desbrouiller.
deſmarrhojar, esbruncher vn arbre.
deſmarrido, fleſtry.
deſmarrimiento, fleſtriſſure.
deſmarrir, fleſtrir.
deſmaſia, ſuperfluité.
deſmazalado, laſche, debile
deſmedido, deſmeſuré
deſmedirſe, Eſtre deſmeſuré

Desmedrado, desaduancé
Desmedrar, desaduancer, diminuer.
Desmejorar, deteriorer
Desmeleuada, escheuelee.
Desmelenar, descheueler
Desmembrado, desmembré
Desmembrador, qui desmembre
Desmembradura, y desmembramiento, desmembrement
Desmembrar, desmembrer
desmemoriado, oublieux
desmemoriar, oublier
desmenguado, diminué
desmenguar, diminuer
desmenuzable, qui s'esmie aisément
Desmenuzadamente, par le menu
desmenuzador, qui esmie, rôp menu
desmenuzadura, esmiement.
desmenuzar, esmier, briser menu.
desmentir, desmentir
desmeollado, sans ceruelle, fol.
desmeollamiento, ostement de noyau ou moelle
desmeollar, oster la moëlle, oster le noyau.
desmigajado, Esmié, esmenuisé
desmigajador, qui brise, qui esmie.
desmigajadura, esmenuisement brisement
desmigajar, briser, esmier
desmochar, ronger, mutiler
desmochado, rongé
desmochador, qui ronge
desmochadura, rongeure, mu-

tilation
desmoledura, decoctio, digestion
desmoler, pourrir de cuire, digerer.
desmontado, desmonté.
desmontadura, desmontement, ostement de ronces
desmontar, Oster les ronces, desmonter.
desmoronar Rompre peu à peu, auec la main
desnaçorado, Escremé
desnaçorador, Qui escreme
desnaçorar, Escremer le laict, leuer la creme
desnarigado, qui a le nez osté, esnasé
desnarigador, qui oste le nez
desnarigar, Oster le nez, esnaser
desnatador, qui escreme le laict
desnatar, Escremer le laict
desnaturalizamiento, Hors de naturalité
desnaturalizar, desnaturaliser
desnaturar, Banir
desnegado, desnié
desnegamiento, desny, desdict
desnegar, desnier, renier, desdire
desneruado, Esnerué
desneruador, qui esnerue
desneruar, Esneruer
desnudado, desnoué
desnudador, qui desnoue
desnudar, desnouer
desnudar, despouiller, desuestir
desnudez, Nudité
desnudo, nud
desnudador, qui despouille
desnudido, Tout nud
desobedecer, desobeir
desobedecido, desobey
desobedi-

DE

desobediencia, desobeissance
desobediente, desobeissant
desobedientemente, desobeissamment
desobligadamente, Sans obligation
desobligar, desobliger
desobre, dessus
desocasionar, Oster les occasions
desocupacion, desocupation
desocupadamente, Sans occupation
desocupado, non occupé, libre
desocupar, Estre sans occupation, deliurer, oster
desollado, Escorché
desollador, qui escorche
Desolladura, Escorcheure
Desollar, Escorcher
desonada cosa, Chose vaine discordante
Desonestad, deshonnesteté
Desonestamente, deshonnestement
Desonestar, Faire honte
Desonestidad, deshonnesteté
Desonesto, deshonneste
Desonta, Oprobre
Desorden, desordre
Desordenadamente, desordonnement
Desordenado, desordonné
Desordenador, qui fait desordre
Desordenar, Rompre l'ordre
Desorejado, Essorillé
Desorejador, qui oste les oreilles
Desorejar, Oster les oreilles, essoriller
desosadamente, impudemment, Effrontement
Desosado, impudent, effronté

DE

Desospedado, Qui n'est point logé
Desospedamiẽto, Inhospitalité
Desospedar, desloger
Desossado, Qui est sans os
Desossar, Oster les os
Desouar, Desriber, laisser les œufs, pondre
Desouillador, qui pelotonne, qui deuide
Desouillar, Deuider du fil
Despachado, Depesché
Despachador, qui depesche
Despachar, Depescher
Despacho, depesche
Despagamiento, desplaisir
Despagar, Desplaire
Despaiador, qui vanne le bled
Despajadura, vannement de bled
Despajar, Oster la paille du bled, vanner
Despalmado, Calfeutré
Despalmador, Qui calfeutre
Despalmadura, Calfeutrement
Despalmar, Calfeutrer les nauires
Despampanado, Espampré
Despampanador, Qui espampre
Despampanadura, Espamprement
Despampanar, Espamprer
Desparamado, Espandu
desparamador, Qui espand
Desparamadura, espanchement
Desparamar, espandre, espardre
Desparar, Desserrer, tirer, deslacher
Desparecer, disparoistre
Desparecido, Disparu
Desparecimiento, disparution

H

Desparejar, Separer
Desparpajar, Espandre, esparpiller.
Desparraguera, asperges herbe.
Despartido, Departy.
Despartidor, Qui departist.
Despartir, Despartir, apaiser.
Desparzir, Espandre.
Despauesaderas, Mouchettes à chandelle.
Despauesadura, Mouchement de chandelle.
Despauesar, Moucher la chandelle, espointer, esmousser.
Despauiladera, Mouchette à chandelle.
Despauilador, Mouchette à chandelle, ou qui mouche la chandelle.
Despauiladura, Mouchement de chandelle.
Despauilar, moucher la chādelle.
Despauorido, Effrayé, estonné.
Despeado, Qui a les piedz foulés.
Despeadura, Foulemēt de piedz
Despearse, Se fouler les piedz.
Despeçonar, Oster la queue des fruicts.
Despechado, Accublé d'exactions, despité.
Despechar, Faire exactions, despiter.
Despecho, despit, iniure.
Despechugadura, Descouurement de sein.
Despechugar, Descouurir les tetins, le sein.
despedaçado, mis en pieces, deschiré.
despedaçador, qui met en pieces

despedaçadura, deschirement.
despedaçar, deschirer, despecer.
despedida, Congé.
despedido, Qui a congé
despedir, Prendre congé, donner congé, chasser
despedrar, Oster les pierres.
despedregado, Espierré.
despedregador, qui espierre.
despedregadura, Espierrement.
despedregar, Espierrer.
despegado, decolé, destaché.
despegador, qui destache.
despegadura, Destachement.
despegadura, Mal qui uient entre la chair & l'ongle.
despegar, destacher, decoler.
despeluzar, Erissonner, herisser.
despeluznado, Herissé.
despeluznar, Herisser.
despeynar, despeigner.
despenar, Oster de peine.
despendedor, qui despend.
despender, despendre.
despendido, despendu.
despeñadero, precipice.
Despeñadura, iettement de precipice.
despeñar, Precipiter du hault d'un rocher.
despensa, despence.
despensero, Despensier.
despeo, Foulement de pieds.
despepitar, Oster le noyau ou pepin.
desperacion, Desespoir.
desperar, Desesperer.
Desperdiciadamente, Prodiguement.
desperdiciado, dissipé, espars, prodigué.

DE

desperdiciadura, *Dissipation, prodigalité*
desperdiciar, *Dissiper, prodiguer, despendre sans raison*
desperezo, *Estendement d'enuie de dormir*
despernar, *Couper les jambes*
despernador, *Qui rompt les jambes*
despertadamente, *Sans dormir*
despertador, *Qui esueille*
despertador, *Vn resueille matin*
despertar, *Esueiller, inciter*
despesar, *Desplaisir*
despidiente, *Qui donne congé*
despierto, *Esueillé, habile*
despintar, *Efacer la peinture*
despiojar, *Oster les poux, espouiller*
desplazer, *Desplaisir*
desplazible, *Desplaisant*
desplegado, *Desployé*
desplegador, *Qui desploye*
desplegadura, *Desployement*
desplegar, *Desployer*
desplumado, *Plumé*
desplumador, *Qui plume*
desplumadura, *Plumement*
desplumar, *Plumer*
despoblacion, *Despeuplement, Desert*
despoblado, *Despeuplé, desert*
despoblar, *Despeupler, Desoler*
despoderadamente, *Sans consideration*
despoderar, *Oster la puissance*
despojado, *Despouillé*
despojador, *Qui despouille*
despojar, *Despouiller*
despojo, *Despouillé*
despoluoreado, *Despouldré*

DE

despoluorear, *Oster la pouldre, Saupoudrer*
despoluorizar, *Saupoudrer*
desportillado el pie, *Qui a la corne du pied mangee, Esbreché*
desportillar, *Entamer, esbrecher*
desposado, *Fiancé, Espousé*
desposar, *Fiancer, Promettre*
desposorio, *Fiançaille*
despoffeer, *Desposseder*
despreciadamente, *Auec mespris*
despreciado, *Mesprisé*
despreciador, *Qui mesprise*
despreciar, *Mespriser*
desprecio, *Mespris*
despriuado, *Disgracié, Desfauorisé*
desproposito, *Folie, Resuerie*
despropositado, *Qui est hors de propos*
despropositar, *Estre hors de propos*
desproueydo, *despourueu*
desproueer, *despouruoir*
desproueydamente, *A l'impourueu*
desproueymiento, *despourueu*
despuchar, *Espuiser*
despues, *Apres, desormais, cy apres, depuis*
despues que, *depuis que*
despontado, *Espointé*
despontar, *espointer, poindre*
desquartizado, *mis à cartiers*
desquartizador, *qui met à cartiers*
desquartizar, *mettre à cartiers, escarteler*

H ij

DE

Defquiciar, *Oster les pivotz*
Defque, *depuis, apres, des*
Defquitar, *Acquiter, descharger*
Defquixadar, *Oster les machoires*
Defquixarador, *qui rompt les machoires*
Defquixarar, *Oster, rompre les machoires*
Defredondear, *desarrondir*
Defregladamente, *dereiglément, sans mesure*
Defreglado, *desbauché, dereiglé*
Defreglamiento, *dereiglement*
Defreglar, *desregler*
Defroftrado, *desuisagé*
Defroftrador, *qui desuisage*
Defroftradura, *desuisagement*
Defroftrar, *desuisager*
Defrota, *derroute*
Defrotar, *Mettre hors du chemin, en deroute*
Deffabridamente, *Fadement*
Deffabrido, *Sans saueur, fade, desgousté*
Deffabrimiēto, *degoust, fadesse, desplaisir.*
Deffabrir, *desgouster*
Deffainar, *desgraisser*
Deffeable, *desirable*
Deffeablemente, *auec desir*
Deffeado, *Desiré*
Deffear, *desirer*
Deffemejado, *dissemblable*
Deffemejança, *dissemblance*
Deffemejantemente, *dissemblablement*
Deffemejar, *Ne sembler point*
Deffeo, *desir*
Deffeofamente, *desireusement*

DE

Deffeofo, *desireux*
Deferuicio, *deseruice*
Deferuir, *deseruir*
Defoldar, *desoulder*
deffollado, *escorché*
deffollador, *qui escorche*
deffolladura, *escorchement*
deffollar, *escorcher*
deftajado, *detaillé*
deftajador, *qui detaille*
deftajar, *detailler*
deftajo, *Rabais, detail, prix fait*
deftapado, *desbouché, descouuert*
deftapador, *qui descouure*
deftapadura, *desbouchement*
Deftapar, *Desboucher, Descouurir*
deftechador, *descouureur de maison*
deftechadura, *descouurement de maison*
deftechar, *descouurir la maison*
deftempladamente, *Intemperamment*
deftemplado, *desacordé, desreglé*
Deftemplança, *Intemperance*
deftemplar, *desacorder, desregler*
defterrado, *Bany, estranger*
defterrar, *Transporter, bannir, despaïser*
defterrador, *qui banist*
deftetar, *Seurer, oster le tetin à l'enfant*
deftexer, *destitre*
defticnto, *Estonnement*
defticrro, *Exil, Banissement*
deftiladera, *Vn alambic*
deftiladero, *Qui distile*

Destilador, *distilateur.*
Destilar, *distiller.*
Destinacion, *destination.*
Destinador, *qui destine.*
Destinar, *destiner.*
Destiñar las colmenas, *Nettoyer les ruches.*
Destocador, *qui decoiffe.*
Destocadura, *Decoiffement.*
Destocar, *Descoiffer.*
Destorcedor, *qui destord.*
Destorcedura, *destorcement.*
Destorcimiento, *destorcement.*
Destorcer, *destordre.*
Destoruado, *destourbé, empesché.*
Destoruador, *qui empesche.*
Destoruar, *empescher, destourber.*
Destoruo, *destourbier, empeschement.*
Destral, *Hache, Coignee.*
Destraleja, *Hachereau, petite hache.*
Destralero, *Faiseur de haches.*
Destrancador, *Qui oste la barre de la porte.*
Destrancar, *Oster la barre de la porte.*
Destrançar, *Oster la bandelette.*
Destrar, *Mener vn aueugle.*
Destrauado, *Destraué.*
Destrauar, *Eschapper.*
Destreza, *Dexterité.*
Destricto, *Banlieue destroit.*
Destripar, *Estriper.*
Destripaterrones, *Vilain, paysan.*
Destroçado, *rauagé, pillé defait.*
Destroçar, *Rauager, piller, desfaire, destrousser.*

Destroço, *Destroussement, rauage, desfaicte.*
Destrocar, *Deschanger.*
Destron, *Meneur d'aueugles.*
Destroncar, *Desraciner, oster le tronc.*
Destruycion, *Destruction.*
Destruydo, *Destruit.*
Destruydor, *Destructeur.*
Destruyr, *Destruire.*
Desuaydo, *Grand mal basty, maussade.*
Desuaynado, *Desgayné.*
Desuaynador, *Qui desguayne.*
Desuaynar, *Desguayner.*
Desualido, *Foible, attenué, delaissé, sans appuy, abandonné.*
Desualer, *abandonner.*
Desuan, *Vn plancher, vn galetas.*
Desuanar, *Radoter, resuer.*
Desuanecer, *estre vain, esuanoui.*
Desuanecidamente, *auec foiblesse.*
Desuanecido, *Vain, esuanouy.*
Desuanecimiēto, *Vanité, esuanouyssement.*
Desuarar, *glisser.*
Desuariadamente, *en resuant.*
Desuariado, *Resueur.*
Desuariar, *Resuer, diuertir.*
Desuario, *Resuerie, folie.*
Desuelado, *Qui veille incessamment.*
Desuelar, *Veiller trop, solliciter.*
Desuellacaras, *Brauache rompeur de testes.*
Desuenar, *Oster les veines.*
Desuentura, *Malheur.*
Desuenturadamente, *par malheur.*
Desuenturado, *Malheureux.*

DE

desuenturar, *Estre malheureux.*
desuergonçadamente, *Impudemment.*
desuergonçado, *Effronté, impudent, eshonté.*
desuergonçarse, *Estre sans honte.*
desuerguença, *Impudence.*
desuiado, *Esgaré.*
desuiar, *S'esgarer.*
desuio, *Refus, esgarement.*
desuirgador, *Qui despucelle.*
desuirgamiento, *despucellemēt.*
desuirgar, *Despuceler, forcer vne fille.*
desuuido, *Desuny.*
desuñido, *Desioinct, desassēblé.*
desunion, *Desunion.*
desunir, *Desunir.*
desuñir, *Deslier, desioindre.*
desusadamente, *Contre la coustume.*
desusado, *Aboly, desacoustumé.*
desusar, *Desacoustumer.*
desuso, *Desacoustumance.*
desyemar, *Oster les bourgeons, & oster le iaune de l'œuf.*
de tal manera, *De sorte.*
detardador, *Qui retarde.*
detardamiento, *Retardement.*
detardar, *Retarder.*
detenencia, *Empeschement.*
detener, *Detenir, empescher.*
detenimiento, *Retenue, empeschement.*
determinacion, *Resolution.*
determinadamēte, *Resoluemēt.*
determinado, *Resolu.*
determinar, *Resoudre.*
detestable, *Detestable.*
detestador, *Qui deteste.*
Detestar, *Detester.*

DE

Detienebuey, *Bougrade, herbe.*
Detraccion, *Mesdisance.*
Detractador, *Qui detracte.*
Detraer, Detractar, *Detracter.*
Detras, *Par derriere.*
De traues, *A trauers.*
Deualde, *Pour neant.*
Deuanaderas, *Tournettes à deuuider.*
Deuanedera, *Femme qui deuuide.*
Deuanar, *Deuuider.*
Deuanear, *Badiner, estre vain.*
Deuaneo, *Vanité, folie, baliuerne.*
Deuda, *Debte, obligation, parēté.*
Deudo, *Allié, parent.*
Deudor, *Debteur.*
Deuedar, *Deffendre.*
Deuengar, *Tirer paye ou gage du Roy.*
Deuer, *Deuoir.*
Deueras, *A bon escient.*
Deuidamente, *deuëment.*
Deuido, *Deu.*
Deuiedo, *Prohibition, deffense.*
Deuiesso, *Froncle, apostume.*
Deuisa, *Deuise.*
Deuisar, *Deuiser, voir de loing.*
Deuocion, *Deuotion.*
Deuorado, *Deuoré.*
Deuorador, *Qui deuore.*
Deuoramiento, *Deuorement.*
Deuorar, *Deuorer.*
Deuotamente, *Deuotement.*
Deuotissimamente, *Tresdeuotement.*
Deuotissimo, *Tresdeuot.*
Deuoto, *Deuot.*
Dexado, *laissé, abandonné.*
Dexar, *Laisser.*

DE

Dexatiuo, *Miserable, delaissé.*
Dexo, *Abandon, laissement, le reste.*
Deyuso, *En bas.*
Dezeno, *Dixiesme.*
Dezidor, *Grãd diseur, parleur.*
Deziembre, *Decembre, mois.*
Dezir, *Dire, parler.*
Dezir, *Le dire, la parole.*
Dezimar, *Dixmer.*
Dezisiete, *Dixsept.*
Dezmero, *Dismeur.*

DI

Dia, *Le iour.*
Dias ha, *Il y a long temps.*
Diablo, *Diable.*
Diabolico, *Diabolic.*
Diacitron, *Citron confit.*
Diaconadgo, *Office de Diacre.*
Diacono, *Diacre.*
Diadema, *Diademe.*
Dialectica, *Dialectique.*
Dialogo, *Dialogue.*
Diamente, *diamant.*
Diamente tableta, *diamant en table.*
Diametro, *diametre.*
Dibuxado, *Tracé, depeint.*
Dibuxador, *Qui peint, qui desseigne.*
Dibuxar, *dessigner, tracer, peindre.*
Dibuxo, *Peinture, dessein.*
Dicha, *Heur, bon-heur.*
Dicho, *Mot, deuise, dict.*
Dichosamente, *Heureusement.*
Dichoso, *Heureux.*
Diciplina, *doctrine, instruction.*
Diciplinable, *Propre à instrui-*

DE

re.
Diciplinado, *Instruit.*
Diciplinar, *Instruire, enseigner.*
Dicipulo, *disciple.*
Diente, *dent.*
Diente colmillo, *dent œillere.*
Diestra, *La main droitte.*
Diestramente, *Habilement, auec adresse.*
Diestro, *droict, adroict, habile.*
dieta, *Iournee, assemblee, diette.*
diez, *dix.*
diezmos, *dismes, decimes.*
diezyseysauo, *Seziesme.*
difamacion, *diffame.*
difamado, *diffamé.*
difamador, *Qui diffame.*
difamar, *Blasmer, diffamer.*
diferencia, *difference.*
diferenciar, *Faire difference.*
diferente, *diuers, different.*
diferentemente, *differamment.*
diferir, *differer.*
dificil, *difficile.*
dificilmente, *dificilement.*
dificultad, *difficulté.*
dificultar, *Faire difficulté.*
dificultosamente, *difficilement.*
dificultoso, *difficile.*
difinicion, *definition.*
difinir, *definir, terminer.*
diforme, *Laid, difforme.*
diformidad, *deformité.*
difusamente, *esparsement.*
difuso, *Espars.*
difunto, *deffunct, mort.*
digerir, *digerer.*
digestido, *digeré.*
digestion, *digestion.*
digestos, *digestes, liure de droit.*

H iiij

D I

Dignamente, Dignement.
Dignidad, Dignité.
Digno, Digne.
Digreſſion, Digreßion.
Dilacion, Delay.
Dilatado, Differé, dilaié, prolongé.
Dilatar, Eslargir, prolonger, differer.
Diligencia, diligence.
Diligente, diligent.
Diligentemente, diligemment.
Diluuio, deluge.
Diminucion, diminution.
Diminuydamente, Par le menu, en diminuant.
Diminuydo, diminué, amoindry.
Diminuydor, Qui amoindrist.
Diminuyr, Amoindrir, diminuer.
Dinero, Argent.
Dineroſo, Pecunieux, qui a beaucoup d'argent.
Dios, DIEV.
Dioſa, deeſſe.
Dioſes, Dieux des Payens.
Dioſa, Choſe vieille de beaucoup de iours.
Diputado, depnté.
Diputar, deputer.
Dique, digue, rempart, leuee.
Directamente, directement.
Directo, direct.
Director, Qui adreſſe.
Dirigido, adreßé dedié.
Dirigir, adreſſer, deſdier.
Diſcantar, Raconter, commēter.
Diſceptador, diſputeur.
Diſceptar, diſputer.
Diſceptatriz, femme qui diſpute.
Diſcordancia, diſcord.

D I

Diſcordar, diſcorder.
Diſcorde, diſcordant.
Diſcordemēte, de mauuais accord.
Diſcordia, Noiſe, diſcorde.
Diſcoyuntado, desioinct.
Diſcoyuntador, Qui desioinct.
Diſcoyūtamiēto, desioignemēt.
Diſcoyuntar, desioindre.
Diſcrecion, diſcretion.
Diſcretamente, diſcrettement.
Diſcreto, diſcret.
Diſculpa, Excuſe.
Diſculpar, excuſer.
Diſcurrir, diſcourir.
Diſcurſo, diſcours.
Diſertamente, eloquemment.
Diſerto, eloquent.
Disfamado, deshonoré.
Disfamador, Qui diffame.
Disfamar, Blaſmer, deshonorer.
Disfauor, defaueur.
Disfauorecer, defauoriſer.
Disfauorecido, defauoriſé.
Disforme, Laid, difforme.
Disfraçado, desguisé.
Disfraçador, Qui desguiſe.
Disfraçar, desguiſer.
Disfraçadamente, deguiſeemēt.
Disfraz, desguiſemēt, maſcarade.
Diſguſtar, deſplaire.
Diſguſto, deſplaiſir.
Dislatado, Fol, reſueur.
Dislatar, Reſuer.
Dislates, Railleries, folies, reſueries.
Dislubrar, offuſquer, esblouyr.
Diſparar, desbander, deslacher, decocher.
Diſparates, Folies, badineries, reſueries.

Dispensacion, dispence.
Dispensado, dispensé.
Dispensador, Qui dispense.
Dispensar, dispenser.
Disponer, disposer.
Disposicion, disposition.
Dispuntar, apparoistre, poindre.
Dispuesto, disposé, dispost agile.
Dispuestamente, agilement.
Dispusicion, disposition.
Disputa, dispute, debat.
Disputacion, dispute.
Disputado, disputé.
Disputador, disputeur.
Disputar, disputer.
Dissimilitud, dissemblance.
Dissencion, dissention.
Dissimulacion, feintise.
Dissimuladamente, feintemēt.
Dissimulado, dissimulé.
Dissimulador, dissimuleur.
Dissimular, dissimuler.
Dissimulo, dissimulation.
Dissipacion, dissipation.
Dissipado, dissipé.
Dissipador, qui dissipe.
Dissipar, dissiper, ruyner.
Dissolucion, dissolution.
Dissoluer, dissoudre, deslier.
Dissoluto, deslié, dissolu.
Dissonancia, discordance.
dissonante, discordant.
dissonar, discorder.
dissono, discordant.
dissuadir, dissuader.
distancia, distance.
distante, distant, eslongné.
distantemente, auec distance.
distar, estre eslongné.
distincion, distinction.
distinguir, distinguer.

distintamente, distinctement.
distinto, distinct, different.
distilacion, distillation.
distiladera, Alembic.
distiladero, Qui distille.
distilado, distillé.
distilador, Qui distille, distillateur.
distiladura, distillation.
distilar, distiler.
distraccion, debauchement destourbier.
distraher, distraire.
distraido, debauché, edesuoyé.
distraimiento, desbauche, desuoyement.
distribucion, distribution.
distribuydo, distribué.
distribuydor, Qui distribue.
distribuyr, distribuer.
districto, destroit.
disturbar, troubler.
disuader, dissuader.
dita, debte.
ditado, Tiltre, dicton.
ditamo, dictame, herbe.
diuagacion, Extrauagance.
diuagar, extrauaguer.
diuersamēte, en diuerses sortes.
diuersidad, diuersité.
diuersion, diuersissement.
diuerso, diuers.
diuertir, diuertir.
diuidido, diuisé.
diuidir, diuiser, partir.
diuinal, diuin.
diuinamente, diuinement.
diuinidad, diuinité.
diuino, diuin.
diuinacion, deuination.
diuinar, deuiner.

DI

divisible, _qui se peut diuiser._
diuision, _diuision._
diuorcio, _diuorce._
diuulgadamente, _diuulguemēt._
diuulgado, _diuulgué._
diuulgador, _qui diuulgue._
diuulgamiento, _diuulguement._
diuulgar, _diuulguer._
dixes, _Sornettes, droleries, contes d'enfans._
diziembre, _Decembre, mois._

DO

dobla, _sorte de monnoye._
dobladamente, _doublement._
doblado, _ployé, doublé._
doblador, _qui ploye, qui double._
dobladura, _doublure._
doblar, _ployer, doubler._
doble, _double._
doblegable, _ployable._
doblegado, _ployé._
doblegador, _Qui ploye._
doblegadura, _pliure._
doblegar, _Ployer, fleschir._
doblez, _Doublure, ply de vestemens._
doblez, _Tromperie, finesse._
dobleza, _Doublure._
doceno, _Douziesme._
docil, _Docile._
docilidad, _Docilité._
doctrina, _Doctrine._
doctrinar, _Enseigner._
documento, _Enseignement._
dogal, _Corde, licol._
dolado, _Dolé._
dolador, _Qui dole._
doladura, _Dolement._
dolar, _Doler._
dolencia, _Maladie._
doler, _Douloir, estre malade._

DO

doliente, _Malade._
dolo, _Fraude, tromperie._
dolor, _Douleur._
dolorido, _Triste, dolent._
dolorzillo, _Petite douleur._
dolorosamēte, _douloureusemēt._
doloroso, _Douloureux._
domable, _Domptable._
domacion, _Domptement._
domado, _Dompté._
domador, _Dompteur._
domadura, _Domptement._
domar, _Dompter._
domesticamente, _Domestiquement._
domestico, _Domestique, priué._
domesticar, _Apriuoiser._
domicilio, _Maison, domicile._
dominacion, _Maistrise._
dominador, _Qui maistrise, Seigneur._
dominar, _Maistriser._
domingo, _Dimanche._
dominio, _Seigneurie._
don, _Don, present._
don, _Seigneur._
donacion, _Donation._
donado, _Donné._
donador, _Donneur._
donar, _Donner._
donayre, _bōne grace, plaisāterie._
donayrosamēte, _Plaisamment._
donayroso, _Plaisant._
donosamente, _Plaisamment._
donoso, _Plaisant, de bōne grace._
donde, _D'où, où._
donde quiera, _De par tout._
donzel, _Damoisel, enfant._
donzella, _Fille, fille de chābre._
donzelleja, _Petite fille._
donzellita, _Petite fille._

D O

Doña, *Dame.*
doquiera que, *par tout.*
doradilla, *Ceterach, herbe.*
dorado, *Doré.*
dorador, *Doreur.*
doradura, *Dorure.*
dorar, *Dorer.*
dormidera, *Pauot, herbe.*
dormidor, *Dormeur.*
dormilon, *Grand dormeur, paresseux.*
dormir, *Dormir.*
dormir la mona o la zorra, *cuuer son vin, dormir pour se desenyurer.*
dormitorio, *Lieu à dormir.*
dornajo, *Auge, huche.*
dos, *Deux.*
dosel, *Le dais des Princes.*
dos tanto, *Deux fois autant.*
dotado, *Doué, qui a douaire.*
dotador, *Qui doue.*
dotal, *Apartenant au douaire.*
dotar, *Doter, douer, donner douaire.*
dote, *Douaire, dot.*
dotor, *Docteur.*
dotoramiento, *Doctrine.*
dotorar, *Doctorer, enseigner.*
dotrina, *Doctrine.*
dotrinar, *Enseigner.*
doze, *Douze.*
dozena, *Douzaine.*
dozeñal, *De douze ans.*
dozeno, *Douzieme.*
dozientos, *Deux cens.*

D R

Drago, *Dragon, serpent.*
dragon, *Dragon.*

D R

dragontia, *Serpentaire, herbe.*
drama, *Drachme, poix.*
drasgo, *Luiton, esprit.*
drecho, *Droit.*
dromedario, *Chameau, dromadaire.*

D V

duana, *Charge, contrainte.*
ducado, *Duché.*
ducado, *Ducat, monnoye.*
ducho, *Duit, acoustumé.*
duda, *Doubte.*
dudar, *doubter.*
dudosamente, *Doubteusement.*
dudoso, *doubteux.*
duela, *douelle de muy.*
duelo, *dueil, pitié.*
duelo, *duel, combat.*
duende, *Luiton, esprit de nuit.*
duendo, *Apriuoisé.*
dueña, *Dame vesue.*
dueño, *Seigneur.*
dulce, *Doux.*
dulcemente, *doucement.*
dulçayna, *Doucine, instrument.*
dulcillo, *doucet, doucelet.*
dulçor, *douceur.*
dulçorar, *Adoucir.*
dulçura, *Douceur.*
Duque, *Duc.*
Duquesa, *Duchesse.*
duramente, *Durement, cruellement.*
durable, *Durable.*
duracion, *Duree.*
duradero, *durable.*
durante, *Durant, tandis.*
durador, *Qui dure.*
durar, *durer.*
durazo, *Pescher, arbre: pesche, fruit.*

E A
dureza, *Durté, cruauté.*
durillo, *Vn peu dur, dures.*
duro, *Dur, cruel.*

E A
Ea, *Sus, orsus.*
Ea pues, *Orsus donc.*

E B
Ebano o ebeno *Ebene, bois.*

E C
Ecelencia, *Excellence.*
Ecelente, *Excellent.*
Ecepcion, *Exception.*
Ecepto, *Excepté.*
Eceptuar, *Excepter.*
Ecesso, *Exces.*
Echacantos, *Vn fol.*
Echadero, *Couche, giste.*
Echadizo, *Ietté expres.*
Echado, *Ietté, versé.*
Echador, *qui iette, qui verse.*
Echadura, *Iect, tirement.*
Echamiento, *Iettement.*
Echacueruo, *Exacteur, caffard, mauuais prescheur.*
Echar, *Ietter, chasser, verser.*
Echar mano, *Mettre la main à l'espee.*
Echar de ver, *Voir.*
Echar menos, *Trouuer à dire.*
Echar a cuestas, *Charger sur le dos.*
Eclipsar, *Eclipser.*
Eclipse, *Eclipse.*
Eco, *Echo, voix qui respond.*

E D
Edad, *Age.*
Edification, *Bastiment.*
Edificador, *Bastisseur.*
Edificar, *Bastir.*
Edificio, *Bastiment.*
Edito, *Edict.*
Educacion, *Nourriture.*

E F
Efeminado, *Effeminé.*
Efeminar, *Effeminer.*
Efecto, *Effect.*
Efectuar, *Effectuer.*
efectuacion, *effect.*
Eficacia, *Efficace.*
Eficaz, *Plein d'efficace.*
Eficazmente, *Auec efficace.*

E L
El, *Le, luy.*
Ella, *La, elle.*
Elada, *Gelee.*
Eladina, *Gelee à manger.*
Elado, *Gelé.*
Elamiento, *Gelee.*
Elar, *Geler.*
Eleboro, *Ellebore, herbe.*
Elche, *Fugitif, qui passe d'vn party à autre.*
elecion, *Choix, election.*
Electo, *Esleu, choisy.*
Elector, *Electeur.*
Elegia, *Elegie, chanson triste.*
Elefancia, *Ladrerie.*
Elefante, *Elephant animal.*
Elegancia, *Netteté, elegance*
Elegante *elegant*
Elegantemente, *Elegamment.*
Elegido, *Choisy, esleu.*
Elegidor, *Electeur, qui eslit.*
Elegir, *Choisir eslire.*
Elemental, *Elementaire.*
Elemento, *Element.*

E L

Eleuado, *Esleué, debout, estonné, esuanouy, esbahy.*
Eleuamiento *Esleuement, estonnement.*
Eleuar, *Esleuer, estre estonné en extase.*
Eliotropia, *Soucy, herbe.*
Eloquencia, *Eloquence, bien-dire*
Eloquente, *Eloquent.*
Eloquentemente, *Eloquemment.*
Ello, *Cela.*
Elsine, *mourron herbe.*

E M

Emancipacion, *Emancipation.*
Emancipado, *Emancipé.*
Emancipador, *Qui emancipe.*
Emancipar, *Emanciper.*
Emanzillar, *Oster l'affliction.*
Emanzillar, *Oster les tasches.*
Embaçado, *Empesché, noircy.*
Embaçador, *Qui empesche, qui noircit.*
Embaçar, *Noircir, obscurcir, estre empesché à parler.*
Embaçadura, *Noircissure, empeschement.*
Embalsada agua, *Eau croupissante, retenuë.*
Embalsamado, *Embausmé*
Embalsamador, *Embausmeur.*
Embalsamar, *Embaumer.*
Embalsamero, *Embaumeur de morts.*
Embaraçado, *Empesché, empestré.*
Embaraçador, *Brouillon, qui empesche.*
Embaraçar, *Empescher, empestrer.*

E M

Embaraço, *Empeschement.*
Embaraçoso, *Empeschant.*
Embargado, *Sequestré, osté.*
Embargar, *Sequestrer, saisir par iustice.*
Embargo, *Saisie, obstacle, sequestre.*
Embarcacion, *Embarquement.*
Embarcado, *Embarqué.*
Embarcador, *Qui embarque.*
Embarcadero, *Le lieu à s'embarquer.*
Embarcadura, *Embarquement.*
Embarcar, *Embarquer.*
Embargante, *Obstant.*
Embarnizado, *verniss.*
Embarnizador, *Vernisseur.*
Embarnizadura, *Verny, vernissement.*
Embarnizar, *Vernir.*
Embarrado, *Enfangé.*
Embarrador, *Double, à deux ententes.*
Embarrar, *Enfanger, enduire d'argille, mettre vne barriere.*
Embaruascado, *Barbouillé.*
Embaruascar, *Barbouiller.*
Embaucado, *Amusé, estonné.*
Embaucador, *enchanteur, amuseur.*
Embaucamiento, *Deception, ensorcelement.*
Embaucar, *Ensorceler, tromper.*
Embaxada, *Ambassade.*
Embaxador, *Ambassadeur.*
Embaxo, *Dessoubz.*
Embaydo, *Trompé, moqué.*
embaydor, *trompeur, moqueur, brouillon.*
embaymiento, *Brouillerie, tromperie, moquerie.*

embayr, *Engeoler, gabber, moquer.*
embeleçado, *Rauy, eſtonné.*
embeleçamiento, *Eſtonnement, rauiſſement.*
embeleſar, *Demeurer rauy, s'eſtonner, s'amuſer.*
embeleço, *Rauiſſement, eſtonnement.*
embeodar y embeoder, *yurongner, eſtre yure.*
embermejar, *Rougir.*
embermejecer, *rougir.*
embeſtiadamente, *Sottement, beſtialement.*
embeſtiar, *Abrutir.*
embeuecer, *S'amuſer, s'eſtōner.*
embeueculo, *eſtonné, attentif.*
embeuecimiēto, *Amuſement.*
embeuedor, *Qui embreue.*
embeuer, *Embreuer.*
embeuer el tiēpo, *Paſſer le tēps.*
embeuido, *Imbeu, embreué.*
embiada, *Enuoy.*
embiada de ſi, *Eſlongnement.*
embiadizo, *Enuoyable.*
embiado, *Enuoyé.*
embiar, *Enuoyer.*
embidia, *Enuie.*
embidiar, *Enuier.*
embidioſo, *Enuieux.*
embion, *Martinet oiſeau.*
embite, *Conuy.*
embiudar, *Deuenir veſue.*
emblanquecer, *Blanchir.*
emblanquecido, *Blanchy.*
emblanquecimiēto, *blāchimēt*
embobado, *Aſſotty.*
embobar, *Aſſotir.*
embocado, *Qui a le viſage couuert, deſguisé.*

embocar, *Se deſguiſer, ſe couurir le viſage.*
embocar, *emboucher, mettre dedans.*
embocadura, *Embouchement.*
embolſamiento, *Embourſemēt.*
embolſar, *Embourſer.*
emboltorio, *Fardeau, paquet, bale.*
emboluedor, *Qui empaquette.*
emboluer, *Embrouiller, enueloper.*
emboluido, *enuelopé, empaqueté*
emboluimiento, *enuelopement.*
emboque, *Emboucheure.*
emborrachado, *Enyuré.*
emborrachador, *Qui enyure.*
emborrachamiēto, *Enyuremēt.*
emborrachar, *Enyurer.*
emboſcada, *Embuſcade.*
emboſcar, *Faire embuſches.*
embotadamente, *Lourdement, groſſierement.*
embotado, *Eſmouſſé, eſpointé.*
embotar, *Eſpointer, reboucher.*
embotador, *Qui eſpointe.*
embotamiento, *Rebouchement.*
embotijado, *Courroucé.*
embouecer, *Eſtre ſot, aſſotir.*
emboucido, *aſſoty, ſot.*
emboucimiento, *Sottiſe.*
embraçado, *mis dans le bras, embraſſé.*
embraçadura, *Embraſſade, le lieu où l'on met le bras dans la rondache.*
embraçar, *Embraſſer, mettre dās le bras.*
embrauecedor, *Qui rend cruel.*
embrauecido, *Deuenu cruel.*
embrauecer, *Eſtre cruel.*

embrauecimiēto, fierté, cruauté
embreado, Gouldronné.
embreador, Qui gouldronne.
embreadura, Poissement, gouldronnement.
embrear, Poisser les nauires, gouldronner.
embreñar, Se cacher dans les buissons, s'embesquer.
embriagadamente, en yurongne
embriagado, Enyuré.
embriagar, estre yure, enyurer.
embriago, yurongne.
embriaquez, yurongnerie.
embrocador, Qui passe quelque chose par vn trou.
embrocadura, l'entree par vn trou.
embrocar, Mettre quelque chose par vn trou.
embrutecer, Estre abruty.
embuchar, Engloutir.
embudar, Entonner.
embudo, Vn entonnoir.
embuelto, enuelopé.
embusta, Inuention, embusembuste, Sche, tromperie, bourde, faux bruit.
embustero, trompeur, engeoleur
embustido, Trompé.
embustidor, Trompeur.
embustir, Tromper.
embutido, Farcy, entassé, emply.
embutidor, Qui emplist.
embutidero, Propre à entasser.
embutimiento, Entassement.
embutir, farcir, remplir, entasser
emelga, Vn sillon.
emelgar, Sillonner, faire sillons.
emendadamente, Correctemēt.
emendado, Corrigé.

emendador, Qui corrige.
emendadura, Correction.
emendar, Corriger.
emina, Chopine, mesure.
eminencia, Eminence.
eminente, Eminent.
eminentemente, Eminemmēt.
emmaderamiento, la couuerture de bois d'vne maison, assemblage de bois.
emmaderar, Assembler le bois.
emmagrecer, Amaigrir.
emmagrecido, Amaigry.
emmagrecimiento, amaigrissement.
emmarchitar, Deuenir sec.
emmelado, Mielleux.
emmerdar, Enfoirer, embreer, emmerder.
emmiēda, Amende, correction.
emmocecer, Raieunir, deuenir enfant.
emmohecer, Moisir.
emmotado, qui va en monture.
eminotadura, Le montant d'vn terre.
emmudecer, Estre muet
emocion, Trouble, esmotion.
empachadamente, Auec empeschement.
empachamiento, empeschemēt
empachar, Empescher.
empacho, Empeschement.
empadronado, enregistré, enrolé
empadronador, Qui enrolle.
empadronamiento, Registre, rolle, enrollement.
empadronar, Enregistrer, enroller.
empalagado, Engeué, qui a le palais empesché.

empalagiamento, Desgoust, desapetissement.
empalagar, Auoir le palais empesché, estre degousté, enboué.
Empaiar, Empaler.
Empanada, Vn pasté.
Empanar, Mettre en paste.
Empañar, Auoir la face tachee.
Empandar, Ployer, courber.
Empantanado, Qui est dans les marestz.
Empantanar, Estre dans les marestz.
Empapar, Embreuer, abreuer, humecter.
Empapelar, Faire des chassis.
Emparamentar, Garnir.
Emparedada, Mise entre deux murs.
Emparedar, Emmurer, mettre entre deux murs.
Emparejada puerta, Porte seulement poussee.
Emparejado, Rencontré viz à viz, egalé.
Emparejador, Qui compare.
Emparejadura, Comparaison, esgalement.
Emparejamiento, egalement.
Emparejar, rencontrer viz à viz, comparer, egaler.
Emparejar la puerta, Pousser la porte sans la fermer.
Emparentado, Parentage & aparenté.
Emparentar, Faire alliance, aparenter.
Empapar, Tremper, baigner, abbreuuer.
Empauesar, Garnir de pauois & boucliers.

Empeçar, Commencer.
Empecedor, Qui nuist.
Empecer, Nuire, molester, trauailler.
Empecible, Nuisant.
Empecido, Trauaillé, molesté.
Empeciente, Nuisant.
Empecimiento, Nuisance.
Empedernecer, Deuenir pierre.
Empedernido, Pierreux, endurcy.
Empedrado, Paué.
Empedrador, Paueur.
Empedradura, Pauement.
Empedrar, Pauer.
empegado, Colé, poissé, englué.
empegadura, Poissement, colement.
Empegar, Poisser, coler.
Empeyne, Feu volant, dartre.
Empeyne, Le col du pied, empeigne de soulier.
Empeynoso, Galleux, plein de feu volant.
Empeler, pousser, chasser.
Empelido, Poussé, chassé.
Empellejado, Fourré.
Empellejador, Fourreur.
Empellejadura, Fourrure.
Empellejamiento, Fourrure.
Empellejar, Fourrer, couurir de peaux.
Empellon, Poussement.
A Empellones, En poussant.
Empeña, Le gras qui est dans vne poule.
Empeñadamente, En gage.
Empeñado, Engagé.
Empeñador, Qui engage.
Empeñar, Engager.
Empeño, Gage.

Empeo-

Empeorado, Empiré
Empeorador, Qui empire
Empeoramiento, Empirement
Empeorar, Empirer, deuenir pire
Emperador, Empereur
emperar, Estre empereur
emperatriz, Emperiere
empendigar, Faire ressenir sur le feu.
emperezar, Aparesser, estre paresseux
emperial, Imperial, d'empereur
empero, Mais toutesfois
emperradamente, Enrrageement, en chien
emperrado, Enrragé à façon de chien
empicotado, Empalé
empicotador, Qui empale
empicotadura, empalement
empicotar, Ficher sur vn pieu, empaler
empinado, Esleué, hault
empinadura, Esleuement
empinar, Esleuer, Hausser, Apointir
emplastado, Couuert d'emplastre
emplastador, Qui emplastre
emplastadura, emplastrement
emplastar, emplastrer
emplasto, emplastre
emplazado, Adiourné
emplazador, Sergent, huissier
emplazamiento, Adiournement
emplazar, Adiourner
emplazo, Adiournement
empleado, employé
emplear, employer

empleo, employ, emplette
emplomadura, Souldure
emplomar, Plomber, Soulder auec du plomb
emplumado, Couuert de plumes
emplumado, Couuert de plumes par suplice
emplumador, Qui met la plume
emplumar, Mettre plumes
emplumar, Couurir de plumes par suplice
emplumecer, Mettre plumes
empobrecer, Apauurir
empobrecidamente, Pauurement
empobrecido, Apauury
empoderado, Impatronisé
empoderamiento, Puissance
empoderar, S'impatronizer
empollado, enflé
empoilado, Couué, où le poussin est dedans
empolladura, Enfleure, Couuee de poussins
empollar, enfler
empollar, Couuer poussins
empollazon, Couuee de poussins
empoluoramiento, Poudroyement
empoluorar, Mettre en poudre
emponçoñado, empoisonné
emponçoñamiento, empoisonnement
emponçoñar, empoisonner
emponedor, Qui essaye inuenteur, imposeur
emponer, Essayer, Inuenter, Mettre ius, imposer, esprouuer
empos, Apres, derriere

I

empozar, *Puiser, jetter dans le puy*
emprender, *entreprendre, esprendre*
empreñadura, *Groisse*
empreñar, *engrosser*
empreño, *Grosse*
emprenta, *emprainte, imprimerie*
emprentar, *Presser, empraindre, imprimer*
emprestado, *Presté*
emprestador, *Qui preste*
emprestar, *Prester*
emprestido, *emprunt, Presté, le prest*
emprinjar, *Flamber de lard*
empulgadera, *Bandage d'arbaleste*
empulgar, *Bander l'arbaleste*
empulguera, *La noix de l'arbaleste, la fente*
empuñador, *qui empoigne*
empuñadura, *Vne poignee, un manche*
empuñar, *empoigner*
emputecer, *Deuenir putain*
empuxado, *Poussé*
empuxador, *Qui pousse*
empuxamiento, *Chassement, Poussement, Larcin de bestail*
empuxar, *Ietter hors, Chasser, Pousser, Emmener au loing*
empuxon, *Chassement, Poussement*
A empuxones, *En poussant*
emulacion, *Emulation*
emulo, *Riual, Enuieux, inuitant*

E N

En, *En*
enagenamiento, *Alienation*
enagenar, *Estranger, Aliener*
enaguado, *Arrosé*
enaguar, *Arroser d'eau*
enalbardado, *Basté*
enalbardar, *Baster vne beste*
enalmagrado, *Marqué d'ocre*
enalmagrar, *marquer d'ocre*
en bolandillas, *En volant, hastiuement*
enamorada, *Amoureuse*
enamorado, *Amoureux*
enamorador, *Amoureux*
enamoradillo, *Petit amoureux*
enamoramiento, *Amourachement*
enamorar, *S'enamourer*
enana, *Naine*
enana cosa, *Chose petite*
enano, *Nain*
enarbolar, *Arborer, Hausser*
enarcado, *Courbé*
enarcar, *Courber en façon d'arc*
enarenar, *ensabler*
en aspar, *Ployer le corps*
enastillar el goldre, *Remplir le carquois de fleches*
embarnizar, *Vernisser*
enbelezamiento, *Estonnement*
enbelezar, *Estonner*
encabeçamiento, *Enrollement*
encabeçar, *enroller*
encabellar, *Peigner, Attifer les cheueux*
encabellecer, *Nourrir ses cheueux*
encabestrado, *encheuestré*
encabestradura, *Encheuestrement*
encabestrar, *encheuestrer*

EN

encabezar, _Mettre dans la te-_
ste
encadenado, _enchainé_
encadenadura, _enchainement_
encadenar, _enchainer_
encajo, _enchaßure, trou, comme_
d'une dent
encalabijar, _entester_
encalado, _enduit de chaux_
encalador, _Qui enduit de chaux_
encaladura, _Vn enduit de chaux_
encalar, _enduire de chaux_
encallada naue, _Nauire eschoüé_
encalladura, _Eschoüement, bris_
de nauire
encallar, _Eschoüer, Ensabler, tou-_
cher
encallecer, _Estre plein de callo-_
sitès
encallecido, _endurcy_
encalmado, _Calme_
encalmar, _Calmer_
encaluar, _Faire chauue_
encaluecer, _Estre chauue_
encambio, _Contre, En eschange_
encaminado, _Acheminé_
encaminador, _Qui achemine_
encaminadura, _Acheminement_
encaminar, _Acheminer, Mettre_
à chemin
encamisada, _Camisade, Surpri-_
_se_
encanastar, _Serrer dans vne cor-_
beille, Mettre les draps dans la
buée
encancerar, _Deuenir chancreux_
encandillado, _Esblouy, offusqué,_
esbarlué.
encandilar, _Esblouïr, esbarlüer_
encanecer, _Deuenir blanc de_
vieilleße

EN

encanecido, _Blanchy de vieil-_
leße
encanecimiento, _Blanchißure_
encañado, _Ferme de canes_
encañar, _Fermer de canes_
encañonar, _Muer de plumes_
encantada, _enchantement_
encantado, _Crié, Enchanté, Mis à_
l'encant
encantador, _Qui met en criée,_
Crieur
encantamiento, _Cry à l'encant_
encantar, _Crier, Mettre en criée_
encantar, _Enchanter, Charmer_
encapacetado, _Armé de mor-_
rion
encapado, _Couuert de cape_
encapar, _Couurir de cape_
encapotadura, _Refrongnement_
encapotar, _Se refrongner, Faire_
la mine
encaramado, _Dreßé debout_
encaramadura, _Esleuement, ai-_
guisement en pointe
encaramar, _Dreßer, Esleuer,_
Haußer
encarado, _Qui est viz à viz_
encarar, _Mettre viz à viz Vi-_
ser.
encarçado, _Embuißonné, entor-_
tillé, enlacé
encarçar, _Enueloper, Embuißon-_
ner
encarcelado, _emprisonné_
encarcelamiento, _Emprisonne-_
ment
encarcelar, _Emprisonner_
Encarecer, _Exagerer, Encherir,_
Loüer grandement, Augmen-
ter

I ij

EN

encarecidamente, Instamment, cherement
encarecido, exageré
encarecimiento, exageration
encargar, Charger, deputer, donner peine
encarnacion, Incarnation
encarnar, Encharner, Incarner
encarniçado, acharné, bourrelé, rouge
encarniçamiento, Deschirement, Acharnement
encarniçar, Deschirer, bourreler, Acharner
encartacion, Proscription, banissement
encartamiento, Banissement
encartar y encartillar, Bannir, Proscrire
encastillar, Fortifier, munir un fort
encaualgar vna pieça, Ajuster, monter vn canon
encaxadura, emboitement
encaxar, Emboiter, Enchasser, Serrer
encaxe, enchasseure, chaton
encella, Petit panier d'ozier
encenagado, enfangé
encenagador, Qui enfange
encenagamiento, Enfangement
encenagar, enfanger, couurir de boüe
encender, Allumer
encendidamente, ardamment
encendido, Allumé, enflamé
encendimiento, Ardeur, brulement
encenizado, Cendreux
encenizar, encendrer

EN

encensar, Parfumer d'encens, encenser
encensar, donner à cens & rente
encensario, Vn encensoir
encensios, Absynthe, herbe
encentado, entamé
encentadura, entameure
encentar, entamer
encerado, Ciré, chassis de toile ciree
encerador, Qui cire
encerar, Cirer, bougier auec cire
en cerco, en rond, en cercle
encerrado, Clos, R'enfermé, Prisonnier
encerramiento, Closture, Prison
encerrar, Fermer, enfermer, clorre
encespedar, Planter dans terre
encharcadura, Marets, croupissement d'eaux
encharcamiento, croupissement d'eaux
encharcarse el agua, S'arrester, croupir
enchouas, anchois, poisson
encienso, encens
encima, dessus, au hault
encimar, mettre au hault, esleuer
enclauado, Cloüé, fiché, attaché
enclauador, Qui cloüe
enclauadura, encloüeure
enclauazon, Cloüement
enclauar, cloüer, ficher
enclauijado, cheuillé
enclauijador, qui met des cheuilles à vn luth
enclauijadura, Mise de cheuilles

enclauijar, Mettre les cheuilles à vn Luth.
enclauijar los dedos, Mettre les doigts les vns dans les autres.
encoger, Presser, amasser, retirer, tapir.
encogidamente, Sagement, auec retenuë en tapinois.
encogido, solitaire, retenu, retiré, tapy.
encogimiento, Retenuë, retirement.
encolado, Colé.
encolador, qui cole.
encoladura, Colement.
encolamiento, Colement.
encolar, Coler, ioindre auec cole.
encolerizado, Courroucé, esmeu de cholere.
encolerizar, Courroucer, estre en cholere.
encolmar, Combler.
encomandado, Recommandé.
encomandador, qui recommande.
encomandar, Recommander, donner charge.
encomienda, Loüange, Recommandation, commanderie.
encompañar, Accompagner.
enconadizo, Propre à s'enfler & vlcerer.
enconado, Vlceré.
enconador, Venimeux.
enconadura, Vlceration.
enconamiento, Enfleure, vlceration, infection.
enconar, enfler, vlcerer, infecter.
enconoso, Venimeux.

encontinente, Incontinent.
encontradizo, qui se rencontre.
encontrado, Rencontré.
encontramiento, Rencontre.
encontrar, Rencontrer.
encontron, Heurt, rencontre.
encoraçado, Armé de cuirasse.
encoraçar, Armer de cuirasse.
encorar y encuerar, Cicatriser, faire venir la peau.
encordio, Poulain de verole.
encoroçada, Mitrement au carquan.
encoroçado Mitré, mis au carquan.
encoroçar, Mitrer, mettre au carquan.
encorporado, Incorporé.
encorporamiento, Incorporatiõ.
encorporar, Incorporer, s'asseoir au lict.
encorrir, Encourir.
encoruado, Courbé.
encoruador, qui courbe.
encoruadura, Courbeure.
encoruamiento, Courbement.
encoruar, Courber.
encostradura, Crespissure de mur.
encostrar, Crespir, enduire.
encouado, Renfoncé.
encouar, Enfoncer.
encrespador, Fort propre à friser.
encrespador, Celuy qui frise.
encrespado, Frisé.
encrespadura, Frisure.
encrespar, Friser, sescher.
encrestar, Mettre creste.
encreyente, Croyant.

I iij

encrudecer, _Deuenir cruel, estre cru._
encruelecer, _Deuenir cruel._
encrujada, _Carrefour._
encruzado, _Croisé._
encruzar, _Croiser._
encruzijada, _Carrefour._
encubar, _Enfermer dans vn tonceau par supplice._
encubierta, _Couuerture, cachette._
encubiertamente, _Secrettemét, à cachettes._
encubierto, _Caché, secret, couuert._
encubredizo, _Cachable._
encubridor, _Receleur, cacheur._
encubrir, _Celer, cacher, receler._
encubrimiento, _Recelement._
encuadernacion, _Reliure de liures._
encuadernado, _Relié._
encuadernador, _Relieur de liures._
encuadernar, _Relier liures._
encubertado, _Bardé, couuert de couuerte._
encubertar, _Couurir, barder._
encumbrado, _Mis au sommet._
encumbrar, _Hausser, mettre au sommet._
ende, _Là, delà._
endebil, _Foible._
endecha, _Complaincte, honneur funebre._
endechadera, _Femme louée à pleurer les morts._
endechar, _Chant et complainctes funebres._
endechoso, _Funebre._
endemoniado, _Demoniaque,_ possedé de l'esprit malin.
endentecer, _Mettre les dents._
endereçar, _Dresser, adresser._
endereçado, _Adressé._
endereço, _Adresse._
enderramar, _Espancher, verser._
enderredor, _Autour, enuiron._
endeudado, _Endebté._
endeudar, _Endebter._
endiablado, _Possedé du diable._
endiablar, _Estre possedé du diable._
endibia, _Endiue herbe._
endiosar, _Deifier, faire Dieu._
endirgar, _Adresser._
endonado, _A l'improuiste._
endonar, _Redonner._
endrina, _Prune de damas noir._
endrino, _Prunier._
endulcadura, _Adoucissement._
endulçar, _Adoucir, estre doux._
endurecido, _Endurcy._
endurecer, _Endurcir._
endurecimiento, _Endurcissement._
enea, _Fleur de noyer, & de jonc qui s'en va au vent, jonc._
enebro, _Geneure, geneurier._
enechado, _Supposé, exposé._
enechar, _Exposer, supposer, jetter dedans._
en el, _En luy, dans le._
eneldo, _Anesh herbe._
enemigable, _Hayssable._
enemigablemente, _Hayneusement._
enemigar, _Faire ennemis._
enemigo, _Ennemy._
enemistad, _inimitié_

enemistado, *Hay, qui a des ennemis*
enemistar, *Hair, faire des ennemis*
enerbolado, *Empoisonné*
enerbolador, *Empoisonneur*
enerbolar, *empoisonner*
enerizado, *Herissé*
enerizamiento, *Frissonnement*
enerizar, *Frissonner, Herisser*
enero, *Ianuier, mois*
enertar, *Estre roide de froid, Se roidir*
eneruacer, *Deuenir en herbe*
enfadado, *Ennuyé, Soucieux*
enfadar, *Importuner, Ennuyer, soucier*
enfado, *Ennuy, Fascherie, Soucy.*
enfadoso, *ennuyeux, fascheux*
enfardelar, *empaqueter*
enfermar, *Tomber malade*
enfermedad, *Maladie*
enfermera, *Femme qui a soing de l'hospital*
enfermeria, *Hospital*
enfermero, *Homme qui a soing de l'hospital*
enfermizo, *Maladif*
enfermo, *Malade*
en fin, *finalement*
enfinjir, *Feindre*
enflaquecer, *Estre debile, amaigrir*
enflaquecido, *Afoibly*
enforrar, *Doubler, Fourrer*
enforro, *Fourrure*
enfrascar, *S'empestrer, entrer dans les buissons*
enfrenado, *Bridé, retenu*
enfrenador, *Qui bride*
enfrenamiento, *Bridement, liaison de muraille.*
enfrenar, *Brider, Retenir, Refrener*
enfrente, *Viz à viz*
enfriadera, *Rafraichissoir*
enfriadero, *Lieu à rafraichir*
enfriado, *Refroidy, Rafraichy.*
enfriador, *Lieu à rafraichir, & celuy qui rafraichit*
enfriar, *Refroidir, Rafraichir*
enfundar, *Bander, enueloper*
enfurecido, *Forcené, Furieux*
enfurecer, *Forcener, Estre furieux*
enfurtido, *Drap qui est fort espais*
enfurtir, *Faire vn drap fort espais*
engañabouos, *Affronteur, trompeur*
engañado, *Trompé*
engañador, *Trompeur*
engañamundos, *Abuseur, afronteur, Trompeur*
engañar, *Tromper*
engaño, *Tromperie*
engañosamente, *Trompeusement*
engañoso, *Trompeux*
engarauatar, *Accrocher*
engarçar y engazar, *enfiler en fil d'or, argent ou fer*
engargantar, *engorger*
engastado, *enchassé*
engastador, *Qui enchasse*
engastar, *enchasser*
engaste, *enchassure*
engendrado, *engendré*

engendrar, *engendrer.*
engeñero, *Ingenieux.*
engeño, *Engin, Astuce.*
engolfar, *Engolfrer, entrer en mer.*
engolosinado *Friant, affriandé*
engolosinar, *Affriander.*
engomadera, *Femme qui gomme.*
engomado. *Gommé.*
engomador, *Qui gomme.*
engomadura, *Gommure.*
engomar, *Gommer.*
engordar, *Engraisser.*
engorra, *Retard, demeure.*
engorrar, *Retarder.*
engorroso, *Tardif, empeschant, qui est en demeure.*
engrandecer, *Agrandir esleuer.*
engrandecedor, *Qui agrandist.*
engrandecido, *Esleué, agrandy.*
engrandecimiento, *Magnificence, agrandissement.*
engreydo, *Orgueilleux, superbe.*
engreyrse, *Estre orgueilleux.*
engrossado, *Engraissé.*
engrossar, *Engraisser.*
engrudamiento, *Collement, assemblage.*
engrudar, *Ioindre, coler, assembler.*
engrudo, *Cole de Cordonnier.*
engullidor, *Gourmand.*
engullir, *Engloutir.*
enguyrnaldar, *Couronner.*
Enhadado, *Ennuyé, soucié.*
enhadar, *Ennuyer, soucier.*
enhastar, *Mettre un fust ou haste.*
enhastar, *Leuer la lance.*
enhastiar, *Saouler, ennuyer.*
enhastio, *Saoulement, ennuy.*
enhebrar, *Enfiler.*
enhestado, *Dressé.*
enhestador, *Qui dresse.*
enhestadura, *Dressement.*
enhestamiento, *Dressement.*
enhestar, *Dresser.*
enhechizadera, *Sorciere.*
enhechizador, *Sorcier.*
enhechizado, *Ensorcelé, voüé aux Sorciers.*
enhechizar, *Ensorceler.*
enhetramiento, *Empestrement.*
enhetrar, *Mesler, empestrer.*
enheuillar, *Boucler, cheuiller.*
enhiestar, *Dresser, se tenir droit.*
enhiesto, *Debout, esleué, droit.*
enhilar, *Enfiler.*
enhorcar, *Pendre.*
enhormador, *Qui forme.*
enhormar, *Former.*
enhornador, *Qui enfourne.*
enhornado, *Enfourné.*
enhornadura, *Enfournure.*
enhornar, *Enfourner.*
enjaezado, *Harnaché, bardé.*
enjaezador, *Qui harnache, qui barde.*
enjaezamiento, *Harnachement.*
enjaezar, *Harnacher, barder.*
enjaular, *Mettre en cage.*
enladrillado, *Le paué.*
enladrillador, *Qui paue.*
enladrilladura, *Pauement.*

EN

enladrillar, Pauer de carreaux.
enlanternamiento, Esblouyssement.
enlanternar, esblouyr.
enlardar, Flamber auec du lard.
enlazado, Enlacé.
enlazador, Qui enlace.
enlazadura, Enlacement.
enlazamiento, Enlacement.
enlazar, Enlacer, noüer.
enlerdar, aparesser, empoltronir.
enleuar, Esleuer.
enligado, Englué.
enligador, Qui englue.
enligadura, engluement.
enligar, engluer.
enlizadera, La trame de la toile.
enlizador, Qui trame.
enlizamiento, La trame.
enlizar, Tramer la toile, mettre sur la lice.
enlcenar, Emplir.
enlobado, Allouuy, affamé.
enlobar, Estre affamé.
enlodado, Enfangé.
enlodador, Qui enfange.
enlodadura, Enfangement.
enlodar, Enfanger, embouer.
en los, Aux, en.
enlosador, Qui paue.
enlosadura, Pauement.
enlosar, Pauer.
enloquecer, Deuenir fol.
enloquecido, Deuenu fol.
enlutado, Qui porte le dueil.
enlutar, Porter le dueil.
enmagrecer, Amaigrir.
enmafcarado, Masqué.

EN

enmascarar, Masquer.
enmendado, Corrigé.
enmendador, qui corrige.
enmienda, Correction.
enmiendar, Corriger.
enmordazado, Qui est tenaillé.
enmordazador, Qui met les mordaces.
enmordazar, Tenailler, mettre les mordaces.
enmugrecer, Encrasser.
ennegrecer, Noircir.
ennoblecer, Anoblir.
enodio, Faon de Biche, ou autre beste.
ennojadamente, Ennuyeusement.
ennojado, Fasché, ennuyé, courroucé.
ennojadizo, Aysé à courroucer.
enojales, Genouilleres, iartieres.
enoyar, Courroucer, fascher.
enojo, Courroux, fascherie.
enojosamente, Auec fascherie.
enojoso, Ennuyeux, fascheux.
enudecer, Boutonner comme les arbres, pousser des nœuds.
enorme, Enorme.
enormidad, Enormité.
enparada, Deffense, rampart.
enplantas, Clayes.
enpobrecedor, Qui appauurist.
enpobrecer, Appauurir.
enprobrecido, Apauury.

enpobrecimiento, *Appauurif-*
fement.
enponçoñado, *Empoisonné.*
enponçoñador, *Empoifon-*
neur.
enponçoñamiento, *Empoifon-*
nement.
enponçoñar, *Empoifonner.*
enramado, *Couuert de ra-*
meaux.
enrramada, *Le bois, la ramee.*
enramadura, *Couuerture de ra-*
meaux.
enramar, *Couurir de rameaux.*
enranciar, *Deuenir rance.*
enranciadura, *Rancißure.*
enredado, *Enretté, pris à la*
rets.
enredador, *Engeoleur, trom-*
peur.
enredamiento, *Enrettement.*
enredar, *Surprendre, engeoler,*
bourder, enretter.
enredo, *Brouillement, enuelop-*
pement.
enrexado, *Grillé, treillißé.*
enrexador, *Qui treillißé.*
enrexar, *Treillißer, Griller.*
enriçar, *Frifer, entortiller, cref-*
per.
enriquecer, *Enrichir.*
enriquecido, *Enrichy.*
enrifcado, *Haut, difficile.*
enrifcamiento, *Precipice.*
enrifcar, *Monter aux precipi-*
ces.
enriftrar, *Mettre en l'ar-*
reft.
enrocar, *Fortifier.*

enrociar, *Arrofer.*
enronquecer, *enrouer.*
enronquecido, *Enroué.*
enronquecimiento, *Enroueu-*
re.
enrofcado, *Entortillé.*
enrofcadura, *Entortillement.*
enrofcar, *Entortiller.*
enroxar, *Deuenir roux ou*
blond.
enruuiacer, *Refplandir comme*
or.
enruuiadera, *Femme qui blon-*
dift.
enruuiador, *Qui faict blon-*
dir.
enruuiadura, *Blondißement.*
enruuiar, *Blondir.*
enfabanado, *Enuelopé dans vn*
linceul.
enfabanar, *Enueloper dans vn*
linceul.
enfalada, *Salade à man-*
ger.
enfalçado, *Haußé, exalté.*
enfalçamiento, *Exaltatiõ, hauf-*
fement.
enfalçar, *Haußer, exalter, haut*
louer.
enfalmadera, *Charmereße.*
enfalmado, *Charmé.*
enfalmador, *Charmeur.*
enfalmar, *Charmer, enchan-*
ter.
enfalmas, *Baft à porter faix.*
enfalmo, *Charme.*
enfamblador, *Vn Menu-*
fier.

EN

Ensambladura, *Assemblage de menuiserie.*
Ensamblar, *Trauailler de marqueterie, & d'assemblage de menuiserie, enjabler.*
Ensancha, *Eslargissement.*
Ensanchado, *Eslargi.*
Ensanchamiento, *Eslargissemēt*
Ensanchar, *Eslargir, accroistre.*
Ensancho, *Eslargissement.*
ensangostado, *Estressy.*
Ensangostar, *Estressir.*
Ensangrantado, *Ensanglanté.*
Ensangrantamiento, *Ensanglantement.*
Ensangrantar, *Ensanglanter.*
ensañar, *courroucer, cholerer.*
ensartar, *Enfiler.*
ensartadura, *Enfileure.*
Ensayalado, *Couuert de saye, ou casaque.*
Ensayalar, *Couurir de saye.*
Ensayar, *Essayer, faire essay.*
Ensaye, *Essay, espreuue.*
Ensenar, *Mettre dans le sein.*
Enseñado, *Enseigné.*
Enseñador, *Qui enseigne.*
Enseñamiento, *Enseignement.*
Enseñança, *Doctrine, enseignement.*
Enseñar, *Enseigner.*
Enseñorear, *Seigneurier, commander.*
Ensesiar, *Endoctriner, faire sage.*
Enseuado, *Frotté de suif.*
Enseuador, *Qui frotte de suif.*
Enseuadura, *Frottement de suif.*
enseuar, *Frotter de suif.*
Ensilador, *Grenier fait soubz terre.*

EN

Ensilar, *Mettre dans le grenier soubz terre.*
Ensillador, *Qui met la selle.*
Ensillar, *Seller vn cheual ou autre.*
Ensoberuecer, *Enorgueillir.*
Ensoberuecido, *Enorgueilly.*
Ensoberuecimiento, *Orgueil.*
Ensoñar, *Songer.*
Ensordadera, *fleur de noyer, & qui assourdit.*
Ensordado, *Assourdy.*
Ensordador, *Qui assourdist.*
Ensordamiento, *Surdité.*
Ensordar, *Assourdir.*
Ensortijado, *Annelé.*
Ensortijar, *Anneler, faire en anneaux.*
En suma, *En somme, bref, en fin.*
Ensuziado, *Souillé, taché.*
Ensuziador, *Qui souille.*
Ensuziamiento, *Souillure, tache*
Ensuziar, *Tacher, souiller.*
Entablado, *Acheminé, commencé.*
Entablado, *Planché d'ais.*
Entabladura, *Du plancher*
Entablamiento, *Du plancher.*
Entablar, *Planchoer.*
Entablar, *Acheminer.*
Entallable, *Qui se peut grauer.*
Entallado, *Graué.*
Entallador, *Graueur.*
Entalladura, *Grauure.*
Entallar, *Grauer.*
Entallar, *Façonner, faire bien la taille.*
Entallecer, *Faire tige.*
En tanto, *Tandis, cependant.*

entapiçar, *Tapisser.*
entegramiento, *Renouuellement.*
entegrar, *Faire entier.*
entena, *Antenne de nauire.*
entenada, *Belle fille.*
entenado, *Beau filz.*
entender, *Entendre.*
entendimiento, *Entendement.*
enterado, *certifié.*
enterador, *Qui certifie.*
enteramente, *Entierement.*
enteramiento, *Restauration, certification.*
enterar, *restaurer, estre certifié, mettre en son entier.*
enterez, } *Integrité, santé.*
entereza, }
enterizo, *Entier, solide.*
entero, *Sain, entier.*
enternecer, *Attendrir.*
enternecido, *Attendry.*
enterrado, *Enterré.*
enterrador, *Qui enterre.*
enterramiento, *Enterrement, cimetiere.*
enterrar, *Enterrer.*
entesamento, *Estendue, endurcissement.*
entesar, *Estendre, endurcir.*
entibiadero, *Estuues.*
entibiar, *Tiedir, faire tiede.*
entierro, *Enterrement.*
entiznar, *Barbouiller.*
entomecer, *Engourdir, endormir.*
entomecido, *Engourdy.*
entomecimiento, *Engourdissement.*
entonado, *Enflé, fier, chantant.*
entonar, *Estre fier, s'enorgueillir,*
entonner en chantant.
entonces, *Alors, adonc.*
entorcer, *Tordre, entortiller.*
entorcha, *Torche.*
entorno, *Autour.*
entorpecer, *Engourdir.*
entordatura, *Louschement, torceure.*
entordar, *Louscher d'vn œil, tordre.*
entrada, *Entree.*
entramocos, *Lupins, legume.*
entrañable, *Interieur.*
entrañablemente, *Totalement, du tout, affectueusement.*
entrañas, *Les boyaux, les tripes.*
entrañado, *plein, remply.*
entrañar, *Remplir.*
entrapado, *Drapé.*
entrapar, *Draper.*
entrar, *Entrer.*
entrauar nueua flor, *Trouuer, inuenter.*
entre, *Entre.*
entreabierto, *Entr'ouuert.*
entreceñido, *Entrelassé, entreceint.*
entrecoger, *Recueillir parmy.*
entrecortar, *Entrecouper.*
entredezir, *Interdire, empescher.*
entre dia, *De iour.*
entredicho, *Defendu, interdit.*
entrega, *Consignation.*
entregado, *Consigné.*
entregador, *Qui consigne.*
entregar, *Consigner, engager, donner.*
entrego, *Bail, donation.*
entrejuntar, *Entrejoindre.*

entrelazar, *Entrelacer.*
entreliouer, *Plouuoir à trauers.*
entrelubricano, *Entre chien & loup.*
entremedias, *Par le milieu, entredeux.*
entremeses, *Farce de Comedie.*
entremeter, *Ingerer, entremettre.*
entremetido, *Entremis, entrant.*
entremetimiento, *Entremise.*
entremezclar, *Entremesler.*
entreoyr, *Entreouyr.*
entreponer, *Entremettre.*
entrepostura, *Entremise.*
entrepuesto, *Entremis.*
entrepunçadura, *Entrepiqueure.*
entrepunçar, *Entrepiquer.*
entrepuesto, *Entremis.*
entresacador, *Surpreneur, retireur.*
entresacadura, *Retirement, surprise.*
entresacamiento, *Surprise, retirement.*
entresacar, *Surprendre, retirer.*
entresacar los ramos, *Esbrancher les branches.*
entresi, *Auec soy, en soy-mesme.*
entresijo, *Entrailles, le gras du ventre.*
entresuelo, *Vn plancher.*
entretalladura, *Graueure.*
entretallar, *Grauer.*
entretanto, *Cependant, tandis.*
entretenimiento, *Entretenement, plaisir.*
entretener, *Entretenir.*
entreuenido, *Interuenu.*
entreuenidor, *Qui interuient.*

entreuenimiento, *Intercession.*
entreuenir, *Interceder.*
entreualo, *interualle.*
entretexedura, *Entretissure.*
entretexer, *Entretistre.*
entreuerar, *Mesler, entremeurir comme les raisins.*
entreuntar, *Graisser, ioindre.*
entricadamente, *Auec brouillerie.*
entricado, *brouillé.*
entricador, *Qui brouille.*
entricamiento, *Perplexité, enuelopement.*
entricar, *Embrouiller, empestrer.*
entristecer, *Contrister, estre triste.*
entristecido, *Attristé.*
entristecimiento, *Tristesse.*
entronizado, *Esleué.*
entronizar, *Esleuer, enorgueillir.*
enturbiado, *Troublé.*
enturbiador, *Qui trouble.*
enturbiadura, *Troublement.*
enturbiar, *Troubler, brouiller.*
enuanderar, *Garnir de banderoles.*
en vano, *en vain.*
enuarado, *entrepris de ses membres.*
enuaramiento, *Conuulsion, retirement de nerfs.*
enuarar, *Estre retiré de nerfs.*
enuasado, *Entonné.*
enuasador, *Vn entonnoir, & qui entonne.*
enuasar, *Entonner, mettre dedans.*
enuegecer, *Enuieillir.*

Enuegecido, *Enuielly.*
Enuegecimiento, *ennieillissement.*
Enuelefado, *stupide, estonné.*
Enuelefamiento, *estonnement.*
Enuelefar, *Estre esbahy, estre estonné.*
Enuerado, *tourné comme le raisin.*
Enuerar, *Meurir & tourner côme le raisin.*
Enuerdecer, *Deuenir verd, verdir.*
Enuergonçado, *Honteux.*
Enuergonçamiento, *Honte.*
Enuergonçante, *Honteux.*
Enuergonçar, *Auoir honte.*
Enues, *Le reuers, l'enuers.*
Enuefado, *Renuersé.*
Enuefar, *Renuerser, retourner à l'enuers.*
Enuefcar, *Engluer.*
Enueftir, *Assaillir, attaquer, inueftir.*
Enuiciar, *Deuenir vicieux.*
Enuilecer, *Auilir, deuenir vil.*
Enuilecido, *Auily.*
Enxabonado, *Sauonné.*
Enxabonadura, *Sauonnement.*
Enxabonar, *Sauonner.*
Enxaguado, *Arrosé, rincé.*
Enxaguador, *Qui arrose.*
Enxaguadura, *Arrosement.*
Enxaguamiento, *Arrosement.*
Enxaguar, *arroser, rincer.*
Enxalma, *Bast d'asne ou mulet sans bois.*
Enxalma, *Vn matelats.*
Enxalmar, *Baster.*
Enxaluegado, *plastré.*
Enxaluegador, *Qui enduit de craye, qui plastre.*
Enxaluegar, *Enduire, plastrer.*
Enxambrado, *Essemé.*
Enxambrar, *Essemer, faire essaim.*
Enxambre, *Essaim de mouche à miel.*
Enxerido, *Enté.*
Enxeridor, *Qui ente.*
Enxerimiento, *Enture.*
Enxerir, *Enter.*
Enxerir de escudete, *Enter en escuisson.*
Enxergado, *Couuert de serge.*
Enxergar, *Couurir de serge.*
Enxerto, *Enté.*
Enxugado, *Essuyé, seché.*
Enxugador, *Qui essuye.*
Enxugamiento, *Essuyement.*
Enxugar, *Essuyer, secher.*
Enxullo de telar, *mestier ou trauaille le tisserant.*
Enxundia, *Graisse.*
Enxuto, *Sec, essuyé.*
Enyelmar, *mettre vn heaume.*
Enyessado, *Plastré, crespy de plastre.*
Enyessador, *Plastreur.*
Enyessadura, *Plastrement, enduit de plastre.*
Enyessar, *Plastrer, crespir de plastre.*
Enzia, *La genciue.*
Enzina, *Eouse, sorte de chesne, arbre.*
Enzinal, *Lieu plein de chesnes verts, ou Eouses.*

E P

Epigrama, *Epigrame.*

E P

Epistola, _Epistre._
Epitafio, _Epitafe._
Epitimo, _Epithime, herbe._

E Q

Equidad, _Equité._
Equinocial, _Equinoctial._
Equinocio, _Equinocce, egalité de iours & de nuicts._
Equiparacion, _Comparaison._
Equiparado, _Accomparé._
Equiparar, _Comparer._
Equiualencia, _Equiualence, valeur d'autant._
Equiualer, _Valoir autant._
Equiuoco, _Equiuoque._

E R

Era, _Aage, siecle._
Era, _Aire, carreau, parterre._
Eral, _Beuf de deux ans._
Erbolar, _Esleuer, arborer._
Erbolario, _Iardinier, herboriste._
Erbolecer, _Deuenir herbu._
Eredad, _Heritage, possession._
Eredar, _Heriter._
Eredero, _Heritier._
Erencia, _Heritage._
Erege, _Heretique._
Eregia, _Heresie._
Ereticar, _suiure l'heresie._
Eretico, _Heretique._
Ergir, } _Se dresser, leuer, esleuer._
Erguir, }
Erguido, _Esleué._
Erguimiento, _Esleuemens._
Eril, _sterile._
Erizado, _herissé._

E R

erizar, _Herisser._
erizo, _Herisson, animal de mer._
erizo de castaña, _Le pelon de la chastaigne._
Eremita, _Hermite._
Eremitaño, _Hermite._
Ermadura, _Desolation._
ermador, _Qui gaste tout._
ermar, _Desoler, deserter, rendre solitaire._
errada, _Faulte, erreur._
errada, _Vn seau à puiser._
erradamente, _Faussement._
erradizo, _Vagabond, perdu._
errado, _Errant, vagabond._
errar, _Errer, vaguer, desuoyer._
error, _Faulte, erreur._
eruaçal, _Lieu plein d'herbes._
eruage, _herbage._
eruecer, _Deuenir herbu._
eruera, _La gorge._
eruero, _Qui cherche la pasture._
erutacion, _rot._
erutar, _rotter._

E S

Esbarar, _Glisser._
esblanduñar, _Branler._
escabel, _Scabeau, tabouret._
escabiosa, _Scabieuse, herbe._
escabro, _escreuisse de mer._
escabroso, _Fascheux, scabreux, dificile._
escabrosidad, _fascherie, dificulté._
escabullimiento, _Escoulement._
escabullir, _Eschaper, escouler, glisser, disparoir._
escala, _Eschelle._
escalada, _Escalade, eschelement._

escalado, Eschellé.
escalador, Qui eschelle.
escalar, Escheller.
escaldar, Eschaufer.
escalecer, Eschaufer.
escalecido, Eschauffé.
escalentado, Eschauffé.
escalentador, Qui eschaufe.
escalentador de cama, Vne bassinoire.
escalentamiento, Eschaufement.
escalentar, Eschaufer.
escalmo, La cheuille, où l'on met l'auiron.
escalon, Eschellon.
escalona cebolla, Eschalotte.
escama, escaille.
escama a escama, Par escailles.
escamado, Escaillé.
escamador, Qui escaille.
escamadura, Escaillement.
escamar, escailler.
escamochos, pieces, esclatz, reliefs de table.
escamondar, Nettoyer les arbres.
escamonea, Scamonee, herbe.
escamoso, Plein d'escailles
escambrones, Nerprun, arbre.
escampar, } Fuir.
escampiar,
escancia, Dressoir, buffet.
escanciador, Eschanson.
escanciano, Eschanson.
escanciar, Eschansonner, verser à boire.
escandalizado, Scandalisé.
escandalizador, Qui scandalise.
escandalizar, Scandaliser.

escandalo, Scandale.
escandaloso, Scandaleux.
escandia, Bon froment.
escaño, Banc dossier.
escapada, escapade.
escapado, Eschapé.
escapar, Eschaper.
escapatoria, Excuse.
escapulario, Froc de Moine.
escaque, Eschet a iouër.
escaramuça, escarmouche.
escaramuçar, Escarmoucher.
escaramujo, Aiglantier
escarapela, Noise, debat, crierie.
escarauajo, Escharbot.
escarcha, Gelee blanche, bruine, frimats.
escarchar, Geler blanc.
escardadera, Vn cerceau
escardadera, Femme qui sarcle.
escardado, Sarclé.
escardador, Qui sarcle.
escardador, Cerceau à sarcler.
escardadura, Sarclement.
escardar, Sarcler, becher.
escardillo, Petit cerceau
escardillo, Vn luiton, esprit.
escarlatin, escarlatin.
escarmentado, Aduisé.
escarmentar, S'aduiser, experimenter, esprouuer.
escarmiento, Experience, essay, aduis.
escarnecedor, moqueur.
escarnecer, Moquer, brocarder.
escarnecido, moqué.
escarnecimiento, Moquerie.
escarnido, moqué, diffamé.
escarnidor de agua, Arrosoir.

Escraola

escarola, endiue herbe
escarpia, Vn crochet
escarpin, escarpin
escarcela, Gibessiere, Bourse, escarcele
escarcelon, La baste, Le cuissot d'vn harnois.
escauado, Gratté, curé
escauadientes, Curedent
escauadura, Grattement
escauador, Qui grate, qui cure
escauar, gratter, curer, deschausser les arbres
escauaorejas, Cureoreille
escassamente, Chichement
escassez, Chicheté, Vilannie
escasso, Chiche, court
escatima, Chicheté
escatimado, Rongné
escatimador, Qui donne à regret
escatimar Estre chiche, rongner, donner à regret
escaua, Deschaussement d'arbres
escauecche, Saulce à garder le poisson
eschalmo, Cheuille où tient l'auiron
esclarecedor, qui esclarcit
esclarecido, esclarcy
esclarecimiento, Clarté
esclarecer, esclarcir
esclarimente, Ambre jaune
esclatar, esclatter
esclauin, escheuin
esclauina, Habit d'esclaue
esclauitud, Seruitude
esclauo, esclaue, serf
esclauonia, seruitude
esclusion, chassement

escluydo, exclus, chassé
escluydor, Qui chasse
escluyr, Chasser, exclurre.
escoba, Balay, vergette à nettoyer
escobado, Balayé, agencé
escobador, qui balaye
escobajo de vuas, La rape du raisin
escobar, balayer, agencer
escobilla, brosses, vergettes
escoda, instrumet à polir pierres
escodador, Qui polist pierres
escodadura, Polissement de pierres
escodar, Gratter, broisser, polir pierres
escofia, Coiffe
escofiador, qui coiffe
escofiar, Coiffer
escofieta, Petite coiffe
escofina, Vne sorte de lime
escofion, Coiffe
escogedor, qui choisit
escoger, choisir
escogido, choisy
escogimiento, choix
escolar, escolier
escolastico, Maistre d'escole
escolimado, dedaigneux
escolta, Garde, sentinelle
escombar, Vuyder, parer, nettoyer, rechercher
escomear, Pisser par tout, compisser
escombradura, parement
escombro, Recherche, vuydement
esconder, cacher
escondidamente, A cachette
escondidas, A cachette

k

Escondido, Caché
escondimiento, Cachement
escondrijo, Cache, Assemblee clandestine
Escondrijuelo, Petite cache
escopeta, Harquebuz
escopetina, Crachement, Crachat
escopidura, Crachement
escopidura, Grosse gale
escopleador, Graueur, Burineur
escoplear, Buriner
escoplo, Burin à grauer
escoria, Escaille de metal
escorpion, Scorpion
escorrer, Escouler, decouler
escorrido, Decours, Coulement
escorridor, Qui decoule
escota, L'escoute, corde de nauire
escotado, Qui est d'escot, Escoté
escotar, Payer l'escot
escotar vn jubon, Oster le collet au pourpoint
escotado jubon, Pourpoint qui a le collet osté
escote, Escot
escotilla, escotillon, Petite corde de nauire
escozer, Cuire
escreuir, Escrire
escriño, Escrin, coffre
escriptor, Autheur, qui escrit
escriptura, Escriture
escriptorio, Petit buffet, Escritoire
escripto, Escrit
escriuania, Lieu à escrire, Escritoire
Escriuanillo, Petit escriuain
escriuano, Escriuain, Notaire

escrutinio, Scrutine, Recherche
escuadra, Troupe
escucha, Guet, Escoute, Sentinelle
escuchado, Escouté
escuchador, Qui escoute
escuchadera, Femme qui escoute
escuchar, escouter
escudado, Couuert de bouclier
escudar, Couurir.
escudero, Escuyer
escudo, Escu, escusson, Bouclier
escudete, Lis d'eau, nenufar, berbe
escudilla, escuelle
escudillita, Petite escuelle
escudriñado, Recherché diligemment
escudriñador, Qui recherche diligemment
escudriñar, Chercher diligemment
escuela, eschole
escuerço, Crapault animal
esculpido, Graué
esculpidor, Graueur
esculpir, Grauer, entailler
escultor, Graueur, Sculpteur
escultura, Sculpture
escupidero, Bassin à cracher
escupido, Craché
escupidor, qui crache
escupir, Cracher
escurana, Obscurité
escurecer, Obscurcir
escurecido, Obscurcy
escurecimiento, Obscurcissement

E S

escuribanda, Charge sur l'ennemy, attaque.
escuridad, Obscurité.
escuro, Obscur, l'obre de la peinture.
escurridizo, Glissant, coulant.
escurrir, Esgouter, glisser.
escurredura, Esgouture.
escusa, Excuse.
escusable, Excusable.
escusacion, Excuse.
escusada cosa, Chose qui n'est de
besoing.
escusado, Excusé.
escusador, Qui excuse.
escusar, Refuser, excuser, empescher.
esecucion, Execution.
esecutar, exsecuter.
esecutor, exsecuteur.
esencion, exemption.
esentar, exempter.
esento, exempt, libre.
esfera, Sphere.
esforçadamente, Courageusement.
esforçado, Vaillant, courageux.
esforçador, Qui acourage.
esforçar, Acourager, s'esuertuer,
forcer.
esfuerço, Courage, effort.
esgarrar, Brauer.
esgrima, escrime.
esgrimadura, Lieu pour escrimer.
esgrimidor, escrimeur.
esgrimir, escrimer.
eslabon, Chesnon d'vne chesne.
eslabon de pedernal, Fer de
fusil.
eslauonar, enchainer.

E S

esllacido, Tonnerre.
esmaltado, esmaillé.
esmaltador, Qui esmaille.
esmaltar, esmailler.
esmalte, esmail.
esmerado, extreme, rare, excellet
esmerar, estre excellent & rare.
esmeralda, esmeraude.
esmeraldino, d'esmeraude.
esmerejon, esmerillon, oyseau.
esmeril, Amery, pierre.
esmeril, Façon d'artillerie, fauconneau.
esmerilazo, Coup d'artillerie ou
fauconneau.
espaciar, Se pourmener.
espacio, espace.
espacioso, Large, spacieux.
espada, espee.
espadado, Rafiné au seran.
espadaña, Glayeul, herbe.
espadañada de agua, espanchement d'eau.
espadar, Rafiner le lin ou chanure au seran.
espadero, Fourbisseur, faiseur
d'espees.
espalda, L'espaule, le dos.
espaldar, Tapisserie, espalier.
espaldarazo, Coup sur les espaules.
espaldudo, qui a larges espaules,
fort.
espelmado, Calfeutré gorché.
espalmador, Qui calfeutre.
espalmadura, Calfeutrement.
espalmar, Gorcher, Calfeutrer.
espantado, espouuenté.
espantajo, espouuentail.
espantable, Espouuentable.

K ij

E S

espantablemente, Espouuanta-
blement.
espantadamente, Espouuanta-
blement
espantadizo, paoureux
espantalobos, herbe
espantar, Espouuanter, Faire
peur
espanto, Estonnement
espantoso, effroyable
esparrago, asperges, fruict
esparraguera, Lieu d'asperges,
& asperges, herbe
esparamado, eslargy
esparamar, eslargir
esparauanes, esparuins
esparauel, esparuier à pescher
esparteña, genestere
espartero, Faiseur de nattes
esparto, jonc dont on fait les nattes
esparzidamente, esparsement
esparzido, espars
esparzidor, qui espart.
esparzimiento, espardement
esparzir, Espardre, Arroser
espasmar, Estre en conuulsion
espasmo, Conuulsion, Estonnement
especial, Special
especialmente, Specialement
especias, Espices
especie, Espece
especieria, espicerie
especiero, espicier
espectaculo, spectacle
especulacion, Contemplation
especulado, Contemplé
especulador, Qui contemple
Especular Aduiser, Contempler
especulatiuo, Contemplatif

E S

espedicion, expedition
espedimiento, expedition
espedir, expedier
espejado, clair comme vn miroir
espejar, Mirer
espejo, Miroir
espejuelos, Lunettes
espeler, pousser, chasser
espelido, chassé
espelta, Orge, sorte de bled
espeluzado, Herissé, frisson-
nant
espeluzamiento, frissonnement
espeluzar, Frissonner
espeluzo, frisson
espelunca, cauerne
espera, sphere
espera, attente
esperico, Rond, spherique
esperança, espoir, attente
esperar, esperer
esperezar, S'estendre, s'alonger
en baaillant
esperezo, estendement
esperiencia, experience
esperimentado, Experimenté
esperimentar, experimenter
esperimento, experiment
espertador, Vn reueillematin
espessamente, espaissement
espessadura, espaississement
espessar, espaissir
espesso, espaix
espessura, espaisseur
espetador, qui embroche
espetar, embrocher de la chair
espetera, lieu où l'on attache les
broches
espia, Espie, espion.
Espiador, Espion, Qui espie
espiamiento, espiement

espiar, Espier.
espiga, Espy de bled.
espigado, Espic, deslié, menu, gresle.
espigada donzella, Fille de belle taille, deitée.
espigadera, Femme qui cueille les espys.
espigador, Qui cueille les espys.
espigadillo, Fort menu, fort gresle.
espigar, Amasser les espys, bourgeonner.
espigasil, Lauande, aspic herbe.
espigon, L'espy, la fleur faicte en espy.
espin, Porc espy.
espina, Espine, areste de poisson.
espinal, Hallier, buisson plein d'espines.
espinaca, Espinars herbe.
espinar, Espiner, piquer.
espinazo, L'espine du dos, l'eschine.
espincla, Vne sorte de ruby.
espingarda, Arme comme vn iauelot.
espinilla, Le petit os de la iābe.
espino, Espine, buisson.
espino de majuelas, Aubespin.
espinoso, Espineux.
espiraculo, Respiration.
espiradero, Soupirail.
espirado, Mort, expiré.
espirar, Mourir, expirer.
espirar, Halener, souffler, respirer.
espiritu, Esprit.
espiritual, Spirituel.
espiritualmente, Spirituellement.
esplayar, S'estendre, sortir de la rade.
esplendido, Splendide.
espliego, Lauande, aspic, herbe.
espolada, Coup d'esperon, espronnement.
espoleado, Esperonné.
espoleador, Qui esperonne.
espolear, Esperonner.
espolon, Esperon de nauire, argot de coq.
espolonado, Esperonné, argoté.
espondil, Le nœud de l'eschine.
esponja, Esponge.
esponja piedra, Pierreponce.
esponjadura, Polissement auec ponce.
esponjoso, Spongieux.
esportilla, esportillo, Petit panier.
esporton, Panier de jonc.
esposa, Espousee.
esposar, espouser.
esposas, Menottes de fer.
esposo, Espoux, marié.
esposorio, Espousaille.
esprimido, Exprimé.
esprimir, Exprimer.
espuela, Esperon.
espuerta, Panier faict de ionc.
espulgador, Qui espeluche.
espulgar, Espelucher.
espuma, Escume.
espumado, Escumé.
espumador, Qui escume.
espumajo, escumé.
espumar, escumer.
espumilla, Du crespe, estoffe.
espumoso, escumeux.

K iij

esquadra, Bāde de gens de pied.
esquadra, esquierre de maçon.
esquero, Bourse.
esquifado, Faict en façon d'esquif.
Esquifar, Faire esquif.
esquife, esquif.
esquila, Clochette, eschile.
esquileta, Petite cloche.
esquilmado, Ce qui est tiré du reuenu.
esquilmar, Tirer le reuenu du bien.
esquilmo, Reuenu, vsufruict, fecondité.
esquilo, escurieu, animal.
esquilon, Clochette à sonner.
esquina de casa, l'angle, le coing de dehors d'vne maison.
esquinado, Qui a des angles.
esquinar, Faire à angles.
esquinácia, Squinance, maladie.
esquisito, exquis.
esquitar, S'acquitter, se reuancher.
esquiuar, euiter, fuyr.
esquiuamente, A desdain.
esquiuez, Fuyte, desdain.
esquiuidad, Fuyte, desdain.
esquiuo, Desdaigneux, estrange.
essa, elle.
esse, Luy.
esso, Cela.
essencia, essence.
essentar, exempter.
essento, exempt.
estabilidad, Fermeté.
estabilir, establir, affermir.
estable, Ferme, stable.
establecedor, Qui establist.
establecer, establir, ordonner.

establecido, estably.
establecimiēto, establissement.
establemente, Fermement de duree.
establerizo, Palefrenier, valet d'estable.
establo, estable.
estaca, Pieu, perche à planter.
estacada, estacado, Palissade, cloison, lieu à combatre, nouueau plant d'arbres, barriere.
estacion, Assiette, station.
estada, Demeure.
estado, Estat.
estafa, Tromperie, larcin.
estafador, Pipeur, engeoleur.
estafar, Engeoler, tromper, desrober.
estafeta, Courrier ordinaire.
estallar, Craquer, esclater, bruire.
estallido, Bruit auec esclat.
estaquilla, Cheuille de bois.
estambre, Estaim, fil de laine.
estameña, Estamine.
estamento, L'estre.
estampado, Estampé, imprimé.
estampador, Qui imprime.
estampar, Estamper, imprimer.
estampido, Bruit auec esclat, son auec bruit.
estancar, Arrester, detenir, estácher.
estancia, Seiour, demeure, rade.
estanco, Detention.
estandarte, Enseigne, estendart.
estañado, Estamé.
estañador, Qui estame.
estañar, Estamer, souder auec

E S

estain.
estaño, estain, metal.
estanque, est.ing.
estanta, lestante, grosse poultre.
estante, Pilier.
estanterol, Pilier presta poupe de la galere.
estantigua, Vn fantosme.
estantio, Croupissant, retenu.
estar, estre, demourer.
estatua, Statue.
estatuario, Imager.
estatura, Stature.
estatuto, Statut, coustume.
esta, Celle, cette.
este, Celuy, cestuy, cest.
esto, Cela, ce.
estendedor, Qui estend.
estender, estendre.
estendido, estendu.
estendimiento, estendüe.
estera, Natte.
esterado, Natté.
esterar, Natter.
estercolado, Fumé.
estercolador, Qui fume.
estercolamiento, Fumaison.
estercolar, fumer.
estercolero, Fumier, & celuy qui fume.
estercro, Nattier, faiseur de natte.
esteril, Sterile.
esterilidad, Sterilité.
esternudador, Qui esternüe.
esternudar, esternuer.
esternudo, esternüement.
estero del rio, Le lict, le canal de l'eau.
esteua, Le manche de la charrue.

E S

esteuado, Qui a les iambes tortes.
esteuar, Tenir la charrue.
estiercol, Fiente, fient.
estiercoladura, Fumement de fient.
estiercolar, Fumer de fient.
estilado, Stilé.
estilar, Stiler.
estilo, Stile, façon.
estima, prix, taxe, estime.
estimable, De valeur.
estimado, Prisé.
estimador, Priseur.
estimar, Priser, taxer, penser.
estimacion, estime.
estimulado, Incité.
estimulador, Qui incite.
estimular, Inciter.
estinco, Stinc, poisson.
estio, esté.
estipendio, Salaire, gage.
estirado, Tiré, paré, habité.
estirar, S'atifer, se parer.
estirpar, extirper.
estiual, d'esté.
estiuar, Remplir fort.
esto, Cela, ce.
estocada, estocade, coup de pointe.
estofa, estofe.
estofado, estofé.
estofar, estofer.
estonces, en apres, alors.
estomago, estomach.
estopa, estoupe, filace.
estopajo, Torchon.
estopeño, d'estoupe.
estopue, estoc, espee.
estoraque, Storax, drogue.

K iiij

estordecer, estourdir.
estordecado, estourdy.
estordecimiento, Estourdissement.
estornija de carro, un enrayoir, bois dont on arreste les roües qu'elles n'aillent trop viste.
estornino, estourneau.
estornudador, Qui esternue.
estornudar, esternuer.
estornudo, esternuement.
estoruar, Destourber, empescher.
estoruo, Destourbier.
estraçar, Deschirer.
estraço, Deschirement.
estrado, Lieu où l'on met les coussins pour asseoir les femmes.
estragado, Destruit.
estragador, Destructeur.
estragamiento, Destruction, degast.
estragar, Gaster, destruire.
estrago, Degast, meurtre.
estrallido, grand bruit auec escclat.
estrangero, estranger.
estrañamente, estrangement.
estrañar, estranger.
estrañez, estrangeté.
estraño, estrange, estranger.
estrechado, estressy.
estrechador, Qui estressit.
estrechamente, estroitement.
estrechamiento, Estroicissement.
estrechar, Estressir, presser, serrer.
estrecheza, estroississure.
estrechura, estroississure.
estrecho, estroit, destroit.

estregado, Frotté.
estregador, Qui frotte.
estregadero, Lieu où l'on se frotte.
estregadura, Frottement.
estregar, Frotter.
estrella, estoile.
estrellado, estoilé.
estrellar, Froisser, estoiler.
estrellero, Astrologue.
estrellita, Petite estoile.
estremadamente, Extremement.
estremado, extreme.
estremadissimo, Tresextreme.
estremar, Discerner, choisir, se faire excellent, s'esuertuer.
estremecer, Trembler de crainte.
estremedad, extremité.
estremo, extremité, bout, comble, valeur.
estrenado, estrené.
estrenador, Qui estrenne.
estrenar, estrener.
estrenas, estreines.
estreñido, estraint.
estreñidor, Qui estraint.
estreñir, estreindre.
estribadero, Appuy.
estribar, Dresser, appuyer, estançonner.
estribera, estriuiere.
estribo, estrieu.
estribo, Appuy de maison estante.
estriuado, Appuyé.
estriuar, Appuyer, dresser.
estropajo, Torchon.
estropeçar, Broncher.
estropieço, Bronchement, cho-

E S

pement, rencontre.
estruendo, Bruit, son, esclat.
estrujadura, espreinte, estrainte.
estrujar, Presser, estraindre.
estuche, estuy.
estuche de alfileres, Espinglier.
estudiante, estudiant.
estudiar, estudier.
estudiosamente, Studieusement.
estudio, estude.
estudioso, Studieux.
estufa, estuue, bain.
estufilla de pies, Chaufe-pied.
estupendo, Plein d'estonnement.
estuprador, Corrompeur de filles.
estupramiento, Corrompement de femmes.
estuprar, Corrompre femmes.
estupro, Paillardise, corruption de femmes.
esuaalar, esuarar, Glisser.

E T

eternamente, Eternellement.
eternidad, eternité.
eternizar, eternifer.
eterno, eternel.

E V

euacuacion, Vuidange.
euacuado, Vuidé.
euacuador, Qui vuide.
euacuar, Vuyder.

E T

euangelio, Euangile.
euangelico, euangelique.
euangelista, euangeliste.
euangelizar, euangeliser.
euentilacion, dispute.
euentilador, Qui dispute.
euentilar, Traitter, disputer.
eufragia, eufraise, herbe.
euidencia, euidence.
euidente, euident.
euidentemente, euidemment, manifestement.
euitar, euiter, fuyr.

E X

exalacion, exhalaison.
exalado, exhalé.
exalar, exhaler.
examen, examen, enqueste.
examinado, examiné.
examinador, Qui examine.
examinar, examiner, interroger.
exasperar, aigrir, mettre en cholere.
excremento, excrement.
exe, l'essieu d'une roüe.
exea, espion.
execrable, execrable.
execracion, execration.
execrado, execré.
execrador, Qui maudit.
execrar, execrer, maudire.
execucion, execution.
executado, executé.
executador, executeur.
executar, executer.
executor, executeur.
executoria, Lettre de noblesse.

executoire.
exceder, exceder.
exclencia, excellence.
exclente, excellent.
exclentemente, Excellemment.
exemplar, Exemplaire.
exemplificar, Donner exemple.
exemplo, Exemple.
exepcion, Exception.
exeptar, Excepter.
exepto, Excepté.
exequias, Funerailles.
exercicio, Exercice.
exercitado, Exercé, accoustumé.
exercitador, Qui exerce.
exercitar, Exercer.
exercito, Armee.
excessiuamente, Excessiuement.
excessiuo, Excessif.
excesso, Excés.
excitado, Incité.
excitador, Qui incite.
excitar, Inciter.
exclamar, Escrier.
excluydo, Exclus.
excluyr, Exclurre.
excremoso, Plein d'excremens.
exheredacion, Desheritement.
exheredado, Desherité.
exheredador, Qui desherite.
exheredamiento, Exheredatiõ
exheredar, Desheriter.
exigencia, exigence.
exido, Vne plaine.
exigir, exiger, demander.
exilio, exil.
eximir, exempter.
exmerar, Mettre tous ses efforts, s'esuertuer, estre excellent.
exorbitancia, Superfluité.

exorcista, exorciste.
exorcizar, exorciser.
exordio, Commencement.
exortacion, Admonestement.
exortador, Qui admoneste.
exortar, Exhorter, admonester.
expellido, Poussé, chassé.
expellidor, Qui chasse.
expellir, Pousser, chasser.
experiencia, experience.
experimentado, experimenté.
experimentador, Qui experimente.
experimentar, esprouuer.
experimento, espreuue.
experto, expert.
expirar, expirer.
explicar, expliquer.
explorar, Descouurir, espier.
exponer, exposer.
expressamente, expressement.
expresso, expres.
expugnacion, Prise d'assaut.
expugnado, Pris d'assaut.
expugnador, Qui prend de force, d'assaut.
expugnar, Prendre d'assaut.
expulsor, Qui chasse.
exquisitamente, Rarement, exquisement.
exquisito, Rare, exquis.
extensamente, Amplement.
extenuado, Amoindry.
extenuar, Amoindrir.
exterminado, exterminé.
exterminar, exterminer.
extirpacion, Arrachement.
extirpado, Arraché.
extirpador, Qui arrache.
extirpadura, extirpation.

E X

Extirpar, *arracher, extirper.*
Extorcion, *extorsion*
Extraordinariamente, *Extraordinairement.*
Extraordinario, *extraordinaire*
Extremamente, *Extremement.*
Extremidad, *Extremité*
Extremo, *Extreme.*
Exulceracion, *Ulceration.*
Exulcerar, *Blesser, ulcerer.*
Exultacion, *Ioye.*
Exultar, *Demener ioye.*

F

F A

Fabaraz, *staphisaigre, herbe.*
fabrica, *Fabrique.*
fabricacion, *Fabriqué.*
fabricadamente, *Artificiellement.*
fabricado, *Fabriqué.*
fabricador, *Artisan.*
fabricar, *Fabriquer.*
fabula, *Fable.*
fabulosamente, *Fabuleusement*
fabuloso, *Mensonger.*
facion, *Façon, geste, le trait du visage, faction.*
facionar, *Façonner.*
facil, *Facile, aisé.*
facilidad, *Facilité.*
facilmente, *Aisement.*
facilitar, *Faciliter.*
facistol, *Vn pulpitre, tribunal.*
factor, *Facteur.*
facultad, *Faculté.*
facundia, *Eloquence.*
facundo, *Eloquent.*

F A

faena, *Ce que l'on a à faire.*
faycion, *Trait de visage.*
faysan, *Faisan, oiseau.*
falcino, *Martinet, oiseau.*
falda, *Le bord, l'orée, le bord d'un habit.*
faldamentos, *Les pans d'un habit.*
faldellin, *Vn surcot de femme.*
falderillo, perro, *Chien pour porter sur la robe.*
falteda, *petit cotillon.*
faldillas, *Vn surcot de femme.*
faldiquera, *poche, sachet.*
fallecer, *Mourir, finir.*
fallecido, *mort, qui est fini.*
fallecimiento, *Mort.*
falsamente, *Faussement.*
falsar, *faussser, tisser.*
falsario, *Faussaire.*
falsedad, *Fausseté.*
falsificado, *falsifié.*
falsificador, *Qui falsifie*
falsificamiento, *falsité.*
falsia, *Fauseté.*
falsificar, *Falsifier.*
falso, *Faux, mauvais.*
falsopeto, *Pochette.*
falta, *faulte, disette.*
faltar, *Auoir faute, faillir.*
falto, *failly, consommé.*
faltoso, *Defectueux.*
faltriquera, *poche, sachet.*
fama, *Renommée, bruit*
famosamente, *Auec bruit.*
famoso, *de renom, renommé.*
familia, *famille.*
familiar, *Familier.*
familiaridad, *Familiarité.*
familiarmente, *Familierement.*
fanal, *Fanal, lanterne.*

FA

Fanfarrear, *Faire fanfares.*
Fanfarria, *Fanfare.*
Fanfarron, *Brauache, desbauché.*
Fanfarroneria, *Excés, desbauche, brauerie.*
Fantascar, *Imaginer.*
Fantasia, *Fantasie.*
Fantasina, *Fantosme.*
Fantastico, *Fantastique.*
Faraute, *Trucheman, interprete.*
Farça, *Farce, Comedie.*
Farçante, *Comediant.*
Farcista, *Ioueur de farces.*
Fardaje, *Fardeau.*
Fardel, *Fardeau, paquet.*
Fardo, *Bagage, fardeau.*
Farol, *Fanal, lanterne de la galere.*
Faron, *Fanal, phare pour les nauires.*
Farro, *Froment.*
Fasol, *Fasol, legume.*
Fastidiado, *Ennuyé.*
Fastidiar, *Ennuyer.*
Fastidio, *Ennuy.*
Fastidioso, *Ennuyeux.*
Fasto, *Orgueil, pompe.*
Fastoso, *Pompeux, orgueilleux.*
Fatal, *Fatal.*
Fatiga, *Torment, peine, trauail.*
Fatigado, *Lassé.*
Fatigador, *Qui trauaille, qui lasse.*
Fatigar, *Peiner, lasser.*
Fatigoso, *Ennuyé, tormenté.*
Fator, *Facteur, marchand.*
Fatoriá, *magazin de marchandises.*
Fauor, *Faueur.*
Fauorable, *Fauorable.*

Fauorablemente, *Fauorablement.*
Fauorcillo, *Petite faueur.*
Fauorecedor, *Qui fauorise.*
Fauorecer, *Fauoriser.*
Fauorecido, *Fauorisé.*
Fausto, *Pompe.*
Faxa, *Bande, ruban, cordon, bord.*
Faxar, *Bander, border, emmaillotter.*
Faxina, *Fassine.*

FE

Fee, *La foy.*
Fealdad, *Laideur, saleté.*
Feamente, *Laidement.*
Feble, *Foible, lasche.*
Febledad, *Debilité.*
Feblemente, *Debilement.*
Fecha, *La datte d'vne lettre.*
Fecundado, *Fecond.*
Fecundador, *Qui rend fecond.*
Fecundamente, *Fecondement.*
Fecundar, *Rendre fecond.*
Fecundidad, *Fecondité.*
Feeza, *Laideur, saleté.*
Felicidad, *Felicité.*
Feligrez, *Parroissien.*
Felpa, *Pelucke, veloux à long poil.*
Fementido, *Pariure.*
Fementir, *Estre pariure.*
Feminil, *Feminin.*
Fenecedor, *Qui finit.*
Fenecer, *Finir.*
Fenecido, *Finy.*
Fenecimiento, *Fin, bout.*
Fenedal, *Lieu à serrer foing.*
Fenix, *Fenix, oiseau.*

F E

Feno, *Foin.*
Feo, *Laid, deffiguré.*
Feria, *Foire, marché, trafic.*
Feriador, *Qui trafique.*
Feriar, *Trafiquer, faire foire.*
Fereza, *Cruauté, fierté.*
Ferocidad, *Cruauté.*
Feroz, *Cruel.*
Ferrada, *Massue de fer.*
Ferro, *Fer.*
Dar ferro, *Ietter l'ancre.*
Fertil, *Fertil.*
Fertilidad, *Fertilité.*
Fertilizador, *Qui rend fertil.*
Fertilizar, *Rendre fertil.*
Fertilmente, *Fertilement.*
Festa, *Feste.*
Festear, *Faire feste, festoyer.*
Festejado, *Courtisé.*
Festejador, *Amoureux.*
Festejar, *Courtiser, festoyer.*
Festiual, *Iour de feste, plein de feste.*
Feudatario, *Feudataire.*
Feudo, *Fief, alliance.*
Feyones, *Febues peintes, febues du Bresil.*

F I

Fiadamente, *Asseurement, confidamment.*
Fiado, *à credit.*
Fiador, *Plege, caution.*
Fiambrera, *Viandes froides.*
Fiança, *Caution, plegement.*
Fiar, *pleger, asseurer, se fier.*
Fichado, *Cloué.*
Fichador, *Qui cloue.*
Fichadura, *Clouement.*
Fichar, *acrocher, enclouer, clouer.*

F I

ficion, *Fiction, semblant.*
fiebre, *Fieure.*
fideos, *Taillerins de paste.*
fiel, *fidelle.*
fiel, *La breche du blanc, le clou des ciseaux.*
fiel de pesos, *Iuge, iurat, qui a esgard sur les pois & mesures.*
fiel de la balança, *La Linguette de la balance.*
En fiel, *En bel, al nice, iuste.*
fieldad, *Fidelité.*
fielmente, *Fidellement.*
fieltro, *Feultre.*
fiera, *Beste sauuage, cruelle.*
fiereza, *Fierté, cruauté.*
fiero, *Cruel.*
fiero, *Brauerie.*
fiesso, *Le trou du cul, le siege.*
fiesta, *Feste.*
figura, *Figure.*
figuradamente, *par figure.*
figurado, *Figuré.*
figurador, *Qui figure.*
figuramiento, *Figure.*
figurar, *Figurer.*
figuratiuo, *figuratif, par figure.*
figurilla, *Petite figure.*
filo, *Fil, fil de couteau.*
filosofar, *Philosofer.*
filosofia, *Philosophie.*
filosofo, *Philosophe.*
fin, *Fin.*
final, *Final.*
finalmente, *finalement.*
finado, *Mort, trespassé.*
finamiento, *Defaillement.*
finar, *Finir, faillir, mourir.*
fineza, *Perfection, excellence.*
fingidamente, *Feintement.*
fingido, *feint.*

FI

fingidor, *Qui feint, qui controuue.*
fingimiento, *Feinte.*
fingir, *dissimuler, feindre, controuuer.*
finiestra, *Fenestre.*
finiquito, *le dernier payement.*
firma, *le seing manuel.*
firmado, *signé.*
firmar, *Arrester, signer de sa main.*
firme, *Ferme.*
firmemente, *Fermement.*
firmeza, *Fermeté.*
fiscal, *accusateur, apartenant au fisc.*
fiscalear, *Accuser.*
fisco, *Le fisc, le reuenu du Roy.*
fisga, *Moquerie.*
fisgador, *Moqueur.*
fisgar, *Moquer.*
fisgon, *Moqueur.*
fisica, *Physique.*
fisico, *Physicien.*
fistola, *Fistule, maladie.*
fixadamente, *Fermement.*
fixado, *fiché, cloué, arresté.*
fixador, *Qui fiche.*
fixadura, *fichement*
fixar, *Ficher, accrocher.*
fixo, *Ferme, arresté.*

FL

Flacamente, *Foiblement.*
flaco, *Maigre, debile, foible, lasche.*
flagrancia, *Bonne odeur*
flamante, *Flambant.*
flamulas, *Banderoles.*
flaquamente, *Laschement, foiblement.*
flasqueza, *Foiblesse, debilité.*
flasco, *Flasque à mettre poudre.*
flauta, *Fluste.*
flautador, *ioueur de flustes.*
flautar, *Fluster.*
flautero, *Faiseur de flustes.*
flecha, *fleche.*
flechador, *Tireur de fleches.*
flechadura, *Tirement de fleches*
flechar, *Tirer des fleches.*
flechar su arco, *Bander son arc.*
flechazo, *Coup de fleche.*
flechero, *Archer.*
flema, *Fiegme, pituite.*
flematico, *Flegmatique*
fletador, *Qui frete vn nauire.*
fletar, *Freter vn nauire*
flete, *Le fret du nauire.*
flocadura, *Frange, toupet de poil*
flor, *Fleur.*
florear, *Embellir, s'esgayer, accommoder.*
florecer, *florir.*
floreo, *Gayeté, embellissement, accommodement.*
floresta, *Forest.*
florestero, *Forestier.*
floretada, *chiquenaude.*
florezilla, *Petite fleur.*
florezita, *Idem.*
floridamente, *Fleurissement.*
florido, *Flory.*
florin, *florin, sorte de monnoye*
flota, *Flote de vaisseaux*
flotador, *Qui fomente.*
flotadura, *Fomentation.*
flotar, *flotter, fomenter.*
floxamente, *Laschement.*

F L

floxedad, Lascheté, paresse.
floxel, duuet de plume.
floxo, Lasche, paresseux.
floxon, Lasche.
floxona, Paresseuse.
floxonazo, Fort lasche.
floxura, nonchalance.
flueco, frange, fioccon de laine.
fluxo, flux, coulement
fluxo de sangre, flux de sang, maladie.

F O

fofo, Tendre, mol, bouffy.
fogon, Foyer d'harquebuz, tison de feu, foyer de la galere.
fogoso, plein de feu.
foina, Fouine, animal.
folla, Foule, multitude, quantité, abondance.
follero, pipeur, bauard, causeur.
follete, soufflet à souffler
follon, Felon, cruel
fonda, Fonde.
fondon, Le fond.
fontana, Fontaine.
fontanal, Apartenant à fontaines.
fontanero, Fontenier.
foradado, Troué, percé.
foradar, Trouer, percer.
foragido, Bany, vagabond.
foragir, Bannir.
foranco, Estranger, forain.
forano, Idem.
foraño, fier, hagard.
forastero, Estranger.
forçado, Forcé, forçat.
forçador, Qui force.
forçar, Forcer.

F O

forcejadamente, par contrainte
forcejado, Contraint.
forcejador, qui contraint
forcejar, Forcer, contraindre.
forçosamente, par force, vaillamment.
forçoso, Violent de force.
forero, Qui est de dehors.
forja, Forge.
forjado, Forgé.
forjador, Forgeur, forgeron
forjadura, Forgeure.
forjar, Forger.
forma, Forme, façon, moule.
formacion, Formation, façonnement.
formado, Façonné.
formador, Qui forme.
formal, Formel.
formalmente, Formellement.
formar, Former.
formaje, fromage.
formidable, redoutable.
formulario, Formulaire.
fornecedor, Qui fournist.
fornecer, Munir, fournir, equipper.
fornecimiento, aprest, munition.
fornicacion, Paillardise.
fornicador, Paillard.
fornicario, Paillardise.
fornicar, Paillarder.
fornicio, Paillardise.
forraje, fourrage.
forrajero, qui va au fourrage.
forro, Doubleure.
fortalecedor, qui fortifie.
fortalecer, fortifier, afermir.
fortalecido, afermy.
fortalecimiento, asseurance.
fortaleza, Forteresse, force, vertu

FO

fortezuelo, fortelet, un peu fort.
fortificado, fortifié.
fortificador, qui fortifie.
fortificamiento, fortification.
fortificar, fortifier.
fortuna, fortune.
fortunal, mauuais temps en mer, de fortune.
fossa, une fosse.
fossado, un fossé, un chasteau.
fosso, idem.
fossillo, fossette.

FR

Fraçada, catalongne, couuerture de lict.
fragancia, odeur.
fragas, fraisier, fraises, fruit.
fragil, fragile.
fragilidad, fragilité.
fragilmente, fragilement.
fragmento, piece, fragment.
fragosidad, aspreté.
fragoso, rude, aspre, sauuage.
fragua, forge.
fraguar, forger.
frayla, sœur, religieuse.
frayle, moine religieux.
fraylear, faire un moine.
fraylesco, apartenant à religieux, de couleur grise.
fraylezillo, petit moine.
fraylezico, idem.
fraylejon, un petit moine.
francamente, franchement.
franco, liberal, franc.
francolin, francolin, oiseau.
franja, frange.
franjar, franger, faire franges.

FR

franjera, femme qui fait des franges.
franjero, celuy qui fait des franges.
franquear, afranchir, exempter.
franqueza, franchise, liberalité.
franzimiento, rompure.
franzir, rompre.
frasca, buisson.
fraterna, correction.
fraternal, fraternel.
fraternalmente, fraternellement.
fraternidad, fraternité.
fraudador, qui fraude.
fraudar, frauder.
fraude, fraude, tromperie.
fraudulento, trompeur.
freça, le repaire des bestes, la fiente.
freçar, s'efforcer.
fregadero, le lieu où l'on frotte.
fregado, frotté.
fregadura, frottement.
fregar, frotter.
fregon, marmiton.
fregona, seruante de cuisine.
fregata, fregate, vaisseau de mer.
fregoncilla, souillonne, petite chambriere.
freido, frit, fricassé.
freidor, qui fait frire.
freidura, friture.
freidera, poile à frire.
freir, frire, fricasser.
frenesia, phrenesie.
freneticar, estre phrenetique.
frenetico, phrenetique.
frisar, conuenir.
fructifero, fructifiant.

fruncar,

FR

Fruncar, *Froncer*
Frunce, *Fronceure, ply*
Frustrado, *Frustré*
Frustrador, *Qui frustre*
Frustrar, *Frustrer*
Frutal, *Frutier, de fruit*
Frutero, *Frutier, qui porte fruit*
Fruto, *fruit*
Fruzlar, *Brocarder, Se moquer*
Fruzlera, *Moquerie, Brocard*

FV

Fuego, *Feu*
Fuelle, *Soufflet à souffler feu*
Fuellesuelo, *Petit soufflet*
Fuente, *Fontaine*
Fuentezuela, *Petite fontaine*
Fuera, *Dehors, A fuer, A la maniere*
Fuera, *Excepté, Fors, Outre*
Fuerça, *Force, Violence*
fuerça, *Forteresse, Place forte*
fuerçador, *Qui force*
Fuerçosamente, *Par force, Violemment*
fuerçoso, *Violent*
fuero, *Le parquet, forum*
fueros, *Les priuileges*
fuerte, *Fort, forteresse*
fuertemente, *Roidement, fort*
Fuertezillo, *Petite forteresse, bicoque*
fulano, *Vn qui..., Vn tel*
fulia, *Chanson, cry de ioye*
fulleria, *Piperie au jeu, causerie, bauerie*
fullero, *Bauard, Iongleur, Pi-*

FV

peur
fulga, *Poule d'eau, Plongeon*
funda, *Estuy d'vne pique, taye d'oreiller, vne bande*
fundacion, *fondation*
fundado, *fondé*
fundador, *Qui fonde*
fundamiento, *fondement*
fundar, *fonder*
fundible, *Prope à fondre*
fundicion, *Fonte de metaux*
fundir, *Fondre*
fundo, *Le fond.*
funeral, *Funebre*
furia, *Fureur, furie*
furibundo, *furieux*
furiosamente, *Furieusement*
furioso, *furieux*
furor, *fureur*
furriel, *fourier.*
fuslera, *Bronze, fonte*
fusta, *Fuste vaisseau de mer*
fustan, *fustaine, estofe*
fuste, *Bois, fust*
Fuzia, *Confiance, Asseurance*
Fuziar, *S'asseurer*

G
GA

Gabela, *Gabelle*
Gabia, *Hune de nauire*
Gaçafatones, *Rusuerie, incongruité, faulte*
Gaçapillo, *Lapin, lapereau*
Gaçapito, *Lapereau, Lapin*
Gaçapo, *Connil, lapin*
Gachas, *De la bouillie*
Gafar, *Bander l'arbaleste, prendre*
Gafas, *Bandage d'arbaleste*

L

GA

Gafedad, Ladrerie
gafeti, Aigremoine, herbe
gafo, Ladrerse
gafoso, Ladre
gayta, Cornemuse
gayteria, Drolerie, Mignardise.
gaytear, Se plaindre, lamenter,
 sonner la cornemuse
gaytero, Cornemuseur
gaje, Salaire, gage
gajo, Grape de raisin, Morceau,
 Branche auec le fruict
gal, Doree, poisson
gala, Ornement, Parure, gentil-
 lesse
galan, Gentil, gaillard
galanado, Paré, ajolivé
galanamente, joliment, galam-
 ment
galanar, Ajoliuer, Parer
galangas, Pois chiches
galancete, Dameret, amou-
 reux
galania, Parure, Galantise
galantear, Orner, Embelir, ajoliuer
galanteria, galantise
galapago, Tortue, animal
galardon, guerdon
galardonado, guerdonné.
galardonado, Qui guerdonne
galardonar, guerdonner
galbanado, De couleur de galbanum
galbano, Galbanum, drogue
galea, galere
galeaça, Galeace, Grand nauire
galeota, Galliote, Petite nauire

GA

galeote, Forçat de galere
galera, galere
galeon, galion
galera, galere
galga, Leurette, leuriere
galgana, garrobe, legume
galgo, Leurier
galindo pie, Qui a l'ognon du
 pied gros
galla, Noix de gale, glande
gallardamente, gaillardement
gallardear, Estre galand, Se re-
 gaillardir
gallardete, Banderole de nauire
gallardia, gaillardise
gallardo, gaillard
gallear, Faire le coq, faire le gaillard
gallego, Vent d'aual, Vent d'Occident
gallera, gallete, Vaisseau à mettre vin, Barril
galillo, La luette, La languette
gallina, Vne poule
gallinaça, Fiente de poule
gallinaciega, Beccasse
gallineria, Marché de volailles,
 Lieu où couchent les poules
gallinetta, Poulette
gallineta ciega, Beccasson
gall pauo, Coq d'Inde
gallo, Vn coq
gallocresta, Veruaine
gallofero y gallofo, Gueux,
 poltron, mendiant.
galocha, Soulier de bois, Galoche
gaion, La hanche

G A

galopé, galop
galopeador, Qui galope
galopear, galoper
gama, Vne daine
gamarça, œil de beuf, herbe
gambada, gambade
gambaro, Escreuice, cancre
gamella, Grande jatte de bois
gamon, Asphodelle, herbe
gamonital, Lieu plein d'aspho-
  deles
gamonito, Asphodele, herbe
gamo, Daim animal, chamois
gamuça, Le petit d'vn daim ou
  chamois
gana, Enuie, Desir, Volonté
ganado, Bestail, Troupeau
ganador, qui gaigne
ganadero, Pasteur, Maistre de
  troupeaux
ganancia, gaing
gananciolo, Lucratif
ganapan, Faquin, Crocheteur,
  gueux
ganar, gagner.
ganar por la mano, Deuancer
  quelqu'vn
gancho, Crochet, houlette
ganchoso, crochu
gangoso, Begue
ganguear, Beguayer
gañan, Maistre berger, Laboureur
gañido, Iappement.
gañir, lapper, gronder
gañon, Le gosier
gansarhote, Saulterelle
ganso, jard, oye masle
ganzua, faulce clef, rossignol

G A

garañon, Estalon
garapata, Morpion, mouche de
  chiens
garauato, Croc, Crochet, Ha-
  uet
garbejear, Faire gestes, faire mines
garça, Heron oiseau
garcesses de la naue
garceta, Heronneau
garçotas, Plumes d'aigrette
garcetas de cieruo, Les premieres cornes du cerf
garço, Bleu, de couleur d'eau
garço de ojos, Qui a les yeux
  verds
garçon, Garson, jeune homme
garçonear, Garçonner, Faire la-
  mour
garçonia, Vie de garçon
garfiador, Qui agrasse
garfiadura, Agrafement
garfiar, Agrafer
garfio, Grafe de nauire, croc
gargajear, Cracher
gargajo, Crachement
gargajon, Cracheur
gargajoso, Cracheur
garganta, La gorge
garganta del pie, Le col du
  pied
gargantez, gourmandise
gargantilla, Colier, collet
garganton, goulu, glouton
gargarismo, gargarisme
gargarizar, gargariser
gargola, graine de lin ou de
  chanure
garguero, gosier

L ij

G A.

Garita, *Garite, lieu à faire sentinelle*
Garlito, *Reseruoir, Nasse à pescheur*
Garniel, *Escarcelle*
Garra, *Ongle, serre griffe*
Garrafa, *Fiole, Bouteille de verre*
Garrama, *La poitrine*
Garramar, *Couurir la poitrine*
Garridamente, *Gentilement, Elegamment*
Garrideza, *Mignardise*
Garrido, *Gentil, Elegant, Braue, galant*
Garrir, *Se faire braue*
Garrocha, *Aiguillon*
Garrocha sacaliña, *Iauelot, sorte de pique*
Garrochear, *Piquer d'aiguillon*
Garrochita, y garrochuela, *Petit aiguillon*
Garrotado, *Lié, Garroté, estranglé*
Garrotar, *Garroter, Estrangler*
Garrotazo, *Grand coup de baston*
Garrote, *Garrot, Baston à tenir la charge*
Garrotedar, *Estrangler*
Garrotejo, Garrotillo, *Petit garrot, petit baston*
Garroua, *Carrobes, fruit*
Garrouo, *Currobier, arbre*
Garrucha, *Poulie*
Garruuia, *Garrobe legume*
Garuanço, *Pois chiche, legume*
Garuin, *Coiffe de reseul*
Garuo, *Maintien, Façon*
Gasajo, *Bon recueil*
Gastado, *Prodigué, despendu*

G A

Gastador, *Prodigue, despensier, Pionnier*
Gastar, *Consommer, despendre, gaster*
Gasto, *Despence, prodigalité*
Gatear, *Ramper, grimper*
Dar gateada, *Fuir apres auoir pris quelque chose, tromper*
Gata, *La hune du nauire*
Gata, *Chatte*
Gato, *Chat*
Gatillo, *Le dos, Vn chaton, petit chat*
Gatillos, *Bougrande, herbe*
Gato de algalia, *Ciuette, animal*
Gatopaus, *Marmot, guenon*
Gauan, *Manteau, gaban*
Gauanço, *Aiglantier, arbrisseau*
Gauia, *La hune du nauire*
Gauilan, *Esparuier*
Gauilan, *La fleur des herbes qui s'enuole en bourre*
Gauilla, *Fagot*
Gauillado, *Fagoté*
Gauillador, *Fagoteur*
Gauillar, *Fagotter*
Gauiota, *Oiseau*
Gayan, *Amoureux*
Gaznate, *Le gosier*

G E

Geliz, *Marchand de soye*
Gemido, *Gemissement*
Gemidor, *Pleurard*
Gemir, *Gemir, pleurer*
Genciana, *Gentiane, herbe*

G A

Generació, _Generatió, engeãce._
General, _General._
Generalidad, _Generalité._
Generalmente, _Generalement._
Genero, _Genre, lignage._
Generosamente, _genereusemét._
Generosidad, _Generosité._
Generoso, _Genereux._
Gengibre, _Gingembre._
Genestra, _Genest._
Genitiuos, _Les couillons._
Gente, _Gent, nation._
Gentil, _Honneste, gaillard._
Gentileza, _Gentillesse._
Gentilhombre, _Gentilhomme._
Gentilidad, _La nation._
Gentilmente, _Honestement._
Geografia, _Geografie._
Geografo, _Geografe._
Geometra, _Geometre._
Geometria, _Geometrie._
Gerarchia, _Hierarchie._
Germania, _Iargon._
Gesto, _Geste, façon, mine, visage._

G I

Gigante, _Geant._
Gigantia, _œuure de Geant._
Gigantino, _De Geant._
Gineta, _Selle à la genette._
Gineta, _Vn dard de capitaine._
Ginete, _Cheual leger._
Ginete de Salamanca, _Vaisseau de terre._
Girafa, _Giraffe, animal._
Girasol, _L'herbe du soleil._
Girifalte, _Gerfault, oyseau._
Girigonça, _Iargon, langage con-_

G L

trefaict.
Giron de vestidura, _Pointe, piece, morceau._
Girano, _Aegyptien, Boemien, basteleur._
Giton, _Ietton à compter._

G L

Gloria, _Gloire._
Gloriar, _Se glorifier._
Glorieta de jardin, _Cabinet._
Glorificacion, _Louänge, gloire._
Glorificado, _glorifié._
Glorificador, _Qui glorifie._
Glorificar, _glorifier, louer._
Gloriosamente, _glorieusement._
Glorioso, _glorieux._
Glosa, _glose, explication._
Glosador, _Exposeur, interprete._
Glosar, _Expliquer, gloser._
Gloton, _Gourmand glouton._
Glotonear, _gourmander, manger tout._
Glotoneria, Glotonia, _gourmandise._

G O

Gobio, _goujeon, poisson._
Goja, _vn panier._
Gola, _Haussecol, armure._
Goldre, _Carquois._
Golfo, _golphe, destreit de mer, goufre._
Golfin, _Daufin, poisson._
Golocillo, _Petit gourmand._
Golondrina, _Hirondelle._
Golondrino, _Le petit de l'Hirondelle._
Gollorias, _Friandises, choses ex-_

L iij

traordinaires.
golosear, Friander, gourmander.
golosina, Friandise.
goloso, Friand, gourmand.
golpe, Decoupure, un coup, une troupe.
golpeado, Decouppé, frappé, battu.
golpeador, Qui frappe.
golpeadura, Frapement.
golpear, Fraper.
golpezillo, golpezito, Vn petit coup.
goma, gomme.
gomezillo, Vn petit confident.
gomitado, Vomy.
gomitador, vomisseur.
gomitar, vomir.
gomito, vomissement.
gomoso, gommeux.
gonze, vn gond de porte.
gordal, gras.
gordillo, grasset.
gordolobo, Bouillon blanc, herbe.
gordo, gras.
gordon, gras.
gordor, graisse.
gordura, graisse.
gorgeador, qui desgoise.
gorgeamiento, Fredon de la gorge.
gorgear, Desgoiser, chanter de la gorge.
gorgerina, Hausse-col, armure.
gorgojo, ver qui ronge le bled, charanson.
gorgojoso, Rongé de charaçons.
gorguera, Collet, gorgere.

gorguz, vne sorte d'arme.
gorjal, Hausse-col, armure.
estar de gorja, Estre en bonne humeur.
gormar, Couster cher, malprofiter, payer l'escot plus qu'il ne vaut.
gorra, Bonnet ou chapeau.
gorrion, Moineau, passereau, oyseau.
gorrioncillo, Petit passereau.
gorron, Escornifleur.
goruaran, Estofe de soye.
goruion, Euforbe, drogue.
gosque, Petit chien de Damoiselle.
gosquiejo, Petit chien.
gota, goutte.
gota à gota, goutte à goutte.
gota coral, Epilepsie, haut mal.
gota de pies, La goute.
goteado, guttant.
goteador, qui goutte.
goteamiento, gouttement.
gotear, goutter, degoutter.
gotera, gouttiere.
gotilla, Petite goutte.
gotoso, goutteux.
gouernacion, gouuernement.
gouernado, gouuerné.
gouernador, gouuerneur.
gouernadora, gouuernante.
gouernamiento, gouuernemét.
gouernale, Le gouuernail du nauire.
gouernar, gouuerner.
gouierno, gouuernemét, cõduite.
gozar, iouyr.
gozo, Iouyssance, plaisir.
gozoso, Ioyeux, plaisant.
gozne, gond de porte.

GR

gracia, *Plaisir, gré, grace, mercy, pardon.*
De gracia, *De grace, à plaisir.*
graciosamente, *gracieusement, plaisamment, pour neant.*
gracioso, *Plaisant, gracieux.*
grada, *Degré, escalier.*
grado, *grade, degré, dignité, hausser de valeur.*
grafinar, *Esgratigner.*
graja, *geay, femelle, oyseau.*
grajea, *Dragee.*
grajo, *geay, musle, oyseau.*
grama, *Chiendent, herbe.*
gramalla, *Robe d'Escheuins ou Iurats de ville.*
gramatica, *grammaire.*
gramatical, *De grammaire.*
gramatico, *grammarien.*
gramoso, *Herbu, plein de chiendent.*
grana, *Escarlate.*
grana, *graine, semence.*
granada, *grenade, fruict.*
granada gente, *gens d'eslite.*
granadero, granado, *grenadier, arbre.*
granado, *grenat.*
granado, *qui a beaucoup de grains.*
granalla, *grenaille.*
granar, *grener.*
grançãs, *Bales, criblures.*
grançones, *Criblures du bled, bale du bled.*
grançoso, *Plein de bale.*
grande, *grand.*
grandecillo, *grandelet.*

GR

grandemente, *grandement.*
grandeza, *grandeur.*
grandioso, *grand.*
grandissimo, *Tres grand.*
grandor, *grandeur.*
grandoso, *Ample.*
grangear, *Mesnager, acquerir.*
grangeo, grangeria, *gain, amas, mesnagement.*
granillo, *Petit grain, pepin du fruict.*
granja, *Mestairie.*
granizar, *gresler.*
granizo, *La gresle.*
grano, *grain.*
granos, y comezon, *La gale.*
grassa, *Du verny.*
grassa, *Crasse, saleté.*
grassiento, *Crasseux.*
gratificacion, *gratification.*
gratificar, *gratifier.*
graue, *graue, seuere.*
grauedad, *grauité, authorité.*
grauemente, *grauement.*
graueza, *Seuerité, pesanteur.*
grauoso, *Fascheux, importun.*
graznar, *Croasser, comme corbeaux ou oyes.*
graznido, *Croassement.*
greda, *Craye.*
gredoso, *Plein de craye.*
greguescos, *Haut de chausses.*
gremio, *Le giron.*
greua, *La jambe, jambiere, armure de jambe.*
grey, *Troupeau.*
griete, *Fente, creuasse.*
grifo, *griffon, animal.*
grillar, *Chanter comme le gril.*

L iiij

G R

lon.
Grillo, *Grillon, animal.*
Grillos, *Fer à mettre aux pieds, enferges.*
Grima, *Peur.*
Grimoso, *Paoureux, affreux.*
Grita, *Cry.*
Gritar, *Crier.*
Grito, *Cry.*
Groñon, *Fascheux, grondeur.*
Gropera, *Croupiere.*
Grossedad, *graisse.*
Grossedamente, *Lourdement.*
Grosseria, *Lourdise.*
Grossero, *grossier, lourd.*
Grossezuelo, *Vn peu gros, grosset.*
Grossulera, *Tripiere.*
Grossura, *graisse.*
Grota, *grote.*
Grua, *grüe à tirer eau ou à bastir.*
Gruessero, *Reuendeur.*
Gruesso, *gras.*
Gruessura, *graisse.*
Grulla, *grüe, oyseau.*
Grullar, *Crier comme vne grüe.*
Grumete, *Marinier.*
Gruñido, *grondement.*
Gruñidor, *grondeur.*
Gruñir, *gronder.*
Grupera, *Croupiere.*

G V

Guadamecil, *Tapis de cuir.*
Guadamecillero, *Tapissier de cuirs.*
Guadaña, *Faux à faucher.*
Guadañar, *Faucher.*

G V

Guadañeador, *Faucheur.*
Guadapero, *Poirier sauuage.*
Guadrymaña, y guadramaña, *Dol, fraude.*
Gualandrin, *Saye, casaque.*
Gualda, *gaulde, herbe.*
Gualdrapa, *Housse de cheual, vne garse, putain.*
Gualdrapado, *Houssé.*
Gualdrapar, *Mettre la housse.*
Guante, *Gang, le gage du combat.*
Guantero, *Gantier, faiseur de gands.*
Guarda, *garde.*
Guarda, *gardien.*
Guardado, *gardé.*
Guardador, *Qui garde.*
Guardajoyas, *Cabinet.*
Guardamangel, *gardemanger.*
Guardar, *garder.*
Guardaropa, *garderobe.*
Guardasol, *L'herbe du Soleil.*
Guardiana, *gardienne.*
Guardoso, *Mesnager, chiche.*
Guarecer, *garantir, sauuer, eschaper.*
Guarecido, *Muny, garanty.*
Guarida, *Retraitte, refuge, sauuegarde.*
Guarismo, *Chiffre.*
Guarnecedor, *Qui garnit.*
Guarnecer, *garnir.*
Guarnecido, *garny, muny.*
Guarnecimiento, *Munition, garniture.*
Guarnicion, *garniture, munition.*
Guarnicion de gente, *garnison de guerre.*
Guarnicionero, *qui garnit, gar-*

nisseur.
guay, Malheur, ne.
guayar, Lamenter, plaindre.
guayas, Chant de douleur, cry, plainte.
gueco, Creux.
guedeja, Tortillõs, frisons de cheueux.
guedejudo, Qui a les cheueux frisez.
guero, Oeuf couué, œuf qui n'a point de germe.
guerra, guerre.
guerreado, guerroyé.
guerreador, guerroyeur.
guerrear, guerroyer.
guerrera, guerriere.
guerrero, guerrier.
guerrilla, Petite guerre.
gueuo, Vn œuf.
guia, guide.
guiado, guidé.
guiador, qui guide.
guiadora, Vne guide.
guiar, guider.
guija, grauier, caillou.
guijarral, Lieu plein de cailloux.
guijarrazo, Coup de caillou.
guijarro, Caillou.
guijarroso, Pierreux, plein de cailloux.
guijeno, Plein de grauier.
guijoso, Plein de grauier.
guijuela, Menu grauier.
guilla, Vsufruict.
guillote, Vsufruitier.
guinda, Cerise, fruict.
guindalera, Cerisaye.
guindaleta, Corde à attacher.
guindo, Cerisier, arbre.

guiñar, Fair: signe de l'œil, mocquer.
guion, guidon, enseigne, guide.
guirnalda, Chapeau de fleurs, guirlande.
guisa, Façon, sorte, maniere.
guisado, Saulce.
guisar, Apprester, cuisiner, faire saulces.
guitarra, guiterre, instrument.
guitarrilla, Petite guiterre.
guixarro, Caillou.
gula, gourmandise.
gulilla, La luette.
gullomas, gourmandises, desbauches.
gumena, gumene, où s'attache l'ancre.
gusaneado, Rongé de vers.
gusanear, Ronger de vers.
gusamiento, Vermineux, vermoulu.
gusanillo, Vermisseau.
gusanito, Vermisseau.
gusano, Ver.
gusarapo, Vermisseau.
gusarapillo, Vermisseau.
gusquexo, Petit chien.
gustadura, essay, goust.
gustar, gouster.
gusto, goust, plaisir.
gustosamente, Plaisamment.
gustoso, Agreable, plaisant.

HA
Habil, Habile, adroit.
habilidad, Habillesse.
habilmente, Habilement.
habilitado, Rendu habile.
habilitador, qui rend habile.
habilitamiento, Habilitation.

H A

habilitar, *Rendre habile.*
habla, *Parole, harangue.*
hablador, *Parleur, iangard.*
hablar, *Parler, haranguer.*
hablar baxo, *Parler bas.*
hablar tosca, *Parler barbarement.*
hablatista, *Parleur, charlatan.*
hablilla, *Petite harangue.*
habo, *Rayon de miel.*
habubilla, *Huppe, oyseau.*
haca, *Haquenee, cheual nain.*
hacanea, *Haquenec.*
hace, *Paquet, boteau, piece, gerbe.*
hacezillo, *Petit paquet.*
hacina, *Amas, monceau de gerbes.*
hacina de leña, *Monceau de bois.*
hacinador, *qui amoncelle.*
hacinar leña, *Amonceler du bois.*
hacha, *Hache, coignee.*
hacha, *Flambeau, torche.*
hacho, *Flambeau.*
hachero, *Faiseur de torches.*
hacheta, hachuela, *Hachereau.*
hada, *La destinee.*
hadado, *Destiné.*
hadador, *Qui predit la destinee.*
hadar, *Deuiner, predire, destiner.*
hado, *Destin.*
hala, *une hale.*
halagado, *Flatté, amadoué.*
halagador, *Qui flatte, amadoueur.*
halagamiento, *Flatterie.*
halagar, *Flatter, adoucir, atti-*

H A

ver, consoler, amadoüer.
halagueño, *Flateur, plaisant.*
halagueñamente, *Plaisamment.*
halago, *Flatterie.*
halagon, *grand flatteur.*
halagueto, *Flatteur, mignard.*
halaraquiento, *vanteur, crieur.*
halcon, *Faucon, oyseau.*
halconcillo, *Petit faucon.*
halconero, *Fauconnier.*
haldas, *Le bord d'un vestement.*
haldear, *Trainer les bords de la robe.*
haldudo, *Trainement de robe.*
hallado, *Trouué.*
hallador, *Inuenteur, trouueur.*
hallar, *trouuer.*
hallazgo, *Le trouuage.*
hallula, *Paste à engraisser chapons.*
haloza, *galoche, sorte de chaussure.*
hamaca, *un lict pendant en l'air.*
hamaga, hamago, *miel de mauuais goust.*
hamagoso, *Saueur de mauuais miel.*
hamapola, *Pauot des bleds.*
hambre, *Faim.*
hambreador, *Qui affame.*
hambrear, *Affamer, auoir faim.*
hambriento, *Affamé.*
hambron, *Affamé.*
handrajo, *Haillon, torchon.*
handrajoso, *Deschiré, haillonneux.*
hanega, *Boisseau, mesure.*
hanquilla, *Petit bateau.*

Haquilla, Petit cheual, bidet.
haragan, faineant, paresseux, poltron.
haraganear, poltroniser, estre faineant.
haragania, poltronnerie.
harambel, Façon de tapisserie.
harana, Tromperie.
haranero, trompeur, engeoleur.
harapos, drapeaux, guenilles, haillons.
harda, Escurieu, animal.
hardalear, Esclarcir.
harenque, Haran.
harenquera, Harangere.
harija, fole farine.
harina, Farine.
harinal, huche à farine.
harinar, fariner.
harinero, Huche à farine.
harinoso, farineux.
harisca, fascheuse, reuesche.
harma, rue sauuage, herbe.
harnero, Vn crible.
haron, restif, poltron.
haronear, estre restif, faire le poltron.
haronia, Lascheté, fetardise
harpada cara, visage balafré.
harpado, Cicatrisé, balafré.
harpar, deschirer, cicatriser.
harpon, Vn croc, crochet.
harre, Voix à toucher asnes ou mulets, barry.
harpa, harpe, instrument.
harpador, ioueur de harpe.
harpero, faiseur de harpes.
harrear, Harceler, tormenter.
harrear asnos, Toucher asnes, piquer.

harriero, Muletier, toucheur d'asnes.
hartado, Saoulé.
hartadura, Saoulement
hartar, Saouler.
hartazga, Saoulement.
harto, Saoul, farcy.
harto, fort, beaucoup, assez.
hartura, Saouleure.
hasta, Le bois de la lance.
hasta, Iusques.
hastaque, Tandis que.
hastil, manche de quelque chose, le fust, la hante.
hastillas, esclatz, coupeaux de bois.
hastio, ennuy, chagrin, desdain, saoulement.
hastioso, Fascheux, ennuyeux.
hataca, Espatule.
hatillo, Petis meschans habits.
hato, Troupeau, equipage, haras, bagage, habits.
haua, febue.
haua del cauallo, les empasis du cheual, maladie.
haua mouisca, Febue du Bresil.
hauar, fauiere, lieu plein de febues.
hauarraz, staphisaigre, herbe.
hauer, Auoir.
hay, Helas.
haya, hestre, fayan, arbre.
hayal, lieu plein de hestres.
haz, bande, ost, bataillon.
haz, face, surface.
haz, fagot.
hazaleia, seruiette.
hazaña, geste, haut fait.

H A

Hazañoso, Hazardeux, valeu-
reux.
Hascona, Pertuisane, arme.
Hazedero, Faisable.
Hazedor, Faiseur, qui fait.
Hazeña, Moulin.
Hazendado, Riche, qui a beau-
coup d'affaires.
Hazendoso, Mesnager, labo-
rieux.
Hazer, Faire.
Hazera, Le costé.
Hazia, Vers.
Hazia arriba, En hault, à mont.
Haziabaxo, En bas.
Hazia do? Où en quelle part.
Hazienda, bien, richesse, affaires
moyens.
Hazimiento, Action, ouurage.
Hazinado, Amoncelé.
Hazinar, Amonceler.

H E

He, Hola.
He, aqui, Voila.
Hebra, Aiguillee de fil, petit fi-
let qui pend aux racines.
Hebrero, Le mois de Feburier.
Hebrita, Filet.
Hechiza cosa, chose contrefaite,
controuuee.
Hechizado, Ensorcelé.
Hechizador, Qui ensorcele.
Hechizar, Ensorceler.
Hechizera, Sorciere.
Hechizero, Sorcier.
Hechizo, Ensorcellement.
Hechizo, Contrefait.
Hecho, Fait, geste.
tan hecho, Si accoustumé.

H E

Hechos, prouësses.
Hechura, Ouurage, action, fa-
çon.
Hela, Voila, le voila.
Helo, Idem.
Helo aqui, Le voila, le voicy.
Helga, Vne boucle.
Hecren, Meslange.
Hedentina, Puanteur.
Heder, Puir, sentir mal.
Hediondez, Puanteur.
Hediondo, Puant, qui a tout à
contrecœur.
Hedor, Puanteur, senteur.
Helecho, Fougere, herbe.
Hembra, Femme, femelle.
Hemencia, Vehemence.
Hemenciar, Presser, requerir in-
stamment.
Hemencioso, Vehement.
Henchidero, Lieu où on em-
plist.
Henchido, Emply.
Henchidor, qui emplist.
Henchidura, Emplissement.
Henchimiento, Emplissement.
Henchir, Emplir.
Hendedero, Fente.
Hendedor, Qui fend.
Hendedura, Fente.
Hender, Fendre.
Hendible, Propre à fendre.
Hendido, Fendu.
Hendimiento, Fente, fendure.
Hendrija, Fente.
Heno, Foin.
Hera, Aire, où l'on foule grain.
Herbolario, Herbier, qui a soin
des herbes, empyrique.
Heredad, Possession, heritage.
Heredado, apanage, herité.

HE

Heredar, *Heriter.*
Heredero, *Heritier.*
Herencia, *Heritage.*
Heregia, *Heresie.*
Herege, *Heretique*
Herial, *Lieu où sont les haires.*
Herida, *Blesseure, coup.*
Herido, *Blessé.*
Heridor, *Qui blesse.*
Herimiento, *Blessure.*
Herir, *Fraper, Blesser.*
Hermana, *Sœur.*
Hermanado, *Comme frere.*
Hermanar, *Fraternifer.*
Hermandad, *Fraternité.*
Hermandad, *Iustice d'Espagne.*
Hermanico, *Petit frere.*
Hermano, *Frere.*
Hermita, *Hermitage*
Hermosamente,
Hermoseador, *Qui embellist.*
Hermoseamiento, *Embellissement.*
Hermosear, *Embellir.*
Hermosito, *Assez beau.*
Hermosura, *Beauté.*
Heroico, *Heroique.*
Heros, *Heros.*
Herrada, *Seau à puiser.*
Herrado, *Ferré.*
Herrado en la cara, *Marqué de fer au visage comme les esclaues.*
Herrador, *Qui ferre.*
Herramienta, *Les ferremens d'un mestier.*
Herradura, *Ferrure.*
Herraje, *Batterie de cuisine.*
Herramental, *Boutique à ferrer.*
Herramiento, *ferremens.*

HE

Herrar, *Ferrer, marquer.*
Herren, *Meslange pour les cheuaux.*
Herrero, *Mareschal, forgeron.*
Herreria, *forge de fer.*
Herreruelo, *Vn manteau, arquebuzier à cheual.*
Herrumbre, *Rouille de fer.*
Heruera, *La gorge.*
Heruiente, *Bouillant.*
Heruir, *Bouillir.*
Heruor, *Bouillon, ardeur.*
Heruorosamente, *Ardamment.*
Heruoroso, *Bouillant.*
Heuilla, *Boucle.*
Heuillar, *Boucler.*
Heuillarejo, *Petit crochet, agrafe.*
Heuilleta, *Petite boucle.*
Hez, *La lie, la boue.*
Heziento, *Plein de boue, de lie.*

HI

Hiçar, *Hausser, tirer.*
Hidalgamente, *Noblement, genereusement.*
Hidalgo, *Noble, de bonne maison.*
Hidalguia, *noblesse, ciuilité, honnesteté.*
Hiel, *Fiel, cholere.*
Hienda *fient, fumier.*
Hierro, *fer.*
Hiezgo, *Hieble, herbe.*
Higa, *Le doigt du milieu, le doigt sale.*
Higas dar, *Faire la figue.*
Higadillo, *Petit foye.*
Higado, *Le foye, la fressure.*

H I

higadoso, *Qui a grand foye.*
higo, *Vne figue, fruit.*
higo breual, *figuier, qui porte deux fois l'an.*
higuera, *figuier.*
higuera de l'infierno, *espurge herbe.*
higuera loca, *sycomore, arbre.*
higueral, *figueraye, lieu plein de figuiers.*
hija, *fille.*
hijada, *Le flanc.*
hijadear, *Battre des flancs.*
hijastra, *Belle fille.*
hijastro, *Beau fils.*
hijo, *fils.*
hijuelo, *Petit fils.*
hilacha, *Du cherpy, filandre.*
hilada de piedras, *parpam*
hilado, *fil, filet.*
hilador, *fileur.*
hilandera, *filandiere.*
hilar, *filer.*
hilas, *filet.*
hillezno, *Delicat.*
hililio, *Petit filet.*
hilo, *Du fil.*
hiluanar, *Pourfiler.*
hincado, *fiché.*
hincador, *Qui fiche.*
hincadero, *Lieu où l'on fiche.*
hincadura, *Fichement.*
hincapié, *Resolution, fichement de pied.*
hincar, *ficher.*
hinchado, *enflé.*
hinchamiento, *enfleure.*
hinchar, *enfler.*
hinchazon, *enfleure.*
hinchimiento, *emplissement.*
hinchir, *emplir.*

H I

hinojo, *fenouil, herbe.*
hiñir, *Pestrir.*
hintero, *huche à pestrir.*
hipar, *sanglotier, auoir le hoquet.*
hipo, *sanglot, hoquet.*
hissopear, *asperger, arroser.*
hissopillo, *Petit aspergés.*
hissopito, *petit aspergés.*
hissopo, *hissope, asperges, goupillon.*
hiscal, *corde de genest.*
historia, *histoire.*
historiador, *historien.*
hito, *But, blanc à tirer.*

H O

Hobachon, *Faineant, poltron.*
hoce, *faux, faucille, serpe*
hoczilla, *Petite faux, faucille.*
hocicador, *qui fouille.*
hocicadura, *fouillement.*
hocicar, *fouiller auec le groin.*
hocico, *Le groin.*
hocicudo, *qui a les leures grosses, gros bec.*
hocina, *vne serpe.*
hogaça, *Tourteau, gasteau.*
hogar, *Foyer.*
hoguillo, *Petit feu.*
hoguera, *buscher, feu de nuit.*
hoja, *feuille.*
hojaldrar, *faire gasteaux feuilletés.*
hojaldre, *tourteau feuilleté.*
hojear, *feuilleter.*
hojecer, *Mettre feuilles, estre feuillu.*
hojoso, *feuillu.*

hojica, _petite feuille._
hojuela, _Petite feuille._
holgadamente, _à souhait._
holgar, _Reposer, chommer, jouyr, recreer._
holgaçan, _Faineant, poltron, cagnardier._
holgança, _Repos, aise._
holgura, _Repos, plaisir._
holla, _foule._
hollado, _foulé._
hollador, _Qui foule, qui brise._
holleja de tierpe, _La despouille du serpent._
hollejo, _La peau, la gousse._
holladura, _foulure._
hollar, _fouler aux pieds, briser._
hollinamiento, _enjuyement._
hollin, _Suye._
hollinarse, _S'emplir de suye._
homarrachado, _masqué._
homarrache, _masque._
hombrazo, _Grand homme, homenaz._
hombre, _Homme._
hombrecillo, _Petit homme._
hombro, _Espaule._
homiziano, _Homicide._
honcejecera, _Trebuchet à predre oiseaux._
honda, _fonde à tirer._
hondamente, _Profondement._
hondero, _Tireur de fonde._
hondir, _Profonder, effronder._
hondo, _Profond, le fond._
hondon, _Le fond._
hondura, _Profondeur._
honestamente, _honestement._
honestidad, _honnesteté._
honesto, _honneste._

hongar, _Lieu à potirons._
hongo, _Vn champignon, potiron._
hongoso, _Spongieux, comme un potiron._
honor, _Honneur._
hontaual, _Regard de fontaines._
honrra, _Honneur, reuerence._
hourradamente, _honorablement._
honrrado, _honoré, d'honneur._
honrrador, _qui honore._
honrrar, _honorer._
honrras, _funerailles._
honrroso, _honorable._
hora, _Heure._
horadado, _troüé._
horadador, _Qui troüe._
horadar, _troüer, percer, fouyr._
horado, _Trou, pertuis._
horados, _grands trous._
horca, _fourche, potence._
horca de dos gajos, _Fourche à deux branches._
horcaja, _fourche, gibet._
horcajadura, _Le vuyde d'entre les iambes._
horgoneador, _fourgonneur._
horgonear, _fourgonner._
horgon, _fourgon._
horgonero, _fourgon de four._
horma, _firme de cordonnier._
hormador, _qui forme._
hormar, _former, mettre en forme._
hormiga, _fourmy._
hormigon de pared, _Enduit de chaux sur la paray._
hormiguear, _fourmiller._
hormiguero, _fourmillere._
hormiguica, _petit fourmy._
hornada, _fournee._

HO

Hornaguera tierra, *Terre à charbon.*
Hornaguear, *Faire bruſler la terre pour faire du charbon.*
Hornaza, *Fournaiſe.*
Hornazo, *Le gaſteau des feſtes de Noël.*
Hornear, *Fourneer, Boulanger.*
Horneria, *Boulangerie.*
Hornero, *fournier, Boulangier.*
Hornezino, *fils de putain.*
Hornija, *Les bois du four.*
Hornillo, *fourneau.*
Horquilla, *fourchette.*
Horrar, *Mettre en liberté, pardonner.*
Horro, *Emancipé, qui d'eſclaue, eſt fait libre.*
Horrura, *Saleté, craſſe.*
Hortera, *Eſcuelle de bois*
Hortelano, *Iardinier.*
Hortiga, *Ortye, herbe.*
Hortigador, *Qui ortie.*
Hortigar, *Ortier, piquer d'orties.*
Hortiguilla muerta, *mercuriale herbe.*
Hoſco, *Brun en couleur.*
Hoſpedado, *Logé.*
Hoſpedar, *Loger, aller à l'hoſtellerie.*
Hoſpederia, *Hoſtelage.*
Hoſtalero, *Hoſte.*
Hoſtaria, *Hoſtellerie.*
Hoſtigado, *fouëtté, incité.*
Hoſtigador, *Qui incite, qui fouëtte.*
Hoſtigamiento, *Incitation, fouettement.*
Hoſtigar, *Fouëtter, inciter, chaſtier.*

HO

Hoſtil, *Ennemy.*
Hoſtilidad, *hoſtilité, inimitié.*
Hoſtilmente, *Hoſtilement.*
Houero color, *Aubere.*
Hoyo, *Foſſe, foſſé.*
hoyuelo, *foſſette, petit foſſé*
hoy, *Auiourd'huy.*
hoz, *faux à faucher.*
hozador *Qui fouille.*
hozadura *fouillure.*
hozar *fouiller auec le groin*

HV

Huebra de tierra, *Arpent de terre.*
hueco *creux, profond, vuyde.*
hueco del corpo *La poitrine.*
huego *Du feu.*
huelgo *Haleine, reſpiration, ſoufle.*
huella, *foulure, trace.*
huelle, *foulement.*
huerfano, *Orfelin.*
huerto, *Iardin.*
huerta, *Gallerie, baſſecourt.*
hueſpeda, *Hoſteſſe.*
hueſpedaje, *hoſtelage.*
hueſped, *Hoſte.*
hueſſeſito, *Petit os, oſſelet.*
hueſſezillo, *Petit os, oſſelet.*
hueſſezuelo, *Petit os, noyau de fruit.*
hueſſo, *Os.*
hueſte *Le camp, l'armee*
hueuo, *Vn œuf.*
hugia, *Torpille, poiſſon.*
Humanamente, *Humainement.*
humanidad, *humanité*
humano, *humain.*
humareda,

H V

Humareda, *Abondance de fumee*
Humazos, *Fumees, Camouflets*
Humear, *Fumer*
Humedad, *Humidité*
Humedecer, *Estre humide & moite*
Humero, *La cheminee*
Humo, *fumee*
Humoso, *fumeux*
Humildad, *Humilité*
Humilde, *Humble*
Humildosamente, *Humblement*
Humildoso, *Humble*
Humiliacion, *Humilité*
Humilmente, *Humblement*
Humillar, *Abaisser, humilier*
Hundible, *Propre à fondre*
Hundicion, *Fonte*
Hundido, *fondu, enfoncé*
Hundidor, *Fondeur, qui fond*
Hundimiento, *Fonte, fondure, enfoncement*
Hundir, *Fondre, Ietter en fond*
Hungo, *Potiron, Champignon*
Hura, *fronde, aposteme*
Hurgar, *frotter, fourgonner*
Hurgonero, *fourgon de four*
Huron, *Furon, Furet, animal*
Hurraca, *Pie, oiseau*
Hurtadamente, *A la desrobee*
A hurtadillas, *A la desrobee*
Hurtado, *Desrobé*
Hurtador, *Larron*
Hurtar, *Derrober*
Hurtaga, *Vn arrosoir*
Hurtible, *Derrobable*
hurtiblemente, *furtiuement*
hurtillo, *Petit larcin*

H V

hurto, *Larcin*
husada, *fusee*
husillo, *Pressoir*
huso, *fuseau*
huuillar, *Anniuler*
huyda, *fuite*
huydizo, *fuitif*
huydo, *fuy*
huydor, *fuyard, qui fuit*
huyr, *fuir*

H Y

hypocrisar, *Dissimuler*
hypocrisia, *Hypocrisie*
hypocrita, *hypocrite*
hypocritamente, *En hypocrite*

J A

jabalina, *Iaueline*
Jacinto, *hyacinthe*
jaez, *Harnois de cheual*
jalde, *Couleur iaulne*
jamas, *Iamais*
jamon, *Iambon*
jamuga, *Vne selle pour femme à l'vsage d'Espaigne*
jaquimalla, *Iaque de maille, haubert*
jara, *Bois à charbon*
jaral, *Bois taillis, Lieu de bruyeres*
jarauar, *Vser de syrops*
jaraue, *Syrop, Iulep*
jardin, *Iardin*
jardinejo, *Iardinet, Petit jardin*
jarcia, *L'equipage du nauire*
jardineria, *Iardinage*
jarrazo, *Coup d'vn pot*

M

J A

jarretes, *Iarrots de chevaux, Iarrets*
jarrilla, jarrillo, *petit pot*
jarrillo, *Giron, Pied de veau, herbe*
jarro, *Pot, vaisseau*
jaspe, *Iaspe, pierre*
jaspeado, *Iaspé*
jaspeador, *Qui iaspe*
jaspeadura, *Iasure*
jaspear, *Iasper*
jassado, *Scarifié*
jassador, *Qui scarifie*
jassadura, *Scarification*
jassar, *Scarifier*
jatancia, *Vantance*
jatancioso, *Vanteur*
jatar, *Vanter, Loüer*
jauali, *Sanglier*
jaula, *Cage, prison*
jaulero, *Geolier*
jaulon, *Prison*
jauonete, *Sauon, pommade*
jayan, *Geant*
jazmin, *Iasmin*
jerigonça, *Iargon*

I D

Ida, *L'allee, quand on s'en va*
Idea, *Idee*
Idolatra, *Idolatre*
Idolatrar, *Idolatrer*
Idolatria, *Idolatrie*
Idropesia, *Hydropisie*
Idropico, *Hydropique*

I G

Iglesia, *Eglise*
Ignorancia, *Ignorance*

I G

Ignorante, *Ignorant*
Ignorantemente, *Ignoramment*
Ignorar, *Ignorer*
Igual, *Egal*
Igualdad, *Egalité*
Igualmente, *Egalement*
Igualar, *egaler, adiuster, trãsiger*

I J

Ijada, *Le flanc*
Iiado, *Le ventre*
Ijares, *Les flancs*

I L

Illegitimo, *Illegitime*
Illicitamente, *Illicitement*
Illicito, *Illicite*
Illuminado, *Enluminé*
Illuminador, *Enlumineur*
Illuminar, *Enluminer*
Illustracion, *Esclarcissement*
Illustrar, *Illustrer*
Illustre, *Illustre, Noble*
Illusion, *Illusion, Tromperie*

I M

Imagen, *Image, Semblance*
Imaginacion, *Imagination*
Imaginado, *Imaginé*
Imaginador, *Qui imagine*
Imaginar, *Imaginer*
Imaginero, *Faiseur d'images*
Iman, *Pierre d'aymant*
imbecilidad, *foiblesse, imbecillité*
Imbecilmente, *Foiblement*
Imitable, *Imitable*
Imitacion, *Imitation*
Imitado, *Imité*

IM

Imitador, *qui imite*
Imitar, *Imiter*.
Immediatamente, *Immediatement*
Immenso, *grand, immense*
Immobil, *Immobile*
Immoderadamente, *Immoderément*
Immoderado, *Immoderé*
Immodestemente, *immodestement*
Immodestia, *Immodestie*
Immodesto, *Immodeste*
Immolado, *Immolé*
Immolador, *Qui immole*
Immolar, *Immoler*
Immortal, *Immortel*
Immortalecer, *immortaliser*
Immortalecido, *immortalisé*
Immortalidad, *immortalité*
Immortalizar, *immortalizer*
Immortalmēte, *immortellemēt*
Immundicia, *Saleté*
Immundo, *Sale, immonde*
immunidad, *Immunité*
Immouible, *Immuable*
Immouiblemente, *immuablement*
Impaciencia, *impatience*
Impaciente, *Impatient*
Impacientemente, *Impatiemment*
Impalpable, *Impalpable*
Imparcial, *Non partial*
Impassible, *Impassible*
Impe ible, *Nuisant*
Impedido, *Empesché*
Impedimiento, *Empeschement*
Impedir, *Empescher*
Impelido, *Poussé, Repoussé*
Impelir, *Pousser*

IM

Imperar, *Commander*
Imperfecion, *Imperfection*
Imperfecto, *Imparfait*
Imperial, *imperial, de l'Empire*
Impero, *Empire, Cōmandement*
imperitamente, *Ignoramment*
Imperito, *Ignorant*
impertinente, *impertinent*
impertinentemente, *impertinemment*
impetracion, *Impetration*
impetrado, *Obtenu*
impetrar, *Obtenir*
impetu, *Force, Violence*
impetuosamente, *impetueusement*
impetuoso, *Violent*
impiedad, *impieté*
impio, *Meschant, Impie*
implicado, *Embrouillé*
implicar, *Embrouiller*
imploracion, *Requeste*
implorado, *Requis*
implorador, *Qui implore*
implorar, *Implorer, Requerir*
imponer, *imposer, charger*
importancia, *importance*
importante, *important*
importantemente, *importamment*
importar, *importer*
importunamente, *Importunement*
importunacion, *importunidad, importunité*
importunar, *importuner*
importuno, *importun*
imposicion, *imposition*
impossible, *impossible*
impossibilidad, *impossibilité*
impossibilitar, *rendre impossible*

IM

Impotencia, *Impuissance*
Impotente, *Impuissant*
Impotentemente, *Impuissamment*
imprenta, *imprimerie*
impression, *impression*
imprimir, *imprimer*
impropriaméte, *Improprement*
Improprio, *Impropre*
improuable, *Qui ne se peult prouuer*
improuiso, *Non preueu*
improuista, *impourueüe*
imprudencia, *imprudence*
imprudente, *imprudent*
imprudentemente, *imprudemment*
impudencia, *impudence*
impudente, *impudent, effronté*
impudentemente, *impudemment*
impudicicia, *impudicité*
impudicamente, *impudiquement*
impudico, *impudique*
impugnacion, *impugnation*
impugnado, *impugné*
impugnador, *Qui impugne*
impugnar, *impugner*
impulsion, *incitation, Poussement*
impulsor, *Qui pousse*
impunidad, *impunité*
impunido, *Non puny*
impunidor, *Qui ne punist point*
impunir, *impunir*
imputacion, *imputation*
imputado, *imputé*
imputador, *Qui impute*
imputar, *imputer*
inabil, *inhabile*

IN

inabilidad, *Lourdise*
inabilitacion, *Peu d'habilesse*
inabilitado, *Non habilité*
inabilitamiento, *inhabilitation*
inabilitar, *Rendre inhabile*
inabilmente, *Lourdement*
inacessible, *inaccessible*
inaudito, *inouy*
incentiuo, *Allumant*
incertidumbre, incertinidad, incertitud, *incertitude*
incessantemente, *incessamment*
incesto, *inceste*
incestuoso, *incestueux*
incidente, *incident*
inciertamente, *incertainement*
incierto *incertain*
incision, *Coupure*
inciso, *Coupé*
incitacion, *incitation*
incitado, *incité*
incitador, *qui incite*
incitamiento, *incitation*
incitante, *qui incite*
incitar, *inciter*
inciuil, *inciuil*
inciuilmente, *inciuilement*
inciuilidad, *inciuilité*
inclemencia, *inclemence*
inclemente, *impitoyable*
inclinacion, *inclination*
inclinado, *enclin*
inclinar, *incliner, pancher*
incommodado, *incommodé*
incōmodador, *Qui incommode*
incommodar, *incommoder*
incommodidad, *incommodité*
incommodamente, *incommodement*
incommodo, *incommode*
Incomparable, *Incomparable*

incomparablemente, *Incomparablement.*
incompatible, *Incompatible.*
incompetencia, *Incompetence.*
incompetente, *Incompetent.*
incomportable, *Insuportable.*
inconsideradamente, *Inconsiderement.*
inconsiderancia, *Incōsideration.*
inconstancia, *Inconstance.*
inconstante, *Inconstant.*
inconstantemente, *Inconstamment.*
incontinencia, *Incontinence.*
incontinente, *Incontinent.*
incontinentemente, *Incontinemment.*
incontrastable, *Que l'on ne peut contester.*
inconueniente, *Inconuenient.*
incorporar, *Incorporer.*
incorrecion, *Incorrection.*
incorrectaméte, *Incorrectemēt.*
incorrecto, *Incorrect, nō corrigé.*
incorrigible, *Incorrigible.*
incorrigiblemente, *Incorrigiblement.*
incredulidad, *Incredulité.*
incredulo, *Incredule.*
increpar, *Presser.*
increyble, *Incroyable.*
increyblemēte, *Incroyablemēt.*
inculcar, *Fouler, mettre dedans.*
inculpable, *Non coulpable.*
inculpado, *Sans blasme.*
inculpador, *Qui oste le blasme.*
inculpamiento, *Sans blasme.*
inculpar, *Desblasmer, oster le blasme.*
incurable, *Incurable.*
indecencia, *Messeance.*

indecente, *Messeant, indecent.*
indecentemente, *Mal seamment.*
indecisamente, *Irresoluement.*
indeciso, *Indecis.*
indefesso, *Qui n'est point defendu.*
indemne, *Exempt.*
indemnidad, *Exemption.*
indeuidamente, *Indeuement.*
indeuido, *Non deu.*
indicio, *Indice, marque, signe.*
indicible, *Indicible.*
indiferente, *Indifferent.*
indiferentemente, *Indifferamment.*
indigencia, *Pauureté.*
indigente, *Pauure, necessiteux.*
indigestion, *Indigestion.*
indigesto, *Indigeste.*
indignacion, *Desdain.*
indignamente, *Indignement.*
indignidad, *Indignité.*
indigno, *Indigne.*
India, *Indie, pais.*
Indio, *Inde, Indien.*
indirectamente, *Indirectement.*
indirecto, *Indirect.*
indiscretaméte, *Indiscrettemēt.*
indiscreto, *Indiscret.*
indisposicion, *Indisposition.*
indispensable, *Non dispensable.*
indissoluble, *Indissoluble.*
indissolublemente, *Indissolublement.*
indiuiso, *Indiuisé.*
indocil, *Indocile.*
indoctamente, *Indoctement.*
indocto, *Indocte.*

indomeñable, *indomptable*.
indomito, *indompté*.
indubitable, *indubitable*.
indubitablemente, *Sans doute*.
inducion, *induction*.
indulgencia, *Pardon*.
indulgente, *indulgent*.
indulgentemente, *indulgemment*.
industria, *industrie*.
industriar, *Estre industrieux*.
industriosamente, *industrieusement*.
industrioso, *industrieux*.
induzido, *induit*.
induzidor, *Qui induit*.
induzimiento, *Inductio, Suasio*.
induzir, *Induire*.
inepcia, *Sortise*.
inepto, *Sot, malhabile*.
inesperadamente, *Inespereement*.
inesperado, *Non esperé*.
ineuitable, *Ineuitable*.
ineuitableméte, *Ineuitablemēt*.
inexcusable, *qui ne se peut excuser*.
inexhausto, *qui ne se peut espuiser*.
inexorable, *inexorable*.
inexplicable, *qui ne se peut expliquer*.
inexpugnable, *inexpugnable*.
inextinguible, *qui ne peut s'estaindre*.
infaliblemente, *infaliblement*.
infamado, *Diffamé*.
infamar, *Diffamer*.
infame, *Deshonoré, infame*.
infamemente, *Auec infamie*.
infamia, *infamie*.

infanta, *La fille du Roy, Infante*.
infanteria, *infanterie*.
infectado, *infecté*.
infectador, *qui infecte*.
infectar, *infecter*.
infecto, *infect, puant*.
infecundamente, *Sterilement*.
infecundidad, *Sterilité*.
infecundo, *Sterile*.
infeliz, *Malheureux*.
inferencia, *Consequence*.
inferir, *inferer*.
inferior, *inferieur*.
infernal, *D'enfer*.
infernar, *Estre en enfer*.
infertil, *infertil*.
infertilidad, *infertilité*.
infestacion, *inimitié*.
infestar, *Poursuiure, estre ennemy*.
inficionado, *Corrompu, infecté*.
inficionador, *qui infecte*.
inficionar, *infecter, corrompre*.
infidelidad, *infidelité*.
infiel, *infidelle*.
infieldad, *infidelité*.
infierno, *Enfer*.
infinidad, *infinité*.
infinitamente, *infiniment*.
infinito, *infiny*.
inflacion, *Enfleure*.
inflamable, *inflammable*.
inflamacion, *inflammation*.
inflamar, *Enflammer*.
inflexible, *qui ne peut flechir*.
inforçable, *non forçable*.
informacion, *information*.
informador, *qui informe*.

informar, *informer.*
infractor, *qui enfraint.*
infrangible, *qu'on ne peut rompre.*
infrequencia, *Solitude.*
infrequente, *Solitaire.*
infrequentemête, *Solitairemêt.*
infructuosamente, *Sans fruit.*
infructuoso, *Sans fruit.*
infundir, *Verser dedans.*
ingeniar, *Estudier, songer, adviser.*
ingeniero, *ingenieux.*
ingerir, *S'entremettre, hanter.*
ingenio, *Esprit.*
ingeniosamente, *ingenieusement.*
ingenioso, *ingenieux, spirituel.*
ingle, *L'aisne.*
ignoto, *incognu.*
inhabil, *inhabile.*
inhabilitar, *Desacoustumer.*
inhabilmente, *malhabilement.*
inhabitable, *non habitable.*
inhabitado, *non habité.*
inhabitar, *inhabiter.*
inhibicion, *Deffence.*
inhibido, *Deffendu.*
inhibir, *Defendre.*
inhonestamente, *Deshonestement.*
inhonesto, *Deshonneste.*
inhumanamente, *Cruellement.*
inhumanidad, *Cruauté.*
inhumano, *Cruel.*
iniesta, *Genest.*
iniquamente, *Meschamment.*
iniquidad, *Meschanceté.*
iniquo, *Meschant.*
injuria, *Tort, iniure.*
injuriado, *iniurié.*

injuriador, *iniurieux.*
injuriar, *Faire tort, iniurier.*
injuriosamente, *iniurieusement.*
injurioso, *iniurieux.*
injustamente, *iniustement.*
injusticia, *iniustice.*
injusto, *iniuste.*
innauegable, *qu'on ne peut nauiger.*
innouacion, *innouation.*
innouador, *qui innoue.*
innouar, *innouer.*
inocencia, *innocence.*
inocente, *innocent.*
inocentemente, *innocemment.*
inogil, *jartiere.*
inojo, *Le genouil.*
inondar, *Couurir d'eau, inonder.*
inopinadamente, *inopinement.*
inopinado, *inopiné.*
inouar, *innouer.*
inquietacion, *inquietude.*
inquierado, *inquieté.*
inquietador, *qui moleste.*
inquietamente, *inquietement, sans repos.*
inquietar, *Molester.*
inquieto, *qui n'a point de repos.*
inquietud, *inquietude.*
inquisidor, *Enquereur, Enquesteur.*
inquisicion, *Enqueste.*
inquirir, *Rechercher.*
insapiencia, *Folie.*
insatiable, *insatiable.*
insatiablemente, *insatiablement.*

M iiij

inscribir, *inscrire*.
inscripto, *inscrit*.
inscrutable, *Qu'on ne peut descouurir*.
insculpir, *Grauer*.
insensatol, *insensé*.
insigne, *illustre*.
insignias, *Enseigne, marque*.
insinuacion, *insinuation*.
insinuado, *Notifié*.
insinuador, *Qui notifie*.
insinuar, *Notifier*.
insistir, *insister*.
inociable, *non sociable*.
insola, *isle*.
insolencia, *insolence*.
insolente, *insolent*.
insolentemente, *insolemment*.
insoluble, *Qu'on ne peut deslier*.
inspecion, *Esgard*.
inspiracion, *inspiration*.
inspirado, *Inspiré*.
inspirar, *inspirer*.
instabilidad, *Instabilité*.
instable, *Non stable*.
instablemente, *mal asseurement*.
installar, *Instaler*.
instancia, *Instance, presse*.
instante, *Instant*.
instantemente, *Instamment*.
instar, *Faire instance*.
instauracion, *Instauration*.
instaurado, *Instauré*.
instaurar, *Instaurer*.
instigacion, *Incitation*.
instigado, *Incité*.
instigador, *Qui incite*.
instigar, *Inciter*.

instilacion, *Degouttement*.
instillar, *Degoutter*.
instinto, *Instinct*.
institucion, *Institution*.
instituido, *Institué*.
instituidor, *Qui institue*.
instituir, *instituer*.
instrucion, *Enseignement, instruction*.
instruydo, *Instruit*.
instruydor, *Instructeur*.
instruir, *Instruire*.
instrumento, *Instrument*.
insuflar, *Souffler*.
insufrible, *Insupportable*.
insuperable, *Non surmontable*.
insuportable, *Insuportable*.
integridad, *Integrité*.
intelectual, *Intellectuel*.
intellegible, *Intelligible*.
intellegiblemente, *Intelligiblement*.
intelligencia, *Intelligence*.
intemperadamente, *Intemperamment*.
intemperancia, *Intemperance*.
intencion, *Intention*.
intentado, *Intenté*.
intentador, *Qui intente*.
intentar, *Intenter, essayer*.
intento, *Intention*.
intercecion, *Intercession*.
intercessor, *Intercesseur*.
interessado, *Interessé*.
interessadaméte, *Auec interest*.
interessar, *Interesser*.
interesse, *Interest*.
interior, *Interieur*.
interiormente, *Interieurement*.
interlocucion, *Entreparlement*.

IN

interlocutorios, *entreparleurs.*
interminado, *Non terminé.*
interminar, *Ne terminer point.*
internal, *Interieur.*
interpellacion, *Interpellation.*
interpellar, *Interpeller.*
interpellador, *Qui interpelle.*
interpolacion, *Differemment.*
interpolado, *Differé.*
interpolar, *Differer.*
interposicion, *Entremise.*
interpretacion, *Interpretation.*
interpretado, *Interpreté.*
interpretador, *Qui interprete.*
interpretar, *Interpreter.*
interprete, *Interprete.*
interrogacion, *Interrogation.*
interrogado, *Interrogé.*
interrogador, *Qui interroge.*
interrogar, *Interroger.*
interromper, *Entrerompre.*
interrupcion, *Interruption.*
interualo, *Distance, interuale.*
interuenidor, *Entremetteur, moyenneur.*
interuenir, *Entreuenir.*
intestino, *Intestin.*
intimar, *Intimer.*
intitulacion, *Tiltre.*
intitular, *Intituler.*
intolerable, *Intolerable.*
intolerablemente, *intolerablement.*
intratable, *Non traitable.*
intricacion, *Embrouillement.*
intricadamente, *embrouillemét.*
intricado, *Embrouillé.*
intricador, *Qui embrouille.*
intricar, *Embrouiller.*
intrinseco, *Interieur.*
introducion, *Introduction.*

IN

introduzido, *Introduit.*
introduzidor, *Qui introduit.*
intronizado, *Intronisé.*
intronizador, *Qui intronise.*
intronizamiento, *Intronisemét.*
intronizar, *Introniser.*
intrusion, *Poussemét au dedans.*
intruso, *mis au dedans.*
inualido, *Foible.*
inuectiua, *Inuectiue.*
inuectiuar, *Faire inuectiue.*
inuestido, *Assailly.*
inuestidor, *Qui assaut.*
inuestidura, *inuestiture.*
inuestir, *Assaillir, inuestir.*
inuencion, *inuention.*
inuentar, *inuenter.*
inuentario, *inuentaire.*
inuentariar, *inuentarier.*
inuentiuo, *inuentif.*
inuentor, *inuenteur.*
inuentora, *Celle qui inuente.*
inuernadero, *Lieu à hyuerner.*
inuernal, *D'hyuer.*
inuernar, *Hyuerner.*
inuerniego, *D'hyuer.*
inueterado, *inueteré.*
inuincible, *inuincible.*
innierno, *Hyuer.*
inuiolable, *inuiolable.*
inuiolablemête, *inuiolablemêt.*
inuiolado, *inuiolé.*
inuitar, *inuiter.*
inuolucion, *Entortillement.*
inuoluntariamente, *Non volontairement.*
inuolontario, *Non volontaire.*
inuocacion, *inuocation.*
inuocado, *inuoqué.*
inuocador, *Qui inuoque.*
inuocar, *inuoquer.*

I N

inuſitadamente, *Hors d'vſage.*
inuſitado, *Non accouſtumé.*
inuſitar, *N'vſer point.*
inutil, *inutile.*
inutilidad, *inutilité.*
inutilmente, *inutilement.*

I O

Iorfe, *Muraille faicte de pierre ſeiche.*
jornada, *vne iournee.*
jorguina, *vne ſorciere.*
jorguino, *vn Sorcier.*
jorguin, *Suye de la cheminee.*
iornal, *Le loyer d'vn iour, du iour.*
jornalero, *iournalier, mercenaire.*
jouen, *ieune.*
jouenilmente, *ieunement.*
joya, *ioyau, meuble.*
joyel, *ioyau d'orfeure.*
joyelero, *Orfeure.*
joyero, *Vendeur de ioyaux.*
joyo, *Yuraye, herbe.*
joyo del lino, *Cuſcute, herbe.*

I P

Ipocreſia, *Hypocriſie.*
Ipocrita, *Hypocrite.*

I R

Ir, *Aller.*
ir de vencida, *Eſtre preſt d'eſtre vaincu.*
ira, *Cholere, courroux.*
iradamente, *En cholere.*
irado, *courroucé.*
irrecuperable, *Qui ne ſe peut recouurer.*
irregular, *Sans regle.*
irregularidad, *irregularité.*
irregularmente, *irregulierement.*
irremediable, *Sans remede.*
irremediablemente, *Sans remede.*
irremiſſible, *qu'on ne peut remettre.*
irremiſſeblemente, *ſans remiſſion.*
irreprehenſible, *non reprenable.*
irreprehenſiblemente, *Sās reprehenſion.*
irreuerente, *irreuerent.*
irreuerentemente, *Sans reuerence.*
irreuocable, *irreuocable.*
irreuocablemente, *irreuocablement.*
irritacion, *irritation.*
irritado, *irrité.*
irritador, *Qui irrite.*
irritamiento, *irritation.*
irritar, *irriter.*

I S

Isla, *Iſle.*
iſleño, *inſulaire.*
iſopeador, *qui aſperge.*
iſopear, *Aſperger.*
iſopo, *Hyſſope, herbe.*
iſopillo, *Aſperges.*
iſtoria, *Hiſtoire.*
iſtoriador, *Hiſtorien.*
iſtorial, *Appartenant à l'hiſtoire.*

I T

Item, *En outre, derechef, auſſi.*

I T

Iteracion, Iteration.
Iterado, Reiteré.
Iterar, Refaire.
Itericia, Iaulnisse, maladie.
Iterico, Qui a la iaulnisse.

I V

Iubilado, Afranchi de trauail.
Iubilar, Se resiouyr, estre franc de trauail.
Iubileo, Iubilé, an de remission.
Iubilo, Ioye, allegresse.
Iubetero, Pourpointier.
Iubon, Pourpoint.
Iuboncillo, Petit pourpoint.
Iudaizar, Iudaiser.
Iudaizmo, Iuifuerie.
Iuderia, Iuifuerie.
Iudia, Iuifue.
Iudicatura, Iudicature.
Iudicial, Iudicial.
Iudiego, De Iuif.
Iudihuelos, faseols, legume.
Iudio, Iuif.
Iuego, Ieu.
Iueues, Ieudy.
Iuez, Iuge.
Iugada de tierra, arpent de terre.
Iugadera, une fleche.
Iugador, Ioüeur.
Iugar, Ioüer.
Iuglar, Plaisanter, mocquer.
Iuglar, Plaisant, bouffon.
Iugleria, Plaisanterie.
Iuguetes, Iouets d'enfans, sornettes.
Iuguitos, petis ieux d'enfans.
Iujuba, Iuiube fruit.

I V

Iulepe, Syrop, iulep.
Iulio, Le mois de Iuillet.
Iumento, vn asne.
Iuncal, Lieu où croissent les iones.
Iuncia, Ionc.
Iuncia de olor, souchet, herbe.
junciofo, Plein de ioncs.
junco, du ionc.
juncoso, Plein de ionc.
junio, Le mois de Iuin.
juñir, Accoupler.
junta, Compagnee, assemblee, assemblement.
juntado, assemblé.
juntador, Qui assemble.
juntamente, Ensemble.
juntamiento, Accouplement, assemblage.
juntar, Ioindre, accoupler, assembler.
juntura, Iointure.
junto, Ensemble, pres.
jura, le serment, le iurement.
jurado, Iurat, officer, ce qui a esté iuré.
jurador, Qui iure.
juramentado, Coniuré.
juramentar, coniurer, adiurer.
juramento, Serment, iurement.
jurar, Iurer.
juridicion, Iurisdiction.
jurispericia, Iurisprudence.
jurista, Iurisconsulte.
juro, droit, rente royale.
juron, Serment, iurement.
justa, Iouste.
justador, Iousteur.
justamente, Iustement.
justar, Iouster.
justicia, Iustice.

I V

Iusticiar, *Faire iustice.*
Iusticiero, *Iusticier.*
Iustificacion, *Iustification.*
Iustificadamente, *Auec iustification.*
Iustificado, *iustifié.*
Iustificador, *qui iustifie.*
Iustificar, *Iustifier.*
Iusto, *Iuste.*
Iuuenil, *Ieune.*
Iuuentud, *Ieunesse.*
Iuuentud, *Ieunesse.*
Iuizio, *Iugement.*
Iuſgado, *Iugé.*
Iuzgador, *Qui iuge.*
Iuſgar, *Iuger.*

I Z

Izquierda mano, *Main gauche.*
Izquierdo, *Gauché.*
Aizquierdas, *A gauche.*

L A

LA, *La.*
Labaca, *Lapace, herbe.*
Labajal, *Bauge de Sanglier.*
Labanco de rio, *Hallebran.*
Labia, *Harangue.*
Labios, *Les leures.*
Labor, *œuure, labourage, trauail.*
Laborcillo, *Petit œuure.*
Labrado, *Cultiué.*
Labrador, *Laboureur.*
Labrança, *Labourage.*
Labrandera, *Ouuriere.*
Labrar, *Labourer, trauailler.*
Labrio, *Leure.*

L A

Lacayo, *Laquay.*
Lacio, *Flestry, flac, alanguy, lusche.*
Lacra, *Cire d'Espagne.*
Lacradura, *Cachettement de cire d'Espagne.*
Ladear, *Branler.*
Ladera, *Le costé, la coste.*
Ladilla, *Morpions.*
Ladina, *Fine, rusée.*
Ladino, *Fin, expert.*
Lado, *Le costé.*
Ladrador, *Abbayeur.*
Ladrar, *Abbayer.*
Ladrido, *Abbayement.*
Ladrillado, *Le paué.*
Ladrillar, *Pauer de carreaux.*
Ladrillejo, *Petite brique.*
Ladrillera, *Lieu à faire briques.*
Ladrillero, *Faiseur de briques.*
Ladrillo, *Brique ou tuile.*
Ladrillos, *Carrés.*
Ladrona, *Larronnesse.*
Ladron, *Larron.*
Ladroncillo, *Larronneau.*
Ladronera, *Lieu où se tiennent les larrons, vne poche couuerte & cachee.*
Ladroneria, *Larcin.*
Ladronia, *Larcin.*
Lagaña, *Chassie.*
Lagañoso, *Chassieux.*
Lagar, *Pressoir.*
Lagareta, *petit pressoir.*
Lagarto, *Lezard, animal.*
Lagartixa, *Petite lezarde.*
Lago, *Lac.*
Lagosta, *Saulterelle.*
Lagrima, *Larme.*
Lagrimal del ojo, *Le coin de l'œil.*

LA

Lagrimar, *Pleurer.*
Lagrimilla, *Petite larme.*
Lagrimoso, *Larmoyant.*
Laguna, *Mare, marets, lac.*
Lagunajo, *Lieu marecageux*
Lama, *Bouë, fange, moisissure.*
Lama, *Lame, ou bande de metal*
Lamedal, *Bourbier profond, mare.*
Lamedor, *Lohoc.*
Lamentable, *Lamentable.*
Lamentacion, *Plainte.*
Lamentado, *Plaint.*
Lamentador, *Qui lamente.*
Lamentar, *Lamenter, plaindre.*
Lamer, *Lecher.*
Lamedura, *Lechement.*
Lamilla, *Petite lame.*
Lamin, *Friandise.*
Lamina, *Lame, feuille.*
Laminero, *Friand, flatteur.*
Lamo, *Bourbier.*
Lampara, *flambeau, lampe*
Lamparones, *Les escrouelles.*
Lampazo, *Lapace, herbe*
Lampiño, *Qui a la barbe claire.*
Lamprea, *Lamproye.*
Lamprehuela, *Lamproyon.*
Lana, *Laine.*
Lança, *Lance.*
Lançada, *Coup de lance.*
Lance, *Occasion de bien ou de mal.*
De lance en lance, *D'occasion en occasion.*
Lançadera de texidor, *La navette du tisserant.*
Lançado, *Jetté, tiré.*
Lançador, *Qui tire.*
Lançar, *Jetter, tirer.*
Lançarote, *Sarcocole, gomme.*

LA

Lancero, *Lancier.*
Lanceta, *Lancette à saigner.*
Lançon, *grosse lance, vne pique.*
Lanzuela, *Petite lance.*
Landa, *Bruyere.*
Landre, *Glande.*
Landrezilla, *Petite glande*
Landrezillas, *Escrouelles.*
Laña, *Plainte.*
Lañado, *Plaint.*
Lañador, *Qui plaint.*
Lañar, *Plaindre.*
Lanterna, *Lanterne.*
Lanudo, *Plein de laine.*
Lapidario, *Lapidaire.*
Largamente, *Longuement, amplement.*
Largas, *Delay.*
Largo, *Long, liberal.*
Largor, *Longueur.*
Largueza, *Longueur, liberalité.*
Larguillo, *Longuet*
Largura, *Longueur.*
Las, *Les.*
Lasaña, *Bignet.*
Lastar, *Espargner, regagner, endurer, recouurer.*
Lastima, *Douleur, affliction.*
Lastimado, *Affligé*
Lastimador, *qui afflige.*
Lastimar, *Affliger, faire douleur.*
Lastimero, *Douloureux*
Lastimoso, *Douloureux.*
Lastrar, *Lester vn nauire.*
Lastre, *Le lest du nauire*
Latigo, *Foüet.*
Latin, *Latin.*
Latinamente, *En latin.*
Latinidad, *Le parler Latin*

LA

latido, *Battement de cœur.*
latir, *Halleter.*
latitar, *Se cacher.*
latitud, *Largeur.*
laton, *Laton, metal.*
latrocinamente, *Furtiuement.*
latrocinar, *Voler, desrober.*
latrocinio, *Vol, larcin.*
lauadero, *Lauoir, lieu à lauer.*
lauado, *Laué.*
lauador, *Qui laue.*
lauadura, *Lauement.*
lauajal, *Bourbier où se veautrent les pourceaux.*
lauajo, *Mare, bourbier.*
lauamiento, *Lauement.*
lauandera, *Lauandiere.*
lauandero, *Lauandier.*
lauar, *Lauer.*
lauatorio, *Lauage.*
lauazas, *Lauures, immondices.*
laud, *Luth, instrument.*
laudano, *Ladanum, drogue.*
lauedal, *Lauoir, lieu a lauer.*
laurea, *couronne de laurier*
laureado, *Couronné de laurier.*
laureador, *Qui couronne de laurier.*
laurear, *Couronner de laurier.*
lauredal, *Lieu plein de lauriers.*
laurel, *Laurier.*
lauor, *Labeur.*
lauorar, *Trauailler.*
laxar, *Lascher.*
lazada, *Lacement, nœud coulant.*
lazeradamente, *Miserablement*
lazerado, *Miserable, chiche, pietre.*

LE

lazeria, *Chicheté, misere, pauureté.*
lazo, *Laz, lacet.*

LE

Leal, *Loyal.*
lealdàd, *Loyaulté.*
lealmente, *Loyalement.*
lebeche, *Vent de Suest.*
lebrada, *Ciué de lieure.*
lebrastilla, *Leurault.*
lebrela, *Leuriere.*
lebrel, *Leurier.*
lebrillo, *Terrine, vaisseau.*
lebron, *Leurault, couart.*
lebruno, *De lieure.*
lecion, *Leçon.*
lechal, *De lait.*
leche, *Du lait.*
lechera, *Laittiere.*
lechetrezna, *tithymal, herbe.*
lechiga, *Biere à porter morts.*
lechicada, *La portee de beste, qui fait plusieurs petits.*
lecho, *Vn lict.*
lechon, *Vn cochon.*
lechoncillo, *Petit cochon.*
lechuga, *Laittuë.*
lechuguilla, *Fraise de chemise.*
lechuza, *Chathuant, cheueche.*
ledamente, *Ioyeusement.*
ledo, *Ioyeux.*
leedor, *Liseur.*
leer, *Lire.*
legacia, *Ambassade, legation.*
lega, *Ligue, conjederation.*
legado, *Legat.*
legajo, *Paquet.*
legar, *Leguer par testament.*

legatario, *Legataire, à qui on legue.*
legato, *Lay ou legat.*
legion, *Legion.*
legionario, *legionnaire*
legislador, *Legislateur.*
legislar, *Faire des loix.*
legista, *Iurisconsulte.*
legitimamente, *legitimement.*
legitimar *legitimer.*
legitimo, *legitime.*
lego, *homme lay.*
legua, *lieuë.*
legumbre, *Legume.*
lençal, *Apartenant à linge.*
lencera, *lingere.*
lencero, *linger.*
lendreto, *Le lieu des landes.*
lendroso, *Plein de landes.*
lengua, *langue, le bord, trucheman.*
lenguado, *Sole, poisson.*
lenguaje, *Langage.*
lenguaz, *Langard, bauard, babillard.*
lenguezuela, *Petite langue.*
leña, *du bois.*
leñador, *Buscheron, vendeur de bois.*
leño, *gros bois, souche.*
leño, *Lourdault.*
lentecer, *deuenir lent*
lentejas, *lentille, legume.*
lentisco, *lentisque.*
lentura, *mollesse.*
leon, *vn lion.*
leona, *Vne lionne.*
leonada, *tané.*
leoncillo, *leonceau.*
leonera, *tasniere de lions.*
lepra, *Ladrerie.*

leproso, *ladre.*
lerdo, *lourd, paresseux.*
letor, *lecteur, qui lit.*
letra, *lettre.*
letrado, *Aduocat*
letrero, *Inscription.*
letrina, *latrine, priué.*
leua, *Trait, finesse.*
leuada, *essay, auant ieu*
leuadizo, *leuis, qui se leue.*
leuadura, *leuain.*
leuantado, *Esleué.*
leuantador, *Qui sousleue.*
leuantadura, *esleuement.*
leuantamiento, *leuement, rebellion, sousleuement.*
leuantar, *leuer, esleuer, sousleuer, rebeller, inuenter, controuuer.*
leuante, *Orient, le Leuant, vent d'Orient.*
leuantisco, *de leuant*
lexano, *loing de loing*
lexia, *lessiue.*
lexissimos, *tresloing.*
lexos, *loing.*
lexura, *loingtaineté.*
ley, *loy.*
leyble, *qui se peut lire.*
leydo, *leu, sçauant.*
leyenda, *legende, escrit.*

LI

liador, *emballeur.*
liar, *emballer, empaqueter.*
libelo, *libelle.*
liberal, *liberal.*
liberalidad, *liberalité*
liberalmente, *liberalement.*
libertad, *liberté.*
libertador, *qui met en liberté.*
libertar, *mettre en liberté.*

L I

Libidinoso, *Paillard, voluptueux.*
Libra, *Vne liure.*
Librado, *Deliuré.*
Librador, *Qui deliure.*
Libramiento, *Deliurance, mandement.*
libramiento de cera, *mouche de cire allumee, que les laquays mettent sur quelqu'vn*
Librança, *Deliurance, mandement.*
Librar, *Deliurer.*
Libre, *Libre.*
Librea, *Liuree.*
Libremente, *Libremens.*
Libreria, *Librairie.*
Librero, *Libraire.*
Librillo, *Liuret, petit liure.*
Libro, *Liure.*
Liça, *Lice à courre, ou à iouster.*
Licencia, *Congé, licence.*
Licenciado, *Gradué, licentié.*
Licenciar, *Donner permission.*
Licenciosamente, *Licentieusement.*
Licion, *Leçon.*
Licito, *Permis.*
Licor, *Liqueur.*
Lid, *Debat, procés, combat.*
Lidiado, *Debatu, combatu.*
Lidiador, *Plaideur, combatant.*
Lidiar, *Combattre, debatre, plaider.*
Liebre, *Liéure.*
Lienço, *Linge.*
Lienço de narizes, *Vn mouchoir.*
Lienço de muralla, *Vn pan de mur.*

L L

Liendre, *Lande de cheueux.*
Lientamente, *Lentement.*
Liento, *Lent, moite, humble.*
Liga, *Alliance, ligue, confederation.*
Liga, *Alliage en or ou argent.*
Liga, *Glu, coic, assiette à dorer.*
Ligas, *Iarretieres.*
Ligado, *Lié.*
Ligador, *Qui lie.*
Ligadura, *Lien, liure.*
Ligagambas, *Iartieres.*
Ligar, *Lier, noüer.*
Ligazon, *Liaison.*
Ligeramente, *Legerement.*
Ligereza, *Legereté, facilité.*
Ligero, *Leger.*
Ligeruelo, *Vn peu leger.*
Lima, *Lime.*
Limaça, *Limasson.*
Lima, *Citronnier, arbre.*
Limadura, *Limure.*
Limar, *limer.*
Limeta, *Bocal de verre.*
Limitadamente, *Auec limite.*
Limitado, *Limité.*
Limitador, *Qui limite.*
Limitar, *Limiter.*
Limite, *Borne.*
Limo, *Boüe, fange.*
Limon, *Citron, limon, fruit.*
Limonza, *Gros citron, Poncire.*
Limoso, *Boüeux, fangeux.*
limosna, *Ausmone.*
limosnear, *Faire ausmone.*
limosnera, *Ausmoniere.*
limosnero, *Ausmonier.*
limpiadera, *Vergettes à nestoyer.*

limpia-

LI

Limpiadero, *Chose à nettoyer, balay*
limpiado, *Nettoyé*
limpiador, *Qui nettoye*
limpiaduras, *Ballayûres*
limpiamente, *Nettement*
limpiar, *Nettoyer*
limpieza, *netteté, pudicité*
limpio, *Clair, net*
En limpio, *Clairement*
linaje, *Lignage*
linar, *Champ semé de lin*
linaza, *Graine de lin*
lindamente, *Nettement, poliment*
linde, *Borne ou frontiere.*
lindero, *Limite, Borne*
lindeza, *Galantise, beauté*
Lindo, *Galant, Gentil, Beau, poly*
linea, *Ligne*
linero, *qui vend du lin*
lino, *Du lin*
Liño y liñuelo, *Raye, rayon, sillon*
linueço, *Graine de lin*
Lio, *Fardeau, Paquet, Bagage*
liquecer, *Couler.*
liquidar, *Nettoyer*
liquido, *Coulant*
lira, *Lyre, instrument.*
liria, *Glu, colé*
liriar, *gluer, coler*
lirio, *Flambe, glayeul, herbe*
liron, *Rat, liron*
lironcillo, *Rat de champ, mulot*
lisiado, *Blessé, Offensé*
lisiador, *qui blesse*
lisiadura, *Blessure*

LI

lisiar, *Blesser, nuire*
lision, *Offence, lesion*
lisado, *Poly*
lisador, *qui polit*
lisadura, *polissure*
lisar, *polir*
lisonja, *flaterie*
lisonjar y lisonjear, *flatter, faire chere*
lisonjeador, *flateur*
lisonjero, *flatteur*
liso, *Vny, poly, glissant*
lisura, *polissure*
lista, *Denombrement, Bord, rolle, lisiere*
listado, *Enrolé, bordé*
listador, *qui enrole, qui borde*
listar, *Border, enroler*
litera, *Vne litiere*
litigador, *qui plaide*
litigar, *Plaider, Briguer*
liuianamente, *Legerement*
liuiandad, *Legereté*
liuianeza, *Legereté*
liuianillo, *Vn peu leger*
liuiano, *Leger*
liuianos, *Les poulmons*
lixa, *Raye, poisson*
lizo, *Lice de tisserant*

LO

Lo, *Le*
Loa, *Loüange*
loable, *loüable*
loablemente, *Loüablement*
loador, *qui donne loüange*
loar, *loüer*
loba, *Vne louue*
Loba, *Robe de docteur, ou d'homme d'Eglise*

LO

Ioba, *Ce qui est esleué entre les deux rayes d'un champ labouré, sillon*
Iobadado, *Plein d'escrouelles*
Iobado, *Squinance aux pourceaux*
Iobanillo, *Goitre, maladie*
Iobero, *Louuier*
Iobezno, *Louueteau*
Iobillo y Iobito, *Louueteau*
Iobo, *Loup*
Iobo marino, *Veau marin, loup marin*
Iobrego, *Obscur, lugubre*
Iobreguez, *Obscurité*
Iobuno, *De loup*
Iocamente, *Follement*
Ioça, *Vaisseaux de terre*
Loçanear, *Estre braue, gaillard*
Ioçania, *gaillardise, galantise*
Ioçano, *gaillard, gentil, galant, glorieux*
Ioco, *fol, insensé*
Iocura, *folie*
Iodo, *fange, bouë*
Iodoso, *fangeux*
Iodra, *Loutre, animal*
Logrado, *jouissant*
Mal logrado, *Malheureux*
Lograr, *jouir, gaigner*
Logrero, *Vsurier*
Logro, *Vsure*
Lombarda, *Canon*
Lombardada, *Coup de canon*
Lombardar, *Canonner*
Lombriguera, *Herbe à vers*
Loma, *Petite colline, tertre*
Lomienhiesto, *Mortifié, qui fait maigre mine*
Lomo, *Le dos, La queüe de la viande*

LO

Longanzia, *Saulcisse, Andouille*
Longanizero, *Faiseur de saulcisses*
Longitud, *Longueur*
Longuezuelo, *Longuet*
Longura, *Longueur*
Lonja, *Hale, lieu où les marchans tiennent leur bourse*
Loor, *Loüange*
Loquacidad, *Babillage*
Loquear, *Faire le fol*
Loque, *Ce que*
Loquillo y Loquito, *Folet, petit fol*
Loriga, *Cuirasse*
Losa, *Pierre carree, Trape, Losange*
Laseta, losilla, *Carreau à papier*

LV

Lubricamente, *En glissant*
Lubricidad, *Lubricité*
Lubrico, *Glissant*
Lucentor, *Clarté*
Lucha, *Luite*
Luchadero, *Lieu où l'on luite*
Luchado, *Luitté*
Luchador, *Luitteur*
Luchar, *Luiter*
Lucio, *Brochet*
Ludir, *Frotter*
Luego, *Incontinent, donques, maintenant*
Luengamente, *Longuement*
Luengo, *Long*
Luenes y luentes, *Loing*
Lugar, *Lieu*
Lugarejo, *Hameau, Petit village*

L V

Lugartenente, *Lieutenant*
Lumbral, *Le sueil de la porte*
Lumbre, *Lumiere*
Lumbrera, *Fenestre*
Lumbroso, *Lumineux*
Lumbriz, *Ver de terre*
Luminacion, *Enluminement*
Luminado, *Enluminé*
Luminador, *Enlumineur*
Luminar, *Enluminer*
Luminarias, *Feux de nuict*
Luminoso, *Clair, luisant*
Luna, *La lune*
Lunar, *Lüeur de la lune*
Lunar, *Seing au corps, nævus*
Lunes, *Lundy*
Lupulo, *Houbelon*
Lustre, *Lustre*
Lustroso, *Lustré, bel à voir*
Lutado, *Vestu de deuil*
Luto, *Dueil*
Luxuria, *Luxure*
Luxuriar, *Estre plein de luxure*
Luxuriosamente, *Luxurieusement*
Luxurioso, *luxurieux*
Luzo, *Brochet*
Luz, *lumiere*
Luzentor, *Clarté, lueur*
Luzero, *L'estoile du matin*
Luzida gente, *Gens d'eslite*
Luzido, *luisant, bien vestu*
Luziente, *luisant*
Luziernaga, *Ver luisant de nuit*
Luzillo, *Tombe, Sepulture de pierre*
Luzio, *luisant*
Luzir, *luire*

L LA

Llaga, *Playe*
Llagado, *Blessé de playes*
Llagador, *qui blesse*
Llagamiento, *Blessure*
Llagar, *Blesser*
Llagoso, *Plein de playes*
Llama, *flame*
Llamado, *Appel, Connocation*
Llamado, *Appellé*
Llamador, *Qui appelle, Qui crie*
Llamamiento, *Appel*
Llamar, *Appeller*
Llamaradas, *Eslans de flames*
Llanamente, *Plainement*
A la llana, *Simplement, A des couuert*
Llaneza, *Simplicité, Sincerité*
Llano, *Plain, homme facile, rond*
Llanura, *Plaine campagne, vnissure*
Llanta, *Plante, Tige d'herbe*
Llantear, *Plaindre, Lamenter*
Llanten, *Plantain, herbe*
Llanto, *Pleur, Lamentation*
Llaos, *Escluses*
Llares, *Cramaillere*
Llaue, *Clef*
Llauero, *Clauier*

L LE

Llegada, *Arriuee*
Llegado, *Arriué*
Llegar, *Arriuer, Aprocher*
Llenar, *Emplir*
Lleno, *Plein, remply*

L LE

Lleuado, *Amené, conduit*
Lleuar, *Porter, mener*
Lleuador, *Conducteur*
Lleudar, *Faire leuer la paste*
Lleudo, *Pain leué*

L LO

Lloradera, *Pleurante*
Lloradero, *Pleurard*
Llorado, *Pleuré*
Llorador, *qui pleure*
Lloramiento, *Pleur*
Llorar, *Pleurer*
Lloro, *Pleur*
Llorosamente, *En pleur*
Lloron, *Pleurard*
Lloroso, *Pleurard*
Llouedizo, *De pluye*
Llouedor, *Qui pleut*
Llouer, *Pleuuoir*
Llouisna, *Pluye menue*
Lloquisnar, *Pluuiner, Pleuuoir menu*

L LV

Lludido pan, *Pain leué*
Lluecca, *Poule qui clousse*
Lluuia, *Pluye*
Lluuioso, *Pluuieux*

M
M A

Maça, *Masse, Maillet*
Maçacote, *Ciment*
Maçapan, *Massepain*
Macero, *Sergent à masse*
Maceton, *Lieu pour semer quelque chose, Sorte de jardin*

M A

Machacar, *Mouldre, broyer*
Mache, *La matrice, la portiere*
Machete, *Vn cousteau large, petite hache*
Macho, *Masle, mulet, bouc*
Macho de herrero, *Vn grand marteau*
Machorra, *Brehaigne, Sterile*
Machucado, *Broyé*
Machucador, *qui broye*
Machucadura, *Maceration, broyement*
Machucar, *Macerer, Broyer*
Machuelo, *Petit mulet*
Maciçar, *Affermir, consolider*
Macicez, *Fermeté, Solidité*
Maciço, *Solide, Ferme, Massif*
Maço, *Maillet de bois, Pilon de mortier, Vne hie, Instrument à pauer*
Maço de rueda, *Le moyeu de la roüe*
Maço sordo, *Maillet de bois*
Maçon, *Vne hie pour pauer*
Maçonadura, *Battement de paué auec la hie*
Maçonear, *Pauer, Battre auec la hie*
Maçoneria, *Ouurage de graueure*
Maçorca, *Vne fusee de filace*
Maçuca, *Petite flambe herbe*
Maçuelo, *Petit maillet*
Madeja de hilo, *escheueau de fil*
Madera, *Du bois*
Maderada, *Quantité de bois*
Maderamiento, *Ouurage de bois, Planchement*
Maderar, *Plancher, Charpenter*

MA

Maderero, *Charpentier*.
Madero, *Ais, bois*.
Madexa, *Escheueau*.
Madexilla, Madexita, Madexuela, *Petit escheueau*.
Madrasta, y madrastra, *Marastre*.
Madre, *Mere*.
Madreselua, *Cheurefueil, herbe*.
Madrigado, *Furieux, fin*.
Madriguera, *Clapier, rabouliere*.
Madrina, *Marraine*.
Madriz, *La matrice, l'amarry*.
Madroño, *Arbousier, arbre & fruict*.
Madrugada, *L'aube, le poinct du iour*.
Madrugar, *Faire iour, se leuer de bon matin*.
Maduracion, *Maturité*.
Maduradamente, *Meurement*.
Madurado, *Meury*.
Madurador, *Lieu où l'on faict meurir*.
Maduramente, *Meurement*.
Madurar, *Meurir*.
Maduratiuo, *Qui meurist*.
Madureza, *Maturité*.
Maduro, *Meur*.
Maessa, *Maistresse, qui enseigne*.
Maestra, *Maistresse*.
Maestradgo, *Estat de grād Maistre*.
Maestral, *Vent Nordouest*.
Maestre, *Maistre*.
Maestre sala, *Escuyer, maistre des Pages*.
Maestria, *Maistrise*.
Magaça, *Maroute, herbe*.
Magazen, *Magazin*.
Magestad, *Maiesté*.

MA

Magnanimamente, *Courageusement*.
Magnanimidad, *Courage*.
Magnanimo, *Courageux*.
Magnificamente, *Magnifiquement*.
Magnificencia, *Magnificence*.
Magnifico, *Magnifique*.
Magran, *Tribut, dace*.
Magramente, *Maigrement*.
Magrecer, *Emmaigrir*.
Magreza, *Maigreur*.
Magro, *Maigre*.
Magrura, *Maigreur*.
Maguera, *Encores que, nonobstant, iaçoit que*.
Magullado, *Meurtry*.
Magullador, *Meurtrisseur*.
Maguiladura, *Meurtrissure*.
Magullar, *Meurtrir, froisser*.
Maherimiento, *Choix, eslection*.
Maherir, *Choisir gens de guerre*.
Majada, *Parc, cabane de Pasteurs*.
Majadero, *Vn pilon*.
Majadero, *Vn ignorāt, vn lourdaut*.
Majador, *Qui pile, qui broye*.
Majadura, *Broyement*.
Majadruelo, *Bastonnet à faire ouurages*.
Majadruelo, *Petit badaut*.
Majagracias, *Ignorāt, lourdaut*.
Majar, *Mouldre, piler, broyer*.
Majorana, *Marjolaine*.
Majorazgo, *Aisné, aisnesse, & droict d'aisnesse*.
Majuelar, *planter ieunes vignes*.
Majuelas, *Senelles, fruict d'aubespin*.
Majuelo, *Plant nouueau de vi-*

N iij

MA MA

majos flores, *Hyacinthe, herbe.*
mal, *Miel.*
malcondicionado, *mal complexionné.*
malacogimiento, *mauais traittement.*
malaguero, *malencontreux.*
malagueta, *meniguette, drogue.*
malamente, *meschamment.*
malauenencia, *Disconuenance.*
malauenturado, *malheureux.*
malcomido, *mal disné.*
maldad, *meschanceté, mauuaistié.*
maldadosamente, *malignemẽt.*
maldadoso, *maling.*
maldezidor, *mesdisant, maudisseur.*
maldezimiento, *maudisson.*
maldezir, *mesdire, maudire.*
maldiciente, *mesdisant.*
maldició, *mesdisance, maudissõ.*
maldicho, *mesdit, mal parler.*
maldito, *maudit.*
maleça, *Campagne pleine de buissons.*
maleficio, *meffait.*
malefico, *mal-faicteur.*
malenconia, *melancholie.*
malenconico, *melancholique.*
maleta, *malette, bougette.*
maleuolencia, *malueillance.*
maleuolo, *malueillant.*
maleza, *Halier, lieu plein de buissons.*
malhadado, *Infortuné.*
malhecho, *malfaict.*
malhechor, *malfaisant.*
malhojo, *Fueillage, branchage.*
malicia, *malice.*
maliciosamẽte, *malicieusemẽt.*

malicioso, *malicieux.*
malilla, *Le neuf de deniers au ieu de cartes, qui sert de tout ce que l'on veult.*
maliñidad, *malice.*
maliño, *maling.*
mallogrado, *malheureux.*
malmirado, *Inconsideré, maladuisé, louche, incivil.*
malo, *meschant.*
malorquiama, *Coraline, mousse, marine.*
malparido, *Auorté.*
malparir, *Auorter.*
malparto, *Auortement.*
mal pecado, *Au dam.*
malpica, *Cresson alenois.*
malquerencia, *malueillance.*
malquerer, *malvuloir.*
malquerido, *maluoulu.*
malqueriente, *maluucillant.*
malquisto, *mal voulu.*
malrobado, *mal vestu.*
malsin, *Espion de iustice, mouchard.*
malsinador, *Calumniateur.*
malsinar, *Accuser, calumnier.*
malsonante, *Discordant.*
maltallado, *Qui a la taille mal faicte.*
maltote, *Taille, imposition.*
maltrapillo, *Deschiré, mal habillé.*
maltratado, *mal traité.*
maltratar, *mal traitter.*
malua, *Maulue, herbe.*
maluadamente, *mauuaisemẽt.*
maluado, *mauuais, gasté, corrompu.*
maluar, *Lieu plein de maulues.*
maluazia, *maluoisie.*

M A

maluisco, *Guimauue, herbe.*
malusar, *Abuser, tromper.*
malla, *une maille, arme.*
maller, *Froisser.*
mallero, *Faiseur de mailles.*
mama, *Mumam, mot d'enfant.*
mamanton, *Le petit qui tette.*
mamar, *Tetter.*
mamon, *Le petit qui tette.*
mampesada, *un luitton, esprit.*
mampesadilla, *Maladie, où l'on se sent presser la nuict en dormant.*
mana, *La manne.*
manada, *Poignee, troupeau de bestes.*
manadero, *Qui coule, couloir.*
manácial, *Source, qui coule tousiours.*
manante, *Coulant, coulement.*
manar, *Couler, passer.*
mancar, *Auoir faute, manquer.*
mançana, *une pomme.*
mançana de vaca, *tetine de vache.*
mançanal, *Pommeraye.*
mançanilla, *Chamomille, herbe.*
mançano, *Pommier.*
manceba, *Concubine, garse.*
mancebia, *Bordeau.*
mancebia, *Le poil des parties honteuses, puberté.*
mancebillete, *Ieune garçon.*
mancebito, *Ieune garçon.*
mancebo, *Ieune homme.*
mancha, *Tache, souillure.*
manchado, *Taché, souillé.*
manchar, *Tacher, souiller.*
manchuela, *Petite tache.*
manco, *Estropiat.*
De mancomun, *Ensemble.*
manda, *Legat, donation par testament.*

M A

mandado, *Commandement.*
mandadero, *Celuy qui faict le commandement.*
mandamiento, *Commandemēt, edict du Prince.*
mandar, *Commander.*
mando, *Commandement.*
mandoble, *Coup à deux mains.*
mandil, *un tablier de femme.*
mandilete, *Maquereau, ruffian.*
mandilon, *Maquereau.*
mandon, *Imperieux, qui faict le maistre.*
A la mandona, *Imperieusemēt.*
mandragola, *Mandragore, herbe.*
mandron, *Arrieremain.*
mancar, *Empestrer, entrauer.*
maneça de la mano, *Le poignet.*
manejo, *maniement.*
manera, *Maniere, façon.*
manga, *Manche de robe, troupe.*
mangado, *Qui a de grandes māches.*
mangle, *Mot de nauire.*
manguilla, *Manchette.*
mango, *un manche.*
mangonada, *moquerie, risee, chiquenaude.*
mangorreo, *Qui est manché.*
maniatar, *Lier les mains.*
manida, *Demeure, manoir.*
manido, *Mortifié, mol, doux, traittable.*
manilla, *Chaine à porter au col ou aux bras.*
manir, *mortifier, adoucir.*
manifestacion, *Descouuremēt.*

N iiij

Manifestado, *Descouuert.*
Manifestador, *Qui descouure.*
Manifestar, *Descouurir.*
Manifiestamente, *Manifestement.*
Manifiesto, *Manifeste.*
Manjar, *Le manger, la viande.*
Manija, *Bracelet, manche.*
Manilla, *Bracelet.*
Maniroto, *Prodigue.*
Maña, *Ruse, finesse, industrie, dexterité, fraude.*
Maña hazer al juego, *Ne gagner ne à l'vn ne à l'autre.*
Mañana, *Le matin, demain.*
Mañanear, *Se leuer du matin.*
Mañanica, *Petite matinee.*
Mañanita, *De grand matin.*
Mañera, *Sterile, brehaigne.*
Mañear, *Faire quelque finesse.*
Mañero, *Fin, rusé, souple.*
Mañosamente, *Habilement.*
Mañoso, *Accort, habile, industrieux.*
Mano, *La main.*
Dar de mano, *Refuser.*
Ganar por la mano, *Deuancer.*
Yr à la mano, *Empescher.*
Manojo, *Vne poignée.*
Manopla, *Manople, gantelet.*
Manoseamiento, *Maniement.*
Manosear, *Manier, empoigner.*
Manotar, *Empestrer, entrauer.*
Mansamente, *Doucement.*
Mansedumbre, *Douceur.*
Mansejon, *Doux.*
Manso, *Doux, apriuoisé.*
Manso, *Le guide du troupeau.*
Manta, *Mise, couuerture de lict, Catalongue.*

manta de pared, *Tapisserie.*
manta de guerra, *Mantelet.*
mantear, *Couurir de manteau, berner.*
manteca, *Du beurre.*
mantel, *La nappe.*
mantenedor, *qui maintient, le tenant.*
mantenencia, *Maintenement.*
mantener, *Maintenir, nourrir.*
mantenido, *Maintenu, nourry.*
mantenimiento, *Nourriture, maintenement, viure.*
manteo, *Manteau.*
mantequera, *Baratte à battre beurre.*
mantequilla, *Du beurre.*
manto, *Habit de femme qui la couure toute.*
mantillas, *Maillots d'enfans.*
mantillo de niño, *La coiffe qu'a porte l'enfant en naissant.*
manual, *Manuel.*
manualejo, *Liure à porter à la main.*
manzera, *Le manche de la charrue.*
mauzilla, *Tache, macule, pitié.*
manzillar, *Tacher, souiller.*
manzillado, *Taché, souillé.*
maona, *Sorte de nauire.*
mapas, *Cartes de Cosmographie.*
maqui, *Sorte de gingembre.*
maquila, *Payement de la mousture du bled.*
maquilar, *Prendre le droict de la mousture.*
maquilon, *Qui reçoit la mousture du moulin.*
maquina, *Machine.*

MA

maquinar, *Machiner.*
mar, *La mer.*
maraña, *Ruse, tromperie, brouillerie, amas.*
marañar, *Brouiller, tromper, engeoler.*
marañador, *Engeoleur.*
marañoso, *Trompeur, engeoleur.*
marauedi, *Sorte de monnoye, comme vn double.*
marauilla, *Merueille.*
marauilla, *Soucy, fleur.*
marauillado, *Esmerueillé.*
marauillar, *Esmerueiller.*
marauillosamente, *Merueilleusement.*
marauilloso, *Merueilleux.*
marca, *Marque.*
marcado, *Marqué.*
marcar, *Marquer.*
marco, *Marc, demye liure.*
marcola, *Instrument à arracher les espines.*
marçal, *Du mois de Mars.*
março, *Le mois de Mars.*
marchitable, *Qui se peut flestrir.*
marchitar, *Flestrir, faner.*
marchito, *Flestry, fané.*
marchitura, *Flestrissure, fanissure.*
marcial, *Martial.*
marea, *Marée, vent d'Occident.*
mareado, *Trauaillé de la mer.*
marear, *Estre malade de la mer, nauiguer.*
mareante, *Marinier.*
mareta, *Bourrasque, petite tempeste.*
marfil, *Yuoire.*
marfilado, *Acoustré d'yuoire.*
marfilar, *Trauailler d'yuoire.*

MA

margen, *Bord, marge.*
margarita, *Perle.*
margomar, *Plumer.*
marhojador, *Qui esbourgeonne les arbres.*
marhojar, *Esbrancher les arbres.*
marhojo, *Le jetton des arbres.*
marica, *Marionnette.*
maridable, *Mariable.*
maridado, *Marié.*
maridar, *Marier.*
marido, *Mary.*
mariguera, *Petite marie, marionnette.*
marina, *Marine, coste de la mer.*
marinear, *Nauiguer.*
marinero, *Marinier.*
marino, *Marin, de mer.*
marioso, *Effeminé.*
maripola, *Vn papillon.*
mariscal, *Mareschal de camp.*
mariscar, *Chercher sa vie, mot de jargon.*
marisco, *De mer.*
marisma, *Lieu maritime, marescage.*
maritimo, *Maritime.*
marlota, *Iuppe de Mores, accoustrement à la Turque.*
marmello, *Coing, fruict.*
marmellada, *Paste de coings.*
marmita, *Marmite.*
marmol, *Marbre.*
marmolejo, *Petite colomne de marbre.*
marmoleño, *De marbre.*
marmota, *Rat, liron.*
maroma, *Cable, corde de Nauire.*
maromero, *Cordier, faiseurs de*

MA

cables.
marques, *marquis.*
marquesa, *marquise.*
marquesado, *marquisat.*
marquesita, *marcassite pierre.*
marra, *marre, houë.*
marras, *Alors, le passé, autrefois.*
marra, *Faulte, Default.*
marrar, *Faillir son chemin.*
marrano, *Porc chastré.*
marria, *tombereau, sorte de charrette.*
marruuio, *marrube, herbe.*
marsopa *marsouin, poisson.*
marta, *marte, animal.*
martes, *mardy, iour.*
martillada, *Coup de marteau.*
martillado, *martelé.*
martillador, *Qui martele.*
martilladura, *martelement.*
martillar, *marteler.*
martillejo, *Petit marteau.*
martillo, *marteau.*
martilojo, *Legende des Martyrs.*
martinetes, *Aigrettes.*
martir, *martyr.*
martirio, *martyre.*
martirizado, *martyrisé.*
martirizacion, *martyrisement.*
martirizador, *Qui martyrise.*
martirizar, *martyriser.*
mas, *Plus, mais, dauātage, item, au reste.*
mas que assaz, *Sufisamment.*
mascara, *un masque.*
mascarada, *mascarade.*
mase escuela, *maistre d'escole.*
massa, *de la paste.*
massar, *Pestrir.*

MA

mastil, *Le mast du nauire.*
mastillejo, *Petit mast.*
mastin, *mastin, chien de village.*
mastranço, *menthe sauuage.*
mastre escuela, *maistre d'eschole.*
mastuerço, *Cresson halenois.*
mata y mato, *Halier, buisson, lētisque.*
matacandiles, *un papillon.*
matachines, *mattassins.*
matalahuga, *Anis, herbe.*
matadero, *mortel, meurtrier.*
matadero, *Lieu où l'on tue le bestail hors la ville.*
matado, *Tué, meurtry.*
matador, *meurtrier, tueur.*
matadura, *Tuerie.*
matalotage, *Passage de mer, voyage.*
mantāça, *meurtre, tuerie.*
matança cohechada, *meurtre fait de guet à pē, meurtre mar-*
matar, *Tuer, meurtrir.* (*chandé.*
matelote, *matelot.*
materia, *matiere.*
material, *materiel.*
maternal, *maternel.*
matiz, *Esmail, & couleur en la peinture.*
matizado, *Esmaillé.*
matizador, *Qui esmaille.*
matizar, *Esmailler, ombrager.*
matizadura, *Esmailleure.*
matojo, *Buisson, halier.*
matorral, matorrizal, *lieu plein de buissons.*
matraca, *Brocard.* (*font bruit.*
matraca, *creserelle d'ēfans dōt ils*
matraquero, *mocqueur, brocar-*

MA

deur.
Matrero, accort, trompeur, fin.
matricula, rolle, registre.
matriculacion, enrollement.
matriculado, enregistré.
matriculador, Qui enregistre.
matricular, Enregistrer, enroller.
matrimonial, de mariage.
matrimonio, mariage.
matrona, femme honorable, matrone.
matronal, de matrone.
maullador, qui miaule
maulladura, Miaulement.
maullar, miauler comme le chat.
maullido, miaulement.
maxcado, masché.
maxcador, mascheur.
maxcadura, maschement.
maxcar, mascher.
maxima, maxime.
mayas, Les Roines que les filles font durant le mois de May.
mayo, le mois de May.
mayor, plus grand.
mayoral, maistre berger, principal.
mayorana, mariolaine.
mayorazgo, aisnesse, aisné.
mayordomia, œconomie.
mayordomo, œconome, maistre d'hostel.
mayorhijo, fils aisné.
mayormente, sur tout, principalement.
maytines, matines.
mayueta, } Fraise fruit, lieu
mayueta, } pleix de fraises.
mazari, carreau à paver.
mazmorra, prison, basse fosse.

ME

ME

Meada, pissement.
meadero, Le pot de chambre, & le lieu où l'on pisse.
meador, Pisseur.
meados, urine, pissat.
meadura, pissement.
meaja, le jaune de l'œuf.
mear, pisser.
mecanicamente, mecaniquement.
mecanico, mecanique.
mecedor, qui mesle.
mecedor, une cuillere.
mecedor, qui berce les enfans, une escarpoulette, baston à fouler la rape du vin.
mecedera, Instrument à mesler, le fourgon du four, branlement.
mecedero, une branloire d'enfans.
mecedura, meslange, bercement.
mecer, mesler, bercer, branler, fouler le vin.
mecer el ojo, guigner de l'œil.
mecha, meche de lampe, lumignon.
mechado, lardé, outrepercé.
mechar, larder, outrepercer, accoustrer la lampe.
mechera, lardoire.
mechero de candil, le lieu où l'on met la meche.
media, La moitié.
mediadamente, moyennement.
mediado dia, midy, my-jour.
medalla, medale.

ME

Mediador, *Moyenneur*.
medias, *Bas de chausses*.
medianamente, *Mediocrement*.
medianero, *Moyenneur*.
medianeria, *Sequestration*.
mediania, *Mediocrité*.
mediano, *mediocre, moyen*.
medicacion, *Pensement, guerison*.
medicamento, *Medicament*.
medicar, *medeciner*.
medicina, *medecine*.
medicinable, *Qui se peut medeciner*.
medicinal, *de medecine*.
medicinalmente, *medicalemēt*.
medecinar, *medeciner*.
medico, *medecin*.
medida, *mesure*.
medido, *mesuré*.
medidor, *mesureur*.
medimiento, *mesurage*.
medio, *Demy, moitié*.
mediocre, *mediocre*.
mediocremente, *Mediocrement*.
mediocridad, *mediocrité*.
medio dia, *midy, myiour*.
medir, *mesurer*.
meditacion, *meditation*.
meditador, *qui medite*.
meditar, *mediter, penser*.
medra, *Auancement, profit*.
medrado, *Agrandy, auancé par seruices*.
medrar, *S'aduancer, s'agrandir, profiter*.
medroñeyro, *Arbousier, arbre*.
medroño, *Idem*.
medrosamente, *Paoureusemēt*.

ME

medroso, *Paoureux*.
mejor, *Mieux*.
mejor, *meilleur*.
mejorar, *deuenir meilleur, encherir, priser, caresser*.
mejoria, *Aduantage, amelioration*.
mejoramiento, *Amelioration*.
melena, *Courraye à lier le ioug*.
melena, *Cheueleure*.
melcocha, *miel cuit*.
melcochero, *Qui vend le miel cuit*.
melencolia, *tristesse*.
melgo, *Qui a les dents de deuant ouuertes*.
melindre, *Mignardise, ioliueté*.
melindroso, *delicat, mignard, poutieux*.
mella, *Breche, diminution*.
mellada cosa, *Chose esbrechee*.
mellado, *Qui a vne dent à dire diminué*.
melladura, *diminution*.
mellar, *accourcir, diminuer, faire, breche*.
melliza, *gemelle, bessonne*.
mellizo, *gemeau, besson*.
mellon, *monceau*.
melezina, *Clystere, syringue, medecine*.
melodia, *Melodie*.
melodiosamente, *Melodieusement*.
melodioso, *melodieux*.
melon, *melon, fruit*.
melonada, *Saison de melon*.
melonar, *Melonniere, lieu à melons*.
meloso, *mielleux*.
meloxa, *vin cuit*.

ME

membrana, *Peau.*
membrar, *souuenir.*
membrillo, *Codigner, & coin fruit.*
membrudo, *fort, puissant, membru.*
memorable, *memorable*
memorablemente, *Memorablement.*
memoria, *Memoire.*
memorias, *bague, qu'on appelle Alliances.*
memorial, *de memoire.*
mencion, *Memoire, mention.*
mendicatiuo, *mendiant.*
mendigar, *mendier.*
mendigo, *mendiant.*
mendigon, *mendiant.*
mendiguez, *pauureté, mendicité.*
mendrugo, *Aumosne, bribe de pain.*
mencar, *Branler, remuer.*
meneo, *Remuement, geste de mains.*
menester, *Faulte, besoin, mestier*
menesteroso, *Pauure, necessiteux, souffreteux.*
menestril, *menestrier.*
mengua, *Faulte, disette, honte, affront.*
menguado, *A qui l'on fait honte, qui a faute.*
menguante, *Defaillant.*
menguante de la mar, *Basse maree.*
menguar, *manquer, diminuer.*
menino, *mignon, sauory.*
menor, *moindre, pupille, mineur.*
por menor, *Par le menu*

ME

menorar, *faire moindre, amoindrir.*
menoredad, *minorité.*
menoria, *minorité.*
menos, *moins.*
menos, *gestes.*
menoscabado, *Amoindry.*
menoscabador, *qui amoindrist.*
menoscabar, *amoindrir*
menoscabo, *Mespris, dommage, defaut.*
menospreciado, *mesprisé.*
menospreciador, *mespriseur.*
menospreciar, *mespriser.*
menosprecio, *mespris.*
mensaje, *message.*
mensajero, *messager.*
mentador, *Qui rememore.*
mentar, *mentionner, rememorer.*
mente, *entendement, pensee.*
mentecapto, *fol, estourdy.*
mentidor, *menteur.*
mentir, *mentir.*
mentira, *menterie.*
mentirosamente, *Menteusement.*
mentiroso, *menteur, langard.*
menudamente, *menuement.*
menudear, *diminuer, faire souuent.*
menudencias, *Minuttes, droleries.*
menudico, *menuët.*
menudo, *menu.*
A menudo, *Souuent*
menudo, } *La teste, les pieds, &*
menuzo, } *le ventre d'une beste, le menuille.*
meollo, *m.*

ME

mercader, *marchant, mercier.*
mercadear, *traffiquer.*
mercado, *Le marché.*
mercaduria, *mercerie, marchandise.*
mercancia, *trafic.*
mercar, *marchander, achepter.*
merced, *faueur, courtoisie, grace, honneur, seigneurie.*
merceria, *marchandise.*
mercero, *marchand.*
merchante, *marchand.*
merda, *merde.*
merdoso, *merdeux.*
merecedor, *Qui merite.*
merecer, *meriter.*
merecido, *qui a merité.*
merecimiento, *merite.*
merendador, *Qui fait colation.*
merendar, *faire colation, gouster.*
merendon, *gourmand.*
meridiano, *meridien.*
meridional, *au midy.*
merienda, *le gouster, la colation.*
merino, *office de iustice.*
merluza, *merlus, poisson.*
merma, *diminution, dechet du pois.*
mermar, *diminuer.*
mermelada, *codignat.*
mes, *le mois.*
mesa, *vne table.*
mesilla, *petite table.*
mesillo, *miserable.*
mesmo, *mesme.*
mesnada, *troupe, compagnee.*
mesnadero, *qui meine troupe de bestail.*
meson, *maison, tauerne, hostellerie.*
mesonero, *hoste, hostelier.*

ME

mespero, *nefflier, arbre.*
mesana, *le voile au milieu du nauire.*
messador, *qui arrache le poil.*
messadura, *arrachement de poil.*
messar, *tirer & arracher le poil.*
messegueria, *gardemets de bledz.*
messeguero, *gardeur de bledz.*
messoria, *gerbe de bled.*
mesta, *foire de bergers.*
mestenga, *beste espaue.*
mestengo, *apartenant à foire de bergers.*
mestizo, *Chien mestif.*
mesto, *hestre arbre.*
mesturar, *mesler.*
mesura, *mesure, sagesse, discretiõ, reuerence.*
mesuradamente, *Sagement, discretement.*
mesurado, *sage, discret, graue.*
mesurar se, *estre graue, modeste, se contenir.*
metal, *metal.*
metalado, *de metal.*
metedor, *qui met.*
metedor, *le drapeau des petis enfans, la braye.*
meter, *mettre.*
metido, *mis.*
MEXIAS, *Le Messias, Iesus-Christ.*
mexilla, *la ioue, la machoire.*
mexilles, *moules, coquilles à manger.*
mezana, *la voile du nauire.*
mezcla, *meslange, confusion.*
mezcladamente, *par meslange.*
mezclado, *meslé.*
mezclador, *qui mesle.*
mezcladura, *meslange.*

ME

mezclamiento, *meslange*.
mezclar, *mesler*.
mezclilla, *Petit meslange, sarge meslee*.
mezcolança, *meslange*.
mezquinamente, *pauurement, chichement*.
mezquinear, *estre chiche*.
mezquino, *chiche, miserable*.
mezquita, *Mosquee, temple de Mahomet*.

MI

mi, *mien, moy*.
mico, *guenon*.
miedo, *Peur, frayeur*.
miel, *miel*.
mielgas, *saintfoin, herbe*.
mielga, *Faucille à couper la paille*.
miembro, *membre*.
mientra y mientras, *tandis que, tant que*.
miera, *huile de geneure*.
miercoles, *mercredy*.
mierda, *merde*.
mierla, *merle, oiseau*.
mierra, *vn trasneau*.
mies y miesse, *la moisson*.
miesgado, *lieu à fraises, fraisiere*.
miesgos, *fraises fruit, & fraisier*.
miga, *mie, miette*.
migas, *Soupe de paysans*.
migaja, *mie, miette*.
migajon, *mie de pain*.
migajuelas, *petites miettes*.
mijo, *millet, herbe*.
mill, *mille en nombre*.
milen, *millier, mille, plurier*.
milagro, *miracle*.

MI

milagrosamente, *miraculeusement*.
milagroso, *merueilleux*.
milano, *milan, oiseau*.
milhoja, *millefeuille, herbe*.
milicia, *milice, art de la guerre*.
milla, *mille pas, vn mil*.
millar, *millier*.
millon, *million*.
mimador, *flatteur*.
mimadura, *flatterie*.
mimar, *flatter*.
mimbral, *Saulaye, lieu plein d'oziers*.
mimbrar, *brandir*.
mimbre, *ozier, lien, hard*.
mina, *mine soubz terre*.
minador, *fuseur de mines*.
minar, *miner*.
mineral, *mineral*.
minera, *mine, miniere*.
minero, *mine, miniere*.
ministro, *ministre*.
minuta, *minute, original*.
mio, *mien*.
mirabolanes, *mirabolans*.
mirada, *but, regard, consideration*.
miradero, *lieu d'où l'on regarde, eschauguette*.
mirado, *Regardé, contemplé*.
mirador, *lieu d'où l'on regarde, gallerie haulte, celui qui regarde*.
mirar, *voir, regarder*.
mirla, *merle, oiseau*.
mirlado, *qui a la bouche froncee*.
mirlar, *froncer la bouche*.
mirasol, *herbe du Soleil*.
mirra, *mirrhe*.
miruedanos, *fraises, fraisier*.
miserable, *miserable*.

M I

Miserablemente, *Miserablement.*
miseria, *misere.*
misericordia, *misericorde.*
misericordiosamente, *auec pitié.*
misericordioso, *pitoyable.*
mismo, *mesme.*
missa, *la messe.*
missal, *missel*
misterio, *mistere.*
mitad, *moitié.*
mitigador, *Qui adoucit.*
mitigar, *Adoucir.*
mitra, *mitre.*
mixtamente, *auec meslange.*
mixtion, *meslange.*

M O.

mobilidad, *mouuement, remuement.*
mobie, *Mobie.*
moca, *Ieune fille.*
moçalbete, *Ieune garçon*
moçaluillo, *Idem.*
mocaraue, *ouurage d'enrichissement à l'Arabesque.*
mocedad, *ieunesse.*
moceton, *Ieune garçon.*
mocetona, *Ieune fille.*
mochar, *Rongner, tronquer.*
mochila, *Bissac, besace, valize.*
mochilar, *tondre à eschellons.*
mochilero, *goujat.*
mochilla, *la bale qui couure le grain.*
mocho, *rongné, cheueche.*
mochuelo, *hibou, cheueche.*
mocito, *Ieune garçon, garçonnet.*
moço, *Seruiteur, garçon, ieune*

M O

homme.
mocos, *morue qui sort du nez.*
mocoso, *morueux.*
moçuela, *Ieune fillette.*
moçuelo, *Ieune garçon*
modelo, *modelle.*
moderacion, *Moderation.*
moderadamente, *modereement.*
moderado, *moderé.*
moderador, *moderateur.*
moderar, *moderer.*
moderno, *moderne.*
modestamente, *Modestement.*
modestia, *Modestie.*
modesto, *modeste.*
modorra, *Lethargie, estourdissement, sottise.*
modorra, *la seconde veille.*
modorramente, *follement.*
modorrear, *estre estourdy, sot.*
modorreria, *sottise.*
modorrido, *fol, estourdy*
modorrilla, *lethargie.*
modorrilla, *la troisiesme veille.*
modorro, *fat, estourdy, maussade.*
mofa, *moquerie.*
mofado, *moqué.*
mofador, *moqueur.*
mofaduta, *moquerie.*
mofar, *moquer*
mogollon, *escorniflerie.*
mogollonero, *escornifleur.*
mohatra, *trafic de prester à perte de finance, vsure.*
mohatrar, } *Prester à perte de*
mohatrear, } *finance.*
mohatrero, *Qui preste à perte de finance*

MO

de finance, vsurier
mohecer, Moisir
mohecido, Moisy
moheda, Forest
mohiento, Moisy
mohina, Ennuy, fascherie
mohino, Morne, fascheux
mohino, Mulet d'vn cheual & d'vne asnesse
moho, Mousse, moisissure
mohoso, Moussu, moisy
mojado, Mouillé
mojador, qui mouille
mojadura, Mouillure, Saulce
mojar, Mouiller, Saulcer
Mojon, Limite, Borne
Mojonar, Borner, Marquer de bornes
molar, Affiler, Esmoudre
Molde, Moule, forme
Moldura, Moulure, Façon d'ouurage
moledor, qui moust, moudeur
Moledura, Mousture
Moler, Moudre
Molestado, Ennuyé, fasché
Molestador, Qui ennuye
Molestar, Ennuyer, fascher
Molestamente, Facheusement
Molestia, Ennuy, fascherie
Molesto, Ennuyeux
Molido, Battu, froissé
Molienda, la mousture
Molificacion, Amollissement
Molificado, Amolly
molificador, qui amollit
molificar, Amollir
molinejo, Moulinet
Molinera, La meule à mouldre
Molinero, Musnier
Molinillo, Moulinet

MO

Molino, Moulin
Molinos de la mar, Courans de mer
Molledo, Le mol du bras
Molleja, La cailleite, le gizier des oiseaux
Mollentar, Amollir
Mollera, la fontaine de la teste
Molletas, Mouchettes à moucher la chandelle
Mollete, Pain mollet
Mollido, Mol, amoly
Mollidor, qui amolit
Mollidura, Amollissemens
Mollir, Amollir
Momento, Moment
Momia, Mumie
Momo, Momon, Qui contrefait
Mona, Guenon
Monarca, Monarque
Monarchia, Monarchie
Monasterio, Monastere
Monazillo, Vn petit moine
Mondadientes, Vn curedent
Mondado, Nettoyé, Balayé
Mondador, qui nettoye
Mondaorejas, Cure oreille
Mondar, Curer, Balayer, Nettoyer.
Mondongos, La petite oye des viandes
Mondonguero, Tripier
Mondonguera, Tripiere
Moneda, Monnoye
Monedero, Monnoyeur
Monesterio, Monastere
Monfi, Bany, Bandolier
Monge, Vn moine
Mongia, Moinerie
Mongil, Robe, habit de femme
Monja, Nonnain

O

MO — MO

monicion, *admonestement*
Monidor, *Crieur*
Monitorio, *Aduertissement*
Monillo y Monito, *Petit singe*
Monaco, *Ignorant, Sot*
Mono, *Singe*
Monopodio y monipodio, *Complot, Monopole*
Monstruo, *Monstre*
Monstruosamente, *Prodigieusement*
Monstruosidad, *Prodige*
Monstruoso, *Monstrueux*
Montaña, *Montagne, forest*
Montañero, *Gardien de forest*
Montañez, *Habitant de montagne*
Montañuela, *Montagnette*
Montar, *Monter*
Montaraz, *Forestier, Gardebois*
Montazgo, *Tribut de la montagne*
Monte, *Montagne*
Montear, *Chasser aux bestes sauuages*
Montera, *chasseresse*
Monteria, *Venerse, Chasse*
Montero, *Chasseur*
Montes, *sauuage de bois*
Montes puerco, *sanglier*
Montezillo, *Petite montagne*
Monton, *Monceau*
Montoncillo, *Petit monceau*
Montoso y montuoso, *montueux*
Mora, *Meure, fruict*
Morada, *Domicile*
Morado color, *Violet, pers*

Morador, *Habitat, qui demoure*
Moradora, *Habitante*
Moral *Meurier, arbre*
Moralidad, *Moralité*
Moralizador, *Qui moralise*
Moralizar, *Moraliser*
Moralmente, *Moralement*
Morar, *Demourer*
Morera, *Meurier blanc, arbre*
Morbo caduco, *Epilepsie*
Morcielago, *Chauue souris*
Morcilla, *Boudin*
Morcillo, *Saulcisse, boudin*
Mordacidad, *Morsure, mesdisance*
Mordaz, *Mesdisant*
Mordaza, *Mordace de mareschal, Baaillon*
Mordedor, *Mordeur*
Mordedura, *Morsure*
Morder, *Mordre*
Mordicon, *Morsure*
Mordido, *Mors, mordu*
Morena, *Vne lamproye*
Morena, *Vne qui est brune*
Morenito, *Brunet, vn peu brun*
Moreno, *Brun, bis*
Moreziklos, *Muscles*
Morillos, *Chesnets à feu*
Morir, *Mourir*
Morisma, *Barbarie, façon barbare*
Mormoso, *Morueux*
Mormullo, *murmure*
Morosidad, *Chagrin*
Moroso, *Chagrin*
Morrion, *morrion*
Mortaja, *Suaire, mortuaire*
Mortajador, *Qui enseuelist les morts*
Mortajar, *Enseuelir, faire funé-*

railles
Mortal, *mortel*
Mortalidad, *mortalité*
Mortalmente, *mortellement*
Martandad, *mortalité, deffaite*
Mortero, *mortier à piler*
Morteruelo, *mortier de maçon, saulce*
Mortezina, *Charongne*
Mortezino, *La tuerie*
Mortifero, *mortel*
Mortificacion, *mortification*
Mortificador, *qui mortifie*
Mortificar, *mortifier*
Mortuorio, *funerailles*
Morzilla, *Boudin*
Morzillo cauallo, *Cheual, moreau*
Mosca, *mouche, le train de la fleche*
Moscadero, *Esuantail, Esmouchoir*
Moscada nuez, *Noix muscade*
Moscarda, *mouche bouine, frelon*
Moscardon, *Cauteleux*
Moscatel, *Raisin muscat*
Moscon, *Grosse mouche, frelon*
Mosquear, *Chasser les mouches*
Mosqueador, *Chassemouche*
Mosquetas, *Roses musquées*
Mosquetero, *mosquetere, harquebusier*
Mosquilla, *Petite mouche*
Mosquito, *Petit moucheron*
Mostaza, *moutarde*
Mostazar se, *Se fascher, Se despiter*

Mosto, *moust de vin*
Mostracion, *demonstrance*
Mostrado, *monstré*
Mostrador, *qui monstre*
Mostrar, *monstrer*
Mostrenco, *Chose commune beste commune, comme vn estalon ou vn verrat*
Mota, *motte de terre, Chasteau fort*
Mota, *Atome du soleil*
Mote, *mot, deuise*
Motete, *motet, Epigramme*
Motejar, *Dire le mot, moquer*
Motilla de topo, *Taulpiniere*
Motin, *mutinerie*
Motine, *mutin, rebelle*
Motiuo, *Esmeute*
Motor, *moteur, qui meut*
Motoso, *Offusqué, plein d'atomes*
Mouedor, *qui meut, mouuant*
Mouedura, *mobilité, Auortement*
Mouedizo, *Abortif, muable*
Mouible, *muable*
Mouida, *mouuement*
Mouido, *Trauaillé, esmeu*
Mouimento, *mouuement*
Mouer, *Auorter, mouuoir*
Moxama, *Tout poisson salé*
Moxicon, *Soufflet au visage*

M V

Muchacha, *Ieune fille*
Muchacho, *jeune garçon*

muchas vezes, Souuent
muchedumbre, Frequence, multitude
mucho, Beaucoup
muchos, Plusieurs
mudabilidad, Changement
mudable, muable
mudablemente, muablement
mudado, Changé
mudador, qui change
mudamiento, Changement
mudança, Mutation, muance, cadence
mudas, fards au visage
mudar, Changer, müer
mudecer, Estre müet
mudo, müet
mueble, meuble
muela, meule de moulin, meule à aiguiser, grosse dent
muelle, mol
muelle, le haure, la detente de l'harquebuz
mueblemente, mollement
muerdago, du glu
muermo, morue, maladie de cheuaux ou autres bestes
muermoso, morueux
muerte, la mort
muerto, tué
muestra, Monstre, Gloire, Ostentation
muger, femme
mugercilla, femmelette
mugeril, Feminin
mugerilmente, A la façon de femme
mugicrego, Dameret, courtisan effeminé
mugre, Crasse, Graisse, Saleté
mugriento, Crasseux

mugron, le prouin de la vigne, marcotte
mugroso, Crasseux
mula, vne mule
muladar, Fumier
mular, de mule
mulatero, muletier
mulato, Fils d'vn noir & d'vne blanche ou d'vn blanc & d'vne noire
muleta, Petite mule
muletas de coxo, potences, bourdes
muleto, Petit mulet
mulo, mulet
multa, Amande
multar, Faire payer l'amende, mulcter
multiplicacion, multiplication
multiplicado, multiplié
multiplicador, qui multiplie
multiplicamiento, multiplication
multiplicar, multiplier
munchos, Plusieurs
mundanal, mondain
mundo, le monde
mundano, mondain
muñeca, Poupine, Poupee d'enfans
muñeco, Petit enfant au maillot
muñidor, Conuieur, qui semond
muñir, Conuier, Semondre
mur, Soury, animal
muramayor, mot de nauire
murado, massonné
murador, masson
muraguez, du mouron, herbe

M V

muralla, *Gros mur, muraille.*
murar, *Faire des murailles.*
murero, *maßon.*
murezillo del braço, *La soury du bras.*
murcielago, *chauue-souris.*
murgaño, *Rat ou soury.*
murmillo, *Petit bruit, murmure.*
murmuracion, *murmure.*
murmurador, *Qui murmure.*
murmurar, *murmurer.*
murmullo, *murmure, bruit.*
muro, *mur, muraille.*
musgaño, *musaraigne, animal.*
musica, *musique.*
musico, *musicien.*
muslo, *La cuisse.*
muslos y calças, *Haut de chausses.*
mustiamente, *Tristement.*
mustio, *Flestry, fany, triste, affligé.*
mutacion, *Changement.*
muy Fort, *beaucoup.*
muy mucho, *Trop.*

N A

Nabal, *Lieu plein de naueaux.*
Nabo, *Naueau.*
Nacar de perla, *Nacre de perle.*
Nacencia, *Naißance.*
Nacer, *Naistre.*
Nacido, *Né.*
Nacido y nacida, *Vne enfleure.*
Naciente, *Naißant.*
Nacimiento, *Naißance.*
Nacion, *Nation, origine.*

N A

Naçora, *La creme du laict.*
Nada, *Rien.*
Nadadero, *Lieu à nager.*
Nadador, *Nageur.*
Nadadura, *nageure.*
Nadar, *nager.*
Nadie, *Aucun, nul.*
A nado, *A nage.*
Naguela, *Cabane, logette couuerte de paille.*
Naipes, *Cartes à jouer.*
Nalgada, *Fesse, coup sur les fesses.*
Nalgas, *Les fesses.*
Nalgudo, *Fessu.*
Nalguear, *Remuer les fesses.*
Nao, *Nauire, grand vaisseau.*
Naranja, *Orange, fruict.*
Naranjal, *Lieu plein d'orangers.*
Naranjo, *Oranger, fruict.*
Nardo, *Nard, lauende, herbe.*
Nariz, *Le nez.*
Narigudo, *Qui a grand nez.*
Nassa, *nasse à pescher.*
Nata, *Creme de laict.*
Naterones, *Fromages de creme.*
Natiuidad, *natiuité.*
Natiuo, *Natif.*
Natura, *nature.*
Natural, *naturel.*
Naturaleza, *nature.*
Naturalez, *naturalité.*
Naturalizar, *naturaliser.*
Naturalmente, *naturellement.*
Nauaja, *vn rasoir.*
Nauajada, *Coup de rasoir.*
Naua, *Rase campagne, plaine.*

O iij

N A

naual, *Naual, de nauires.*
nauajon, *Rasoir.*
nauchel, *Pilote.*
naue, *Nauire.*
nauechuelo, *Petit nauire.*
nauegable, *nauigable.*
nauegacion, *nauigation.*
nauegado, *nauigué.*
nauegador, *Qui nauigue.*
nauegar, *nauiguer.*
nauezilla, *Petit nauire.*
Nauidad, *Noël.*
nauio, *nauire.*
nayfes, *Diamans bruts non taillez.*

N E

Nebeda, *Herbe à chat, calament.*
nebli, *Faucon, Oyseau.*
neblina, *nuage, nuee, brouee.*
necear, *Faire le sot, estre sot.*
necedad, *Ignorance, sottise.*
necessariamente, *Necessairement.*
necessario, *necessaire.*
necessitad, *necessité.*
necessitado, *Pauure, indigent, necessiteux.*
necessitar, *necessitez.*
necia, *Lourde, sotte.*
neciamente, *Sottement.*
necio, *Ignorant, lourdaut, sot, idiot.*
necissimo, *Tres-sot.*
necuelo, *Petit sot.*
nefario, *illicite.*
negacion, *nience.*
negado, *nyé.*
negador, *Qui nie.*

N E

negar, *nier.*
negligencia, *Paresse.*
negligente, *Paresseux.*
negligentemente, *negligemment.*
negociacion, *negotiation.*
negociado, *negotié.*
negociador, *negociateur, faiseur d'affaires.*
negocial, *Chose d'affaires.*
negociante, *negociant.*
negociar, *negotier, faire affaires.*
negrecer, *noircir.*
negrecedor, *Qui noircit.*
negrecido, *noircy.*
negra hija, *Fille malheureuse.*
negrecimiento, *noircissement.*
negreguear, *noircir.*
negregura, *noirceur.*
negreta, *Sorte de Cane sauuage.*
negrillo, *Vn peu noir.*
negro, *noir, more, mal-heureux.*
negromancia, *negromance.*
necromantico, *necromantien.*
negror, *noirceur.*
negrura, *noirceur.*
neguijon, *Saleté, noirceur qui vient aux dents.*
neguilla, *nielle, herbe.*
nenufar, *nenufar, herbe.*
neruio, *nerf.*
neruoso, *nerueux.*
neruiar, *neruer, attacher auec nerfs.*
neruiosidad, *neruosité.*
neruudo, *neruu, plein de nerfs.*
neuado, *neigé, plein de neige.*

NE

neuar, *neiger.*
neuoso, *Neigeux, plein de neige.*
neutral, *neutre.*
neutralidad, *neutralité.*
neutralizar, *Estre neutre.*
neutro, *neutre.*

NI

Ni, *Ny, ne.*
ni aun, *ny encores.*
nidada, *nichee.*
nidal, *Nid, l'œuf qui est au nid.*
nidezuelo, *Petit nid.*
nido, *nid.*
niebla, *nuee, broüee.*
nieruo, *nerf.*
niespola, *nefsle.*
niespolo, *nefslier.*
nieta, *Petite fille.*
nieto, *Petit fils.*
nieue, *neige.*
nynfa, *nymphe.*
ninguno, *nul, aucun.*
niña, *une ieune fille.*
niña, *La prunelle de l'œil.*
niñear, *Faire l'enfant.*
niñeria, *Ieu d'enfant, folies d'enfant.*
niñero, *Qui ayme les enfans.*
niñez, *enfance, jeunesse.*
niñeta, niñilla, *La prunelle de l'œil.*
niño, *Ieune enfant.*
nispero, *nefslier.*
niuel, *niueau d'un maçon.*
niuelador, *Qui mesure au niueau.*
niuelamiento, *niuelement.*

NI

niuelar, *niueler, mettre au niueau.*

NO

No, *Non.*
nobia, *L'espousee.*
nobio, *L'espousé.*
noble, *noble.*
noblecedor, *Qui anoblist.*
noblecer, *Anoblir.*
noblecimiento, *Anoblissement.*
noblemente, *noblement.*
nobleza, *noblesse.*
noche, *La nuict.*
nocherniego, *nocturne.*
nociuo, *nuisant.*
noembargante, *nonobstant.*
nogada, *Sauce faicte auec noix.*
nogal, *noyer.*
nolito, *naulage, salaire à passer l'eau.*
nombradia, *Renom.*
nombrado, *Renommé.*
nombrar, *nommer, appeller.*
nombre, *nom.*
nomina, *Charme, paroles de magie.*
nominatamente, *Par nom.*
nones, *nombre, nompair.*
nonadas, *Bayes, balivernes.*
nono, *neufuiesme.*
noque, *Vne tine ou tinole de cordonnier.*
norabuena, *La bonne heure.*
noramala, *Malencontre.*
norte, *L'estoile du Nort, Septentrion.*
nosotros, *nous.*
nota, *Marque.*

O iiij

N O

Notable, notable.
Notablemente, notablement.
Notado, marqué.
Notar, noter, marquer.
Notario, notaire.
Notezilla, Petite marque.
Noticia, Cognoissance.
Notificacion, notification.
Notificar, Acertener, notifier.
Notoriamente, notoirement.
Notoriedad, Cognoissance.
Notorio, Manifeste, euident.
Noturno, nocturne.
Nouato, neuf, nouice.
Nouecientos, neuf cens.
Nouedad, nouueauté.
Nouela, Conte, fable, nouuelle.
Nouelar, Conter fables.
Nouelero, Conteur de fables, inuenteur de nouuelles.
Nouena, neufuaine.
Noueno, neufuiesme.
Nouenta, nonante.
Nouiciazgo, Apprentissage.
Nouicio, nouice, apprenty.
Nouia, Espousee.
Nouiembre, Nouembre, mois.
Nouilla, Genisse, ieune vache.
Nouillo, Toreau.
Nouio, Espousé.

N V

Nube, nuée.
Nubil, Bon à marier.
Nublado, nuageux, nubileux.
Nublados, Les nües.
Nublar, estre nuageux.
Nublo, La nuble, la bruine du bled.

N V

nubloso, nuageux.
nuca, La nuque du col.
nuera, Bru, nore.
nuestro, nostre.
nueua, nouuelle.
nueuamente, nouuellement.
nueue, neuf en nombre.
nueuo, nouueau neuf.
nuez, noix, fruict.
nueza, Brione, couleuree, herbe.
numero, nombre.
numeroso, nombreux.
numo, La monnoye.
nunca, Iamais.
nutria, vne Loutre, animal.
nuuada, nuee d'eau.
nuue, nüe, nuee.
nuue del ojo, Taye dans l'œil.
nuuezilla, Petite nuee.
nuzir, nuire.

ñ

ñudado, noüé.
ñudadura, noüement.
ñudar, noüer.
ñudico, ñudillo, Petit nœud.
ñudo, vn nœud.
ñudoso, Noüeux, plein de nœuds.

O B

O, ou, ó, ou bien.
Obedecer, Obeyr.
Obedecido, Obey.
Obediencia, Obeyssance.
Obediente, Obeyssant.
Obedientemente, Obeyssamment.

O B

Obejaruco, *Oyseau qui prend les abeilles.*
Objectar, *Obiecter.*
Objecto, *Obiect.*
Obispado, *Euesché.*
Obispal, *Episcopal, d'Euesque.*
Obispalia, *Euesché.*
Obispilio, *Le cropion d'vn oyseau.*
Obispillo de san Nicolas, *Euesque que font les escholiers le tour S. Nicolas.*
Obispo, *Euesque.*
Obito, *Mort, obit.*
Oblada, *Pain d'offerte, oubly, oblation.*
Oblea, *Oublie de farine.*
Oblectar, *Oblecter.*
Obligacion, *Obligation.*
Obligado, *Obligé.*
Obligador, *Qui oblige.*
Obligar, *Obliger.*
Obligatorio, *Obligatoire.*
Obliquo, *Oblique, de trauers.*
Obra, *Trauail, œuure, deuoir.*
Obrada de tierra, *arpent de terre.*
Obrador, *Boutique, ouurier.*
Obrera, *Ouuriere.*
Obrezilla, *Petite œuure.*
Obscuramente, *Obscurement.*
Obscuro, *Obscur.*
Obsequias, *Funerailles.*
Obseruancia, *Obseruance.*
Obseruado, *Obserué.*
Obseruador, *Qui obserue.*
Obseruar, *Garder, obseruer.*
Obsistir, *Empescher.*
Obstaculo, *Empechement.*
Obstante, *Empeschant.*
Obstinacion, *Opiniastreté.*

O B

obtemperacion, *Obeyssance, conniuence.*
obtemperador, *Qui obeyst.*
obtemperamiento, *Conniuence.*
obtemperar, *Obeyr, conniuer.*
obtencion, *Accord, obtention.*
obtener, *Accorder.*
obuiar, *Obuier.*
obumbrar, *Ombrager.*

O C

Ocasion, *Occasion.*
ocasionadamente, *Par occasion.*
ocasionado, *Qui donne occasion.*
ocasionalmente, *Par occasion.*
ocasionar, *Occasionner.*
oceano, *L'Occean.*
ochauado, *A huict faces.*
ochauario, *Octaues.*
ochauo, *Monnoye comme quatre deniers.*
ochauas, *Octaues.*
ochauo, *Huictiesme.*
ochenta, *Octante.*
ocho, *Huict.*
ochocientos, *Huict cens.*
ocico, *Museau, groin, la mouë.*
ocicudo, *Qui a les léures grosses.*
ocidental, *Qui est d'Occident.*
ocidente, *Occident.*
ocio, *Repos, oysiueté.*
ociosamente, *Oysiuement.*
ociosidad, *Oysiueté.*
ocioso, *Oysif.*
ocular, *Euident.*

O C

ocularmente, *Euidemment.*
ocultado, *Caché.*
ocultador, *Cacheur.*
ocultar, *Cacher.*
ocupacion, *Occupation.*
ocupado, *Occupé, empesché.*
ocupador, *Qui occupe.*
ocupar, *Occuper, empescher.*
ocurrencia, *Occurrence.*
ocurrir, *Auenir.*

O D

Odiado, *Hay.*
odiador, *Qui hayt.*
odiar, *Hayr.*
odio, *Hayne.*
odioso, *Odieux, hay.*
odor, *Odeur.*
odoramiento, *Sentiment.*
odorar, *Sentir.*
odre, flacon, *Peau à porter vin ou huile.*
odrezillo, *Petit vaisseau de cuir.*
odrina, *Grand vaisseau de cuir.*

O F

Ofencion, *Offense.*
ofendedor, *Qui offense.*
ofender, *Offenser.*
ofendido, *Offensé.*
ofensa, *Offence.*
offensor, *Qui offense.*
oferta, *Offerte.*
oficial, *Artisan, Marchand.*
oficialejo, *Petit officier.*
oficio, *Denoir, office, art.*

O F

ofrecer, *Offrir.*
ofrecido, *Offert.*
ofrecimiento, *Offre.*
ofrecedor, *Qui offre.*
ofrenda, *Offrande.*
ofuscacion, *Offuscation.*
ofuscado, *Offusqué, esblouy.*
ofuscador, *Qui offusque.*
ofuscamiento, *Offuscation.*
ofuscar, *Offusquer.*

O G

Ogaño, *Cette annee cy.*

O j

Ojada, *œillade.*
ojal de boton, *œillet, boutonniere.*
ojazo, *Vn grand œil.*
ojeado, *Enchanté, œilladé, fasciné.*
ojear, *Faire signe des yeux, fasciner.*
ojeo, *Sorcelerie, fascination.*
ojeras, *La cauité où sont les yeux.*
ojo, *œil, Sorcelerie.*
ojos de puente, *Les arches d'vn pont.*

O L

Ola, *Vague de la mer, flot.*
oleado, *Flottant.*
oleado, *Homme prest à mourir, qui a receu l'onction.*
oleador, *Le Prestre qui donne l'onction.*

O L

olear, *flotter*
olear, *Donner l'extreme onction.*
oledor, *qui sent, qui flaire.*
oledera, } *Flairement, sentiment.*
oledero, }
oler, *Sentir.*
olfato, *flairement, sentiment.*
oliente, *sentant, qui sent.*
oliscar, *Sentir mauuais, puir, estre suranné.*
oliua, *Oliue, fruit.*
oliuar, *lieu plein d'oliuiers.*
olio, *Huile.*
oliuo, *Oliuier.*
olla, *Pot, marmitte.*
ollejo, *Peau de fruit.*
olleria, *Boutique, & ouurage de potier.*
ollero, *Potier.*
olmeda, *Ormaye.*
olmedo, *Idem.*
olmo, *ormeau.*
olor, *Senteur, flair.*
oloroso, *Flairant, qui sent bon.*
oluidado, *oublié.*
oluidador, *Qui oublie.*
oluidadizo, *oublieux*
oluidança, *oubly.*
oluidar, *Oublier.*
oluido, *Oubly.*

O M

ombligo, *le nombril*
ombrezillos, *Houbelon, herbe.*

O M

ombro, *Espaule.*
omicida, *meurtrier.*
omicidio, *homicide.*
omiziano, *Homicide, meurtrier.*
omizillo, *Meurtrier, homicide.*
omitir, *Oublier, laisser, obmettre.*

O N

Onça, *once, animal.*
onça, *once, poix.*
onda, *onde.*
ondeado, *ondoyé, à ondes.*
ondear, *ondoyer.*
ondoso, *plein d'ondes.*
onestad, *Honesteté.*
Onestamente, *Honnestement.*
onestar, *faire l'honneste.*
onestidad, *honnesteté.*
onesto, *honneste.*
onze, *onze.*
onzeno, *onzieme.*

O P

operacion, *Ouurage.*
opilacion, *bouchement*
opilado, *bouché*
opilar, *boucher*
opinable, *sujet à opinion.*
opinado, *opiné.*

O P

Opinador, *Qui dit son opinion.*
Opinar, *Opiner*
Opinatico, *Qui suit l'opinion.*
Opinion, *Opinion.*
Opio, *Opium, drogue*
Oponedor, *qui oppose.*
Oponer, *opposer.*
Oportunamente, *Oportunement*
Oportunidad, *oportunité.*
Oportuno, *oportun.*
Oposicion, *opposition.*
Opositor, *Opposant.*
Opresso, *Opprimé.*
Opressor, *Qui opprime*
Oprimidor, *Oppresseur.*
Oprimir, *Opprimer, oppresser.*
Oprobrio, *Oprobre, honte.*
Opuesto, *Opposé.*
Opugnacion, *combat.*
Opugnado, *combattu.*
Opugnador, *Qui combat.*
Opugnar, *Combattre.*
Opulencia, *Richesse.*
Opulentemente, *richement.*
Opulento, *Riche.*

O R

Ora, *heure.*
Oracion, *Oraison, priere.*
Oraculo, *Oracle.*
Oraçuz, *du reglisse, arbrisseau.*
Orador, *qui prie, orateur.*
Orar, *Prier, declamer*
Oratoria, *Rhetorique, art d'oratoire.*
Oratorio, *Oratoire, lieu à prier*
Orça, *Cruche, vaisseau de terre.*
Orça, *Corde de nauire.*
Orçuelo, *Mal qui vient aux yeux, orgeol.*
Orçuelo, *Trape à prendre oiseaux.*
Orden, *Ordre.*
Ordenadamente, *auec ordre.*
Ordenado, *Ordonné*
Ordenador, *Ordonneur.*
Ordenamiento, *Ordonnance*
Ordenança, *Ordonnance.*
Ordenar, *Ordonner, mettre ordre.*
Ordeñar, *traire, tirer le lait.*
Ordeo, *Orge.*
Ordiata, *ptisane à boire.*
Ordidera, *Le fer ou l'on met le fil, & celle qui ourdit.*
Ordido, *Ourdy.*
Ordidor, *Lieu où l'on ourdit, & celuy qui ourdit.*
Ordidura, *Ourdissure, commencement.*
Ordiembre, *Estaim, laine filace.*
Ordir, *Ourdir, commencer.*
Orear, *Mettre à l'air*
Oregano, *Origan, herbe.*
Oreja, *Oreille.*
Orejear, *Branler les oreilles.*
Orejon, *Pesches seches, fruit.*
Orejones, *Peuple d'Indie belliqueux.*
Orejudo, *Qui a grandes oreilles.*
Oreo, *Zephire, petit vent doux.*
Orfandad, *Orfelinage.*
Organista, *ioüeur d'instrumens, ioüeur d'orgue.*
Organo, *Orgue, instrument.*
Orgullo, *Orgueil.*
Orgullosamente, *Orgueilleusement.*

OR

Orgulloso, *Orgueilleux*
Oriental, *Oriental, d'Orient.*
Oriente, *Orient, Leuant.*
Origen, *origine, source.*
Original, *Exemple, original.*
Originalmente, *Originairement.*
Orilla, *Le bord.*
Orillo, *Le bord, la lisiere*
Orin, *rouille de fer.*
Orina, *vrine.*
Orinal, *Pot à pisser.*
Orinar, *Pisser*
Oriniento, *Rouillé.*
Orizonte, *l'Orizon.*
Orla, *Ourle, bord.*
Orlado, *Bordé.*
Orlador, *Qui borde.*
Orladura, *Bord*
Orlar, *Ourler, border.*
Orlo, *sorte d'instrument de musique*
Ornamento, *Ornement*
Ornado, *Orné*
Ornador, *Qui orne.*
Ornar, *Orner, embellir.*
Oro, *Or.*
Oro gañin, *Or meslé auet argent.*
Oro de lata, *Oripeau.*
Oro de tibar, *Or fin.*
Orones, *Leuees contre l'eau, digues.*
Oropel, *Or faux, oripeaus.*
Oropendola, *Oriol, oiseau.*
Oropimento, *Orpiment, orpin.*
Orosus, *reglisse, bois.*
Ortaliza, *herbages, herbes à manger.*
Ortelano, *Iardinier.*

OR

Ortiga, *Ortye.*
Oruga, *Roquette, herbe.*
Oruga, *Chenille, ver.*
Orrura, *Horreur, isle.*

OS

Osadamente, *Hardiment.*
Osadia, *Audace, hardiesse.*
Osado, *hardy, asseuré.*
Osar, *s'aduanturer, oser, s'asseurer*
A osadas, *A l'aduenture*
Oscuramente, *obscurement.*
Oscurecer, *obscurcir.*
Oscuro, *Obscur.*
O si, *ô si, pleust à Dieu.*
Ospedable, *logeable.*
Ospedablemente, *charitablement.*
Ospedado, *Logé.*
Ospedador, *Qui loge.*
Ospedaje, *hostelage.*
Ospedamiento, *logement.*
Ospedar, *Loger.*
Ospederia, *Logis, hostellerie.*
Ospital, *hospital.*
Ospitalero, *Celuy qui tient l'hospital.*
Ossa, *Vne Ourse.*
Ossario, *Charnier de cimetiere.*
Ossilla, *Petite Ourse.*
Ossillo, *Petit Ours.*
Osso, *un Ours*
Ossudo, *plein d'os, ossu.*
Ostia, *huistre, escaillé*
Ostia, *Hostie à sacrifier.*
Ostiario, *Lieu à mettre l'Hostie.*
Ostiero, *Lieu où l'on pesche les huistres.*

O L

Ostinacion, *obstination*
Ostinadamente, *Opiniastrement.*
Ostinado, *obstiné.*
Ostinar, *obstiner.*
Ostiones, *huistres.*

O T

Oteado, *espié,*
oteador, *qui espie.*
otear, *espier, regarder*
oteo, *espie.*
otero, *colline, lieu pour descouurir.*
otoñada, *le temps d'Automne.*
otoñal, *chose d'Automne.*
otoñar, *estre en l'Automne.*
otoño, *automne.*
otorgacion, *ottroy.*
otorgado, *ottroyé.*
otorgador, *Qui ottroye.*
otorgamiento, *ottroy.*
otorgante, *ottroyant, accordant*
otorgar, *ottroyer.*
Otramente, *Autrement.*
otro, *Autre.*
otrosi, *Aussi, outre.*
otrotal, *Vn autre.*
otrotanto, *Autant, tout autant.*
Otubre, *Octobre, mois*

O V

Oua du sart, *l'herbe qui naist dans l'eau, mousse de mer*
ouado, *Couué.*
ouado, *faict en ouale.*
ouar, *pondre, couuer*

O V

ouar, *faire en ouales.*
oueja, *Ouaille, brebis.*
ouejero, *gardeur de brebis.*
ouecijta, *petite brebis.*
ouejuela, *brebiette, petite brebis.*
ouejuno, *apartenant à brebis.*
ouillar, *Deuider, pelotonner.*
ouillo, *un peloton.*

O X

Oxala, *A la mienne volonté, pleust à Dieu, Dieu vueille que.*
oxariza, *Haine, rancœur*
oxeado, *chassé, rebutté.*
oxear, *Chasser les bestes, espouuanter.*
oxeo, *Chassement, guet.*
oxi sacre, *Sucre auec vinaigre.*

O Y

Oy, *Auiourd'huy.*
oydo, *l'oreille.*
oydor, *Auditeur, iuge, qui oit.*
oyente, *oyant.*
oyr, *ouyr, escouter*

P A

Pauillo.
Pabila, *La meche de la chandelle, le lumignon.*
Pablo, *Paul, nom propre*
Paca, *Bale, paquet.*
pacedor, *qui paist.*
pacedura, *pasture.*
pacer, *paistre.*

PA

pachochada, *lourdise, sottise.*
pachocho, *Idem.*
pacido, *Peu repeu.*
paciencia, *Patience.*
paciente, *Patient.*
pacientemente, *Patiemment.*
pacificacion, *pacification.*
pacificado, *pacifié.*
pacificador, *qui appaise.*
pacificamiento, *pacification.*
pacificar, *appaiser.*
pacifico, *Paisible.*
pactear, *accorder, contracter.*
pacto, *pact, accord.*
padecedor, *qui souffre.*
padecer, *souffrir.*
padecido, *souffert.*
padecimiento, *souffrance.*
padrastro, *Beaupere.*
padrastro de la viña, *Peau qui se leue des ongles.*
padre, *Pere.*
padrino, *Perrain.*
padron, *vn perron.*
paga, *paye, le rolle de la taille.*
pagado, *contant, payé.*
pagador, *payeur, qui paye.*
pagamento, *payement.*
pagano, *Payen, ethnique.*
pagar, *Payer.*
page, *Page, seruiteur.*
pagel, *Rouget, poisson*
pagezico, *petit page, petit valet.*
pagezillo,
pagizo, *de paille, rustique.*
pagiza cosa, *chose de paille.*
pagizo color, *iaulne, paille.*
pago, *recompense.*
pago de viñas, *Quartier de vignes, vignoble.*

PA

paja, *Paille.*
pajada, *chose faite de paille.*
pajado, *iaune, paillé.*
pajar, *le pasilir.*
paijzo, *de paille.*
pajuelas, *alumettes.*
pala, *Pale, verge, baston*
palabra, *Parole, le mot du guet.*
palabrero, *Grand parleur, charlatan.*
palabrilla, *vn petit mot.*
palaciego, *Courtisan, qui sçait sa court.*
palacio, *palais.*
palaciano, *Courtisan, du palais.*
paladar, *le palais de la bouche.*
paladear, *frotter, mouuoir le palais.*
palafren, *haquenee, palefroy.*
palanca, *Leuier, barreau, rouleau.*
palanque, *Barriere, lieu fermé de pieux.*
palanquera,
palanquero, *Faiseur de barrieres.*
palanquin, *faquin, portefaix.*
palazo, *Coup de baston.*
palecer, *pallir.*
paleta, *pallette.*
paletoque, *cazaque, saye.*
paliado, *desguisé, couuert.*
paliar, *desguiser, couurir.*
palidamente, *palement*
palideza, *Palleur, couleur pale.*
palido, *Pale, iaune.*
palillo, *festu, petit baston*
palio, *vn dais d'entree pour les Rois ou Princes.*

Palio, *le prix de la course.*
palissar, *Palisser, faire hayes.*
palizada, *palissade, espalier.*
palma, *palme, arbre.*
palma, *La paume de la main.*
palmada, *Coup de paume de main.*
palmar, *Lieu planté de palmes.*
palmar, *qui est d'un empan.*
palmatoria, *ferule, herbe.*
palmear, *battre des mains.*
palmilla, *bleu obscur.*
palmito, *racine de palme.*
palmitos, *palme sauuage.*
palmo, *empan.*
palo, *baston, piece de bois*
paloma, *pigeon.*
paloma torquaza, *ramier, roquet.*
palomar, *Colombier.*
palomilla, *fumeterre, herbe.*
palomina, *Idem.*
palomino, *pigeonneau.*
palpable, *palpable.*
palpablemente, *Euidemment.*
palpar, *manier.*
palpear, *palpiter.*
palpitacion, *palpitation*
palpitador, *qui palpite.*
palpitamiento, *palpitation.*
palpitar, *palpiter.*
palude, *maray*
pampana, *pampre, feuille de vigne.*
pampanillo, *Tortillon de la vigne*
pampano, *Bourgeon de la vigne.*
pampanoso, *plein de pampre.*
pampilos, *bec de gruë, herbe.*

panporcino, *Pain de pourceau, herbe.*
panyqueso, } *Bourse de pasteur, herbe*
panyquesilla, }
pan, *Pain, bled.*
pan baço, *Pain bis.*
panadera, *boulangere.*
panaderia, *boulangerie*
panadero, *boulanger*
panal de la miel, *Rayon de miel*
panarizo, *mal qui vient aux ongles.*
pança, *panse, gros ventre.*
pancarpia, *couronne faite de plusieurs fleurs.*
pan cenceño, *Pain sans leuain.*
pançudo, *ventru.*
pandar, *Courber, affaisser.*
pandero, *tabourin de biscaye.*
panderetero, *Tabourineur de biscaye.*
pandilla, *Pasté au ieu de cartes.*
pandillador, *faiseur de pastés en iouant.*
pandillar, *faire vn pasté aux cartes.*
pandillero, *faiseur de pastés en iouant.*
pando, *courbé, le ventre en bas*
panera, *huche, grenier.*
panes, *les bleds.*
panetele, *Panade.*
panezillo, *Petit pain, trochisque.*
paniega tierra, *bône terre à bled, blastiere.*
paniego, *Grand mangeur de pain*
panizo, *herbe.*

Pani-

P A

Panizuelo, *Petit drapeau*
Panoja, *Espy de millet ou panis*
Panojo, *Drapeau*
Pañal, *Lange, Drapeau, Couche d'enfans*
Pañazo, *Gros drap*
Pañezuelo de mesa, *Vne seruiette*
Pañezuelo de narizes, *Vn mouchoir*
Pañezuelo, *Drapeau*
Paño, *drap*
Paño de manos, *Vne seruiette*
Paño de cara, *Vn mouchoir*
Pañoso, *de drap*
Pañuelo, *Mouchoir*
Pantano, *marest*
Pantanoso, *marescageux*
Pantorrilla, *Le gras de la jambe*
Pantorrilludo, *Qui a la jambe grosse*
Pantuflo, *Pantoufle*
Panyaguado, *Domestique, familier amy*
Panyaguar, *Faire amitié auec quelqu'vn*
Papa, *Le Pape*
Papadgo, *Papauté*
Papado, *Le Papat*
Papada, *L'herbiere du bœuf, Le fanon, le gros du menton*
Papal, *Apartenant au Pape*
Papagayo, *Papegay, oiseau*
Papahigo, *Capuchon*
Papar, *Engloutir, joüir du papat*
Paparraz, *Staphisaigre, herbe*
Papas, *Bouillies*

P A

Papel, *Papier*
Papel de estraça, *Papier brouillé*
Papelero, *Papetier*
Papelon, *Cornet de papier*
Papera, *Squinances, auines*
Papirote, *Chiquenaude*
Papo, *Gosier, gorge, gisier*
Papolas, *Panos des champs*
Papudo, *Qui a la gorge grosse, goitreux*
Par, *Pareil, egal*
Par, *Deux, Vne couple, vne paire*
De par en par, *De tout, de part en part*
Para, *Vers*
Paraque, *A quoy*
Parada, *Arrest, sejour*
Paradero, *Haure, Arrest, Port*
Paradilla, *Pause, petit arrest, petit sejour*
Parado, *Arresté*
Parador, *Qui arreste*
Paragon, *Semblance, parangon*
Paraje, *Apareil, Ornemens, demeure*
Paramallo, *Palemail*
Paramentado, *Orné de paremens*
Paramentar, *Tapisser, orner de paremens*
Paramento, *Parement, Ornement, Tapisserie*
Paramo, *Bruyere, Lieu desert*
Parança, *Le lieu où l'on tend vn ret, & la detente d'vn ret*
Parar, *arrester.*
Parar, *Tendre retz, lacetz ou*

P

PA

trapelles
parar, *Parier au jeu*
parar de golpe, *Arrester tout court*
parar mientes, *Considerer*
parche, *Petite emplastre*
parcial, *Factieux*
parcialidad, *Faction, parcialité*
parcionero, *Participant, Parsonnier*
pardal, *passereau*
pardillo, *Gris gris blanc*
pardo, *Gris minime*
pardo, *Leopard, animal*
pared, *Muraille, paroy*
paredilla, *Tramail, instrument à pescher*
paredon, *Vieille muraille*
pareja, *Pareille*
parejamente, *Pareillement*
parejo, *Parel*
parejura, *Egalité*
parecer, *Sembler, paroistre, Se monstrer*
parecer, *Aduis, opinion*
parentela, *Parentage*
parentesco, *Parentage*
pares de muger, *Arrierefaix de la femme*
pergamino, *Parchemin*
parias, *Fief, hommage, asseurance, gage*
parias, *Arrierefaix des femmes*
parida, *Acouchee*
pariente, *Parent, Cousin, Proche*
parir, *Acoucher, Enfanter*
parizion, *Acouchement*
parla, *Babillage, babil*

PA

parlamento, *Deuis*
parlar, *Parler, Babiller, Deuiser*
parleria, *babil*
parlero, *Grand parleur*
parpadear, *Mouuoir les paupieres*
parpado, *Paupiere, Le cil des yeux*
parque, *Parc*
parra, *Vne vigne, Vne treille*
parrilla, *Marcotte de vigne*
parrilla, *Gril à rostir*
parrochia, *Parroisse*
parrochiano, *Parroissien*
parte, *part*
par parte, *Aduertir, donner aduis*
parte para, *Suffisant, bastant*
partear, *Faire l'office de sage femme*
partencia, *Partement*
parteria, *Sage femme*
parteria, *Estat de sage femme*
partesana, *Vne pertuisane, arme*
partezica, partezilla, partezuela, *Petite part, parcelle*
participar, *participer*
particular, *particulier*
particularizar, *particulariser*
particularmente, *Particulierement*
partida, *Depart*
partidamente, *Diuisément, A part*
partido, *Promesse, Party, Traité*
partidor, *Qui diuise, Partisseur*

PA

partija, *Part, partage*
partimiento, *Diuision, departement*
partir, *Diuiser, Separer, S'en aller*
parto, *Acouchement*
parua, *Airee de bled, Couche de bled dans l'aire*
pascua, *Pasques*
pascual, *De pasques*
pasmado, *Pasmé, Estourdy, Bruiné, Gasté du mauuais temps*
pasmar, *pasmer, S'estonner*
pasmo, *pasmoison, Conuulsion*
passa, *Raisin*
Da passada, *En passant*
passable, *passable*
passadero, *passable*
passadizo, *Galerie, allee*
passado, *passé, predecesseur*
passador de ballesta, *Vn trait, Vne fleche*
passage, *passage, voiture*
passagero, *passager, voiturier*
passamanero, *passementier*
passamano, *passement*
passar, *passer*
passatiempo, *passetemps*
passeadero, *pourmenoir*
passeador, *pourmenoir*
passear, *pourmener*
passeo, *pourmenade, pourmenoir*
passion, *Tourment, passion*
passioncilla, *petite passion*
passico, passito, *Coyement, tout beau*
passo, *Tout beau, doucement*
passo, *pas, marcher*

PA

De passo, *En passant*
pasta, *paste*
pastillas, *Trochisques*
pastel, *pastel, herbe*
pastel, *Vn pasté*
pastelera, *pastissiere*
pasteleria, *Boutique de patissier*
pastelero, *pastissier*
pasto, *Fourrage, pasture, pastis*
pastor, *pasteur, Berger*
pastora, *Bergere*
pastorcilla, *petite bergere*
pastorcillo, *petit berger*
pastorcuelo, *petit berger*
pastoril, *pastoral, de pasteur*
pata, *pied*
pataco, *Lourd, grossier*
patacon, *Sorte de monnoye*
patada, *La trace du pied*
patado, *pied plat*
pateado, *Acorde, pactionné*
pateador cauallo, *Cheual frapant du pied, remuant*
patear, *Fraper du pied, Fouler*
patear, *Capituler, Faire pactions*
patenas, *Medailles*
patente, *Lettre du Roy, patente*
patentemente, *ouuertement*
paternalmente, *paternellement*
paterno, *paternel*
patihendido, *Qui a le pied fendu*
patimaciço, *pied plat*
patio, *Vne court*
patico, *Oison, Hallebran*

P ij

PA

Patin, *Oison*
Patituerto, *Qui a les jambes tortes*
Pato, *jars, oye*
Patraña, *Fable, Bourde, Conte*
Patria, *Pays, Patrie*
Patriarca, *Patriarche*
Patriarcadgo, *Patriarcat*
Patrimonial, *De patrimoine*
Patrimonio, *Patrimoine*
Patron, *maistre*
Pauellon, *Pauillon*
Paues, *Pauois, bouclier*
Pauesa, *Le lumignon de la chandelle, le moucheron*
Pauesada, *Rang de pauois*
Pauilo, *Meche, Lumignon de chandelle*
Pauimiento, *Paué*
Pauo y pauon, *Paon, oiseau*
Paua, *Paonne*
Pauo de las Indias, *Coq d'Inde*
Pauonada, *Piaffe, Brauerie*
Pauonado, *Couleur changeante*
Pauonear, *Piaffer, Brauer*
Pauor, *Peur, frayeur*
Pauoroso, *Paoureux*
Pauorosamente, *Paoureusement*
Pausa, *Pause*
Pausadamente, *Posement*
Paxarero, *Oiseleur*
Paxarico, *Oisillon*
Paxarilla, *La fagoüe du pourceau*
paxarillo, *Oisillon*
Paxarito, *Petit oiseau, Oisillon*
Paxaro, *Oiseau*

PE

Payla, *Poile, Bassin*
Paylon, *Grande poille*
Paz, *Paix*

PE

Peal, *Chausson, escarpin*
Peage, *Peage*
Peagero, *Peager*
Peaña, *Le marche pied*
Peazgo, *Droit de peage*
Pebrada, *Poivree, Saulce de poiure*
Pebre, *Poivre*
Peca, *Lentille au visage, Tache*
Pecado, *Peché, Vice, meschanceté*
Pecador, *Pecheur*
Pecadora, *Pecheresse*
Pecadorcico, *Petit pecheur*
Pecante, *Qui peche*
Pecar, *Pecher*
Pece, *Poisson*
Pece de tierra, *Terre grasse*
Pecezillo, *Petit poisson*
Pecha, *Taille, Impost, taxe*
Pechar, *Payer certain tribut, comme le tuillon*
pechazo, *Grande poitrine, grand courage*
Pechero, *Taillable, mis à la taille, roturier, paisant*
Pecho, *Tribut, Taille sur le peuple*
Pechuga, *Estomac, Poitrine*
Pechugar, *S'apuyer sur la poitrine*
Pechuguera, *mal de poitrine*

PE

pecilgar, *Pincer, picquer.*
pecilgo, *Pincement, picquemēt.*
pecina, *Lieu à garder poisson, Estang.*
peçon, *La queüe du fruict, le bouton.*
peçon de la teta, *Le bout du tetin.*
pecoso, *Taché de lentilles au visage.*
pecunia, *argent.*
pedaceria, *pieces, morceaux.*
pedacico, ⎫
pedacillo ⎬ *Eschantillō, petite piece, petit morceau.*
pedacito   ⎪
pedaçuelo ⎭
pedacio, *Vn petteur.*
pedaço, *Piece, morceau.*
pedante, *Soubsmaistre.*
pedernal, *Caillou, pierre à feu.*
pedigueño, *Qui demande trop.*
pedimiento, *Demande.*
pedir, *Demander.*
De pido, *Ie demande.*
pedo, *Vn pet.*
pedo de lobo, *Vessie de loup.*
pedorra, *Peteresse.*
pedorreras, *Chausses troussees.*
pedorrero, pedorro, *Peteur, qui ne faict que peter.*
pedrada, *Vn coup de pierre.*
pedregal, *Lieu pierreux.*
pedregoso, *Pierreux.*
pedrera, *Vne pierriere.*
pedrero, *Vn tireur de pierres.*
pedrezita, *Du grauoir.*
pedrisco, *La greste.*
pedroso, *Pierreux.*
peer, *Petter.*
pega, *Vne pie, oyseau.*
pega, *De la poix.*

PE

pegado, *Attaché, poissé.*
pegador, *Qui attache.*
pegadura, *Attachement.*
pegamiento, *Attachement, assemblage.*
pegajoso, *Gluant, poissé.*
pegar, *Coler, attacher, assembler.*
pegon, *Attache.*
pegote, *Attache.*
pegujal, *Le bien propre d'vn chacun.*
peladilla, *La pelade.*
peladillas, *Amandes confites.*
pelado, *Pelé.*
pelador, *Qui pele.*
peladura, *Pelement.*
pelambre, *La pelade.*
pelambrera, *Onguent à arracher le poil.*
pelar, *Peler, plumer, arracher le poil.*
pelea, *noise, debat, combat.*
peleador, *Combattant.*
pelear, *Combatre, debatre.*
pelechadura, *Pelade, mue.*
pelechar el aue, *muer de plumes.*
pelicano, *Pelican.*
peligrar, *Estre en danger.*
peligro, *Peril, danger.*
peligrosamente, *Dangereusement.*
peligroso, *Dangereux.*
pelitre, *Pyrette, herbe.*
pella, *Pelotte, boule.*
pella, pellada, *Poignee.*
pellejeria, *Pelleterie, lieu où l'on vend les peaux.*
pelleja, pellejo, *La peau.*
pellica, pellico, *Fourrure, pelisse, juppe de berger.*

P iij

PE

pelliscar, *Pincer, brocarder.*
pellisco y peliscon, *Pinceure, brocard picquant.*
pellizero, *Peletier.*
pelmaço, *Morceau de laine molle.*
pelo, *Poil.*
A pelo, *A propos.*
pelomalo, *Le poil follet des oyseaux.*
pelon, *Chiche, pauure Gentilhomme.*
peloneria, *Chicheté, pauureté.*
peloso, *Velu, plein de poil.*
pelota, *Boule, pelotte, balle, ballon.*
peltre, *Estain.*
peluza, *Duuet.*
pena, *Peine, trauail, punition.*
penadamente, *Auec peine.*
penado, *Trauaillé, pené.*
penal, *Penible, de peine.*
penalidad, *Souffrance, trauail, peine.*
penacho, *Panache.*
penar, *Auoir peine, punir, estre puny.*
penca, *Le trou d'vn chou, ou laituë.*
pendejo, *Lieu où croist le poil aux parties honteuses.*
pendencia, *Practique, querelle, menee.*
pendenciero, *Querelleux.*
pendola, *Vne plume.*
pendon, *Enseigne, estendart, banniere.*
pendiente, *Pendant.*
penetracion, *Penetration.*
penetrante, *Penetrant.*

PE

penetrar, *Penetrer.*
penitencia, *Repentance.*
penitencial, *Repentant.*
penitenciano, *Penitencier, qui ordonne la penitence.*
penitenciero, *Penitencier.*
penitente, *Penitent.*
peña, *Roche, rocher.*
peñascal, *Lieu plein de rochers.*
peñalcos, *Grands rochers.*
peñascoso, *Plein de rochers.*
peñata, *Grue, oyseau.*
peñol, *Roc, escueil.*
peñola, *Plume à escrire.*
peñon, *Roc, rocher, escueil.*
peñoso, *plein de rochers.*
penoso, *Laborieux, de peine.*
pensadamente, *pensiuement.*
pensado, *pensé.*
pensador, *Qui pense.*
pensamiento, *pensee.*
pensar, *penser, opiner, paistre.*
pensatiuo, *pensif.*
pension, *pension.*
penuria, *Disette.*
peon, *pieton, homme de pied, iournalier.*
peonada, *Oeuure d'vn iour.*
peonaje, *Amas de gens de pied.*
peonça, *Sabot, toupie.*
peonia, *piuoine, herbe.*
peor, *pire.*
peoramiento, *Deteriorement.*
peoria, *Detriment.*
peormente, *pirement.*
pepino, *Concombre.*
pepita, *Graine, semence, pepin.*
pepitoria, *Hachis.*
pepon, *Melon, poupon.*

pequeñamente, *petitement.*
pequeñez, *petitesse.*
pequeño, *petit.*
pequeñito, pequeñuelo, *petiot, fort petit.*
pera, *poire, fruict.*
pera verdiñal, *poire, bergamote.*
peral, *poirier.*
perayle, *Escardeur de draps.*
percances, *profits de seruice outre les gages.*
percha, *vne perche.*
perchador, *Qui met des perches.*
perchar, *Mettre des perches.*
perdedor, *Qui perd.*
perder, *perdre.*
perdida, *perte.*
perdidamente, *Abandonnément.*
perdidillo, *petit pandart, perdu, meschant, desbauché.*
perdido, *Mauuais mesnager, perdu.*
perdicion, *perte.*
perdidoso, *perdu, qui perd, prodigue.*
perdigado, *Oyseau reuenu sur le feu.*
perdigador, *Qui fait reuenir sur le feu.*
perdigar, *Faire reuenir vn oyseau sur le feu.*
perdigon, *perdriau.*
perdiguero, *Chasseur de perdris, chien pour la perdris.*
perdimiento, *perte.*
perdz, *perdris, oyseau.*
perdon, *pardon.*
perdonado, *pardonné.*

perdonador, *qui pardonne.*
perdonança, *pardon.*
perdónar, *pardonner, remettre.*
perdulario, *perdu, prodigue.*
perdurable, *Eternel.*
perdurablemente, *Eternellement.*
perecedero, *perissable, qui perit.*
perecer, *perir.*
perecimiento, *perissement.*
peregrinacion, *peregrinaje, voyage, pelerinage.*
peregrinar, *voyager, peleriner.*
peregrino, *voyageur, estranger.*
perenal, *Fol.*
perenalmente, *Follement.*
perexil, *persil, herbe.*
pereza, *paresse.*
perezosa, *paresseuse.*
perezosamente, *paresseusemēt.*
perezoso, *paresseux.*
perfecion, *perfection.*
perfectamente, *parfaictement.*
perfecto, *parfaict.*
perfil, *Le profil, le traict.*
perficionado, *parfaict.*
perficionador, *Qui met à perfection.*
perficionar, *Mettre à perfection.*
perfido, *perfide.*
perfilar, *Tracer, tirer.*
perfumado, *parfumé.*
perfumador, *parfumeur.*
perfumar, *parfumer.*
perfumero, *parfumeur.*
perfumeria, *Boutique ou art de parfumeur.*
perfumes, *parfuns.*
pergamino, *parchemin.*
perjudicar, *preiudicier.*

P iiij

P E

perjudicial, Preiudiciable.
perjuizio, preiudice.
perjurar, Pariurer.
perjuro, Pariurement, pariure.
perla, Perle.
perlado, Prelat.
perlatico, Paralytique.
perlesia, Paralysie.
perlica, Petite perle.
permanecer, Durer tousiours.
permission, Consentement.
permitir, Permettre.
permutacion, Change.
permutar, Changer.
pernear, Branler les iambes.
pernada, Gambade.
perniciosamente, Meschamment.
pernicioso, Meschant.
pernil, Vn jambon.
perpendiculario, Droict à plōb.
perpendicularmente, De droicte ligne.
perpetracion, Vn faict.
perpetrado, Commis, faict.
perpetrador, Qui commet.
perpetrar, Commettre.
perpetuamente, Tousiours.
perpetual, Continuel.
perpetualmente, Continuellement.
perpetuar, Perpetuer, continuer.
perpetuidad, Perpetuité.
perpetuo, Continuel, continuellement.
perplexamente, Auec peine.
perplexidad, Perplexité.
perplexo, En peine, irresolu, perplex.
perra, Chienne.

P E

perreria, Chenil.
perrita, Petite chienne.
perrito, Petit chien.
perrizillo, Petit chien.
perro, Chien.
perruno, De chien.
pero, Mais, toutesfois.
persecucion, Persecution.
persego, Pesche, fruict.
perseguido, Poursuiuy.
perseguidor, Qui poursuit.
perseguimiento, Poursuite.
perseguir, Poursuiure.
perseueradamente, Continuellement.
perseuerancia, Perseuerance.
perseuerante, Qui perseuere.
perseuerador, Qui perseuere.
perseuerar, Continuer, perseuerer.
persistir, Persister.
persona, Personne.
personal, Personnel.
personalmente, Personnellement.
persuadidor, Qui persuade.
persuadir, Conseiller, persuader.
persuasion, Persuasion.
persuasible, Aisé à persuader.
persuasiblemente, Auec persuasion.
persuasiuo, Persuasif.
persuasor, Qui persuade.
persuasorio, Aisé à persuader.
pertenecer, Appartenir.
perteneciente, Appartenant.
pertenencia, Appartenance.
pertiga, Percke.
pertigo, L'aiguille d'une charrette.
pertiguero, Bedeau, porteur de

PE

baniere à l'Eglise.
pertrea, Dureté comme d'un cor
pertrecho, Appareil, fortification.
pertrechado, Appareillé, garny, muny, fortifié.
pertrechar, Fortifier, munir.
pertrechos de caça, Appareil de chasse.
perturbacion, Trouble.
perturbado, Troublé.
perturbador, Qui trouble.
perturbar, Troubler.
peruersamente, Peruersement.
peruersidad, Meschanceté.
peruerso, Meschant.
peruertido, Peruerty.
peruertidor, Qui peruertit.
peruertimiento, Peruersion.
peruertir, Gaster, brouiller.
peruetano, Poirier sauuage.
perulero, Qui vient du Peru.
pesadaméte, Griefuement, auec ennuy, lentement.
pesa, Poix.
pesadilla, Maladie, ou en dormãt il semble qu'on estoufe.
pesadillas, Le moyne que donnent les laquais.
pesado, Fascheux, pesant.
pesador, vn qui pose
dar el pesame, Se condouleir du mal d'autruy.
pesante, Pesant, fascheux.
pesantor, Pesanteur.
pesar, Ennuy, fascherie.
A pesar, Malgré, en despit.
pesar, Ennuyer, fascher, poiser.
pesaroso, Fasché, ennuyé.
pesca, La pesche.

PE

pescadera, Poissonniere.
pescaderia, Poissonnerie.
pescadero, Poissonneux.
pescadelero, Poissonnier.
pescado, Poisson.
pescador, Pescheur.
pescar, Pescher.
pesco, La pesche.
pescoso, Plein de poisson.
pescoçada, Coup sur le chinon du col.
pescoçon, Coup sur le chinon du col.
pescuda, Demande, Enqueste.
pescudador, Enquesteur.
pescudar, Demander, enquerir.
pescueço, Le chinon du col.
pesebre, vne creche.
pesebrera, Creche, mangeoire.
peso, Pois, balance.
pespuntar, Faire des arriere-poincts.
pespunte, Arriere-poinct.
pesquera, vn estang.
pesqueria, Pesche, pescherie.
pesquisa, Enqueste.
pesquisar, Enquerir.
pesquisido, Enquis.
pesquisidor, Enquesteur.
pesquiso, Enqueste.
pestaña, La paupiere de l'œil.
pestañear, Mouuoir le œl de l'œil.
pestilencia, Pestilence.
pestilencial, Pestilentieux.
pestillo, vn verrouil.
pestorejo, Le deuant de la teste.
petaca, Corbeille.
petafio, Epistaphe.
peticion, Requeste.

peto, *une cuirasse.*
petral, *poitral de cheual.*
petrar, *pestrir, endurcir.*
petrina, *Ceinture.*
peuete, *parfum.*
pexego, *pescher, arbre.*
peynador, *Qui peigne.*
peynar, *peigner.*
peyne, *peigne.*
peyne de texedor, *La laine d'un tisseran.*
pez, *poix gemme.*
peziento, *Nuisible.*
pezpital *Baqueüe, bergeronnette oyseau.*
pezuña, *Ongle comme de cheual.*
piadosamente, *pitoyablement.*
piadoso, *pitoyable.*
piador, *Qui crie comme vn poulet.*
piamente, *Religieusement.*
piar, *Crier comme vn poulet, ou passereau, pepier.*
piara, *Troupeau de bestail.*
pica, *vne pique.*
picaça, *vne pie, oyseau.*
picaço, *Coup de pique.*
picada, *vn coup de bec, picquure.*
picadillo, *vn hachis.*
picado, *piqué.*
picaño, *Gueux, maraud.*
picante, *Acrimonie, aigreur.*
picapedrero, *Tailleur de pierres.*
picapleytos, *Chiquaneur, plaidereau.*
picar, *piquer, couper, hacher, fraper du bec.*

picar vn cauallo, *piquer vn cheual.*
picardezca, *Canaille.*
picardia, *Beistrerie.*
picarear, *Belistrer.*
picarito, *pandard, etc.*
picaro, *Gueux, cymant.*
piçarra, *Ardoise.*
picarral, *Lieu d'ardoise.*
piçarrera, *Carriere d'ardoise.*
piçauiento, *vent contraire.*
pico, *Le bec d'vn oyseau.*
pico de hierro, *pic, hoyau de fer.*
pico de la oreja, *Le bout de l'oreille.*
pico, *pyuert, oyseau.*
picota, *vn pieu, vn poteau, vne potence.*
picote, *Saye, juppon, hoqueton.*
picudo, *Qui a du bec, busard.*
piçuelos de frisas, *Le bout d'vne toile qui n'est tissue.*
pie, *Le pied.*
pieça, *Chambre.*
pieça, *piece, morceau.*
piedad, *pieté.*
piedra, *pierre.*
piedratoque, *pierre de touche.*
piel, *La peau.*
pielago, *plaine mer.*
pienso, *pensement, pasture.*
pierna, *La jambe.*
piernyabierto, *Escarquillé, jambes ouuertes.*
pifano, pifaro, *Fiffre, flageol.*
pihuela, *Iects d'oyseau de proye.*
piguela, *piege à prendre bestes.*

PI

pila, *Les fonds à baptiser.*
pilar, *pilier, colonne.*
pildora, *pillule*
pillaje, *pillage, larcin.*
pilon, *un pilon, le lict de la riuiere.*
piloto, *pilote.*
pimienta, *du poiure.*
pimentar, *poiurer*
pimpinela, *pimpenelle, herbe.*
pimpollo, *ietton d'arbres.*
pinal, *lieu plein de pins.*
pinillo, *chamæpytis, herbe.*
pinariego, *apartenant au pin.*
pinças, *pincettes*
pinjado, *pendu*
pinjar, *pendre, mot Catalan.*
piña, *pomme de pin, pine.*
piñon, *noyau de pine, pinon.*
pino aduar, *pin franc, arbre.*
pinsabo, *Sapin.*
pintacilgo, } *Chardronnet, oiseau.*
pintacilio, }
pintado, *peint.*
pintar, *peindre.*
pintas, *Rougeole, maladie.*
pintor, *peintre.*
pintura, *peinture.*
pinzel, *pinceau.*
piojento, *pouilleux.*
piojera, *pouillerie*
piojo, *poux, animal.*
piojoso, *pouilleux.*
piolar, *pepier, pioler*
pipa, *pipe, vaisseau à vin*
pipota, *un barril.*
pipotillo, *petit tonneau*
pique, *A point.*
piquero, *un piquier.*
piquillo, *petit bec.*
pisada, *Trace, piste.*

PI

pisado, *foulé aux pieds.*
pisador, *qui foule aux pieds.*
pisadura, *Foulement.*
pisar, *fouler aux pieds.*
pison, *hie, instrument dequoy on paue.*
pisonar, *pauer, battre le paué.*
pisto, *un consommé pour malades.*
pitañoso, *Chassieux.*
pitar, *flageoler, iouër du flageol*
pitiroxo, *gorge rouge, oiseau.*
pito, *sifflet, flageolet.*
piula, *sifflerie*
piular, *siffler.*
pixa, *Le membre viril.*
pixita, *La bite des petis enfans.*
pixona, *Idem*

PL

plaça, *Place.*
placarte, *placart, edict.*
placera, *Vne garse, vne courante.*
placeramente, *publiquement.*
placero, *public, coureur.*
placiencia, *plaisir.*
plaguear, *monstrer ses playes.*
plana, *Instrument à vnir, rabot, vne plume*
plana, *vne page de papier*
plancha, *table planche.*
planchon, *grande planche.*
planeta, *planette du ciel.*
plañir, *plaindre.*
planta, *plante.*
plantado, *planté.*
plantador
plantadura, *plantement*
plantar, *planter.*

P L

plantear, *Pleurer, plaindre.*
plata, *Argent.*
plataforma, *Plateforme.*
platano, *platane, arbre.*
platazo, *vn grand plat.*
plateado, *Argenté.*
platear, *Argenter.*
platero, *Orfeure.*
platel, *petit plat.*
plateria, *la rue des orfeures.*
platica, *Pratique, harangue, propos.*
platicar, *Deuiser.*
platico, *pratic.*
platillo, *assiette, tranchoir.*
plato, *vn plat.*
playa, *la rade, la playe.*
Dar el plazeme, *Se resiouyr du bien d'autruy.*
plazenteramente, *Ioyeusement.*
plazentero, *Plaisant.*
plazer, *plaisir.*
plazo, *Terme, delay, deliberation.*
plebeyo, *Populaire.*
plegable, *ployable.*
plegado, *Ployé.*
plegadura, *ply, pliement.*
plegaria, *priere, requeste.*
plegar, *Plier, ployer.*
plegue, *Plaise, vtinam.*
pleyteado, *Plaidé.*
pleyteador, *Plaideur.*
pleyteante, *Plaideur, chicaneur.*
pleytear, *Playder.*
pleytista, *Plaideur, chicaneur.*
pleyto, *Procés.*
pleytomenage, *Hommage, foy promise.*

P L

pliego, *Paquet, ply.*
plique, *ply.*
plomada, *Du plomb, plombee, niueau.*
plomar, *Plomber.*
plomero, *Plombier.*
Plomo, *Du plomb.*
Plomo de albañir, *le plomb du masson.*
Pluma, *Plume.*
Plumage, *Plumage.*
Plumageria, *Boutique de plumassier.*
Plumazo, *le duuet.*
Plumero, *Plumassier.*
Plumilla, *Petite plume.*
Plumito, *Idem.*

P O

Poblacion, *Colonie, peuplade.*
poblado, *Cité, bourg, peuplé.*
Poblador, *Habitant, demourant.*
Poblar, *peupler.*
Pobre, *pauure.*
Pobremente, *Pauuremens.*
Pobrete, *Pauuret.*
Pobretico, *Idem.*
Pobreton, *Idem.*
Pobreza, *Pauureté.*
Pobrezilla, *Pauureté.*
Pobrezillo, *Pauuret.*
Pocilga, *tect à pourceaux.*
Poco, *Peu.*
Podador, *qui taille.*
Podadera, *serpe, faux.*
Podar, *Couper, tailler les vignes ou arbres.*
Podazon, *Temps de tailler les*

vignes, esmondement d'arbres.
Podenca, Chienne mestisse.
podenco, Chien mestif.
poder, force, pouuoir.
poder, pouuoir.
poderio, Puissance, pouuoir.
poderosamente, Puissamment.
poderoso, Puissant, bastant.
podre, Boüe, aposteme, du pus.
podrecer, Pourrir, suppurer.
podrecimiento, Pourriture, suppuration.
podricion, Pourriture.
podrido, Pourry.
podrimiento, Pourriture.
podrir, pourrir.
poesia, Poësie
poeta, Poëte
poyal, couuerture d'vn siege.
poyo, Siege de pierre.
polayna, Gamache, triquehouse.
polea, vne poulie.
poleada, Tourteau de bouillie.
poleo, Pouliot, herbe.
policia, Netteté, polissement.
polidamente, Ioliement
polidero, Chiffon à deuider.
polidillo, Iolier, gentil.
polideza, Polissure.
polido, Poly, gentil, ioly.
polidor, Polissoir, a polir.
polilla, Tigne, ver.
polipodio, Polipode, herbe.
polir, polir.
polos, les poles du Monde
polla, vne poule.
pollazon, Nourriture de poules.
pollera, Cage à mettre poulets.
pollero, Poulailler.

pollino, Vn poulain.
pollo, Poulet.
polluela, Poulette.
polluelo, Poussin, poulet.
poluareda, Poussiere.
poluo, Petite poussiere
poluillo, Poudre, poussiere.
poluito, Petite poudre
poluora, Poudre à canon.
poluorar, Poudrer.
poluoramiento, Poudroyement.
poluorear, Mettre en poudre.
poluorisacion, Poudroyement.
poluoroso, Poudreux.
poma de olor, Pomme de senteur.
pomillo de vidro, Phiole de verre.
pompa, Pompe.
pompear, Estre magnifique.
pomposo, Magnifique.
poncil, Poncire, fruit.
ponçoña, Poison, venin
ponçoñador, Qui empoisonne.
ponçoñar, Empoisonner.
ponçoñoso, Venimeux
ponderar, Poiser.
poner, Mettre.
poner, Pondre.
pontezuela, Vn petit pont.
pontificado, Pontificat.
pontifical, Pontifical
pontifice, Pontife.
pontones, Bacs à passer l'eau.
poniente, Occident.
popa, la poupe du nauire
popado, Gardé soigneusement.
popar, Garder auec soing
popular, Populaire.
populoso, Peuplé.

poquedad, *Poltronnerie, vileté, petitesse.*
poquillo, *Petit, petiot.*
poquito, *Idem.*
por, *Pour, par.*
porauentura, *Parauenture.*
por ay, *Par là.*
porcima, *Par dessus.*
porcion, *Part, portion.*
porcionero, *Partisseur.*
porcino, *De porc.*
porcino, *Vne bosse à la teste.*
pordioscar, *Caymander, gueuser.*
pordioseria, *Gueuserie.*
pordiosero, *Gueux, caymant.*
porende, *Parquoy, pource, pourtant.*
porfia, *Perseuerance, debat, opiniastreté.*
porfiadamente, *Perseueramment.*
porfiado, *Constant, opiniastre.*
porfiar, *Insister, noiser, debattre, perseuerer.*
porfido, *Porphyre, pierre.*
porfioso, *Noiseux, quereleux.*
porhijar, *Adopter.*
poridad, *Secret.*
porque, *Car, pourquoy, pourtant que, afin, afin que.*
porqueria, *Saleté.*
porquerizo, *Porcher.*
porquero, *Porcher.*
porqueron, *Vn sergent.*
porquezuelo, *Vn cochon.*
porra, *Vne massue.*
porra, *La teste du membre viril.*
porrada, *Coup de massuë.*

porrada, *Sottise, impertinence.*
porraço, *Coup de massue, secousse.*
porretas, *feuilles de porreaux.*
porrilla, *Petite massue.*
portacartas, *Escrin, boite.*
portacuentos, *porteur de contes.*
portada, *L'entree, grand portail.*
portadgo, *Tribut qu'on prend aux portes.*
portadguero, *Gardeur de portes, preneur de tribut.*
portal, *Portail.*
portalada, *Vn portail.*
portamanteo, *Vne valize.*
portambien, *Iustemét, egalemét*
portanario, *l'orifice de l'estomach.*
portera, *Portiere.*
portero, *Portier.*
porte, *Le port, le prix du port.*
portezuela, *Petite porte, portillon.*
portillo, *ouuerture, breche.*
poruentura, *Peut estre.*
posada, *Logis.*
posadero, *Banc, siege.*
posar, *Reposer, loger, asseoir.*
pospelo, *Contrepoil, poil à rebours.*
posponer, *Mettre arriere.*
posseedor, *possesseur.*
posseer, *posseder.*
possession, *possession.*
possible, *Possible.*
possiblemente, *possiblement.*
possibilidad, *possibilité.*
posta, *poste.*
postas, *pieces.*
poste, *pilier, poteau.*

posteridad, postérité.
posterior, posterieur.
postigo, Huis de derriere.
postila, glose.
postilador, qui glose.
postilar, gloser.
postilla, pustule.
postilloso, plein de pustules.
postillon, Courrier, postillon.
postracion, Abaissement.
postrado, prosterné.
postrador, Qui abaisse, qui humilie.
postrar, Humilier, prosterner, abaisser
postre, Le desert.
A la postre, Finalement.
postreramente, En dernier lieu, dernierement
postrero, Le dernier
postrimeria, La derniere fin, le bout.
postrimero, Le dernier
postular, Requerir.
postura, Assiette, posture, accord.
potage, potage.
potagero, mangeur de potage
potencia, puissance.
potente, puissant
potentemente, puissamment.
potestad, puissance.
potestad, puissance.
potra, greueure, hargne.
potranca, poutre de trois ans, ieune iument
potrico, poulain nouueau né.
potro, poulain, ieune cheual.
potro, La gehenne.
potroso, greué.

pouo, peuplier, arbre.
pozero, un puiseur de puys.
pozo, un puy.

P R

Pradera, prairie
praderia, Idem.
prado, pré.
pradezillo, petit pré.
pradillo, petit pré.
pratica, pratique
praticar, pratiquer.
pratico, pratic.
preambulo, preambule.
precedente, precedent.
preceder, preceder.
precepto, Commandement.
preceptor, precepteur.
precessor, deuancier.
preciar, estimer, priser.
precio, prix
preciosamente, precieusement.
precioso, precieux.
preciso, precis.
predestinacion, predestination.
predestinar, predestiner
predicacion, presche.
predicador, prescheur.
predicar, prescher.
predicatorio, chaire pour prescher.
predicion, prediction.
predizir, predire.
predominar, maistriser, surmonter.
prefacio y prefacion, preface.
preferir, preferer.
pregaria, priere, requeste
pregon, ban, cry d'un crieur.
pregonado, crié à son de trompe
pregonar, Crier à son de trompe

PR

pregonero, *Crieur public.*
pregunta, *Demande, interrogation.*
preguntado, *Demandé, enquis.*
preguntador, *qui interroge.*
preguntar, *Demander, enquerir.*
prelacia, *Prelature.*
prelado, *Prelat.*
prelatura, *Office de prelat.*
prematica, *Ordonnance, edict.*
premeditacion, *Premeditation.*
premeditar, *Penser deuant.*
premia, *Force, contrainte, rigueur.*
premiado, *Contraint*
premiador, *Qui presse, qui contraint.*
premilla, *Pardon de la premiere faute.*
premio, *Guerdon.*
premir, *Forcer, contraindre.*
prenda, *Gage, erre*
prendado, *Engagé.*
prendar, *Engager, prendre en gage.*
prendedero, *Vn cachet*
prender, *Prendre.*
prendimiento, *Prise.*
preñada, *Femme grosse.*
preñado, *La grosse.*
preñez, *La grosse d'vne femme.*
prensa, *Vn pressoir, vne presse.*
prensador, *qui imprime*
prensar, *Presser, imprimer.*
preparacion, *Preparation*
preparado, *Preparé.*
preparador, *Qui prepare*
preparar, *Preparer.*

PR

prepucio, *Prepuce.*
presa, *Butin, prise.*
presa, *Vne leuee, vne digue.*
presagio, *Presage.*
presbytero, *Prestre.*
prescito, *Condamné.*
prescricion, *Prescription*
prescriuir, *Prescrire.*
presea, *Ioyaux, pierrerie.*
presencia, *Presence.*
presentacion, *Presentation.*
presentado, *Presenté.*
presentador, *Qui presente.*
presentar, *Presenter*
presente, *Present, don*
presentemente, *Presentement.*
presentir, *Preuoir, sentir deuant*
preseruacion, *Preseruation.*
preseruado, *preserué*
preseruador, *Qui preserue.*
preseruar, *Preseruer.*
presidencia, *Presidence.*
presidente, *President.*
presidir, *Presider.*
preso, *Prins.*
pressuroso, *Hastif.*
pressurar, *Haster*
prestado, *Presté.*
prestador, *Qui preste.*
prestadizo, *Prestable.*
prestamente, *Incontinent.*
prestar, *Prester.*
presteza, *Haste, promptitude.*
prestido, *Prest, emprunt*
prestito, *Idem.*
presto, *Prompt, prest.*
presto, *Promptement.*
presumir, *Presumer.*
presuncion, *Arrogance*
presuntuosamente, *Arrogamment.*

presun-

PR

presuntuoso, *Arrogant*
presuroso, *Hastif*
pretal, *Poitral*
pretender, *Pretendre*
pretendiente, *Pretendant*
pretensa, pretension, *pretention*
pretina, *Ceinture*
Preualecer, *Preualoir*
Preuer, *Preuoir*
Preuencion, Preuoyance, *Préuention*
preuenir, *Preuoir, Preuenir*
Preuertir, *Preuertir*
Preuilegiado, *Priuilegié*
Preuilegiador, *Qui donne priuilege*
Preuilegiar, *Donner priuilege*
Priuilegio, *Priuilege*
Prez, *Honneur, prix*
Priessa, *Haste, foule, presse*
Prieto, *Noir*
Prima, *Primaulté*
Prima, *La chanterelle d'vn instrument*
Primacia, *Primaulté*
Primado, *Primat*
Primal, *Agneau d'vn an*
Primauera, *Printemps*
Primeramente, *Premierement*
Primeriza, *Femme qui acouche de son premier enfant*
Primerizo, *Hastif, Primerain*
Primero, *Premier*
Primicias, *Premices*
Primo, *Subtil, menu, delié*
Primo, *Cousin*
Primo hermano, *Cousin germain*
Primor, *Excelence, Primaulté, Subtilité*
Princesa, *Princesse*

PR

Principado, *Principauté*
Principal, *Principal*
Principalmente, *Principalemēt*
Principe, *Prince*
Principiar, *Commencer*
Principio, *Commencement*
Pringada, *Rostie de pain arrosée de lard*
Pringar, *Flamber auec du lard*
Pringue, *Graisse*
Prior, *Prieur*
Priorado, *Fait prieur, Prieuré*
Priorazgo, *Le prieuré*
Priscal, *Pescher, arbre*
Prisco, *Pesche, fruit*
Prision, *Prison*
Prisionero, *Prisonnier*
Prisiones, *Fers de la prison*
Priuacion, *priuation*
Priuada, *Latrine, priué*
Priuadamente, *Familierement*
Priuadillo, *Mignon, Fauory*
Priuadero, *priué*
Priuado, *Fauory, Mignon, familier, priué*
Priuança, *Faueur, familiarité, priuauté*
Priuar, *Estre familier, estre fauorisé*
Priuar, *Oster, priuer*
Priuilegio, *Priuilege*
Pro, *Profit*
Proa, *La proüe*
Probable, *probable*
Probablemente, *probablement*
Probabilidad, *preuue*
Proceder, *proceder*
Procedimiento, *procedure*
procession, *procession*
processo, *procedure*

PR

Proclamacion, Proclamation
Proclamado, Proclamé
Proclamador, Qui proclame
Proclamar, Proclamer
Procreacion, engendrement
Procreado, Engendré
Procreador, Qui engendre
Procrear, Engendrer
Procuracion, Procuration
Procurador, Procureur
Procurar, Procurer
Prodigalidad, Prodigalité
Prodigamente, Prodigalement
Prodigar, Prodiguer
Prodigo, prodigue
Produzido, produit
Produzir, Produire
Proejar, Voguer, Singler en mer
Proel, Marinier,
Proemio, Prologue
Proeza, Prouesse
Profaçar, Profaner, faire honte
Profanacion, Profanation
Profanado, Profané
Profanador, Qui profane
Profanamente, profanement
Profanar, Profaner, Faire honte
Profano, profane
Profecia, profetie
Proferir, Offrir, proferer
Professado, profés
Professar, Faire profession
Profession, profession
Professor, professeur
Profeta, profete
Profetizar, prophetiser
Profundamente, profondement
Profundar, profonder

PR

profundidad, profondeur
profundo, profond
progresso, progres
prohejar, Voguer en mer, singler
prohibicion, Deffence
prohibido, Deffendu
prohibidor, Qui deffend
prohibiir, Deffendre
prolixamente, Longuement
prolixidad, Longueur
prolixo, Long
prologo, prologue
prolongacion, Allongement.
prolongado, Allongé
prolongador, qui allonge
prolongadura, Allongement
Prolongar, Estendre, allonger
promesa, promesse
prometer, promettre
prometedor, Qui promet, prometteur
prometido, promis, voüé
prometimiento, Vœu, promesse
promontorio, promontoire
promotor, promoteur
promouedor, promoteur
promouer, Auancer
promouido, Auancé
promptitud, promptitude
prompto, prompt
promulgacion, proclamation.
promulgado, proclamé
promulgador, qui proclame
promulgar, Manifester, proclamer
pronosticacion, pronostication
pronosticador, pronostiqueur
pronosticar, pronostiquer
pronostico, pronostic
pronunciacion, pronuncia-

P R

tion
pronunciado, *prononcé*
pronunciador, *Qui prononce*
pronunciar, *prononcer*
propension, *Inclination*
propicio, *Fauorable*
proponedor, *qui propose*
proponer, *proposer*
proponimiento, *proposition*
proporcion, *proportion*
proporcionadamente, *proportionnellement*
proporcionado, *proportionne*
proporcionalmente, *proporcionnellement*
proporcionar, *proportionner*
proposicion, *proposition*
proposito, *propos*
propriamente, *proprement*
propriedad, *proprieté*
proprietario, *proprietaire*
proprio, *propre*
propuesto, *proposé*
prora, *La proüe du nauire*
prorogacion, *Allongement*
prorogado, *Allongé*
prorogador, *qui allonge*
prorogar, *prolonger*
proseguido, *poursuiuy*
proseguidor, *qui poursuit*
proseguimiento, *poursuitte*
proseguir, *poursuiure.*
prosa, *prose*
prosperamente, *Heureusement*
prosperar, *Estre heureux*
prosperidad *prosperité*
prospero *heureux*
prosternar *Mettre bas*
prostracion *Abaissement*
prostrado *Abaissé*

P R

prostrar *Abaisser*
prostitucion *Abandon*
prostituyr *Mettre à l'abandon*
protecion *protection*
proteger *Deffendre*
protestar *protester*
protesto *protestation*
protector y protetor *protecteur*
protetriz *protectrice*
protonotario *protenotaire*
prouable *prouuable*
prouablemente *probablement*
prouada muger *Femme qui ne vault rien*
prouado *prouué, esprouué*
prouador *qui esprouue*
prouança *prouue*
prouar *Essayer, Aprouuer, Gouster*
prouechar *profiter*
prouecho *profit*
prouechosamente *profitablement*
prouechoso *profitable*
prouechuelo *petit profit*
prouer *pouruoir*
proueidamente *Sagement, auec preuoyance*
proueimiento *preuoyance*
prouena *Le prouin de la vigne*
prouenar *prouigner*
prouerbiador *Diseur de prouerbes*
prouerbiar *Dire prouerbes*
prouerbio *prouerbe*
prouidencia *preuoyance*
prouidentemente *Auec preuoyance*

Q ij

P R

prouido, *Diligent, soigneux, preuoyant*
prouincia, *prouince*
prouincial, *De la prouince*
prouision, *Prouision, preuoyance*
prouisor, *pouruoyeur*
prouocacion, *Irritement*
prouocado, *Irrité, prouoqué*
prouocador, *qui prouoque*
prouocar, *prouoquer*
proximo, *prochain, parent*
prudencia, *prudence*
prudente, *prudent, sage*
prudentemente, *prudemment*
prueua, *preuue, essay*
prueuana, *prouin de la vigne, le jetton*

P S

psalmo, *pseaume*
psalmodia, *psalmodie*
psalmodiar, *psalmodier*
psalterio, *Le pseautier*

P V

pua, *Vne espine, vne pointe, vne ente*
puagre, *Goutte aux pieds*
publicacion, *publication*
publicado, *publié*
publicador, *qui publie*
publicamente, *publiquement*
publicar, *Crier, publier*
publicidad, *Chose publique*
publico, *public, tant publico, si euidemment*
puchas, *De la bouillie*
puchera, puchero, *Petit pot*

P V

Hazer pucheros, *Faire la lipe, ou moüe comme les enfans*
pucheruelo, pucherico, *Petit pot*
puches higo, *Le doigt du millieu*
pudicidad, *Chasteté*
pudico, *Chaste,*
pudricion, *pourriture*
pudrido, *pourry*
pudridor, *qui pourrit*
pudrimiento, *pourriture*
pudrir, *pourrir*
pueblezuelo, *petit vilage*
pueblo, *peuple, nation*
puente, *pont*
puente, *Le cheualet d'vn instrument*
puerca, *Truye*
puerca, *Escroüelle*
puercamente, *Salement*
puerco, *pourceau, porc*
puerco espin, *porc espy*
puerco montes, *Sanglier*
puerro, *Vn porreau*
puerta, *porte*
puerto, *port, haure*
pues, *donc, aussi, or*
puesta, *Gageure*
puesto, *Lieu, place, mis*
puesto que, *Combien que*
puja, *Haussement de pris*
pujança, *Puissance, hautesse*
pujante, *hault, puissant*
pujar, *Encherir, Hausser de prix, monter*
pulga, *Vne puce*
puigada, *Vne poulcee*
pulgarada, *Vne poulcee*
pulgar, *Le poulce*
pulgon, *Ver qui ronge la*

vigne.
pulgoso, *plein de puces.*
pulicia, *Bonne grace, polissement.*
pulido, *poly.*
pulir, *polir.*
pulla, *Brocard, mocquerie.*
pulmon, *Le poulmon.*
pulpa, *Chair sans os.*
pulpejo, *Le mollet de la main.*
pulpito, *Chaire, pupitre.*
pulpo, *poulpe, polype, poisson.*
pulposo, *Charnu.*
pullo, *Le poux.*
puma, *une prune, fruict.*
pumar, *un prunier, arbre.*
punçadera, *femme qui picque.*
punçadura, *picqueure.*
punçado, *picqué.*
punçador, *Qui picque, picqueur.*
punçante, *picquant.*
punçar y puncear, *picquer, poindre.*
punchon, *une pointe.*
punçon, *Poinçon à picquer.*
pundonor, *Poinct d'honneur.*
pundonoroso, *Exact, qui se tiet au poinct d'honneur.*
punicion, *Punition.*
punido, *Puny.*
punidor, *Punisseur.*
punir, *Punir.*
puñada, *Coup de poing.*
puñal, *Poignard, dague.*
puñalada, *Coup de dague.*
puñar, *Tascher, s'efforcer.*
puñete, *Coup de poing.*
puñete, *une manchette.*
puño, *Le poing.*
puño postizo, *une manchette.*
punta, *Poincte.*

puntado, *Pointu, piqué.*
puntada, *un poinct.*
puntal, *un appuy, un estaye, bois debout.*
puntapie, *Coup de pied.*
puntar, *Poindre, piquer.*
puntillazo, *Coup de pied.*
puntera yerua, *ioub. irbe.*
puntero, *Outil à marquer des lignes.*
puntero con el arco, *Bon tireur d'arc.*
puntilon, *Coup de pied.*
puntillo, *Querelle, noise, debat.*
punto, *un point.*
punty agudo, *Pointu.*
puntual, *Exact, observant de poinct en poinct.*
puntualidad, *Grand esgard.*
puntualmente, *Iustement, de poinct en poinct.*
pupila, *Pupile, orpheline.*
pupilar, *Apartenant à pupile.*
pupilo, *Orphelin, pupile.*
pupilo, *Pensionnaire.*
pupilaje, *Maison où l'on prend en pension.*
puramente, *Purement.*
pureza, *Pureté.*
purga, *purgation.*
purgacion, *Purgation.*
purgado, *Purgé.*
purgar, *Purger.*
purgatiuo, *purgatif.*
purgatorio, *purgatoire.*
puridad, *Syncerité.*
En puridad, *En secret.*
purificacion, *Nettoyement.*
purificado, *Nettoyé.*
purificador, *Qui nettoye.*
purificar, *purifier.*

P V

purnas, *Charbons ardens.*
purpura, *Pourpre.*
purpureo, *De couleur de pourpre.*
puro, *Pur.*
De puro, *Purement.*
pusilanimidad, *Lascheté.*
pusilanimo, *Lasche de courage.*
puta, *Putain.*
putalpostre, *A toute bride, à vau de route.*
putañear, *Putasser, bourdeler.*
putañero, *Putier.*
putear, *Putasser.*
puteria, *Puterie, bordeau.*
putico, *Petit bougre.*
puto, *Putier, bougre.*
puua, *Espine, pointe.*
puxado, *Poussé.*
puxador, *qui pousse.*
puxar, *Pousser.*
puxauante, *Boutoir de Mareschal.*
puxo, *Esprainte, tranchee de ventre.*
puya, *Pointe, espine.*

P Y

pyramide, *Piramide.*

Q V A

Quaderno, *Cayer.*
Quaderno, *Quatriesme.*
Quadra, *Sale, chambre.*
Quadrado, *Quarré.*
Quadrador, *Qui carre.*
Quadradura, *Carrure.*
Quadrangular, *Qui a quatre angles.*
Quadrangulo, *quadrangle.*

Q V A

quadrante, *Cadran.*
quadrar, *Carrer, acorder.*
quadril, *La hanche.*
quaderilla, *Vne troupe, compagnee.*
quadrillero, *Sergent de campagne.*
quadro, *Carré, vn tableau.*
quadruplar, *quadrupler.*
quadruplo, *quatre fois autant.*
quajo, *Pressure, caillé.*
qual, *quel.*
qualidad, *qualité.*
qualquier, *quiconque, qui, que.*
qualquiera, *quelconque.*
quando, *quand.*
De quando en quando, *De moment en moment.*
quantia, *quantité.*
quantioso, *Beaucoup, plusieurs.*
quantitad, *quantité.*
quanto, *quantiesme, quant.*
quanto para, *Au regard de ce qui touche.*
quarenta, *quarante.*
quarentena, *quarantaine.*
quaresma, *Caresme.*
quartago, *Courtaut, cheual.*
quartaguillo, *Petit courtaut.*
quartamente, *En quatriesme lieu.*
quartel, *Vn cartier.*
quartero, *Compagnon d'amour, riual.*
quarto, *quatriesme.*
quarto, *Vn cartier.*
quarto, *Espece de monnoye.*
quatrillero, *Sergent de campagne.*
quatro, *quatre.*

QVA

quatropea, *Beste à quatre pieds.*
quaxado, *Caillé.*
quaxar, *Cailler.*

QVE

Que, *Quoy, que, pource que.*
quebrada de monte, *Precipice, baricane.*
quebrado, *Rompu, greué.*
quebrador, *Qui rompt.*
quebradura, *Rompure.*
quebrajo, *Rompure, bris.*
quebrantado, *Rompu.*
quebrantador, *Qui rompt.*
quebrantamiento, *Rompement.*
quebrantar, *Rompre.*
quebranto, *Trauail, ennuy, douleur, tourment, rompure.*
quebrar, *Rompre, briser.*
quedada, *Demeure.*
quedar, *Demourer, rester.*
quedito, *Tout bellement.*
quedo, *Coy, à recoy, à repos.*
quema, quemada, quemadura, *Brulure.*
quemado, *Bruslé.*
quemador, *qui brusle.*
quemar, *Bruler.*
quemazon, *Brulement.*
quento, *Conte, discours.*
querella, *Plainte.*
querellar, *Plaindre.*
querelloso, *Plaintif.*
querencia, *Amitié, bienueillance.*
querer, *Aimer, vouloir.*
queridillo, *Mignon, fauory.*
quesada, *Vne tarte.*
quesadilla, *Vne tartelette.*

QVE

quesear, *Faire fromages.*
quesero, *Faiseur ou vendeur de fromages.*
queso, *Du fromage.*
question, *Question, demande, tourment, controuerse.*
questionador, *Qui fait question.*
questionar, *Faire question.*
quexa, *Plainte, lamentation.*
quexado, *Plaint.*
quexador, *qui plaint.*
quexadura, *Plainte.*
quexar, *Lamenter, plaindre, douloir.*
quexigar, *Lieu plein de fresnes.*
quexigueño, *Appartenant à fresne.*
quexigo, *Sorte de fresne, arbre.*
quexoso, *Plaintif, hastif.*
quexura, *Plainte, haste.*

QVI

Quiça, *Parauenture.*
quicial, *Le piuot d'vne porte.*
quicio, *Le piuot d'vne porte.*
quiebra, *Perte.*
quien, *qui.*
quienquiera, *quiconque.*
quier, *Ou, soit.*
quietamente, *Coyement.*
quietar, *Appaiser, acoiser.*
quieto, *Coy, à repos.*
quietud, *Repos.*
quilla, *La quille du nauire.*
quillotro, *parole de paysan, pour dire l'autre, ou chose*

ne trouuant le mot qu'on veut dire.
Quilatar, *Hausser en valeur.*
Quilate, *Carat d'or, valeur.*
Quimerista, *Resueur, faiseur de chimeres.*
Quinientos, *Cinq cens.*
Quinolas, *Ieu qui se ioue aux cartes.*
Quinze, *Quinze.*
Quinzeno, *Quinziesme.*
Quiñon, *Portion, part, arpent de terre.*
Quiñonero, *Arpenter, qui partist.*
Quinta, *Ferme, cense, metayrie.*
Quintal, *poix de cent liures, quintal.*
Quintamente, *En cinquiesme lieu.*
Quintero, *Fermier.*
Quinto, *Cinquiesme.*
Quitacion, *Quittance.*
Quita day, *Hors de là.*
Quitado, *Osté.*
Quitador, *Qui oste.*
Quitamiento, *Ostement, abolissement.*
Quitapesares, *Qui console.*
Quitar, *Oster, effacer, abolir.*
Quitasol, *Parasol.*
Quito, *Acquit, quittance.*
Quixada, *La machoire.*
Quixones, *Caucalis, herbe.*
Quixote, *Cuissot d'armure.*

RA

Rabacas, *De la berle, herbe.*
rabadan, *Maistre valet de la bergerie.*
rabadilla, *Le cropion.*
rabear, *Iouer de la queuë.*
rabel, *violon, rebec.*
rabelejo, *petit violon, petit rebec.*
rabiar, *Enrager.*
rabo, *queuë.*
rabo, *Le cul.*
raça, *Race.*
raça del sol, *Rayon du Soleil qui donne par quelque fente.*
racamenta, *Mot de nauire.*
racion, *part, portion.*
racionero, *Qui partist.*
racionero, *vn prestre, vn beneficier.*
raculo, *Oyseau qui n'a point de queuë.*
raedera, *Rase, instrument à raser.*
raedero, *Rasoir.*
raedor, *La rase, & le raseur.*
raedura, *Effaceure, rasseure.*
raer, *Effacer, raser, rasse.*
rafa de ladrillos, *Chaine de massonnerie.*
rafinado, *Raffiné.*
rafinador, *Raffineur.*
rafinadura, *Rafinement.*
rafinar, *Raffiner.*
raja, *Esclat, coupeau de bois.*
raja, *Sarge de drap.*
rajar, *Esclatter, fendre du bois.*
rajuela, *Esclat, coupeau.*
ralamente, *Rarement.*
ralea, *Rareté.*
ralear, *Rarefier, faire rare.*
raleza, *Rareté.*
ralo, *Rare.*

R A

rallado, *Rasé*.
rallador, *Qui raspe*.
ralladura, *Raspement*.
rallar, *Rasper*.
rallo, *Raspe à rasper*.
rama, *Branche, rameau*.
ramada, *Ramee de branches*.
ramal, *Corde à tirer*.
rambla, *Lieu où les eaux des montagnes s'escoulent & y font la plaine fertile*.
ramera, *Vne putain*.
rameria, *Bordeau de putains*.
ramillo, ramillete, *Bouquet de fleurs*.
ramillo, ramito, *petit rameau*.
ramo, *Rameau*.
ramon, *Corde à tirer*.
ramoso, *Ramu, plein de rameaux*.
rampante, *Rampant, crochu*.
rampojos, *Chaussetrapes*.
rana, *Grenouille*.
ranacuajo, *Petits de grenouille*.
ranchear, *Loger, faire sa demeure*.
rancheria, *Demeure, giste, logement*.
rancho, *Demeure*.
ranciadura, *Ranceure, moisissure*.
ranciado, *Moisy*.
ranciar, *Rancir*.
rancio, *Rance, moisy*.
rancioso, *Rance, moisy*.
ranciura, *Moisissure*.
rançon, *Rançon*.
rançonado, *Rançonné*.
rançonador, *Qui rançonne*.
rançonar, *Rançonner*.

R A

rancor, *Hayne, courroux, despit*.
randa, *vn ret*.
rapada, *Rase, instrument à raser*.
rapado, *Rasé*.
rapador, *Raseur*.
rapadura, *Rasement*.
rapar, *Raser*.
rapar, *Derrober, rauir*.
rapaz, *Goujat, laquay, ragaz*.
rapazejo, *Frange, bord*.
rapina, *Rapine, larcin*.
rapinoso, *Larron, preneur*.
raposa, *Regnard*.
raposuno, *De regnard*.
rapto, *Rapt, rauissement*.
raptor, *Rauisseur*.
raqueta, *Raquette*.
raramente, *Rarement*.
raro, *Rare*.
rasado, *Rasé*.
rasador, *Qui rase*.
rasadura, *Rasure*.
rasar, *Emplir, raser*.
rascado, *Gratté*.
rascador, *Instrument à gratter, à racler, le racloir d'vne harquebuz*.
rascadura, *Racleure, esgratignure*.
rascar, *Gratter, esgratigner, racler*.
rascuñado, *Esgratigné*.
rascuñador, *Esgratigneur*.
rascuñadura, *Esgratignure*.
rascuñar, *Esgratigner*.
rascuño, *Cicatrice, Esgratignure*.

RA

rasero, *Rase à raser.*
rasgar, *Rompre, deschirer.*
rasgados ojos, *Yeux ouuerts.*
rasguño, *Esgratignure.*
rasgura, *Rompure, deschirement.*
raso, *Ras, vny, plain, rasé.*
raso, *Du Satin.*
raspa, *Raspe à rasper.*
raspado, *Radé.*
raspa, *L'espy du grain.*
raspador, *Qui racle.*
raspadura, *Racleure.*
raspar, *Gratter, racler, rasper.*
rasposo, *Plein de racleures.*
rastillo, *Seran, peigne à filace.*
rastilladera, *Seran à peigner filace.*
rastilladora, *Peigneresse de filace.*
rastillar, *Peigner de la filace au seran.*
rastra, *Vn traineau.*
rastrar, *Trainer.*
rastrear, *Suiure à la trace, rechercher.*
rastrero, *Qui suit à la trace.*
rastrillo, *Petit rasteau, petite herse.*
rastro, *Trace, piste.*
rastro, *Herse, rasteau.*
rastrojo, *Le tuyau du bled, l'esteule.*
rasura, *Racleure.*
rata, *Rat, soury, animal.*
rata parte, *La part qui eschet à chacun.*
rateria, *Bassesse.*

RA

ratero, *Bas, abiect.*
rateruelo, *Bas.*
ratillo, *Vn peu de temps.*
rato, *Espace de temps.*
A ratos, *D'espace en espace.*
raton, *Rat, soury.*
ratonado, *Mangé de souris.*
ratonar, *Estre rongé des souris.*
ratoncillo, *Petite souris.*
ratonera, *Souricière, rattière.*
rauano, *Reffort, raue.*
raudal, *Vn torrent, le courant de l'eau.*
raudo, *Courant d'eau, torrent.*
raudamente, *Impetueusement.*
rauia, *Rage, forcenement.*
rauiado, *Enragé.*
rauiador, *Qui enrage.*
rauiar, *Enrager.*
rauio, *Enragé.*
rauioso, *Forcené, enragé.*
rauiosamente, *Enragéement.*
raxa, *Sarge.*
raxar, *Fendre, esclatter.*
raxar, *Brauer, faire braueries.*
raya, *Raye, poisson.*
raya, *Ligne, regle, raye, confin.*
rayado, *Reglé, tauelé, marqueté.*
rayador, *Qui raye, qui regle.*
rayadura, *Reglure, rayeure.*
rayar, *Regler, rayer, marquer.*
rayar el sol, *Rayonner.*
raydo, *Rayon, esclair.*
raydo, *Eshonté, rasé, tondu.*
raygar, *Faire racines, prendre racines.*

R A

raygon, *grande racine.*
rayo, *La foudre, rayon.*
rayoso, *luysant*
rayz, *Racine.*
rayzuela, *petite racine.*
raza, *Race.*
razimo, *Raisin.*
razonable, *Raisonnable*
razonado, *plein de raison, auisé.*
razonamiento, *arraisonnemét, harangue.*
razonar, *Raisonner, haranguer.*

R E

Real, *Le camp.*
Real, *Royal.*
real, *Vne reille, monnoye*
realçar, *Rehausser.*
realengo, *Chose royale.*
realidad, *realité.*
realmente, *Royalement.*
realumbrar, *Rallumer, resclarcir.*
reamar, *Aymer derechef.*
reata, *Relieure, traitz de cheual.*
reatadura, *Relieure.*
reatado, *Relié.*
reatador, *qui relie.*
reatar, *Relier.*
rebañar, *Mener troupeaux de beste.*
rebañego, *apartenant à troupeaux*
rebaño, *Bergerie, troupeau*
rebatar, *Rauir, prendre.*
rebate, *tumulte, alarme, sedition.*

R E

rebalina, *Rauissement, rapine, sedition.*
rebato, *Tumulte, alarme, bruit.*
rebeço, *cheureal, animal.*
rebelado, *Rebelle.*
rebelador, *Qui rebelle.*
rebelar, *Rebeller.*
rebelde, *Rebelle.*
rebeldia, *Contumace, rebellion.*
rebellion, *Rebellion.*
rebentado, *Creué.*
rebentador, *qui creue*
rebentadura, *creuement.*
rebentamiento, *Creueure.*
rebentar, *Creuer.*
rebesar, *vomir.*
rebesar, *Rebaiser.*
rebezar, *faire quelque chose à son tour.*
rebezero, *Qui fait à son tour.*
rebidado, *renuié*
rebidador, *Qui renuie.*
rebidar, *renuier.*
rebite, *renuy.*
rebiuir, *reuiure.*
reboçado, *Qui a le visage couuert.*
reboçadura, *Couurement de visage.*
reboçar, *Couurir le visage.*
reboço, *Couuerture de visage.*
rebolar, *reuoler*
rebolcadero, *Bourbier où se veautrent les porcs.*
rebolcado, *veaultré.*
rebolcador, *qui veautre*
rebolcadura, *veautrement.*
rebolcar, *veautrer.*
reboltillo, *Petit enuelopement.*

RE

rebolton, *ver qui ronge la vigne, chenille.*

Rebolton, *brouillon*

Reboloſo, *quereleux, factieux.*

Reboluedera, *enuelopoir.*

Reboluedero, *enuelopoir.*

Reboluedor, *Semeur de querelles, rebrouilleur*

Reboluer, *Tourner, rebrouiller, mettre mal enſemble.*

Reboruiar, *enueloper.*

Reboſſado, *Inondé, desbordé, vomy.*

Reboſſador, *Qui ſurmonte, qui vomit.*

Reboſſadura, *inondation, desbordement d'eau, vomiſſement.*

Reboſſar, *flotter, desborder, ſurmonter, vomir.*

Rebotar, *Reboucher, eſmouſſer, rebondir, reieſter, riuer.*

Rebotado, *Rebouché.*

Rebotado vino, *vin pouſſé, qui a du vent.*

Rebotadura, *Rebattement, riuure, rebouchement.*

Rebote, *Vn bond, rebond.*

Rebramar, *Reſonner.*

Rebuelta y rebuelto, *Brouillement, trouble.*

Rebuelto, *Enuelopé, brouillé.*

Rebufar, *ſouſler*

Rebullidor, *qui eſmeut.*

Rebullimiento, *eſmotion.*

Rebullir, *S'eſmouuoir, rebouillir*

Rebuſca, *Recherche, recueil des grappes, rapage.*

Rebuſcadera, *femme qui grapille.*

Rebuſcador, *qui recherche, qui grapille.*

RE

Rebuſcar, *Rechercher, grapiller.*

Rebuznador, *Qui brait.*

Rebuznar, *braire, propre de l'aſne.*

Rebuzno, *Brayement de l'aſne.*

Recabado, *Recouuert.*

Recabador, *Qui recouure.*

Recabar, *obtenir, negotier, recouurer, mettre à fin, acheuer.*

Recaët, *Retomber.*

Reçagado, *qui va derriere.*

Reçaguadia, *Arrieregarde.*

Reçaguar, *mettre derriere*

Recalcadamente, *Serrément, en vn tas.*

Recalcado, *Preſſé, ſerré*

Recalcador, *Qui preſſe, qui foule.*

Recalcadura, *Preſſement.*

Recalcar, *farcir, emplir, preſſer, ſerrer, fouler.*

Recamado, *Broderie*

Recamador, *Brodeur.*

Recamadura, *Broderie*

Recamar, *Broder.*

Recamara, *garderobe, les meubles de la gardcrobe.*

Recambiado, *Rechangeant.*

Recambiador, *qui rechange.*

Recambiamiento, *Rechangement.*

Recambiar, *Rechanger*

Recambio, *Rechange.*

Recapacitar, *Recorder, repaſſer par la memoire.*

Recatadamente, *finement, accortement.*

Recatado, *Diſcret, fin, accort, auiſé.*

Recatamiento, *fineſſe.*

R E

Recatar, *Auoir esgard, estre aduisé, & accort, obseruer.*
Recatear, *marchander.*
Recato, *Astuce, finesse, accortise, esgard.*
Recaton, *reuendeur.*
Recaton de lança, *le bois d'embas d'vne lance, ou pique.*
Recaudado, *negotié, expedié.*
Recaudador, *collecteur, negociateur.*
Recaudamiento, *Amas, collecte.*
Recaudar, *Amasser, recouurer, obtenir, colliger, negotier, donner ordre.*
Recaudo, *Soing, creance, seurté, adresse, enseignement, message, ordre, expedition.*
Recayda, *Recheute.*
Recaymiento, *Recheute.*
Recaydo, *Recheu, retombé.*
Recebido, *Receu.*
Recebidor, *L'entrée de la maison.*
Recebidor, *Receueur.*
Recebimiento, *Recepte, l'entrée de la maison.*
Recebir, *Receuoir.*
Recelado, *Doubté.*
Recelador, *Qui doubte.*
Recelar, *Doubter, soupçonner, craindre.*
Recelo, *Doubte, soupçon, soing.*
Receloso, *Soupçonneux.*
Recentar, *Rincer, rafreschir.*
Recentar, *Mettre le leuain à la paste.*
Receptible, *Receuable.*
Rechaça, *Refuz, repoussement.*
Rechaçado, *Repoussé.*

R E

Rechaçador, *Qui repousse.*
Rechaçamiento, *Repoussement.*
Rechaçar, *Rebattre, rechasser, repousser.*
Rechinado, *Grincé.*
Rechinador, *Qui grince, qui fait bruit.*
Rechinamiento, *Bruit, grincement.*
Rechinar, *Bruire, grincer.*
Rechinoso, *grinçant.*
Recibo, *Reception.*
Reclamacion, *Proclamation, cry.*
Reclamado, *Proclamé.*
Reclamador, *Qui crie, qui proclame.*
Reclamar, *Proclamer, crier.*
Reclamo, *Cry, pipée, apeau d'oiseau.*
Reclinado, *Encliné.*
Reclinar, *Encliner.*
Recobijado, *Rechauffé.*
Recobijador, *Qui rechauffe.*
Recobijamiento, *Rechauffement.*
Recobijar, *Entretenir, rechauffer.*
Recobrado, *Recouuert.*
Recobrador, *Recouureur, qui recouure.*
Recobramiento, *Recouurement.*
Recobrar, *Recouurer.*
Recobro, *Recouurement.*
Recocer, *Recuire.*
Recocho, *Recuit.*
Recocido, *Recuit.*
Recocimiento, *Recuisson.*
Recogedor, *Ramasseur.*

recoger, recueillir, ramasser, retirer.
recogido, Ramassé, retiré.
recogimiento, Recueil, retirement.
recomençar, Recommencer.
recomendacion, Recommendation.
recomendado, Recommandé
recomendar, Recommander.
recompensa, Recompense.
recompensacion, recompense.
recompensado, Recompensé.
recompensador, Qui recompense.
recompensar, recompenser
recomponer, rageancer, raccommoder.
reconciliacion, Accord, reconciliation
reconciliado, reconcilié.
reconciliador, Qui reconcilie.
reçongador, grondeur.
reçongar, gronder.
reçongo, grondement.
reçongon, grondeur.
reconocedor, Qui recognoist.
reconocer, recognoistre.
reconocido, recognu.
reconociente, recognoissant
reconocimiento, Recognoissance.
recontado, raconté
recontador, qui raconte
recontar, raconter.
reconualecencia, santé.
reconualecer, recouurer santé.
recopilacion, amas.
recopilado, amassé.
recopilar, amasser.
recordado, esueillé.

recordador, qui esueille.
recordar, esueiller.
recorrer, Recourir, recognoistre
recorrigir, recorriger.
recostado, Apuyé sur le costé.
recostar, S'apuyer, coucher sur le costé.
recozedor, Qui recoud.
recozedura, recousement.
recozer, recoudre.
recozido, recousu.
recreacion, plaisir, recreation.
recrear, recreer, resiouyr
recrecer, Accroistre.
recrecimiento, accroissement.
recreo, recreation.
rectar, reprocher, taxer, maudire, reprendre.
recto, reproche, maudisson.
rector, Gouuerneur.
recua, Troupe de mulets, asnes & cheuaux.
recuaje, Amas de troupeaux.
recudida, } Le reuenu, la
recudimiento, } rente, le bond.
recudir, Receuoir la rente, rebondir.
recuerdo, souuenance.
recuero, muletier.
recuesta, La pante, le derriere d'vne montagne.
recuesto cuesta arriba, lieu ou il faut monter.
recular, reculer.
reçumar, verser, couler par dessus le vaisseau.
recuperable, recouurable.
recuperacion, recouurement.
recuperado, recouuert
recuperador, Qui recouure.

RE

recuperar, *Recouurer*
red, *Ret, filé, grille.*
red barredera, *tramail de pescheur.*
redada, *Coup de ret, prise de poisson.*
red de telarejo, *Lisse de tisseran.*
redaño, *La coiffe, la graisse qui est sur les tripes.*
redarguycion, *Reprise*
redarguydo, *repris.*
redarguydor, *repreneur.*
redarguymiento, *reprehension.*
redarguyr, *reprendre.*
redaya, *ret à pescher.*
rededor, *autour, à l'enuiron.*
redero, *faiseur de rets.*
redemandado, *redemandé.*
redemandador, *qui redemande.*
redemandar, *redemander*
redezilla, *vn petit ret, petite grille.*
redezir, *redire.*
redempcion, *rachat.*
redemptor, *rachapteur.*
redil, *estable à brebis.*
redimir, *rachapter.*
redoblado, *replié.*
redoblador, *qui replie.*
redobladura, *reply, repliement.*
redoblar, *replier.*
redoble, *reply.*
redoma, *phiole, bouteille.*
redomado, *redompté, rusé, fin.*
redomador, *redompteur.*
redomar, *redompter.*
redomilla, *petite phiole.*
redondamente, *rondement.*
redondar, *redonder.*
redondear, *arrondir.*

RE

redondez, *Rondeur.*
redondo, *rond*
redrojo, *resetron.*
redropelo, *contrepoil, poil rebours.*
reduzido, *reduit.*
reduzidor, *qui rameine, reduiseur*
reduzimiento, *reduction.*
reduzir, *reduire, ramener, rediger.*
reembarcar, *r'embarquer.*
reencasar, *remettre vn os disloqué.*
refaccion, *refection.*
refalsado, *falsifié.*
refalsador, *qui falsifie.*
refalsamiento, *falsification*
refalsar, *falsifier.*
referido, *raconté.*
referimiento, *raport.*
referir, *raporter, raconter.*
refinador, *affineur.*
refinamiento, *rafinement.*
refinar, *affiner*
refino, *excellent, rafiné.*
reflorecer, *reflorir.*
reflotar, *refluer.*
refocillar, *refociler.*
reforçar, *renforcer.*
reforma, *Reformation.*
reformacion, *Idem.*
reformado, *reformé.*
reformador, *reformateur.*
reformar, *reformer.*
refracion, *reflexion.*
refran, *promesse.*
refrancillo, *petit prouerbe.*
refregado, *refrotté.*
refregador, *qui refrotte.*
refragamiento, *refrottement.*

Refregadura, *Refrottement.*
Refregar, *Refrotter.*
Refrenado, *Retenu.*
Refrenador, *Qui retient.*
Refrenamiento, *Abstinence.*
Refrenar, *Abstenir, retenir.*
Refrendar, *Contresigner*
Refrescadero, *Rafrechissoir.*
Refrescado, *Rafreschy.*
Refrescador, *Qui rafreschit.*
Refrescamiento, *Rafreschissement.*
Refrescar, *Rafreschir*
Refresco, *Rafreschissement.*
Refriega, *Combat, bataille, question.*
Refrigerio, *Rafreschissement.*
Refugio, *Refuge.*
Refundido, *Refondu.*
Refundidor, *Qui refond*
Refundir, *Refondre.*
Refuñar, *Ronfler.*
Regaçado, *Troussé.*
Regaçador, *qui trousse*
Regaçar, *Trousser.*
Regaço, *Le giron.*
Regadera, *Arrosoir.*
Regadio, *Arrosable.*
Regadizo, *Arrosable.*
Regado, *Arrosé.*
Regador, *Qui arrose, arroseur.*
Regadura, *Arrosement*
Regaladamente, *Auec caresses, delicieusement.*
Regalado, *Ioyeux, delicieux, caressé.*
Regalamiento, *Caresse, ioye, esbat.*
Regalador, *Qui caresse.*
Regalar, *Faire bonne chere, caresser, amadoüer.*

Regalillo, *Petite caresse.*
Regalillo, *Manchon d'vne femme.*
Regaliolo, *Roitelet, oiseau.*
Regaliza, *Reglisse.*
Regalmente, *Royalement.*
Regalo, *Caresse, esbat, delices, ioye, feste.*
Regalon, *flatteur, amadoüeur*
Regalona, *flatteresse.*
A regañadientes, *En rechignant.*
Regañado, *Courroucé.*
Regañador, *Qui se grince de colere.*
Regañar, *Grincer les dents, se courroucer, se froncer de colere.*
Regañon, *Fascheux, ennuyeux, colere*
Regaño, *fascherie.*
Regañon, *Le vent de bize*
Regateado, *Reuendu.*
Regateador, *Reuendeur*
Regatear, *Reuendre, marchander.*
Regatero, *Fripier, reuendeur.*
Regaton, *Idem.*
Regaton, *Le gros bout de la lance.*
Regatonear, *vendre en detail, reuendre.*
Regatonia, *Friperie.*
Regenerado, *rengendré.*
Regenerador, *Qui rengendre.*
Regenerar, *Rengendrer.*
Regente, *Regent.*
Regido, *Gouuerné.*
Regidor, *Gouuerneur de la police.*
Region, *Region.*

Regi-

R E

regimiento, *Gouuernement*
regir, *Gouuerner*
regiſtrado, *Enregiſtré*
regiſtrar, *Enregiſtrer*
regiſtro, *Rolle, regiſtre*
regizgar, *Friſſonner, trembler*
regla, *Ligne, Regle*
regla, *Les mois des femmes*
regladamente, *Reiglément.*
reglado, *Reiglé*
reglamiento, *Reglement*
reglar, *Regler*
regodear, *Iaſer, moquer, plaiſanter*
regodeos, *Plaiſanteries*
regojo, *Vn morceau de pain, miettes de table*
regoldado, *Rotté*
regoldador, *Rotteur*
regoldar, *rotter*
regolfo, *Gouffre, Reflot de la mer*
regoſtar, *regouſter*
regoſto, *Le deſir du gouſt paſsé*
regoz, *Friand*
regozijadamente, *Alegrement, Ioyeuſement*
regozijadillo, *Vn peu joyeux*
regozijado, *reſioüy*
regozijador, *qui reſioüit*
regozijar, *rejouyr, paſſer le temps*
regozijo, *rejouyſſance*
regueldo, *Rot, rottement*
reguera, *Vn ruiſſeau, ſente, ſentier*
reguizar, *rabiller*
regularmente, *regulierement*
rehazer, *refaire*

R E

rehazimiento, *refait, refaçon*
rehecho, *Refait, en bon point*
rehen, *Vn oſtage*
rehierta, *Debat*
rehilandera, *Moulinet de petis enfans*
rehinchir, *Remplir*
rehollado, *Foulé aux pieds*
rehollador, *qui foule*
rehollar, *Fouler aux pieds*
rehundir, *refondre*
rehuſado, *refuſé*
rehuſador, *qui refuſe*
rehuſamiento, *refus*
rehuſar, *refuſer*
rehuymiento, *recuſation*
rehuyr, *refuſer*
reja, *Le ſoc d'vne charrue*
rejas, *Grilles, barreaux*
rejales, *Treillis, grilles*
rejalgar, *real gal poiſſon*
reillo, *Chandelle de glace, grand glaçon*
rejon, *Baſton à pointe de fer*
reincidir, *retomber.*
relacion, *Diſcours, Compte, Raport*
relamer, *relecher*
relamido, *releché*
relamido, *hypocrite*
relampago, *Eſclair de tonnerre*
relampaguear, *Faire eſclairs de tonnerre*
relatado, *Redit, raporté*
relatar, *raporter, redire*
relator, *Qui raporte, Raporteur*

R

RE

relauar, *relauer*
relaxacion, *relaschement*
relaxado, *relasché*
relaxamiento, *relaschement*
relaxar, *relascher*
relegado, *relegué*
relegar, *releguer*
relentecer, *Deuenir lent*
releuar, *releuer*
relexes, *Tuquets, bosses laissees en lieu plain*
relicue, *relief, reste*
religado, *relié*
religador, *relieur*
religadura, *relieure*
religar, *relier*
religion, *Religion*
religiosamente, *religieusement*
religioso, *religieux*
reliquario, *Lieu à reliques*
reliquias, *reliques*
relinchado, *Hannissant*
relinchar, *Hannir*
relinchido y relincho, *hannissement*
rellenar, *Engraisser*
rellanar, *S'asseoir plat à terre*
rellanado, *Aplany, Assis en terre*
relleno, *Farcy, andouille*
relleue, *relief*
relox, *Horloge*
reloxero, *horlogeur*
reluchar, *reluiter*
relumbrado, *reluisant*
relumbrador, *qui reluist*
relumbrante, *reluisant*
relumbrar, *reluire*
reluziente, *reluisant*

reluzir, *reluire*
remachada nariz, *Nés camus*
Remachado, *Aplaty, Rebouché*
remachador, *qui rebouche*
remachar, *Rebattre, Riuer, Reboucher*
Remador, *Rameur, qui rame*
remadura, *rameure*
remanso de rio, *destour de riuiere, le cours de la riuiere*
remandar, *renuoyer*
remanecer, *demourer*
remar, *ramer*
remascado, *remasché*
remascador, *qui remasche*
remascar, *remascher*
rematado, *Acheué, finy*
rematar, *Conclure, Acheuer, Finir*
rematar cuentas, *Clorre des contes*
remate, *reste, demourant, bout, fin, conclusion*
rembidar, *renuier*
rembolsado, *remboursé*
rembolsador, *qui rembourse*
rembolsamiento, *Remboursement*
rembolsar, *rembourser*
remecer, *Mouuoir*
remedado, *contrefait*
remedador, *contrefaiseur*
remedamiento, *Imitation*
remedar, *Imiter, contrefaire*
remediado, *racoustré*
remediador, *qui racoustre*
remediar, *racoustrer, remedier, ayder, secourir, garantir, guarir*

Remedio, *Secours, remede*
Remedo, *Paragon, Ressemblance*
Remembrança, *Souuenance*
Remembrado, *Souuenu*
Remembrador, *Qui fait souuenir*
Remembrar, *Souuenir*
Rememoracion, *resouuenance*
Rememorado, *resouuenu*
Rememorador, *Qui fait resouuenir*
Rememorar, *resouuenir*
Remendado, *Racoustré*
Remendador, *Racoustreur*
Remendar, *Racoustrer, Rapiecer*
Remendon, *Rauaudeur, Sartre*
Remendon de çapatos, *Sauetier*
Remero, *Matelot, Rameur*
Remeter, *Remettre*
Remiendo, *Rauaudage, Rapetasserie*
Remetidor, *qui remet*
Remitido, *Remis*
Remision, *Remise*
Remiso, *Remis*
Remitir, *Remettre*
Remo, *Rame, auiron*
Remoçado, *Rajeuny*
Remoçador, *qui rajeunit*
Remoçamiento, *Rajeunissement*
Remoçar, *rajeunir*
Remocecer, *rajeunir*
Remocion, *Esmotion*
Remocar, *Taxer, accuser, reprocher*
Remochar, *Esmousser*

Remojar, *Destremper, R'amollir*
Remojo, *Infusion, Amollissement, destrempe*
Remolcar, *tirer vn nauire auec bateaux*
Remolinar, *Tournoyer, en rond*
Remolino, *Tourbillon, Gouffre*
Remolinoso, *Plein de gouffres*
Remondado, *renettoyé*
Remondador, *renettoyeur*
Remondadura, *renettoyement*
Remondar, *renettoyer*
Remonstrar, *remonstrer*
Remontado, *retiré*
Remontamiento, *retirement*
Remontar, *remonter, retirer*
Remoquete, *Blasme, Accusatiõ, reproche*
Remordedor, *qui remord*
Remorder, *remordre*
Remordimiento, *remors*
Remostecer, *Deuenir en moust*
Remoto, *Eslongné*
Remouer, *Esmouuoir, Oster, Remuer*
Remouido, *Esmeu*
A rempujones, *En hurtant*
Rempuxado, *repoussé*
Rempuxador, *qui repousse*
Rempuxamiento, *repoussemẽt*
Rempuxar, *Repousser*
Rempuxon, *repoussement*
Remuda, *Changement*
Remudadamente, *Parfois*
Remudador, *qui rechange*
Remudamiento, *Changement*
Remudar, *Rechanger*

R ij

RE

remugar, ringer
remuneracion, Salaire
remunerado, Salarié, guerdonné
remunerador, Guerdonneur.
ren, Rein, rognon
renacer, renaistre
rencilla, noise, debat.
rencor, Colere, rancœur
rendido, Rendu, Pris, Vaincu
rendimiento, reddition
rendir, Prendre, Vaincre, Rendre
renegado, renié
renegador, qui renie
renegar, renier
reniego, reniement.
renforçado, renforcé
renforçar, renforcer
renglada, suif non fondu
renglera, Bande, rang.
renglon, regle, ligne
reñilla, Noise
reñido, debatu
reñir, Noiser, Debatre, Crier tancer,
reñon, rein, rognon
reñonada, suif non fondu
renombrado, renommé
renombrar, renommer
renombre, Nom, Surnom, renommee
renouacion, renouuellement
renouado, renouuellé
renouador, qui renouuelle
renouar, renouueller
renta, rente
rentas atrassadas, Arrerages
rentar, Arrenter
rentero, qui prend & qui paye

RE

la rente
rentoy, jeu de cartes
renueuo, rejetton, germe
renunciacion, renoncement
renunciado, renoncé
renunciador, qui renonce
renunciar, renoncer
renzilla, noise, debat.
renzillador, Qui debat, qui querelle
renzilloso, noiseux
reparacion, Reparation, Rampart
reparado, remparé
reparador, restaurateur
reparamiento, reparation
reparar, Aduiser, reparer, remparer, garantir, considerer, regarder, arrester
reparo, Garantie, rempart, reparation
repartido, diuisé
repartidor, qui diuise.
repartimiento, distribution
repartir, Departir, diuiser, donner la part
repassar, repasser
repastar, Mener paistre, Frequenter
repasto, Pasture, repas
repecho, Le talus, la pente, le pendant d'vne montagne.
repedido, redemandé
repelar, Tirer à contrepoil, peler
repelo, contrepoil
repelo de la vña, peau qui vient à la racine des ongles
repelon, Tirement de cheueux contrepoil
repentimiento, le repentir
repentinamente, soudainement

repentino, *Soudain, prompt.*
repentir, *Se repentir.*
repeticion, *Reprise.*
repetido, *Refait, referé.*
repetidor, *Qui reitere.*
repetir, *Referer, reiterer, refaire.*
repicado, *Carrillonné.*
repicador, *Carrillonneur.*
repicar, *Carrillonner, sonner les cloches.*
repintar, *Repeindre.*
repique, *le son, le bruit, le carrillon de cloches, ou autre chose qui retentit.*
repiso, *Repenty.*
replica, replicacion, *Replique.*
replicado, *Repliqué.*
replicador, *Qui replique.*
replicar, *Repliquer.*
repollo, *Choux caputs.*
repollado, *Rond comme vn choux caputs.*
reportacion, *Retirement.*
reportado, *Retenu, aduisé, retiré, discret.*
reportador, *Qui retire.*
reportar, *Rapporter, remettre, s'appaiser, se retenir.*
reportorio, *Raport, almanach.*
reposado, *Rassis.*
reposar, *Reposer.*
reposo, *Repos.*
reposteria, *Cabinet, garderobe.*
repostero, *Tapy, couuerte de mulet.*
repostero, *Maistre de la garderobe.*
reprehender, *Reprendre.*
reprehendido, *Repris.*

reprehensible, *Digne de reprendre.*
reprehension, *reprehension.*
reprehensor, *reprencur.*
represa, *Arrest, reprise.*
represada agua, *Eau retenue comme d'vne escluse.*
represado, *Arresté, croupissant.*
represador, *qui retient.*
represalla, *repressaille.*
represar, *Arrester, reprendre, retenir.*
representacion, *representation.*
representado, *representé.*
representador, *qui represente.*
representante, *Comediant.*
representar, *representer.*
reprimido, *reprimé.*
reprimidor, *qui reprime.*
reprimir, *reprimer.*
reprochado, *reproché.*
reprochador, *qui reproche.*
reprochar, *reprocher.*
reproche, *reproche.*
reprouacion, *reprobation, blasme.*
reprouado, *reprouué.*
reprouador, *qui reprouue.*
reprouamiento, *Blasme.*
reprouar, *Blasmer, reprouuer.*
reptar, *Accuser, blasmer.*
reptilias, *Petites accusations, petits blasmes.*
repudiador, *qui repudie.*
repudiar, *repudier.*
repudio, *reject, repudiment.*
repuesto, *Le bagage.*
repucito, *Serré, remis.*
repugnancia, *Contrarieté.*
repugnar, *repugner.*

repunta, *Replique.*
repuntar, *Repliquer.*
reputacion, *Estime.*
reputar, *Estimer.*
repuxado, *Repoussé.*
repuxador, *Qui repousse.*
repuxar, *Repousser.*
requadra, *Arriere-chambre.*
requebradamente, *Amoureusement.*
requebradillo, *Petit follet.*
requebradita, *Petite amye.*
requebrado, *Amoureux, amy.*
requebrador, *Qui fait l'amour, qui courtise.*
requebrar, *S'amouracher, estre amoureux.*
requemado, *Brulé.*
requemador, *Qui brule.*
requemar, *Bruler.*
requemacion, *Brulement.*
requerido, *Recherché, requis.*
requeridor, *Qui recherche.*
requeriente, *Recherchant.*
requerimiento, *Recherche, requeste.*
requerir, *Visiter, requerir, rechercher.*
requesones, *Caillebottes de laict.*
requesta, *Visite, requeste.*
requestar, *Rechercher.*
requiebro, *Paroles d'amour.*
res, *Une beste.*
resabiado, *Desgousté.*
resabiar, *Resçauoir, ressentir.*
resabido, *Fort sage, habile.*
resabio, *Inclination, ressentimét, enseignement.*
resaca de la mar, *Le flux, le flot de la mer.*
resacar, *Retirer.*

resbaladero, *Lieu glissant.*
resbalar, *Glisser.*
resbaloso, *Glissant.*
rescatado, *Rachepté.*
rescatador, *Qui rachepte.*
rescatar, *Racheter, recouurer, payer rançon.*
rescate, *Rachapt, rançon.*
rescreuir, *Rescrire.*
rescrito, *Rescription.*
rescoldo, *Brasier, rechard.*
reseña, *Reueüe, monstre des gens de guerre.*
resfriado, *Refroidy.*
resfriador, *Qui refroidit.*
resfriadura, *Refroidissement.*
resfriamiento, *Refroidissement.*
resfriar, *Refroidir.*
residente, residiente, *Resident.*
residir, *Resider, habiter.*
residuo, *Reste, residu.*
resina, *Poix, resine.*
resinoso, *Resineux.*
resignacion, *Resignation.*
resignado, *Resigné.*
resignador, *Qui resigne.*
resignar, *Resigner.*
resilir, *Rejaillir.*
resistencia, *Resistance.*
resistero del sol, resistidero, *Reuerberation du Soleil.*
resistir, *Resister.*
resolgar, *Respirer, halener.*
resollado, *Respiré.*
resollar, *Respirer, halener.*
resonante, *resonnant.*
resonar, *Retentir.*
resoplado, *respiré.*
resoplar, *respirer.*
resoplido, *Soufflement, haleine.*
resolnedor, *Qui resout.*

RE

resoluer, *resoudre.*
resolucion, *resolution.*
resolutamente, *resolument.*
resorber, *rehumer.*
respalda, *Escran, dossier.*
respetado, *respecté.*
respetar, *respecter.*
respeto, *respect.*
respigon, *Aposteme qui vient sur l'œil, orgeol.*
respingador, *Qui saulte.*
respingar, *Saulter.*
respingo, *Sault.*
respiracion, *respiration.*
respiradero, *Soupirail.*
respirado, *respiré.*
respirador, *qui respire.*
respirar, *respirer.*
resplandecer, *reluire.*
resplandeciente, *reluisant.*
resplandor, *Clarté, resplandeur.*
responder, *respondre.*
respondon, *Grondeur, qui respond trop.*
respuesta, *responce.*
resquebrajado, *Entre-ouuert.*
resquebrajador, *qui entr'ouure.*
resquebrajadura, *Fente.*
resquebrajar, *fedre, entr'ouurir.*
resquebrajo, *Fente, ouuerture.*
resquicio, *Fente, creuasse.*
resquicioso, *Fendu, creuassé.*
restante, *Le demourant, le reste.*
restañado, *Estanché.*
restañador, *Qui estanche.*
restañar, *reserrer, estancher.*
restar, *rester.*
restauracion, *restauration.*
restaurado, *restauré.*
restaurador, *restaurateur.*
restaurar, *restaurer.*

RE

restingo, *Croupissant, retenu.*
restitucion, *restitution.*
restituydo, *rendu, restitué.*
restituydor, *Qui rend, qui restitue.*
restituyr, *restituer, rendre.*
resto, *resta, reste.*
restrañamiento, *restreinte.*
restriñido, *restreint.*
restriñidor, *qui estanche.*
restriñir, *reserrer, estancher.*
restriuar, *S'apuyer, s'esuertuer, estre restif.*
restrojo, *Iauelle de bled, bled coupé.*
resualadero, *Lubrique, glissant.*
resualar, *Glisser.*
resuello, *Haleine, respiration.*
resueltamente, *resoluement.*
resuelto, *resolu.*
resulta, *resultat, resultation.*
resultar, *resulter.*
resumir, *reprendre, sommer.*
resurtidor, *qui rebondit.*
resurtimiento, *rebondissement.*
resurtir, *resaulter, rebondir, rejaillir.*
resurrecion, *resurrection.*
resuscitado, *resuscité.*
resuscitador, *qui resuscite.*
resuscitamiento, *resuscitement.*
resuscitar, *resusciter.*
retablo, *vn autel.*
retablo, *Tableau de peinture.*
retaguarda, *Arrieregarde.*
retajado, *Circoncis.*
retajador, *qui circoncit.*
retajadura, *Circoncision.*
retajar, *Couper, circoncire.*
retajo, *retaillement.*

retal, retail de drap.
retama, Geneſt.
retamal, Lieu plein de geneſtz.
retardança, retardement.
retardado, retardé.
retardador, qui retarde.
retardar, retarder.
retartalillas, Embrouillemens de paroles, petites harangues.
retemblar, Trembler.
retencion, retenüe.
retender, retendre.
retener, retenir.
retenedor, qui retient.
retenedora coſa, Choſe tenante, & gluante.
retenido, reteint.
retenidor, qui reteint.
retenir, reteindre.
retenir, retenir.
reteſada teta, Tetin dur & plein.
reteſado, Endurcy.
reteſamiento, Endurciſſement.
reteſar, S'endurcir, affermir.
retexedor, qui retiſt.
retexer, retiſtre.
retexido, retiſſu.
retificacion, rectification.
retificado, rectifié.
retificador, qui rectifie.
retificamiento, rectification.
retificar, rectifier.
retirada, La retraitte.
retiradamente, retirement.
retirar, retirer.
retoçada, Careſſe amoureuſe.
retoçador, qui fait l'amour.
retoçar, Iouer, folaſtrer en amour.

retoço, Careſſe d'amour, folaſtriſe.
retoçon, Amoureux, folaſtre.
retoñar, retoñecer, Bourgeonner, reuerdir, germer.
retoñadura, retoño, rebourgeonnement de l'arbre.
retorcedor, qui retord.
retorcedura, retordement, retorceure.
retorcer, retordre.
retorcidamente, Tortement.
retorcido, retors.
retorcijon, Tranchee de ventre.
retorica, rhetorique.
retorico, rhetoricien.
retornamiento, retournement, renuerſement.
retornar, retourner, renuerſer.
retorno, retour.
retortero, Petite ſente, rouüe.
Al retortero, A l'entour.
retor, recteur.
retoſtado, Brulé.
retoſtar, Bruler.
retraer, retirer.
retratacion, retractation.
retratado, retracté.
retratador, qui retracte.
retratamiento, retractation.
retratar, reuoir, corriger, retracter.
retraymiento, retraite.
retrete, Garderobe, cabinet.
retretilla, Petit cabinet.
retroñar, reſonner.
retuerta, retort, fait en voulte.
retulado, Inſcript.
retulador, qui fait inſcriptions.
retular, Faire inſcriptions & eſcriteaux.

RE

retulo, *Tiltre, inscription.*
retumbar, *retentir.*
retundir, *resondre.*
retusado, *resondu.*
retusar, *resondre.*
reuanada, *Morceau de pain, lopin.*
reuanador, *qui coupe du pain.*
reuanar, *Couper du pain.*
reueedor, *reuiseur.*
reueer, *reuoir.*
reuelacion, *reuelation.*
reuelado, *reuelé.*
reuelador, *qui reuele.*
reuelar, *reueler.*
reuendedor, *qui reuend.*
reuender, *reuendre.*
reuendicion, *reuendition.*
reuenir, *reuenir.*
reuenir, *Diminuer.*
reuerberacion, *rebat, refrapement.*
reuerberadero, *Lieu où il y a reuerberation.*
reuerberado, *reuerberé.*
reuerberar, *rebatre, refraper, reuerberation.*
reuerencia, *Honneur, reuerence, respect.*
reuerenciado, *Honoré.*
reuerenciadamente, *Honorablement.*
reuerenciador, *qui honore.*
reuerenciar, *Honorer, faire honneur.*
reuerentemente, *reueremment.*
reuerdecer, *reuerdir.*
reuerendo, *reuerend, honorable.*
reues, *reuers, rebours, l'enuers du drap.*

RE

reuesada cosa, *Chose difficile, malaisée.*
reuesado, *A rebours, de trauers.*
reuesado, *Vomy.*
reuesador, *qui vomist.*
reuesar, *Vomir.*
reuezar, *Succeder, remplacer.*
reuestido, *reuestu.*
reuestidura, *reuestement.*
reuiesso, *malaisé.*
reuista, *reueüe.*
reuistir, *reuestir.*
reuocacion, *reuocation.*
reuocado, *reuoqué.*
reuocador, *qui reuoque.*
reuocamiento, *reuoquement.*
reuocar, *reuoquer, rapeller.*
reuolar, *reuoler.*
reueltoso, *Seditieux.*
reuolucion, *reuolution.*
reuiuir, *reuiure.*
rexa, *Le coutre de la charrue.*
rexa, *Claye, grille.*
rexado, *Treillissé.*
rexador, *qui treillisse.*
rexal, *Treillis, barreaux.*
rexar, *Treillisser.*
rezado, *Prieres.*
rezador, *qui prie, qui dit ses oraisons.*
rezar, *dire ses oraisons, prier.*
rezental, *recent, nouueau.*
rezentar, *renouueler.*
reziamente, *roidement, fermement.*
rezien, *recent, frais, nouueau.*
reziente, *Frais, nouueau, recent.*
rezio, *robuste, ferme, sain.*
rezio temporal, *Temps de tempeste, fort temps.*

RE

reziura, *Fermeté, force, santé.*
rezma de papel, *Rame de papier.*
rezmilla, *Supositoire.*
rezno, *Tic, mouche de chiens.*
rey, *Roy.*
reyezillo, *Roitelet, petit Roy.*
reyna, *Royne.*
reynado, *regne.*
reynador, *qui regne.*
reynar, *regner.*
reyno, *regne, royaume.*
reyr, *rire.*
rezongador, *qui gronde.*
rezongamiento, *Grondement.*
rezongar, *Gronder.*
rezongo, *Gronderie.*
rezongon, *Grondeur.*

RI

Ria, *L'embouchement d'une riuiere.*
riachuelo, *Petit ruisseau, ruisselet.*
riatillo, *Petit ruisseau.*
ribaço, *Leuee de terre, rempart, colline, le bord de la mer.*
ribeta, *riuage, bord.*
ribete, *Bord, bande.*
ribeteado, *Bordé, bandé.*
ribeteador, *Qui bande.*
ribetear, *Border, bander.*
ricamente, *richement.*
ricacho, *Fort riche.*
ricazo, *Fort riche.*
riçado, *Frisé.*
riçador, *qui frise.*
ricar, *Friser.*
riço, *Frisé, entortillé.*

RE

riça, *Noise, destruction, rompture.*
riço, *Frisure.*
rico, *riche.*
rienda, *resne de bride.*
riego, *Arrosement.*
riel, *Lingot.*
rielera, *Lingotiere.*
riepto, *Iniure, accusation, blasme.*
riesgo, *Combat, conflict, risque.*
rifa, *Noise, grondement.*
rifa, *Rafle, ieu.*
rifador, *Grondeur.*
rifar, *Debatre, noiser.*
rifar, *Iouer à la rafle, rafler.*
rigor, *Seuerité, rigueur.*
rigorosamente, *Rigoureusement.*
rigorosidad, *Rigueur.*
rigoroso, *Rigoureux.*
rima, *Grande table à serrer les habits.*
rima, *Vers, poësie, rithme.*
rima, *Monceau d'habits, amas de hardes.*
rimero, *Monceau, amas.*
rimorder, *Remordre.*
rimordimiento, *Remors.*
rincon, *Angle ou coin.*
riña, *Noise, debat, question.*
riñir, *Tancer, noiser.*
riñon, *Rognon, rein.*
riñonada, *Le lieu des rognons.*
rio, *Fleuue, ruisseau, cours d'eau.*
rio caudal y caudaloso, *Riuiere principale, grande riuiere, profonde.*
ripia, *Latte, ais, table.*

R I

ripiado, *latté.*
ripiador, *qui latte.*
ripiar, *Lambrisser, latter.*
riqueza, *richesse.*
risa, *le ris, le ieu.*
risco, *precipice.*
risita, *soubsris.*
ristra, *rang, raye.*
ristra de ajos, *cordee d'aulx.*
ristre, *arrest de la lance.*
risueño, *Riard, qui ne fait que rire.*
rito, *coustume.*
riual, *Compagnon d'amour.*
riuete, *bord.*
rixa, *noise, querelle, debat*
rixoso, *quereleux, noiseux.*
rizado, *frisé*
rizador, *qui frise.*
rizar, *friser.*
rizo, *frisure, frisé.*

R O

Robado, *desrobé.*
Robador, *Larron, pilleur.*
Robar, *Derober, piller.*
Robo, *pillage, larcin, butin.*
Roble, *Chesne, arbre.*
Robledad, *Lieu plein de chesnes.*
Roblizo, *Robuste, ferme, dur.*
Roborar, *Fortifier.*
Robusto, *Robuste.*
Roca, *Roche, roc, rocher.*
Roça, *Cerceau, sarcloir, sardement.*
Rocadero, *Le lien qui tient la filace sur la quenouille.*
Roçador, *Sarcloir, engin à sarcler.*

R O

Roçagante, *Tout neuf.*
Roçamiento, *Sardement.*
Roçar, *Sarcler, serfouer, couper, esmonder.*
Rociadero, *arrosoir, asperges.*
Rociado, *Arrosé, plein de rosee.*
Rociador, *Qui arrose.*
Rociadura, *Rosee.*
Rociar, *Arroser, baigner.*
Rocio, *La rosee, arrosement.*
Rocin, *Cheual, roussin.*
Rocioso, *Plein de rosee*
Rodaja, *Vne roue, vne poulie.*
Rodar, *Rouler, tourner, faire la roue.*
Rodauallo, *Turbot, poisson, barbue.*
Rodeado, *Entourné, enuironné.*
Rodeador, *qui enuironne.*
Rodeamiento, *Enuironnement*
Rodear, *Circuir, entourner, enuironner.*
Rodeo, *Destour, ambage, cercle.*
Rodeon, *tour, tournoyement.*
Rodete, *Bourlet, accoustrement de teste de femme.*
Rodezno de molino, *poulie, moulinet.*
Rodilla, *Le genouil.*
Rodillar, *se mettre à genoux, humilier.*
Rodillazo, *Coup de genouil.*
Rodrigado, *Eschalassé, appuyé*
Rodrigador, *Qui eschalasse.*
Rodrigar, *eshalasser les vignes.*
Rodrigon, *Eschalas*
Rodrigoncillo, *petit eschalas.*
Roedor, *Rongeur.*
Roedura, *Rongeure.*
Roer, *Ronger*

rofian, ruffian.
rofianear, putaffer, bourdeler.
rofianeria, Maquerelage.
rogado, Prié.
rogador, Qui prie.
rogar, Prier, demander.
rogatiua, Priere, requeste.
roido, rongé.
rolliza, Colonne.
rollito, Petit gateau dur.
rollizo, rond en long, aisé à rouler.
rollo, rollon
rollo, Le gibet.
rollo, Vn gateau rond.
romadizarfe, S'enrumer, se morfondre.
romadizo, rhume, catharre.
romançar, Mettre en langue vulgaire.
romance, langage vulgaire.
romaza, parelle herbe
romerage, Pelerinage.
romero, Pelerin
romero, romarin.
romeria, Pelerinage.
romillo, mouffé, non pointu.
romo, Camus, mouffe.
rompedor, qui rompt.
rompenecios, vn fol
rompepoyos, Faineant, vagabond.
rompidamente, En rompant, auec entrerompement.
rompimiento, combat, rupture, querelle, conflict.
roncamente, enrouement.
roncador, ronfleur.
roncar, ronfler.
ronceador, flatteur.
roncear, Flatter.

ronceria, Flatterie.
roncero, Flatteur, fin.
roncha, Efgratigneure, la marque d'vn coup de foüet
ronces, Flatteries.
ronco, Enroué.
ronda, La ronde, la place vuyde autour des murailles d'vne ville.
rondar, faire la ronde, promener autour.
De rondon, tout à coup
ronquedad, enroueure.
ronquera, enroueure.
ronquido, ronflement, moquerie.
roña, rogne, gale de brebis
roñoso, galeux.
ropa, robe.
ropaje, habit, vestement
ropauejero, fripier.
ropera, Maistresse de garderobe.
ropero, maistre de garderobe.
ropero, vendeur d'habits.
ropilla, Petite robe, juppe.
ropon, robe.
roque, le roc des eschetz.
roquero, Lieu plein de rocs, defceuils.
rosa, rose, fleur.
rosa albardera, Piuoine, herbe.
rosado, De couleur de rose.
rosa montes, Piuoine, herbe
rosal, Rosier, lieu plein de roses.
rosar, rougir
rosca, Ply, reply, tortis, gateau.
rosella, pauot.
rosquilla, Petit tortis, sorte de gateau.
rosficler, couleur de rouge clair.

R O

rostrituerto, mine de trauers.
rostro, visage.
rota, route, deffaite.
roto, rompu.
rotura, rompure, deffaite, noise.
roxo, rouge, roux.
roydo, Bruit, tumulte.
roznido, brayement de l'asne.
roznar, braire.

R V

Ruano, rouan, couleur.
ruar, Courre les rues, roder, courir le paué.
ruby, ruby.
rubrica, rubrique, terre rouge.
rubricador, qui marque de rouge.
rubricar, Marquer de rubrique.
ruciada, rosee.
ruciada, charge, surprise sur l'ennemy.
rucio rodado, gris pommelé.
rucir, arroser
ruda, ruë, herbe.
rudamente, rudement, grossierement
rudeza, rudesse, tardiueté.
rudo, rude, tardif, lourd.
rueca, vne quenoille
rueda, rouë, orniere de charrette.
rueda calçar, Arrester la rouë qu'elle n'aille trop viste
ruego, priere.
rufian, maquereau.
rufianar, Putasser
rufianzar, Idem.
rufiancillo, Petit rufien

R V

rufiancria, Maquerelage.
ruga, ride.
rugar, rider.
rugido, Bruit, rugissement.
rugidor, qui rugit.
rugir, Faire bruit, rugir, grincer.
rugoso, ridé.
rumiado, ruminé.
rumiador, qui rumine.
rumiamiento, ruminement.
rumiar, ruminer.
rumor, Bruit.
rumorsillo, Petit bruit.
rusticamente, rustiquement.
rusticidad, rusticité.
rustico, rustique, grossier
rustiqueza, rusticité.
ruuia, garance, herbe
ruuia, rousse, blonde.
ruuio, blond.
ruybarbaro, rhubarbe.
ruydo, Son, bruit.
ruyna, ruine.
ruyn, Meschant, mauuais, maling.
ruyndad, meschanceté.
ruyncjo, Petit meschant.
ruynmente, meschamment.
ruyponces, Responce, herbe.
ruypontigo, Grande centauree, herbe.
ruyseñor, rossignol.

S A

SAbado, samedy.
Sabalo, Alose, poisson.
Sabana, linceul, drap.
Saber, sçauoir, gouster.
Sabiamente, Sagement.

SA

sabido, *sceu.*
sabidor, *Qui sçait.*
sabiduria, *Sagesse, astuce.*
sabina, *Sauinier, arbrisseau*
sabio, *Sage.*
sablon, *Sablon.*
sablonera, *Sablonniere*
sabonera, *Saponaire, herbe.*
sabor, *Goust, saueur, gré*
saboreador, *Qui assaisonne.*
saborear, *Assaisonner, gouster.*
sabrosamente, *sauoureusement.*
sabroso, *sauoureux, plaisant*
sabueço, *Chien courant, limier.*
saca, *Sac, sache.*
sacabuche, *Saquebute, instrument de musique*
sacador, *qui tire.*
sacafundo, *Tirefond.*
sacaliña, *vn garrot, vn trait.*
sacamancha, *qui oste les taches.*
sacamiento, *Tirement.*
sacamuelas, *Dauier à tirer les dents, & celuy qui tire les dents.*
sacar, *tirer, mettre hors, espuiser.*
sacerdocio, *prestrise.*
sacerdote, *prestre.*
sacerdotissa, *prestresse.*
sachador, *sarcleur.*
sachadura, *sarcleure.*
sachar, *sarcler*
sacho, *houë, besche.*
sachuelo, *pic, sardoir.*
saco, *pillage, sac de ville.*
saco, *sac, bissac.*
sacomano, *Larcin, saccagement.*
sacramento, *Sacrement, serment*

SA

sacre, *sucre, oiseau.*
sacrificado, *sacrifié.*
sacrificador, *sacrificateur.*
sacrificar, *sacrifier.*
sacrificio, *sacrifice.*
sacrilegamente, *sacrilegement*
sacrilegio, *sacrilege.*
sacrilego, *vn sacrilege.*
sacristan, *secretain, marguillier.*
sacristania, *office du secretain.*
sacristia, *Lieu où sont les choses sacrees, la sacristie.*
sacudida, *secousse.*
sacudidamente, *rudement, de secousse.*
sacudido, *secoüé.*
sacudidor, *qui secoüe.*
sacudidura, *secouëment.*
sacudimiento, *secousse, esbranlement.*
sacudir, *Battre, secouer, esbranler.*
saeta, *fleche.*
saetera, *canonniere.*
sactia, *fregate, vaisseau de mer.*
sagacidad, *finesse, diligence*
sagaz, *fin, diligent, habile.*
sagazmente, *finement, diligemment.*
sagrado, *Lieu sacré.*
sagrar, *sacrer.*
sagrario, *l'autel, le cœur du temple.*
sagueço, *Chien limier.*
sahornado, *escorché.*
sahornadura, *escorcheure.*
sahornamiento, *escorcheure.*
sahornar, *escorcher.*
sahorno, *escorcheure.*
sahuco, *sureau, arbre.*

sahumado, enfumé, parfumé.
sahumador, parfumeur, & le lieu où l'on parfume.
sahumaduras, parfums
sahumar, parfumer, secher à la fumee.
sahumerio, parfum.
sal, sel.
sala, sale.
salada, salade.
saladico, un peu salé.
saladillo, un peu salé.
saladilla, petite salade.
salado, salé.
saladura, saleure.
salamandra, salemandre.
salamanquesa, Idem
salar, saler.
salario, salaire.
salchicha, saulcisse.
saldado, soudé.
saldador, qui soulde.
saldadura, souldure.
saldar, soulder, resoudre
saledizo, allee, saillie, auance.
salero, saliere.
salida, issue.
salir, sortir, desborder.
salinas, salines.
salinero, saulnier, qui fait le sel
salitre, salpestre.
salitrado, salpestré.
salitral, Lieu où l'on fait le salpestre.
salitroso, salpestreux.
saliua, salive, crachat.
saliuoso, plein de salive.
salmista, psalmiste.
salmon, saulmon, poisson.
salmonado, saulmonné
salmonador, qui saulmonne

salmonadura, saulmonneure.
salmonar, saumonner.
salmonete, petit saulmon, truitte
salmorejo, saximure
salmorrada, saulmure.
salmuera, saulmure
salobre, salé
salpicado, enfangé, sali.
salpicador, qui enfange, qui salit.
salpicadura, fange, balieure.
salpicar, embourber, enfanger, salir.
salpimentar, saupoudrer.
salpimienta, Sel meslé avec poiure.
salpiquete, saulce.
salpreso, un peu salé.
salsa, saulce.
salsereta, Cornet à iouër aux dés
salserilla, Saulciere, petite escuelle.
salseruelo, Saulciere.
salsero, saulciere.
salsero, du thim, herbe
saltado, saulté.
saltador, saulteur.
saltar, saulter.
salteado, pillé, detroussé.
salteador, pilleur, brigand.
salteadorcillo, Brigandeau.
salteamiento, Brigandage, destroussement.
saltear, Brigander, destrousser, assaillir
saltero, gardebois, garde de forests.
saltia, nauire leger.
saltillo, petit sault.
salto, un sault.

Salua, L'essay qu'on fait des viandes.
Salua, Salue d'harquebuzades.
Saluacion, Sauueté.
Saluadera, Boite à poudre, poudrier.
Saluado, Du son, du bran.
Saluado, Sauué.
Saluador, Sauueur.
Saluagardia, Sauuegarde.
Saluage, Sauuage.
Saluajamente, Sauuagement.
Saluamento, Sauueté.
Saluar, Sauuer, garder.
Saluaroba, Garderobe.
Salud, Salut.
Saludable, Salutaire.
Saludablemente, Salutairement.
Saludacion, Salutation.
Saludado, Salué.
Saludador, Qui salue.
Saludador, Vn coniureur, qui guarist le bestail.
Saludar, Saluer.
Salud, Salut.
Salute, Vne monnoye d'or.
Saluia, Sauge, herbe.
Saluo, Sauf.
A su saluo, En seurté, à son aise, seurement.
Saluoconducto, Saufconduit.
Saluonor, Sauf l'honneur.
Saluonor, Le trou du cul.
Sanable, guerissable.
Sanado, guary.
Sanador, qui guarit.
Sanamente, Sainement.
Sanamunda, cariophyllata, herbe.

Sanar, guarir.
Sanbenito, Habit de l'inquisition.
Sandalos, Pantoufles.
Sandia, vne sorte de melon.
Sandio, vn fol.
Saneado, Cautionné.
Saneador, Qui asseure, qui cautionne.
Saneamiento, Asseurance, caution.
Sanear, Cautionner.
Sangrado, Saigné.
Sangrador, Saigneur, qui saigne.
Sangradera, Vne lancette.
Sangradura, Saignee.
Sangrar, Saigner.
Sangre, Sang.
Sangrelluuia, Flux de sang.
Sangrentar, Ensanglanter.
Sangria, Saignee.
Sangrientamente, Sanglamment.
Sangriento, Sanglant.
Sanguaza, Boue, aposteme, sanie.
Sanguazar, Espuyser, vuyder.
Sanguinario, Sanglant.
Sanguinidad, Parentage.
Sanguino, Sanguin.
Sanguinolento, Sanglant.
Sanguijuela, Sang sue.
Sanguisuela, Idem.
Sanidad, Santé.
Sano, Sain.
Santamente, Sainctement.
Santelmo, Ardans, feu qu'on voit sur la mer, castor, & pollux.
Santero, qui sert à l'eglise, chassechien.

S A

santidad, Saincteté
santificacion, sanctification
santificado, sanctifié
santificador, qui sanctifie
santificar, sanctifier.
santiguado, seigné
santiguador, qui fait le signe de la croix
santiguadura, seignement de croix
santiguar, Faire le signe de la croix
santyamen, En moins de rien, vn tournemain
santo, sainct
santon, hypocrite
santuchado, hypocrite
saña, Colere, courous
sañudo, Courroucé, coleré
saphyr, Saphy, pierre precieuse.
sapillo, Petit crapault
sapo, Crapault
saqueado, saccagé
saqueador, qui saccage
saqueamiento, saccagement
saquear, saccager, butiner
saquillo, Petit sac
sarampion, rougeole, maladie
sarao, festin, ballet
sarcia, fardeau, paquet
sardesco, asne de Sardaigne
sardina, Vne sardine, poisson
Sardo, Vn de Sardaigne
sargenta, Halebarde, iaueline.
sargentear, Faire l'office de sergent
Sargo, Meuil, Mulet, poisson.

S A

Sarmiento, Sarment de vigne
sarna, Rongne, gale
sarnoso, Rogneux, galeux
sarpollido, Feu volage, Dartre
sarro, lie, crasse qui vient sur la langue à la fiebure
sarta de perlas, Cordon de perles, enfileure
sartal, Cordee, enfileure
sarten, poile à frire
sartenazo, Coup de poile
sarzo, Claye, Clouison de tables.
sastra, Couturiere
sastre, Couturier, Tailleur
Satyra, Satyre, vers piquans
satyrico, satyrique
satyrion es, satyrion, herbe
satyro, Vn satyre
satisfacion, satisfaction
satisfazer, satisfaire
satishecho, satisfait
saualo, Alose, poisson
sauañon, Mules au talon
sauana, linceul, drap
sauco, suzeau, arbre
sauandijas, reptiles
sauor, saueur, goust
sauze, Saule, arbre, aubier
sauzedal, Vne saulaye
sauzegatillo, Agnus castus, arbre
Saxifragia, Saxifrage, herbe.
saya, Cotillon, Cotte de femme.
sayal, Gros drap, comme burre.

S

S A

sayalero, *Faiseur de gros drap*
sayero, *Faiseur de cottes*
sayete, *Petite cuirasse, Petit saye*
sayn, *graisse*
saynete, *graisse, apast*
sayo, *Iuppe, Habillement d'homme.*
sayon, *Valet de bourreau, Bourreau.*
sayuelo, *Petite jupe, Petit saye.*
sazon, *saison, temps*
sazonado, *Assaisonné*
sazonador, *qui assaisonne*
sazonamiento, *Assaisonnement*
sazonar, *Assaisonner.*

S C

scamonea, *scamonee*
scarlata, *Escarlate*
scarlatino, *d'escarlate*
sceleroso, *Meschant*
sceptro, *sceptre*
sciatica, *goute sciatique*
sciencia, *science*
scientifico, *qui sçait*
scisma, *Duision, schisme*
scismatico, *schismatique*
sclarimente, *Ambre jaune*
scriuania, *Escritoire*
scudetes, *Nombril de Venus, herbe*

S E

sebo, *suif*
seboso, *Plein de suif*
seca, *secheresse*

S E

seca, *Vne louppe*
A secas, *Sechement, Tout seul.*
secado, *seché*
secador, *qui seche*
secamente, *sechement*
secamiento, *secheresse*
secano, *sec*
secar, *secher.*
seco, *sec*
secretamente, *secrettement*
secretario, *secretaire*
secreto, *secret*
secrestacion, *sequestre*
secrestado, *sequestré*
secrestador, *qui sequestre*
secrestar, *saisir, sequestrer*
secresto, *sequestre*
secta, *secte*
sectario, *faiseur de sectes*
secular, *seculier*
secularidad, *secularité*
secularmente, *seculierement*
securidad, *seurté*
secutar, *executer*
sed, *soif*
seda, *soye de vers, soye de porc.*
Sedadera, *Vergette à nettoyer*
sedal, *Ligne à pescher*
sedeño, *Plein de soye*
Sediciosamente, *Sedicieusement*
sedicioso, *seditieux*
sediento, *Alteré, qui a soif*
seducion, *seduction*
seductor, *Trompeur, Seducteur*
seduzir, *seduire*
segado, *Fauché, seyé, Mois-*

S A

sonné
segador, Moissonneur, Faucheur
segar, Seyer, Moissonner, Faucher.
segazon, Moisson, fauche
seglar, seculier
seguida, suite
seguidilla, sorte de chanson
seguido, suivy
seguidor, qui suit
seguiente, suivant
seguimiento, suitte
seguir, suivre
segun, Vers, selon, auprès
segundamente, secondement
segundado, seconde
segundador, qui seconde
segundar, seconder
secundariamente, En second lieu
secundario, secondant
secundo, second
segur, hachereau
segurado, Asseuré
segurador, qui asseure
seguramente, seurement
segurança, Asseurance
segurar, Asseurer
segureja, Hachereau, doloire
segurella, sarriette herbe
seguridad, seureté
seguro, seur, asseuré
seguron, Rabot, Hachereau, Doloire
sellado, seellé
sellador, qui seelle
selladura, seelleure
sellar, Cacheter, seeller
sello, Cachet, seau, signet
semana, semaine

S E

semanero, Semainier
semblante, semblant
sembrado, semé
sembrador, semeur
Sembradura, Semaille, la saison
sembrada, Le guaret
sembradizo, Semable, Bon à semer
sembrar, semer
semejable, semblable
semejado, semblable
semejador, qui resemble
semejança, semblance
Semejante, Pareil, Ressemblant
Semejantemente, Pareillement
semejar, Sembler, Estre pareil
semental, Apartenant à semence.
sementar, Semer, produire semence
Sementera, Semence, Guaret.
semilla, semence, pepins.
seminario, Pepiniere
semola, fleur de farine
sempiternamente, sempiternellement
sempiternal, sempiternel
sempiternidad, sempiternité
sempiterno, sempiternel
sena, sené, arbrisseau
senado, senat
senador, senateur
senara, Chose pour semer
senda, sentier
sendero, Voye, sentier

S ij

sendilla, *Petite sente*
sendos, *Vn à chacun*
En sendos rocinos, *Chacun sur vn cheual*
senetud, *Vieillesse*
seña, *signe, enseigne de gens de guerre*
Señal, *Signe, Marque, Note*
Señaladamente, *Signalement, expressement*
Señaladera, *Crayon, Marque*
señalado, *signalé, Marqué*
señalador, *qui marque*
señalar, *Marquer, Monstrer*
señalejo, *Petite marque*
señeramente, *solitairement*
Señero, *Solitaire, Particulier*
señor, *Seigneur, Monsieur*
señora, *Madame, Dame*
señoreado, *Maistrisé*
señoreador, *qui maistrise*
señorear, *Dominer, Maistriser*
señoria, *Seigneurie, Noblesse*
señoril, *seigneurial*
señorilmente, *seigneurialement*
señorio, *Domination, seigneurie*
señuelo, *leurre d'oiseau*
seno, *Le sein*
Seno de vestidura, *Ply de robe*
sensible, *sensible*
Sensiblemente, *sensiblement*

Sensual, *Sensuel*
Sensualidad, *Sensualité*
Sentado, *Assis*
Sentar, *Asseoir*
Sentencia, *Opinion, sentence, iugement*
Sentenciado, *Iugé*
Sentenciador, *Qui iuge*
Sentenciar, *Iuger, donner sentence*
Sentencioso, *Plein de sentences*
Sentible, *Sensible*
Sentido, *Sens, sentiment*
Sentido varon, *Homme aduisé*
Sentimiento, *Dueil, sentiment*
Sentina, *Sentine de nauire*
Sentir, *Sentir*
Senzillamente, *Syncerement*
Senzillez, *Syncerité*
Senzillo, *Syncere*
Separable, *Separable*
Separado, *Separé*
Separacion, *Separaison*
Separador, *Qui separe*
Separamiento, *Separaison*
Separar, *Separer*
Seprimamente, *En septiesme lieu*
Septimo, *Septieme*
Septuagenario, *de septante ans*
Sepulcro, *Tombeau, sepulchre*
Sepultado, *Enseueli*
Sepultador, *Qui enseuelit*
Sepultar, *Enseuelir*
Sepultura, *Sepulture*
Sepulturero, *Enterreur de morts*
Sequedad, *Secheresse*
Sequera, *Secheresse*
Sequero, *Sechable*
Sequia, *Secheresse*

Sequestrar, Sequestrer, saisir.
Ser, Estre.
sera, Panier de jonc, ou genest.
sera, Soir, serée.
serada, Veillee, serée.
serafico, Seraphique.
serafin, Seraphin.
serallo, Serrail.
serampion, Rougeole, maladie.
serapino, Sagapenum, drogue.
serena, Vne sereine.
serenar, Estre serain, estre l'air.
serenidad, Serenité.
sereno, Serain.
serojas, Buchettes de bois.
seron, Panier de jonc à mettre sur vne beste.
sermon, Propos, discours.
sermonador, Qui conte, qui parle.
sermonar, Parler, conter.
serpa, Vieux sarment de la vigne.
serpentino, De serpent.
serpiente, Serpent.
serpol, Serpoulet, herbe.
serraja, Laitteron, herbe.
serrajon, Montagne.
serrana, Montagnere.
serrania, Lieu montagneux.
serrano, Montagnard.
serua, Corme, fruict.
serual, Cormier, arbre.
seruicial, Clystere.
seruicial, Seruiable.
seruicio, Seruice.
seruido, Serui.
ser seruido, Estre content, daigner, vouloir.
seruidor, seruiteur.

seruidor, Retrait, chaire percée.
seruidorcillo, Petit valet.
seruidumbre, Charge, contrainte, seruitude.
seruil, seruil.
seruilmente, seruilement.
seruir, seruir.
seruitud, seruitude.
sessar, Cesser, demourer, manquer.
sesenta, soixante.
sesgo, Biais, de trauers.
sesgura, Biaisement.
sesmero, Defenseur du peuple, tribun.
sesmo, La sixiesme partie.
sesico, sesillo, Petite ceruelle.
seso, Le sens.
sesos, Le cerueau, la ceruelle.
sestamente, En sixiesme lieu.
sesteadero, Lieu pour passer la chaleur d'Esté.
sesteador, Lieu d'esté.
sestear, Passer la chaleur du midy.
sesudo, De bon sens, aduisé.
seta, secte.
setenta, septante.
setecientos, sept cens.
seteno, septiesme.
setenteno, septantiesme.
Setentrion, Septentrion.
setentrional, septentrional.
Setiembre, Septembre, mois.
setimo, septiéme.
seto, vne haye.
seueramente, seuerement.
seueridad, seuerité.
seuero, seuere.
seuillo, Petit suif.

SE

seuo, *suif.*
seuoso, *Plein de suif.*
sexo, *sexe.*
seys, *six.*
seyscentos, *six cens.*
seyses, *Plusieurs six.*

SI

Si, *si, ouy.*
siega, *l'Aoust, mestiues, le temps de seyer.*
siembra, *semaille, temps de semer.*
siempre, *Tousiours.*
siemprebiua, *Ioubarbe, herbe.*
sien, *La temple de la teste.*
sierpe, *serpent.*
sierra, *une scie à scier.*
sierra, *Colne, montagnette.*
sierua, *Chambriere.*
sieruo, *seruiteur.*
siesso, *Le siege, le cul.*
siesta, *La chaleur du Midy.*
siete, *sept.*
siete en rama, *Tormentile, herbe.*
sietemesino, *De sept mois.*
sieteual, *De sept ans.*
siglo, *siecle, auge.*
signado, *signé seellé.*
signador, *qui signe.*
signar, *signer, seeller.*
signatura, *seing, signature.*
signo, *sein, seau.*
significacion, *signification.*
significado, *signifié*
significador, *qui signifie.*
significar, *signifier.*
siguente, *suyuant.*
siguientemente, *suiuamment.*

SI

silaba, *syllabe.*
silencio, *silence.*
silla, *selle, siege.*
silleria, *Pierre de taille.*
sillero, *sellier.*
silleta, *Petite selle, tabouret.*
silo, *Lieu sous terre a mettre le grain.*
siluado, *sifflé.*
siluador, *qui siffle.*
siluadura, *sifflement.*
siluar, *siffler.*
siluido, *sifflement.*
siluestre, *sauuage.*
siluo, *sifflement.*
sima, *Basse fosse, prison.*
simbolo, *symbole, marque.*
simiente, *semence, graine.*
similitud, *semblance.*
simonia, *simonie.*
simoniaco, *simoniaque.*
simple, *simple.*
simplemente, *simplement.*
simpleza, *simplicite.*
simpiezillo, simpiezito, *simplet, qui n'a point de malice.*
simplicidad, *simplicité.*
simplon, *simple.*
simulacion, *Feintise.*
simulacro, *Effigie.*
simuladamente, *Feintement.*
simulado, *Feint, simulé.*
simulador, *Feint dissimulé.*
simular, *Feindre, dissimuler.*
sin, *sans.*
sinceramente, *syncerement.*
sincero, *syncere.*
sincopa, *syncope.*
sincopar, *Tomber en syncope.*
siniestra, *Gauche, senestre.*
singular, *singulier.*

S I

singularidad, *singularité.*
singularmente, *singulierement.*
sinjusticia, *Iniustice, tort.*
sino, *sinon.*
sinoque, *sinon que.*
sinodal, *Appartenant à syno-*
de.
sinodo, *synode.*
sinrazon, *Tort, iniure, derai-*
son.
sinsabor, *Ennuy, desgoust.*
sinzel, *Burin.*
sinzelado, *Buriné.*
sinzelador, *Qui burine.*
sinzeladura, *Burinement.*
sinzelar, *Grauer, buriner.*
siquiera, *Au moins.*
sirena, *seraine.*
sirga, *Tirement de bateau à la*
corde.
sirgo, *soye.*
sirguerito, *Chardonnet, oyseau.*
sirguero, *Chardonnet, oyseau.*
siringa, *syringue.*
siringador, *Qui syringue.*
siringar, *seringuer.*
siroco, *Vent de mer.*
sisa, *Exaction, impost, assiette de*
deniers.
sissador, *Larron, qui ferre la*
mule.
sissar, *Desrober, ferrer la mule.*
sitiado, *Assiegé.*
sitiador, *Qui assiege.*
sitiar, *Assieger.*
sitio, *siege, lieu, assiette.*

S O

So, *soubs.*
Sobaco, *L'aisselle.*

S O

sobacar, *Porter sous l'aissel-*
le.
sobajar, *Manier.*
sobaquima, *Puantise d'aisselles.*
sobarcado, *Mis sous l'aisselle.*
sobarcar, *Porter sous l'aisselle.*
soberanamente, *Souuerainement.*
soberania, *Souueraineté.*
soberano, *Haut, souuerain.*
soberuia, *Orgueil.*
soberuiamente, *Orgueilleusement.*
soberuio, *Orgueilleux.*
soberuecer, *S'enorgueillir.*
soberuioso, *Orgueilleux.*
sobornal, *Surcroist.*
sobornado, *Suborné.*
sobornador, *Qui suborne.*
sobornar, *Suborner.*
soborno, *Subornement.*
sobra, *Reste, reliqua, abondance.*
sobrar, *Abonder, demourer de*
reste.
sobradar, *Plancher.*
sobrado, *Qui reste de surplus.*
sobrado, *Vn plancher.*
sobre, *Sus, dessus, apres, ou-*
tre.
sobreaguado, *nageant mort sur*
l'eau.
sobreaguar, *Nager mort sur*
l'eau.
sobrecargado, *Surchargé.*
sobrecargar, *Surcharger.*
sobredorado, *Surdoré.*
sobredorador, *Surdoreur.*
sobredoradura, *Surdorure.*
sobredorar, *Surdorer.*
sobrehuesso, *Suros de cheual.*

S iiij

SO SO

sobrelleuar, *Surporter.*
sobreluzir, *Luire dessus.*
sobremesa, *Tapis de table.*
sobremontar, *Surmonter, surpasser.*
sobrenadar, *Surnager.*
sobrenombrar, *Surnommer.*
sobrepassar, *Surpasser.*
sobrependiente, *Pendāt dessus.*
sobrepensar, *Penser ententiuement.*
sobrepujança, *Excellence.*
sobrepujado, *Surmonté.*
sobrepujador, *Qui surmōte.*
sobrepujante, *Fort puissant.*
sobrepujar, *Exceder, surmonter.*
sobresalido, *Impatient, temeraire.*
sobresaliente, *Auantcoureur.*
sobresalir, *S'auancer trop.*
sobresaltado, *Surpris.*
sobresaltador, *Qui surprend.*
sobresalto, *Sursault, surprise, trouble, alarme.*
sobresanado, *Mal guary.*
sobresanar, *Mal guarir.*
sobresaño, *Mal guary.*
sobrescrito, *Suscription.*
sobrescriuir, *Suscrire.*
sobresi, *Sur ses gardes.*
sobresolar, *Resemeler.*
sobreuenida, *Suruenue.*
sobreuenir, *Suruenir.*
sobreuestir, *Suruestir.*
sobrenista, *La visiere d'vn heaume.*
sobreuiuiente, *Suruiuant.*
sobreuiuir, *Suruiure.*
sobriamente, *Sobriment.*
sobriedad, *Sobrieté.*
sobrina, *Niepce.*

sobrino, *Nepueu.*
sobrio, *Sobre.*
socapa, *A cachettes.*
socaren, *La cheuron de l'auancement du toict de la maison.*
socarrado, *A demy rosty, bruslé.*
socarrar, *Cuire mal quelque chose, la faire brusler.*
socarron, *Vn marmitton.*
socauar, *Cauer par dessous, miner.*
sochantre, *Souschantre.*
sociedad, *Societé.*
socolor, *Excuse, pretexte.*
socorrer, *Secourir.*
socorredor, *Qui secourt.*
socorro, *Secours.*
sodomitico, *Bougre.*
sodomizar, *Estre bougre.*
sodormido, *Entredormy.*
sodormir, *Entredormir.*
soez, *La lie.*
soez, *Vil, abiect.*
sofisteria, *Cauilation.*
sofisticar, *Sophistiquer.*
sofistico, *sophistiqué.*
sofrenada, *Sousbarbe, refrenement.*
sofrenar, *Refrener.*
sofrir, *souffrir, patienter.*
soga, *Corde, cordon de genest.*
soguilla, *Petite corde.*
sojeto, *subject.*
sojuzgado, *subiugué.*
sojuzgador, *Qui subiugue.*
sojuzgar, *soubsmettre, subiuguer.*
sol, *Le soleil.*
solar, *Apartenant au soleil.*
sola, *seule.*
solamente, *seulement.*

S O

solana, Abry au soleil.
solano, le vent de Leuant.
solado, Planchayé.
solar, La sole de la maison.
solar, semeler.
solariego, Chose qui vient du patrimoine.
solapacion, Dissimulation.
solapadamente, Dissimulémēt.
solapado, Caché, dissimulé, trompeur.
solapador, Qui dissimule.
solapadura, Dissimulation.
solapar, Cacher, tenir secret, dissimuler, tromper.
A solas, A part, en lieu seul.
solaz, soulas, consolation.
solazar, Consoler, recreer, esiouyr, esgayer.
solda, sonde de nauire.
soldada, salaire, payement d'un seruiteur.
soldadesca y soldaresca, Gens de guerre gendarmes.
soldado, soldat.
soldado, souldé.
soldador, qui soulde.
soldadura, souldure.
soldan, Roy soldan.
soldar, soulder.
soledad, solitude.
solene, solennel.
solenemente, solennellement.
solenidad, solennité.
solenisar, solenniser.
soler, souloir, auoir coustume.
solercia, Astuce.
soleta, seulette.
soleta, semelle de chausse.
soletrear, Espeler.
soleuantado, soubsleué.

S O

soleuantador, Qui soubsleue.
soleuantar, soubsleuer.
solicitado, sollicité.
solicitador, solliciteur.
solicitamente, Auec soing.
solicitar, Auoir soing, solliciter.
solicito, soucieux.
solicitud, soing, solicitude.
solideza, Fermeté.
solido, Ferme.
soliman, Arsenic, sublimé.
solitario, solitaire.
solito, seulet.
soliuado, soulagé.
soliuiador, Qui soulage.
soliuiadura, soulagement.
soliuio, soulagement.
sollamar, Brûler à la flamme.
soleuado, Allegé.
soleuador, Qui allege.
soleuar, Alleger.
sollastre, souillon de cuisine.
sollastria, Marmitonnage.
sollo, Loup, poisson.
solloçador, Qui sanglotte.
solloçamiento, sanglot.
solloçar, sanglotter.
solloço, sanglot.
solo, seul.
solsobaco, Dessous l'aisselle.
solsticial, apartenāt au solstice.
solsticio, solstice.
soltado, Deslié.
soltar, Oster, deslier, deliurer.
soltera, Femme sans homme.
solteria, Celibat.
soltero, Homme sans femme.
soltura, Deliurance, desliement, liberté.
soma, Charge.
somas, Du son, pain noir.

S O

Sombra, *ombre.*
Sombraje, *Ombrage.*
Sombrajo, *Ombrage, ramee.*
Sombrajoso, *Ombrageux.*
Sombrerera, *Petasites, herbe.*
Sombrero, *Vn chapeau.*
Sombriamente, *Mornement.*
Sombrio, *Morne, ombrageux.*
Somera, *Vne asnesse.*
Somero, *Vn asne.*
Somero, *Extreme.*
Somergir, *Plonger.*
Somersion, *Plongement.*
Sometedor, *Qui soumet.*
Someter, *Soubsmettre.*
Somerico, *Bougre.*
Sometimiento, *Soubsmißion.*
Sometidamente, *Humblement.*
Sometido, *Soubsmis, humble.*
Somißion, *Soubsmißion.*
Somo, *Dessus, en haut.*
Somorguiador, *Plongeur.*
Somorguiar, *Plonger, nager.*
Somorguion, *Plongeon, oyseau.*
Sompruosamente, *somptueusement.*
Sompruosidad, *Magnificence.*
Somptuoso, *somptueux.*
Sonable, *Propre à sonner, resonnant.*
Sonajas, *sonnettes.*
Sonajera, *sonnette.*
Sonador, *Qui sonne.*
Sonadura, *sonnerie.*
Sonajeria, *sonnerie.*
Sonar, *sonner, bruire.*
Sonda, *sonde.*
Sondar, *sonder, essayer.*
Sonido, *son, bruit.*
Soñado, *songé.*
Soñador, *songeart.*

S O

Soñar, *Songer.*
Soñoliento, *Songeard, endormy*
Sono, *Son, bruit.*
Sonoroso, *Sonnant, de bon son.*
Sonoso, *Sonnant.*
Sonrrodadero, *Lieu où s'embourbent les charrettes.*
Sonrrodado, *embourbé.*
Sonrrodadura, *embourbeure.*
Sonrrodor, *embourber les charrettes.*
Sopa, *Soupe.*
Sopapo, *Coup soubs le menton, soubsbarbe.*
Sopeado, *outragé.*
Sopeador, *Qui outrage.*
Sopear, *outrager, fouler aux pieds.*
Sopeton, *Reietton qui vient aux fourchons du sep.*
Sophisma, *Deception.*
Sophista, *Sophiste.*
Sophisticador, *Qui sophistique.*
Sophisticar, *Brouiller.*
Sophistiqueria, *Sophistiquerie*
Soplado, *Souflé.*
Soplador, *Soufleur.*
Soplamiento, *Souflement.*
Soplar, *Soufler.*
Soplo, *Soufle.*
Soplon, *Espion, mouchard, qui soufle aux oreilles.*
Soporrar, *Suporter.*
Sorbedor, *Qui hume.*
Sorbedura, *Bouillon, humement*
Sorber, *humer avaller.*
Sorbimiento, *humement.*
Sorbillo, } *Brouet, bouillon, humement.*
Sorbito, }
Sorbo, *Bouillon.*
Sorda, *Sourde.*

S O

Sordamente, *Sourdement.*
Sordecer, *Estre sourd.*
Sordedad, *Surdité.*
Sordez, *Surdité.*
Sordo, *Sourd.*
Sordon, *Sourdaud.*
Sorcyr, *Soubzrire.*
Sorteamiento, *Tirement au sort.*
Sortear, *Tirer au sort.*
Sortija, *aneau, cachet, bague.*
Sortijon, *Idem.*
Sortijuela, *Vn petit aneau, vne virole.*
Sorua, *Corme.*
Soruedor, *Qui hume.*
Soruedura, *Humement.*
Soruer, *Humer.*
Soruible, *Humable.*
Soruito, *Petit bouillon.*
Soruo, *Humement.*
Soruo, *cormier, arbre.*
Sorze, *Soury, animal.*
Sosacado, *Soubstrait.*
Sosacador, *Qui soubstrait.*
Sosacadura, *soubstrayement.*
Sosacar, *Soubstraire.*
Sosedad, *fadasse, sottise.*
Soslayo, *De trauers.*
Soso, *Fade, sans sel, insipide.*
Sospecha, *Soupçon.*
Sospechar, *Soupçonner.*
Sospechosamente, *Soupçonneusement.*
Sospechoso, *Soupçonneux.*
Sospirado, *Souspiré.*
Sospirador, *qui souspire.*
Sospiradero, *Souspirail.*
Sospirar, *Souspirer.*
Sospiro, *soupir.*
Sospiron, *Souspirail.*
Sossegadamente, *Paisiblement.*

S O

sossegado, *Coy, paisible, à repos.*
sossegadillo, *à repos.*
sossegar, *Apaiser, reposer.*
sossiego, *Tranquilité, repos.*
sostenedor, *Qui soustient.*
sostener, *soustenir.*
sostenido, *Soustenu.*
sostenimiento, *ayde, soustien.*
sostentacion, *Soustien.*
sostentado, *substanté.*
sustentador, *Qui substante.*
sostentamiento, *soustien.*
sostentar, *substanter.*
sostento, *Soustien.*
sostraer, *Oster, soubstraire.*
sota, *vne royne de cartes.*
sotanar, *faire cesser.*
sotano, *Cesser.*
sotauento, *Au dessouts du vent.*
soterrado, *Enterré.*
soterrador, *Qui enterre.*
soterramiento, *enterrement.*
soterraño, *Susterrain.*
soterrar, *Enterrer.*
sotil, *Subtil.*
sotileza, *Subtilité.*
sotilissimamente, *Tressubtilement.*
soto, *Bois, forest.*
souadura, *Pestrissement.*
souajar, *Manier, toucher, pestrir, secouer, meurtrir.*
souajadura, *Maniement, frotture, pestrissement.*
souar, *Pestrir.*

S P

Spectator, *Spectateur.*

S P

spectatriz, Spectatrice.

S Q

Squife, Esquif.

S T

Stratagema, Ruse de guerre.
structura, Structure.
studio, Estude.
studiosamente, Studieusement.
studioso, Soigneux, studieux.

S V

Suaue, Doux.
suauedad, Douceur.
suauemente, Doucement.
subida, Montée.
subido, Monté.
subido de color, Hault en couleur.
subidor, Celuy qui monte, & le lieu à monter.
subidura, Monture.
subiente, Montant.
subir, monter.
subitamente, Soudainement.
subito, Soudain.
sublimacion, Sublimation.
sublimado, Sublimé.
sublimador, qui sublime.
sublimar, Hausser sublimer.
sublimidad, Grandeur, sublimité.
subministrado, Fourny.
subministrador, Qui fournist.
subministracion, Fournissement.
subministrar, fournir.

S E

suceder, succeder.
sucedido, Succedé.
sucession, succeß.on.
sucessiuo, Successif.
suceso, Fin, succes, acheuement.
sucessor, Successeur, heritier.
sudadero, Lieu à suer.
sudado, Sué.
sudador, Qui sue.
sudar, Suer.
sudario, Suaire, linge, mouchoir.
sudito, Subiect.
sudor, sueur.
suegra, Belle mere.
suegro, Beaupere.
suela, semelle, sole.
suelda, consoulde, herbe.
sueldo, la paye du soldat.
sueldo, vn sol.
suelo, Le paué, la terre, la lie, le fonds.
suele, Il a de coustume.
sueltamente, Librement.
sueltas, Entraues de cheual. aAtaches
suelto, deslié, libre, gaillard.
sueño, Sommeil, dormir.
suero, maigue de laict.
suerte, Sort, sorte, qualité.
suez, vil, roturier.
suficiencia, Susisance.
suficiente, Susisant.
suficientemente, susisamment.
sufocacion, suffoquement.
sufocado, estouffé, suffoqué.
sufocador, Qui estouffe.
sufocar, estouffer.
sufragio, suffrage.
sufrible, Tolerable.
sufridero, Tolerable.
sufrido, Patient, paisble.
sufrimiento, patience, souffrance.

sufrir, Soufrir, endurer.
sugecion, Subiection
sujetador, Qui assubiettit.
sugetar, Assubiettir.
sugeto, Subject.
sugo, Suc.
sugoso, plein de suc.
sulcar, Sillonner, nauiguer.
sulco, Sillon, raye du Sillon.
suifoncte, Allumette.
suma, la somme, la fin de compte, recueil.
sumamente, Grandement
sumar, Recueillir, sommer, compter.
sumariamente, Sommairement.
sumario, Recueil, sommaire.
sumido, Profond.
sumidero, Fosse à esgouts.
sumilla, Petite somme.
sumiller, Sommelier, eschanson.
sumir, Profonder, cacher.
sumo y sumero, dernier
sumptuosamente, Somptueusement.
sumptuosidad, Somptuosité.
sumptuoso, somptueux
superfluamente, Superfluement.
superfluidad, superfluité
superfluo, Superflu.
superior, Superieur.
superioridad, Superiorité.
superiormente, Pardessus.
supernal, d'enhault.
supernalmente, De hault.
supersticion, superstition.
supersticiosamente, Supersticieusement

supersticioso, supersticieux.
supledor, qui supplee.
suplicacion, priere.
suplicado, suplié, prié.
suplicador, qui prie.
suplicante, supliant.
suplicar, suplier
suplicio, suplice.
suplimiento, suplément
suplir, supleer.
suponedor, qui suppose.
suponer, supposer.
suposicion, suposition.
suportar, suporter.
supression, supression.
suprimido, suprimé.
suprimidor, Qui supprime.
suprimir, suprimer.
supuesto, supposé
sur, le vent de su.
surgidero, Le haure, la rade de la mer.
surgir, surgir, arriuer, mouiller l'ancre.
surrogar, subroger.
surtir, sortir.
surto, Arriué, arresté.
surzidera, femme qui rentrait.
surzidor, Rentrayeur.
surzir, Rentraire.
suscitar, susciter.
susistir, subsister.
suso, sus, en hault.
suspendedor, Qui suspend, qui dilaye.
suspender, suspendre, dilayer.
suspendido, suspendu, estonné.
suspension, Delay, dilayement.
suspenso, incertain, suspens.
sustancia, substance.
sustancial, substantiel.

sustancioso, *substantieux.*
sustentable, *soustenable.*
sustentado, *soustenu.*
sustentador, *qui soustient.*
sustentamiento, *soustenement.*
sustentar, *substanter, nourrir, soustenir.*
sustento, *nourriture, soustien.*
sustituyr, *substituer.*
susto, *Estonnement, troublemēt, alteration.*
sutil, *subtil.*
sutileza, *subtilité.*
sutilmente, *subtilement*
sutilizado, *subtilizé.*
sutilizador, *qui subtilise.*
sutilizamiento, *subtilité.*
sutilizar, *subtiliser.*
suuercion, *subuersion.*
suuertido, *subuerty.*
suuertidor, *qui subuertist.*
suuertir, *subuertir.*
suziamente, *laidement.*
suziedad, *Laideur, vilanie.*
suzio, *sale, vilain.*
suziuelo, *petit vilain, petit sale.*
suzuelo, *Idem*
suya, *sienne.*
suyo, *sien.*

T A

Tabano, *vn haneton.*
Tabaque, *panier.*
Tabardillo, *pourpre de peste, petite verole.*
Tabarro, *frelon.*
Tabernaculo, *Tabernacle.*
Tabicar, *Faire parois de plastre.*
Tabique, *parois de plastre.*
Tabla, *table, ais, contoir.*

Tabla de ballesta, *arbrier d'arbaleste.*
Tabladillo, *Petite armoire.*
Tablado, *Plancher, galerie, eschaffault.*
Tablaje, *le dedans du damier.*
Tablajeria, *Berlan.*
Tablajero, *Berlandier, qui donne a iouer.*
Tablas, *Dames à iouer.*
Tablazon, *Tablage*
Tablero, *Tableau, table où l'on iouë.*
Poner su vida al tablero, *mettre sa vie en hazard.*
Tableta, *Tablette.*
Tablilla, *Petite table, trenchoir, assiette.*
Tablones, *grand ais, tablage.*
Taburete, *Tabouret.*
Taça, *Tasse à boire.*
Tacañamiento, } *Meschanceté,*
Tacañeria, } *taquinerie*
Tacañear, *estre meschant.*
Tacaño, *meschant, taquin.*
Taçon, *grande tasse a boire.*
Tacha, *Tache, vice, macule.*
Tachado, *Tauelé, maqueté, taché*
Tachadura, *Taueleure*
Tachar, *Blasmer, tacher*
Tachon, *Bossette qu'on met sur les liures.*
Tachuela, *Petit clou, tache.*
Tacitamente, *Tacitement.*
Taciturnidad, *Taciturnité.*
Taciturno, *Taciturne.*
Tafetan, *Du taffetas.*
Tafuria, *Nauire a passer cheuaux, passage de cheuaux par mer.*

TA

Tagarote, *Vne sorte de faulcon.*
Taheli, *Bandoliere à porter espee.*
Taheño en la barua, *Barberousse.*
Tahon, *Tan, frelon.*
Tahona, *Moulin à bras.*
Tahur, *pipeur, berlandier.*
Tahureria, *Ieu, piperie au ieu.*
Taja, *vne taille.*
Tajada, *coupeure, piece, rongneure.*
Tajadura, *Coupeure.*
Tajado, *vn tranchoir.*
Tajador, *Coupeur.*
Tajador, *vne assiette de bois.*
Tajaplumas, *Trancheplume.*
Tajar, *Tailler.*
Tajete, *Petit coup de taille.*
Tajo, *Tail.*
Tajo de carnicero, *Banc de boucher.*
Tajon, *Banc de boucher, ou de cuisine.*
Tala, *Coupement, degast, saccagement, pillement.*
Talar vna tierra, *Piller, faire le degast en vne terre.*
Tal, *Tel.*
Talabarte, *Baudrier, ceinture à porter espee.*
Taladrado, *percé, foré.*
Taladrador, *Qui perce.*
Taladrar, *percer, forer.*
Taladrillo, *petit foret.*
Taladro, *tarriere, foret.*
Talamo, *Lict nuptial.*
Talanquera, *Barriere, rempart d'ais.*
Talador, *destructeur.*
Talante, *enuie, desir, talent.*

TA

Talantoso, *Desireux.*
Talar, *Saccager, tailler, couper, destruire.*
Talauilla, *Traquet du moulin.*
Talaya, *Eschauguette, sentinelle.*
Talega, *Besace, sac.*
Talegon, *Sac.*
Talegoncillo, *Pochette, sachet.*
Taleguilla, *Pochette, sachet.*
Taleguito, *Petit sac.*
Talheño, *Barbe rousse.*
Talento, *Talent.*
Talion, *La peine reciproque.*
Talla, *Graueure.*
Talla, *Rinçon.*
Tallar, *Grauer.*
Talle, *Sorte, façon.*
Tallecer, *Produire tige.*
Tallito, *Petit tige.*
Tallo, *Tige, caule, tronc.*
Talludo, *Qui fait gros tige.*
Talmente, *Tellement.*
Talon, *Talon.*
Taluina, *Bouillie.*
Tamañico, *Tant petit, ou tant grand.*
Tamaño, *Grandeur.*
Tamariz, *Tamaris, arbre.*
Tamarindos, *Tamarins, fruit.*
Tambien, *Oultre, aussi, d'auantage.*
Tamborejo, *petit tambour.*
Tamboril, *Tambour.*
Tamborilero, *Celuy qui bat le tambour.*
Tan, *Autant, tant.*
Tana, *Tasniere d'animal.*
Tangible, *Touchable.*
Tañedor, *Ioueur d'instrumens.*
Tañedura, *Son d'instrumens.*

T A

Tañer, *Sonner, iouer des instrumens.*
Tantear, *Considerer, sonder, manier, aller a tastons, essayer.*
Tantear, *Compter auec jettons.*
Tanteo, *Essay, maniement, jetton.*
Tanteo, *Taxe, prix.*
Tantico, *Si peu, tant soit peu.*
Tanto, *Tant.*
Tanto como, *Autant que.*
Tantos, *Iettons à compter.*
Tapa, *Couuerture, couuercle.*
Tapadera, *Idem.*
Tapado, *Couuert.*
Tapador, *vn couuercle.*
Tapar, *Estouper, couurir, boucher.*
Tapete, *Tapys*
Tapial, *Cloaison de mortier.*
Tapial, *Les ais pour faire les murailles de terre, columbage.*
Tapiador, *Qui fait murailles de terre.*
Tapiar, *Faire murailles de terre, aplanir, battre vne aire.*
Tapiçar, *Tapisser.*
Tapiceria, *Tapisserie*
Tapion, *Grande muraille de terre.*
Tapiz, *Tapis.*
Tapon, *Bouchon, toupillon.*
Taponcico, *petit bouchon.*
Tara, *Perte, tare.*
Taraçana, *Lieu ou l'on fait les nauires.*
Taraguncia, *Serpentaire, herbe.*
Tarahe, *Tamaris, arbre*
Tarantola, *Tarantole, animal venimeux.*

T A

Tarasca, *Loup grou*
Taray, *Bruiere, tamaris*
Tardado, *Retardé*
Tardador, *qui retarde*
Tardamente, *Tardement*
Tardamudar, *Beguayer*
Tardamudo, *Begue*
Tardança, *Oisiueté, Demeure, tardement*
Tardar, *Tarder, Cesser, Demourer*
Tarde, *Tard*
Tarde, *Le soir*
Tardiamente, *Tardiuement*
Tardio, *Tardif*
Tardon, *Musard, Paresseux, qui tarde trop*
Tarea, *La tasche, La journee*
Tarja, *Monnoye qui vault trois blancs*
Tarima, *Chalit de bois à la moresque*
Tarreñas, *Cymbales*
Tarro, *Terrine*
Tartago, *Espurge, herbe*
Tartamudear, *Beguayer*
Tartamudo, *Begue*
Tartana, *Nasselle à pescher*
Tartaraguelos, *Ancestres, Bisayeuls*
Tartir, *Mouuoir les paupieres*
Tarugo, *Le bondon d'un tonneau*
Tascador, *Qui ronge le frein*
Tascadura, *Maschement de frein*
Tascar, *Mascher le frein*
Tascos de lino, *Grettes de lin*
Tassa, *Taxe*
Tassacion, *Taxe, prix*
Tassadamente, *Par taxe*

Tassado

TA

tassado, *Taxé*
tassador, *qui met à prix, qui taxe*
tassajo, *Morceau de chair*
tassar, *taxer, priser*
tata, *Pere*
tataranieto, *Arriere petit fils*
tate, *Laisses cela*
tauano, *taon, mouche bouine*
tauardete, *Rougeole, maladie*
tauarro, *frelon*
tauerna, *Tauerne*
tauernera, *Tauerniere*
tauernero, *qui hante les tauernes tauernier*
tauernear, *yurongner, tauerner*
taxa, *Default*
taxar, *taxer*
taxarina, *taillerin de paste*
taymadamente, *Malicieusemēt*
taymado, *fin, rusé, meschant*
tayta, *pere*
tazmia, *jetton à compter*

TE

tea, *Le bois de la torche*
tecla, *Clauier d'espinette*
techador, *couureur de maisons*
techar, *Couurir vne maison*
techo, *toict, lambris*
techumbre, *Toict*
teja, *til, arbre*
teja, *Tuile creuse, coquille*
tejado, *Les tuiles*
tejadura de peces, *coquille*
tejar, *Vne tuilerie*
tejar, *couurir de tuiles*
tejero, *faiseur de tuiles*
tejo, *Vn tass de pot*
tejuela, *petite tuile, piece de tuile rompue*

TE

tela, *toile*
tela caçadora, *paneau, filets à chasser*
tela de justa, *lice à combatre*
tela de juyzio, *le parquet, le tribunal*
tela de nuez, *taye au milieu de la noix*
telaraña, *Araignee*
telarejo, *tisseran*
telliz, *la couuerture qu'on met sur la chaire d'vn grand, tapy*
tema, *proposition, opimastrete*
tematico, *opiniastre*
temblador, *qui tremble*
temblamiento, *tremblement*
temblante, *tremblant*
temblar, *trembler*
temblor, *tremblement*
temedero, *craintif*
temer, *Craindre*
temerariamente, *Temerairement*
temerario, *temeraire*
temeridad, *temerité*
temerosamente, *craintiuement*
temeroso, *coüard, paoureux, craintif*
temor, *Crainte, peur*
tempero, *temps, saison*
tempestador, *qui tempeste*
tempestuoso, *Plein de tempeste*
templadamente, *paisiblement*
templadico, *Doucelet, vn peu temperé*
templado, *modeste, paisible*
templador, *qui accorde*
templadura, *trempe*
templança, *temperance, douceur accord*

T

TE

Templar, *moderer, temperer, tremper, accorder instrumens*
temple, *trempe, Accord, Temperance*
templo, *temple*
temporada, *saison*
temporal, *Bon ou mauuais temps*
temporizar, *temporiser*
temprano, *A bonne heure, de saison*
tenable, *Tenable*
tenacicas, *pincettes*
tenacidad, *Attachement, chicheté*
tenaz, *Tenant, chiche*
tenazar, *Tenailler*
tenazas, *Tenailles*
tenazuela, *Pincette, petite tenaille*
tenca, *Tanche, poisson*
tendadura, *Tenture*
tendedor, *qui tend*
tendejon, *Grande tente, pauillon*
tendedero, *Lieu où on vend*
tendero, *Reuendeur*
tender, *Estendre, tendre*
tenebregadura, *Obscurité*
tenebregoso, *Tenebreux*
tenebroso, *Obscur*
tenedor, *Vne fourchette de table*
tener, *Auoir, tenir*
tener cuydado, *Auoir soing*
tenencia, *Lieutenance, Charge*
tenido, *Tenu, estimé*
teniente, *Lieutenant*
teñido, *Teint*
teñidor, *teinturier qui teint*

TE

teñidura, *Teinture*
teñir, *Teindre*
tenor, *Teneur, Continuation*
Tenor, *La partie du Tenor en musique*
tenta, *Sonde, esprouuette*
tentacion, *Tentation*
tentado, *Tenté, essayé*
tentador, *qui essaye*
tentar, *Tenter, Essayer, Manier, Toucher, intenter*
Teologia, *Theologie*
teologo, *theologien*
teoso pino, *Pin propre à faire torches*
tercera, *troisieme*
tercera, *Maquerelle, moyennante*
terceramente, *Tiercement*
terceria, *Arbitrage*
tercero, *Tiers, Moyenneur*
terciado, *Espee courte, coutelas*
terciar, *Moyenner, entreuenir, Prendre la troisieme part, faire vn maquerelage*
terciar baruecho, *Labourer de la troisieme façon*
terciazon, *Labourage de tierce façon*
tercio, *tiers*
tercio, *Regiment de soldats*
tercio, *Le quartier de la paye, Le terme, pension*
terciopelo, *velous*
terco, *obstiné*
terso, *poly*
terçuelo, *tiercelet, oiseau*
tergiuersacion, *dissimulation*
tergiuersar, *Changer de resolution*

TE

teritar, *trembler, frissonner*
terliz, *tissu à trois lices*
termentina, *terebentine*
terminista, *Dialecticien*
termino, *Bout, Borne, Fin, Procedure*
ternera, *Genisse*
ternero, *Veau*
terneza, *Douceur, tendreté*
ternezuelo, *Tendrelet*
ternilla, *Cartilage, tendron, la fourchette de l'estomac*
ternilloso, *Cartilagineux*
ternura, *tendresse*
terquear, *Opiniastrer*
terquedad y terqueza, *opiniastreté*
terrado, *Terrasse*
terramoto, *Tremblement de terre*
terraplenar, *Emplir de terre*
terrapleno, *terreplain*
terregoso, *Plein de mottes de terre*
terrenal, *terrestre*
terrero, *But où l'on tire au blanc, terrestre*
terreruelo, *Qui va contre terre, bas*
terrestre, *terrestre*
terribilidad, *Estrangeté*
terrible, *Cruel, Terrible, Estrange*
terriblemente, *terriblement*
territorio, *territoire*
terron, *Motte de terre, Gazon*
terroncillo, *Petite motte de terre*
terror, *Terreur, frayeur*
terruño, *terroir*

TE

teso, *Opiniastre, rebours*
teson, *Opiniastreté, perseverance*
tesoneria, *Contumace, Opiniastreté*
tesorador, *Qui thesaurise*
tesorar, *thesauriser*
tesoreria, *tresorerie*
tesorero, *tresorier*
tesoro, *tresor*
testado, *Testé, laissé par testament*
testado, *Effacé, rayé*
testador, *testateur*
testadura, *Effacement*
testamento, *testament*
testamentario, *Executeur de testament*
testar, *Faire testament*
testar, *Effacer*
testayrudo, *Testu, de dure teste*
testera, *testiere*
testiculo, *Couillon*
testigo, *tesmoing*
testiguar, *tesmoigner*
testimonio, *tesmoignage*
testo, *texte*
teta, *tetin, mamelle*
teta retesada, *tetin dur à force d'estre plein*
tetilla, *teton*
tetuda, *qui a grands tetins, mamelue*
texedor, *tisseran, tissier*
texedique, *cloison d'ais*
texedora, *tisserande*
texedura, *tissure*
texer, *tistre*
texido, *tissu*
texillo, *Du tissu*

T ij

T E

texo, If, arbre
texon, Blereau, Tesson, animal
rez, Le teint

T I

ti, soy
tia, tante
tibiamente, tiedement
tibieza, tiedeur
tibio, tiede
tiempo, temps, saison
tiempo pardo, temps couuert
tienda, tente, boutique
tienda trassera, Arriereboutique.
tienta, Sonde de barbier
tiento, Tastonnement, Touchement
tiernamente, Tendrement
tiernezito, Tendrelet
tierno, Tendre
tierra, Terre
tiessa, Ferme, tendu
tiessezuelo, Vn peu dur
tiesso, Ferme, Droit, Tendu, Dur
tiestos, Tests de terre
tijeras, Forces, cizeaux
tijereta, Pincette
tijeretas de la vid, Tortillons de vigne
tijeruela, forcette, pincette
tigre, Tigre
tilde, Tiltre
tilla, Tillac de nauire
timidamente, Craintiuement, Timidement
timido, Timide
timon, Timon de nauire
tina, Vne cuue

T I

tina de madera, Tonneau de bois
tinada, Monceau, amas
tinaja, Grand vaisseau de terre à eau ou vin
tinajon, Vn grand vaisseau de terre
tinajuela, petit vaisseau
tinca, Tanche, poisson
tinieblas, Tenebres
tinelo, La sale du commun, chez les grands
tiña, Tigne
tiñoso, Tigneux
tino, L'adresse
yr a tino, Aller à tastons
tinta, Encre à escrire
tinte, La teinture, La teinturerie
tintero, Cornet d'escritoire
tintor, teinturier
tintoria, Teinturerie
tintorero, teinturier
tintura, Teinture
tio, Oncle
tiple, Le dessus en la musique
Cantor tiple, Qui chante le dessus
tira, Ruban, liste, bord
tirabraguero, Braguette
tirado, jetté, tiré
tirador, tireur
tirania, Tyrannie
tiranicamente, Tyranniquemét
tiranizar, Tyranniser
tirano, Tyran
tirar, Tirer, jetter, oster
tirillo, Petite piece d'artillerie
tiro, Dard, trait

T I

tiro, *Finesse, traict.*
tiros de espada, *Pendās d'espee.*
tiseras, *Forces, ciseaux, les pieds des escreuisses ou scorpions.*
tiserillas, *Petites forces & ciseaux.*
tisica, *Phtisie, maladie de poulmons.*
tisico, *Pulmonique.*
titubear, *Vaciler, chanceler, branler çà & là.*
titulado, *Qui a tiltre de Duc, Comte ou Marquis.*
titular, *Donner tiltre, tiltrer.*
titulo, *Tiltre.*
tiznado, *Barbouillé, teint, ensuyé.*
tiznador, *Qui barbouille de suye.*
tiznadura, *Barbouillement.*
tiznar, *teindre de suye, barbouiller.*
tizne, *Le noir des poiles, & de la cheminee.*
tizon, *Tison.*
tizonazo, *Coup de tison.*
tyrso, *Tyrse.*

T O

Toaja, *Nappe.*
toalla, *Nappe.*
toca, *Voile, toque, coiffe.*
tocado, *Voile, coiffe de femme.*
tocadura, *Coiffe de femme.*
tocamiento, *Touchement.*
tocante, *Touchant.*
tocar, *Voiler, coiffer.*
tocar, *Toucher, sonner.*
tocer, *Toussir.*
tocino, *Iambon, lard.*
tochear, *Faire le sot.*

T O

tocho, *Sot.*
tochear, *Faire le sot.*
tocon, *Souche.*
todauia, *Toutesfois.*
todo, *Tout.*
toldar, *Tapisser.*
toldillo, *Petit pauillon.*
toldo, *Pauillon, tapisserie.*
tolerable, *Tolerable.*
tolerablemente, *Tolerablement.*
tolerado, *Souffert.*
tolerador, *Qui souffre.*
tolerancia, *Tolerance.*
tolerar, *Tolerer, souffrir.*
tollido, *Estropié de iambes.*
tolondron, *Bosse, enfleure.*
tolua, *La tremüe du moulin.*
toma, *Prinse.*
tomada, *Prinse.*
tomado, *Pris.*
tomador, *Preneur.*
tomadura, *Prise.*
tomamiento, *Prise.*
tomar, *Prendre.*
tomares y dares, *Prinses & donnees.*
tomillo, *Serpoulet, thim, herbe.*
tomin, *Drachme.*
tomiza, *Corde, chable.*
tomo, *Priser.*
tomo de algo, *Capacité, portée, gaing, prise.*
tomo, *Tome de liure.*
tonel, *Tonneau.*
tonelero, *Tonnelier.*
tonelete, *Le tymbre d'vn heaume.*
tono, *Vn ton.*
tonta, *Badaude, sotte.*
tontamente, *Sottement.*

T iij

tontazo, Lourdault.
tontedad, Sottise.
tontecer, Estre eslourdy, estre sot.
tontillo, Petit badault.
tonto, Lourdault, fat, badault.
topa, Parole au jeu Je le tien.
topado, Rencontré.
topador, Qui rencontre.
topar, Rencontrer.
topazio, topaze, pierre.
tope, Rencontre.
topetar, Heurter, choquer.
topeton, Choc, heurt.
topo, Vne taulpe.
toque, Attainte, touchement, le nœud d'vne matiere.
toque, Pierre de touche.
toquilla, Du crespe, estofe.
torçal, Cordon, corde tortillee.
torcaza paloma, Ramier, palombe.
torcedor, Qui tord, qui destourne.
torcedizo, Entortillé.
torcedura, torceure, tordement.
torcer, Ployer, tordre, tourner.
torcida, La meche de la lampe, le lumignon.
torcido, tortu, tors.
torcimiento, Estorce, pliement, estorceure.
torcoba, tortuosité.
torçon, tranchee de ventre.
torçonado, Malade de tranchees.
torçonar, Estre malade de tranchees.
torcuelo, tiercelet.
tordedad, Biaisemēt, de trauers.
tordero, Le peson du fuseau.
tordillo, Couleur d'estourneau,

poil de cheual moucheté.
tordo, Alouette, tour, griue, oyseau.
torear, inciter les toreaux.
toril, Estable à bœufs.
torionada, vache.
tormenta, tormente de mer.
tormentado, tormenté.
tormentador, Qui tormente.
tormentar, tormenter, affliger.
tormento, torment.
tornaboda, Banquet que l'on fait au retour des nopces.
tornadizo, Conuerty, tournoyant, celuy qui se va rendre aux ennemis.
tornar, tourner.
tornasol, tournesol herbe.
torneado, tourné.
torneador, tourneur.
torneadura, tournerie.
torneamiento, tournoyement.
torneamiento, tournoyement.
tornear, tourner au tour, en ouurage.
torneo, tournoyement, allee & venue.
tornero, vn tourneur.
tornillo, Robinet, viz de pressoir.
Soldados de tornillo, Soldats qui se desrobent de l'armee & s'en retournent.
torno, tour à tourner.
torno de husillo, Pressoir.
torniscones, Soufflets.
toro, toreau.
torondon, Bosse, enfleure.
torongil, Melisse.
toronja, Orange, fruict.

toronjo, *Oranger, arbre.*
torpe, *Laid, paresseux.*
torpedad, *Laideur, paresse.*
torpeza, *Laideur, paresse, meschanceté.*
torpigo, *torpille, poisson.*
torre, *Vne tour.*
torreado, *Entourné de tours.*
torrear, *Entourner de tours.*
torrecilla, *Petite tour.*
torreoncillo, *Petite tour.*
torreznero, *Qui ne bouge des cuisines.*
torrezno, *Morceau de lard.*
torrezuela, *Petite tour.*
torreon, *Grosse tour.*
torta, *tourteau, gateau.*
tortero, *Le peson du fuseau, vertebre.*
tortilla, *Aumelette, gatteau.*
tortolilla, *Petite tourterelle.*
tortola, *tourte, tourterelle, oyseau.*
tortuga, *tortüe, animal.*
tortuosidad, *tortuosité.*
tortura, *torment, torture.*
toruellino, *tourbillon de vent.*
toruisco, *thymelee, herbe.*
tos, *La toux.*
toscamente, *Grossierement.*
tosca cosa, *Chose rude, non mise en œuvre.*
tosco, *Rude, lourd.*
tosquedad, *Rudesse, rusticité.*
tosse, *La toux.*
tossegoso, *tousseur, qui a la toux.*
tosser, *toussir.*
tossigo, *Poison.*
tostada, *Vne rostie.*
tostadamente, *Aridement.*

tostado, *Brulé, rosty.*
tostar, *Rostir, bruler.*
toua, *tuf, sorte de pierre.*
toua de dientes, *La saleté qui est autour des dents.*
touaja, *toüaille, nappe.*
touillo, *La cheuille du pied.*

T R

Trabajadamente, *Laborieusement.*
trabajado, *trauaillé.*
trabajador, *Qui trauaille.*
trabajar, *trauailler.*
trabajo, *trauail.*
trabajosamente, *Auec peine, auec trauail.*
trabajoso, *Laborieux.*
trabucamiento, *troublement.*
trabucar, *Ietter, verser, troubler, changer, trebucher.*
trabuco, *Instrument antique à ietter pierres.*
traça, *menee, ligne, traceure, dessein, inuention.*
traçado, *Inuenté*
traçador, *Ingenieux, inuenteur.*
traçar, *tracer, designer.*
tracista, *Inuenteur, ingenieux.*
traducion, *traduction.*
traduzido, *traduit.*
traduzidor, *traducteur.*
traduzir, *traduire.*
traediza cosa, *Chose transportable.*
traer, *porter, mener, apporter.*
trafagar, *trafiquer.*
trafago, *trafic.*
trafagon, *trompeur, brouillon.*

T iiij

trafalnejas, *Homme remuant, entrant.*
tragadero, *Le gosier, gouffre.*
tragador *Goulu.*
tragamalla, *Goulu, qui mange tout.*
tragar, *Deuorer, aualler.*
trage, *Façon, maniere, mode.*
tragedia, *Tragedie.*
tragicamente, *Tragiquement.*
traginar, *Trafiquer, transporter les marchandises d'vn lieu à l'autre.*
traginero, *Muletier, voiturier, trafiqueur.*
trago, *Aualement.*
tragon, *Goulu, gourmand.*
tragoncillo, *Petit gourmand.*
tragonia, *Gourmandise.*
traguito, *Vne petite gorgee.*
traguntia, *serpentaire, herbe.*
traido, *Mene, conduit.*
trailla, *Lesse, couple de chiens.*
traluziente, *Transparent.*
traluzir, *Transparer.*
trama, *Trame.*
tramador, *qui trame.*
tramar, *Tramer.*
tramojo, *Hard, riote.*
trampa, *vne trappe.*
trampa, *Tromperie, ruse, finesse.*
trampantojo, *Tromperie.*
trampeado, *Trompé.*
trampeador, *trompeur.*
trampear, *Tromper, brouiller, quereller.*
trampilla, *Petite trappe.*
trampista, *Trompeur.*
tramposillo, *Plaidereau, chicaneur.*
trampon, *trompeur.*
tramposo, *trompeur, fin, plaideur, chicaneur.*
tranca, *Barre à fermer la porte.*
trançadera, *Ruban.*
trançado arnes, *Harnois à l'espreuue, de combat.*
trançado de muger, *Galons à lier les cheueux.*
trance, *Maniere, occasion.*
trance, *Defaicte, duel, faict d'armes.*
tranco, *Le pas que l'on marche.*
tranchete, *tranchet de cordonnier.*
tranquilamente, *tranquilemēt.*
tranquilidad, *tranquilité, repos.*
tranquilo, *tranquile.*
transferido, *transporté.*
transferidor, *qui transporte.*
transferimiento, *transport.*
transferir, *transporter.*
transfiguracion, *transfiguration.*
transfigurado, *transfiguré.*
transfigurador, *qui transfigure.*
transfigurar, *transfigurer.*
transformaciō, *transformation.*
transformado, *transformé.*
transformador, *qui transforme.*
transformar, *transformer.*
transgresion, *transgression.*
transgressor, *transgresseur.*
transido, *transy.*
transportar, *transporter.*
trapaça, *Embusche.*
trapaçar, *Faire embusches.*
trapacero, trapacista, *Faiseur d'embusches.*

T R

trapala, *Bruit, traquet de moulin, crierie.*
traperia, *Draperie.*
trapero, *Drapier.*
transplantacion, *transplantement.*
transplantado, *transplanté.*
transplantador, *qui transplante.*
transplantar, *transplanter.*
trapillo, *Petit drapeau.*
trapo, *torchon.*
traqueado, *Brouillé, trop usé.*
traquear, *Brouiller, user trop.*
traquido, *Le hoquet.*
trascanton, *Coin reculé.*
trascantonado, *Reculé, caché dans un coin.*
trascantonador, *qui cache derriere un coin.*
trascantonar, *se cacher derriere un coin.*
tras, *Outre, derriere.*
trascarton, *Derriere la carte.*
trascordadamente, *Par oubly.*
trascordado, *Oublieux.*
trascordar, *Oublier.*
trascorral, *Basse-court.*
trasdoblado, *triple.*
trasdobladura, *triplement.*
trasdoblar, *tripler.*
trasdoblo, *Le triple.*
trasera parte, *Le dos, la part de derriere.*
trasero, *qui est derriere, restif, dernier.*
trasgo, *Luitton.*
trasijado, *Efflanqué, eslancé.*
trasijar, *Eflanquer.*
traslacion, *translation.*

T R

trasladado, *traduit.*
trasladador, *translateur.*
trasladadura, *traduction.*
trasladar, *traduire, translater.*
traslado, *Pourtrait, copie.*
trasluziente, *Reluisant.*
trasluzir, *Reluire.*
trasmallado, *tramaillé.*
trasmallar, *Lacer de mailles, tramailler.*
trasmañana, *Apres demain.*
trasmontar, *transferer, retirer.*
trasnochar, *passer toute la nuict.*
trasordinariamente, *Extraordinairement.*
trasordinario, *Extraordinaire.*
traspado, *transpercé.*
traspalar, *Ietter auec la pale, changer de lieu à autre.*
traspassado, *transporté.*
traspassador, *qui transporte.*
traspassar, *transporter, ceder, bailler, offencer.*
traspasso, *transport.*
traspellado, *Fermé, refermé, attaché.*
traspellar, *Fermer, renfermer.*
traspie, *La gambette à la luitte.*
trasponer, *Oster d'un lieu pour mettre à l'autre, transplanter, transmettre.*
trasportado, *transporté.*
trasportar, *transporter.*
traspuesta, *transposition.*
traspuesto, *Changé de lieu en autre.*
trasquilado, *tondu.*
trasquilador, *tondeur, mauuais barbier.*
trasquiladura, *tonsure.*
trasquilar, *tondre.*

trasquilones, Eschellons au poil
trassalido, versé par dessus.
trassalir, verser par dessus.
trassegado, Frelaté.
trassegador, Frelateur de vin.
trassegadura, frelatemét de vin.
trassegar, Frelater, oster le vin de dessus sa lie, changer d'vn lieu à autre, mouuoir.
trassiego, Changement de lieu à autre.
trassudar, suer fort, estre mouillé de sueur.
traste, touche d'vn luth ou autre instrument.
traste, Le trauers.
Dar al traste, Donner à trauers.
trastejador, qui couure les maisons.
trastejadura, Couuerture de maison.
trastejar, Recouurir la maison.
trastornado, Renuersé.
trastornador, qui renuerse.
trastornadura, Renuersement.
trastornar, Retourner, reuerser.
trastos, vieux meubles.
trastrigo, meilleur que froment.
trastrocado, Chargé.
trastrocamiento, transposition.
trastrocar, Changer.
trasunto, Copie, pourtrait.
tratado, vn traitté.
Bien tratado, Bien en poinct, bien habillé.
tratador, qui traitte.
tratamiento, traittement.
tratante, negociateur.
tratar, traitter, toucher.
tratillo, Petit trafic.
trato, trafic, conuersation, di-stance.
traua, Assemblage, liaison.
trauacuenta, vn compte difficile.
trauado, Assemblé, attaché, cloué, ferme.
trauador, Qui attache.
trauadura, Assemblage.
trauar, Coler, assembler, attacher.
trauar de manos, Prendre par la main.
trauas, Entraues de bestes.
trauazon, Assemblage, liaison.
trauesar, trauerser.
trauessear, Brouiller, troubler, se desbaucher.
trauessero, Cheuet de lict.
trauesia, Mauuaistié.
trauessura, Finesse, malice, des-bauche, mauuaistié, peruersité.
trauiessa, Biaisement, de tra-uers.
A trauiessas, A la trauerse.
trauiesso, Fascheux, maling, de-bauché.
trauilla, Barre.
trauilla, L'estrieu de la chaussette.
trauilla de la gorra, Cordon de bonnet.
traycion, trahison.
traydo, trahy.
traydor, traistre.
trebejar, Iouer aux eschetz.
trebejos, Les pieces du jeu d'es-chetz.
trebol, trefle, melilot.
trecho, tirement, traict.
trecho, Espace de temps.
trecientos, trois cens.

Trefa, *Phtisie.*
Trefe, *pu'monique.*
Trefedad, *Phtisie.*
Trega, *Tresse.*
Trenta, *Trente*
Treintanario, *Trentiesme*
Treinteno, *Trentiesme.*
Tremblador, *Qui tremble*
Tremblar, *Trembler.*
Tremedal, *Terroir tremblant, tarte bourbonnoise.*
Trementina, *Terebentine*
Trementinoso, *de terebentine*
Tremesino, *de trois mois.*
Tremielga, *endormissement, torpille, poisson.*
Tremor, *crainte, peur.*
Tremulante, *Tremblant*
Trença, *Tresse, bande, bandelette*
Trença de la vid, *fauxbourgeõ de la vigne.*
Trençado, *tressé, & la tresse, bandelette, cordon.*
Trençar, *Tresser, bander, lier, cordonner.*
Trencilla, *Petite tresse.*
Trepa, *Piece, ply d'un vestemẽt, cicatrice.*
Trepado, *Fait de plusieurs pieces.*
Trepador de maroma, *Qui marche sur la corde.*
Trepar, *Marcher sur la corde, grimper, entortiller.*
Trepar, *Cicatriser.*
Tres, *Trois*
Treta, *Trait, ruse, tromperie, espace, fin tour.*
Treuedes, *Trepier.*
Treze, *Treze.*

Trezeno, *Trezieme.*
Triaca, *Theriaque.*
Triado, *Choisi, excellent.*
Triangolar, *triangulaire.*
Triangolo, *Triangle.*
Triaquero, *Charlatan, vendeur de theriaque.*
Triar, *Choisir.*
Tribulacion, *Ennuy, fascherie.*
Tribulado, *Ennuyé.*
Tribulador, *qui ennuye.*
Tribular, *Ennuyer, affliger.*
Tribuna, *Tribune.*
Tribunal, *siege iudicial.*
Tribuno, *Tribun*
Tributario, *Tributaire.*
Tributo, *Tribut*
Triça, *finesse, tromperie.*
Triça, *Corde de nauire*
Tridente, *Trident.*
Trigo, *froment, bled.*
Trigoso, *De froment*
Trigueño, *Pale, blesme.*
Triguera, *Queue de renard, herbe.*
Trilla, *Instrument à fouler le grain.*
Trillado, *Accoustumé, duit, usé, rompu. fraye*
Trillado camino, *Chemin battu*
Trilladura, *Secousse frapement*
Trillar, *Piler, broyer, frotter fouler le grain.*
Trillazon, *Foulement de grain, broyement*
Trillo, *vn instrument à fouler le grain.*
Trincheria, *Tranchee.*
Trinchete, *Tranchet de cordonnier*

trineo, *tombereau, sorte de charrette.*
trinquete, *trinquet, sorte de voile au nauire.*
tripa, *Tripe, boyau.*
triperia, *Lieu à vendre tripes.*
tripero, *Tripier, vendeur de tripes.*
triplicacion, *Triplement.*
triplicado, *Triplé.*
triplicar, *Tripler.*
tripodas, *Trepiers, comme ceux de l'oracle d'Apollon.*
trisca, *Batrement de mains.*
triscar, *Batre des mains, s'esgayer, iouer.*
triste, *triste.*
tristeza, *tristesse.*
tristura, *tristesse.*
triumfador, *qui triomphe.*
triumfadura, *triomphe.*
triumfal, *Apartenant à triomphe.*
triumfante, *triomphant.*
triumfantemente, *triomphamment.*
triumfar, *triompher.*
triumfo, *triomphe.*
troba, *Inuention, composition de vers.*
trobador, *versificateur, poëte.*
trobar, *trouuer, inuenter, poetizer.*
trocado, *changé, vomy.*
trocar, *changer, vomir.*
trocatinte, *Couleur de changeant.*
trocha, *route, piste, trace.*
A troche y moche, *A trauers & à droit, sans consideration.*
trochisco, *Trochisque*

troço, *Piece, esclat, tronçon.*
trofeo, *trophee.*
troje, *garnier.*
trompa, *trompette, trompe d'elefant.*
trompeçadero, *Chopement, scandale.*
trompeçado, *bronché.*
trompeçador, *Qui bronche.*
trompeçadura, *Chopement, brachement.*
trompeçar, *Chopper, broncher.*
tropeçon, *bronchement, chopement, rencontre.*
trompeta, *La trompette, & le trompette.*
trompetear, *trompeter.*
trompetero, *vn trompette.*
trompicar, *tomber, broncher.*
trompicon, *Cheute, bronchement.*
trompillar, *fouler aux pieds.*
trompillo, *Petit jabot, petite trompe.*
trompo, *Sabot, toupie.*
tronador, *tonnant.*
tronar, *tonner.*
tronchon, *piece, tronçon.*
tronçonado, *mis en pieces.*
tronçonador, *qui met en pieces.*
tronçonar, *Mettre en pieces.*
tronera, *Canonniere.*
troncho, *tige, tronc.*
tronco, *tronc.*
tronido, *tonnerre.*
trono, *throsne.*
tronquillo, *petite piece.*
tropa, *troupe, compagnee.*
tropar, *Saulter, treper.*
tropeçon, *Bronchement.*

T R

tropeçoso, *qui bronche.*
tropel, *troupeau, troupe.*
tropelias, *tours de passepasse aux cartes.*
tropellar, *fouler, heurter.*
tropieçar, *broncher, rencontrer.*
tropieço, *bronchement, rencontre.*
trotador, *qui trotte.*
trotar, *trotter.*
trote, *le trot.*
troton, *vn coureur, desbauché.*
troton cauallo, *traquenard.*
troxe, *grenier.*
trucha, *truitte, poisson.*
truchuela, *Poisson comme morue.*
trueco, *changé, troqué.*
trueque, *change, troque.*
trueno, *tonnerre.*
trugillo, *espece de froment.*
truhan, *basteleur, boufon, escornifleur.*
truhanear, *Boufonner, suiure les repues franches.*
trujaman, *truchement.*
trujamanear, *interpreter, seruir de truchement.*
trulla, *troupe, bruit de compagnee*
truncar, *couper, tronquer.*
trunfante, *triomphant.*
trunfar, *triompher*
trunfo, *triomphe.*

T V

Tu, *Toy.*
tubo, *tuyau*
tuertamente, *tortement.*
tuerto, *tort, grief, de trauers.*

V V

tuerto de ojos, *Borgne, lousche.*
tuetano, *La moële de l'os.*
tumba, *Tombe à enseuelir.*
tullido, *Foulé, estropiat de iambes.*
tullimiento, *Rompement, foulure de iambes.*
tullir, *Estropier, fouler, briser*
tumbado, *Voulté.*
tumbar, *Voulter, faire en voulte.*
tumbo de vn dado, *Le tour du dé.*
tumulo, *tombeau.*
tundido, *tondu.*
tundidor, *tondeur de draps.*
tundir, *tondre*
tupido, *espais*
tupir, *estouper, espaissir les draps*
turà, *durée.*
turador, *qui dure.*
turar, *durer.*
turbacion, *troublement*
turbadamente, *turbulemment.*
turbado, *troublé.*
turbar, *troubler.*
turbiamente, *troubleement.*
turbio, *trouble.*
turbion, *tourbillon d'eau, ondee, nuee d'eau.*
turbit, *turbith, racine.*
turbulencia, *trouble, troublement.*
turco, *Turc.*
turma, *couillon*
turma de la tierra, *truffe, fruit, bosse de terre.*
turmilla, *petite bosse.*
turnio, *Lousche.*
turon, *rat de champ, mulot.*
turquesa, *turquoise, pierre.*

TV

turquesco, *Apartenant à Turc.*
turquesado, *Bleu turquin, couleur de ciel*
turquesas, *moule à faire bales.*
turquil arco, *Arc turquois*
turron, *Confiture.*
turronero, *vendeur de confiture.*
turuino, *turbith.*
tusado, *tondu.*
tusador, *qui tond.*
tusar, *tondre.*
tuson, *toison.*
tutela, *tutelle.*
tutor, *tuteur*
tutora, *tutrice.*
tymbre, *tymbre d'vn heaume.*
tympano de tocino, *vne piece de lard.*
tuyo, *tien.*

VA

Vaca, *Vache*
Vacacion, *vacation, exemption.*
Vacada, *Troupeau de vaches.*
Vacancia, *vaquance.*
Vaquante, *Iours de feste, vaquance.*
Vacar, *Vaquer.*
Vaco, *vaquant.*
Vacuno, *apartenant à beufs.*
Vacilacion, *vacilement.*
Vacilado, *vacilé.*
Vacilador, *qui vacile.*
Vacilar, *vaciler*
Vadeador, *qui passe à gué.*
Vadear, *passer à gué.*
Vadil, *Ferremēs à attiser vn feu.*
Vado, *vn gué.*
Vadoso, *gueable.*

VA

Vagabundo, *vagabond.*
Vagamundear, *vagabonder.*
Vagaje, *bagage*
Vagajero, *porteur de bagage.*
Vagamundo, *vagabond*
Vagar, *vaquer, auoir loisir.*
De vagar, *A loisir.*
Vagir, *Crier comme les petis enfans.*
Vago, *vague.*
Vaguear, *vaguer.*
Vaguido, *esuanouyssemēt, tournement de teste.*
Vaheado, *Euaporé.*
Vaheador, *qui euapore*
Vaheadura, *euaporation*
Vahear, *euaporer.*
Vaheo, *euaporation*
Valadi, *Vil, mauuais, de peu de valeur.*
Valcon, *Balcon.*
Valdiatierra, *Terre en friche.*
Valdio, *chose perdue, chose commune, que l'on ne seme point.*
Valedera, *qui ayde.*
Valedor, *Qui ayde, qui garantist*
Valedero *Valable.*
Valedora, *fauorisante.*
Valentia, *vaillance*
Valenton, *Vaillant, braue, brauache.*
Valer, *Ayder, valoir, sauuer, garder.*
Valeriana, *Valeriane, herbe.*
Valerosamente, *vaillamment.*
Valeroso, *vaillant.*
Valia, *garde, force, puissance, appuys*
Valido, *Aydé*
Valiente, *vaillant, suin.*

V A

valientemente, *sainement, vail-*
lamment.
Valladar, *haye, rampart, terrasse*
Vallado, *Closture, rampart,*
haye.
Valle, *vallee*
Vallejo, *vallon*
Vallena, *balaine.*
Vallenato, *petit de la balaine.*
Vallico, *yuraye, herbe.*
Valor, *valeur.*
Valuarte, *Bouleuart.*
Valuerde, *Vallon vert.*
Vanagloria, *vaine gloire, van-*
terie.
Vanagloriar, *se vanter.*
Vanagloriosamente, *glorieuse-*
ment, par vanterie.
Vanaglorioso, *glorieux, van-*
teur.
Vanamente, *Vainement.*
Vanco, *banc*
Vanda, *costé, bande, ruban, une*
bande, un escadron.
Vandear, *Donner secours.*
Vandeo, *secours.*
Vandejador, *homme factieux.*
Vandera, *banderole, enseigne.*
Vanderizamente, *Factieuse-*
ment
Vanderizo, *Factieux.*
Vandero, *Homme partial, fa-*
ctieux
Vanderola, *Banderole.*
Vando, *Ban, edict, faction, li-*
gue.
Vandolero, *Vagabond, bany.*
Vaneador, *bauard.*
Vaneamiento, *Iaserie, bauerie*
Vanear, *Iaser, bauarder, estre*
vain.

V A

Vanedad, *Vanité*
Vano, *Vain.*
Vantallo, *esuantail.*
Vapor, *Vapeur*
Vaporar, *euaporer.*
Vaporoso, *Vaporeux.*
Vaquero, *un vacher.*
Vaquilla, *Vne petite vache*
Vaqueta, *genisse.*
Vaqueta, *Baguette*
Vara, *Verge.*
Varaja, *Ieu de cartes, noise, de-*
bat.
Varajar, *Mesler les cartes, crier,*
debatre
Varal, *perche de bois.*
Varallos de heno, *Rangees de*
foin
Varandas, *l'apuy des galeries.*
Varar, *Pousser dans l'eau, se te-*
nir ferme.
Varear, *Secoüer auec une per-*
che, battre de verges
Variable, *Variable.*
Variedad, *Varieté.*
Varilla, *Baguette.*
Varilla del cuello, *La gorge.*
Variar, *Varier, desguiser.*
Vario, *Variable, diuers.*
Varon, *Homme.*
Varonia, *Baronnie.*
Varonil, *viril, d'homme*
Varonilmente, *Virilement.*
Varredero de horno, *Fourgon,*
escouillon.
Vasar, *armoire*
Vascas, *Angoisses, agonie*
Vasija, *Petit vaisseau, gobe-*
let.
Vasilla, *Poterie, vaisselle.*
Vaso, *Vas*

VA

Vasquiña, Cotillon, vertugadin.
Vassallo, Vassal.
Vasselage, vasselage.
Vassura, Balayeure.
Vaticinador, Devineur.
Vaticinar, Deviner.
Vaticinado, Predit.
Vaticinio, Prediction.
Vaya, moquerie.
Vaya, Baye de laurier, ou autre.
Vayo, Bay en couleur.
Vayna, Fourreau, guaine, gousse.
Vayuienes, Branlemens, brandillemens.
Vaza, Bassegue au ieu de cartes
Vaziado, vuydé.
Vaziador, qui vuyde.
Vaziadura, vuydement
Vaziamente, vuydement.
Vaziamiento, Le vuydement.
Vaziar, Vuyder, desemplir.
Vaziedad, Vacuité, inanition.

VB

Vbre, tetin, mamelle.
Vbrera, Eschaufure de bouche, maladie qui vient aux enfans.

VE

Vedado, defendu.
Vedador, Qui defend.
Vedamiento, Defence, prohibition.
Vedar, Defendre, empescher.
Vedegambre, ellebore noir, herbe.
Vedija, morceau de laine
Vedija, L'aine.

VE

Vedijado, velu.
Vedijoso, velu
Veedor, Office comme de contrerolleur.
Veer, voir, pourvoir.
Vedro, Verre.
Vega, Vne plaine.
Vegada, Vne fois.
Auegadas, Tour à tour.
Vejedad, Vieillesse, antiquité.
Vejez, Vieillesse.
Vejezuela, petite vieille.
Vejezuelo, Petit vieillard.
Vehemente, Vehement
Vehementemente, Vehementement.
Veinte, Vingt
Veinteñal, de vingt ans.
Vela, Voile de navire.
Vela, Chandelle, veille, sentinelle.
Velada, Veillee
Velada, Espousee.
Velador, Veillant.
Velar, Veiller, voiler, se marier.
Velame, Appareil de navire.
Veleño, Iusquiame, herbe.
Veleta, Vne girouette.
Veleza, Cerfueil, herbe.
Velilla, vne girouette.
Vellacar, Faire le poltron.
Vellacamente, Poltronnement.
Vellaco, poltron, belistre, deshonneste.
Vellaqueador, belistre.
Vellaquear, Belistrer
Vellaqueria, poltronnerie.
Vellaquillo, Pandardeau, poltron
Velleguin, Sergeant.
Vellezino, toison.

Vello,

vello, Poil, laine.
vellon, Toison.
vellon de moneda, Billon.
vellocino, Toison.
vellorin, Bleu, obscur.
vellorita, Primeuere, herbe.
vellosa, Chose velue.
vellosilla, Piloselle, herbe.
velloso, Velu, plein de poil.
vellota, Gland.
velludo, Velu.
velo, Voile.
velocidad, Vistesse, hastiueté.
veloz, Viste.
velozmente, Vistement.
vena, Veine.
venablo, Espieu.
venados, venaison, bestes sauuages à vener.
venaje, Le courant d'une riuiere.
vencedor, vainqueur.
vencedora, Vainqueresse.
vencer, Vaincre.
vencejo, Martinet oyseau.
vencejo, Lien, hard, riorte.
vencimiento, Victoire.
venda, Bande, bandelette, lisiere.
vendar, Bander.
vendaual, Vent de Midy.
vendedor, Vendeur.
vendeja, Bandelette.
vendeja, Vente, marché.
vendedero, Vendable.
vender, Vendre.
vendicion, Vendition.
vendido, Vendu.
vendimia, Vandange.
vendimiador, Vandangeur.
vendimiar, Vandanger.

vendos, Bandes.
venedizo, Estranger, qui est venu.
veneficio, Sorcelerie.
venera, Coquille de Pelerin.
venero, La veine d'une mine de metal.
veneno, Venim.
venenoso, Venimeux.
vengador, Vangeur.
vengatiuo, Vangeur.
vengança, Vengeance.
vengar, Venger.
venida, Venue.
venidero, L'aduenir, le futur.
venido, Venu.
venir, Venir.
venta, Vendition.
venta, Tauerne ou hostellerie à la campagne.
ventaja, Auantage.
ventalle, Souspirail, esuentail.
ventana, Fenestre.
ventanaje, Fenestrage.
ventanilla, Petite fenestre.
ventar, Faire vent.
ventar, Vendre à l'encant.
ventero, Tauernier, hostelayer.
ventillar, Faire petit vent.
ventisca, ventisquero, Tourbillon de vent & de neige.
ventoleria, vanité.
ventor, Chien qui esuente bien la trace.
ventosa, Vne ventose.
ventoso, Venteux, plein de vent.
ventura, Auanture, fortune.
venturero, Auanturier, fortuit.
venturilla, Petite auanture.
venturosamente, Fortunément

VE

venturoso, *Fortuné.*
venustamente, *De bonne grace.*
venusto, *Honneste, de bonne grace.*
ver, *Voir.*
verano, *L'Esté.*
veraniego, *Temps d'Esté.*
veras, *Verité, chose vraye.*
De veras, *A bon escient.*
verbena, *Veruaine herbe.*
verdad, *Verité.*
verdaderamente, *Veritablement.*
verdadero, *Veritable, vray.*
verdazuro, *Pierre d'azul.*
verde, *Vert.*
verdecer, *Verdir.*
verdeciente, *Verdoyant.*
Verdegambre, *Helebore noir, herbe.*
verdeguear, *verdoyer.*
verderon, *verdot, oyseau.*
verdescuro, *verd obscur.*
verdolaga, *Pourpier, herbe.*
verdolero, *jardinier, verdurier.*
verdor, *verdeur.*
verdugado, *vertugadin.*
verdugo, *une verge, une bousse.*
verdugo, *bourreau.*
verdugo, *espee estroite, estoc.*
verdura, *verdure.*
vereda, *sente, route, trace.*
verenjena, *Pomme d'amours.*
verga, *verge.*
vergajo, *nerf de bœuf.*
vergante, *Belistre, faineant, qui tire la grand ret des pescheurs.*
verganin, *brigantin, vasseau de mer.*

VE

vergel, *jardin, verger.*
vergonçosamente, *honteusement, pudiquement.*
vergonçoso, *honteux, pudique.*
verguença, *honte, vergougne, pudicité.*
verjas de hierro, *treillis de fer.*
verificacion, *verification.*
verificado, *verifié.*
verificador, *qui auere.*
verificar, *Auerer, verifier.*
veril, *beril, pierre.*
verme, *un ver.*
vermejo, *vermeil.*
vermellon, *vermillon.*
vermejuelo, *vn peu vermeil.*
verraco, *verrat.*
verro, *cresson, herbe.*
verruga, *verrue.*
verruga de monte, *precipice, lieu rompu.*
verrugoso, *plein de verrues.*
versatil, *qui tourne.*
verso, *vers, carme.*
verter, *verser, espandre.*
vertidillo, *un meschant habit.*
vertido, *versé.*
vertidor, *qui verse.*
vertiente, *une source, une course d'eau.*
vertimiento, *versement.*
veste, *Robe.*
vestiario, *Lieu à serrer les habits, & à s'habiller.*
vestido, *vestu.*
vestidos, *Habillemens.*
vestidura, *vesture, habillement.*
vestimiento, *vestement.*
vestir, *vestir.*
vestiario, *Lieu à serrer les habits*

VE

& às'habiller.

Veta, Passement, ruban, moucheture, la veine ou fil du bois.

Vexacion, Trauail, tourmens.

Vexado, Tourmenté.

Vexador, Tourmenteur.

Vexamen, Tourment, vexatiõ.

Vexar, Tourmenter, harceler.

Vexin, Vessie de loup.

Vexiga, vessie.

Veyente, Voyans.

Vez, Vne fois.

Vezado, Accoustumé, enseigné.

Vezerra yerua, Antirrhinum, herbe.

Vezes, Plusieurs fois.

Por vezes, Tour à tour.

Vezindad, Frontiere, Voisinage.

Vezino, Voisin, Bourgeois, Citoyen, Habitant.

Vezo, Coustume.

Vvoyelle E

uebra, journee, œuure d'un laboureur.

ueca del huso, Le peson du fuseau.

ueco, Caue, creux.

ueco del cuerpo, la poitrine.

uerfano, Orfelin.

uerta, jardin.

uerto, Verger, jardin.

uesped, Hoste.

uessa, Fosse à enterrer.

uesso, Noyau de fruict.

ueste de gentes, ost de gens de guerre, armee.

ueuo, œuf.

ufania, Pompe, gloire.

ufano, Content, joyeux, Glorieux.

uF

ufanar, Estre glorieux, Se glorifier.

VI

Via, Voye, chemin.

Viaje, Voyage.

Vianda, Viure, viande.

Viandança, Voyagement.

Viandante, Voyageur.

Vicario, qui tset la place d'autruy

Viçarramente, Brauement.

Viçarro, Braue en habits.

Viceregente, Vicergent.

Viciado, Corrompu.

Viciador, qui corrompt.

Viciar, Corrompre.

Vicio, Vice, delices, aise.

Viciosamente, Aisement, delicieusement, vicieusement.

Vicioso, Vicieux, plaisant, aise, à repos.

Victoria, Victoire.

Victorioso, Victorieux.

Victualla, Viure, victuaille.

Vid, Vigne.

Vida, La vie.

Vidado, Plant de vigne.

Vidija, Laine.

Vidija, Le poil des parties honteuses.

Vidrera, Verrine, Fenestre vitree.

Vidrero, Verrier, vitrier.

Vidriado, Vernissé.

Vidreria, Verrie, où l'on fait les verres.

Vidriador, qui vernisse.

Vidriar, Vernisser.

Vidrio, Verre.

Vidriol, Vitriol, drogue.

Vidriola, Parietaire, herbe.

Vidrieso, De verre.

Vidrioso, *Prompt à se cour-*
roucer.
Viduño, *Plant de vignes.*
Viegezita, *Petite veille.*
Vieja, *Vieille.*
Viejo, *Vieil.*
Vieldo, *Esuentail, van à vanner.*
Viento, *Vent.*
Vientre, *Ventre.*
Viernes, *Vendredy.*
Viga, *Poultre, solive.*
Vigilancia, *Vigilance.*
Vigilante, *Veillant.*
Vigilar, *Veiller.*
Vigilia, *Veille.*
Vigon, *Membrure de bois.*
Vigor, *Vigueur.*
Vigornia, *Enclume de mareschal.*
Vigoroso, *Vigoureux.*
Vigote, *Moustache.*
Vihuela, *Viole.*
Vil, *Vil, abiect, de petit prix.*
Vilecer, *Estre vil, auilir.*
Vileza, *Vileté, Lascheté, Bassesse.*
Villa, *Bourg, Ville.*
Tomar calças de villadiego, *Fuir.*
Villancico, *Chanson, vilanelle*
Villancillo, *Lourdault, rustique.*
Villanio, *Rusticité.*
Villano, *Paisan, rustique.*
Villar, *Village.*
Villariego, *Coureur, Bateur de paué.*
Villeta, *Petite ville.*
Villetes, *Billets, poulets, lettres d'amour.*
Vimbral, *lieu plein d'oziers.*

Vimbre, *Visme, ozier.*
Vimbrera, *L'arbre qui porte l'ozier.*
Vinador, *qui bine la vigne.*
Vinagera, *Chopine.*
Vinagre, *Vinaigre.*
Vinagreras, *Vinaigrette, saulce.*
Vinar, *biner la vigne.*
Vinatero, *Vendeur de vin.*
Viniebla, viniega, *Langue de chien, herbe.*
Viña, *Vigne.*
Viñadero, *Vigneron, messier, gardeur de vignes.*
Viñedo, *Vignoble.*
Vino, *Vin.*
Violable, *Corrompable.*
Violado, *Violet.*
Violado, *corrompu, forcé.*
Violador, *qui force, violeur.*
Violar, *forcer, corrompre.*
Violar, *Lieu où croissent les violettes.*
Violencia, *Violence.*
Violero, *joueur de violes.*
Violeta, *Violette.*
Violente, *Violent.*
Violentemente, *Violemment.*
Violones, *Violons à jouer.*
Vira, *Vire, trait, fleche.*
Virate, *Vire, trait.*
Virgen, *Vierge, pucelle.*
Virginal, *apartenant à vierge.*
Virginidad, *Virginité, pucelage.*
Virgo, *pucelage.*
Virote, *Matras, vire, trait.*
Virrey, *Viceroy.*
Virtud, *Vertu.*
virtuosamente, *Vertueusement.*
Virtuoso, *Vertueux.*
Viruelas, *la petite verole.*

V I

visage, *Mine, geste, contenance.*
visagras, *Gonds, charnieres.*
visco, *Glu.*
viscoso, *Gluant, espaix.*
visel, *le biseau.*
visera, *Visiere d'un heaume.*
visible, *Visible.*
vision, *Vision.*
visita, *Visite.*
visitacion, *Visitation.*
visitado, *Visité.*
visitador, *qui visite.*
visitar, *Visiter.*
visnaga, *Daucus, herbe.*
visnieta, *Fille de la petite fille.*
visnieto, *Fils du petit fils.*
visojo, *Louche.*
visoño, *Soldat nouueau, aprenty.*
vista, *La veue, presence.*
vistoso, *Plaisant.*
vital, *qui a vie.*
vitualla, *Viure, vitnaille.*
vituperable, *Blasmable.*
vituperacion, *Blasme.*
vituperado, *blasmé.*
vituperador, *qui blasme.*
vituperar, *blasmer.*
vituperio, *blasme.*
viuacidad, *Viuacité.*
viuamente, *Viuement.*
viuandero, *Viuandier.*
viuda, *Vesue.*
viudez, *Vesuage.*
viudo, *Veuf.*
viuero, *clapier.*
viueza, *Viuacité.*
viuidor, *qui sçait que c'est que de viure.*
viuienda, *nourriture.*
viuir, *Viure.*

V I

viuo, *Vif.*
vizabuela, *bisayeule.*
vizabuelo, *bisayeul.*
vizco, *louche.*
vizcocho, *biscuit.*
vizcondado, *Visconté.*
vizconde, *Visconte.*
vizcondesa, *Viscontesse.*
vizlumbrar, *reluire, esblouir,*
vizlumbre, *fauce lumiere, esblouissement.*

V L

vlcera, *vlcere.*
vlceracion, *blessure.*
vlcerado, *Vlceré, blessé.*
vlcerador, *qui vlcere.*
vlcerar, *vlcerer, blesser.*
vltimamente, *finalement.*
vltimo, *dernier,*
vltrajado, *Oultragé.*
vltrajador, *qui oultrage.*
vltrajar, *Oultrager.*
vltraje, *Oultrage.*
vltrajosamente, *Outrageusement.*
vltrajoso, *Oultrageux.*
vltrapassar, *Oultrepasser.*
vltramarino, *d'oultremer.*

V M

vmanal, *Humain.*
vmanamente, *humainement.*
vmanidad, *Humanité.*
vmano, *Humain.*
vmbral, *le sueil de la porte.*
vmbrio, *sombre, ombreux.*
vmedecer, *Mouiller, Humecter.*

V M

Vmidad, *humidité.*
Vmido, *humide.*
Vmildad, *humilité.*
Vmilde, *humble.*
Vmilmente, *humblement.*
Vmillado, *humilié.*
Vmillador, *qui humilie.*
Vmillar, *Humilier.*
Vmor, *Humeur, liqueur.*

V N

Vn, *Vn.*
Vua, *Vne.*
De vna, *En vn coup.*
Vncion, *Onction.*
Vngido, *Oinct.*
Vngidor, *qui oinct.*
Vngir, *Oindre.*
Vnguentario, *Vendeur d'onguents.*
Vnguentera, *Boiste à onguents.*
Vnguento, *Onguent.*
Vnico, *Vnique.*
Vnicorno, *Licorne.*
Vnidad, *Vnité.*
Vnigenito, *Vnique, seul né.*
Vnion, *Vnion.*
Vniuersal, *Vniuersel.*
Vniuersalidad, *Vniuersalité.*
Vniuersalmente, *Vniuersellement.*
Vniuersidad, *Vniuersité.*
Vniuerso, *l'vniuers, le monde.*
Vno, *Vn.*
Vntado, *Oinct.*
Vntador, *qui oinct.*
Vntadura, *Onction.*
Vntar, *Oindre.*
Vntaza, *Oing, graisse.*
Vnto, *Graisse.*

V N

Vntura, *Onction, Ointure.*
Vnturilla, *petit onguent.*
Vña, *Ongle.*
Vñero, *Mal qui vient au bout des ongles.*
Vnidamente, *Vniment, jointement.*
Vnidura, *Acouplement.*
Vnir, *Vnir, assembler.*
Vñido, *Acouplé au joug.*
Vñidor, *qui couple au joug.*
Vñidura, *Acouplement.*
Vñir, *Acoupler au joug.*
Vñuela, *Petit ongle.*
Vnzido, *Mis au joug.*
Vnzidor, *qui met au joug.*
Vnzir, *Mettre au joug.*

V O

Vocablo, *Vocable, mot.*
Vocal, *Voyelle.*
Vocatiuo, *Vocatif.*
Voga, *Vogue.*
Vogador, *qui vogue.*
Vogar, *Voguer.*
Voladero, *Qui vole.*
Volador, *Voleur, qui vole.*
Volador, *Arédelle de mer, poisson.*
Volatil, *Volatil.*
Volar, *Voler.*
Voleo, *La volee, le vol.*
Volubilidad, *Tournoyement, changement, muance.*
Voluntad, *Volonté.*
Voluntariamente, *Volontairement.*
Voluntario, *Volontaire.*
Voluntoriosamente, *Volontairement.*

VO

Voluntorioso, *Volontaire.*
Vomitado, *Vomy.*
Vomitador, *qui vomit.*
Vomitar, *Vomir.*
Vomito, *Vomissement.*
Vomitorio, *qui fait vomir.*
Vomitoso, *Subiect à vomir.*
Vos, *Vous.*
Vosotros, *Vous.*
Votado, *Voüé.*
Votador, *qui voüe.*
Votante, *Vouant.*
Votar, *Vouer, donner sa voix.*
Votiuo, *Voué.*
Voto, *Voix, suffrage, vœu, desir, aduis.*
Voz, *Voix.*
Vozeria, *Huée, crierie.*
Vozinglero, *Criard.*

VR

Vrbanamente, *Courtoisement.*
Vrbanidad, *Courtoisie, ciuilité.*
Vrbano, *Courtois.*
Vrdido, *Ourdy.*
Vrdidera, *La femme qui ourdist, & l'instrument à ourdir.*
Vrdidor, *qui ourdist.*
Vrdiembre, *ourdissure, trame.*
Vrdir, *ourdir, tramer.*
Vrina, *Vrine.*
Vrinal, *Pot à pisser.*
Vrinar, *Pisser.*
Vrna, *Cruche.*

VS

Vsado, *Gasté, usé, qui est en usage.*
Vsagre, *Espece de galle.*
Vsança, *Vsage, coustume.*
Vsar, *Vser.*
Vsitado, *Exercé, acoustumé.*
Vsitar, *Exercer, Acoustumer.*

VS

Vso, *Vsage.*
Vsual, *Vsuel.*
Vsufrutario, *Vsufrutier.*
Vsura, *Vsure.*
Vsurario, *Vsurier.*
Vsurero, *Vsurier.*
Vsurpacion, *Vsurpation.*
Vsurpado, *Vsurpé.*
Vsurpador, *qui usurpe.*
Vsurpar, *Vsurper.*

VT

Vtil, *profitable.*
Vtilidad, *Profit.*
Vtilmente, *Profitablement.*
Vtrera, *Vne genisse.*
Vtrero *Veau de trois ans.*

VV

Vua *grape de raisin.*
Vuaspino *groselier.*
Vulgacho *populace.*
Vulgar *Commun, Vulgaire, prouerbe.*
Vulgarmente *Vulgairement.*
Vulgo *Le populaire.*
Vuestro *Vostre.*

X

XA

xabon *Sauon.*
xabonera *Saponaire, herbe.*
xabonero *Faiseur de sauon.*
xabonete *Sauon, pommade.*
xadear *Batre les flancs.*
xaharra *Plastras.*
xaharrar *Enduire vn mur.*
xamete *samy, drap de soye.*

V iiij

X A

xaque, Eschet au jeu.
xaquelado, fait en façon d'eschetz.
xaques, Malette, gibbessiere.
xaquima, testiere du licol.
xara, bois, d'où l'on fait les dards
xaral, lieu plein de telbois.
xaramago, roquette, herbe.
xaraue, Syrop.
xarcia, Corde de nauire, amarre.
xaropar, donner syrop.
xarope, syrop.
xauega, tramail, grande ret à pescher.

X E

xeme, demy empan, mesure.
xenablo, Moustarde, Seneué.
xerga, sarge.
xerga, Charrier de lessiue.
xergon, paillasse de lict.
xeringa, vne syringue.
xeta, potiron, champignon jaulne.

X I

xibia, seche, poisson.
xibion, os de seche.
ximia, singe femelle.
ximio, singe, guenon.
xira, chere, banquet, festin.
xiringa, Syringue.
xiringado, Syringué.
xiringador, qui syringue.
xiringar, Syringuer.

X O

xopaypas, bignets.

X V

xugo, Suc, just.
xugoso, Sale, graisseux, plein de suc.

Y A

Y, Et.
ya, desia, maintenant.
ya ya, desia, desia, tout à l'heure.
ya que, puisque.
yaro, pied de veau, herbe.
yazedero, lieu à coucher.
yazedor, qui couche.
yazer, gesir, estre couché.
yazija, couche, giste.
yantador, qui disne.
yantar, le disner.
yantar, disner.

Y C

yçado, guindé.
yçar, guinder.

Y E

yedra, lierre, arbrisseau.
yegua, jument.
yeguada, Haras, troupeau de jumens.
yeguarizo, gardeur de jumens.
yeguazuela, petite jument.
yelmo, Heaume.
yelo, gelée.
yema, Bourgeon, bouton d'arbre.
yema del hueuo, le jaulne de l'œuf

Y E

l'œuf.
yermador, *qui deserte.*
yermar, *deserter.*
yermo, *desert.*
yerno, *Gendre.*
yerro, *Erreur, faulte.*
yerto, *aspre, roide.*
yerua, *herbe, poison.*
yerua cana, *Seneçon.*
yerua cañamera, *Guimaune, herbe.*
yeruacer, *Deuenir en herbe, herber.*
yerua giganta, *Brancheursine, herbe.*
yeruesita, *Petite herbe, herbette.*
yesca, *apast, amorce.*
yesso, *plastre.*
yesso espejuelo, *talc.*
yesgo, *hiebles, herbe.*
yman, *Aymant, pierre,*

Y O

yo, *moy, je.*
yojo, *yuraye, herbe.*

Y R

yr, *Aller.*
yr a la mano, *empescher.*

Y V

yugada de tierra, *Arpent.*
yugo, *joug.*
yuguero, *Bouuier, laboureur.*
yunque, *enclume.*
yunta, *Assemblage, acouplement au joug.*

Y V

vuso, *bas, à bas.*

Z

Z A

Zagal, *Berger.*
zagala, *Bergere, fille de village,*
zagalejo, *petit berger.*
zagano, *frelon, animal.*
zaguan, *Paruis, court, entree de maison.*
zalema, *Salut à la Turque, salut d'allegresse.*
zamarra, *pelisse.*
zamarrilla, *Pouliot de montagne.*
zamboa, *coignasse, fruit.*
zambra, *Feste.*
zangano, *bourdon, frelon, animal.*
zambra, *feste.*
zaque, *peau de bouc à porter huile, ou autre chose.*
zaque, *vn yurogne.*
zarbatana, *Vne sarbataine.*
zarca, *Femme qui a les yeux verds.*
zarco, *Homme qui a les yeux verds.*
zaragatona, *herbe à pulces, psyllium.*
zarzagauillo, *vent rude.*
zarzido, *racoustré.*
zarzidor, *Racoustreur, Rauuudeur.*
zarzidura, *racoustrement.*
zarzir, *racoustrer, rauauder.*
zayno, *Zain, par metafore, faulx*

Z E

zelado, *Zelé.*

X

ZE

zelador, *Zelateur.*
zelar, *zeler.*
zelo, *Zele.*
zero, *Zero, o, en chiffre.*

ZI

zimbrado, *branlé.*
zimbrador, *qui branle.*
zimbrar, *branler.*
ziuete, *Ciuette.*
zizaña, *noise, debat.*
zizaña, *yuraye, herbe.*
zizañador, *quereleux, noiseux.*
zizañar, *Semer noises.*

ZO

zodiaco, *Zodiaque.*
zoilo, *Enuieux.*
zona, *Ceinture.*
zorra, *regnard.*
zorreria, *regnardise.*

ZO

zorrero, *qui fait le renard.*
zorrilla, *renardeau.*
zozzal, *Tour, griue oyseau.*

ZV

zufre, *Soufre.*
zullon, *une vesse.*
zullonear, *vessir.*
zumbar, *retentir, murmurer, bourdonner.*
zumbido, *retentissement, bruit, bourdonnement, murmure.*
zuñido, *bourdonnement, tintement.*
zuñir, *tinter, bourdonner.*
zurrado, *Courrayé.*
zurrador, *Courrayeur.*
zurrapa, *la lie.*
zurrar, *Courrayer.*
zurrio, *murmure.*
zurdo, *gaucher.*

FIN.

Fautes suruenues au Dictionaire Espagnol & François.

Significationes,	Significaciones.	Desayudar,	Desayudar.
Aboliamento,	Abollamiento.	Dscabeçado,	Descabeçado.
Acucioso, *iligent*,	*Diligent*.	Desgraciar, *esgrener*,	Desgranar.
Aaan,	Açacan.	Dennsudado,	Desnnudado.
Aduersaairio, *aduersairer*,	*Aduersaire*.	Deuanedera,	Deuanadera.
Aecheuadura,	Aechadura.	Emblanqueer,	Emblanquecer.
Agerato, *herbe dite aigremoine*,	*Herbe dite Ageraton*.	Empendigar,	Emperdigar.
		Encrespador, *fort*,	Fer.
Ahocinado, *qui a beaucoup de tours*, *Qui est restressy*.		Enleenar,	Enllenar.
		Entordatura,	Entordadura.
Ahuyentator,	Ahuyentador.	Entreuntar, *graisser*, *ioindre*,	Oindre
Aajada,	Ajada.		
Ala, *iaune herbe*,	*Eaune herbe*.	Escombar,	Escombrar.
Alauas, *les dente*,	*Les dents*.	Estopue,	Estoque.
Alheli, *girofl*,	*Giroflee*.	Estordecado,	Estordecido.
Alhostigo, *certain*, *arbre*,	*Pistacher*	Esuaalar,	Esualar.
Aljoforar,	Aljofarar.	Falteda,	Faldeta.
Alpiste, *cene de regnard*, *Alpiste*, *queue de regnard*, *herbe*.		Flasqueza flasco,	Flaqueza, flaco.
		Fuera, *à fuer*,	A fuer.
Alquinal morisio,	Morisco.	Galardonado, *qui guerdonne*,	Galardonador
Alsine, *oreille de souris herbe*.			
Aluayarda,	Aluayaldar.	Garceses de la naue.	
Amidon, *aydon*,	*Amydon*	Gusarapillo,	Gusarapillo.
Amor de hortelano, *veble*,	*Rieble*.	Hililio,	Hililio.
Anca,	Anca.	Honcejecera,	Honcejera.
Ancusa, *une espece de buglosse*,	*Orcanette*.	Impero,	Imperio.
		Insensatol,	Insensato.
Andilla, *seule*,	*Selle*.	Leonada,	Leonado.
Animales cennidos, *infectes*,	*Insectes*.	Longanzia,	Longaniza.
		Laseta,	Loseta.
Anodar, *vouer*,	*Nouer*	Mantarça,	Matança.
A pigue,	A pique.	Maytnes,	Matynes.
Aplocamiento,	Apocamiento.	Moca,	Moça.
Atacar les,	Las.	Martandad,	Mortandad.
Barrenar, *tariere*,	Barrena.	Odre flacon,	*Flacon*.
Bauear, *Barbutte*,	Bauera.	Da passada,	De passada.
Boquisico,	Boquiseco.	Pedir, *demander*,	de pido,
Breton, *la cuue*, *la cime*.		Picatral,	Piçarral.
Caudaloso,	Caudaloso.	Picauiento,	Picauiento.
çanca de piernas,	çanco de piernas.	Pobreza, *pauuret*,	*pauureté*.
		Prohibiir,	Prohibir.
Cendra, *cendre*, *cendrée d'orfeure*.		Tant publico,	Tan publico.
		Quuerilla,	Quadrilla.
Chacilleria,	Chancilleria.	Reboruiar,	Reborujar.
Correosa,	Correoso.	Riçar,	Riçar.
Cocoxqueador,	Coxqueador.	Sietemesmo,	Sietemesmo.
Cuchillo, *coca*,	Cuchillo.	Sonrrodor,	Sonrrodar.
Bleytoso,	Deleytoso.	Tarasca, *loup grou*,	*Loup garou*.
Dleznable,	Deleznable.	Testayrudo,	Testarrudo.
Deeznadero,	Deleznadero.	Tramojo, *hardrieze*.	Riorte.
Delznar,	Delezaar.		

Fautes suruenues au Dictionaire François Espagnol.

Accablé, ahogado, L. Ahogado
Accoustumace, Accoustumance
Acquis, Aquesté Aquistar, adquirir, grangear, aquistado, adquirido, grangeado.
Adolescence, manebia, mancebia.
Adolorer, congaxar, Congoxar.
Aducue, Aduenue d'eau
Aduocasser, Aduocasser
Aable Affable
Affetté, balauero, Halaguero.
Aumant, Allumant
Appication, Application
Ardemment, encedidamente, Encendidamente.
Arrondir, cerceuar, Cercenar.
Assaule, arrenmetida, Arremetida
Auertin, desantico, Desatino.
Austere, abstero, Austero.
Boistre, Boiste.
Bouche torte, Bouche torte.
Brouee, mebla, Niebla.
A cachettes, sacopa Socapa.
Chagrin, silicitup, Solicitud.
Changement de lieu, Tralpuesta, Trapuesta.
Charreter, Carrerro, Carretero.
Chat, gata, Chat gato.
Chiche, quardoso, Guardoso.
Circuit, redeado. Rodeado.
Coche à cheuaux, carroca, Carroça.
Cochier, carrocezo, Carrocero.
Couloir, caladero, Coladero.
Couurechef, teca, Toca.
Cuuier, cubeto. Cubero.
Daas, Dei.
Danser sur la corde, trepa, Trepar.
Deception, embucamicuto, Embaucamiento.
Delegation, Delegation.
Descoasit, desborotado, Desbaratada.
Desirer, apontecer, Apetecer
Destiement, soltuar, Soltura.

Desnu, Desnu
Despecier, Despensier.
Duchesse, dequesa, Duquesa.
Effacetur, borrar, Effacer.
Emboiner, embabucar, Embaucar.
Embourrer, colcbar, Colchar.
Eriger, ergur, Erguir.
Escoutement, escohamiento, Escuchamiento.
Esguiere, jarroparagua, jarro para agua.
Espandement, derramadu, Derramadura.
Festiere, tutle, ala de tajado, Tejado.
Sentir le fiel, ahelcar, Ahelear.
Fiesse, Finesse.
Flatterie, calema, çalema.
Gargariser, gorgeagargarizar, Gorgear, garganzar.
Gibeciere, bolmochila, Bolson, mochila.
Grauier, quija, quijuela, Guija, guijuela.
Guyer, Gruyer.
Indemne, saneadino demne, Saneado, indemne.
Lingot, Viel, Riel.
Lourd, çasto, çaso.
Marzud, picanno, Picarro.
Mignardise, alhago, Halago.
Peretrer, Perpetrer.
Pomme de capendu, camuesa, Camuesa.
Porphyre, porfido, marfil, ostée, marfil.
Posterité, decendemia; Decendencia.
Poulere, Canalle Caualle
Riolé, pintado de votas, Vetas.
Saluzation, çalencas, çalemas.
Souefueté, suauidiad, Suauidad.
Soufre, alreuite, Alcreuite.
Ver, gasarapa, Gusarapa.
Verge, verduga, Verdugo.

DICTIONAIRE
TRESAMPLE DE LA LANGVE FRANÇOISE ET Espagnole,

A tres-illustre Prince, Monseigneur HENRY DE BOVRBON, *Prince de Condé.*

Par IEAN PALET Docteur en Medecine, & Medecin ordinaire de son Exc^c.

DICCIONARIO MVY COPIOSO DE LA LENGVA Françesa y Española.

Dirigido al illustrissimo Principe HENRICO DE BORBON, *Principe de Condé*

Por el Doctor IOAN PALET, Medico ordinario de su Eccell.

A PARIS,
Chez MATHIEV GVILLEMOT, au Palais, en la gallerie des prisonniers.
1604.

Auec Priuilege du Roy.

DICTIONAIRE
FORT AMPLE DE LA LANGVE
Espagnole & Françoise, auquel sont declarees les vrayes & propres significations de toutes les paroles Françoises & Castellanes, tirees des plus excellens Autheurs anciens & modernes.

A
Age, Era, Edad.
Aagé, Vieijo, anciano, el que tiene edad.

AB
Abandon, Desamparo, dexo.
Abandonné, Perdido, desamparado, abaldonado, desualido.
Abandonnément, Desamparadamente, perdidamente.
Abandonner, Dexar, desamparar, abaldonar, desualer.
Abando de medecins, Deshuzia.
Abandonné des medecins, Desafuziado.
Estre abandonné des medecins, Deshuziar.
Abas, Abaxo.
Abastardir, Degenerar.
Abastardissement, Bastardia, degeneration.
Abbaissé, Abaxado, postrado, amilanado.
Abbaissement, Abaxamiento, postracion, humildad.
Abbaisser, Humillar, postrar, abaxar, prostrar, acachar, amilanar.
Abbatement, Derrocamiento, abatimiento, abaxamiento.
Abbatial, Abadengo perteneciente a Abadia.
Abbatre, Derribar, abatir, derrocar.
Abbatu, Abatido, derrocado, derribado.
Abbaye, Abadia.
Abbay, Abbayement, } Ladrido.
Abbayer, Ladrar.
Abbayeur, Ladrador, gritador.
Abbé, Abad.

A

A B

Abbeche, ceuado.
Abbechement, ceuo.
Abbecher, ceuar.
Abbesse, abadessa.
Abbesty, brutal, bruto, abestializado.
Abbestir, embestiar, abestializar.
Abbrege, acortado, abreuiado.
Abbrehe, ou sommaire, Compendio, abreuiadura, abreuiamiento, abreuiatura.
Abbreger, abreuiar, acortar.
Abbreuer, abreuar, lleuar al agua.
Abbreuoir, abreuadero, abreuador.
Abbrutir, embrutecer, embestiar.
A B C ou alphabet, cartilla.
Abeille, abeja.
Abhorré, aborrecido, odiado.
Abhorrent, aborreciente.
Abhorrer, aborrecer, odiar.
Abject, soez, despreciado, desechado, abiltado, bahuno.
Abjectement, abiltadamente.
Aboly, abolido.
Abolir, abolir, quitar.
Abolissement, } abolició qui-
Abolition, } tamiento.
Abominable, abominable.
Abomination, abominacion.
Abominer, abominar.
Abondance, abasto, abundácia, copia, sobra, abastança.
Abondamment, largaméte, abúdosamente, copiosamente, abundantemente.
Abonder, sobrar, abundar.
Abord, } allegada, arri-
Abordement, } mo concurso.

A C

Aborder, arribar, allegar, aportar, abordar.
Aboutir, ou confiner, alindar, cófinar.
Aboutissement, lindero, limite.
Abry, solana, aprisco, abrigo, abrigaño.
Abrie, abrigado.
Abrier, abrigar, cubrir.
Abricot, aluarcoq, aluerchigo.
Abricotier, aluarcoque, aluerchigo.
Abrogation, abolicion, anulació aniquilacion.
Abroger, quitar, abolir, anular, aniquilar.
Absence, ausencia, absencia.
Absent, ausente, absente.
Absenter, ausentar, alexar, apartar, yrse.
Absynthe herbe, asésios, arésios.
Absolution, assolucion.
Absolument, assolutamente.
Absoudre, assoluer.
Absoult, absuelto.
Abstenir, dexar, abstener, refrenar.
Abstenence, sobriedad, abstinécia, refrenamiento.
Absurde, absurdo.
Absurdement, absurdamente.
Absurdité, cosa absurda, necia, impertinente.
Abus, } abuso enga-
Abusement, } ño.
Abuser, voyes tromper, engañar, malusar, abusar.
Abuseur, engañamundos, engañabouos, engañador.
Abusé, burlado, engañado.
Abusif, abusiuo, engañoso.

Abusi

A B C

Abusuement, engañosamente, por engaño.
Abysme, abysmo, profundidad.
Abysmer, abismar, hundir.

A C

Accablé, cargado, opresso, ahogado. (gar.
Accabler, oprimir, cargar, aho-
Accagnarder, picarear.
Accarer, encarar.
Accariastre, desatinado, porfiado.
Accent, accento.
Acceptable, agradable, acepto.
Accepter, acceptar, agradar.
Acces, entrada, accesso.
Acces de fieure, cicion, calétura.
Accession, acrecentamiento.
Acenser, donner, ou prendre a rente, arrendar.
Acenseur, ou fermier, arrēdador.
Acere, azerado.
Acerer, dar azeros, azerar.
Acetené, certificado, cierto, verificado.
Acertener, certificar, verificar.
Acertes, ad, deueras, aosadas.
Acier, azero.
Accident, acaecimiento, accidente, suceso.
Accidental, acidental.
Accointable, amigable, llano.
Accointance, priuança.
Accointer, allegar.
Accoisé, amansado, acallado, pacificado.
Accoiser, amansar, acallar, apaziguar, aplacar.
Accolade,
Accolee, } abraço.
Accolé, abraçado.

A C

Accoler, abraçar.
Accommoder, acomodar.
Accompagné, acompañado.
Accōpagnemēt, acōpañamiento.
Accompagner, acōpañar, seguir.
Accomparer, acomparar, semejar, cotejar.
Accomply, cumplido.
Accomplir, cumplir.
Accōplissement, cumplimiento.
Acconsuiure, conseguir.
Accoquiner, ser holgazan, picarear.
Accord, pacto, acuerdo, cōcierto, assiento, conueniencia, concertamiento, postura, cōcordancia, consonācia.
D'Accord, ad, acordadamente, vnanimemente, concertadamente.
Accordant, consintiente, otorgante, acorde, conciliador, concorde.
Accordé, ou fiancé, desposado, otorgado.
Accordailles, ou fiançailles, desposorios, otorgaciones.
Accordee, ou fiancee, desposada, otorgada.
Accorder, cōcertar, pacticar, cōcordar, acordar, auenir, cōciliar, assentar, quadrar.
Accorder instrumens, templar.
Accort, ou habile, matrero, mañoso, auisado, sagaz, cuerdo.
Accortemēt, auisadamente, mañosamente, cuerdamente.
Accortise, maña, sagazidad, habilidad, auiso, cordura.
Accoster, llegar, arrimar, auenir.
Accouardir, acobardar.

A ij

Accouchee, La parida.
Accouchement, Parto, parizion.
Accoucher, Parir.
Accoulde, Acodado.
Accouldement, Acodadura.
Accoulder, Acodar, acobdar.
Accouplement, Iunta, juntamiento, ayuntamiento.
Accoupler, vnir, vñir, juñir, juntar, ayuntar.
Accourcy, Abreuiado, acortado, achicado.
Accourcir, achicar, desmochar, cortar, encoger.
Accourcissement, Encogimiento, achicadura.
Accourement, Acorrimiento, acudimiento.
Accourir, Accorrer, acudir.
Accouru, Acudido.
Accoustrement. s. habillement, Vestido.
Accoustrement. s. aprest, Adobo, remiendo.
Accoustrer, ou habiller, Vestir.
Accoustrer, ou aprester, Aliñar, aprestar, adobar, remendar, atauiar, adereçar, adornar.
Accoutumace, Costumbre, auezamiento, bezo, abituacion, vso.
Accoustumé, Auezado, abituado, acostumbrado, bezado, vsado.
Accoustumer, Vezar, abituar, acostumbrar, abezar, vsar.
Accrauanter, Agrauar, apesgar, cargar.
Accroché, Fixado, aferrado, enclauado.
Accrochement, Fixadura, clauadura.
Accrocher, Fixar, aferrar, corchetar, trauar con garauato, engarauatar.
Accroissante, } Acrecentamiento, recrecimiento, aumento.
Accroissement, }
Accreu, Crecido, aumentado.
Accroistre, Aumentar, acrecentar, crecer, recrecer.
Accroupy, Arrebujado, encogido.
Accroupir, Encoger, arrebuxar, arrebujar.
Accueil, Acogimiento, recebimiento.
Accueilly, Acogido, recebido.
Accueillir, Acoger, recebir.
Acculer, apretar, dar de nalgas.
Acculer le soulier, Achancletar el çapato, enchancletar.
Accumulation, Amontonamiento, accumulacion.
Accumuler, Amontonar, acumular.
Accusateur, Acusador, fiscal.
Accusation, Accusacion, riepto.
Accusé, Acusado, reptado.
Accuser, Reptar, rectar, acusar, culpar, achacar, fiscalear.
Achalandé, Aperrochado.
Achalander, halagar los mercaderes, aperrochar.
Achaptable, Comprable, compradizo.
Achapt, Compra, compradura.
Achapté, Comprado.
Achapter, Comprar.
Achapteur, Comprador, merchante.

Achar-

A C

Acharné, Encarniçado.
Acharner, Encarniçar.
Achemmé, Acarrilado, encaminado, entablado.
Acheminement, encaminadura, entabladura, auiamiento.
Acheminer, Auiar, acarrilar, encaminar, entablar.
Acheué, acabado, hecho, rematado.
Acheuement, Cabo, fin, acabamiento, remate.
Acheuer, Acabar, rematar.
Acoup-ad, Luego de golpe, de rondon.
Acqereur, Adquiridor, grageador, grangero.
Acquerir, } Aquiſtar, adquirir, grangear, acaudalar, aquiſtar.
Acqueſter, }
Acquis, } Aquiſtar, adquirir, grangear.
Acqueſté, }
Acquiſiton, Ganancia, grangeria.
Acquieſcer, Acordar, obedecer.
Acquit, Quito, quitacion, aluala de quito, carta de pago, aquitaza, carta de ſin y quito.
Acquitter, Cumplir, ſer libre, aquitarſe, eſquitar.
Acre, Agrio, acedo, auinagrado.
Acrimonie, Agudeza, picante, agrura, agror.
Acte, Auto, accion.
Actif, Prompto, actiuo.
Action, Accion, hazimiento, demanda.
Actioner quelqu'vn, Emplazar, demandar, citar.

A D

Actuel, Actual.
Actuellement, Actualemente.

A D

Addition, Añadidura.
Addonné, Dado, inclinado.
Addonner, Darſe, aplicar, inclinarſe.
Addoucir, Mitigar, apaziguar, aplacar, ablandar, amanſar, enternezer.
Addouciſſemēt, Amanſamiento, ablandadura.
Adextre, Adeſtrar, guiar.
Adiancé, Aliñado, compueſto, adornado.
Adiancement, Aliño, polideza, aſeo.
Adiancer, Atauiar, ordenar, aliñar, componer, aſear.
Adioint, } Añadido.
Adiouſté, }
Adioint, ou compagnon, Compañero.
Adionction, } Añadidura.
Adiouſtement, }
Adioindre, } Iuntar, añadir, ajuſtar.
Adiouſter, }
Adiournemēt, emplazamiento, emplazo, citacion.
Adiourner, Citar, Emplazar, aplazar.
Adirer, ou eſgarer, Deſencaminar, deſcarriar.
Adiuger, Sentenciar en fauor de alguno.
Adiuration, juramento.
Adiurer, juramentar.
Admettre, Admitir.
Adminiſtration, Adminiſtraciō

A iij

Administrateur, administrador.
Administrer, administrar.
Admirable, maranilloso, admirable.
Admirablement, admirablemente, marauillosamente.
Admiration, marauilla, admiracion.
Admirer, marauillar, admirar.
Admiral, Almirante.
Admiraulté, Almirantazgo.
Admirateu, admirador, marauillador.
Admonesté, amonestado, exortado.
Admonestement, } amonestació.
Admonition, } amonicion, exortacion.
Admonesteur, amonestador.
Adolescent, mancebo, moço, jouen.
Adolescence, adolecencia, mocedad, mancebia.
Adoloré, adolorado, congoxado.
Adolorer, condoler, congaxar, doler, adolorar.
Adonc, pues, luego.
Adopté, adoptado, ahijado
Adopter, ahijar, adoptar, panyaguar, prohijar.
Adoptif, adoptiuo, prohijado.
Adoption, adopciõ, adoptaciõ, prohijaçion.
Adorateur, adorador.
Adoration, adoracion.
Adoré, adorado.
Adorer, adorar.
Adossement, apoyo, arrimo.
Adosser, apoyar, arrimar.
Adresse, recaudo, endreço, tino.

Adresser, endereçar, encaminar endirgar.
Adroit, apuesto, diestro, adereçado.
Adroitement, adereçadamente, apuestamente, diestraméte.
Adoulcir, desbrauar, adulcir, ablandar, endulçar, amansar.
Adoulcissement, endulçadura, ablandadura.
Aduâcer, ou aller deuât, adelãtar, abalãçar, aquexar, dar priessa.
Aduanssement, adelantamiéto.
Aduancer, faire du bien, fauorecer, ayudar.
S'aduancar par seruices, medrar, aprouecharse.
Aduantage, mejoria, ventaja, auentajamiento, aumento.
Aduantager, auentajar.
Aduantageux, auentajado. (te.
Aduantageusemét, auẽtajadamé-
Aduillé, ou attristé, congoxado, doliente entristecido.
Aduenement, polidamente, decentemente.
Aduenant, decẽte acomodado.
Aduenement, acaecimiento, aduenimiento, llegada, venida.
Aduenir, acontecer, aduenir, acaecer, succeder.
L'aduenir, venidero.
Aduenture, ventura, caso.
Bonne aduenture, dicha, bienauenturança.
Aduẽture, ou hazard, riesgo, azar
Aduenturer, arriesgar, auẽturar.
Aduẽntureux, arriesgado.
Aduẽturier, vẽturero, auẽturero
Aduenu, acontecido, acaecido, succedido.

Ad

Adueüe, auenida, aguaducho, torrente.
Aduersaire, aduersario, contrario, enemigo.
Aduersité, aduersidad, trabajo.
Aduerty, aduertido, apercebibido, preparado.
Aduertir, amonestar, auisar, aduertir, dar parte, apercebir.
Aduertissement, auiso, apercebimiento, aduertencia, aduertimiento.
Adneu, voto, consentimiento.
Adueu, ou adenombrement, lista, nombramiento.
Aduis, ⎱ auiso, voto, parecer, acuerdo, recato,
Aduisement. ⎰
Aduisé, cuerdo, auisado, ardid, recatado.
Aduisement, ad., cuerdamente, auisamente.
Aduiser, aduertir, acōsejar, cōsultar, acordar, auisar, recatarse.
Adulateur, ou flateur, lisongero, adulador.
Adulation, lisonja, adulacion.
Adultere, adultero,
Adultere, adulterio.
Adulterer, adulterar.
Aduocasser, abogar.
Aduocat, abogado, letrado.
Aduoüer, consentir.

A F

Aable, llano, afable.
Affablement, afablemente.
Affabilité, afabilidad.

Affaire, negocio.
Affairé, hazendado.
Affaissement, abaxamiento.
Affaisser, abaxar, empandar.
Affamé, hambron, hambriéto, deshambrido, desambridillo.
Affamer, hambrear.
Affection, aficion, ahinco.
Affectionner, aficionar.
Affectueusement, ahincadaméte, de buena gana, entrañablemente, aficionadamente.
Affermer, afirmar.
Affermer, donner a ferme, arrendat.
Affermir, fortalecer, arreziar, tener tiesso, maciçar, atiesar.
Affermissement, arreziamiento.
Affetté, halagueño, halauero, afectado.
Affetterio, halagamiento, afectation.
Affiche, ou placaad, cartel.
Affiché, clauado, hincado, enclauado.
Afficher, clauar, fixar, hincar, enclauar.
Affichement, fixadura, hincadura, enclauadura.
Affier, fiar, salir fiador, confiar,
Affiert, ou conuient, cumple, menuesteres, conuiene.
Affilé, aguzado, amolado.
Affiler, molar, aguzar, dar filo.
Affileur, amolador, aguzador.
Affin, a fin, porque.

A iiij

A F   A F

Affin, parent, Deudo, pariente, aliado.
Affiner, Engañar.
Affiner, rendre net, Refinar, acendrar.
Affiné, Afinado, acendrado, perficionado.
Affiné, trompé, Engañado.
Affinité, Afinidad, parentesco, deudo.
Affiquets, Galas.
Affirmation, Afirmacion.
Affirmateur, Afirmador.
Affirmer, Afirmar.
Affirmé, Afirmado.
Afflige, Atormentado, affligido, apassionado, lastimado, tribulado, atribulado.
Affliction, Lastima, aflicion, afligimiento, tribulacion, amanzillamiento.
Affliger, Amanzillar, apassionar, afligir, lastimar, tribular, atribular.
Affluence, Abundancia, copia.
Affluent, Abundante, copioso.
Affoibly, Flaco, debilitado, afloxado, enflaquecido.
Affoiblir, Afloxar, enflaquecer, debilitar.
Affoiblissement, Flaqueza, debilitacion, afloxadura.
Affolé, Lastimado.
Affoler, Herir, lastimar, plagar.
Affolement, } Herida, lision,
Affolure, } plaga.
Affoly, ou fol, Alocado, enloquecido.
Affolir, Alocar, enloquecer.
Affourrer le bestail, Dar de comer al ganado.

Affranchy, Libre, exempto, essento, horro, franco.
Affranchissement, Libertad, exepcion.
Affrachir, Ahorrar, horrar, eximir de seruidumbre, dar por libre, libertar.
Affres, ou peur, Pesares, çoçobras, miedo.
Affreusemēt, Espantosamente, espantadamente.
Affreux, yerto, espantoso.
Affriandé, çeuado, regalado, engolosinado, arregostado.
Affriander, } çeuar, regalar,
Affrioler, } engolosinar, arregostar.
Affriandement, } Halago, re-
Affriolement, } gosto, regalo.
Affront, } Afrenta, amen-
Affrontage, } guamiento, vltrage.
Affronter, Afrentar, engañar, amenguar, burlar.
Affronteur, Tramposo, embaydor, engañador, engañamundos, amenguador, engañabouos.
Affuble, Vestido, abrochado.
Affubler, Abrochar, vestir, abotonar.
Affuster vn canon, Encaualgar, vna pieça de artilleria.

A G

Agacement de dents, Dentera.
Agacer, v. ficher, Irritar, prouocar, correrse.
Agacement, Irritacion, prouocacion.

A G   A G

Ageancé, Polido, bien puesto, compuesto, lindo.
Ageancement, Aliño, polideza, aseo.
Ageancer, Atauiar, ordenar, aliñar, asear.
Agenouiller, Ahinojar, arrodillar, hincar las rodillas.
Agenoux, Ahinojadamente, de rodillas.
Agile, Agil, diestro, biuo, ligero.
Agilement, Agilmente, ligeramente.
Agilité, Agilidad, ligereza.
Agiliter, Adiestrar.
Agir, Negociar, hazer.
Agitation, Agitacion, meneo, mouimiento.
Agité, Meneado, mouido.
Agiter, Mouer, menear.
Agneau, Cordero.
Agneau d'vn an, Borrego, primal.
Agnelet, Corderito.
Agonie, Agonia, ansia, vasca.
Estre en agonie, Basquear, agonizar.
Qui est en agonie, Vascoso.
Agontement, Agotamiento.
Agouter, Agotar.
Agraffee, corchete, heuilla.
Agraffement, Garfiadura, aferradura, agárramiento, aferramiento.
Agraffer, Corchetar, aferrar, garfiar, agarrar.
Agrandy, Engrandecido, encarecido.
Agrandir, Engrandecer, encarecer, subir a mayores.

Agrandy par seruices, Medrado, engrandecido.
S'agrandir par seruices, Medrar, aprouechar.
Agrandissement, Engrandecimiento, grandeza.
Agrauer, Agrauar, apesgar.
Cheual agraué, Cauallo rendido.
Agreable, apazible, agradable, agradecido, gustoso, agraciado.
Agreablement, apaziblemente, agradablemente, gustosamente.
Agréer, agradar, agradecer, gratificar.
Agreslir, adelgazar.
Agresser, acometer.
Agression, acometimiento.
Agresseur, acometedor.
Agriculture, agricultura.
Aguerrir, hazerse a las armas.
Aguet, azechança, aguayta, aguaytamiento.
Agueter, azechar, aguaytar.
Agueteur, azechador, aguaytador.
Aguille, aguja.
Aguillete, agujeta, cinta.
Aguilleter, atar las agujetas, o las cintas.
Aguilletier, agujetero.
Aguillon, agnijon, pua, aguijada, garrocha.
Aguillonner, aguijonear, incitar, estimular, aguijar, garrochear, agarrochar.
Aguillonnement, Estimulacion, aguijadura, agarrochamiento.

Aguilloneur, aguijador, estimulador.

A H

Ah, ay, ay de mi.
Ahan, trabajo, afan.
Ahanner, trabajar, afanar.
Aheurté, ou opiniastre, porfiado, contumaz, obstinado.
Aheurtement, porfia, obstinacion.
Aheurter, porfiar.

A I

Aide, socorro, ayuda, valia.
Aidé, valido,
Aider, valer, ayudar, socorrer.
Aideur, valedor, ayudador, ayudante.
Aides pour le Roy, peazgos, subsidios.
Aigle, aguila.
D'aigle, aguileño.
Le poussin del' Aigle, aguilocho.
Aigre, agrio, azedo.
Aigret, agrillo.
Aigrettes plumes, garçotas, martinetes.
Aigreur, azedia, agrura, agror, picante.
Aigrement, agriamente, agramente.
Aigrir, azedar, auinagrar.
Aigrir, fascher, irritar, exasperar, prouocar.
Aigu, agudo, puntyagudo, arguçioso.
Aiguement, agudamente, acuciosamente.
Aiguisement, arguçia, afiladura, afilo, aguzadura.
Aiguiser, afilar, aguzar, acuciar, dentar.
Aiguere, jarro, o jarra para agua
Ail, ajo.
Saulce d'Ail, ajada, ajo, salsa de ajos.
Ail sauuage, ajo castañuelo.
Aile, ala.
Aileron, alilla.
Aileron de poisson, espina de pescado.
Aile, aludo.
Ailleurs, en otra parte.
Aimant Pierre, piedra yman.
Aimant, amante.
Aime, querido, amado.
Aimer, amar, querer.
Aine, ingle, vedija.
Ainçois,
Aius, } antes.
Ainsi, assi, ansi, ansina.
Aiolinement, agalanamiento, engalanamiento.
Aioliuer, agalanar, engalanar.
Air, ayre, viento.
Donner air, dar ayre, o respiradero.
Airin, arambre.
Aire à batre le grain, era.
Airee de bled, paruas
Aire de jardin, cama de jardin, era.
Aire d'oiseau, nido del aue.
Ais table, tabla de madera.
Ais scié, tabla asserrada.
Aisance,
Aise, } holgança, contento, gusto, plazer.
Aisé, facil.
Aisement, facilmente.
Aisné, mayor hijo, mayorazgo
Aisnesse, mayorazgo, primer, parto.

Aisselle,

A L

Aisselle, sobaco.
Puanteur d'Aisselle, sobaquina.
Soubs l'aisselle, solsobaco.
Porter soubs l'aisselle, sobacar, sobarcar.
Aiuster, ajustar.

A L

Alegre, alegre, contento.
Alegrement, alegremente.
Alegresse, jubilo, alegria, chacota, fulia, alegron, contentamiento.
Alambic, alambique, alquitara.
Alangouré, enflaquecido.
Alarme, rebate, arma, arma rebato, sobresalto.
Albastre, alabastro.
Alberger, arbre, aluerchigo.
Alberge, fruit, aluerchiga.
Albran, anadino, anade.
Alentissement, Afloxamiento.
Alesne, alesna.
Alfabet d'enfans, cartilla.
Alisté, enfermo de cama.
Alicter, enfermar en la cama.
Alienation, agenamiento, enagenamiento, alienacion.
Aliené, enagenado.
Aliener, enagenar, estrañar, alienar, agenar.
Aligné, aliñado.
Alignement, niuel, medida, termino.
Aligner, aliñar.
Aliment, alimento, mantenimiento, sustento.
Alimenter, alimentar, mantener, sustentar.
Alisier arbre, aliso arbol.
Allaicter, dar leche, criar, amamantar.

A L

Allecher, halagar, traer por halagos.
Allechement, halago.
Allegé, aliuiado, librado.
Alleger, aliuiar, librar.
Allegeance, ⎱ aliuio, aliuiamiento.
Allegement, ⎰ to.
Allegeur, quitapesares, aliuiador.
Alleguer, apuntar, proferir, notar, acotar.
Aller, andar, yr, caminar.
Aller de trauers, andar al sesgo, andar al traues.
Aller l'amble, andar de portãte
Allee, yda, andadura.
Allee de jardin, andamio, andén, portal, antepecho.
Allee, corredor, passadizo, saledizo.
Allure, andadura.
Alliage en or, liga.
Alliance, afinidad, aliança, parentesco, feudo.
Allié parent, deudo, pariente, allegado, aliado.
Allier, cohermanar, aliar.
Allochons d'un ruet, alauas.
Allouuy, hambriéto, enlobado.
Allongé, alargado,
Allongement, alargamiento, alongamiento.
Allonger, alargar, alongar.
Almanach, reportorio.
Alumant, incentiuo.
Allumer, arder, encéder, alumbrar.
Allumettes, pajuelas, sulfonete.
Aloes, acibar.

Alopecie, Pelambrera.
Alors, Entonces, a la sazon.
Alose poisson, Sabalo, alosa.
Aloüer, Consentir.
Aloüette, Cogujada, calandria, copada.
Aloy ⎫
Aloyement, ⎬ Aleacion.
Aloyé, aleado.
Aloyer, alear.
Alteré qui a soif, Sediento.
Alteré fasché, alborotado, enojado, alterado.
Alterer fascher, alborotar, enojar, alterar.
Alteres, Sobresaltos, perturbaciones.
Alternatiuement, Por vezes, a vezes.
Altercation, alteracion, riña.
Alterquer, Reñir, contender, altercar.
Aluyne herbe, axenjos, assensio.
Alum, alumbre.
Alumelle, hoja de cuchillo.

A M

Amadoüement, Halagamiento, regalo.
Amadoüer, Halagar, acariciar, regalar.
Amadoüeur, Regalon, halagó, halaguiento.
Amaigry, Flaco, magro.
Amaigrir, Enflaquecer, enmagrecer.
Amainer, *mot de nauire*, amaynar.
Amande, Pena, emienda, multa.

Payer l'Amande, alastar, multar.
Amande fruit, almendra.
Amandier, almendro.
Amarre de nauire, maroma, cabre.
Amarrer, amarrar.
Amarry de femme, pares de muger.
Amas, albartada, moton, junta, tinada, arrebañadura.
Amasser, amontonar, juntar, acomular, arrebañar, recaudar.
Amasseur, acomulador.
Amateur, amador, amante.
Amatiste Pierre, amatiste.
Ambages, rodeos.
Ambassade, embaxada.
Ambassadeur, Embaxador.
Ambigu, ambiguo, dudoso.
Ambiguement, dudosamente.
Ambiguité, duda, ambiguidad.
Ambitieux, ambicioso, codicioso.
Ambitieusement, codiciosaméte.
Ambition, codicia, ambicion.
Ambler, yr de portáte, amblar, *Qui va l'Amble*, amblador.
Ambre gris, ambar, ambargris.
Ambre jaune, esclariméte, sclarimente.
Ame, alma, anima.
Amelette, almilla.
Ames des morts, almas finadas.
Amené, lleuado.
Amener, lleuar, traer.
Amenuisement, adelgazamiento.
Amenuisé, adelgazado.

Ame

A M

Amenuiser, desmenuzar, adelgazar.
Amer, amargo, amargoso.
Amer ou le fiel, la hiel.
Amer vn peu, amarguillo, amarguito.
Amerement, amargamente.
Amertume, amargura, amargor.
Amy, amigo.
Amy tel quel, amigote.
Faire des amis, amigar.
Amiable, amigable.
Amiablement, amigablemente, por amistad.
Amidon, almidon.
Amie, amiga.
Amitié, amistad, amicicia, querencia.
Amieller, atraer, halagar.
Amignoter, acariciar, regalar.
Amoderer, templar, moderar.
Amodiateur, arrendador.
Amodier, arrendar.
Amoindry, desminuydo, menguado, menoscabado.
Amoindrir, desminuyr, menguar, menorar, menoscabar, desautorizar.
Amoindrissement, mengua, diminucion, menoscabo.
Amolly, mollido.
Amollir, mollir, amollentar, mollecer, ablādar, molletar.
Amollissement, mollidura, amollentadura, ablandadura.
Amonceaux, ad, a montones.
Amoncelé, amontonado.
Amonceler, amōtonar, hacinar.
Amont, ad, hazia arriba.
Amorce, çeuo, y esca.

A M N

Amorcé, çeuado.
Amorcer, çeuar.
Amorty, amortiguado.
Amortir, ahogar, apagar, amortiguar.
Amour, amor, requiebro.
Amourachement, enamoramiēto, requiebro.
Amouracher, halagar, roquebrar, enamorar.
Amoureux, enamorado, festejador, gayan, galan, requebrado.
Petit amoreux, galancete, enamoradillo, requebradillo.
Amoureusement, amorosamente, requebradamente.
Ample, amplo, grande, grandioso, ancho.
Amplement, amplamente, largamente, extensamente, anchamente.
Amplifié, aumentado, ensanchado, amplificado.
Amplifier, ensanchar, aumentar, amplificar, acrecentar, ampliar.
Amplificateur, acrecentador.
Amplification, acrecentamiēto.
Amusé, embaucado, embeuecido.
Amusement, embeuecimiento, embaucamiento.
Amuser, embaucar, embeuecer.
S'amuser, reparar.
Amuseur, embaucador.

A N

AN, *Annee*, } Año.
D'an en an, de año en año, cada año.

Ceste annee, ogaño.
Ancestres, mayores, antepassados, tataraguelos.
Anche de cornemuse, caña de flauta.
Ancien, añejo, anciano, viejo, añoso, antiguo.
Anciennement, antiguamente.
Ancienneté, vejez, ancianidad, antiguedad, anciania.
Ancoigneuré, esquina, angolo, rincon.
Ancoigner, arrinconar.
Ancre de nauire, ancla, ancora.
Ancrer, surgir, ancorar.
Iatterl' Ancre, çabordar, dar ferro.
Lever l'ancre, çarpar, alçar ferro, desamarrar.
Ancre a escriue, tinta.
Andouille, longaniza, bandujo, morcilla, relleno.
Androgyne, hermafrodita.
Aneanty, perdido, aniquilado.
Aneantir, aniquilar, boluer en nada.
Aneantissement, aniquilamiéto.
Aneau, anillo, sortija, armella, sortijon.
Petit aneau, sortijuela, sortigilla.
Angé, Angel.
Angelique, Angelico.
Angle, angulo, esquina.
A angles, esquinado, a esquinas.
Angoisse, congoxa, vasca, congoxamiento, ansia.
Angoissé, ansioso, congoxoso.
Angoisser, congoxar.
Angoissensement, congoxadamente, congoxosamente.
Anguille, anguila.
Animal, alimaña, animal.
Animé, animado.
Animer, alentar, animar.
Anis herbe, anis, matalahuga.
Annales, anales y añales.
Annelet, sortijuela.
Annichiler, aniquilar, anular.
Annoncement, auiso, mensage, anuncio, anunciacion, publicacion.
Annoncer, anunciar, auisar, significar, publicar.
Anonchaleoir, desalentar, desanimar.
Anonchaly, desalentado, desmayado.
Anobly, ennoblecido.
Anoblir, noblecer, ennoblecer.
Anoblisement, ennoblecimiento, noblecimiento.
Annuel, annual, cadañero.
Annuellement, annualmente, cada año.
Annulé, annulado, aniquilado.
Annuler, anular, abrogar, aniquilar.
Annuitement, boca de noche.
Anuiter, anochecer, hazerse noche.
Antennes de nauire, entenas.
Anterieur, delantero, anterior, primero.
Antichambre, antecamara.
Anticiper, ganar, anticipar.
Antidote, antidoto.
Antimoine, antimonia.
Antiguaille, antigualla.
Antique, antiguo, anciano.
Antiguement, antiguamente.

Anti

Antiquité, antiguedad.
Antre, cueua espelunca, antro, bodega.
Anxieté, ansia, congoxa.

A O

Oust, Agosto.
Faire l'Aoust, agostar, coger el pan, hazer Agosto.

A P

Appaisé, aplacado, apaziguado apagado, acallado.
Appaisement, aplacamiento, apaziguamiento, apagamiēto, apaziblidad.
Appaiser, ablandar, apaziguar, aplacar, acallar, apagar.
Appunager, acrecentar, el mayorazgo.
Appareil, aparejo, aparato, adobo, aparejamiēto, pertrecho.
Appareiller, aparejar, aliñar, aprestar, adobar, pertrechar
Apparemment, aparentemente.
Apparent, aparente, manifiesto
Apparenté, aparentado.
Apparenter, cohermanar, llamar de pariente.
Apparesse, apelmazado, emperezado, lerdo.
Apparesser, emperezar, enlerdar, apelmazar.
Apparier, aparear, auenir, jūtar, pares, conjugar.
Apparoir, aparecer, mostrarse, assomar.
Apparoissance, mostracion, muestra, assomada.
Apparu, aparecido, assomado.
Apparence, indicio, aparencia.
Appartenence, pertenencia.
Appartenir, pertenecer conuenir.

Il appartient, conuiene, deue pertenece, cumple.
Appast, ceuo, saynete, añagaza.
Appaster, ceuar, engordar, saynar.
Appauurir, empobrecer.
Appel, } llamamiento,
Appellement, } llamado.
Appel du juge, } Apela-
Appellation, } cion.
Appeler, llamar, apelar, conuocar.
Appendre, colgar, ahorcar.
Apperceuoir, apercebir, preuer.
Il appert, consta, es euidente.
Apperteuance, muestra, rostro.
Appert, diestro, abil, ligero.
Appertement, abiertamente, declaradamente.
Appertise, destreza, biueza, habilidad, prontitud.
Appesantir, agrauar, apesgar, aplomar, ser pesado, ser lerdo.
Appesantissement, apesgamiēto.
Appetissement, mengua, diminucion.
Appetiser, achicar.
Appetit, gana de comer, apitito
Appetit de femme grosse, antojo.
Applany, allanado, llano, ygualado.
Applanir, allanar, ygualar, aplasmar.
Applanissement, allanadura.
Applaudir, palmear, dar palmadas de alegria, hazer aplauso.
Applaudissement, aplauso.
Application, aplicacion.
Appliquer, aplicar, tomar para si, apropiar.

A P

Appointé, concertado.
Appointement, concertamiento, apuntamiento.
Appointer, concertar, apuntar.
Appointir, hazer punta, ahusar.
Appointy, ahusado.
Appointissement, ahusamiento.
Apologie, apologia, justificaciõ.
Apoissonner vn estang, ceuar el estanque.
Apport, venida, llegada.
Apporter, aportar, llegar, arriuar.
Apostat, apostata.
Apostater, apostatar.
Apostasie, apostasia.
Apposté, cohechado.
Apposter, cohechar, sobornar.
Apposer, imponer, poner.
Aposteme, deuiesso, apostema, podre, sanguaza.
Apostre, apostol.
Apostumer, apostemar.
Appotiquere, boticario.
Appreciér, estimar, poner precio, apreciar.
Apprendre, deprender, cõprender, abezar, aprender, enseñar, escarmentar.
Apprendre par cœur, decorar, tomar de coro, tomar de memoria.
Apprenty, aprendiz, boçal, visoño.
Apprentissage, aprendizadgo, nouiciado.
Apprehender, ou prendre, asir, tomar, coger.
Apprest, aparejo.
Apprester, aprestar, aparejar.
Appris, enseñado, abezado.

A P

Appriuoisé, duendo, casero, desembrauecido, domestico, manso.
Appriuoisement, amansamiento, desembrauecimiento.
Appriuoiser, amansar, desrañar, desaçorar, domesticar, desembrauecer.
Aprobation, aprouacion.
Aprochable, allegadizo.
Aproche, ⎫ llegada, allegada, acercamiẽ-
Aprochement, ⎬ to, acercado,
Aprouché, ⎭ allegado.
Aprofité, aprouechado.
Aprofiter, aprouechar.
Aprofunder, ahondar.
Approprié, acomodado.
Approprier, acomodar, atauiar, apropriar, aliñar.
Approuué, aprouado, autentico.
Approuuer, ratificar, aprouar, comprouar.
Appuy, arrimo, apoyo, balcon, acostamiento, estribadero, arrimadura, antepecho.
Appuy de galeries, ou autre, barãda, antepecho.
Appuyé, arrimado, estriuado, sustentado, acostado.
Appuyer, estriuar, sustentar, arrimar, apoyar, acostar, recostar.
Apres, despues, sobre.
Apuril moys, Abril.

A Q

Aquatique, cosa del agua.
Aquilin, aguileño.
Aquilon, cierço, norte.

AR

Araigne, araña.
Araignee, telaraña.
Araigneux, arañento.
Arbaleste, ballesta.
Arbalestier, ballestero.
Bander l'arbaleste, armar la ballesta.
Arbitrage, aluedrio, terceria.
Arbitre, aluedrio.
Arbitrer, aluedriar.
Arbousier, arbre, madroño.
Arbre, arbol.
Arborer, arbolar.
Lieu plein d'arbres, arboleda.
Arbrier d'arbalaste, tabla de vallesta.
Arbrisseau, arborcillo, arborillo.
Arc, arco.
Archange, Arcangel.
Arcenal, almazé, ataraçana, arzenal.
Arche, arca, cofre.
Archer, flechero, archero.
Archer de la garde, archero del corpo.
Archerot, archeruelo.
Arches d'vn pont, ojos de puente.
Archediacre, Arcediano.
Archeuesque, Arçobispo.
Archet de violon, arco de vihuela.
Architecte, maestro de la obra.
Achitecture, architectura.
Arçon, arçon.
Ardant, vif, ardiente, ardido.
Ardant, brulant, abrasado.
Ardeur, ardor, heruor, encendimiento, ardimiento.

AD

Ardimment, encedidamente, heruorosamente, ardientemente.
Ardillon, heuilla, clauo.
Ardoise, piçarra.
Ardoisiere, piçarral.
Ardre, abrasar, arder.
Arene, arena.
Areste de poisson, espina de pescado.
Argent, plata.
Argent fin, plata cendrada.
Argent, dineros, moneda.
Argent vif, azogue.
Argenté, plateado.
Argenter, platear.
Argenteux, dineroso, lleno de dineros.
Argile, arzilla, argamassa, barro.
Argot, espolon.
Argotté, espolonado.
Arguer, arguyr, reñir, reprender.
Argument, argumento.
Argumenter, argumentar.
Aride, arido, seco.
Aridité, sequedad.
Arithmetique, guarismo, arismetica.
Arithmeticien, arismetico.
Armaire, estáte, almario, alhazena, vasar, tabladillo.
Armee, armada, exercito, campo, hueste, batalla.
Armé, armado.
Armer, armar.
Armes, armas.
Fait d'armes, hazaña en armas.
Armoiries, armas.

B

Armure, armadura, arma.
Armurier, armero.
Arondeau, golondrino.
Arondelle, golondrina, andorhiña.
Arpent de terre, huebra, yugada.
Arpenteur, quiñonero, medidor de tierras.
Arquebuse, arcabuz, escopeta.
Arquebusade, arcabuzaço.
Arquebuser, arcabuzear.
Arquebuserie, arcabuzeria.
Arquebusier, arcabuzero.
Arquer, arquear.
Arraché, arrancado.
Arrachement, arrancadura, arrancamiento.
Arracher, arrancar, desarraygar sacar, quitar.
Arracher le poil, meſſar.
Arrachement de poil, meſſadura.
Arracheur, arrancador.
Arrangé, ahilado, puesto en hilera.
Arrangement, ahilamiento.
Arranger, ahilar, poner en hilera.
Arrentement, arrendamiento.
Arrenter, arrendar.
Arres, caparra, arras.
Arreſſement, arrechadura.
Arreſſer, arrechar.
Arreſt, parada, represa.
Arreſt de la lance, el riſtre.
Arreſt jugemét, ſentēcia, juyzio.
Arreſté, detenido, parado, represado.
Arreſter, parar, detener, quedar aquedar, reparar, represar, estancar.
Arreſter tout court, parar de golpe.

Arrierages, rentas atraſſadas.
Arriere, atras hazia atras.
Arriereboutique, tienda traſera.
Arrierechambre, recamara, requadra.
Arriere faix des femmes, pares de muger, parias.
Arrierefilz, tataranieto.
Arrierefoſſe, contrafoſſo.
Arrieremain, mandron.
Arrierepoint, peſpunte.
Arrierepointer, peſpuntar.
Arriué, llegado, ſurto.
Arriuee, llegada.
Arriuer, llegar, aportar, aſſomar.
Arroches herbe, armueles.
Arrogance, toldo, arrogancia.
Arrogamment, arrogantemēte.
Arrogant, hinchado, arrogante.
Arrōdy, aredōdeado, acopado.
Arrondir, arrondar, cerceuar, redondear, acopar.
Arroſable, regadizo, regadio.
Arroſé, enaguado, regado, enxaguado, rociado.
Arroſer, enaguar, regar, enrociar, rociar.
Arroſement, enxaguadura, regadura, riego, rocio, rociadura.
Arroſoir, regadera, eſcarnidor, hurtagua, rociadero.
Arrouter, encaminar.
Arroy, hilera, orden.
Ars brulé, ardido, quemado, abraſado.
Arſenic, arſenico, oropimiente.
Art, arte.
Artere, arteria.
Artemon, mot de nauire, trinquete.

Arti

A R

Article, articulo.
Articuler, articular.
Artifice, artificio.
Artificiel, artificioso, artificial.
Artificiellement, artificialmente, artificiosamente, fabricadamente
Artiller, faiseur d'arcs, arquero.
Artillerie, artilleria.
Garnir d'artillerie, artillar.
Artisan, fabricador, oficial.
Artefice, artifice, artisante.
Artichault, alcarchofa.
Artiste, artista.

A S

Assoisonnement, sazonamiento, adobo.
Assaisonner, guisar, adobar, sazonar, asaborear.
Assauenter, aduertir, enseñar.
Asne, jumeto, asno, burro, borrico, somero, pollino, burro.
Asne basté, asno enaluardado.
Asnerie, asnaldad, asnedad, burrada.
Asnesse, borrica, burra.
Asnier, asnerizo, asnero.
Asnon, asnazo.
Asperge, esparrago.
Lieu d'Asperges, esparraguera.
Asperger, hissopear.
Asperges, ou goupillon, hissopo, hissopito.
Aspect, aspecto.
Asphodele herbe, gamon, gamonito.
Aspic serpent, aspide sierpe.

A S

Aspic herbe, espigasil.
Aspirer, dessear, anhelar, aspirar.
Aspre, aspro, fragoso, aspero.
Asprement, asperamente.
Aspreté, aspercamiento, aspereza, rigor, fragosidad.
Asprir, asperear, exasperar, exacerbar, asperar.
Assaillant, acometiente, acotedor.
Assailly, acometido, enuestido, arremetido.
Assaillir, enuestir, arremeter, acometer.
Assaut, arrenmetida, assalto, arremetimiento, acometimiento.
Assassin, matador, salteador, robador.
Assassinement, matança, cohechada.
Assassiner, matar, saltear.
Assauuagir, embrauecer.
Assemblage, trauazon, ayuntamiento, traua, trauadura.
Assemblé, colegado, junto, ayūtado, apelluzcado
Assemblee, junta, congregació, coro, corrillo.
Assemblee de sarrazins, aljama de moros.
Assembler, ayuntar, juntar, conuocar, aunar, sumar, acorralar, apelluzcar, allegar, colegar.
Assener, herir.
Asseoir, assentar, sentar, poner.
Asseoir a terre, rellanar, asentarse en tierra.

B ij

A S A S T

Aßiete, assiento, sitio, puesto
Aßiete, tranchoir, platillo, platico.
Aßermenter, apretar por juramento, juramentar.
Aßeruir, desliberar.
Aßesseur, asessor.
Aßeuré, certero, asegurado, afuziado, seguro, confiado, afirmado, certificado, enterado.
Aßeurance, confiança, fuzia, seguridad, certeza, ahuzia, afirmamiento, certinidad, certidumbre.
Aßeurément, seguramente, afirmadamente, confiadamente.
Aßeurer, assegurar, confiar, afirmar, fuziar, ahuziar, certificar, enterar.
Aßez, assaz, harto.
Aßidu, continuo, assiduo.
Aßiduité, continuacion.
Aßiegé, cercado, sitiado.
Aßiegement, sitio, cerco, asedio.
Aßieger, cercar, sitiar, asediar.
Aßiereur, cercador.
Aßiette de deniers, sisa.
Aßignation, assiñacion.
Aßigner, señalar, consiñar, assiñar.
Aßis, asentado.
Aßis enterre, rellanado.
Aßistance, assistentia.
Aßistant, assistente.
Aßister, Assistir.
Aßossiation, compañia.
Aßocier, acompañar.
Aßomer, matar, aporrear, acogotar.

Aßommeur, aporreador, matador.
Aßopy, adormecido.
Aßopir, adormecer.
Aßoté, ou aßoty, embobado, abouado.
Aßotement, abouamiento.
Aßotter, embobar, enloquecer, abouar.
Aßouplir, ablandar, amolentar.
Aßourdir, assordar, ensordar, ensordar, ensordecer.
Aßouodißement, assordamiento.
Aßouuir, hartar.
Aßujetir, auassallar, sugetar.
Astre, estrella, astro.
Astré, estrellado.
Astreindre, apretar, constreñir.
Astreint, constreñido.
Astrologie, astrologia.
Astrologue, estrellero, astrologo.
Astuce, maña, enrredo, astucia, ardid.

A T

ATtache, asidura, atacadura, atadura, pegon, pegara pegamiento, pegote.
Attacher, atar, atacar, hincar, clauar, asir, pegar, trauar.
Attaché, enclauado, hincado, asido, atacado, atado, pegado, trauado.
Attacher un cheual par la bride, arrendar.
Attacher un lien, amentar.
Attaindre, alcançar, tocar, acertar, conseguir.
Attaint, tocado, herido, acertado.

Atuain

A T

Attainte, el toque, acertamiéto
Attalenté, alentado, arrojadizo, animoso.
Attaquer, enueſtir.
Attedier, dar enfado, enfadar, dar haſtio, faſtidiar.
Atteler des beufs, vñidor, vñir.
Attelier, ou boutique, obrador, tienda.
Attendre, ſperar, eſperar, aguardar.
Attendry, enternecido, ablandado.
Attendrir, amollentar, enternecer, ablandar.
Attente, eſpera, deſſeo, eſperéça.
Attenter, prouar, atentar, intentar, enſayar, acometer.
Attentif, atento, cuydadoſo, atentiuo.
Attention, atention.
Attenüé, adelgazado.
Attenuer, adelgazar.
Attenurir, deſminuyr.
Attermoyé, aplazado.
Attermoyer, aplazar.
Atterré, aterrado, deprimido, abatido, proſtrado.
Atterrement, abatimiento.
Atterrer, aterrar, deprimir, abatir.
Atteſtation, ateſtacion, teſtificacion.
Atteſter, ateſtiguar, dar fe, teſtificar.
Attiedy, entibiado, atibiado, tibio.
Attiedir, atibiar, entibiar.
Attiediſſement, entibiamiento.
Attiffement, afeyte, atauio.

A T

Attiffer, atauiar, afeytar.
Attiltrer, ſobornar, cohechar.
Attiner, ou quereler, enojar, correrſe, irritar.
Attinter, aliñar, endereçar, adornar, adereçar.
Attirrail, ſeguida, acompañamiento.
Attirement, atraymiento.
Attirer, tirar, traer, lleuar, atraer
Attirer, ou flater, halagar, liſongear, adular.
Attiſement, atizadura.
Attiſer, atizar.
Attiſeur, atizador.
Attouché, tocado.
Attouchement, tocamiento.
Attoucher, tocar.
Attour, joya, gala de muger.
Attourner, atauiar, adornar.
Attournereſſe, atauiadora
Attrayant, halagon, alhagueño.
Attraire, atraer, tirar, halagar.
Attrait, atraymiento.
Attraper, coger, engañar.
Attrempance, templança, moderacion.
Attrempé, templado, reglado.
Attrempement, templadamente.
Attremper, templar, aguar.
Attribuer, conceder, atribuyr, arrogar, imputar.
Attriſter, entriſtecer, afligir.
Attroce, atroz, cruel.
Attrocement, atrozméte, cruelmente.
Atrocité, crueza, crueldad, atrocidad.

B iij

A V

Aval, en.
Auachir, afloxar.
Aual, hazia baxo, cuesta baxo.
Auallage, abaxamiento.
Aualler, abaxar.
Aualler, ou manger, sorber, tragar.
Auallement, trago.
Aualluer, estimar, aualorar.
Auancer, adelantar, pasar.
Auancer, faire du bien, aprouechar.
Auancer par seruices, medrar.
Auancement ainsi, medra.
Auancement, adelantamiento.
Auancé, adelantado.
Auancer, ou haster, aguijar, pasar adelante.
S'auancer, sobresalir.
Auant, antes, adelante, ante.
Auant que, antes que.
Auantage, ventaja, mejoria.
Auantager, auentajar, mejorar.
Auantageux, auentajado.
Auantageusement, auentajadamente, delanteramente.
Auant coureur, descobridor, sobresaliente.
Auantgarde, manguardia, delãtera.
Auant jeu, leuada del juego.
Auantmur, antemuro, antepecho.
Auanture, auentura, ventura, suerte.
Auanturer, auenturar, arriesgar arriscar.
Auantureux, arriscado, venturoso, dichoso.
Auantureusement, venturosamente.
Auanturier, soldat, venturero, venturoso.
Auare, } escasso, auariento,
Auaritieux, } auaro, miserable.
Auarement, } auaramête, aua-
Auaritieusement, } rientamente, escassamente.
Auarice, auaricia, escasseza.
Aubade, aluorada, aluada.
Aubaine, tierra despósseyda.
Aube du jour, alua, madrugada, aurora.
Aubespin, espino de majuelas.
Aubere, houero color de cauallo.
Aubereau, gauilan.
Aubin, ou blanc dœuf, clara del hueuo.
Aubour du bois, aluura, borne, blanco de madera.
Auteur, autor.
Aucun, alguno, alguien.
Aucune fois, a ratos, a las vezes.
Aucunemêt, en alguna manera.
Audace, atreuimiento.
Audacieux, atreuido.
Audacieusement, atreuidamête.
Audace, audiencia, tribunal.
Audiencier, audienciero.
Auditeur, oydor, auditor.
Auditoire, auditorio.
Au droit, ou vers ad, hazia.
Auec, con.
Aueindre. s. tirer hors, sacar.
Auelaine fruit, auellana.
Auelanier, auellano.
Auene, auena.

Auerer,

Auerer, aueriguar, auerar.
Auertin, defatino, defuario, modorra.
Auertineux, defatinado, defuariado, modorro.
Aueu, voto, confentimiento.
Aueugle, ciego.
Aueuglement, ceguera, cegamiēto, ceguedad.
Aueuglement, ciegamente, a ciegas.
Aueugler, cegar, facar los ojos.
Auge, tornajo, baxo, artefa.
Auget petit auge, artefilla.
Augmentation, aumento, acrecētamiento, aumentamiento.
Augmenté, aumentado, acrecētado.
Augmenter, aumentar, acrecētar, arreziar, aprouechar.
Augure, aguero.
Augurer, adeuinar, agorar.
Augure, agorero.
Auiander, abaftecer, abaftar.
Auily, enuilecido, menofpreciado, apocado, abiltado.
Auilir, defpreciar, abiltar, enuilecer, apocar.
Auiliffement, apocamiēto, abiltamiento.
Auiner, empapar en vino.
Auiourd'huy, hoy, oy dia.
Auiron, remo.
Auifer, aduertir, auifar, reparar.
Auituailler, abaftar, abaftecer.
Auiues maladie de cheuaux, abibas, adibas.
Aulne, vara de medir.
Aulne arbre, alamo.

Aulnaye, alameda.
Aulx, ajos.
Aumeletted'œufs, tortilla de huebos.
Aumofne, limofna.
Aumofnier, limofnero.
Aumofner, limofnear.
Auoine, auena.
Auoir, tener, auer.
Auoifiner, auezindar, auezinar.
Auorté, malparido, mouido, abortado.
Auortement, malparto, abortamiento, abortadura.
Auorter, mouer, malparir, abortar, defempreñar.
Auorton, aborto, aborton.
Auouer, confentir, accordar.
Auoyer, encaminar.
Aupres, junto, cerca, acerca, al,
Aureille, oydo, oreja.
Aurore, albor, aurora.
Auril, abril.
Aufsi, otrofi, tambien, aun.
Auftere, rezio, afpro, abftero.
Aufterement, afperamente, aufteramente.
Aufterite, abfteridad, crueza.
Auftruche, abeftruz.
Autant, otro tanto.
Autant plus, tanto y mas.
Autant que iamais, nunca, iamas.
Autant de fois, tantas vezes.
Autel, altar, fagrario, retablo.
Autheur, autor.
Authorité, autoridad, feñorio, autorizamiento.

A T Y Z

Authoriser, autorizar.
Automnal, otoñal.
Automne, otoño.
Temps d'Automne, otoñada.
Autour,ad, entorno, al derredor a la redonda, enderredor, rededor, al retortero.
Autour oiseau, açor, bahari.
Autre, otro.
Autrefois, marras, otra vez.
Autrement, otramente, de otra manera.
Autre-part, en otra parte.
Autruy, otro, ageno.
Auuent, auanillo, quitasol.

A Y

Ayeul, aguelo, abuelo.
Ayeule, aguela, abuela.

A Z

Azur, azul.
Azurer, azulear, dar color de azul.

B

B A

Baaillant, Bostezando.
Baaillement, bocezamiento, bostezo, bocezo, boqueadura, boqueamiento.
Baailler, bocezar, bostezar, boquear.
Babil, } Loquacidad, parla,
Babillage, } parleria, parlamento.
Babillard, parlero, hablador.
Babiller, parlar, charlar.

B A

Babioles, donayres, patrañas, chistes.
Babouin, engañador, enredador.
Babouiner, enredar.
Bac a passer leau, ponton, barca.
Bachelerie, bachilleria.
Bachelier, bachiller.
Bachot, esquife, barquilla, vatelillo.
Badault, } tonto, bouo, necio,
Badin, } badajo, truhá, chocarrero.
Badinage, } desuario, disparate,
Badinerie, } badajada, dislate, chocarreria.
Badiner, necear, truhanear, badajear.
Bagage, hato, vagage.
Porteur de bagage, vagagero, bagage.
Bagatelles, baratija.
Bague, joya, joyel, sortija, sortijon.
Bague d'oreilles, cercillos.
Badenauder, chocarrear, dezir, disparates.
Baguenauderie, matraca, desuarios, apodo.
Baguenaudier, arbrisseau, espanta lobos.
Baguenaudeur, embaydor, chocarrero.
Baguette, varilla, vaqueta.
Bahu, arca, baul.
Bay couleur, vayo, castaño.
Baye, moquerie, vaya.
Baye de laurier, ou autre, vaya de laurel, vaga.
Baigné, bañado, mojado.
Baigner, bañar, mojar.

Baignoire

B A

Bagnoire, baño de madera.
Baille, entregado, dado.
Bail, entrego, donation.
Bailler, entregar, dar.
Baillet couleur, pagizo color.
Baillif, bayle.
Bain, baño, bañadura.
Baiser, beso, columpio.
Baiser, besar, columpiar.
Baisse, abaxado.
Baisse en mer, bajo, baxio.
Baissement, abaxamiento, baja, baxa.
Baisser, baxar, abaxar, bajar, calar.
Baisser les sourcilz, encapotarse.
Bal, } dança, bayle, corro.
Balade, }
Baladin, baylador, baylerin, dāçante.
Balafré, harpado, cariacuchillado.
Balafrer, harpar.
Balance, peso, balança.
Aiguille de la balance, fiel del peso.
Balancer, pesar, contrapesar, balançar.
Balancement, peso, pesadura.
Balay, escoua, barredero.
Petit balay, escouilla.
Balayé, barrido, alimpiado.
Balayer, barrer, alimpiar, escobar.
Bacayeur, barrendero, escobador, barredor.
Balayeures, barreduras, vassura.
Bale, bala, pelota.
Bale du grain, ahechadura, graças, ahecho.

B A

Bale de marchand, bala, emboltorio, lio, fardel.
Baler, baylar, dançar.
Balets, saraos.
Balene poisson, vallena.
Petite Balene, vallenato.
Baliuernes, buxerias, chocatrerias, aferes, cascaueladas, nonadas.
Balon, peloton, pelotilla.
Balustre, barahuste.
Ban, cry, pregon.
Banc, escaño, banco, assiento, poyo.
Banc de boucher, tajo, tajon.
Bancs en mer, baxios, baxas.
Bancquet, combite, banquete.
Bandage d'arbaleste, armatoste, gafas.
Bande, vanda, compañia, liga, liga, confederacion, vando, tropel.
Bande de gens de pied, escuadra.
Bande, ou ruban, venda, trença, trençadera, trençado, cinta.
Bandelette, vendeja.
Oster la bandelette, destrençar.
Bande, bord, faxa.
Bande, vendado, faxado.
Bander, vendar, enfundar, faxar apretar.
Bander l'arbaleste, gafar, armar, la ballesta.
Bander vn arc, flechar, empulgar vn arco.
Banderoles, flamulas, vandera, vanderuela.
Bandouliere ceinture, taheli.
Bandon, soltura, libertad.
Bany, encartado, bandido, desterrado, bādolero, foragido.

B v

B A

Banir, bandir, encartar, desterrar, desnaturar, foragir.
Banissement, destierro, encartacion, encartamiento.
Benlieue, districto, termino, comarca.
Banque, cambio, mesa de cambiador.
Banqueroute, rompimiento de banco.
Banquet, comida, combite, baquete, xira.
Banquet des Indiens, borrachera.
Banqueter, banquetear, hazer xira.
Banquier, cambiador, banquero.
Bans, ou proclamatiõs, amonestaciones, anunciaciones.
Baptesme, bateo, bautismo, christianismo.
Baptisé, bautizado, bateado.
Baptiser, bautizar.
Fons a baptiser, pila de bautismo.
Barat, ou tromperie, tiro, engaño, trampa.
Baratte a faire beurre, mantequera.
Baratter tromper, engañar, enredar.
Barateur, trompeur, engañador, enredador.
Barbare, tosco, barbaro.
Barbare langage, lenguage torpé, habla tosca.
Barbarement, barbaramente.
Barbarie, barbaridad.
Barbarisme, morisma, barbarismo.
Barbe, barua.

B A

Barberousse, talheño, y taheño.
Barbier, barbero.
Barberie, ou boutique a barbier, barberia, tienda de barbero.
Barbeau poisson, barbo.
Barbüe poisson, rodauallo.
Barbu, barbudo.
Barbute, capirote, bauera, caperuça.
Barbotter, hablar entre dientes.
Barbouillement, tiznadura.
Barbouiller, borrar, hazer borrones, tiznar, entiznar, embaruascar.
Barbouilleur, borrador, tiznador.
Bardeau, bois a couurir maisons, ripia, bardadura.
Bardé, enjaezado.
Barder, enjaezar.
Bardes de cheual, jaez.
Barguigner, regatear.
Barguigneur, regaton.
Baricaue, balsa, barranco, quebrada de monte.
Baricaueux, barrancoso.
Baron, baron.
Baronie, varonia, señorio.
Barque, barca.
Barquette, barqueta, barquilla.
Barquerol, barquero.
Barre, ou barriere, tela de justar, barrera, barra, paléque, palanquera, trauilla, talaquera estacada.
Barrier,
Barrer, barrear.
Barre a fermer la porte, tranca de puerta.
Barrer la porte, atrancar la puerta.
Barreau, ou treillis, reja, verja.

Barril

B A B A

Barril, ⎫ pipote, barrilejo
Barrillet, ⎭ barril, galleta.
Barrique, pipa, tonel, cádiota.
Bas, ratero, rateruelo, terreruelo, bahuno.
Bas, ad. yuso, baxo, abaxo, enbaxo.
Bas de chausses, medias, medeas calzas.
Bazane, badana.
Base, basa fundamento.
Basilic, herbe, albahaca.
Basilic, animal, basilisco.
Bassecule, cigoñal.
Bassecontre, contrabaxo.
Bassecourt, corral cortijo, trascorral.
Bassement, humilmente, baxamente, abatidamente.
Bassesse, rateria, humildad, abatimiento, auilanteza, baxeza.
Bassiere, hezes.
Bassin, payla, bacia, bacin.
Bassin a cracher, escupidero.
Bassiner un lict, escalentar la cama.
Bassiner, lauer, lauar, empapar.
Bassinoire, escalentador de cama, calentador.
Bassinement, escalentamiento.
Bassinet, armure, bacinete, capacete.
Bassinet, petit bassin, bacinejo, bacinilla.
Bastard, borde, bastardo, hideputa.
Bastardise, bastardia.
Bastardeaux, engins, palizada, estacada.
Bastardiere d'arbres, albahaquera, lugar por transplantar.
Bast, albarda, albardon, basto, enxalma.
Baster, aluardar, enalbardar, enxalmar.
Bastier, aluardero.
Basteler, acomodar, jugar farsas.
Bastelage, farsas, entremeses.
Basteleur, farsista, bolteador, comediante, gitano, acomodador.
Bastille, torreon.
Bastion, cauallero, plataforma, bastion.
Faire bastions, abastionar.
Basty, labrado, edificado.
Bastiment, edificio.
Bastir, bastear, labrar.
Bastisseur, labrador.
Baston, baston, palo.
Baston a pointe de fer, rejon.
Bastonnade, apaleamiento, bastonada, palos, palazo.
Bastonner, dar de palos, apalear.
Batail de cloche, badajo, lengua de campana.
Bataille, pelea, batalla.
Batailler, batallar, pelear.
Bataillon, escuadron, haz, batallon.
Bateau, batel, nauio, baxel, barca.
Bateau de guerre, albatoça.
Bateau de charge, barca.
Batelee, barcada.
Batelier, barquero.
Batement, batidura, batimiento.
Batement de cœur, latido.
Batement de mains, trisca.

B A

Baterie. } *Bature.* } batidura, batimiēto, herimiento, riña, bateria, pendencia, çamarreadura.

Baterie de cuisine, herrage.

Bateur, apaleador, heridor, çamarreador.

Bateur de pavé, holgazan, haragan.

Bateur d'or, ou d'argent, batihoja.

Batoir, maço, batan.

Batre, batir, açotar, hostigar, çamarrear.

Batre des mains, triscar, palmear.

Batu, molido, hostigado, batido.

Chemin batu, camino trillado.

Baudet, asno.

Baudrier, cuir, baldres.

Bauard, moqueur, chocarrero, burlon, boquirroto, picudo.

Bauarder, chocarrear, burlar, chistar.

Baue, baua, bauaza.

Bauer, bauear, echar bauas.

Bauerie, moquerie, chistes, burla, burleria.

Bauerette, bauadero, bauador.

Baueux, bauoso.

Bauffrer, engullir, tragar.

Bauffreur, tragon, comilon, goloso, gloton.

Bauge, fange, rebolcadero, cenagal, labajal.

Bauge de sanglier, cubil de jauali.

Baume, balsamo.

B E

Beant, boquyabierto.
Beautitude, bienauēturaça.
Beau, hermoso, lindo.

B E

Beaucoup, mucho.
Beaufilz, alnado, antenado, hijastro.
Beaufrere, cuñado.
Beaupere, suegro, padrastro, cōsuegro.
Beaute, hermosura, lindeza, belleza, beldad.
Bec, pico.
Gros bec, picudo.
Beccasse, gallina ciega, choça, perdiz.
Bechee, picada.
Becher, ou bequer, picar.
Bedeau, perdiguero.
Beer, boquear.
Beellement, balido.
Beeller, balar.
Begue, tartamudo, ceceoso, gāgoso.
Begueyement, ceceamiento.
Begueyer, cecear, tartamudear, ganguear.
Beguin, toca de niño.
Beguiner, tocar.
Belle, hermosa, linda.
Belle fille, andada, alnada, antenada, hijastra.
Bellemere, suegra, madrastra, cōsuegra.
Belleseur, cuñada.
Bellement, lindamente, hermosamente.
Bellement, coyement, passito, quedo, passo.
Bellete animal, comadreja.
Belier, capitan de manada.
Belistre, mendigo, picaro, vellaco, vergante.
Belistrer, picarear, vellaquear.
Belistrerie, vellaqueria, picardia.

Belli

B E

Belliqueux, belicoso
Bendelette, venda, trançadera, cinta.
Benediction, benedicion.
Benefice, beneficio.
Beneficié, beneficiado, racionero.
Beneficier, beneficiar.
Beneuole, beneuolo.
Beneuolence, beneuolencia.
Bening, benigno.
Benignement, benignamente, blandamente.
Benignité, benignidad.
Bendir, bendezir,
Benist, bendito, bendicho.
Berceau, cuna.
Berceau de jardin, boueda.
Bercement, mecedura.
Bercer, mecer, arrullar.
Berger, zagal, ouejero, pastor, de ouejas, borreguero.
Maistre berger, gañan, ganadero, mayoral, rabadan.
Bergerie, establo de ouejas, corral, aprisco.
Berlan, tablajeria, tahureria.
Berlandior, tahur, tablagero.
Berlüe, vislumbre.
Berner, mantear,
Besace, alforjas, argueña, çurró, alforxa, mochila, talega, talegon.
Besche, açada, açadon.
Bescher, escauar, cauar, hurgar, açadonear.
Bescheur, escauador, açadonero
Besicles, antojos.
Besoing, menester, necessidad.
Besongne, labor, obra, negocio, hazienda.

B E A F

Besongner, obrar, negociar, trabajar.
Besson, gemeau, mellizo.
Beste, res, animal, bestia, animalia.
Beste sauuage, fiera.
Beste de charge, bestia de enxalma.
Bestelette, bestezuela.
Bestail, manada, ganado, bestiame, hato.
Bestial, brutal, bestial.
Bestialité, ⎫ bestialidad, asne-
Bestise, ⎭ dad.
Bestialement, torpemente bestialmente.
Betes herbe, bledos, acelgas.
Betoine, betonica.
Beuf, buey
Petit beuf, bueyezuelo.
Beurre, manteca, mantequilla.
Beurrier, mantequero.

B I

Biberon, yurongne, cuero, borracho, beuedor.
Biberon, vaisseau, aguamanil, redoma.
Bible, la Biblia.
Biblioteque, Blibrotheta, libreria.
Biche, cierua,
Bicie, ou lonsche, tuerto, vizco.
Bicoque, fuertezillo.
Bidet, cauallo chico, haquilla.
Bien, bien.
Biens, bienes, hazienda, herencia.
Biens immeubles, bienes, rayzes.
Bien-faire, bien hazer.

Bien

Bienfaict, bien hecho.
Bienfaiteur, bien hechor.
Bienheurer, bienauenturar.
Bienheureux, dichoso, bienuéturado, feliz
Bienheureusement, bienauenturadamente, dichosamente, felizemente
Bienseance, decencia.
Bienseant, decente.
Bienueigner, dar la bien venida, dar el parabien.
Bienuenu, bien uenido.
Bienuenüe, el parabien, bienuenida.
Bienueillance, bienquerencia, beneuolencia.
Bienueillant, beneuolo.
Bienuoulu, bien quisto, biéquerido.
Biere a boire, cerueza.
Biere a morts, ataud, andas, cadalecho, lechiga.
Bies trauers, sesgura, sesgo, trauiesso.
Bieser, andar sesgo.
Bieure animal, befre, castor, biuaro.
Biffe, borrar.
Bigarrement, } entreueramiéto.
Bigarreure, }
Bigarrer, bigarrar, entreuerar.
Bignet, buñuelo.
Bigot, supersticioso, beaton.
Bigotement, supersticiosamente.
Bigotise, supersticion.
Bille a jouer, bolo, birlo.
Biller, villete.
Billon de monnoye, villon.

Billot de bois, tronco de leña.
Binement, escardadura.
Biner, escardar.
Bineur, escardador.
Bis, moreno, prieto, negro.
Bisarre, vizarro.
Bisayeul, visabuelo, visaguelo.
Biscuit, viscocho.
Bise, vent, norte, cierço.
Biseau, visel.
Biseau hachereau, açuela.
Biset, pigeon, palomo, cardeño.
Bissexte, bissiesto.
Bissac, talegon, alforjas, arguenas, talega.
Bitume, betun, bitumen.
Bituminer, betunar.

B L

Blasard, blanquezino, palido.
Blanc, blanco, aluo.
Blanc d'Espagne, ou ceruse, aluayalde.
Blanc a tirer, hito, terrero, blanco.
Blanc monnoye, tarja, quartillo, blanca.
Blancheastre, blanquezino.
Blancheur, aluura, blancura, blácor.
Blanchy, blanqueado, emblanquecido.
Blanchement, blaqueadura, emblanquecimiento.
Blanchir, blanquear, emblanquecer.
Blandice, halago.
Blasmable, achacoso, reprehensible.

Blasme,

B L

Blasme, afrenta, denuesto, acusacion, reprouacion, riepto, reptilia, reprouamiento, remoquete.

Blasmé, desalabado, afrentado, detractado.

Blasmer, culpar, afrentar, remocar, achacar, desloar, detractar, desalabar, denostar, reptar, reprouar, remocar.

Blason armoiries, blason, armas de nobleza.

Blasonner, blasonar, formar las armas.

Blasonner, ou loüer, alabar.

Blason, loüange, alabança.

Blasfeme, blasfemia.

Blasphemateur, blasfemo, blasfemador.

Blasphemer, blasfemar.

Blasir, ou tapir, encoger.

Bled, trigo, pan.

Bled froment, trigo, escandia.

Bled de Turquie, xaramago.

Blereau, animal, texon.

Blesme, trigueño, palido, amarillo.

Blesmir, amarillecer.

Blemissement, palideza, amarillez.

Blessé, lisiado, herido, lastimado, llagado.

Blesser, lisiar, lastimar, llagar, herir.

Blessure, llaga, lisiadura, herida, llagamiento, lision.

Bleu, azul, garço, turquesado.

Bleu obscur, palmilla, vellorin.

Blocage, ou moilon, cimiento.

Blond, ruuio, rubio, vermejo.

Blondelet, vermejuelo.

B O

Blondir, } arruuiar, hazer bermejo, enrruuiar.
Blondoyer, }

Bloquer, fermer, cerrar.

Blutter, centellar.

Bluttes de feu, centellas.

Bluteau, cedaço.

Bluter, cernir, cerner.

Bluteur, cernedor.

B O

Bobance, fanfarroneria, demasia.

Bobant, fanfarron.

Bobine, ouillo, husada de torno.

Bocage, boscage, arboleda, bosque.

Bocal, limeta, redoma, ampolla.

Boiceau, Mesure, almud, hanega, medida.

Boire, beuer.

Bois, leña, madera.

Bois, bosque, soto.

Bois a faire ouurage, madero.

Bois du cerf, cuernos de cieruo.

Bois de lict, armazon de cama.

Boisson, beuida.

Boistre, caxa, caxeta.

Boistelette, caxeta, caxuela, caxoncillo.

Boiste a mettre poudre, saluadera.

Boiste des os, chueca de huesso.

Boiter, estre boiteux, coxcar.

Boiteux, coxeador, coxo, campo.

Bombasin, fustan.

Bon, bueno.

Borace, bonança, tranquilidad

Bord,

B O   B O

Bond, salto, bote.
Bonde, tapadero.
Bonder, Serrer, atapar.
Bondes d'eau, presas, esclusas.
Bondir, saulter, saltar, hazer bote.
Bondon, tarugo, atapador.
Bonheur, bienauenturança.
Bonnement, buenamente.
Bonnet, birrete, bonete.
Bonnetier, bonetero.
Bonté, bondad.
Bord de nauire, bordo.
Bord, ribaço, orilla, ribera, riuera.
Bord, Bordure, } ribete, borde, cortapisa, lista, bordadura.
Bordé, listado, ribeteado.
Bord de vestement, biuo, falda, faldamiento.
Bord d'un puy, brocal de pozo.
Border, bordar, listar, ribetear.
Bordeur, bordador.
Borde, ou mestairie, alqueria.
Bordier, casero.
Bordeau, bordel, maucebia, puteria.
Bordeler, putear.
Bordereau, borradorzillo, libro de memoria.
Borgne, tuerto, visco, vizojo.
Borne, lindero, mojon, termino linde, limite.
Borner, lindar, mojonar, alindar.
Borné, limitado.
Borneur, medidor de tierras.
Borrache herbe, borrajas.
Borras drogue, atincar, borax, saldadura.

Bosquet, bosquillo.
Bosse, corcoba, giba, chichon, tolondron.
Bossette a brides, bozal, chapa.
Bossette a liures, tachon.
Bossu, corcouado, giboso.
Bossuer, coruar, encoruar, abollar.
Bote, Boteau, } hace, hacina, mellon.
Botte, botas, borzegui.
Botté, botado.
Botter, botar.
Bouc, cabron, chibo, chibato, macho.
Boucassin, bocaci.
Bouche, boca.
Bouche mesdisante, boca deslenguada.
Grande bouche, bocaza.
Bouche toret, rostrituerto.
Bouche de riuiere, boca, entrada, da de rio.
Bouchee, bocado.
Boucher, carnicero.
Boucherie, carniceria, estrago.
Boucle, argolla, heuilla.
Boucler, enheuillar, corchetar, heuillar.
Bouclier, escudo, tarja, broquel, adarga.
Bouc on pour poison, bocado, tossigo.
Boudin, morzilla.
Boüe, lama, lodo, cieno.
Boüe aposteme, podre.
Boüeux, cenagoso.
Bouffee de vent, soplo de ayre, soplido.
Bouffy, abuhado, hinchado.
Bouffir, hinchar.

Bouffi

Bouffissure, abuhamiento.
Bouffon, juglar, chocarrero, truhan.
Bouffonner, chocarrear juglar, truhanear.
Bouffonnerie, chocarreria jugleria.
Bouger changer de lieu, mouer, menearse de lugar.
Bougette, bolsa, maleta.
Bougie chandelle, cera hilada.
Bougier, encerar.
Bougrande herbe, detienebuey.
Bougre, sometico, puto, bujarron, sodomita.
Boüis, arbre, box, bux.
Boissiere, lieu planté de Boüis, boxedal.
Boule, bola.
Boulement, boleo, boleadura.
Boulenger, hornero, panadero.
Boulengerie, horneria, panaderie.
Boulet, pelota, bola.
Boulette, bolilla.
Bouler, bolear.
Bouleuert, baluarte, reparo.
Bouleuerser, trastornar.
Boulingue, vela de gauia.
Bouillamment, heruorosamente.
Bouillant, heruoroso, heruiente.
Bouillement, borbollon.
Bouilly, bullido.
Bouillie, poleada, puches, papas, saluinas, gachas.
Bouillir, borbollear, heruir, bullir.
Bouillon, heruor.
Bouillon, ou brouet, caldo.

Bouillon sur l'eau, borbuja, ampolla, borbollon, borbotija.
Bouillon blanc herbe, gordolobo.
Bouillonnant, bullicioso, heruoroso.
Bouquet de fleurs, ramillete, ramillo.
Bouquin, cabruno.
Bourbe.
Bourbier. } lamo, cieno, lodo, lama, atolladero, rebolcadero, cenagal, lauajo, hezes, lamedal, atascadero, labajal.
Bourbeux, atascado, lodoso, cenagoso.
Bourde, mentira, embuste.
Bourder, enredar, mentir.
Bourdeur, mentiroso, embustidor.
Bourdon, mouche, zangano.
Bourdon de pelerin, bordon.
Bourdonnement, bruit, zumbido, zurrio, zuñido, azumbadura.
Bourdonner, azumbar, zumbir, zuñir.
Bourg,
Bourgade, } aldea, lugar, pobla do, villa, villar.
Bourgeois, vezino, morador, ciudadano, burges, aldeano.
Bourgeon, yema, capullo, pampano.
Bourgeonné, brotado.
Bourgeonnement, brotadura.
Bourgeonner, brotar, espigar.
Bourlet, rodete.
Bourrasque de mer, borrasca, mareta, tormenta.
Bourre, borra.
Bourreau, sayon, verdugo.
Bourrelé, encarnicado.

C

BO

Bourrellement, encarniçamiéto.
Bourreler, encarniçar.
Bourse, esquero, bolsa.
Bourset de Nauire, ucla de naue.
Boursette, bolsilla.
Bourse de Marchands, lonja de mercaderes, bolsa.
Boursoufle, hinchado, abuhado.
Boursoufler, hinchar abuhar.
Boursoufture, abuhamiento, hinchamiento.
Bousché, atapado.
Bouschement, cerramiento, atapadura.
Bouscher, atapar, tapar.
Bouschon, tapadera, atapador, tapon.
Bouse ou fiente de beuf, boñiga.
Boussole, aguja de mar, bruxola.
Bout, extremidad, cabo, punta, fin.
Bouteille, flasco, bota, botijon borracha, botija.
Bouteille qui vient sur l'eau, borbuja, borbollita.
Bouteille à mettre sur bestes, seron.
Bouteillier, botero.
Boutique, tienda.
Bout.cher, tendero, buhonero.
Boutoir de mareschal, puxauate.
Bouton au visage, lobanillo, boton, barro, nacida.
Bouton, yema, boton.
Boutons à queue, alamares.
Boutonner, brotar.
Boutonné de boutons, abrochado, abotonado.

BO

Boutonner, abrochar, abotonar
Boutonniere, ojal de boton.
Bouueau,   } nouillo, bueye-
Bouuillon,   } zuelo.
Bouuier, yuguero, bueyero, boyero, vaquero.
Boyau, tripa, entrañas.

BR

Bracelet, manija, braçalete, manilla.
Bragard, fanfarron, galan, entonado.
Braire, crier, aullar, gritar, llorar
Braire, propre de l'asne, rebuznar, roznar.
Brayement, rebuzno, roznido.
Braise de feu, ascua, brasa.
Bran ou son, saluados, afrechos.
Brancart, andas.
Branche, ramo, gancho.
Branchette, ramito.
Brancher ou nicher, anidar.
Branchu, ramoso, ganchoso.
Bran dacier, alfange, terciado, espada ancha.
Brandiller, bambolear, dar vayuienes.
Brandir, arrojar, lançar, blandear, mimbrar.
Brandon, antorcha, hacha, blandon.
Branle, dança.
Branlement, bayben, altibaxo.
Branler, menear, vibrar, blandear, esblanduñar, ladear, mecer, zimbrar, mimbrar.
Brâloire, mecedera, mecedero.
Braque, chien, sabueso, perro ventor.
Braquemart, terciado, alfange.

Bras, braço.
Brassart, armure, braçalete.
Brasse, braça.
Brassee, braçada.
Brasser, traçar, ordir.
Brasser la biere, hazer cerueza.
Brasserie, brasseria.
Brasseur de biere, brassero, ceruezero.
Brauache, } fiero, galan, garri-
Braue, } do, altiuo, brauo, fanfarron, baladron, viçarro, desuellacaras, baladron.
Brauade, } baldroneria, bra-
Brauerie, } uata, brauura, fanfarroneria, fieros.
Brauement, denodaméte, brauamente, viçarramente.
Brauer, baladronear, brauear, baladrear, contonear, pompear, esgarrar.
Brayer un nauire, brear, empegar de alquitran espalmar.
Bray, brea.
Brayes, calças, bragas.
Brayer, braguero, tirabraguero
Brayette, bragueta.
Brebis, oueja, borrega.
Brebiail, ganado, ouejuno.
Brebis pelee, oueja lampiña.
Brebiette, ouajuela, ouegita.
Bresche diminution, mella.
Bresche de guerre, portillo.
Faire bresche, aportillar.
Bref, corto, breue.
Brehaigne, esteril, mañera.
Bresil, brasil.
Bretelles de hotte, sogas de canasta.
Breuage, beuienda.
Breuet, cedula, aluala.

Breuiaire, breuiario.
Bribe, mendrugo.
Bride, brida, freno, rienda.
Mors de Bride, bocado.
A Bride abatue, à rienda suelta.
Bride, enfrenado.
Bridement, enfrenamiento.
Brider, enfrenar.
Brief, breue,
Brieuement, breuemente.
Brieueté, breuedad.
Briffer, engullir, tragar.
Brigade, quadrilla, tropel, camerada.
Brigand, salteador.
Brigandage, salteamiento.
Brigandeau, salteadorcillo.
Brigander, saltear.
Brigantin, vergantin.
Brigue, ruegos, pretension.
Brigueur, pretendiente.
Brillement, resplandor.
Briller, resplandecer, echar rayos, centellear, reluzir.
Brique, ladrillo.
Briqueterie, ladrillera.
Briquetier, ladrillero.
Bris, } cortadura resque-
Brisement, } brajo, rompimiéto,
Brisure, } desmigajadura.
Brisees, de chasseurs, ramos que cortan los caçadores.
Briser, desmenuzar, desmigajar.
Brocard, matraca, apodo, pulla
Brocarder, morder, apodar.
Brocardeur, matraquero, apodador.
Broche, assador, assadero,
Brocher un cheual, picar.
Brochette, assadorcillo.

BR

Brochet, brochete, luzo.
Brodequin, borzegui.
Broder, recamar, broslar, bordar.
Broderie, brosladura, recamo, recamadura.
Brodeur, recamador, broslador, bordador.
Bronchement, trompicon, trompeçon, trompeçadura, estropieço.
Broncher, estropeçar, tropieçar, trompeçar, trompicar.
Brosser, correr sin recato.
Brouee, niebla, neblina.
Brouet, sorbedura, caldo, caldillo, sorbo, sorbillo.
Brouette, carreton.
Brouillars, nieblas.
Brouillard, borron.
Brouillé, entricado, rebuelto.
Brouillement, } rebuelta, estoruo, empacho, baraz.
Brouillerie, } amarañamiento, barbulamiento, enredo, entricamiéto, ambrolla, baraja.
Brouiller, mezclar, amarañar, entricar, confundir, reboluer, barbullar, enredar.
Brouiller les cartes, barajar.
Brouillon, reuoltoso, rebouedor, enredador, rebolton.
Brouter, roer, comer.
Broyé, trillado, machucado, majado.
Broyement, machucadura, majadura, trillazon, trilladura, brumamiento.
Broyer, trillar, moler, majar, machucar, brumar.
Broyeur, trillador, majadero.

BR

Bru, nuera.
Bruine, añublamiento, ahornagamiento.
Bruiné, añublado, ahornagado.
Bruiner, añublar, ahornagar.
Bruit, ruydo, estallido, algarada, behetria, clamoreo, clamor.
Bruit, renommée, renombre, fama, nueua.
Brume, niebla, bruma.
Brun, moreno, baço, hosco.
Brunet, morenillo, morenito.
Brunir, oscurecer.
Brunir, polir, acicalar, bruñir.
Bruny, bruñido, acicalado.
Brunissement, acicaladura.
Brulant, ardiente.
Brulé, quemado, tostado, aburado, socarrado.
Bruler, arder, quemar, tostar, aburar, socarrar.
Brulement, } quemadura, quema, quemada, incendio.
Brulure, }
Brutal, bestial, descorazonado, brutal.
Brutalement, embestiadamente, brutalmente.
Brutaité, bestialidad.
Bruyere, landa, paramo, taray, jara.
Lieu des bruyeres, jaral.

B V.

Buandiere, lauandera.
Buander, lauar.
Bucher, hoguera.
Bucheron, leñador.
Buée, bugada.
Buffe, soufflet, bofetada, bofetó.

Buffeter, abofetear.
Buffet, almario, aparador, caxon, efcancia.
Buffle, bufalo, ante.
Buye, jarro.
Buiſſon, çarçal, mata, breñal, efpinal, matojo, matorral, frafca.
Bulle, bulda, bula.
Bulletin, cedula, poliça, billette.
Buquer, fraper, golpear.
Bureau, borrador.
Burette, fiole, redomilla, redoma.
Burin, buril, finzel, efcoplo.
Buriner, efcoplear, finzelar.
But, mirada hito, blanco, terrero.
Butin, prefa, faco, robo, botin, defpojo, preda.
Butiner, faquear.
Butor, oiſeau, bitor.

C

CA

A & la, aca y alla.
Cabane, aduar, choça, cabaña.
Cabaret, venta, bodegon.
Cabaretier, ventero, bodegonero.
Cabaret, herbe, afarabacar.
Cabas, pannier, capacho, efpuerta.
Cabaſſet, cafco, capacete.
Cabeſtan, cabeftrante.
Cabinet, guardajoyas, arquilla, retrete, repofteria, recamara.

Cabinet a mettre vn lict, alcoua, canzel.
Cabinet de jardin, glorieta de jardin, abrigo.
Cable, corde, tomiza, amarra, cabre, maroma.
Cabochon de pierrerie, punta, cabeça.
Cache, efcondrijo.
Caché, encubierto, efcondido, afcondido, fumido, cerrado, folapado.
Cachenez ou maſque, papahigo.
Cachement, efcondimiento, encubrimiento.
Cacher, encubrir afconder, latitar, folapar, efconder, fumir.
Cachet, fello, prendedero.
Cacheté, fellado.
Cacheter, fellar.
Cachette, efcondrijuelo, efcondrijo, afcondida, folapació.
A Cachettes, ad. à hurtadillas, à efcódidas, encubiertamente, efcondidamente, folapadamente, focopa.
Cachot, calaboço.
Cadenat, candado, cerradura.
Cadence, confonancia.
Cafard, echacuervo, diſſimulado, lifonjero.
Cage a mettre aux feneſtres, celogia.
Cagnard, holgazan, lerdo, picaro.
Cagnarder, picarear.
Caille, oyſeau, codorniz.
Caillé, quaxado, cuajado.
Cailler ou figer, quaxar, cuajar.
Caillette, la molleja del carnefo.

C iij

C A

Caillou, pedernal guijarro.
Coup de caillou, guijarrazo.
Caimand, pordiosero, médigo
Caymander, pordiosear mendigar.
Cal ou dureté, callo.
Calamite, pierre, piedra yman, calamita.
Calamité, calamidad.
Calamiteux, Calamitoso.
Calciner, calcinar.
Calçon, çarafuel, çaraguel.
Calcul, razon, cuenta.
Caler voile, amaynar.
Calfeutrer, espalmar, calfetear.
Calice, caliz.
Calme, calma, bonança.
Calmé, encalmado.
Calmer, bonançar, encalmar.
Calomniateur, calumniador, malsin, cauiloso.
Calomnie, caloña, cauilacion, calumnia, achaque.
Calomnier, caloniar achacar, calumniar, malsinar, cauillar.
Cambré, acombado.
Cambrer, acombar, broncar.
Cambrure, acombadura.
Camelot, chamelote.
Camfre, alcanfor, camfor.
Camisade, encamisada.
Camisole, almilla.
Camemille, herbe, mançanilla.
Camp, hueste, real, campo.
Campagne, cigarral, campaña, vega.
Camper, assentar la hueste, capañear acampar.
Camus, romo.
Camuset, romillo.
Canaille, picaresca, canalla.

C A

Canal, caño aguaducho, canal atanor, acequia, aguatocho, desaguadero.
Cancer, maladie, çaratan, cráçel.
Cane ou canard, anade, anadon.
Canelé, acanalado.
Caneleure, acanaladura.
Canelle, canela.
Caneuaz, cañamazo, angeo.
Canne ou Rouseau, caña.
Canon, cañon, lombarda, bóbarda.
Coup de Canon, lombardada.
Canonner, cañonear, acanonear, lombardear.
Canonnier, lombardero, artillero, bombardero.
Canonniere, saetera, tronera.
Canonizer, canonizar.
Cantharide, cantaridas abadejo gusano.
Cap en mer, cabo.
Capable, capaz.
Capacité, tomo, capacidad.
Capitaine, caudillo, capitan, alcayde.
Capitainerie, capitania, alcaydia
Capitô de soye, capullo de la seda
Capitulation, concierto, capitulaçion.
Capituler, capitular, concertar.
Cape, capote, capa.
Capris, fruit, alcaparral.
Caprier, alcaparra.
Captif, cautino, encarcelado, encerrado, preso.
Captiuer, catiuar, encarcelar, cautiuar, encerrar.
Captiuité, encerramiento, catiuidad.
Capture, catiuerio, prendimi-

ento.
Capuchon, caperuça, capirote, cogulla.
Capuchonner, capillar.
Caque, barril, tonel.
Caquet, parleria.
Caqueter, charlar, parlar, baladrear.
Caqueteur, hablador, parlero baladron.
Car, ca, porque.
Carraque, galeón, carraca.
Carauele, carauela.
Carbonnade, carbonada.
Carde à manger, acelga, alcauci.
Carder, carmenar, cardar.
Cardeur, carmenador, cardador.
Caresme prenant, carnestoliendas, antruejo.
Caresse, regalamiento, regalo, caricia.
Caresse d'amour, retoço, requiebro, retoçada.
Caressé, regalado, acepto, acariciado.
Caresser, mejorar, acariciar, regalar.
Carnage, estrago, matança.
Carneaux de muraille, almenas.
Carnosité, carnosidad.
Carole, dāce, bayle, corro, dança.
Caroler, danzar.
Carpe, carpa.
Carquan, collar.
Carquan à mettre les malfaiteurs, argolla.
Carquois, goldre, aljaua, carcax, liuianera.
Carreau, ladrillo, losa, loseta.
Carrefour, cruzijada, cruzero.
Carreler, remendar zapatos.

Carrelure, remiendo.
Carriere, barrio, carrera.
Carriere de cheual, bohordo, bohornamiento, carrera.
Carriere de pierre, cantera.
Carrier, cantero.
Carrillon, repique, repiquete.
Carrillonner, repicar.
Carrosse, carroza.
Carrote, zanahoria.
Carte de païs, carta mapamundi.
Cartes à iouer, naypes, cartas.
Carthame, cartamo.
Cartilage, ternilla.
Cartilagineux, ternilloso.
Cas, caso.
Casaque, gualandrin, paletoque, casaca.
Cassade, tiro, burla, artimaña.
Casque, casco, casquete.
Casse, fruit, caña fistola.
Casse, coffre, } escatula, arquilla,
Cassette, } caxuela.
Cassé, quebrantado, quebrado, roto.
Casser, quebrar, romper, quebrantar.
Casser un soldat, borrar la plaza de tal, inhabilitar.
Cassable, quebradizo.
Cassé de gages, quitados los gajes.
Cassolette, cazoleta, cazolilla.
Casseure, rotura.
Catalogue, catalogo, lista, matricula.
Catalongne, frazada, manta, cubierta.
Catarre, maladie, nuue del ojo, catarata.
Caualerie, caualleria.

C iiij

C E

Caualier, plataforma, cauallero.
Caue, bodega, caua, cucua.
Caue, creux, hueco, gueco yeco.
Caué, ahoyado, cauado.
Cauer, ahoyar, cauar, focauar.
Cauam ou fosse, hoyo.
Cauerne, cucua, cauerna, espelunca antro algarue.
Caueur, cauador.
Cauilateur, calumniador, malsin, cauilador.
Cauilation, cauilaçion sofisteria, malsineria.
Caule ou tige, el tallo.
Cause, causa.
Causer, charlar, baladrear, burlar.
Causeur, hablador, burlador.
Caut, sagaz, fino, astuto, cauto.
Cautelle, trampa maraña, embuste, cautela, assechança.
Cauteleux, mañero, embustidor, moscardon, cauteloso.
Cauteleusement, mañosamente, cautelosamente.
Cautement, cautamente.
Cautere, cauterio, chamuscadura.
Cauteriser, quemar chamuscar, cauterizar.
Caution, abono, fiança, abonança, saneamiento.
Caution, fiador, saneador.
Cautionner, fiar, abonar, sanear.
Cayer, quaderno.

C E

Ce, esse, esso, aquello, aquesto, este, esto.
Ceans, dentro, en casa.

C A

Cecy, aquesso, aquesto, esto.
Cecy-mesme, aquesso mismo.
Ceder, ceder, dar la ventaja.
Cedre, alerze, cedro.
Cedule, aluala, cedula.
Ceinct, ceñido.
Ceindre, ceñir.
Ceinture, ceñidero, ceñidor, ceñidura.
Ceinture à espee, talanarte, pretina, petrina.
Cela, ello, esto, aquesto, esso, aquello.
Celebration, celebramiento, celebracion.
Celebre, renombrado, famoso, celebro.
Celebrer, celebrar.
Celement, secretamente.
Celer, encubrir, callar.
Celeste, celestial.
Celestement, celestialmente.
Celibat, solteria, albarrania, stado de continente.
Celier, cilla, cillero, sotano, caua.
Cellule, celda.
Celuy, aquel, aquello.
Cimetiere, cimenterio, enterramiento, osario.
Cendre, ceniza.
Cendreux, cenizoso, ceniziento.
Cendree argent, plata en massa, plata acendrada y fina.
Cendrier, cenizero.
Cene, cena.
Cens, rente, censo, juro, renta.
Cense ou Metairie, quinta alqueria.
Censier, quintero, censero.

CE

Censeur, censor.
Censure, censura.
Cent, ciento.
Centaine, centenar.
Centième, centeno.
Centenier, centurion.
Centre, centro.
Cerat, onguent, cerapez.
Cercher, buscar.
Cerchement, pesquisa, busca, inquisicion.
Cercheur, pescudador, inquisidor, perquesidor.
Cercle, aro, circulo, cercillo, cerco.
Cercueil, ataud, andas, lechiga, cadalecho.
Cerf, cieruo, venado.
Faon de Biche, petit Cerf, enodio, ceruatillo.
Ceremonie, cumplimiento, ceremonia.
Ceremonieux, ceremoniatico.
Cerise, cereza.
Cerisier, cerezo.
Cerisaye, lugar de cerezos, cerezal.
Cerneau, meollo, pepita.
Cerner, desmeollar, despepitar, descaxar.
Certes, ⎫ por cierto, cierto,
Certaine- ⎬ a osadas, cierta-
ment. ⎭ mente.
Certain, cierto, aueriguado, assegurado.
Certifié, enterado.
Certifier, enterar, certificar.
Certitude, certidumbre.
Ceruelle, seso, celebro, meollo.
Ceruoise, cerueza.
Ceruse, blanquibol, aluayalde,

CH

blanquete.
Cessation, ⎫ cession, traspasso,
Cessement, ⎬ parada,
Cessé, cessado.
Cet, ⎫ este, esto.
Cetuy, ⎭
Cetuy-cy, aqueste, aquesse, aquesto, aquesso.
Cetuy-la, aquel, aquello.
Cese, esta.
Cete-cy, aquessa, aquesta.
Cete-la, aquella.
Ceterach, heroc, doradilla.

CH

Chacun, cadauno, qualquiera, cadaquai, cada.
Chable, ou cable, cabre amarra, maroma.
Chafault, cadahalso.
Chagrin, cuyta, cuydado, silicitud, morosidad.
Chagrin, fasché, cuydadoso.
Chagrinement, desamoradamente.
Chagriner, cuytar, cuydar, carcomer.
Chahuant, lechuza, buho, curruxa.
Chaine, cadena.
Chaine en massonnerie, rafa de piedra.
Chaine d'or, cadena de oro.
Chainette, cadenilla, cadeneta.
Chainon, eslauon.
Chair, carne.
Chaire, silla, pulpito, catreda.
Chalemie, çampoña, caña para sonar.
Chaleur, calor, heruor.

CH　　　　　CH

Chaleur estoufée, bochorno.
Chaleur de la truye, berriondez.
Chalit, armadura de cama.
Chaloir, curar.
Chaleureux, caluroso.
Chalumeau, cañuela, cañon.
Chambellan, camarero.
Chambre, camara, aposento, quarto, pieça quadra.
Chambree, camarada.
Chambriere, camarera, criada, moça.
Chameau, camello.
Chamois, rebeço, cabramontes, anta.
Champ, campo.
Champestre, Campesino, campestre.
Champignon, hongo, xeta, cogomelo.
Champion, combatiente.
Chance, suerte.
Chancelement, bābaneamiēto
Chanceler, vacilar, temblar, titubear, bambanear.
Chancelier, chanciller.
Chancre maladie, çaratan, cancer.
Chancre poisson, cangrejo.
Chandelle, vela, candela.
Chandelier, candelero.
Changeant, cambiante.
Changeant couleur, pauonado.
Changement, trueco, mudança, mutacion, demudāça, remuda, remudamiento, mudabilidad.
Changement de lieu en autre, tralpuesta, trassiego, trastrocamiento.
Changé, traspuesto, mudado, trocado, alterado, demudado.
Change, cambio, barato.
Changer, mudar, trocar, alterar, demudar.
Chanoine, canonigo.
Chanoinerie, calongia.
Chanteau de pain, reuanada de pan, çatico, cantero.
Chanson, cancion, folia.
Chansonnette, cancioncilla.
Chant, canto.
Chanter, cantar.
Chanterelle, prima.
Chantre, cantor.
Chanure, cañamo.
Chapeau, gorra, sombrero.
Chapeau de fleurs, guirnalda de flores.
Chapelet, ou patenostre, rosario.
Chapelle, capilla.
Chapelle a distiler, alambique, alquitara.
Chaperon, capirote.
Chaperon de dueil, capuz.
Chapiteau, chapitel.
Chaptre, cabildo, capitulo.
Chapler du pain, decostrar.
Chaplure, decostradura.
Chapon, capon.
Chaponneau, caponcillo.
Chaponner, castrar, capar, caponar.
Charanson, ver, coco, gorgojo.
Charansonne, cocoso.
Charrette, carreta, carro.
Charrettee, carretada.
Charriage, acarreamiento, carruaje, accarreadura.
Charrier, acarrear.
Charrier de lessiue, xerga, cen

C H

naguero.
Charriot, carro, carreta,
Charriot de cliffe, angarilla.
Chartier, carrerero.
Charbon, purnas, ascua, carbõ.
Charbon, maladie, carboncol.
Charbonnier, carbonero.
Chardon, cardo.
Chardon a foulon, cardencha, yerua.
Chardonneret, oyseau, sirguero,
Chardonnette, cardo aljongero.
Charge, soma, cargo, carga, mandado, oficio, comission.
Charge sur l'ennemy, escuribanda.
Charge, cargazon.
Chargé, encargado, cargado.
Chargeant, cargadizo,
Charger, encargar, cargar.
Charger sur le dos, echar a cuestas.
Charitable, limosnero, caritatiuo.
Charité, caridad.
Charlatan, hablatista, gitano, xabonero, triaquero.
Charme, hechizo, encantamiéto, ensalmo, nomina.
Charmer, hechizar, encantar, ensalmar.
Charmeur, ensalmador, hechizero.
Charnalité, carnalidad.
Charnel, carnal.
Charnu, carnoso, pulposo.
Charnier de Cimetiere, carnero, ossario.
Charniere, visagra.
Charongne, mortezina.

C H

Charriable, acarreadizo.
Charroy, acarreo, acarreto, acarreamiento.
Chartres papiers, registre, papeles.
Chartre prison, carcel.
Charrue, aradro y arado.
Tenir la Charrue, esteuar.
Chaesse de reliques, custodia, caxa.
Chasse, monteria, caça, caçadura.
Chasser, caçar, montear.
Chassé, alançado.
Chasser, pousser, alançar, echar, empuxar, botar, ahuyentar, despedir, expeler.
Chasser des oyseaux, oxear.
Chassement d'oyseaux, oxeo.
Chasse a la paulme, chaça.
Chasseur, montero, caçador.
Chassie, cegajez, lagaña.
Chassieux, cegajoso, lagañoso, pitañoso.
Estre Chassieux, cegajar.
Chassis, encerado, papelada.
Frire Chassis, empapelar.
Chastagne, castaña.
Chastagner, castaño.
Chastagneraye, castañal.
Chastain couleur, castaño.
Chaste, casto.
Chastement, castamente.
Chasteté, castidad.
Chasteau, castillo, fortaleza, bastida, fuerte.
Chastelain, castellano, alcayde.
Chastié, castigado, hostigado.
Chastier, castigar, ostigar.
Chastiment, castigo.
Chastré, capado, castrado, ca-

C H

pon.
Chastrement, capadura, castrazon.
Chastrer, caponar, capar, castrar.
har, gata.
Chaton de bague, encaxe.
Castouillement, coxquillas.
Chastouiller, hazer, coxquillas
Chatouilleux, coxquilloso, cozilloso.
Chaudiere, tina.
Chaudron, bocelar, caldera.
Chaudronnier, calderero.
Chaufecire, el que sella letras.
Chaufepied, estufilla de pies.
Chauffer, escalentar.
Chaufette, brazerillo, rescoldo.
Chaud, calor, caliente, heruor, heruiente, caluroso.
Chaux, cal.
Faiseur de chaux, calero.
Chausse, calça.
Hault de chausses a l'espagnole, balon.
Bas de chausses, medias.
Chaussee, calçada.
Chaussetier, calcetero.
Chaussepied, calçador.
Chaussetrape, abrojo, rampojo.
Chausson, peal, escarpin.
Chauue, caluo.
Estre chauue, encaluecer.
Chauueté, calua, caluez.
Chauuesoury, murcielago.
Cheu, gozque, cachorro.
Chef principal, caudillo.
Chef teste, cabeça.
Estre chef, acaudillar.
Chelidoine, celidonia.

C H

Chemin, camino.
Petit chemin, caminillo.
Cheminer, caminar.
Chemineur, passeador, andariego, caminante.
Cheminée, humero, chimenea.
Chemise, camisa.
Chemisette, camisilla.
Cheneuy, cañamo.
Cheneuote, tallo de cañamo.
Chenil, perreria.
Chenille, pulgou, oruga.
Chenu, cano.
Cheoir, caer.
Sujet à cheoir, caedizo.
Chetif, mezquino.
Cher, caro.
Cher aymé, querido, biéquisto.
Chere, combite, xira.
Faire bonne chere, agasajar.
Chercher, buscar, inquirir escudriñar.
Chercutier, bodegonero.
Cherme arbre, carpe.
Chermaye, carpedal.
Cherté, caristia.
Cheruis herbe, alcarauia, chiriuias.
Chesne arbre, roble, enzina, carrasca, quexigo.
Chesnaye, enzinal, carrascal, robledal, quexigal.
Chesnets, morillos.
Cheu, caydo.
Cheual, cauallo.
Cheual fort en bouche, cauallo deslenguado y desbocado.
Cheual morfodu, cauallo aguado
Cheual gay, canallo viuo y despierto.
Cheual de charge, aluardon ba-

C H

gaje.

Chevalleger, soldat, almogauar, ginete, cauallo ligero.

Homme de Cheual, bridon.

Chevalet d'instrument, puente.

Chevaler quelqu'un, enredar, engañar.

Cheuauchée, caualgada.

Cheualier, cauallero.

Cheualerie, caualleria.

Cheuance, caudal, riqueza, céso.

Cheuaucher, caualgar.

Cheuaucheur, caualgador.

Cheueche, mocho, mochuelo, moxuelo, lechuza.

Cheuestre, xaquima, cabestro.

Cheuet, cabeçal, almohada, cabecera.

Cheueux, cabellos, clines, crines

Cheueux gris, canas.

Cheuelu, cabelludo, crinado.

Cheuelure, melena, madera, cabellera, cabelladura.

Cheuille, tarugo, clauo, clauija.

Cheuille de bois, estaquilla, clauija.

Cheuille du pied, touillo, cauilla.

Cheuille de luth, clauija.

Cheuir, alcançar.

Cheure, cabra.

Cheurier, cabrero, cabrerizo.

Cheureau, cabrito, chibo, cabroncillo, chibato.

Cheureuil, rebeço, cabramontes.

Cheuron, cabrio, viga, cabrial.

Cheuronde, socaren.

Cheute, baque, cayda, caymiento.

Chez, en.

Chicaneur, tramposo, cohechador, picapleytos.

Chiche, apocado, quardoso escasso, pelon escatimado, mezquino.

Chichement, apocadamente, escassamente, mezquinamente.

Chicheté, escatima, auaricia, escassez, mesquindad, peloneria.

Chien, perro.

petit Chien, gozque perrito, perrillo, blanchete, gozquejo, perro falderillo.

Chiendent, grama.

Chienne, perra.

Chienne chaude, perra cachonda.

Chier, cagar, hazer camara.

Chifre, cifra, guarismo.

Chifrer, cifrar, contar por guarismo.

Chinon du col, cerbiguillo, pescueço, cogote.

Chiorme, chusma.

Chiquenaude, capon papirote, mangonada floretada papirote.

Chiqueter, picar acuchillar.

Chirurgien, cirujano.

Choc, choque, encuentro, topeton.

Choquer, achocar, arremeter, topetar chocar, tropellar.

Choisir, guardar.

Choir, caër.

Chois, escogimiento, elecion, maherimiento.

Choisi, elegido, escogido triado, granado.

Choisir, elegir, triar, escoger, maherir.

Cholere, colera saña enojo.
Cholerer, açorar, ayrar, enojar.
Cholére, } ayroso coleri-
Cholerique, } co, açorado.
Chopement, trompeçadero, trompeçadura, tropeçon, trompicon.
Choper, trompeçar, trompicar, tropieçar, tropeçar.
Chopine, quartillo.
Chose, cosa.
quelque Chose, al, algo, alguna cosa.
Chose, quillotro.
Choux, col, berça.
Choux cabus, repollo, grumo.
venderesse de Choux, berçera.
Chrestien, cristiano.
Chrestiennement, cristianamenté.
Chrestienté, cristiandad.
CHRIST, CRISTO.
Chronique, coronica, añales.
Chroniqueur, coronista.

C I

Cibcule, cebolla.
Cicatrice, trepa, cicatriz.
Cicatriser, encorar, trepar.
Cichorée, chicoria.
Ciccigne, cigueña.
Ciel, cielo.
Cierge, cirio.
Cigale, chicharra, cigarra.
Cigne, cisne.
Cigue herbe, cañaheja, çeguta.
Cil, aquel, aquello.
Cil des yeux, parpado, pestaña.
Ciller, parpadear, pestañar, guiñar.
Cime, cumbre, cima.
Ciment, maçacote, cimiento.

Cimenter, cimentar.
Cimeterre, alfange, cimitarra.
Cimier, cimera.
Cinq, cinco.
Cinquante, cinquenta.
Cinquiesme, quinto.
Cinquiesmement, quintamente.
Cipres, acypres.
Circoncir, retajar, circuncidar.
Circoncis, circcuncidado, retajado.
Circoncision, retajo, circuncision, retajadura.
Circonference, circunferencia.
Circonuenir, engañar, enredar.
Circonuention, engaño, fraude, trampa.
Circonuoisin, comarcano, vezino.
Circuir, rodear, arrodear.
Circuit, rodeo, circulo.
Circuit, rodeado.
Circulaire, redondo, circular.
Cire, cera.
Cirer, encerar.
Cirier, cerero.
Ciron, arador de la mano.
Ciseaux, tijeras, tiseras, tixeras.
Ciseau a grauer, escoplo, formon.
Ciseler, entallar, esculpir.
Cisterne, cisterna, algibe.
Citadelle, castillo, fortaleza.
Citation, emplazamiento, citatoria.
Cité, ciudad, poblado.
Cité, emplazado, citado.
Citer, emplazar, citar.

C L

Citoyen, ciudadano, vezino, morador.
Citron, cidra, toronja, citron.
Citronnier, cidro.
Citroüille, calabaça.
Ciuette, almizquera, algalia.
Ciuil, bien criado, cortes, cúplido, ciuil, comedido.
Ciuilement, comedidamente, cortesmente, ciuilmente.
Ciuilité, ciuilidad, buena criança.
Ciuiere, andas.

C L

Clabauder, ladrar.
Clair, espejado, limpio, claro, manifiesto.
Clairement, a la clara, claramente, en limpio llanaméte, desengañadamente.
Clapter, biuar, madriguera, viuero.
Clarté, claror, resplandor, claridad, lucentor, luz, alumbramiento, esclarecimiéto.
Clairon, clarion, clarin.
Clairon que lon met au col des bestes, cencerro.
Clameur, grito, alarido, clamor.
Clandestin, secreto, clandestino.
Clandestinement, secretamente.
Claqueter des dents, temblar a carrilladas.
Clauier, llauero.
Clauier d'orgues, teclas.
Clause, clausula.

C L

Clayes, çarço, empleyta.
Clef, llaue.
Clemence, clemencia.
Clement, clemente.
Clerc, tonsurado, clerigo, escriuiente.
Clergé, clerecia.
Cligner, parpadear, guiñar, pestañar.
Clein d'oeil, vn menco, vn pestañar de ojo.
Climat, clima.
Cliquette, chapa, tarreña.
Clistere, melezina, cristel, ayuda.
Clisse a faire fourmage, cincho de queso.
Clisses de chirurgien, bilma, bidma.
Clisser, bilmar, bidmar.
Cloche, campana, esquila.
Clocher, campanil, campanario.
Clochette, esquileta, esquilon, campanilla.
Clochette a bestes, cencerro.
Clocher, faiseur de cloches, campanero.
Clochement, çanqueamiento.
Clocher, estre boiteux, coxquear, coxear, çanquear.
Cloistre, clanstro.
Cloporte, *animal*, coxijo de tierra.
Clorre, encerrar, cerrar, atoruar.
Clorre des comptes, rematar cuentas.
Clos, encerrado.
Clos, ⎰ encerramiento, cer-
Closture, ⎱ co, vallado, valla-

dar.
Clou, clauo.
Clou aposteme, hura, deuiesso.
Cloüé, enclauado.
Clouëment, clauazon, clauadura, fichadura.
Cloüer, enclauar, clauar, fichar.
Clousser comme la poule, cloquear.
Poule qui clousse, clueca, llueca.

O

Coche ou fente, ou l'on met la corde de l'arc, empulguera, empulgadera.
Coche ou truye, puerca.
Coche a cheuaux, coche, carroca.
Cochier, cochero, carrocezo.
Cochon, lechon, cochino, porquezelo, lechoncillo.
Cochonner, parir la puerca.
Cocu oyseau, cuclillo.
Cocu homme, cornudo.
Coiffer, tocar.
Coignée, açuela, seguron, destral.
Coigné, encaxado, acuñado.
Coigner, acuñar, encaxar.
Coin à fendre, cuña.
Coin de monnoye, cuño.
Coin, rincon, trascanton, esquina.
Cacher dans vn coin, arrinconar, trascantonar.
Coing fruict, marmello, membrillo.
Coigner arbre, codoñero, membrillo.

Coint, polido, garrido, ornado.
Cointement, polidamente.
Coipeaux, acepilladuras, astillas.
Coite, colcedra, almadraque, plumazo, cama.
Col, ceruiz, cuello, pesquezo.
Col du pied, empeyne, garganta del pie.
Chignon du col, ceruiz, pescueço, cogote.
Coup sur le chignon du col, pescoçon, pescoçada.
Colle, cola, engrudo.
Collé, empegado.
Collement, empegadura, engrudamiento, encoladura.
Coller, empegar, colar, engrudar.
College, colegio.
Collet, cuera.
Collet de chemise, gorguera, cuello, cabezon.
Collier, collar, cabezon, cuello.
Collier à chien, carlanca.
Colline, cabezo, cerro, collado, cuesta, loma, otero.
Colusion, colusion.
Colombier, palomar.
Colombe, paloma.
Colombelle, palomita, palomilla.
Colomne, coluna, rolliza.
Coloquer, colocar.
Combat, lid, pelea, combate, batalla, refriega, riesgo.
Combatant, combatiente, combatidor, lidiador, peleador.
Combatre, lidiar, pelear, com

batir, echarmano.
Combe, valle.
Combien, quanto.
Combien que, puesto que, aun que.
Combien plus, quanto mas.
Comble, colmo, cumbre.
Combler, encolmar, colmar.
Comediant, representante, comediante.
Comedie, comedia.
Comete, cometa.
Comite de galere, comitre.
Commandement, mando, mandado, orden acaudillamiento.
Comander, acaudillar, mandar.
Comme, como.
Commencé, començado.
Commencement, comienço principio, començamiento.
Commencer, començar, principiar, empeçar.
Comment, como.
Commérage, comadrazgo.
Commerce, comercio.
Commere, comadre, madrina.
Commettre, cometer.
Commission, cometimiento comission.
Commis, cometido, deputado, sostituto.
Commissaire, commissario.
Commode, comodo, conueniente.
Commodement, comodamente.
Commodité, comodidad.
Comotion, comocion, alboroto
Commuer, comudar,
Commutation, trueco.
Commun, concegil comun, baldio, mostrenco.
La commune, communeros.
Communauté, comunidad concegil.
Communément, comunmente.
Communier, comulgar.
Communion, communion.
Communication, comunicacion.
Communiquer, comunicar.
Compagnée, compañia, consorcio.
Compagnées de gens de guerre, cõpañas, compañias.
Compagnon, compañero, compaño, camarada.
Comparable, comparable.
Comparaison, semejança comparacion, equiparacion. cotejo, cotejamiẽto, similitud.
Comparer, comparar, cotejar, equiparar.
Comparoir, comparecer.
Compartiment, cõpartimiento.
Compartir, compartir.
Compas, compas.
Compassement, compassamiẽto.
Compasser, compasar.
Compassion, comiseraciõ, compasion.
Compatir, compadecer.
Compenser, compensar.
Comperage, compadrazgo.
Compere, compadre, padrino.
Competemment, competentemente.
Competence, conferencia, competencia.
Competer, competer.
Competiteur, competidor.
Compisser, escomear.
Complaindre, lamentar quexar.

D

Complainte, quexa, querella.
Complainte funebre, endecha.
Complaire, amplazer, cõplazer.
Complaisance, complacencia.
Complexion, naturaleza, condicion compliſcion.
Complexionne, acondicionado.
Complexionner, acondicionar.
Complice, participe.
Composer, componer.
Composition, compoſicion, concierto, compoſtura.
Compoſte de ſucre, almiuar.
Comprendre, comprender.
Compromis, compromiſſo.
Compte, cuenta, cuento.
Compter, contar.
Compteur, contador.
Comptoir, contadoria.
Concaue, concauo.
Concauité, concauidad.
Conceder, conceder.
Concerner, concernir.
Conception, concepcion, engendramiento, concebimiento.
Conceſſion, conceſſion.
Conceu, concebido.
Conceuoir, concebir.
Concierge, caſero, alcayde.
Conciergerie, alcaydia.
Concile, concejo, concilio.
Concitoyen, conciudadano, conuezino.
Conclurre, rematar, concluyr.
Conclus, rematado.
Concluſion, remate, concluſion.
Concombre, cogombro, pepino.
Concorde, concordia.
Concubine, combleça, manceba, concubina.

Concupiſcence, ſenſualidad concupicencia.
Concurrence, competencia, competicion.
Condamnation, condenacion.
Condamné, condenado.
Condamner, condenar, alaſtar.
Condeſcendre, condecender.
Condition, condicion.
Conditionnellement, condicionalmente.
Condouloir, dar el peſame, condoler.
Conducteur, lleuador.
Conduire, conduzir, lleuar, adeſtrar.
Conduit, lleuado.
Conduite, conducto, guia, adeſtramiento.
Coneſtable, condeſtable.
Confederation, liga, confederacion.
Confederé, confederado.
Confederer, confederer.
Conferer, conferir.
Confeſſer, confeſſar.
Confeſſion, confeſſion.
Confeſſeur, confeſſor.
Confiance, confiança.
Confiant, confiado.
Confidemment, confiadamente.
Confier, confiar.
Confirmation, confirmacion.
Confirmer, confirmar.
Confire, confacionar confitar, almiuarar.
Confiture, almiuar, confecion, confacionadura adobo, conſerua, turron.
Confitures, confites.
Faiſeur de Confitures, turrone-

ro, confiturero.
Confisquer, confiscar.
Confondre, confundir, amarañar, cohonder.
Conformation, conformacion.
Conforme, conforme, cortado, a medida.
Conformer, frisar, conformar.
Conformité, auinenteza, conformidad.
Confort, consuelo conforto.
Conforter, consolar, alentar, aconortar, animar.
Confrairie, confradia.
Confrere, confrade.
Confronter, concertar partes, acarar.
Cõfus, desconcertado, confuso.
Confusement, desconcertadamente, confusamente mezcladamente.
Confusion, ce hundimiento, confusiõ, mescladura, mezcla, desconcierto.
Confutation, confutacion.
Confuter, confutar.
Congé, licencia, despedida.
Congedier, despedir.
Congeler, congelar.
Congrepoisson, congrio.
Congregation, junta, cabildo.
Coniecture, conjetura.
Coniecturer, conjeturar.
Conioindre, juntar, agregar, conjugar.
Conioint, agregado, ayuntado, conjugado.
Coniointement, agregadamente, de mancomun.
Conionction, agregacion, conjuncion.

Coioüir, dar el plazeme, ralegrar.
Coioüissance, congratulacion.
Coniugal, conjugal.
Coniurateur, conjurador.
Coniuratiõ, conjura, conjuraciõ
Coniuré, juramentado, conjurado.
Coniurer, juramentar, conjurar.
Coniureur de bestes, saludador.
Connil, conejo.
Connille, coneja, conejuela.
Conquerant, } conquistador.
Conquereur, }
Conquerir, } conquistar.
Conquester, }
Conqueste, conquista.
Conquis, } conquistado.
Conquesté, }
Conroyeur, çurrador, curtidor.
Conroyement, curtidura, çurradura.
Conroyer, çurrar, curtir.
Consacrer, consagrar.
Consanguinité, consanguinidad, parentesco.
Conscience, conciencia, alma.
Conscientieux, concienciudo.
Consecration, consegracion.
Consecutiuement, arreo, consecutiuamente.
Conseil, consejo.
Auec Conseil, aconsejadamente.
Conseiller, amonestar, aconsejar.
Conseillier, consejero, oydor.
Consentement, acuerdo, consentimiento.

D ij

Consentir, consentir.
Consequence, consquencia, inferencia.
Consequemment, consiguientemente.
Consequent consiguiente.
Conservateur, conseruador.
Conserue, conserua.
Conseruer, conseruar, popar.
Conseruation, conseruacion.
Consideration, tino consideracion, mirada.
Considerément, atinadamente, consideradamente.
Considerer, mirar, considerar, pararmientes, atinar.
Consignation, entrega, entrego.
Consigner, entregar, consiñar.
Consister, consistir.
Consistoire, consistorio.
Consolation, consuelo, consolacion, solaz.
Consoler, solazar, conortar, consolar.
Consolateur, consolador.
Consommé, perdido, consumido.
Consommé de malade, pisto.
Consommer, perder, consumir.
Consomption, perdicion.
Consonance, consonancia.
Consonant, consonante, concertado.
Consort, cosintiente, complice.
Consoulde herbe, consuelda, suelda.
Conspiration, conspiracion.
Conspirateur, conspirador.
Conspirer, conspirar.

Constamment, constantemente, porfiadamente.
Constance, constancia, porfia.
Constant, porfiado, constante.
Constellation, constelacion.
Constituer, constituyr.
Constitution, constitucion.
Construction, labrança.
Constructeur, labrador.
Construire, construyr, labrar.
Consul ou Iuge, alcalde, Iuez.
Consultation, consultacion.
Consulter, consultar.
Contagieux, contagioso.
Contagion, contagion.
Contaminer, contaminar.
Contant, pagado.
Conte, conde.
Conté condado.
Contesse, condesa.
Conte, fable, conseja, cuento.
Conter, contar.
Contemptible, despreciable.
Contemplation, contemplació, especulation.
Contemplateur, especulador, mirador.
Contempler, contemplar, mirar, especular.
Contenance, gesto, ademá meneo.
Contenement, cabida.
Contencieux, contencioso.
Contentieusement, contenciosamente.
Contention, cōtencion, porfia.
Contenir, contener, caber.
Content, satishecho, contento.
Contentement, contentamiento.

Contenter, contentar.
Contester, porfiar.
Continence, continencia.
Continent, continente.
Continuation, continuacion.
Continu, contino, aſsiduo.
Continuellement, continuaméte.
Continuer, continuar.
Contruindre, coſtreñir, forçar, apremiar, premir.
Contraignant, premiador.
Contraint, forçado.
Contrainte, apremio, fuerça apremiadura, premia, coſtreñimiento.
Contraire, contrario.
Au contraire, al reues.
Contrarier, aduerſar, contrariar.
Contrarieté, contrariedad, cótrapoſicion.
Contre, contra.
Contrebalancer, contrapeſar.
Contrecœur, mala gana.
Contredire, contradezir.
Contredisant, contradiziente.
Contree, barrio, calle.
Contrefaire, contrahazer, remedar.
Contrefait hechizo, contrahecho.
Contremine, contramina.
Contreminer, contraminar.
Contremont, hazia arriba.
Contremont l'eau, rio arriba.
Contrepeſer, contrapeſar.
Contrepoil arepelo, poſpelo, redropelo, contrapelo.
Contrepois, contrapeſo.
Contrepoiſon, antidoto.

Controleur, veedor.
Contreſel, contraſello.
Contreſigner, contraſignar.
Contreſcarpe, contramuro.
Contreuenir, yr contra, contrauenir.
Contribuer, contribuyr.
Contriſte, entriſtecido.
Contriſter, entriſtecer, contriſtar.
Contrit, contrito, deuoto.
Contrition, contricion.
Controuuer, inuentar.
Contumace, contumacia.
Contumax, contumaz.
Conuaincre, conuencer.
Conuaincu, conuencido.
Conualeſcence, conualecimiento, conualecencia.
Conuenable, conuenible, decéte.
Conuenablement, conueniblemente, decentemente, conuenientemente.
Conuenir, conuenir, concertar, friſar.
Conuenu, conuenido, concertado.
Conuention, circonuencion concierto.
Couuent, conuento, moneſterio.
Conuerſation, familiaridad, cóuerſacion.
Conuerſer, conuerſar.
Conuerſion, conuerſion, conuertimiento.
Conuerty, tornadizo, conuertido.
Conuertir, conuertir.
Cnouy, combite, embite.

D iij

CO

Conuier, combidar.
Conuieur, combidador.
Conuoiter, dessear mucho, codiciar.
Conuoiteux, desseoso, codicioso.
Conuoitise, codicia, apetito, desseo, talente, antojo.
Conuocation, conuocacion, llamamiento, llamado.
Conuoqué, assonado, conuocado.
Conuoquer, llamar, conuocar, assonar.
Conuoy, acompañamiento.
Conuoyer, acompañar.
Conuulsion, enuaramiento, espasmo.
Estre en conuulsion, espasmar, enuarar.
Copelle, copella, cendra.
Copeller, cendrar.
Copie, traslado, trasunto.
Copier, trasladar.
Coq, gallo.
Coq d'Inde, pauo de las indias, gallopauo.
Coque, } caxcara, concha, cuenca, caxco.
Coquille,
Coquemar, acetre.
Coqueter comme font les poules, cacarear.
Coquin, velitre, picaro, vergante.
Coquiner, picarear, mendigar.
Coquinerie, picardia.
Cor, cuerno, corneta.
Cor ou dureté, callo.
Coral, coral.
Corbeau, cueruo.
Corbeau de massonnerie, can.

CO

Corbeille, canasta, cesta, panera, espuerta, capacho, petaca.
Corcelet, coraça, coracina, coselete.
Corde, soga, ramal, cuerda, maroma, gumena, tomiza, amarra.
Cordeau du Charpentier, hilo de almagra.
Cordelette, soguilla, cordel.
Cordelier, frayle francisco.
Cordial, cordial.
Cordier, cordonero, cuerdero, maromero.
Cordon, torçal, cordel, cordon, sarta, sartal, trencilla.
Cordonnier, çapatero, borzeguinero.
Coriandre, culantro.
Corme fruit, sorba, serua.
Cormier, soruo, serual.
Cornaline, cornerina.
Corne, cuerno.
Cornes de Bœuf, cornada.
Corne du pied, vña, pezuña.
Cornes premieres du Cerf, garcetas de cieruo.
Cornet ou Cor, corneta, cuerno.
Cornet à encre, tintero.
Cornet de papier, alcartaz, papelon.
Corner, cornear.
Cornement d'oreilles, zumbido de los oydos.
Cornemuse, gayta, cornamusa.
Cornemuseur, gaytero.
Corneille, corneja.
Corneille emmentelée, corneja cabezcana.

Corneur, corneador.
Cornu, cornudo.
Cornette de Conseiller, beca.
Cornoiller arbre, cerezo sylue-
stre.
Cornoilles fruit, ceresas sylue-
stres.
Corps, cuerpo.
Corps droit, cuerpo espigado,
  enhiesto, gentil.
Corpulence, corpulencia.
Correctement, corretamente,
  emendadamente.
Correcteur, emendador, cor-
  retor.
Correction, emendadura, cor-
  recion, emmienda, fraterna.
Correspondant, correspondi-
  ente.
Correspondance, corresponden-
  cia.
Correspondre, corresponder.
Corriger, emendar, corrigir.
Corroborer, corroborar.
Corrompre, corromper.
Corrompre femmes, estuprar.
Corrompre vn Iuge, cohechar
  al juez, sobornar.
Corrumpu, gastado, perdido.
Corruption, corrumpimiento
  perdicion perdida, corru-
  cion.
Corsaire, cossario, salteador.
Costau, } costa, collado.
Coste,   }
Costé, hazera, lado, parte.
Le costé, el lado.
Vne coste, costilla.
Du costé, ou vers, hazia.
Costoyer, costear.
Coteret, haze de leña.

Cotte de femme, basquiña, saya,
  faldeta.
Cotte d'armes, cota de armas.
Cotte de maille, cota de ma-
  lla.
Cotillon voyes Cotte,
Faiseur de Cotillon, sayero.
Cotton, algodon.
Cotonner, colchar, algodo-
  nar.
Couard, cobarde, agallinado,
  afeminado.
Couardement, couardemen-
  te.
Couardise, floxedad, acobar-
  damiento, couardia.
Couche, cama, yazija, echade-
  ro.
Couchette, camilla, camita.
Coucher, yazer, dormir, aco-
  star.
Coucher à terre, tender, agachar,
  agaçapar, arrellanar.
Couche tout plat, tendido, aga-
  çapado, arrellanado.
Couillon, cojon compañon,
  turma, testiculo.
Coude, codo, cobdo.
Coup de coude, codazo.
Coudée, codo.
De Coudee, codal.
Coudoyer, codear,
Coudre, coser.
Cousu, cosido.
Cousture, costura.
Couldre arbre, auellano.
Couldraye, auellanedo.
Coulant, escurridizo.
Coulé, colado.
Coulement, coladura, manan-
  te.

D iiij

Couler, liquecer, colar, correr, manar.
Couler par dessus, trassallir.
Couloir, caladero, manadero.
Couleur, color.
Couleure, culebra.
Couleuvree, nueza blanca.
Couleurine, culebrina, artilleria.
Coulouré, subido de color.
Coulpable, culpado, culpable.
Coulpablement, culpadamête.
Coulpe, culpa.
Coupeau, } cima, cumbre, cimera copete.
Coupet, }
Coupant, cortante, cortador.
Couper la carte, alçar el naype.
Couper, cortar, tajar, reuanar, podar.
Coupé, cortado.
Coupebourse, çicatero, cortabolsas.
Coupeaux, astillas.
Couperose, cardenillo, caparosa.
Couple, vn par, dos.
Coupler, aparear, vñir.
Coupure, tajadura, cortadura.
Court, corto, breue.
Vne Cour, curtijo, patio, coral.
La Cour, corte, palacio.
Courage, animosidad, brio, coraje, animo.
Grand courage, pechazo.
Courageux, brioso, atreuido, animoso, valiente, animado.
Courageusement, animosaméte, esforçadamente.
Courant de l'eau, venaje.

Courbé, enarcado, tuerto, coruo, acoruado, pando.
Courber, corcobar, empandar, enarcar, coruar, pandar, doblar, acoruar.
Courbettes, corbetas, corcobos.
Courbure, corcoba, coruura.
Courlys oyseau, chorlito.
Coureur, andariego, callejero, villariego, troton.
Courante, placera, callejera, andariega, trotona.
Cours, } curso, carrera, coreria, corrida.
Course, }
Couronne, corona.
Couronne de plusieurs fleurs, pancarpia, girlanda.
Courratier, corredor.
Courraterie, correduria.
Courraye, amiento, correa, correon.
Courraye a bœufs, coyunda, melena.
Courrier, postilló, correo corredor.
Courroucé, corrido, sañudo, ayrado, enojado, encolerizado, emborijado.
Courroucer, correrse, ensañar, enojar, amostazar, amohinar, ayrar, encolerizar.
Courroux, saña, enojo, ira, colera, ayramiento, corrimiento, mohina.
Coursier dr nauire, corsia, cruxia.
Coursier, cauallo, corredor.
Courtault cheual, quartago.
Courte haleine, asma.
Courtement, breuemente.

C O

Courtisan, cortesano, palaciego, mugeriego, palaciano.
Courtiser, acatar, hazer el amor, festejar.
Courtine, cortina.
Courtois, bien hablado, cortes vrbano, comedito.
Courtoisement, comedidamente, vrbanamente, cortesmēte.
Courtoisie, cortesia, comedimiento, vrbanidad.
Coruee, ayuda.
Cousin, primo.
Cousin germain, primo hermano.
Cousin moucheron, mosquito.
Coussin, } amohada, coxin,
Coussinet, } coxinete, almohadilla.
Coust, gasto, costa.
Couster, costar.
Couteau, cuchillo.
Coutelas, machete, alfange.
Coutelier, cuchillero.
Coutre de la charrue, dental.
Coutume, abezamiento, costūbre, bezo, vso, abitud, rito.
Coutumier, auezado.
Coutumièrement, abezadamēte.
Couture, atadura, costura.
Couturier, alfayate, sastre, costurero.
Couué, ouado.
Couuee de poussins, empollazō. empolladura.
Couuer, ouar.
Couureur, encubridor.
Couurir, cobrir, cobijar, tapar, encubrir, escudar.

C O

Couurir de bois, emmaderar.
Couurir maisons, techar.
Couurir murailles, bardar.
Couuercle d'un puy, brocal.
Couuercle, cubierta, atapadero, tapador, tapadera, cobertera.
Couuert, cubierto, cobijado, encubierto.
Couuerture, cubierta, fraçada, cobertor, cobertura, cobija.
Couuerture de muraille, barda.
Couuerture de mules, reposlero.
Couuertement, escondidamente, a escondidas, secretamēte, encubierramente.
Couurechef, toca, aluanega.
Coy, quedo, sossegado.
Coyement, passito, quedo, passico, passo que dito.

C R

Crachat, } escopeti-
Crachement, } na, gargajo, escopidura, el galgajear.
Cracher, escupir, gargajear.
Cracheur, gargojoso, escupidor, gargajon.
Creindre, temer, recelar.
Crainte, miedo, temor, recelo.
Craintif, temeroso, amedrentado, temedero, atemorizado.
Craintiuement, temerosamente, medrosamente,
Cramaillere, llares.
Cramoisi, carmesi.
Crampegnate calambre.

C R   C R

Crampon, corchete.
Cramponner, agarrar, corchetar.
Crapaud, escuerço, sapo.
Petit crapaud, sapillo.
Craquement, cruxido.
Craquer, cruxir, crugir.
Crasse, caspa, suziedad, grassa mugre.
Crasse qui vient sur la langue aux malades, sarro.
Crasseux, mugriento, grassiento, suzio, mugroso.
Craye, greda.
Crayer, enxaluegar, engredar.
Crayon, señaladera.
Creance, creencia, credito.
Creancier, acreedor.
Cretteur, criador.
Creature, criadura.
Créé, criado.
Credit, credito.
Mettre en credit, acreditar.
Qui est en credit, acreditado.
Credule, credulo.
Credulité, credulidad.
Creer, criar.
Creiche, pesebre.
Creins, cernejas, crines, cerdas.
Creme, nata, naçora.
Crenezux, almenas.
Crespe,
Crespu, } crespo.
Crespelu,
Crespe, estofe, espumilla, toquilla.
Crespine, crespina.
Crespir, encostrar, enyessar.
Crespissement, encostradura.
Cresson, verros.

Creste, cresta, copete, cerro.
Cresté, crestado.
Crevasse, grieta, hendedura, requebrajo, resquiçio.
Crevasser, requebrajar.
Creve-cœur, çoçobra, cordojo.
Crevement, arrebentamiento, rebentadura.
Crever, rebentar, arrebentar.
Creux, hueco, gueco.
Creuser, aocar, cauar, socauar, minar, ahondar.
Creuset, crisol.
Creu, crecido.
Cry, } grito, alarido, alborbollo, clamor, algazara, alharaca,
Criement, } clamido, bozeria,
Crierie, / bozingleria, trapala, vagido.
Criard, clamoroso vozingleglero, alharaquiento.
Crible, çaranda, cedaço, harnero, criuo.
Criblement, çarandamiento.
Cribler, criuar, çarandear, cernir, acriuar, ahechar.
Cribleur, çarandero.
Cribleures, grançones, ahechaduras, acriuadura, çarandadura.
Cry, } almoneda, pregon.
Cryée, }
Crier, gritar, bozear, bozinglear vagir.
Crier a l'encant, pregonar.
Crié, pregonado.

C R

Crieur d'encant, pregonero, almuedano.
Crime, crimen, maldad.
Criminel, criminoso, criminal.
Criminellement, criminalmente.
Rendre Criminel, acriminar.
Cristal, cristal.
Cristalin, cristalino.
Croc, Crochet, { garfio, corchete, cloque, escarpia, garauato alcayta, asidero, gancho, harpon, gauilan gancho.
Crocheter, corchetar.
Crocheter une serrure, abrir con ganzua.
Crocheteur, bastaje, ganapan.
Crochu, ganchoso.
Crocodille, cocadriz, cocodrillo.
Croyant, creyente, encreyente.
Croyable, creyble.
Croyablement, creyblemente.
Croire, creer.
Croisé, cruzado.
Croisement, cruzamiento.
Croiser, cruzar, poner en cruz.
Croistre, crecer.
Croissant, creciente.
Croissance, Creüe, } crecimiento, acrecentamiento.
Croix, cruz.
Cropion, obispillo, rabadilla.
Crotté, çarposo, cazcarriento,

C R

cazcarrioso.
Crottes, çarpas, lodos, cazcarrias.
Crotte d'animal, cagarruta.
Croulé, sacudido.
Croulement, sacudimiento.
Crouler, sacudir, bambalear.
Croupe d'animal, ancas.
Croupe de montagne, cerro.
Croupy, arrebujado.
Croupiere, gropera, ataharre.
Croupissant, estantio, represado.
Croupir, arrebujar, encoger, acharcar estantar.
Crouste, costra.
Cru, crudo.
Cruauté, crueza, crueldad, ferocidad fiereza.
Cruche, cantaro alcarraza.
Crudité, crudeza, crueza.
Crudité d'estomach, ahito.
Crucifié, crucificado.
Crucifiement, crucificacion.
Crucifier, crucificar.
Cruel, fiero, atroz, brauo, cruel, feroz.
Cruellement, atrozmente, cruelmente.
Estre cruel, encrudecer, embrauecer, encruelecer.

C V

Cveillir, coger, recoger.

C V

Cueillir les fruits, desfrutár.
Cueillette, cosecha.
Cueilleur, cogedor,
Cuider, cuydar, pensar.
Cuillere, mecedor, cuchára, cucharon.
Cuillerer, cucharada.
Cuir, cuero.
Cuirasse, arnes, coraça, peto.
Cuirasse a l'espreuue, arnes trãçado.
Cuire, cozer, bullir.
Cuict, cozido.
Cuisant, cozedizo.
Cuisine, cozina.
Cuisinier, cozinero.
Cuisse, muslo.
Cuisson, cozedura, cezor, cozimiento.
Cuisson de mangeaison, comezõ.
Cuissot de harnois, escarcelon, quixote.
Cuture, arambre, cobre, açofar.
Cul, culo.
Cultiué, cultiuado.
Cultiuer, labrar, beneficiar, cultiuar.
Culture, cultiuacion.
Cupide, codicioso.
Cupidité, codicia.
Curatelle, curadoria.
Curateur, curador.
Cure benefice, cura, curazgo.
Curé, el cura.
Cure soing, cuydado, cura.
Curement, escauadura.
Curedent, mondadientes, escauadientes.
Cure-oreille, escauaorejas, mõdaorejas.

Curer, escauar, alimpiar.
Curieux, curioso.
Curieusement, curiosamente.
Curiosité, curiosidad.
Curoir de la charrüe, arajeda.
Custode de lict, colgadura de cama, cortina.
Cuue, } cuba, cuco, cubillllo,
Cuuier, } cubeto.
Cuyure bruslé, alhadilla.

C Y

Cy, aqui.
Cy apres, despues, en adelante, aqui cerça.
Cy deuant, ariba, denantes, antes.
Cygne, cisne.
Cylindre, cylindro.
Cymbale, campanilla, cymbalo.
Cypres, acypres.
Lieu planté de Cypres, cypressedal.

D A

Dague, daga, puñal.
Daigner, deñar. ser seruido.
Daine, } gama, dama, cor-
Daim, } ço.
Daais pour les princes, dosel, palio.
Dam, riesgo, daño, menoscabo.
Au dam, mal pecado.
Damas, damasco.
Damasquiner, damascar.

D A

Dame, dama, señora, doña, dueña.
Dameret, mugeriego, galancete.
Dames a iouer, damas, tablas.
Damier, alquerque.
Le dedans du Damier, tablaje.
Damnation, condenacion.
Damné, condenado.
Damner, condenar.
Damoisel, donzel.
Damoiselle, donzella.
Danger, riesgo, peligro.
Dangereusement, arriscadamente.
Dangereux, peligroso.
Danse, dança, bayle, bayladura, dançadura.
Danser, baylar, dançar.
Danseur, baylador, dançante, dançador.
Danser sur la corde, trepa.
Danseur sur la corde, trepador.
Dard, dardo, tiro, xara, saeta, chuço.
Darder, tirar, assaetar, saetar.
Dardeur, assaetador.
Dartre, empeyne, buba.
Date ou vrine, orina.
Datte fruit, datil.
Datte de lettres, fecha, data.
Dauantage, de mas, ademas, tambien.
Dauanture, a caso por ventura.
Dauier instrument, sacamuelas.
Dauphin poisson, delfin, golfin.

D E

Dé, de, del, de lo.
Dé a iouer, dado.
Le tour du dé, tumbo de dado.
Dé a coudre, dedal.
Dea, assi.
Debat, lid, porfia, riña, brega, debate, escarapela, contienda, contraste, rehierta, refriega, altercacion.
Debatre, porfiar, contender, debatir, bregar, altercar, cōtrastar, lidiar.
Debile, desflaquecido, flaco, feble, debil, caduco, debilitado.
Debilement, debilitadamente.
Debilité, flaqueza, febleza, debilidad, caducamiento, debilitamiento.
Debiliter, caduquear, enflaquecer, caducar, debilitar.
Debonnaire, manso, beniño.
Debonnairement, mensamente.
Debonnaireté, mansedumbre.
Debout, encaramado, apiñado, enhiesto.
Debte, deuda.
Debter, deudor.
Deu, deuido.
Deuoir, deuer.
Deuoir, officio, deuer.
Deça, aquende.
Deça dela, aca por alla.
Decadence, decadencia.
Decapiter, degollar, descabeçar, deceruigar.
Decapité, degollado.
Decedé, fallecido.
Deceder, morir, fallecer.
Decelement, descubrimiento.

D E

Deceler, descubrir, denunciar.
Deceleur, descubridor.
Decembre, Deziembre.
Decemment, decentemente.
Decent, deciente conueniente.
Decerné, decretado.
Decerner, decernir.
Deces, muerte, partida.
Decevant, ⎱ tramposo, enga-
Deceueur, ⎰ ñador trampea-
dor marañoso.
Deceu, trampeado, engañado.
Decevoir, embaucar, engañar.
Decevance, ⎱ artimaña, engaño
Deception, ⎰ embucamiento.
Deceptif, engañoso.
Dechassé, echado fuera.
Dechassement, echamiento, empuxamiento.
Dechasser, echar fuera, empuxar
Dechiqueter, picar.
Dechiré, raspado, rasgado.
Dechirement, rasgadura, rasgon.
Dechirer, despedaçar, rasgar.
Dechet sur marchandise, merma.
Dechecir, caër, mermar.
Decheu, caydo.
Decider, decider.
Decision, decision.
Decimes, diezmos.
Decimer, diezmar.
Declamateur, orador, declamador.
Declamation, declamacion.
Declamer, declamar.
Declaration, declaracion.
Declaré, declarado, explicado.
Declarer, aclarar, declarar, exponer.
Declin, cayda declinacion.

D E

Decliner, declinar, desminuyr.
Decoration, decoracion.
Decorer, decorar, honrrar.
Decoulé, escorrido.
Decoulement, colamiento.
Decouler, colar, escorrer.
Decouleure, descolorido.
Decoulourer, descolorar.
Decoupé, cortado, tajado, acuchillado, golpeado.
Decouper, cortar, tajar, acuchillar.
Decoupure, cortadura, tajada, golpe.
Decours, escorrido.
Decrepit, viejo, decrepito, anciano.
Decret, decreto, canon.
Decreter, decretar.
Decroistre, menguar, descrecer.
Decrotter, quitar çarpas, o lodos, limpiar.
Decrottoires, alimpiadera.
Dedans, de dentro, dentro, a dentro,
Dedié, dedicado, dirigido, consegrado.
Dedicace, dedicacion.
Dedier, dedicar, consagrar, dirigir.
Deduction, descuento.
Deduit, plaisir, holgura, solaz.
Deesse, diosa, deesa.
Defaillance, fallecimiento, falta, desmayo, flaqueza, desfallecimiento, descaecimiento, finamento.
Defaillir, desmayar descaecer, faltar, desleyr desfallecer.
Defauoriser, desfauorecer.
Defauorisé, desfauorecido.

D E

Defaueur, desfauor.
Default, defecto, falta.
Defectueux, falto, faltoſo, defectuoſo.
Defectuoſité, defectuoſidad, falta.
Defendre, vedar, deuedar, defender, prohibir.
Defence, deuiedo, vedamiento, defenſa.
Defenſe de Sanglier, colmillo.
Defendu, vedado, prohibido.
Defenſeur, defendedor, vedador.
Deferer ou raporter, denunciar.
Deffaire, deshazer, deſcomponer, deſtroçar.
Deffaite, deshazimiento, deſtroço, deſbarato.
Deffermer, deſencerrar.
Defferrer, desherrar.
Deffi, deſafio.
Deffiamment, deſconfiadadamente.
Deffiance, deſconfiança.
Deffiant, } deſconfiado.
Deffié, }
Deffianſ, querelant, deſafiador.
Deffier, quereler, deſafiar.
Deffié, deſafiado.
Deffier, craindre, deſconfiar.
Deffigurer, desfigurar, afear.
Deffiguré, afeado.
Deffigurement, afeamiento.
Definir, definir.
Definition, definicion.
Deflorer, deflorar.
Defluxion, defluſion.
Defortune, deſdicha, deſuentura.
Defortuné, deſdichado, malauenturado.

D E

Defrayer, hazer la coſta.
Degaſt, eſtragamiento, deſperdicion, ruina, eſtrago, deuaſto.
Degaſter, arruynar, deſperdiciar, talar, gaſtar, eſtragar, deuaſtar.
Degeler, deſelar.
Degenerer, degenerar.
Degoiſement, gorgeamiento.
Degoiſer, gorgear.
Degoiſeur, gorgeador.
Degouttement, degotamiento, el gotear.
Degout, gotera.
Degoutter, gotear.
Degrader, degradar.
Degré, grado, grada.
Dehors, a fuera, fuera, defuera.
Deietté, derribado, derrocado.
Deietter, derribar, derrocar.
Deifier, endioſar.
Deité, deidad, diuinidad.
Delà, allende.
Delaiſſé, deſechado, dexatiuo.
Delaiſſement, deſechamiento.
Delaiſſer, deſamparar, dexar, deſechar.
Delateur, denunciador.
Delation denunciacion.
Delay, } ſuſpencion, larga, dilacion, pla-
Delayement, } zo dilatacion.
Delayer, dilatar, diferir, aplazar, ſuſpender.
Delayant, }
Delayeur, } dilatador.
Delectable, deleytoſo.
Delectation, ſolaz, holgura, deleyte.

DE DE

Delecter, deleytar, solazar, holgar.
Delegation, delegacion.
Delegué, delegado.
Deleguer, delegar, diputar.
Deliberation, auiso, deliberacion.
Deliberer, auisar, deliberar.
Delicat, delicado, melindroso, hillezno.
Delicatement, regaladamente, delicadamente.
Delicatesse, delicadeza.
Delice, delicia, regalo, holgança.
Delicieux, regalado.
Delicieusement, regaladamente.
Delict, delicto.
Delié menu, delgado, espigado, cenceño.
Deliement, delgadamente.
Delinquant, delinquente, malhechor.
Delinquer, delinquir.
Deliurance, soltura, libramiento, liberacion, librança, libertad.
Deliure, libre, suelto.
Deliurer, librar, libertar, soltar, desocupar.
Deluge, auenida, inundacion, diluuio.
Demain, mañana.
Apres demain, trasmañana.
Demande, demanda, pregunta, pedimiento.
Demander, pedir, demandar, preguntar.
Demandeur, preguntador, pediguEño, demandador.

Demangeaison, comezon.
Demanger, dar o tener comezon.
Demener, menear, sacudir.
Demerite, demerito.
Demesler, desemboluer, desenredar.
Demettre, quitar, abaxar.
Demeurant, morador.
Demeure, estada, quedada, rãcheria, rancho, estancia, paraje, assiento, morada.
Demeurer, estar, morar, quedar, assentar, ranchear, remanecer.
Demy, medio.
A demy, a medias.
Demy ouuert, entrabierto.
Demolir, derribar, deshazer.
Demolition, ruina.
Demolisseur, derribador.
Demon, demonio.
Demoniaque, endemoniado, endiablado.
Demoestration, aclaracion, demonstration, demuestra.
Demonstrer, demostrar, aclarar.
Denier, dinero.
Vn denier, cornado, blanca, marauedi.
Dexter a Dieu, arras, señal.
Denombrement, cuenta.
Denombrer, contar.
Denonciation, renunciaciõ, declaration.
Denonciateur, renunciador.
Denoncer, denunciar.
Denoter, denotar.
Denree, mercancia.
Dent, diente.

Dent,

D E

Dent œillere, colmillo.
Dent mascheliere ou grosse, muela.
Qui a grandes dents, dentõ, dentudo.
Qui a les dents de deuant ouuertes, melgo, mellizo.
Saleté de dents, toua.
Noirceur de dents, neguijon.
Mettre dents, dentecer.
Dentée, dentarada.
Denteure, dentadura.
Depart, partida.
Departement, apartamiento, repartimiento.
Departir, deparar, repartir, despartir.
Departisseur, partidor, porcionero.
Deperir, perecer.
Depesche, despedida.
Depescher, despachar.
Depestrer, desenhetrar, desembaraçar.
Deploré, desahuziado.
Deplorer, deplorar, desafuziar.
Deporter, contener, dexar.
Deposer, depositar, deponer.
Depositaire, depositario.
Deposition, deposicion.
Deposition de tesmoings, dicho, deposicion.
Depost, deposito.
Depossoder, desposseer.
Deprauation, deprauacion.
Deprauer, deprauar.
Depuceler, desuirgar.
Depuis, dende hasta, despues.
Deputer, encargar, cometer, diputar.
Deputé, encargado, cometido, diputado.

D E

Dequoy, de que.
Derechef, de nueuo, otrauez.
Derision, escarnio.
Deriuer, deriuar.
Dernier, cabero, postrero, çaguero, sumo, sumero, postrimero, vltimo.
Dernierement, vltimamente, postreramente.
Deroger, derogar.
Derogation, derogacion.
Derompre, romper.
Derriere, de çaga, atras, empos.
Derriere de montagne, recuesta, recuesto.
Mettre derriere, reçagar.
Qui demeure derriere, reçagado.
Desrobable, hurtible, hurtable.
Desrober, robar, hurtar, sissar, saquear, rapar, apañar.
A la desrobee, hurtadamente, a hurtadillas.
Des, desde al.
Desacompagner, desacompañar.
Desacordé, desconcertado, destemplado, desauenido.
Desacordance, desconcierto.
Desacorder, desconcertar, destemplar, desauenir.
Desacoupler, desuñir.
Desacoustumance, desuso.
Desacoustumé, desacostumbrado, desabituado, desusado.
Desacoustumer, desauezar, desacostumbrar, desusar, desabituar.
Desageancer, desatauiar.
Desagenouiller, desarrodillar, alçar, deshinojar.
Desagreable, desagradecido, desagradable.

E

Desagreablement, desagradable-mente, desagradecidaméte.
Desagreer, desagradar, desagradecer.
Desalterer, matar la sed.
Desancrer, desanclar, desancorar, alçar fierro.
Desaparier, desaparejar.
Desapetisser, dar y tener hastio.
Desaprendre, desenseñar.
Des a present, desde a hora.
Desarçonner, derribar del cauallo.
Desarmé, desarmado.
Desarmer, desarmar.
Desarrangé, descompuesto, desordenado.
Desarranger, descomponer, desordenar.
Desarroy, desconcierto, desorden.
Desarrondir, desredondear.
Desassembler, desayuntar, desaparear.
Desassiege, descercado.
Desassieger, alçar el cerco, descercar.
Desastre, desastre.
Desastre, desastrado.
Desauancé, desmedrado, atrassado.
Desauancer, desmedrar, atrassar.
Desauantage, menoscabo, perjuizio.
Desauátageux, desauantojoso.
Desauantager, desauantajar.
Desauanture, desuentura.
Desauanturé, desuenturado.
Desauouer, contrariar, contradezir.
Desballer, desemboluer.

Desbander, disparar.
Desbander vne arbaleste, desarmar la ballesta.
Desbandade, deshilada.
Desbarbouiller, alimpiar destiznar.
Desbarquer, desembarcar.
Desbarrer vne porte, destrancar.
Desbaster, desenxalmar, desalbardar.
Desbastir, desedificar.
Desbauche, trauessia, trauessura.
Desbauche, trauiesso perdido, distraydo.
Desbaucher, perder, trauessear.
Desbonder, destapar.
Desboite, desencaxado.
Desboiter vn os, desencaxar, desencasar.
Desborder, rebossar, trassalir, salir de madre, inondar.
Desbordé, inondado.
Desbordement d'eau, auenida, inondacion.
Desbotter, debotar.
Desboucher, desatapar, destapar, desempiezgar.
Desboucler, descrochetar, desheuillar.
Desbourser, desembolsar, desbolsar.
Desboutonner, desabotonar, desabrochar.
Desbridement, desfrenamiento.
Desbrider, desenfrenar.
Desbrouiller, desmarañar.
Descacheter, quitar el sello.
Descamper, descampar, desalojar el campo.
Descapiter, descabeçar, degollar, deceruigar.

D E

Desceint, deceñido.
Desceindre, deceñir.
Descendre, abaxar, decender, bajar.
Descendre de cheual, apearse, descaualgar.
Descente de cheual, apeamiento, descaualgadura.
Descendant, decendiente.
Descente, baxamiento, baxada, decendimiento, abaxamiento, decendida, baxadura.
Descente de montagne, baxada, ladera de monte.
Descente ou genealogie, abolorio, genealigia.
Desceu sin noticia.
Deschainer, desencadenar.
Deschanger, destrocar.
Deschapronner, descapirotar.
Descharger, descargar.
Descharger vne caution, librar las fianças.
Descharge, descuento, descargo.
Descharmer, desencantar.
Descharner, desossar, descarnar.
Deschauffement, descalçadura.
Deschausser, descalçar.
Deschaucement d'arbres, escaruadura, escaua, escauadura.
Deschausser vn arbre, escauar, escaruar.
Descheoir, descaecer.
Descheuelee, descabellada, desgreñada.
Descheueler, descabellar, desgreñar, mesar los cabellos.
Descheu, descaecido.
Decheuestrer, desencabestrar
Deschiqueter, tajar menudo, picar.

D E

Deschiqueture, tajadura, picadura.
Deschiré, desandrajado, maltrapillo, desarrapado, desgarrado.
Deschiremēt, desgarro, rasgadura rasgon, estroço, rasgura.
Deschirer, despedaçar, rasgar, desharrapar, desgarrar, estroçar, rasgar.
Desciorre, abrir, desclauar.
Desclané, desclauado.
Desclouer, desclauar, desenclauar.
Descocher, soltar, deslatar, desballestar.
Descoifer, destocar.
Descoler, desempegar, desencolar, desengrudar.
Descoller, descabeçar, degollar.
Descolore, descolorido.
Descoloremēt, descoloramiento.
Descolorer, descolorir.
Descombrer, desempachar, despachar.
Desconfire, desbaratar, destroçar, deshazer.
Desconfit, desbaratado, deshecho, destroçado.
Desconfiture, desbarato, matança, estrago, destroço.
Desconfort, tristeza, congoxa, desconsuelo.
Desconforté, congoxoso, triste, desconsolado
Desconforter, congoxar, guayar, desconhortar, desconsolar.
Desconseillé, desaconsejado.
Desconseiller, desaconsejar.
Descontenancé, mal criado.
Desconuenue, desastre.

E ij

Desconuenir, desauenir.
Descoudre, descoser.
Descousu, descosido.
Descoupler, desaparear.
Descouragé, desalentado, desanimado.
Descourager, desalentar, desanimar.
Descouuert, descubierto.
Descouurir, descubrir, colúbrar.
Descrier, diffamar.
Description, descripcion.
Descrire, descreuir.
Descroissement, mengua, descrecimiento.
Descroistre, menguar, descrecer.
Descrocher, descorchetar.
Descroiser, descruzar.
Descrotter, quitar çarpas, alimpiar.
Descrottoire, alimpiadera.
Desdain, esquiuidad, esquiuez, desden, asco, asquerosidad.
Desdaigner, desdeñar.
Desdaigneux, esquiuo, asqueroso, desagradecido, desdeñoso, ascoroso, çahareño, escolimado.
Desdaigneusemēt, esquiuaméte.
Desdier, dedicar.
Desdire, desdezir.
Desdommager, desagrauiar, rehazer los daños.
Desdorer, desdorar.
Desduire, deduzir.
Desduit, deduzido.
Desembarquement, desembarcacion.
Desembarquer, desembarcar.
Desembellir, desadornar.
Desemplir, vaziar, trassegar.

Desenchanter, desencantar, deshazer los hechizos.
Desendormy, despierto, desadormecido.
Desendormir, despertar, desuelar, desadormecer.
Desenfler, deshinchar.
Desennuyer, desenhastiar, quitar pesares.
Desenroller, borrar la plaça, borrar de lista, deslistar.
Desensorceler, deshechizar.
Desenyurer, desemborrachar, desembriagar.
Desert, despoblado, yermo, desierto, despoblacion.
Deserter, despoblar, yermar, talar.
Desertion, dexacion.
Deseruir, meriter, merecer.
Deseruir la table, alçar la mesa.
Desesperé, desesperado, desafuziado.
Desesperément, desesperadamente, desatentadamente.
Desesperer, desesperar, desafuziar.
Desespoir, desperacion.
Desfaire, deshazer.
Desfaite, estrago, rota, trance.
Desfaché, desenojado.
Desfacher, desenojar.
Desfaueur, disfauor.
Desfauorisé, desfauorido, despriuado.
Desfauoriser, desfauorecer.
Desfermer, abrir, decerrajar.
Desferré, desherrado.
Desferrer, desherrar.
Desfiler, deshilar, destexer.
Desfricher, desarraygar, bar-

DE

uechar, arrancar.
Desfroncer, desarrugar.
Desgagement, desempeño.
Desgager, desempeñar.
Desgayner, desuaynar, desenuaynar.
Desgarnir, desguarnecer.
Desgeler, desclar.
Desgoisement, chirlido, gorgeamiento.
Desgoiser, chirriar, chirlar, gorgear.
Desgoiseur, gorgeador.
Desgorger, desfogar.
Desgourdir, desatormecer.
Desgoust, Desgoutement, } sinsabor, hastio, empalagamiento ahito, desabrimiento, resabio.
Desgouté, ahitado desabrido, resabiado.
Desgouster, desabrir, dar hastio, desgustar, ahitar, resabiar, empalagar.
Desgrader, degradar, desgraduar.
Desgraffer, desaferrar, desabrochar.
Desgraisser, desaynar.
Desguise, disfraçado, emboçado, homarrachado, arreboçado, paliado, desconocido.
Deguisement, disfraz.
Desguisement, disfraçadamente, desconocidamente.
Desguiser, arreboçar, disfraçar, emboçar, paliar.
Desharnacher, desenjaezar.
Desheritement, desheredació,
Desheriter, desheredar, des-

DE

herenciar.
Desherité, desheredado, desherençiado.
Deshonnorer, desdorar, deshonrrar, desluſtrar.
Deshonneste, inhonesto, desonesto.
Deshonnestement, desonestamente.
Deshonnesteté, desonestidad.
Deshonneur, deshonrra.
Desia, ya.
Desieuner, almorzar, desayunar.
Le Desieuner, almuerzo.
Designer, designar, traçar.
Desioindre, apartar, descoyuntar.
Desioinct, descoyuntado, desencaxado.
Desir, codicia, desseo, gana, talante, apetito.
Desirable, codiciable, desseable.
Desirablement, codiciosamente, desseablemente.
Desirer, codiciar, dessear, apetecer.
Desireux, codicioso, talantoso, desseoso.
Desiré, desseado.
Desister, desistir.
Deslacé, desenlazar.
Deslasser, descansar.
Deslié desatado.
Desliement, desatadura, soltuar.
Deslier, desatar, soltar.
Deslogement, desalojamiento, desospedamiento.
Desloger, deslalojar, desospedar.
Dsloyal, desleal, aleuoso.
Desloyallement, aleuosamente.

E iij

deslealmente.
Desloyauté, aleue alcuosia, deslealdad.
Desmailloté, desenfexado, desenuuelto.
Desmaillotement, desenboluimiento.
Desmailloter, desenfaxar, desenuoluer.
Desmaintenant, desde aora.
Desmancher, desmangorrear.
Desmanteler, desmantelar.
Desmarer, alçaruelas.
Desmarier, descasar.
Desmarer, mot de mer, desamarrar.
Desmasquer, quitar mascara, desmascarar.
Desmembré, lisiado, desmembrado.
Desmembrement, desmembrança, desmembradura.
Desmentir, desmentir.
Desmerite, desmerecimiento.
Desmeriter, desmerecer.
Desmesler, desmarañar, desemboluer.
Desmesuré, desmesurado, desaforado, demasiado.
Desmesurément, desregledamente, demasiadamete, desconcerradamente, desaforadamète, desmesuradamente.
Desmettre, descargar, quitar, dexar.
Desmettre les os, desencasar los huessos.
Desmus, desencasado.
Desmeubler, desalhajar, quitar, dexar.
Desmoeller, desmeollar.

Desmonter, desmontar, desencaualgar.
Desmunir, desguarnecer, desguarecer.
Desmuny, desguarecido.
Desniaise, desasnado.
Desniaiser, desasnar.
Desnicher, desanidar.
Desny, denegamiento.
Desnier, denegar.
Desnigrer, difamar, malsinar, enegrecer.
Desnigrement, malsin.
Desnoué, desañudado.
Desnouement, desañudadura.
Desnouer, desañudar.
Desnue, despojado, desnudado, desnudo.
Desnuer, despojar, desnudar.
Desobeissamment, desobedientemente.
Desobeissance, desobediencia, inobediencia.
Desobeissant, desobediente.
Desobeir, desobedecer.
Desobliger, desobligar.
Desolation, ermadura, ruina, tala, desolacion.
Desolément, desoladamente.
Desoler, ermar, assolar, desolar, talar.
Desordonné, desordenado, descompuesto.
Desordonnément, desordenadamente.
Desordonner, desordenar, descomponer.
Desordre, desorden, desconcierto.
Desormais, en adelante, desde entonces.

Desourdir, desordir.
Desparquer, desapriscar.
Despece, destroçado, despedaçado.
Despecement, destroço, rasgura, despedaçamiento.
Despecer, apedaçar, despedaçar, estroçar.
Despence, ˥ gasto, costa, despens, ˩ pensa.
Despecier, despenseto, gastador.
Desbendre, despender, gastar, despender, hazer la costa.
Despendre, descolgar.
Despendu, descolgado.
Despesche, desempacho.
Depescher, despachar, acabar.
Despestrer, desenhetrar desmarañar, desintricar.
Despeupler, ermar, despoblar, talar.
Despit, atufamiēto, saña, mohina, despecho, rancor, regaño.
Despité, ⎫ ayrado, dessabrido, atufado, mohino, amohinado, regañon, despechado.
Despit, ⎬
Despiteux, ⎭
Despiter, atufar, amohinar, enojar, desgustar, despechar, regañar, enfadar.
Despiteusement, enodajamente, despechadamente.
Desplacer, desalojar, desaplaçar.
Desplaire, desgustar, despagar, desagradar, desplazer.
Desplaisant, desgustoso, enfadoso.
Desplaisir, desgusto, daño, desplazer, pesar, dessabrimien-

to, despagamiento.
Desplanter, desplantar.
Desplie, desembuelto, desplegado, descogido.
Despliement, desemboltura, descogedura, desplegadura.
Desplier, desemboluer, desplegar, descoger, desdoblar.
Despesseder, desposseer.
Despouillé, despojado, desnudado, desnudo.
Despouiller, despojar, desnudar.
Despouille, despojo, botin, saco, preda.
Despourunir, desproucer, desapercebir.
Despourueu, desapercebido, desproueydo.
Desprauation, perdicion, deprauacion.
Despraué, perdido deprauado.
Desprauer, perder, deprauar.
Desprisé, menospreciado, despreciado.
Desprisable, despreciable.
Desprise, menospreciado.
Despriseur, despreciador, maldeziente.
Desprisonner, desaprisionar, soltar, desencarcelar.
Desspucelemens, desuirgamiento, desfloramienro.
Desspuceler, desuirgar, quitar los virgos, desflorar.
Desracinement, desarraygadura, desarraygamiento.
Desraciner, desarraygar.
Desraison, sin razon, desafuero.
Desraisonnable, desaforado, sin termino.
Desreglé, desreglado.

D E   D E

Desreglement, desconcierto, desorden, desreglamiento.
Desreglement, desordenadamente, desregladamente.
Desregler, desreglar.
Desridé, desarrugado.
Desridement, desarrugadura.
Desrider, desarrugar.
Desrocher, derrocar.
Desrouiller, desherrumbrar, quitar el orin.
Desrouler, desenfaxar, desemboluer.
Desroute, deshilada.
Dessaisy, desembargado, desasido.
Dessaisir, desembargar, desasir.
Desseller, oster la selle, desensillar.
Desceller oster le seau, quitar sello.
Dessangler, quitar cinchas.
Dessein, designio, traça.
Desseigner, designiar, traçar.
Desserrer, desparar, soltar.
Dessert, fruta, postre.
Desseruir, deseruir.
Dessiller, abrir los ojos, despertar.
Dessorceler, deshechizar.
Dessoubs, debaxo, embaxo.
Dessouder, desoldar.
Dessus, sobre, desobre, encima.
Le Dessus en musique, tiple.
Destachement, despegadura, desasidura.
Destacher, desasir, desatacar, despegar.
Destacher, oster les taches, desamanzillar, limpiar.
Destendre, soltar, afloxar.

Destendu, suelto.
Destente d'vn ret, parança.
Desterrement, desenterramiento.
Desterrer, desenterrar.
Destin, } hado, destino.
Destinee, }
Destiné, hadado, destinado.
Destiner, hadar, destinar.
Destistre, dextexer.
Destituer, destituyr.
Destordre, destorcer.
Destouper, desatapar, destapar.
Destoupement, desatapamiento, destapadura.
Destourber, estoruar, empachar.
Destourbier, destoruo, empacho, estropieço, impedimento.
Destour,   } buelta, desuio, rodeo.
Destournement, }
Destour de riuiere, remanso de rio.
Destourné, desuiado, descaminado.
Destourner, desuiar, diuertir.
Destrampé, deshecho en remojo.
Destramper, remojar, desleyr.
Destrancher, cortar.
Destresse, çoçobra, ansia, congoxa.
Destroit, estrecho, angostura, districto.
Destrier, cauallo.
Destroussement, robo, salteamiento.
Destrousser, saltear.
Destrousseur, salteador.
Destruction, destrucion, ruina, tala.

Destructeur, destruydor, talador.
Destruire, arruynar, destruyr, derribar, derrocar, talar despoblar, abatir, assolar.
Destruit, arruynado, destruydo, talado, assolado.
Desualiser, desalforjar, desbalijar.
Desuelopement, desemboltura.
Desueloper, desfaxar desarreboluer, desemboluer.
Desuelopé, desembuelto.
Desuestir, desuestir, desnudar, despojar.
Desuisager, afear, desrostrar.
Desunion, desunion.
Desuny, separado.
Desunir, desunir, separar.
Desuoyement, descarriadura.
Desuoyer, errar, desuiar, descaminar, marrar, descarriar.
Desuoyé, desuiado, errado, desencaminado, auiesso, descarriado.
Desuosler, descubrir.
Detail, destajo.
Detailler, tajar, cortar, destajar.
Detenir, estancar, detener.
Detention, estanco, detencion.
Detenteur, detenedor, posseedor.
Deteriorer, desmejorar, empeorar.
Determiné, denodado, determinado.
Determinement, determinadamente.
Determiner, determinar.
Detestable, abominable, detestable,
Detester, abominar, detestar.
Detracter, detractar, disamar, detraer.
Detraction, detracion.
Detraquer, desencaminar.
Detrancher, tajar.
Detriment, detrimento, peoria, peoramiento.
Deu, deuido.
Deualer, abaxar, descolgar.
Deuancer, adelantar, preuenir, ganar por iamano.
Deuancier, antepassado, precessor.
Deuant, antes ante, adelante, delante, denantes.
Deuant-hyer, antayer.
Deuantier de femme, mandil, delantal.
Deüement, deuidamente.
Deuenir, deuenir.
Deuers, hazia.
Deuider du fil, ouillar, aspar, deuanar, desouillar.
Deuidoir, argadijo, deuanadera, aspa,
Deuin, agorero, adeuino, estrellero, adeuinador.
Deuinement, aguero, adeuinança, adeuinacion.
Deuiner, agorar, adiuinar, adeuinar, barruntar.
Deuis, platica, habla, parlamento.
Deuiser, hablar, platicar, parlar.
Deuise, dicho, mote, deuisa.
Deuorer, engullir, tragar, deuorar.
Deuoreur, tragador, tragon.

Deuot, deuoto.
Deuotement, deuotamente.
Deuotion, deuocion.
Deux, dos.
Deux a deux, ambos dos, de dos en dos.
Dexterite, habilidad destreza, adestamiento.
Dextre, diestro, adestrado.
A la Dextre, a la derecha.
Dextrement, diestramente.

D I

Diable, diablo, demonio.
Diabolique, diabolico.
Diaboliquement, diabolicamento.
Diacre, diacono.
Diademe, diadema.
Diafane, traluziente, diafano.
Dialecticien, dialetico, terminista.
Dialectique, dialetica.
Dialectiquement, dialeticamente.
Dialogue, dialogo.
Diamant, diamante.
Diamants bruts non taillez, nayfes.
Diametre, diametro.
Dict, dicho.
Dictateur, dictador.
Dicter, dictar.
Dicton, ditado.
D'icy, de aqui.
DIEV, DIOS.
Dieu des payens, dioses.
Diffame, denostado, difamado, infamado.
Diffame, denuesto, infamia.
Diffamer, deshonrrar, infamar, desenfamar, denostar.
Different, desemejante, diffe-rente.
Different debat, contienda, diferencia.
Differer, dilatar, differir.
Differement, differentemente.
Difficile, enriscado, dificultoso, pesado, penado, arduo, dificil, escabroso.
Dificilement, arduamente, dificilmente, a penas, dificultosamente.
Difficulté, dificultad, escabrosidad.
Faire difficulté, dificultar.
Difformité, difformidad, fealdad.
Difforme, difforme, feo.
Difformement, feamente.
Digerer, digerir.
Digestion, digestion.
Digne, digno.
Dignement, dignamente.
Dignité, dignidad, honor.
Digression, digresion.
Digues leuees, orones.
Dilaté, dilatado.
Dilation, dilacion.
Dilater, ensanchar, dilatar.
Diligemment, cuydadosamente, mañosamente, alertamente, diligentemente, sagazmente.
Diligence, presteza, diligencia, sagacidad.
Diligent, sagaz, diligente, alerta.
Dimanche, domingo.
Diminué, desminuydo, menguado, apocado.
Diminuer, achicar, desminuyr, bajar, desmenguar, mellar-

Diminution, achicadura, desminucion, baja, mella, melladura, mengua, apocamiento.
Dire, dezir, hablar.
Direct, directo.
Directement, directamente.
Diriger, dirigir.
Disciple, dicipulo.
Discipline, diciplina.
Discipliner, diciplinar.
Discerner, dicernir.
Discommoder, desacomodar.
Discontinuer, cessar.
Disconuenir, desauenir.
Disconuenance, desauenencia.
Discord, } dissonancia, discordia, desacuerdo.
Discorde, }
Discordant, desacorde, desauenido, desonado, dissonante, mal sonante, destemplado.
Discorder, desacordar, desauenir, dissonar, destemplar.
Discourir, discurrir, razonar.
Discours, razonamiento, discurso, razon.
Discourtois, descortes, descomedido, mal mirado.
Discourtoisie, descomedimiento, descortesia.
Discret, discreto, recatado, cuerdo, auisado, mesurado, sagaz, reportado.
Estre discret, mesurarse, recatar, reportar.
Discretement, mesuradamente, discretamente, auisadamente, cuerdamente.

Discretion, recato, recatamiento, discreçion, cordura, mesura, sagacidad.
Disert, bien hablado.
Disertement, disertamente.
Disette, carestia, pobreza, necessidad, penuria.
Disetteux, menesteroso, necessitado.
Disgrace, desgracia.
Disgracier, desgraciar.
Dislocation, desencasadura.
Disloquer, desencasar, descaxar.
Dismer, dezimar, dezmar.
Dismes, diezmos.
Disner, yantar, comer.
Disparoir, desaparecer, descabullir.
Disparu, desparecido.
Dispense, dispensation.
Dispenser, dispensar.
Dispose, dispuesto.
Disposer, assentar, disponer.
Disposition, disposicion, assentamiento.
Dispute, disputa, disputacion.
Disputer, disputar, disceptar.
Dissemblable, desemejado, desemejante, desconueniente.
Dissemblablement, desemejadamente, desemejantemente.
Dissemblance, desemejança.
Dissembler, desemejar, desconuenir.
Mettre en dissention, reboluer.
Dissention, enemistad, riña.
Dissentir, desconformar.
Dissimulation, dissimulo, dissimulacion, solapacion.
Dissimule, dissimulador, ame-

talado.
Dissimulément, dissimuladamente.
Dissimuler, hipocrizar, dissimular, solapar.
Dissipation, dissipacion, desperdiciadura.
Dissolu, dissoluto, perdido.
Dissolution, dissolucion.
Dissoluement, perdidamente, dissolutamente.
Dissoudre, dissoluer, desleyr.
Dissonant, malsonante.
Dissuader, dissuadir, desaconsejar.
Distance, distancia.
Distant, distante.
Distilation, destilacion.
Distiler, gotear, destilar.
Distinct, distinto, apartado, separado.
Distinctement, distintamente.
Distinction, distincion, diferencia.
Distinguer, distinguir, diferenciar.
Distraction, distraimiento, distracion.
Distraire, distraer.
Distribuer, distribuyr, repartir.
Distribution, distribucion, repartimiento.
Distributeur, distribuydor, repartidor.
Divers, diuerso, desemejado.
Diuersement, diuersamente, diferentemente.
Diuersité, diuersidad.
Diuertir, diuertir, desuariar.
Diuin, diuinal, diuino.
Diuinement, diuinamente.

Diuinité, diuinidad, deidad.
Diuination, aguero, diuinacion, adiuinacion.
Diuisé, diuidido, repartido.
Diuiser, despartir, diuidir, repartir.
Diuision, repartimiento.
Diuision, chisme, chismeria,
Diuorce, } diuision, chisma, diuorcio.
Diuulgué, diuulgado.
Diuulguer, diuulgar, publicar.
Dix, diez.
Dixieme, deceno.
Dixsept, diezysiete.
Dixhuit, diezyocho.
Dixneuf, diezynneue.
Dizaine, decena.

DO

Docte, letrado, docto.
Doctement, doctamente.
Docteur, doctor, dotor.
Docile, docil.
Docilité, docilidad.
Doctrine, doctrina.
Document, documento, enseñança.
Dogue, alano.
Doigt, dedo.
Doigt poulce, dedo pulgar.
Doigt second, dedo primero.
Doigt du millieu, puches higo.
Doigt quatriesme, dedo tercero.
Doigt petit, dedo meñique.
Dol, fraude, engaño, guadramaña, dolo.
Dolé, acepillado, dolado.
Doleance, congoxa.

Dolement, acepilladura, doladura.
Dolent, doliente, triste, dolorido.
Dolentemēt, congoxadamente.
Doler, dolar, acepillar, desbastar.
Doloire, açuela, seguron.
Domestique, panyaguado, domestico, duendo.
Domestiquement, domesticamente.
Domicile, morada, casa, aposento, domicilio.
Dominateur, señor, dominador.
Domination, dominacion, señorio, dominio.
Dominer, señorear, dominar.
Dommage, menoscabo, daño, desafuero.
Dōmageablement, dañosaméte.
Domptable, domable.
Dompté, domado.
Dompter, domar.
Dompteur, domador.
Don, don, dadiua, presente.
Donnees, dares, presentes, dadiuas.
Donc, ⎱ luego, pues, assi-
Doncques, ⎰ que, puesque.
Dongeon, torreon, torre, albarrana.
Donation, donacion.
Donné, dado, presentado.
Donner, dar, presentar.
Doré, dorado, sobredorado.
Dorer, dorar, sobredorar.
Doreur, dorador.
Dorure, doradura, sobredoradura.

Dormeur, dormidor, dormilō.
Dormir, dormir, acostar.
Dos, gatillo, espinazo, espaldas, cerro.
Sur le dos, acuestas.
Dossier, respaldo, respaldar, espaldar.
Doter, dotar.
Dou, de donde.
Douaire, dote.
Double, doble, doblado, dostanto.
Doublé, aforrado, enforrado.
Doublement, dobladamente.
Doubler, aforrar, enforrar.
Doubleure, aforradura, aforro, dobladura, enforro.
Doubte, recelo, duda, recato.
Doubteux, receloso, dudoso.
Doubter, recelar, barruntar, dudar.
Doubteusement, recelosamente, dudosamente.
Doüé, dotado.
Doüer, dotar.
Douillet, manido, blandico, tierno, blando.
Douillettement, tiernamente, blandamente.
Doulet, dulcillo.
Doulcement, sossegadamente, blandamente, mansamente, dulcemente.
Doulceur, dulçor, suauidad, mansedumbre, blandura, dulçura, comedimiento, beniñidad.
Doulx, dulce manso, beniño, blando, cortes, humano, mansejon.
Douleur, lastima, dolor, con-

D O

goxa, pesadumbre.
Douloir, doler, congoxar.
Douloureux, congoxoso, lastimero, doloroso, lastimoso.
Douloureusement, congoxosamente, dolorosamente.
Dousil, tornillo.
Douue ou fosse, fossa, fossado, fosso.
Douue d'vn muy, duela.
Douzaine, dozena.
Douze, doze.
Douziesme, dozeno.
Doyen, dean.
Doyenné, deanadgo.

D R

Dragee, grajea, confites, confitura.
Dragme, tomin, adarme, drama.
Dragon, dragon.
Drap, paño.
Drap d'or, brocado, tela de oro.
Gros drap, pañazo, sayal.
Drapeau, andrajo, panajo, panizuelo.
Drapeaux d'enfans, mantillas.
Draper, entrapar.
Draperie, traperia.
Drapier, trapero.
Dressé, enhiesto, encaramado, empinado.
Dressement, enhiestamiento, enderezo.
Dresser, empinar, enhiestar, encaramar, dirigir, endereçar.
Drogue, droga.
Droit debout, derecho, encaramado.
Droit, raison, derecho, razon.

D R

Droitement, derechamente.
Droiture, derechura.
Drolerie, bujeria, çarandaja.
Dru, espesso, denso.
Druement, por menudo.

D V

Du, del.
Duc, duque.
Ducal, ducal.
Duché, ducado.
Duchesse, duquesa.
Duel, duelo, trance.
Dueil, luto, duelo, lastima, sentimiento.
Porter le dueil, enlutar.
Dunes, collado, colina.
Duquel, delqual.
Dur, roblizo, duro, yerto, aspero.
Dur de bouche cheual, desbocado.
Durable, durable, duradero.
Durant, durante, mientras.
Dureté, dureza.
Dureté comme d'vn cal, pertrea.
Durée tura, largo tiempo.
Durer, permanecer, durar, turar.
Duret, durillo.
Duuet, plumazo, pluma blanda, pelusa.
Dysenterie, camaras de sangre.

E

E A

Au agua.
Eau croupie, balsa.
Eau de pluye, agua lluuia.

E A

ylouediza.
Porter eau a vendre, açacanar.
Porteur d'eau, açacan. aguador.

E B

E*Bene,* ebeno, ebano.

E C

E*Cho,* eco.
Eclipse, eclipsis.
Eclipser, eclipsar.
Eclesiastique, eclesiastico.
Edict, placarte, edito, vando, prematica, mandamiento.
Edifice, edificio.
Edificateur, edificador.
Edifier, edificar, labrar.

E F

E*Facé,* borrado, testado.
Effacement,
Effaceure, { borrada, borron, borradura, cancellamiento, caßacion, caßadura, testadura.
Effaceur, borrar, quitar, cancelar, deslauar, caßar, testar.
Effaceur, caßador, borrador.
Effaroucher, oxear, desaçorar.
Effect, efecto, efectuacion.
Effectuer, hazer, efectuar.
Effemine, marioso, mugeriego, melindroso, afeminado, mugeril.
Effeminement, mugerilmente.
Effeminement, afeminacion.

E F

Effeminer, afeminar.
Efficace, eficacia.
Effigie, estatua.
Effleurer, desflorar.
Efforcer, compeler, esforçar, freçar, forcejar.
Effort, esfuerço.
Effroy, espanto, pauor, atemorizamiento, alboroto.
Effroyable, espantoso.
Effroyablement, atemorizadamente, atronadamente.
Effrayé, d. spanorido.
Effrayer, atemorizar, espantar, atronar.
Effrene, desenfrenado.
Effrenement, desenfrenadamente.
Effrener, desenfrenar.
Effronté, desmesurado, desuergonçado, raydo.
Effrontement, desuergonçadamente, desmesuradamente.
Effueillement, despampanadura, deshojadura.
Effueiller, despampanar, deshojar, deslechugar.

E G

E*Gal,* cabal, ygual.
Egalité,
Egalement, { ygualdad, emparejadura, parejura.
Egalement, ygualmente, a la par.
Egaler, emparejar, ygualar, cotejar.
Egyptien, gitano.
Eglise, yglesia.

E G

Eguillon, aguijon.
Eguillonner, aguijonear, incitar.
Electeur, elector.
Election, elecion.
Elegance, elegancia.
Elegamment, disertamente elegantemente.
Elegant, elegante, garrido.
Elegie, elegia.
Element, elemento.
Elemente, elemental.
Elephant, elefante.
Elle, ella.
Ellebore, eleboro, verdegambre.
Eloquence, eloquencia.
Eloquemment, eloquentemente.
Eloquent, eloquente.

E M

Email, esmalte, matiz.
Emaillé, esmaltado, matizado.
Emailler, esmaltar, matizar.
Emailleur, esmaltador, matizador.
Emancipé, horro, emancipado.
Emanciper, ahorrar, emancipar.
Embabouiner, halagar enbabucar.
Emballer, liar, enfardelar, empaquetar, embalar.
Embarquement, enbarcadura, embarcacion.
Embarquer, embarcar.
Embassade, embaxada.
Embassadeur, embaxador.

E M

Embaumer, embalsamar.
Embellir, florear, hermosear, galantear.
Embellissement, hermoseamiento, atauio.
Embeu, embeuido, empapado.
Embler prendre, hurtar.
Emboucher, embocar, embrocar.
Emboire, empapar, embeuer.
Emboucheure, embocadura.
Emboucheure de riuiere, boca del rio, ria.
Emboitement, encaxadura.
Emboiter, encaxar.
Embosquer, embreñar, emboscar, ensotar.
Emboüer, eulodar, enbarrar.
Embourber, sonrrodar.
Embourbeure, sonrrodadura.
Embourrer, colchar, enborrar.
Embourser, embolsar.
Embraser, arder, encender, abrasar.
Embrasé, abrasado.
Embrasement, abrasamiento, abrasadura, ardimiento.
Embrassé, abraçado.
Embrassement, abraço.
Embrasser, embraçar, abraçar.
Embrener, enmerdar.
Embrocher, espetar.
Embrouellé, arrebuelto, intricado.
Embrouillement, arreboluimiento, intricacion.
Embrouillément, arrebueltamente, intricadamente.
Embrouiller, implicar, intricar, areboluer.

Embuissonner,

Embuissonner, Ençarçar, enfrascar
Embusche, Celada, emboscada, embuste, trapaça
Faiseur d'embusches, Trapacero, trapacista
Embuscher, Emboscar, trapaçar poner en celada
Eminence, Eminencia
Eminemmét, Eminentemente
Eminent, Eminente
Emmaigrir, Emmagrecer, Enflaquecer
Emmailloter, Faxar en bolver
Emmancher, Mangorrear
Emmené, Llevado
Emmener, Llevar, conduzir, traer
Emmurer, Cercar de muro
Emmuseler, echar el boçal
Emologuer, Comprovar
Emolument, Provecho, Emolumento
Empaler, Empalar, empicotar
Empan, Palmo
Empaqueter, Liar, empaquetar, amanojar, enfardelar
Emparer, Apoderar, amparar
Empeigne de soulier, Empeyne, empeña
Empereur, Emperador
Emperieé, Emperatriz
Emperler, Aljofarado
Emperler, Aljofarar
Empeschant, Embaraçoso
Empesché, Ocupado, impedido, embaraçado, atajado, detenido
Empeschement, Embaraço, empacho, estorvo, impedimiento, empachamiento, atajo, detenencia, detenimiento
Empesé, Almidonado
Empeser, Almidonar
Empierrer, Empedernecer
Empescher, Embaraçar, estorvar, empachar, impedir, escusar, yr a la mano, atajar, detener
Empire, Imperio
Empiremeét, Empeoramiento
Empirer, empeorar.
Empirique, Herbolario
Emplastre, Emplastro, bizma, emplastradura, parche
Emplastrer, Bizmar
Emply, Lleno, relleno
Emplir llenar, hinchar, enllenar
Emplissage, Hinchimiento
Employ, Obra, empleo
Employé, Empleado
Employer, Emplear, gastar
Emplumé, Emplumado
Emplumer, Emplumar, emplumecer, encañonar
Empoigner, Empuñar, asir, apañar
Empoisonné, Emponçoñado, enerbolado, atossigado
Empoisonnement, Atossigamiento, emponçoñamiento
Empoisonner, Atossigar, enerbolar, emponçoñar
Empoisonneur, Emponçoñador, atossigador, ponçoñador, enerbolador
Empoisser, Brear, empegar
Empoissonné, Pescadero
Empoissonner, cevar de pescado
Emporté, Llevado
Emporter, Llevar,
Empoule, Buva, amp

EM

Empourprer Purpurear
Empreint, Impreſſo, eſtampado
Empreindre Imprimir, prenſar, emprentar, eſtampar
Empreſſé Apretado
Empreſſer Apretar
Empriſonne encarcelado, apriſionado, encerrado
Empriſonnement, encarcelamiento, apriſionamiento, encerramiento
Empriſonner encarcelar, apriſionar, encerrar
Emprunt empreſtido
Emprunté empreſtado
Emprunter empreſtar
Empuanty Hediondo
Empuantir Heder

EN

En en
Enapres entonces, eſtonces
En ce en eſſo
En oultre Allende, de mas
Enaigrir Azedar
Enamourer Amar, enamorar
Embaumer embalſamar
Embaumeur embalſamero
Encager enjaular
Encant Almoneda, encantamiento, pregon
Encanter Almonedear, encantar, pregonar
Encauer Poner en cueua
Enceindre Cercar.
Enceint & enceinte Cerca
Enceinte, femme groſſe Preñada
Encens encienſo
Encenſer encenſar
encenſoir encenſario
enchainé encadenado

EN

enchainer encadenar, eslauonar
enchantement Encantamiento, encantacion,
enchanter encantar
enchanteur encantador, hechizero
enchaſſé engaſtado, encaxado
enchaſſer engaſtar, encaxar, engaſtonar
enchaſſeure encaxo, engaſte
encherir encarecer, pujar de precio
enchery encarecido
encheueſtré encabeſtrado
encheueſtrer encabeſtrar
enciré encerado
encirer encerar
enclin Dado, inclinado
encliner Humillar, reclinar
enclorre encerrar
enclos encerrado
encloüé enclauado
enclouer Clauar, enclauar
encloueure enclauadura, enclauazon
enclume Bigornia, yunque
encoigneure Canton, Rincon
encoigner Arrinconar
encommencer Començar, Principiar, empeçar
encontre encuentro
encontre ou vers Hazia contra
encore aun
encore que pueſto que, aun que
encorner encornar
encouragé abiuado, animado, alentado
encouragement abiuamiento
encourager Alentar, Animar, abiuar,

E N

encourir, encorrer
encourtiner vn lict, Colgar vna cama, encortinar
encre, Tinta
endebté, endeudado, adeudado
endebter, endeudar, adeudar
endesuer, Desatinar, desuariar
endiablé, endiablado, endemoniado
endiue, endibia
endoctriné, enseñado, ensesiado
endoctriner, enseñar, ensesiar
endommager, Menoscabar, agrauiar
endormir, Adormir, adormecer
endormy, Soñoliento, Adormecido
endormissement, Adormecimiento
endrois, en derecho
enduire, encalar, enyessar, enxaluegar
endurcy, empedernido, endurecido, encallecido, retesado
endurcir, empedernecer, entesar, retesar, petrar atiessar, endurecer, durecer, encallecer
endurcissement, endurecimiento, entesamiento, retesamiento, dureza
endurer, Lastar, sufrir
enfant, niño, hijo, chiquito, infante
Petit enfant, Higico, infante
Qui aime les enfans, Niñero
Faire l'enfant, Niñear
Ieu d'enfant, Niñeria

E N

enfance, Niñez
enfange, encenagado, enlodado, embarrado
enfangement, encenagamiento, enlodadura
enfanger, embarrar, encenagar, enlodar
enfanté, Parido
enfantement, Parto
enfanter, Parir
enfantinement, aniñadamente
enfariner, Cubrir de harina, enharinar
enfer, ynfierno
enfermer, Cerrar, encerrar, acorralar
enferrer, Aherrar, aherrojar,
enfiler, ensartar, enfilar, engarçar, enhebrar, engazar
enfileure, Sarta, Sartal
enflamer, ynflamar.
enflé, hinchado, ampollado
enfler, Hinchar, ampollar
enfleure, Hinchazon, hinchamiento, nacida, chichon, tolondron, torondron
enfoirer, emmerdar
enfoncé, Hondido, sumido
enfoncer, Hundir, ahondar, sumir
enforcer, Forçar, reforçar
enfouir, çapar, cauar
enfoüissement, Cauazon
enfoüisseur, Cauador
enfourner, enhornar
enfraindre, quebrantar
enfuir, Huyr, ahuyentar
enfumé, Ahumado
enfumer, Ahumar

F

EN

engagement Empeño, prenda
engager Empeñar, prendar
engainer Enuaynar
engarder deuedar, prohibir.
engeance esquilmo
engendré Engendrado
engendrement Generacion
engendrer Engendrar
engeolement Embaymiento, enredamiento
engeoler Embayr, enredar
engeoleur Embaydor, enredador
engin Engeño
engin finesse Fraude, artymaña
englacer Elar
englouter Embuchar, engullir, papar
englué Enligado, enliriado
engluer Enligar, enlirira, enuescar
engluement Enligadura
engolfer Engolfar
engorger Engargantar
engourdy Tiesso, elado, atormecido, entormecido
engourdissement Atormecimiento
engourdir Entormecer, Atormecer, entorpecer
engraissé Engrossado, engordado
engraissement Ceuadura, Ceuamiento.
engraisser Engrossar, engordar, ceuar, saynar, rellenar.
engrauer Esculpir
engrener au moulin echar el trigo en tolua
engrosser Empreñar
enguirlander Enguirnaldar

EN

enhardy animado, alentado
enhardir Alentar, animar
enharnaché Enjaezado
enharnacher Enjaezar
en hault Hazia arriba, en alto
enhortement Exortacion
enhorter Amonestar, exortar
enjoliuer Agalanar, galantear
enjoindre Mandar, ordenar
enjoué Loçano
enjouer Loçanear
enlacé Enlazado
enlacement Enlazamiento
enlacer Enlazar
enlaidy Afeado
enlaidir Afear, Amanzillar
enlaidissement manzilla, afeamiento
enleuer Alçar
ennemy Enemigo
ennuy Enfado, pesadumbre, mohina, asco, pesar, afan, enhastio, enojo, fastidio, hastio, desgusto
ennuyé Enfadado, enojado, enhadado, apesarado, congoxado, fastidiado, afanado, atribulado, triste
ennuyer Enfadar, afanar, congoxar, pesar, angustiar, apesarar, atribular, enhadar, desgustar, enhastiar, enojar, fastidiar, dar pesadumbre
ennuyeux Enfadoso, enojadizo, hastioso, pesado, pesaroso, congoxoso
ennuyeusement Atribuladamente, pesadamente, congoxadamente, enojosamente, enojadamente

EN

Enorgueilly, ensoberuecido, entronizado.
Enorgueillir, entronizar, ensoberuecer.
Enorme, enorme, desmesurado, atroz.
Enormité, Arrocidad.
Enquerre, Enquerir, Enquester, Pescudar, preguntar, inquirir, aueriguar.
Enqueste, Pesquisa, pescuda, aueriguacion.
Enquesteur, Pesquisidor, aueriguador.
Enraciné, Arraygado.
Enracinement, Arraygadura.
Enraciner, Arraygar.
Enragé, Emperrado, rabioso, arrabiado.
Enragement, Rauia.
Enragément, Rabiosamente, emperradamente.
Enrager, Rabiar.
Enrayer vne roüe, Calçar.
Enregistré, Alistado, empadronado, matriculado, enregistrado.
Enregistrer, Alistar, registrar, empadronar, matricular.
Enreter, Enrredar.
Enreté, Enrredado.
Enrichir, Acaualar, acaudalar, enriquecer.
Enrichy, Enriquecido.
Enrichissement, Enriquecimiento.
Enrollé, Alistado, assentado en lista.
Enrollement, Lista, matriculacion.
Enroller, Alistar, encabeçar, li-

EN

star, empadronar matricular, assentar en lista.
Enroué, ronco, enronquecido.
Enrouëment, Roncamente.
Enroüer, Enronquecer.
Enroüeure, Ronquedad, ronquera.
Enrouillé, Oriniento.
Enrouiller, Aherrumbrar.
Enrouilleure, Orin, herrumbre.
Ensaisiner, Meter en possession.
Ensanglanté, Ensangrentado.
Ensanglanter, Ensengrentar.
Enseigne ou marque, Señal.
Enseigne, Vandera.
Enseigné, Disciplinado, enseñado.
Enseignement, Enseñamiento, resabio, enseñança dotrina, amaestramiento, bezo, disciplina.
Enseigner, Enseñar, amaestrar, disciplinar, bezar.
Ensemble,   ⎧ Iunto, juntamente, de
Ensemblement, ⎨ consuno, ayuntadamente, de conformidad, de mancommun.
Ensemencé, Sembrado.
Ensemencer, Sembrar.
Enserré, Encerrado.
Enserrer, Cerrar, encoger, acorralar.
Enseuelir, Sepoltar, enterrar, amortajar.
Enseuelisseur, Mortajador, sepolturero.
Ensorcelement, Hechizo, ojeo, aojadura, aojamiento.
Ensorceler, Hechizar, aojar.

F iiij

ensoulfrer Açufrear.
ensuairer Amortajar.
ensuiuy Seguido.
ensuiure Seguir.
entacher Amanzillar.
entaillé esculpido.
entailler entallar, esculpir, escoplear.
entailleure escultura, entalladura.
entalenté Alentado.
entamé Decentado.
entamer Decentar, encentar.
entameure encentadura.
entassé Amontonado, recalcado, embutido.
entassement embutimiento, amontanamiento.
entasser Recalcar, embutir, amontonar.
ente enxerto, pua.
enté enxerido, enxerto.
enter enxerir.
enteure enxerimiento.
entendement Seso, ingenio, entendimiento, mente.
entendre entender, atender.
entendu Auisado, entendido.
entente Seso, atencion.
ententiuement Ahincadaméte.
enterrer Soterrar, enterrar, sepultar.
enterré Soterrado, enterrado.
enterrement entierro, soterramiento.
enterreur Sepulturero, soterrador.
entester encalabriar.
entier entero, enterizo.
estre entier enterar.
entierement enteraméte, cumplidamente.
entoiser vn arc tender el arco, armar.
entonner enuasar, embudar.
entonnoir embudo.
entorce buelta, retortero.
entortillé enroscado, riço, torcedizo.
entortillement enroscadura.
entortillement de cheueux guedeja.
entortiller enroscar, enriçar, entorçer.
entour, circuit Circuito, cerca, cerco.
entour, ad. Al derredor, en torno, al retortero.
entourement, entournement cerro, cerca.
entourer, entourner Rodear, cercar, bojar.
entrailles entrañas.
entrailles d'oyseau Menudos.
entrauer Manear, trauar.
entraues Sueltas, trauas.
entre entre.
entredeux Medio.

Les verbes qui au François se ioignent auec la preposition, Entre, sont presque tous simples à l'Espagnol, c'est pourquoy il faut chercher au verbe simple, & laisser ladicte preposition Entre.

entredormir Sodormir.
entree Cabida, entrada.
entree de maison Zaguan, delantera, patio, lumbral, recebidor, entrada.
entreprendre emprender, acometer.
entrepreneur Acometedor.

entreprise empresa.
entrer entrar, caber.
enterompre Interrumper.
entretenir Conseruar, entretener.
entretien Acostamiéto, entretenimiento.
entretistre entretexer.
entretissu entretexido.
enuahir Arrebatar, abarrajar, assalir.
enuahissement Arrebatamiento, insulto.
enuelopé embuelto.
enuelope emboltorio, lio.
enueloper emboluer, reborujar.
enuenimé enconado, emponçoñado.
enuenimer enconar, emponçoñar, enyeruar.
enuers ou reuers enues.
enuers.ad. Hazia.
enuy, malgré, De mala gana, a pesar, de malgrado.
A l'enuy A porfia.
enuictailler Abastecer.
enuie Gana, embidia, antojo, codicia.
enuié embidiado.
enuier Acodiciar, antojar, embidiar, embidar.
enuieusemét embidiosamente.
enuieux embidioso, antojadizo.
enuieillir enuejecer, antiguar, auellanar.
enuieillissement enuejecimiento, antiguamiento.
enuiron Como, cerca, casi, alrededor.
enuironné Cercado, rodeado.

enuironnemét cerco, rodeamiéto
enuironner Rodear, cercar, bojar.
enuoler Bolar.
enuoy Mensaje.
enuoyé embiado, deparado.
enuoyer embiar, deparar.
enyuré Borracho, beudo.
enyurer emborrachar, embeodar.
eouse, arbre enzina.
epigrame epigrama.
epilepsie Gota coral.
epilogue epilogo.
epistre Carta, epistola.
epstafe epitafio, petafio.
epstome Compendio.
equierre Cartabon, niuel, plomada, escuadra.
equinocce equinocio.
equinoccial equinocial.
equitable Cabal, ygual, justo.
equité equidad.
equipage Aparejo, pertrecho, atruendo, apercebimiento.
equipé Aprestado, apunto, presto, aparejado.
equiper Aparejar, apercebir, pertrechar.
equipolent ygual.
equipoler ygualar.
equiualence equiualencia.
equiualent equiualente.
equiualoir equiualer.
equiuoque equiuoco.

E R
erable, arbre Asre.
ergot de coq espolon.
ergoté espolonado.
erigé ergudo.
eriger ergur, leuantar.

F iiij

E R

Ermine animal Armiño.
Erres Rastro.
Suiure les erres Rastrear.
Errant Errado.
Errer Errar, auiar, descaminar.
Erreur Yerro, error, errada.

E S

Es ou aux pluriel En.
Esbahy Espantado, ciscado, eleuado.
Esbahir Espantar, marauillar, ciscar.
Esbahissement Espanto, marauilla.
A l'esbahy Espantadamente.
Esbat, Esbatement Plazer, holgura, juego, solaz.
Esbatre Holgar, solazar.
Esbaucher Escodar, dolar, boçar.
Esbauchement de peinture Bosquexo.
Esbaucher Bosquejar.
Esbaudir Regozijar.
Esbloüy Encandilado, cegajoso, deslumbrado.
Esblouyr Deslumbrar, vislumbrar, encadilar, enlaternar.
Esborgner Sacar ojo.
Esblouyssement Cegajez, vislumbre, deslumbramiento, enlanternamiento, encandilamiento.
Esbouler Abrir, rebentar, requebrajar.
Esbourgeonner Despampanar, deshojar.
Esbourgeonneur Despampanador.
Esbrancher Marhojar, desmarhojar.
Esbranlement Sacudida, mouimiento, sacudimiento, sacudidura.
Esbranler Sacudir.
Esbreché Hendido, aportillado, desportillado.
Esbrecher Aportillar, hender, desportillar.
Escabeau escabel, banquillo.
Escaché molido, machucado.
Escacher Moler, machucar, majar.
Escadron Vanda, haz, esquadron.
Escaille escama, costra.
Escaille de tortue Concha.
Escailler escamar.
Escailleux, Escaillé escamado, escamoso.
Escalade, escalada.
Escalier escala.
Escarbot escarauajo, pelotero.
Escarboucle Carbunco.
Escarde à carder Carda, cardadera.
Escarder Cardar, carmenar, carduçar.
Escardeur Cardador, perayle.
Escardeure, Cardadura.
Escargot Caracol, bauosa.
Escarlate Grana.
Graine dont on fait l'escarlate Coscoja.
Escarmouche escaramuça.
Escarmoucher escaramuçar.
Escarpin escarpin, peal.
Escarquiller Hazer piernas.
Escart Apartamiento.

E S

Escarter Apartar.
Escarter aux cartes Descartar.
Escarteler Desquartizar.
Esceruelé Descalabrado, sin seso.
Esceruelement Descalabradura.
Esceruelement Descalabrar.
Eschafaut Cadahalso, tablado.
Eschalas Rodrigon, percha, estaca.
Eschalasser Rodrigar, acobar.
Eschalote Cebolletta, escalona, cebolla.
Eschange Camodamiento, trueco.
Eschanger Camodar, trocar.
Eschançon escanciano, sumiller, copero.
Eschançonner escanciar.
Eschapatoire Postigo.
Eschapé escapado.
Eschaper escapar, descabullir, destrauar.
Escharpe Venda.
Eschars Pelon, escasso, apocado.
Escharsement Apocadamente, escassamente.
Eschasses çancos.
Eschauder Quemar.
Eschaudé de patissier Bollo.
Eschaufer Calentar, escalentar, escaldar, cobijar, escalecer.
Eschaufé Cobijado, calentado, escalecido.
Eschaufement escalentamiento.
Eschauguette Atalaya, miradero.
Eschelle escalera, escala.

E S

escheller escalar.
eschellon escalon.
eschellement escalada.
escheu Acaecido, acontecido.
escheoir Acaecer, acontecer.
eschet escaque.
eschetz à jouer Trebejos.
Iouer aux eschetz trebejar.
escheueau Madeja madexa.
escheuelé Descabellado, desmelenado, desgreñado.
escheueler Descabellar, desmelenar, desgreñar.
escheuer, garder euitar, esquiuar, guardar.
escheuin, regidor, senador.
eschine espinazo, cerro.
eschiner Derrengar.
eschiquier Tablero de axedrez.
eschouëment encalladura.
eschouër encallar, dar al traues.
escient Adrede, a posta.
A bon escient De veras.
esclair Relumbre, relampago
esclairer relampaguear, alumbrar, aclarar, aluziar.
esclanche de mouton Pierna de carnero.
esclandre Afrenta, escandalo.
esclarcir Aclarar, clarecer, clarificar, desengañar, esclarecer, deslindar.
esclarcissement Aclaracion, esclarecimiento, desengaño.
esclat, bruit estallido, estampido, tronido, trueno.
esclat de bois Astilla, escamocho, ripia, raja, rajuela.

E S

esclatement Astilladura, desgajamiento.
esclater estallar, rajar, astillar, esclatar, desgajar.
esclaue esclauo.
esclauine esclauina.
esclorre Abrir.
escluse esclusa, presa,
escole escuela, colegio.
escolier escolar, estudiante.
esconduire Rehusar.
escondust Rehusado.
escopete Arcabuz, escopeta.
escorce Corteza, caxcara, cortezon, mondadura.
escorcer Descorchar, descortezar, pelar, mondar.
escorchure, escorchement Dessolladura, sahornadura, sahorno, Sahornamiento.
escorcher Sahornar, dessollar.
escornisler Truhanear, mogollonear
escornislerie Mogollon, gorroneria.
escornisleur Toreznero, truhá, gorron, mogollonero.
escorte escolta.
escosse comme de febue Hollejo.
escot escote.
escouler escorrer, trassalir, descabullir.
escourgee çurriaga, correa, latigo, azote.
escourter Acortar, tajar.
escoutement escuchamiento.
escouter Oyr, escuchar.
escoutes çentinela, escucha, posta.

E S

escouuette Sedadera, escobilla.
escran Respalda.
escremer Desatar, desnaçorar.
escreuisse Gambaro, cangrejo.
escrier Gritar, vozear, bozinglear, dar alaridos.
escrime esgrima.
escrimer esgremir.
escrimeur esgrimidor.
escrin, cofret Arca, cofre, escriño.
escrire escreuir.
escrit escrito, cedula.
escrisure escritura.
escriteau Retulo, titulo.
Parre escriteaux Retular.
escritoire escriuania.
escruain escriuano.
escrouelles Lamparones, landrezillas, puerca.
escu arme Broquel, escudo
escu, monnoye escudo.
escueil Peñol, roca, peñon, roquero.
escuelle escudilla, plato, salseruela.
escuelle de bois Hortera.
escume Broma, espuma, espumajo.
escume d'argent Almartaga.
escumer espumar.
escumeux espumoso.
escumeur de mer Cossario, pirata.
escurieu esquilo, harda.
escusson escudo.
escusson, ente escudete.

E S

escuyer escudero, cauallerizo.
escuyer Maestresala.
escuyrie Caualleriza, establo.
esdenté Mellado, desdentado.
esdenter Desdentar.
esflanqué Trasijado.
esflanquer Trasijar.
esg-ryer Solazar, regozijar, regalar, triscar.
esgard Mirada, cato, catadura, miramiento, respeto, puntualidad, recato.
esgaré Descarriado, descaminado.
esgarement Desman.
esgarer Desmandar, descarriar, descaminar, desmanar.
esglantier çarça perruna, gauanço, rosal sylueftre.
esgorgement Degollamiento, degolladura.
esgorger Degollar.
esgorgeur Degollador.
esgout Gotera, desaguadero, albañar, cotorro, azequia, sumidero.
esgratigner Ariscar, rascuñar, arañar, rascar, grafiñar.
esgratigneur Arañador.
esgratigneure Roncha, araño, rascadura, rascuño arañadura.
esgrener Desgranar.
esguiere Redoma, aguamanil, jarro paragua.
esguille Aguja.
esguillee de fil Hebra de aguja, o dechilo.
esguillette Aguieta, cinta.
esguilleter Aquietar, atar las

E S

agujetas
esguilletier Agujetero
esguillon Aguijon, aguijada.
esguillonnement Aguijadura, incitation, estimulo
esguillonner Aguijonear, estimular, aguijar.
eshanché Deslomado, derrengado, descoyuntado
eshancher deslomar, derengar.
eshonté desuergonçado, raydo.
esiouy Alegre, alegrado.
esiouyssance Alegria regozijo
esiouyr Regozijar, holgar, alegrar, solazar.
eslancer Alançar, assaltar.
Eslargy, libre, Suelto, relaxado.
eslargy ensanchado
eslargir Soltar
eslargir esparamar, alargar ensanchar.
eslargissement ensanchamiento, ensancho.
esleue empinado, alçado, leuãtado, eleuado, erguido, ensalçado, arbolado.
esleuement elcuamiento, alçamiento, erguimiento, ensalçamiento, empinadura.
esleuer arbolar, alçar, leuantar, enhieſtar, empinar, eleuar, ensalçar, ergir, erguir, erbolar.
esſu, electo, elegido
eslire Apartar, escoger, elegir.
eslite, elecion.
Gens d'eslite, Gente luzida,

E S

granada.
Eslongné, Remoto, alexado, alançado.
Eslongnement, Apartamiento, alexura, embiada
Esloigner, alargar, alexar, apartar, alançar, huyr, embiar, dar de mano.
Esmail, Matiz, esmalte.
Esmaillé, Matizado, esmaltado.
Esmailler, Matizar, esmaltar.
Esmailleur, Esmaltador, matizador.
Esmailleure, Matizadura, esmaltadura.
Esmenuiser, Desmigajar, desmoronar, desmenuzar.
Esmeraude, Esmeralda.
Esmery, Esmeril.
Esmerillon, Esmerejon, alcotan.
Esmerueillable, Marauilloso.
Esmerueillement, Marauilla.
Esmerueiller, marauillar.
Esmeu, Mouido, comouido, remouido.
Esment d'oiseau, Cagada.
Esmeute, Alborotamiento, alboroto, motin, alboroço.
Esmier, Desmenuzar, desmigajar, desmoronar.
Esmondement d'arbres, podazon, podadura.
Esmonder, Limpiar, emundar, podar, roçar, desmehojar, escamondar.
Esmondeur, podador, marhojador.
Esmoëller Desmeollar, destuetanar.

E S

Esmoudre, amolar, dentar, molar, afilar, aguzar.
Esmouleur, Amolador
Esmouleure, amoladura
Esmousser, oster la pointe, desembotar, embotar, desapuntar.
Esmousser, oster la mousse quitar el moho, desalmohezer
Esmoy ansia, desassossiego, cuydado.
Esmotion Bullicio, mouimiento, emocion, remocion, alboroto, motin.
Esmouuoir Comouer, rebullir, menear, mouer, bullir, alborotar.
Esnasé Desnarigado.
Esnaser Desnarigar.
Esneruer Desneruar.
Espace Trecho, espacio
Espais espesso, tupido, denso, gruesso, espessado
Espaissement espessamente.
Espaisseur espessura.
Espaissir espessar, tupir.
Espamprer Despampanar, deslechugar.
Espanchement Derramadura, derramamiento.
Espancher, espandre Derramar, vertir, desparramar, desparzir, enderramar.
Espandu Derramado.
Espandement, Derramamiento, esparzimiento, enderramamiento, derramadu-
Espardre Dissipar, esparzir.
Espars Esparzido.
Esparsement Al desgayre, derra

ramadamente, esparzidamente.
Espargne Ahorro, ahorramiento
Espargner Ahorrar, lastar.
Esparpiller Derramar, esparzir, desparamar
Esparuain Esparauanes, arestines
Esparuier Gauilan.
Esparuier à pescher Esparauel.
Espatule Espatula, hataca.
Espaule Espalda, ombro.
Qui a grosses espaules Espaldudo
Sur les espaules A cuestas.
Espauler Desencasar las espaldas.
Espaulé Desençasado de espaldas.
Espaue Libre, sin señor.
Espeautre espelta
Espece Especie
Espee Espada.
Espee courte Terçiado.
Espelement Deletreadura
Espeler Deletrear, soletrear.
Espelucher Espulgar, deslindar.
Esperance Esperança
Espoir esperança.
Esperer Esperar.
Esperdu Atronado, atontado, atonito, assombrado, atochado, desbalido.
Esperduement Perdidamente.
Esperon Espuela
Esperon de galere Pico, punta, espolon.
Esperon à la Turque Acicate.
Esperonnade Espolada

Esperonner Espolear.
Esperonnier Frenero
Espy Espiga, arista, espigon.
Espié Espigado
Espyer espigar.
Espicer Hechar especias.
Espicerie Especieria.
Espicier especiero.
Espices especias.
Espiet spia assechança
Espiement Idem.
Espie Aguaitador, espia, atalayador, excaotco, oteador
Espion Idem.
Espier otear assechar, espiar, aguardar, aguaitar, amaytinar, atalayar.
Espierrer desempedrar, despedregar, despedrar.
Espinars, espinacas.
Espine espina, breña, abrojos.
Espinaye espinal.
Espine du dos espinazo.
Espineux breñoso, espinoso.
Espinette. Clauicordio, manicordio.
Espingle, alfiler
Espinglier Alfilerero.
Espinglier Estuche para alfileres.
Esplanade llanura.
Esploré lloroso
Espointer Despuntar desembotar.
Espoindre Punçar, punchar.
Espoinçonner Idem.
Esponge Esponja
Espoux Esposo, nobio.
Espousaille Esposorio, desposorio.

Espouse,espousee, Nobia, esposa, velada
espousser velar, casar, desposar.
espoussette Sedadera.
espousseter Sacudir el poluo.
esprasndre estrujar.
esprainte estrujadura.
espraintes maladie Puxos de vientre, torçon.
esprendre emprender.
esprit espiritu, entendimiento, ingenio, animo, alma, mente.
esprit demon Duende, trasgo, espiritu familiar.
D'esprit Habilmente.
espouuentable espantable, terrible, horrible, espantoso.
espouuentablement espantosamente, espantablemente, espantadamente.
espouuentail espantajo, oxeo.
espouuante espantado, atemorizado, ciscado, atochado.
espouuatement espáto, aglayo, grima.
espouuanter Oxear, espantar, atemorizar, ciscar, aglayar.
espouiller espulgar, despiojar
esprouué Prouado, acendrado, escarmentado.
esprouuer Prouar, hazer prueua, escarmentar.
espreuue ensayo, prueua escarmiento, tantéo.
esprouuette Cala tienda
espuiser Sanguazar, vaziar, sacar, despuchar.
espulcer espulgar.
espuré Apurado.
espurer Acendrar, apurar.

espurge herbe Higuera del infierno, tartago.
esquadron esquadra, haz.
esquarquillé Patituerto, pierny abierto.
esquarquiller Hazer piernas.
esquarteler Desquartizar.
esquif Batel, esquife, barquilla
esrené Deslomado, derrengado.
esrenement Derrengadura
esrener Deslomar, derrengar.
essaim enxambre.
essamer enxambrar.
essartet Podar, cortar ramos.
essay ensaye, leuada, tanteo
A l'essay A prueua.
essay des Princes Salua.
essayer Intentar, ensayar, prouar, tantear.
essence essencia.
essiller, gaster Consumir, gastar
essieu exe.
essorer enxugar.
essorillé Desorejado.
essoriller Desorejar.
essuyé enxuto.
essuyement enxugamiento.
essuyer enxugar.
estable establo
estable à brebis, Redil, majada.
estable à bœufs Toril.
estable à pourceaux Pocilga, çahurda.
establer establar.
estably establecido.
establir establecer, estabilir
establissement establecimiento

estage Soberado, entresuelo.
estaye estriuo.
estayement Apuntaladura.
estayer Apuntalar, estribar
estain metal peltre, estaño.
estaim laine, estambre, ordiembre.
estaler Sacar mercaderia para vender.
estalon Garañon.
estalonner cauallar.
estamé estañado.
estamer estañar.
estamine estameña
estampe, estampa.
estamper estampar.
estanchement Restañamiento, acharcamiento.
estancher estancar, acharcar, restañar.
estandart Pendon, estandarte, vandera.
estang Pesquera, alberca, estaque,
estançonner apuntalar, estribar
estanter Idem.
estante estantal, puntal
estape estanco de mercancia.
estat estado, oficio.
estats d'un Royaume, Las Cortes.
esté Verano, estio.
D'esté Veraniego, estiual.
Chaleur d'esté Siesta.
esteindre Apagar, extinguir.
esteignement Apagamiento.
esteint Apagado.
estendre estirar, estender, tender, alargar, derramar, dilatar, esplayar.
estendement pour dormir Desperezo.
S'estendre d'enuie de dormir, Desperezar, esperezar.
estendement ⎱ Alargamiento,
estendue ⎰ estendimiento
estendu estendido.
esternuement, estornudo.
esternuer estornudar.
estœuf Pelota.
esteule Rastrojo.
estimable estimable.
estime estima
estimé estimado.
estimation estimacion, estima
estimer estimar, preciar, barruntar, reputar, tener en mucho.
estincelant Centelleante.
estincelle Fucon, chispa, centella, cisco.
estincellement Centelladura.
estinceler Centellar, chispear.
estoc, lignee Cepa, tronco, casta.
estoc, espee espada, estoque.
estocade, estocada.
estofe estofa, materia.
estofer Labrar, estofar.
estoile estrella.
estoilé estrellado.
estoile du iour el luzero
estoiler estrellar.
estomac estomago.
estonné espantado, aronito, embelesado, assombrado, abobado, atronado, embeuecido ciscado, eleuado, suspendido.
estonnemens embeleco, espanto, susto, embelecamiento,

embeuecimiento, aſſombro.
Eſtonner Eſpantar, aſſombrar, abobar, aronar, ciſcar, embeleſar, embeuecer, ſuſpender.
Eſtorce Torcimiento.
eſtordre Torcer.
Eſtouſé, Ahogado
Eſtouſement Ahogamiento.
Eſtouſer Ahogar.
Eſtoupé Atapado.
Eſtoupe Eſtopa.
Eſtouper Atapar.
Eſtour Pelea refriega.
Eſtourdy mentecapto, modorrido, atronado, aturdido, aſſombrado, deſatinado, eſtordecido
Eſtourdiement, Deſatinadamente, modorramente
Eſtourdir Aturdir, aſſombrar, deſatinar, modorrear, eſtordecer
Eſtourdiſſement Aſſombro, vaguido, modorra, aſſombramiento, deſatiento, deſatino.
Eſtourneau Eſtornino
Eſtrange Eſtraño, auieſſo, cahareño
Eſtrangé Enagenado.
Eſtranger, Eſtrañar, enagenar.
Eſtrangeté Eſtrañeza.
Eſtrangier Foraſtero, eſtrangero, venedizo.
Eſtranglé Garrotado, ahogado.
Eſtranglement Ahogamiento.
Eſtrangler Ahogar, dar garrote

eſtre Ser.
eſtrecir Angoſtar, eſtrechar, enſangoſtar, ahocinar.
eſtreciſſure eſtrechura, aprieto, angoſtadura, eſtrecheza.
eſtrener eſtrenar.
eſtrenes eſtrenas, albricias, aguinaldo.
eſtreindre Apretar, eſtrechar, eſtreñir.
eſtreint Apretado, eſtreñido.
eſtreinte Apretadura.
eſtrier eſtribo
eſtrille Almohaça.
eſtriller Almohaçar.
eſtrif Porfia, brega.
eſtriper Deſentrañar, deſtripar.
eſtriuer Porfiar.
eſtriuiere Acion del eſtriuo.
eſtroit, eſtrecho, angoſto.
eſtroitement Apretadamente, eſtrechamente.
eſtron cagajon, mierda
eſtropiat Manco, eſtropiado, tullido.
eſtropier Mancar, tullir.
eſtude eſtudio.
eſtudiant eſtudiante
eſtudier eſtudiar.
eſtuuement Bañadura, eſtufadura.
eſtuuer Bañar, eſtufar.
eſtuues eſtufa, baño, entibiadero.
eſtuy eſtuche, caxa, funda.
eſuanouy Deſuaneado, deſmayado, amortecido
eſuanouyr Deſuanecer, deſmayar, amortecer.
eſuanouyſſemēt Deſmayo, deſuane-

uanecimiento
esueillé Despertado, Despierto.
esueiller Despertar, Recordar.
esuentement Auentadura, ablentadura.
esuenter Auentar, aueldar, ablentar.
esuentoir Auentador, Ventalle.
esuentail Moscador, Auanillo, Vieldo, Amoscador, Moscadero, Ventallo
esuertuer esforçar, esmerar.

E T

Et y, e
Et aussi y tambien
eternel eterno
eternellement Para siempre, en eterno, eternamente.
eternifer eternizar.
eternité eternidad.
etique etico, tisico.
etiquette Retulo, billete.

E V

euacuation euacuacion.
euacuer euacuar, vaziar.
euader escapar, Descabullir.
euangile euangelio.
euangeliser euangelizar.
euangeliste euangelista.
euaporation Baheadura, baheamiento.

euaporer Bahear.
euc où il y a de l'eau Aguado.
euer, mettre de l'eau aguar
euenement acaccimiento, acontecimiento, salida, suceso.
euentrer, desentrañar.
euersion euersion.
eueschè Obispado.
euesque Obispo.
euidence euidencia.
euidemment euidentemente, a la clara, conocidamente, palpablemente, publico
euident Claro, euidente, Manifiesto.
Euforbe, Goruion
Euincé, euicto.
Euincer, euincir.
Euitable, euitable.
Euiter, esquiuar, euitar, escusar.
Euocation, euocacion.
euoqué, euocado, prouocado
Euoquer, Prouocar, euocar.

E X

Exact, Puntual, Pundonoroso.
Exactement, Puntualmente.
Exaction, exacion.
exacteur, Cobrador.
exageration, encarecimiento, exageracion.
exagerer, encarecer, exagerar.
exaltation, encarecimiento, ensalçamiento. (bir
exalter, exaltar, encarecer, su-

G

Enſalçar.
Examen, Examen.
Examinateur, Examinador.
Examiner, Examinar.
Exaucer, Oyr.
Exceder, Exceder, Sobrepujar, ſer demaſiado.
Excellence, Ecelencia, Sobrepujança, Primor.
Excellemment, Ecelentemente.
Excellent, Eſmerado, Ecelente, Señalado, Sobrepujante, triado.
Exceller, Sobrepujar, Auentajar, Eſtremar, Eſmerar.
Excepté, Ecepto.
Excepter, Eceptar, Reſeruar.
Exception, Ecepcion.
Exces, Eceſſo, demaſia.
Exceſſif, Eceſſiuo, Demaſiado.
Exceſſiuement, Demeſuradamente, demaſiadamente.
Exciter, Induzir, Incitar, Exitar.
Exclamation, Exclamacion
Exclamer, Exclamar.
Excluyre, Eſcluyr.
Excluz, Eſcluydo.
Excluſion, Eſcluſion.
Excommunié, Deſcomulgado.
Excommunication, *Excommuniement*, Deſcomunion.
Excommunier, Deſcomulgar.
Excrement, Excremento.
Excrementeux, Superfluo, excremoſo.
Excuſe, Deſcargo, Deſculpa, Eſcuſacion, Eſcapatoria, eſcuſa, ſocolor

Excuſé, Eſcuſado, Deſculpado.
Excuſable, Eſcuſable.
Excuſer, Eſcuſar, deſculpar.
Execrable, Execrable.
Execration, Execracion.
Execrer, Execrar.
Executer, Secutar, Eſecutar.
Executeur, Eſecutor.
Execution, Eſecucion.
Exemple, Exemplo.
Exemplaire, Patron, Dechado, Exemplar.
Exempt, Eſſento, libre.
Exempter, Eximir, Eſentar, franquear.
Exemption, Eſencion, franqueza, Fuero, Exempcion.
Exercer, Vſar, exercitar.
Exercice, Exercicio.
Exercité, armee, Exercito.
Exerciter, Curſar, exercitar.
Exercité, Experto, exercitado, Curſado.
Exhalaiſon, Exalacion, Vapor, Baho, Baheadura.
Exhaler, Exalar, Bahear.
Exheredation, Deſheredamiento, deſheredacion.
Exhereder, Deſheredar.
Exhiber, Entregar, exibir, Moſtrar.
Exhorter, Amoneſtar, Exortar.
Exigence, Exigencia.
Exiger, Pedir, Exigir, Demandar.
Exil, Deſtierro, exilio.
Exiler, Deſterrar.
Exorciſme, Enſalmo, eſorciſmo.

Exorciste, Enſalmador, eſorciſta.
Exorciſer, Enſalmar, hazer Eſorciſmo.
Exorde, Principio, exordio.
Expedier, Recaudar, Deſpachar, eſpedir.
Expedition, Recaudo, deſembaraçamiento, deſpacho.
Experience, Eſperiencia, eſcarmiento, eſperimento.
Experimenter, Eſperimentar, Eſcarmentar.
Expert, eſperto, Curſado, eſcarmentado, eſperimentado, artero, aprouado.
Expiré, Acabado, eſpirado.
Expirer, acabar, eſpirar.
Expliqué, explicado.
Explication, Declaracion.
Expliquer, explicar, declarar.
Exploit, Execucion, Acto, Auto.
Exploit de guerre, Hazaña, proeza.
Exploiter, Poner por obra, Hazer.
Exposé, expueſto.
Expoſer, jetter, echar.
Expoſer, Expliquer, Declarar, eſponer.
Expres, & Expreſſement, Adrede, Adredemente, A ſabiendas, expreſſamente, Señaladamente, Apoſta.
Exprimer, eſprimir.
Expugner, eſpugnar, Ganar, por fuerça.
Exquis, eſquiſito.
Exquiſement, eſquiſitamente, Singularmente.

Exterieur, exterior.
Exterieuremēt, exteriormente.
Exterminer, exterminar.
Extirper, eſtirpar, deſarraygar.
Extorquer, Sacar por fuerça.
Extorſion, Agrauio, extorſion.
Extraire, Trasladar.
Extrait, Traslado, copia.
Extraordinaire, Traſordinario.
Extraordinairement, traſordinariamente.
Extrauaguer, Deſmandar, Diuagar.
extreme, eſtremado, eſtremo, eſmerado.
Extremement, eſtremamente, eſtremadamente, por el cabo.
Extremité, Linde, Termino, çaga, Cabo, mojon, eſtremidad, lindero.
Exulceration, enconamiento, enconadura.
Exulceré, enconado.
Exulcerer, enconar.
Exultation, Alegria.

F

F A

Fable, Patraña, nouela, fabula, cuento, conſeja, hablilla.
Fabuleux, Fabuloſo.
Fabuleuſement, fabuloſamente
Fabrique, Fabrica, edificio.
Fabriquer, Fabricar.
Face, Haz, roſtro, catadura, cara, geſto.
Face à face. Cara a cara.
Facecie, Donayre.

G ij

FE

Feal Leal, fiel.
fealement Lealmente.
faulté Lealdad, fidelidad.
febue Haua.
feburier Hebrero.
fecond fecundo.
fecondement fertilmente.
feconder fecundar.
fecondité Esquilmo, fecundidad.
feint Simulado, fingido.
feinte, feintise fingimiento, ficion, simulacion, disimulacion.
feindre Simular, fingir, disimular.
feintement Simuladamente, disimuladamente.
felicité felicidad.
felon follon, brauo, cruel, sañudo.
felonnie fiereza, braueza.
femelle Hembra.
femme Muger.
femmelette Mugercilla.
feminin Mugeril.
femininement Mugerilmente.
fendable Hendible.
fendeur Hendedor, resquebrajador.
fendre Hender, resquebrajar.
fendu Resquicioso, hendido, resquebrajado.
fente Hendedura, hendimiento, hendedero, grieta, hendrija, resquebrajadura, resquebrajo, resquicio.
fenaison Siega del heno.
fener Coger heno.
fenestrage Ventanaje.
fenestre finestra, ventana, balcon, lumbrera.
fenil Almiar de feno, fenedal.
fenix feniz.
fenoil Hinojo.
fer Hierro.
ferré Herrado, clauado.
ferrement Herramienta.
ferrer Herrar, clauar.
ferrure Herradura, clauadura, clauazon.
ferir Herir.
feru Herido.
ferme ou mestairie Quinta, arrendamiento, alqueria.
ferme Solido, firme, estable, tieso, retesado.
faire ferme Hazer hincapie.
fermement firmemente, establemente.
fermeté firmeza, estabilidad.
fermé Cerrado, traspellado.
fermer Cegar, cerrar, traspellar.
fermier Quintero, rentero, césero, capatas.
fermure Cerradura.
fers à attiser le feu Badil.
fertil fertil.
fertilement fertilmente.
fertiliser fertilizar.
fertilité fertilidad.
fessee Nalgada.
fesses Cuquillas, nalgas, assentaderas.
Branler les fesses Nalguear.

F E

fesser Açotar.
fessu Nalgudo, culon.
feste fiesta, zambra.
feste ou cime Cauallete de casa.
fester Hazer fiesta.
festiere, tuile Ala de taiado.
festin Xira, combite, saraos.
festoyer festear, festejar.
festu Palillo, paja, astilla.
feu Huego, fuego, lumbre.
feu de nuict Hoguera.
feux de guerre Ahumadas.
feux de ioye Luminarias, almenaras.
feu couuert Rescoldo.
feu volant Empeyne, sarpollido.
feudataire feudatario.
feuille Hoja.
fueilleter hojear, hojecer.
feultre fieltro.

F I

Fiance fiança, confiança.
fiançailles Desposorios.
fiancee Desposada.
fiancer Desposar.
fibre hebra.
fichement hincadura, fixadura.
fichément fixamente, hincadamente.
fiché fixado, fixo, hincado.
ficher fixar, hincar, clauar.
fiction, ficion, simulacion.
fidelle Leal, fiel, seguro.
fidellement fielmente.
fidelité fieldad.
fiebure Calentura, fiebre.
fief feudo.
fiel hiel.
S'entir le fiel Ahelcar.
fient hienda, estiercol.
fiente de bœuf Boñiga.
fiente de poule Gallinaça.
fiente d'homme Mierda.
fier, asseurer fiar.
fier Brauo, feroz, arrogante, cruel, altiuo, brusco, embrauecido, entonado.
Estre fier Embrauecer, entonarse.
fierement Soberuiamente, entonadamente, bruscamente.
fierté Altiuez, braueza, embrauecimiento, ferocidad.
fifre Pifaro, flauta, pifano, añafil.
figé Cuajado,
figement Cuajadura.
figer Cuajar.
figue higo.
figue hastiue Breua.
figuier higuera, breual.
figueraye higueral.
figuier sauuage Cabrahigo.
figure Dibuxo, dechado, figura.
figuré figurado.
figurer figurar.
fil, fiiet hilo, hebra, hebrita, hila.

G iij

F I

filet de la langue Frenillo.
filé, ret Red.
filer Hilar.
filace Hilaza, estambre.
filandiere Hilandera.
filandres d'oyseau Gusanos del halcon.
fil de la trame Lixo.
filiere Cordelejo.
fileur Hilador.
fillastre Hijastro.
fille Hija, donzella.
fille de ioye Manceba, puta, barragana.
fillette Niña, hijuela, donzelleja, donzellita.
filleul Ahijado.
Petite fille Nieta.
fils Hijo.
Petit fils Nieto.
fin Fenecimiento, fin, cabo, postrimeria, remate.
final Final, vltimo.
finalement Finalmente, vltimamente, el cabo, a la postre, en fin, postreramente.
fin, accort Astuto, sagaz, fino, astuto, ladino, agudo, artimañoso, cauteloso, mañoso, mañero.
Estre fin Cautelar.
finement Mañosamente, agudamente, astutamente, cautelosamente.
fiesse Astucia, dolo, fineza, artimaña, doblez, triça, ardid, cautela, leua, maña, zorreria, trapaça, traça.
finet Agudillo.
finances Finanças, hazienda.
fins, limites Confines, cabos,

F I

lindero, termino, mojon.
finy Fallecido, fenecido, finado, rematado.
finir Fallecer, fenecer, finar, rematar.
fiole almarraxa, redoma, garrafa, pomilla de vidro.
fisc Fisco.
fistule Fontanela, fistola.
fistuleux Afistolado.
Flac Marchito, flaco, lacio.
Flacon à huile Azeytera, alcuza.
Flacon à vin Odre, cantimplora, flasco.
Flageol Caramillo, flauta, çampoña.
Flageolet Pito.
Flageoler Pitar.
Flagorner Acusar, malsinar.
Flagorneur Parlero, malsin, acusador, chismero.
Flair Flagrancia, olfato.
Flairant Oliente, oledor.
Flairer Oler.
Flambant Flamante.
Flambe, herbe Lirio, cardeno.
Flambeau Hacha, antorcha.
Flamber de lard Pringar, empringar.
Flamboyer Echar llama.
Flame, Flambe Llama, llamarada.
Flameche Centella, cisco, chispa.
Flanc Ijada, lado, ijares.
Battre des flancs Hijadear.
Flatter Congraciar, lisonjear, ronçear, halagar, mimar.
Flatterie Blandura, caricia, calema, halago, lisonja, ronce-

FL

ria, congraciamiento, halagamiento, ronce, mimadura.
flatteur Halagueño, mimador, roncero, ronceador, lisonjero, congraciado r, halagador, halaguero, lamiznero.
flatteusement Halagueñamente.
fleche jugadera, vira, flecha, saeta.
Coup de fleche, Flechazo.
Tirer flesches Assaetar, flechar.
flechir Doblegar, encoruar.
flechy Doblegado, encoruado.
flechissement, flechisseure Encoruadura, doblegadura.
flegme Flema.
flematique Flematico.
flestry. Lacio, marchito, mustio, cedico, desmartido.
flestrir Marchitar, desmarrir.
flestrissure Marchitura, desmarrimiento.
fleur Flor.
fleur de farine Acemite.
fleur de noyer Ensordadera.
fleurette, fleuron Florezita
fleurir Florecer.
fleurissamment Floridamente.
fleurissant Florido.
fleuste Albogue, flauta, çampoña.
fleuster Flautar, sonar flauta, çampoñear.
fleusteur Flautador, alboguero, çampoñero, flautero.
flocon de poil Copo, guedeja.

FL

flot Ola, aluina.
flote Flota.
floté Oleado, flotado.
floter Olear, flotar.
Flotement El seotar.
Fluctueux Ondoso.
Fluer Correr, manar, colar.
Flux Correncia, corrimiento, fluxo.
Flux de ventre Chizquete, camaras.
Flux de sang Sangrelluuia.
Flux des femmes La camisa, la regla de muger.
Flux de la mer Resaca de la mar.

FO

Focile ou os Caña de la pierna.
foible Flaco, debil, feble, endebil, debil.
foiblement Feblemente, flacamente.
foiblesse Febledad, flaqueza.
foie Higado.
Qui a grand foye Higadoso.
foin Heno.
Sainfoin Alfalfa.
foire Mercado, feria, auaza.
foire de Bergers Mesta.
foire Camaras, mierda.
foireux Merdoso.
fois Vez, vegada.
Par fois A vezes, remudadamente, a remuda.
foison Abundancia, sobra.
foisonner Abundar, sobrar.

fol Loco, echacantos, bouo, alunado, tonto, ato chado, bauſan, atorado, bouarron, deſmeollado, perenal, rompenecios, ſandio, arreguado, necio.

Eſtre fol Enloquecer, embouecer, alunar, atontecer, atochar, loquear, arreguar.

faire le fol Truhanear, loquear.

folaſtre Truhan, burlon, retoçon, loquito.

folaſtrement Por juego.

folaſtrer Bouear, retoçar, loquear.

foles Loquillo, loquito, bouito.

folement Locamente, neciamente, a tontas, a locas, bouamente, diſlatadamente, perenalmente.

folie Bouedad, tontedad, locura, alunamiento, atochamiento, boueria, diſlate, inſipiencia.

folier Bouear, necear.

fomentation fomentacion, floradura.

fomenter flotar, calentar cobijando.

foncier Señor, proprietario.

fond hondo, hondon, caudal.

fondateur fundador.

fonde honda.

fondement çanja, aliçace, cimiento, fundamento.

fonder Cimentar, fundar.

fondre hundir, derretir, deshazer, deſleyr.

fondu hundido, derretido, deſleydo.

fondure Derretimiento, derretidura.

fondrilles Borras, hezes, aſſientos.

fontaine fuente.

fonte fuſlera, fundicion.

fontenelle fuentezuela.

fontenier fontanero.

forain forancò.

forbany Deſterrado.

forbanir Deſterrar.

forbeu cheual Cauallo aguado.

forçat forçado, galeote.

force Valia, fuerça, premia, fortitud, fortaleza.

par force forçoſamente.

forcé forçado, forçoſo.

forcer forcejar, forçar, esforçar.

forcené Enfurecido, mentecato, deſatinado.

forcenement, forcenerie Deſuario, deſatino.

forcener Enfurecer, deſatinar.

forces Tijeras, tiſſeras, tixeras.

forclorre Eſcluyr.

forclos Eſcluſo, eſcluydo.

foré horadado.

forer horadar, barrenar, taladrar, agugerear.

foreſt fioreſta, moheda, boſque, ſoto.

foreſtier Montaraz, ſaltero, floreſtero.

foret Barrenilla, taladro, taladrillo.

forfaire Mal hazer.

forge herreria, fragua, forja.

forgé forjado.

F O   F O

forgement forjadura
forger fraguar, forjar
forgeron Herrero, herrador.
forligne Degenerante.
forlignement Degeneracion.
forligner Degenerar
formage queso, formaje, cerrion.
formagier quesero.
faire formage quesear
formation formacion.
forme forma, horma.
formel formal
formellement formalmente.
former formar, facionar
formidable formidable
formulaire formulario.
fornication fornicacion.
forpaiser peregrinar
fors Saluo, excepto.
fort fuerte, rezio, trauado.
fortement fuertemente, reziamente.
fort, forteresse Alcaçar, fortaleza, fuerça, castillo.
fortification fortalecimiento, fortificacion.
fortifier Encastillar, fortificar, fortalecer, enrocar.
fort, muy, mucho.
fortuit fortuito, accidental.
fortunal fortunal.
fortune, fortuna.
fortuné Dichoso, feliz, bienauenturado.
foruoyer Descarriar, desencaminar.
fosse Hoyo, fossa, balsa, çanja, uessa, sima.
Basse fosse Mazmorra calaboço.
fossé Caua, fosado.

fossette Hoyuelo, fossillo.
fossoyé Ahoyado, cauado, çanjado.
fossoyement ahoyadura, ahoyamiento, cauazon.
fossoyer Ahoyar, aocar, çanjear.
fossoyeur Aocador, cauador, ahoyador.
fouace Hogaza.
fouet Latigo, çurriaga, açote.
fouetable Açotadizo
fouetté Açotado.
fouettement Açotamiento
fouetter Açotar, hostigar.
fouetteur Hostigador, açotador
fougere Helecho.
fouiller Buscar, escudriñar
fouyr Ahoyar, socauar, cauar
fouyr auec le groin Hocicar
fouyssement Cauazon.
fouysseur Cauador.
fouldre Rayo
fouldroyer Relampaguear
foule de gens de pied folla, aprieto, holla.
foulement Huelle, holladura, bolladura, pisadura
fouler hollar, sopear, bollar, recalcar, pisar, calcar, tropellar, trompillar.
fouler les draps batanar.
fouleur Hollador, pisador, bollador.
foulon batanador.
foulonnerie batanadura.
four Horno.
four à chaux Calera
fourche Horca.
fourche à trois doigts arrexaque.

F O

Fourchette de table, Tenedor.
Fourby Acicalado.
Fourbir Acicalar.
Fourbisseur Acicalador, espadero.
Fourbissure acicaladura
Fourchette Horquilla.
Fourchu, ganchoso.
Fourgon Hurgonero, hurgon, pala de horno.
Fourgonner Hurgonear.
Fourmage de creme Naterones.
Fourmy Hormiga.
Fourmillere Hormiguero.
Fournir fornecer, proueer, subministrar.
Fournissement, fourniture, Prouision, subministracion, fornecimiento.
Fournisseur prouisor, administrador.
Fourrage pasto, forraje
Fourreau Vayna
Fourré Aforrado.
Fourrer Aforrar.
Fourreur pellejero.
Fourrier Furriel, aposentador
Fourrure Aforro.
Fouteau, arbre, Haya
Fourvoyé Descaminado, descarriado
Fourvoyement descarriamiéto, descarriadura.
Fourvoyer desuiar, descarriar, descaminar
Foy Fe, fee.
Foyer Hogar.

F R

Fragile, quebradizo, fragil
Fragilement Fragilmente

Fragilité Fragilidad
Fragment pedaço, fragmento.
Fraichement Frescamente
Fraicheur Frescor.
Frais Fresco.
Frais, despens Costas, gastos.
Fraise, fruit Miezgos, fresa, fragas, mireduano, majuela.
Fraisier Miezgado, mayuete.
Fraise de chemise, Lechuguilla
Fraisé Engorjetado.
Framboisier çarça idea
Franc Franco, libre.
Franchement Francamente.
Franchir passar vltra
Franchise Franqueza, cobro.
Frange Franja, rapazejo, flocadura, flueco.
Franger Franjar.
Frapé golpeado, herido, tocado, aporreado.
Frapement Herimiento, aporreamiento, aporreo, aporreadura, golpeadura, herida.
Fraper Cutir, herir, hostigar, aporrear, golpear.
Fraper à la porte, dar aldauadas llamar a la puerta.
Fraper des poings Apuñar, apuñear.
Frapement de poings Apuñadura, puñadas.
Fraper du pied, patear, cozear.
Fraternel Fraternal.
Fraternellement Fraternalmente, hermanalmente.

FR

Fraternité Fraternidad, hermandad.
Fraude Artimaña, engaño, guadrimaña fraude.
Fraudé Trampeado, engañado, defraudado.
Frauder Engañar, defraudar, fraudar.
Fraudeur Tramposo, fraudulento.
Frauduleusement engañosamente.
Frayé Trillado.
Frayer Trillar.
Frayeur Miedo, pauor, temor.
Fredon gorgeamiento.
Fregate Fregata.
Frein Freno.
Mascher le frein Tascar.
Frelon, Abispon, tabarro, moscarda, zangano, moscon.
Frelatement de vin, Trassegadura.
Frelater Trassegar.
Frelateur Trassegador.
Fremir Temblar, estremecer.
Fremir de colere Regañar.
Frenesie Frenesia.
Frenetique Frenetico.
Estre frenetique Freneticar.
frequence Frequencia.
frequemment Frequentemente.
frequentation Frequentamiento.
frequenter Frequentar, cursar.
frere Hermano.
freres bessons Mellizos.
frere de laict Collaço.
frere moyne Frayle.
fresaye çumaya.

FR

fresle Fragil.
fresnaye quexigal.
fresne Frezno, quexigo.
fressure Coradela, assadura.
fret Flete.
freter Fletar.
fretillant Biuo, entremetido.
fretiller Brincar.
friand Lamiznero, tragon, goloso.
friander golosear.
friandise golloria, golosina, lamin.
fricassé frito.
fricassee Caçuela, guisadillo.
fricasser Freyr.
friche Tierra valdia.
frilleux frioso.
frimas Elada, escarcha.
fripé Recardado, traydo.
friperie Regatonia, ropauejeria.
fripier Ropauejero, regaton.
friper Regatear.
frire Freyr.
frisé Rizado, encrespado.
friser Frisar, riçar, encrespar.
ser à friser Encrespador.
friseure encrespadura, riço.
frise, estofe Frisa.
frisson Temblor, aterecimiento, calofrio, enerizamiento, espeluzamiento.
frissonner Teritar, espeluzar, despeluznar, enerizar, regizgar.
friuole friuolo.
friture freydura.
froid frio.
froidelet friezuelo.
froidement friamente.

F R

froideur, froidure frior, frio, frialdad.
froidureux frioliento, friolego.
froissé Abollado, magullado, tullido.
froissement Majadura, abollamiento, abolladura, magulladura, tullimiento.
froisser Majar, magullar, abollar, abarrar, fresar, tullir, estrellar.
froment Trigo, frumento, escandia.
froncer fruncir.
froncer le front, Arrugar, encapotar.
fronceure frunce.
froncer la bouche Mirlar.
frocle Hura, diuiesso, chichon, tolondron.
front, frente.
frontal frental.
fronteau Trançada, trançadera, vendeja.
frontiere Orilla, lindero, limite, frontera.
frontispice frontispicio.
frottement estregadura, fregadura.
frotter Hurgar, estregar, fregar, rascar, ludir.
frotoir fregadero.
fruit fruta.
frutier frutero, frutal.
fructifiant frutifero.
fructifier frutificar.
fructueux fructuoso.
fructueusement fructuosamente.
frustré frustrado.

F R

frustrer frustrar, engañar.
frustratoire Engañoso.

F V

Fueille Hoja.
Fueillee Ramada.
fueillu Hojoso.
fueillage follaje.
fueilleter Hojear.
fugitif Tornadizo, fugitiuo, ahuyentado.
fuyard Huydizo, huydor.
fuir Huyr, escapar, descabullir, afufar, tomar las viñas, tomar las de villa, diego.
fuite, Huyda, ahuyentamiento.
fumee Humazo, humo, baho, vapor, ahumadura, humareda.
fumees de guerre Ahumadas.
fumement Estercoladura, estercolamiento.
fumer de fient estercolar.
fumer Humear, ahumar.
fumeterre palomilla.
fumeux humoso.
fumier muladar, estiercol.
funebre, funeste, Endechoso, funeral, funesto.
funerailles Honrras, exequias, mortuorio.
furet Huron.
furetter buscar, hurgar.
fureur, furie furia, furor.
furieux Madrigado, furioso, furibundo.
furieusement furiosamente.
furtiuement hurtadamente, ahurtadillas.

F V

fuseau huso.
fusee Maçorca, husada
fusee à feu Cohete.
fusible hundible
fusil Eslabon.
fust Asta, astil, fuste.
fustaille Pipas
fustaine fustan.
fustaye Arboleda.
fuste vaisseau de mer fusta.
fustiger Dar latigazos, hostigar.
futur Venidero, futuro.

G A

Gaban Fieltro, gaban
Gabelle, Peazgo, gabela.
Gaber Burlar, escarnecer, fruzlar, mofar.
Gaberies, gabes Disparates, bayas, burlas, mofas fruzlerias.
Gabeur burlon, fruzlero, mofador.
Gabion, Ceston, terraplenado
Gabionner Cestonear
Gache, auiron Remo
Gacher Remar
Gage Arra, prenda, sueldo, gaje.
Gager Apostar, aponer
Gageure Puesta, apuesta.
Gaillard Galan, ayroso, gallardo, loçano, alegre
Gaillardement Ayrosamente, gallardamente.
Gaillardise Loçania, donayre,

G A

holgura, gallardia.
estre gaillard Gallardear, gallear, loçanear.
Gaine Vayna.
Gaing Ganancia, grangeo.
Gaingner Ganar, grangear.
Gaingnedenier Palanquin, ganapan, bastaje.
Galeace Galeaça.
Galeote Galeota.
Galere galera.
Galerie Mirador, corredor, passadizo.
Galetas Desuan.
Gallant Vizarro, galan, loçano, polido.
Gallantise galanteria, gala, galania, biçarria, loçania.
Galle granos y comezon, sarna.
Galle de brebis Roña
Galle, noix Agalla.
Galler Rascar, escodar.
Galleux Roñoso, sarnoso.
Gallion galeon, fusta.
Galloche Galocha, çancos.
Gallop Galope.
Galloper Galopear.
Gamache Polayna.
Gambade brinquillo, pernada.
Gambader brincar.
Gambette çancadilla, traspié.
Gant Guante.
Gantelet manopla.
Gantier Guantero.
Garant Fiador, valedor
Garanty Guarecido
Garantir Valer, amparar, guarecer.
Garçon moço, rapaz.

GA

Garbe Apostura garbo, talle.
Garde Guarda, guardia, amparo.
Gardebois Saltero.
Garder Guardar, defender, valer, conseruar.
Gardien Guarda, guardian, guardador, depositario.
Gardemanger, Guardamangel.
Garderobe Recamara, guardaropa, saluaropa, reposteria.
Maistre de garderobe Repostero, ropero.
Garenne parque, soto de conejos.
Gargarizer Gorgeargargatizar.
Garny Guarnecido.
Garnir Guarnecer, emparamentar
Garnisseur guarnecedor, guarnicionero.
Garniture Guarnecimiento, guarnicion.
Garrot Garrote.
Garrotté Garrotado
Garrot, trait Xara, tiro
Garse Cantonera, combleça manceba.
Garse, fille Moça, mocetona.
Garson Mancebo, mochacho, mancebillete, moço, mancebito, garçon, moceton.
Garsonner Garçonear.
Gasteau Hogaça, torta, rosca, rollo, rollito
Gasteau feuilleté, Hojaldre, hojuela
Gasté perdido, gastado
Gastement perdida.

GA

Gaster Gastar, romper.
Gauche yzquierdo, çurdo.
Gauchy Torcido.
Gauchir Torcer.
Gaude herbe Gualda.
Gaudir Retoçar, burlar, holgar.
Gaudisseur Donoso, burlon.
Gauffre Alfaxor.
Gaule percha, vara, pertiga.
Gauler Sacudir, varear.
Gay Alegre, regozijado
Gayement Regozijdaamente
Gayeté Alegria, regozijo, floreo.
Gaze Cañamaço.
Gazon Cesped, terron.
Gazouillement, Gorgeamiento.
Gazouiller Gorgear.
Gazouilleur Gorgeador.

GE

Geant Gigante, jayan.
Geay oiseau Grajo, arrendajo.
Geiné Cauallete, potro, tormento
Geiner Atormentar
Gelé elado.
Gelee yelo, elada, escarcha, cerrion, elamiento.
Gelee à manger eladina.
Geler elar, escarchar
Gelement eladura.
Geline Gallina.
Gemeaux mellizos.
Gemir llorar, gemir, solloçar.
Gemissement lloro, gemido, solloço.
Gencive enzia

Gendar-

G E

Gendarme, Soldado.
Gendarmerie, Soldadesca, soldaresca.
Gendre, yerno.
Genealogie, Abolorio, Abolengo, cepa.
General, General.
Generalement, Generalmente.
Generalité, generalidad.
Generation, generacion.
Genereux, generoso.
Genereusement, Generosamente.
Generosité, generosidad.
Genest, Hiniesta, Esparto, Retama.
Genestiere, Esparteña.
Geneure, enebro.
Genice, Vtrera, Bezerra, Nouilla, Ternera.
Genitoires, Turmas, Testiculos.
Genouil, Rodilla, Inojo.
Coup de genouil, Rodillazo
Genre, genero.
Gent, gente, pueblo.
Gentes de roüe, Cinchos de rueda.
Gens de guerre, Soldadesca.
Gent, Gentil, Garrido, Polido, Gentil, Galan, Ayroso.
Gentilement, gentilmente, garridamente, ayrosamente
Gentilesse, Cortesania, Garrideza, Nobleza, Gentileza.
Gentilhomme, Noble, Hidalgo, gentilhombre.
Gentils-hommes de la suite

G E

d'vn grand, Continos.
Pauure gentilhomme, Pelon.
Gentilz, Paganos, gentiles.
Geole, jaula.
Geolerie, Alcaydia, Carcelage.
Geolier, Carcelero, jaulero, alcayde.
Geometre, geometra.
Geometrie, geometria.
Gerbe, Monojo, hace.
Gerfault, girifalte.
Germain, Hermano.
Germe, Boton, Renueuo, Breton, Retoño, tallo.
Germement, Brotadura.
Germer, Brotar, Retoñecer, Echar.
Gesier, Buche.
Gesir, yazer.
Gesine, yazija.
Geste, gesto, ademan, meneo.
Gestes, Hechos, Hazañas.

G I

Gibeciere, Bolsa, çurron, bolmochila.
Gibet, Horca, Horcaja, Rollo, Piut.
Giboyer, Caçar aues.
Gigot de mouton, Pierna de carnero
Gingembre, gengibre, maqui.
Giroflee fleur, Alheli.
Giron, Falda, Regaço, gremio.
Girouette, Veleta, Velilla.

H

G I

giste, Aposento, Cama, yazija, echadero.
gisier, Buche, Molleja.

G L

glace, yelo.
glacer, Elar.
glaçon, carambano, Cerrion, Reillo.
glayeul, espadaña, lirio
glaire d'œuf, Clara de hueuo
glaiue, espada.
gland, Vellota.
glandee, Vellotada.
glande, Landre, Landrezilla, Agalla.
glande à l'aine, encordio.
glaner, espigar.
glapir, *glatir*, Ladrar, Gañir.
glissant, Deleznable, resbaloso, escuridizo.
glissement, resualadera, deslizamiento, deleznamiento.
glisser, Desbarar, Esuarar, Resbalar, Deslizar, Deleznar, Derrencar.
glissoire, Deleznadero, Resualadero.
gloire, Honrra, gloria, vfania, loçania, glorificacion
glorieux, Glorioso, vfano, loçano.
glorieusement, Gloriosamente, locanamente.
glorifier, Gloriar, vfanar.
glose, glosa, postila.
gloser, glosar, postilar.
gloutement, golosamente.
glouteron, *herbe*, Lampazo.

G L

glouton, Tragon, goloso, gloton, gargaton, engullidor, mercadon, comilon.
gloutonner, Tragar, engullir, glotonear.
gloutonnie, gargantez, glotonia, golosina.
glu, cola, liga, muerdago.
glué, enliriado, enligado.
gluant, pegajoso, viscoso.
gluer, enliriar, enligar.
gluon, Varilla, enliriada.

G O

gobelet, copilla, copa, vasija, gobelete.
goffe, grossero, tonto, basto, gofo.
goitre, Lobanillo.
goitreux, papudo.
golfe, golfo.
gomme, goma.
gommer, engomar.
gommeux, gomoso.
gommeure, engomadura.
gond, quicio, gozne, gonze.
gorge, *gosier*, Gaznate, Garganta, Eruera, Gola, Gañon, Garguero, Tragadero.
gorgee, Trago.
gousse de febue, Hollejo de haua.
gouffre, Tragadero, Remolino, golfo, sima.
goujat, Rapaz, Rapazillo, moço, Mochilero.
goujeon, gobio.
gouldron, Betun, Alquitran,

G O

brea.
Gouldronner, Abetunar, Brear.
Goulu, gourmand, Tragador, Garganton, Gloton, Tragamalla, Comilon, Engullidor, Goloso, Merendon.
Gourmander, glotonear, engullir, tragar.
Gourmandise, Gargantez, glotonia, gula, gullonia, tragonia.
Gourme, Landrezilla, Papada, Lobanillo, agallas
Gourmette, Barbada.
Goust, gusto, sabor.
Gouster, gustar, prouar.
Gouster, Colationner, merendar
Gouster, colation, Merienda.
Goutte, gota.
Goutte, maladie gota, puagre.
Petite goutte gotilla.
Goutte crampe Calambria, calambre.
Gouteux gotoso.
Goutant goteado.
Gouter gotear.
Goutiere gotera.
Gouuernail Timon, gouuernalle.
Gouuernement gouierno, corregimiento, gouernamiento, gouernacion.
Gouuerneur gouernador, corregidor.
Gouuerneur d'vn prince ou grand Ayo.

G R

Grace Merced, gracia.
Bonne grace Apostura.
Gracieux Comedido, Agraciado, Gracioso.
Gracieusement Agraciadamente, graciosamente.
Gracieuseté, comedimiento, gracia, agradamiento.
Grade grado.
Graffe, croc garfio.
Graduer graduar.
Grain grano.
Grain de raisin Burujo.
Graine pepita.
Graisse Sayn, Gordor, Saynete, Gordura, pringue, grossura.
Grand Grande, Grandioso.
Grandelet grandecillo.
Grandement Grandemente, Sumamente.
Grandeur Grandor, Grandeza, Tamaño.
Grange Granja, granero, alholi, alcaria.
Grappe Razimo, gajo.
Grape, maladie de cheuaux grietas de cauallo.
Gras Gordal, Gordo, cariampollado, Ceuon, Gruesso.
Grasset Grassuello, Gordillo.
Gratelle Sarna, Comezon, roña.
Grateleux, sarnoso, roñoso.
Grater Rascar, Rascuñar.
Gratification Gratificacion.
Gratifier Gratificar.
Graue Graue, Mesurado.

H i

G R

Grauement, Mesuradamente, grauemente.
Grauité, grauedad, mesura.
Grauelle, Piedra de riñones.
Grauer, Insculpir, Sinzelar, grauar, tallar, entallar, esculpir.
Graueur, Entallador, Escultor, Esculpidor, Sinzelador.
Graueure, Sinzeladura, Escultura, entalladura, talla.
Grauier, China, quija, quijuela, cascajo.
Grauir, gatear, trepar.
Gré, gracia, gusto, plazer, agradamiento, sabor, agradecimiento.
A ton gré, A tu grado, A tu sabor, A tu gusto.
Greffe à enter, enxerto, pua, espigon.
Greffe office, escriuania, secretaria.
Greffier, Secretario, escriuano.
Gresle, Menu, Delgado, Espigado.
Gresle, Tempeste, Granizo, Pedrisco, Predia.
Gresler, Granizar, Apedrear.
Grenade, Granada.
Grenadier, Granadero, Granado.
Grenaille, Granalla.
Grenat, Pierre, Granate, Granado.
Grene, grenu, granoso, granado

G R

Grener, Granar.
Grenier, Panera, Granero, Alholi, Algorfa, Alhondiga, Camarauchon, Troxe, Troje.
Grenouille, Rana.
Oeufs de grenouilles, Ranacuajo.
Grenouiller, Laguna de ranas.
Greué, Agrauiado, Grauado.
Greué, malade, Potroso, quebrado.
Greuer, Agrauiar, Agrauar.
Greue de la teste, Crencha.
Greues, greuas.
Greueure, Potra.
Grief, Greue.
Grief, Agrauio.
Griefuement, Agrauiadamente.
Griffon, Grifon.
Griffe, Vñas, garras
Gril à rostir, Parrilla de hierro.
Grille de fer, Grillos, rejas.
Griller, i Rostir, Assar en parrilla.
Griller glisser, Deslizar, Resbalar.
Griller, Treilisser, Eurexar.
Grillon, animal, Grillo.
Grimace, Coco, Gestos.
Grimper, Gatear, trepar.
Grimpeur, Gateador, Trepador.
Grinçant, Rechinoso.

GR

grincement Chillido, rechinamiento.
grincer Chillar, rechinar.
grincer les dents Regañar.
griotes Guindas.
gripper Apañar.
grippement Apañamiento.
gris Cardeño, pardo, pardillo, fraylesco.
gris pommielé Rucio, rodado.
grisonner Canecer.
grue zorçal, peñata.
groin Hocico.
Fouiller du groin Hocicar, hoçar.
gronder, grongner Reçongar, gruñir.
grondeur, grongneux Groñon, gruñidor, reçongon, respondon.
grongnement Reçongo, gruñido, reçongamiento.
gros Gordal, gruesso, gordo.
grossement Grossamente, toscamente.
grosse femme Preñada.
grossesse Preñado, preñez.
groselier Vuaspino.
grossier, lourd Grossero, tosco.
grossier, marchand Mercante en gruesso.
grossierement Grosseramente, toscamente.
grossir Engordar.
grotte Cueua, grota.
grue Grulla.
guyer Saltero, guardabosques, montaraz.

GV

Guaret Baruecho, sembrada sementera.
guaretage Baruechazon.
guareter Baruechar.
guarir Remediar, sanar, curar, conualecer.
guary Sanado.
Mal guary Sobresanado.
Mal guarir Sobresanar.
guarison Cura, sanacion.
gué Vado, baxa.
gueable Vadoso.
gueyer Vadear.
guenon Mono, mico, mona, gatopaus.
guerdon Galardon, premio, recompensa.
guerdonné Asalariado, premiado.
guerdonner Asalariar, galardonar, recompensar.
guere Poco.
guerpir Desgarrar.
guerre Guerra.
guerrier Belicoso, guerrero, guerreador, campeador.
guerrierement Belicosamente.
guerroyer Guerrear, hazer guerra, campear.
guespe Abispa, abispon.
guestré Abarcado.
guestres Abarcas.
guet Otero, centinela.
guette Atalaya, espia.
guetter Aguaytar, assechar, atisbar, atalayar.
guettement Assechança, acecho.
guetteur Acechador, salteador.

H iij

C V

gueule Gola, garganta.
gueule en armoirie Roxo.
gueux Bribon, picaro, pordiosero.
gueuser Bribar, picarear, mariscar, pordiosear.
gueuserie Bribia, picardia, briuonismo, briuonesca.
guichet Postigo, ventanilla.
guide Guia, adalid, guion.
guider Guiar.
guidon de guerre Guion.
guigner Guiñar.
guimauue Maluisco.
guinder Yçar, alçar.
guirlande Guirnalda.
guise Guisa, modo.
guigne Guinda, cereza.
guignier Cerezo, guindo.
guiterne Guitarra.

H A

Ha ha Ha, ha, ah, ay.
Habile Abil, estirado, resabido.
Faire l'habile Abilitar.
habilement Abilmente.
habilesse Abilidad.
habillé Vestido.
Bien habillé Bien tratado.
habillement, habit Ropa, ropaje, vestidura, vestido, vestimiento, hato.
Meschant habit Vestidillo, hatillo.
habitation Abitacion.
habitant Poblador, abitador, morador, vezino.
habité Abitado.
habiter Morar, abitar.

A A

habitude Auezamiento, abituacion, habito, abitud.
habituer Auezar, abituar.
hache Segur, destral, hacha.
haché Picado.
hacher Picar, rajar, cortar menudo.
hachereau Açuela, destralejo, hacheta, segureja.
hachis Picadillo, pepitoria.
hagard Foraño, brauo, feroz.
hay Desamado, aborrecido.
haye Vallado, seto, haya, valladar.
haillon Andrajo, trapo, chafalla, harapo.
haillonneux Andrajoso.
haim Anzuelo.
haine Desamor, odio, rancor, enemistad, oxariza.
haineux Enemigo, odiador, odioso.
haineusement Enemigablemente.
hair Odiar, aborrecer, desamar, enemigar, enemistar.
haire Cilicio.
hale Lonja, hala.
halebarde Alabarda, sargenta.
Coup de halebarde Alabardazo.
halebran Anadino, labanco de rio.
halecret Coraça.
haleine Huelgo, resuello, aliento, huelga.
halener Abahar, resollar, bahear.

HA

halé, brulé du soleil Quemado del sol.
haler les chiens Açomar.
halement de chiens Açomamiento.
haler, tirer yçar, tirar arriba.
haletant Acezoso, carleante, latiente.
halettement Acezo, latido.
haletter Acezar, carlear, latir.
hallier Espinal, haya, cambronera, cambron, çarçal, maleza, matorral, matorrizal.
hameau Aldehuela.
hameçon Anzuelo.
hameçonné Anzolado, anzuelado.
hameçonner, hamecer anzuelar.
hanche Quadril, anca, galon.
hanebane herbe Veleño.
haneton Abejon, abejaron, tabano.
hannissement Relincho, relinchido.
hannir Relinchar.
hannisseur Relinchador.
hante asta.
hanter Conuersar, tratar.
hantise Conuersacion, tratacion, trato.
happer asir, abarcar, apañar.
haquenee Portante, hacanea.
harangue Labia, arenga, razonamiento, razon.
haranguer Orar, razonar, arengar.
harangueur Orador.
haras Recua, recuaje, manada de yeguas y garañones.

HA

harasser Cansar, harrear.
harceler Enfadar, vexar, molestar, harrear.
hard à lier Bexuco, tramojo, vencejo, atadura, soga.
harde, troupe Manada de fieras.
hardes, besongnes Bagaje, hato.
hardy audaz, atreuido, osado.
hardiesse atreuimiento, osadia, ardimiento.
hardillon Clauo de heuilla.
hardiment a osadas.
haren Harenque.
haren soret arenque ahumado.
harengere alachera, harenquera.
hargneux Potroso.
hargne Potra.
hargneux, facheux Mohinoso.
harmonie armonia.
harnacher enjaezar.
harnois, cuirasse arnes.
harnois à l'espreuue arnes trançado.
harnois de cheual jaez.
harpe Harpa.
harper Tañer harpa.
harpeur Harpador, harpero.
harquebuz arcabuz.
harquebusade arcabuzaço.
harquebuser arcabuzear.
harquebusier arcabuzero.
harquebuserie arcabuzeria.
hasard azar, suerte, arriezgamiento, ventura, riezgo.
hazardeux arriezgado, arricado.

H iiij

HA

Hasardeusement Arriscadamente.
Hasarder Arriscar, poner al tablero, auenturas, arriesgar.
Hase Coneja, vieja.
Haste Apressuramiento, priessa, ahinco, acceleramiento, aquexamiento.
Hasté Acelerado, apressurado, aquexado.
Haster Acelerar, pressurar, apressurar, aquexar, dar priessa.
Hastif Pressuroso, apresurado.
Hastiuement Prestaméte, aceleradamente, apressuradamente, aquexadamente.
Haubert Iaquymalla.
Haue Espantoso.
Hazet Corchete.
Hauy, brulé Tostado.
Hault Alto.
Hault de chausses çahon caraguel, calzon.
Haultain Altanero, altiuo, entonado, soberuio.
Haultainement Altieramente, soberuiamente.
Haulteur Altura, alteza.
Haussé Encumbrado.
Haussecol armure Gola, gorjal, gorgerina.
Haussement Puja.
Hausser Pujar, alçar, quilatar, ensalçar, sublimar, enarbolar, encumbrar.
Hausser les yeux Desencapotar los ojos.
Haure Muelle, puerto, paradero, surgidero, parador.

HA
HE

Heaume Yelmo, almete.
Hebergement Albergo, posada.
Hebeté Boto, botado.
Hebeter Embotar.
Helas hay, aydemi, guay de mi.
Hemorrhoide Almorrana.
Hennir Relinchar.
Hennissement Relincho.
Herault Araldo, rey dearmas.
Herbe Yerua.
Herbette hieruezita, yeruezuela.
Herbier Eruaçal.
Herbu Eruoso.
Herbage Eruaje, ortaliza.
Heresie Eregia.
Heretique Ereje, eretico.
Herissé Erizado.
Herisser Enerizar, espeluzar, erizar.
Herisson animal Erizo.
Heritage Eredad, erencia.
Heriter Eredar.
Heritier Eredero.
Hermitage Yermo, hermita.
Hermite Eremitaño, eremita.
Heron Garça.
Herse Rastrillo, compuerta.
Hestre arbre hayo, mesto.
Heur Ventura, dicha.
Heureux Dichoso, bienauenturado, venturoso, afortunado.
Heureusement felizmente, dichosamente, afortunadamente.
Heure hora, ora.

H I

Heurt, heurtement Topeton, encuentro, encontron, tropieço, empellon.
Heurté encontrado, abarrado.
Heurter Abatrar, encontrar, topar, tropellar.

H I

Hibou Lechuza, buho, autillo.
Hideur Espanto, horror.
Hideux Espantoso, feo.
Hideusement horriblemente, feamente.
Hie instrument à pauer, Maça, maçon, pison.
Hieble Yezgos.
Hier, pauer Maçonear, hincar, pisonar.
Hierre Yedra.
Hipocras d'eau Aloxa.
Histoire historia.
Historien historiador, coronista.

H O

Ho Ahao, ola.
Hobere couleur houero.
Hocher Sacudir.
Hochement de teste Cabeceamiento.
Hocher la teste Cabecear.
Hochet juguete de niño, soluito.
Hoir heredero.
Hoirie herencia.
Hola Ce, ahao, he.
Homicide Omiziano, homicida, omizillo.

H O

Homicide Omicidio.
Hommage Pleytomenaje, omenaje, parias.
Homme Varon, hombre, home.
Hongner Gruñir.
Hongre Cauallo capado.
Honeste honesto.
Honestement Onestamente, venustamente.
Honesteté Onestad, onestidad.
Honneur honrra honor, prez, acatamiento, culto.
Honneur, funebre Endechas.
Honorable honrrado, honrroso, honorable.
Honorablement honrradaméte.
Honoré honrroso, acatado, honrrado, estimado.
Honorer Acatar, honrrar, estimar, reuerenciar.
Honny Afrentado.
Honnir Afrentar, auergonçar.
Honte Verguença, afrenta, mengua, auergonçamiéto.
Auoir honte enuergonçar.
Honteux Vergonçoso, afrentoso, auergonçado, enuergonçante, menguado.
Honteusement Vergonçosamente, auergonçadamente, afrentosamente.
Hoquet Traquido, hipo.
Hoqueton Casaca.
Horion Golpe.
Horloge Relox.
Horloger Reloxero.
Horsmis Ecepto.
Horreur Asco, orror, aborrecimiento, horrura.

HO

Horrible espantoso, horrible.
Horriblement espantosamente, horriblemente.
Hors fuera.
Hospital enfermeria, hospedal, ospital.
Hospitalier enfermero, ospitalero.
Hoste Aposentador, huesped, hostalero, mesonero.
Hostel Casa.
Hostelage huespedaje.
Hostelerie hostaria, meson, hospederia, aposentamiento.
Hostelier Ostalero.
Hostie hostia.
Hostilement hostilmente.
Hostilité hostilidad.
Hotte Banasta, canasta.
Houbelon Hombrezillos.
Houe Almocafre, sacho.
Houement Cauazon.
Houer Cauar.
Houeur Cauador.
Hoyau Açadon, açada.
Houlette Cayado, gancho.
Houpe Borla.
Housse Gualdrapa.
Houssine Verdugo, vara, breços.
Houx arbre Azebo.

HV

Huche Artesa, harinero, hintero.
Huchette Artesilla.
Huée Alarido, grito, bozeria.
Huer Llamar, gritar, vozinglear.

HO

Huy Hoy, oy.
huile Azeyte.
huile de geneure Miera.
huileux Azeytoso.
huilier Azeytero.
huissier Portero.
huis Puerta.
huis de derriere Postigo.
huict Ocho.
huictiesme Ochauo.
huitres Ostias, ostiones.
Lieu à pescher huitres Ostiero.
humain Humano.
humainement Humanamente.
humanité Humanidad.
humble Humildoso, vmilde, abatido, sometido.
humblement Humilmente, abatidamente, sometidamente.
humecter Remojar.
humement Soruo, sorbimiento, soruedura.
humer Soruer.
humeur Sorbedor.
humeur Humor, licor.
humide Aguanoso, humido.
humidité Humedad.
humilier Rodillar, humillar.
humilité Humilidad, humiliacion.
hunc Gabia, gata.
hupe Abubilla.
hure Cabeça de jauali.
hurlement Aullido.
hurler Aullar.
hurleur Aullador.

HY

Hydromel Aguamiel.
hydropisie Hydropesia.

Hydropique Hidropico
Hyeble yesgos
Hyer Ayer.
Hypocrisie ypocrisia.
Hypocrite Hipocriton, carijusto, hipocrita, santon, relamido, lantuchado.
Hypocritement Hipocritamente
Hypothequer Hipotecar
Hyssope Hyssopo.
Hyuer inuierno.
D'hyuer inuernal, inuerniego.
Hyuerner inuernar.

I A

Ia ya, aora.
Iaçoit Puesto que, aunque.
iable Encaxadura.
iachere dehesa, tierra que huelga.
iactance iactancia.
iacter iactar.
iadis ya.
iayet Azauache.
iallet d'arbaleste Bodoque.
ialoux Celoso.
ialousement Celosamente.
ialousie Celos
iamais iamas, nunca.
iambe Pierna.
le gras de la iambe pantorilla.
branler les iambes pernear
iambieres Greuas.
iambon Pernil, tocino, jamon.
iangleur parlero.
iantes de roue Cinchos de rueda.
Ianuier Enero.

iapper Gañir, ladrar.
iappement Gañido, ladrado.
iaque de maille Cota de malla, iaquymalla.
iarce Hendido.
iarcer Hender.
iardin Vergel, jardin, huerto, huerta.
iardinage jardineria, ortaliza.
iardinet jardinejo.
iardinier Hortelano, jardinero, arbolero.
iargon Girigonça, germania.
iarre à huyle Alcuza.
iarret Corbejon, jarrete.
iartier Esteuado.
iarretieres atapiernas, jarretera, axorca, ligas, ligagambas
iaser Regozijar, vancar.
iaserie Charleria, chacota.
iaseur Chocarrero, chacotero, chocarron
iasmin jazmin.
iaspe jaspe.
iaspé jaspeado.
iasper jaspear.
iaspure jaspeadura.
iaste de bois Gamella
iauard mal de cheual Axuaguas
iaueline jabalina.
iauelot Garrocha.
iauelle Restrojo, hace, manojo.
iaune Amarillo, jalde
iaune paille Color paijzo.
iaune d'œuf, yema del hueuo.

I A

Iaunastre Amarillejo.
Iaunir Amarillecer, amarillar.
Iaunisse, maladie Ictericia.
Iaunement Amarillamente.
Iaunissure Amarillez.

I C

Iceluy Aquel, esse, esso
Icy Aqui.

I D

Idiot Necio, tonto.
Idolatre Idolatra.
Idolatrie Idolatria.
Idole Idolo.
Idolatrer Idolatrar.
Idee Idea.

I E

Ie, moy yo.
Ietté Echado, arrojado.
Iettement Echamiento, echadura.
Ietter Arrojar, echar, tirar, euechar, braccar, alançar, desembraçar.
Ietter, compter Sumar, contar.
Ietton d'arbre Renueuo, pimpollo, retoño, marhojo
Ietton à compter Contador, giton, contante, tanto.
Ietton de mouches à miel enxambre.
Ietz d'oiseau Pihuelas.
Ieu Luego.
Ieudy Iueues.

I E

Ieune Iuuenil, moço, jouen, moceton, moçuelo, muchacho, moçalbillo, moçalbete.
Ieune fille Moça, mocetona, moçuela, muchacha.
Ieunesse Mocedad, iuuentud.
Ieunement Iouenilmente.
Ieusne Ayuno.
Ieusner Ayunar.
Ieusneur Ayunador.

I F

If, arbre Texo.

I G

Ignominie Afrenta, ignominia.
Ignominieux Afrentoso.
Ignominieusement Afrentadamente.
Ignorace Desabimiento, ignorancia.
Ignorant Desabido, ignorante, imperito
Ignoramment A bobas, tontamente, ignorantemente, imperitamente.
Ignorer Ignorar.

I L

Il, El, aquel.
Illegitime Illegitimo.
Illegitimement Illegitimamente.
Illicite Nefario, illicito.
Illicitement Ilicitamente.
Illuminer Illuminar, alumbrar.

I M

Illusion Illusion.
Illustre Illustre
Illustrer Illustrar.

I M

Image Imagen, retrato, trasunto, estatua.
Imager Imaginero, estatuario.
Imagination Imaginacion.
Imaginer Fantasear, imaginar.
Imbecile Feble, flaco.
Imbecilement Imbecilmente, flacamente.
Imbecillité Flaqueza, imbecilidad.
Imbeu Embeuido.
Imitable Imitable.
Imitation imitacion, contrahazimiento, remedamiento, remedo.
Imitateur Remedador, imitador
Imiter Remedar, imitar.
Immatriculer Alistar, enregistrar, matricular.
Immediatement Immediatamente.
Immense Immenso, muy grande.
Immeubles Bienes, rayzes.
Immobile Immobil, imouible.
Immoderé Immoderado.
Immoderement Immoderadamente.
Immodeste Immodesto.
Immodestie Immodestia.
Immoler Ofrecer, imolar.
Immonde Immundo, suzio.
Immondicité immundicia, vassura, suziedad.
Immortalité Immortalidad.

I M

Immortalizer Immortalizar.
Immortel Immortal.
Immortellement Immortalmente.
Immuable Inflexible, immudable.
Immunité Immunidad.
Impatience impaciencia.
Impatiemment impacientemente.
Impatient impaciente, sobresalido, malsufrido.
Impalpable impalpable.
Impassible Impassible.
Imparfait imperfeto
Imperfection Imperfecion.
Imperial Emperial.
Imperieux Mandon, imperioso.
Imperieusement A la mandona
Impertinent impertinente.
Impertinemment Impertinentemente.
Impetrer Alcançar, impetrar.
Impetueusement Impetuosamente, raudamente.
Impetueux Impetuoso, raudo.
Impetuosité impetu.
Impie impio.
impieté impiedad.
Impitoyable, inclemente, sin piedad, despiadado.
Imployable No doblegable, implacable.
Implorer implorar.
Importance importancia.
important importante.
Importun Sobresalido, importuno.
Importunément importunamente.

I M

Importuner Importunar.
Importunité Importunidad, importunacion.
Imposer Cargar, imponer
Imposition Imposicion, maltote.
Impossible Impossible.
Impossiblemēt Impossiblemēte.
Impossibilité impossibilidad.
Imposteur Embustidor, tramposo, inuentor.
Imposture Engaño, inuencion.
Imprenable Inexpugnable
Imprimer imprimir.
Imprimerie Emprenta.
Imprimeur impressor.
Impropre improprio.
Improprement Impropriamente.
Improueu improuiso, desapercebido.
A l'improueu A deshora, desapercebidamente.
Imprudence imprudencia
Imprudemment imprudentemente.
Imprudent imprudente.
Impudence impudencia, desafuero, desuerguença.
Impudemment descaradamente, desosadamēte, impudentemente.
Impudent Desosado, desuergonçado, descarado.
Impudique impudico.
Impudiquement impudicamēte
Impudicité impudicicia.
Impugner impugnar.
Impuissance impotencia.
Impuissant impotente.
Impuny impunito, sin castigo

I N

Impunité impunidad.
Imputer imputar.

I N

Inaccessible inaccessible.
Inacoustumé Desauezado.
Incarnat Encarnado.
Incarnation Encarnacion
Incarner Encarnar.
Incertain incierto.
Incertainement inciertamente.
Incertitude incertidumbre, incertitud, incertinidad
Incessamment incessamente.
Inceste incesto.
Incestueux incestuoso
Incident incidente.
Incisé Tajado, inciso.
Inciser Tajar, incidir.
Incision incision.
Incitation incitamiento, añagaça.
Incité Incitado, estimulado.
Inciter Aguijar, incitar, estimular.
Inciuil inciuil, desdonado, descortes.
Inciuilement inciuilmente, desdonadamente.
Inciuilité Desdon, inciuilidad, descortesia.
Inclination Resabio, inclinacion, propension.
Incliner inclinar.
Incogneu Desconocido, ignoto.
Incommodé incommodo, desprouechado, desacomodado
Incommodement Desacomodamente, incommodamen-

te,desaprouechadamente.
Incommoder Desacomodar, desaprouechar.
Incommodité incommodidad, desacomodamiento, desaprouechamiento.
Incomparable incomparable.
Incompatible incompatible, insufrible.
Incompetence Desconuenécia
Incompetent incompetente.
Incomprehésible incomprehensible.
Inconsideration, inconsiderancia.
Inconsideré incósiderado, malmirado.
Inconsiderement inconsideradamente.
Inconstamment inconstantemente.
Inconstance inconstancia.
Inconstant inconstante, mudable.
Incontinent luego, prestamente, presto.
Incontinence incontinencia.
Incontinent incontinente.
Inconuenient inconueniente.
Incorporé Encorporado
Incorporer Encorporar.
Incorrigible incorrigible.
Inculpable inculpable.
Incredule incredulo
Incredulité incredulidad.
Incroyable increyble.
Incroyablement increyblemére.
Incurable incurable.
Indecence indecencia.
Indecemment indecentemente
Indecent indecente.

Indecis indeciso.
Indemne sancadino, demne.
Indemnité indemnidad.
Indeu indeuido.
Indeuëment indeuidamente.
indice indicio.
indicible indicible.
indifferemment indifferentemente.
indiferent indiferente.
indigence indigencia
indigent indigente
indigestion Ahito, indigestion.
indignation indinacion.
indigné indinado.
indigne indino.
indignement indinamente.
indigner indinar.
indignité indimidad.
indirectement indirectamente.
indiscret indiscreto, temerario, sobresalido
indiscretemét indiscretamente.
indisposition indisposicion
indissoluble indissoluble.
indissolublement indissolublemente.
indiuis indiuiso.
indocile indocil.
indocte indocto.
indoctement indoctamente.
indomptable ⎫indomable, in-
indompté ⎭domito.
indubitable indubitable.
indubitablement indubitablemente.
induire induzir.
induit induzido.
induisant induzidor.
induction inducion.
indulgence indulgencia.

IN · IN

Industrie Industria.
Industrieux Engeñero, industrioso.
Industrieusement Industriosamente.
Inegal Desygual.
Inegalement Desygualmente
Inegalité Desygualdad.
Inenarrable Indicible.
Inepte Inepto, torpe
Ineptement Tontamente, torpemente.
Ineptie Tontedad, inepcia.
Inesperé Inesperado.
Inesperement Inesperadamente.
Inespuisable Inexhausto.
Incuitable Incurable.
Inexcusable Inexcusable.
Inexorable Inexorable.
Inexplicable inexplicable.
Inexpugnable Inexpugnable.
Inextinguible Inextinguible.
Infalible Infalible.
Infaliblement Infaliblemente.
Infame Ceuil, infame.
Estre infame Aceuilar.
Infamement Infamente, ceuilmente.
Infamie Infamia.
Infante infanta.
Infanterie Infanteria.
Infecond Infecundo esteril.
Infecondité Esterilidad.
Infect Infecto.
Infecter Inficionar, infectar.
Infection Inficionamiento.
inferer inferir.
Inferieur Inferior.
Infernal Infernal.
Infertile Infertil.

Infertilité infertilidad
Infidelle Descreyente, infiel, descreydo.
Infidelité infidelidad.
Infiny infinito.
Infiniment infinitamente.
Infinité infinidad.
Infirme Enfermo.
Infirmité Enfermedad.
Inflammation inflamacion
Inflammer inflamar.
Inflation inflacion, hinchazon
Information informacion.
Informer informar.
Informeur informador.
Infortune Desastre, infortunio, desman.
Infortuné Astroso, desuenturado, malhadado, malauenturado, delastrado, desafortado.
Infracteur quebrantador, infractor.
Infrequence infrequencia.
Infrequent infrequente.
Infructueux infructuoso.
Infuser infundir.
Infusion Remojo, infusion
Ingenieux Tracista, ingenioso, engeñero, traçador
Ingenieusement ingeniosamente.
Ingeniosité ingenio, fineza.
Ingerer Ingerir.
Ingrat Desagradecido, desconocido, ingrato.
Ingratement Desconocidaméte.
Ingratitude ingratitud, desagradecimiento, desconocimiento.

Inhabile

IN

Inhabile Inabil.
Inhabitable Inabitable.
Inhiber Prohibir, Inhibir, Vedar.
Inhibition Prohibicion, Deuiedo.
Inhumain Inhumano.
Inhumainement, Inhumanamente.
Inhumanité Inhumanidad.
Inhumer Enterrar.
Iniection Injecion.
Inimitié, Enemistad.
Inionction, Mandado.
Inique, Iniquo.
Iniquement, Iniquamente.
Iniquité, Iniquidad.
Iniure, Injuria, Sinrazon, Afrenta, Baldon, Despecho.
Iniurié, Baldonado, ynjuriado.
Iniurier, Injuriar, Baldonar.
Iniurieux, Injurioso.
Iniurieusemēt, Injuriosamente.
Iniuste, Injusto.
Iniustement, Injustamente.
Iniustice, Injusticia, Desafuero, Sinjusticia.
Innauigable, Innauegable.
Innocence, Innocencia.
Innocemmēt, Innocentemente.
Innocent, Innocente.
Innombrable, Innumerable, Innumerable.
Innouation, Innouacion.
Innouateur, Innouador.
Innouer, Innouar.
Inondation, Auenida, Rebossadura, Aguaducho.
Inonder, Rebossar, Inondar.

IN

Inopiné, Inopinado.
Inopinement, Inopinadamente
Inouy, Inaudito.
Inquiettement, Desassossegadamente.
Inquieter, Desassossegar, inquietar.
Inquietude, Inquietud, Desassossiego.
Inquisition, Pesquisa, Inquisicion.
Inquisiteur, Inquisidor.
Insatiable, Insaciable.
Insatiablement, Insaciablemente.
Insciamment, Ignorantemente.
Inscription, Letrero, Retulo.
Inscrire, Inscreuir.
Insensé, Desatinado, Desaforado, Insensato.
Insensible, Insensible.
Insigne, Insigne, Notable.
Insignement, Notablemente.
Insinuer, Notificar.
Insister, Insistir, Ahincar.
Insociable, Insociable.
Insolence, Insolencia.
Insolent, Desbordado, Insolente, Deslocado.
Insoluable, Impagable.
Inspiration, Inspiracion.
Inspiré, Inspirado.
Inspirer, Inspirar.
Instable, Instable.
Instablement, Instablemente
Instabilité, Instabilidad.
Instaler, Instaliar.
Instance, Instancia, Ahinco
Faire instance, Instar.
Instamment, Instantemente.

Encarecidaméte, ahincadamente.
instant, instante.
instauration, instauracion.
instaurer, instaurar.
instigateur, instigador.
instigation, instigacion.
instiguer, instigar.
instinct, instincto.
instituer, instituyr.
institution, institucion.
instruire, instruyr, enseñar.
instruction, instrucion.
instruit, instruydo.
instrument, instrumento.
insulaire, ysleño.
insult, insulto.
insuportable, insufrible, insuportable.
integrité, entereza, integridad.
intelligence, intelligencia
intelligible, intelligible.
intelligiblement, intelligiblemente.
intemperamment, destempladamente, intemperadaméte.
intemperance, destemplança, intemperancia.
intemperé, destemplado.
intenter, intentar.
intention, intencion, intento.
interceder, interceder.
intercession, intercession.
interdire, Vedar.
interesser, interessar.
interest, interesse.
interieur, intrinseco, interior, entreñable.
interieurement, interiormente.
interlocutoire, interlocutorio.
intermettre, entremeter.

interpeller, Estoruar, interpelar.
interposer, entreponer.
interposition, entreposicion.
interposé, entrepuesto.
interpretation, interpretacion.
interprete, trujamante, faraute, interprete.
interpreter, trujamanear, interpretar.
interrogation, pregunta, interrogacion, interrogatorio.
interroger, preguntar, interrogar.
interrompre, interromper.
interrompuemét, rompidamente.
interruption, interrupcion.
interuale, comedio, entreualo.
intestin, entrañas, tripa.
intime, intimo.
intimé, intimado.
intimer, notificar, intimar.
intimidation, açoramiento, atemorizamiento.
intimider atemorizar, açorar.
intituler, intitular.
intolerable, intolerable, insufrible.
intolerablement, intolerablemente.
intraitable, intratable.
introduire, introduzir.
introduction, introducion.
introduit, introduzido.
intrus, intruso.
inuaincu, inuicto, inuencible.
inualide, flaco.
inualider, aniquilar, anular.
inuectiue, inuectiua.
inuectiuer, inuectiuar.

IN

Inuenter, Emponer, Inuentar Traçar.
Inuenteur, Emponedor, Inuentor, nouelero.
Inuentaire, Inuentario.
Inuentif, Inuentiuo.
Inuention, Inuencion.
Inuentorier, Inuentariar.
Inuestir, Embestir.
Inuestiture, emuestidura.
Inueteré, Inueterado, enuejecido.
Inuincible, Inuincible.
Inuiolable, Inuiolable.
Inuiolé, Inuiolado.
Inuiolablement, Inuiolablemente.
Inuiter, Inuitar, combidar.
Inuolution, Inuolucion.
Inuocation, Inuocacion.
Inuoquer, Inuocar.
Inusité, desusado, inusitado.
Inutile, Desaprouechado, Inutil.
Inutilement, Inutilmente, desaprouechadamente.
Inutilité, desaprouechamiento, inutilidad.

I O

Ioindre, juntar, apiñar.
Ioint, junto, juntado, apiñado.
Iointure, *Ioignement*, juntura, vñidura, apiñadura.
Iointure, artejo, cojuntura.
Ioly, bonito, galano, polido, agalanado.
Ioliment, agalanadamente, polidamente.
Ionc, juncia, junco.

I O

Lieu où ù croissent les joncs, juncal.
Ioug, yugo.
Coupler au joug, Vñir, Vnzir.
Couplement au joug, yunta, vñidura.
Ioüe, Mexilla, Carrillo.
Ioüee, Souflet, Moxicon, Bofetada.
Iouer, jugar, triscar.
Ioueur, jugador.
Iouïr, Gozar, Lograr.
Iouissance, Gozo, Logro.
Iouissant, Gozoso, Logrado.
Iour, Dia.
Iour malheureux, Aziago dia.
Faire jour, Alborear, Amanecer.
Iournalier, Peon, jornalero.
Iournee, uebra, jornada, jornal, Peonada.
Ioustes, justas.
Iouster, justar.
Iousteur, justador.
Ieunesse, jouentud, Mocedad.
Iouuenceau jouen, Moço, Moceton.
Ioyaux, joyas, joyeles, preseas.
Ioye, gozo, alegria, regozijo, contento, jubilo, vfania.
Ioyeux, Ledo, Regozijado, Alegre, Contento, Alegrado, Gozoso, Vfano, Placentero.
Ioyeusement, Regozijadamente, Ledamente, Alegramente, Plazenteramente.

I ij

I R

Ioyeuseté, Alegria, &c.

I R

Ire, Ira, Enojo.
Irraisonnable, Sin razon.
Irregularité, Irregularidad.
Irregulier, irregular.
irregulseremēt, Irregularmente
Irremediable, Sin remedio, Irremediable.
Irremissible, irremissible.
Irremissiblement, irremissiblemente.
Irreparable, irreparable.
Irreparablement, irreparablemente.
Irreprehensible, irreprehensible.
Irreprehensiblement, irreprehensiblemente.
Irresoluement, indecisamente
Irreuerence, Desacato.
Irreueremment, Desacatadamente, irreuerentemente.
Irreuerent, irreuerente, desacatado.
Irreuocable, irreuocable.
Irreuocablement, irreuocablemente.
Irrison, Burla, escarnio.
Irrité, irritado, açomado.
Irritation, Açomamiento, prouocacion, Irritacion, irritamiento.

I S

Isle, ysla.
Isnel, Veloz, Despierto.
Isnellement, Velozmente.
Issir, Salir.

I S

Issu, Salido.
Issue, Salida.

I T

Item, item.
Iteration, iteracion, reiteracion
Iterer, iterar, reiterar.

I V

Iubilé, jubileo.
Iucher, Assentar.
Iuchoir, Pertiga, Alcandara.
Iudaiser, judaizar.
Iudaique, judiego, judaico.
Iudicature, judicatura.
Iuge, Oydor, juez, Arbitro, Alcalde.
Iuge des bastimens, Alarife.
Iugement, juyzio, arbitrio.
Iuger, juzgar, Arbitrar.
Iusf, judio.
Iusfuerie, juderia, judaismo.
Iullet, julio.
Iulep, Xaraue, julepe.
Iuin, junio.
Iujube, Açofayfa.
Iujubier, Açofeyfo.
Iument, yegua.
Haras de jumens, yeguada.
Iumens de trois ans, Potranca.
Gardeur de jumens, yeguarizo.
Iuoire, Marfil.
Iuppe, Ropilla.
Iuppe de berger, Pellico, Pellica.
Iuré, Iurado.
Iurement, jura, juramento.

I V

Iurer jurar.
Iurisconsulte jurisconsulto, jurista.
Iuridiction juridicion.
Iurisprudence jurispericia.
Iuroye Vallico, zizaña, joyo.
Iussion Mando.
Iust çumo, xugo.
Iusques Hasta.
Iusquiame Veleño.
Iuste Cabal, justo, legitimo.
Iustement justamente, cabalmente.
Iustice justicia.
Iusticier justiciero.
Iusticier, faire iustice Ajusticiar.
Iustifier Desculpar, justificar, ajustar, aueriguar.

L A

LA article La, esta, aquella.
Là. ad. Alla, aculla.
Labeur Labor, trabajo, obra, lauor.
Laborieusement Trabajadamente, trabajosamente.
Laborieux Trabajoso, hazendoso.
Labour, Labourage Labor, labrança, arada, aradura, arado, alçadura de baruecho.
Labourer Labrar, arar, alçar baruecho, assulcar.
Labourer de tierce façon Terciar baruecho.
Laboureur Arador, labrador,

L A

assulcador.
Lac Lago, laguna.
Lacement Lazada.
Lacer Enlazar.
Lacet Lazo.
Lacetz à prendre oyseaux Paranza, armandijas, lazo.
Laceration Despedaçamiento.
Lacerer Despedaçar, rasgar.
Ladre Leproso, gafoso.
Ladrerie çaratan, lepra, gafodad, gafo.
Ladrerie de porc Lobanillo, ladrezilla.
Pourceau ladre Puerco lobado.
Là hault Allarriba.
Lay Seglar lego, plebeyo.
Laict Leche.
Laict cler Suero.
Laict caillé Cuajada.
Laictage Lacticinios.
Laicteron Cerrajas.
Laictiere Lechera.
Laictue Lechuga.
Laictue pommee Lechuga capuz.
Laid Suzio, feo, ascado, torpe.
Laidement Suziamente, feamente.
Laideur Torpeza, feeza, fealdad, suziedad.
Laidir Afear.
Laine Vello, lana.
Lainé Velloso, lanudo.
Laisser Dexar, desmentir.
Laisses cela Tate.
Lambris çaquiçami.

l iij

L A

Lambrisser Labrar de çaquiçami.
Lambruche Labrusca.
Lame Lamina, lama, chapa.
Lame du tisserant Peyne.
Lamentable Lamentable, lloroso.
Lamentablement Llorosamente.
Lamentation Llanto, laña, lamentacion.
Lamenter Lañar, lamentar, llorar.
Lampe Candil, lampara.
Petite lampe Candilejo.
Lamproye Lamprea.
Lamproyon Lamprehuela.
Lance Lança.
Lancette Sangradera, lancetta.
Lancer Arrojar, laçar, menear, alancear, desembraçar.
Lancier Lancero.
Lande Paramo, landa.
Landier Morillo.
Langage Lenguaje, habla.
Langage mauuais çafio.
Langager, langard Hablador, baladron, parlero, picudo.
Langes, drapeaux Pañales.
Langue Lengua.
Langue moresque Algarauia.
Languette Lenguezuela.
Languette de balance Fiel del peso.
Langueur Flaqueza, langor, marchitura.
Languir Marchitar.
Langoureux Marchito, flaco.

L A

langoureusement Debilmente.
lanier, oyseau Alcotan.
linieres Cordel.
lanterne Lanterna.
lanternier Lanternero.
lapreau Gazapo, gaçapillo.
lapidaire Lapidario.
lapidement Apedreamiento.
lapider Apedrear, lapidar.
lapin Conejo, gaçapo.
laper Lamer.
laquey Lacayo, rapaz.
laque, gomme Laca.
laquelle La qual.
lard Lardo, tocino, torrezno.
larder Lardar, mechar.
lardoire Mechera.
lardon Mecha de tocino.
lardon, brocard Motejo, matraca, apodo.
large Espacioso, ancho, anchuroso.
largement Anchurosamente, largamente, anchamente.
largesse Liberalidad, largueza.
largeur Anchura, latitud.
larme Lagrima.
larmette Lagrimilla.
larmoyant Lagrimoso.
larmoyable Lloroso.
larmoyablement Llorosamente.
larmoyement Llanto, planto.
larmoyer Lagrimar, llorar.
larmier de maison Aximez.
larron Hurtador, ladron, rapi-

LA

noſo, ſiſſador, robador.
larronneau Ladroncillo.
larrecin, larronnerie Ladroneria, latrocinio, rapina, robo, ladronia.
larronnement Latrocinamente, ladronamente.
larronner Robar, hurtar, latrocinar.
las Ay.
las, laſſé Canſado.
laſſer Canſar.
laſſitude, aſſeté Canſancio.
laſche Floxo, feble, lacio, perezoſo, floxon, apocado, deſmazalado.
laſchement Floxamente.
laſcheté Floxura, floxedad, apocamiento.
laſcher Afloxar, laxar.
laſcif Retoçon.
laſſus Alla arriba.
late Ripia, tablilla, brezna
later Ripiar.
latin Latin.
latinement Latinamente.
latitude Latitud.
latrine Priuada, neceſſaria, letrina.
laton Laton, cobre, alaton.
lauage Lauatorio.
lauande Eſpliego.
lauandiere Lauandera.
lauement Lauadura, lauamiento.
lauer Lauar.
Laueures Lauazas, lauacias.
Lauoir Lauadero, lauedal.
Laurier Laurel.
Couronner de laurier Laurear.
Laye Puerca, lechona.

LA

Lay don Legato, manda.
Layette Caxoncillo.

LE

Le El, lo.
Le du drap Ancho, coſtado.
Leans Dentro, alla dentro.
lechement Lamedura.
lecher Lamer.
lecheur Lamedor.
lechefrite Caçuela de hierro.
leçon Lecion.
lecteur Lector, leedor.
lecture Lectura.
legat Legado.
legation Legacia.
legende Leyenda.
leger Liuiano, ligero.
legerement Ligeramente, liuianamente.
legereté Liuiandad, ligereza, liuianeza.
legion Legion.
legionnaire Legionario.
legiſlateur Legiſlador.
legiſte Legiſta.
legitime Legitimo.
legitimement Legitimamente.
legitimer Legitimar.
leguer Legar.
legataire Legatario.
legume Legumbre.
lende de poulx Liendre.
lendeux Lendroſo.
lendemain Eſotro dia.
lenir Ablandar.

I iiij

LE

Lenitif Mitigatiuo.
Lent Liento, tardic, floxon, lento.
Lentement Lentamente.
Lenteur Lentura, tardança.
Lentille, legume Lenteja.
Lentille au visage Peca, barro.
Lentilleux Pecoso.
Lentisque Lentisco, mata, arbol del almaciga.
Leopard Pardo, leopardo.
Lepre çaratan, lepra.
Lepreux Leproso.
Lesard Lagarto.
Lesarde Lagartixa.
Lesse à chiens Trailla.
Mener en lesse Atraylar.
Lesciue Bugada, colada, lexia.
Lest du nauire Lastre.
Lesté Alastrado.
Lester Lastrar, alastrar.
Lethargie Modorra.
Lethargique Amodorrido.
Estre en lethargie Amodorrir.
Lettre Carta, letra.
Lettres patentes Patentes, cartas reales.
Lettré Letrado.
Leuant Leuante, oriente.
Leuantin, de Leuant Leuantisco.
Leuain Leuadura, çabina.
Leu Leydo.
Leuee Reparo, vallado, valladar, albarrada.
Leuee contre l'eau Presa.
Leuer Alçar, leuentar.
Leuer la paste Alcudar, leudar, ileudar.

LE

Leué debout Enhiesto, encaramado, empinado.
Leuier Cerrojo, barra, pison, palanca.
Leuis Leuadizo.
Leurault Lebrastillo, lebron.
Leure Labrio, beço, labio.
Qui a grosses leures Beçudo, ocicudo.
Leurier Lebrel, galgo.
Leurre Señuelo.
Lez ou pres Cerca, junto.

LI

Liaison Atadura, ligazon.
Liard Moneda, quarto.
Libelle Citacion, aplazamiento.
Libelle de diffame Libelo, infamatorio.
Liberal Largo, liberal, dadiuoso, franco.
Liberalemēt Liberalmente, dadiuosamente.
Liberalité Liberalidad, largueza, dadiuosidad.
Liberté Desemboltura, libertad, soltura.
Liberté d'esclaues Horro, ahorradura.
Libraire Librero.
Librairie Libreria.
Libre Essento, libre, desembaraçado, suelto, desembuelto, desmādado, soltero.
Libremēt Libremente, desembarracadamente, desembueltamente, sueltamente.
Lice Tela de justa, liça, carre-

ra, correndilla.
Lice chienne Perra, podenca.
Licence Licencia.
Licentié Licenciado.
Licentieux Atreuido, licencioso.
Licentier Licenciar.
Licentieusement Licenciosamente.
Licite Licito.
Licol Dogal xaquima, cabestro.
Lict Cama, lecho, yazija.
Lict de la riuiere madre del rio.
Bois de lict Armazon de cama.
Lict pendant Hamaca.
Lictiere pour porter Litera.
Lictiere à cheuaux Cama de cauallos.
Lie Soez, hez, assiento, zurrapa.
Lie d'huile Alpechin.
Plein de lie Heziento.
Liege Corcha, corcho, alcornoque.
Liege qu'on met au bout de la ligne Boija.
Liement Trauazon, liadura, atadura.
Lien Atadura, amiento, correa, cuerda.
Lié Atado.
Lier Amarrar, liar, atar, faxar, amanojar.
Lieur Liador, atador.
Lieure Ligadura, atamiento.
Lierre yedra.
Liesse Alegria, regozijo.

Lieu Lugar.
Lieüe Legua.
Lieure Liebre.
Ciué de lieure Lebrada.
Lieutenance Tenencia.
Lieutenant Teniente, lugarteniente.
Ligature Atadura.
Lige Vassallo.
Lignage Genealogia, alcuña, linaje.
Ligné, race Casta.
Ligne Renglon, linea, liño.
Ligne de charpentier Hilo de almagra.
Ligne a pescher Sedal, vara, caña.
Lignee Decendencia, casta.
Ligue Faction, liga.
Limace, limaçon Bauosa, caracol, almeja, limaça.
Limaille Limadura, escofina.
Lime Lima.
Limé Limado.
Limer Limar.
Limier, chien Sabueso.
Limité Limitado.
Limite Limite, linde, mojon.
Limon du charriot Timon, pertiga de carro.
Limon, ordure Assiento de hezes.
Limonneux Limoso.
Limon fruict Limon, Cidron.
Lin Lino.
Champ de lin Linar.
Graine de lin Linaza, linueso.

LI

Lineature Lineadura.
Linge Lienço, cendal.
Lingier Lencero.
Lingot Viel, barra, maça.
Lingotiere Rielera.
Linceul Sauana.
Linceul d'vn mort Mortaja.
Linteau Lumbral de arriba.
Lion Leon.
Lionceau Leoncillo.
Lionne Leona.
Lippe Beço, labio.
Lippu Beçudo, ocicudo, beçacho.
Liqueur Licor.
Liquide Liquido, claro.
Liquider Liquidar, rematar cuentas.
Lire Leer.
Liseur Lector, leedor.
Liron Marmota, liron.
Lis fleur Açucena.
Lisiere Venda, lindero, cabo, orillo.
Lisse, poly Liso, lisado.
Lisse du tisseran Lizo.
Lisser, polir Lisar.
Litharge Almartaga.
Litige Brega, riña.
Litigieux Rixoso, litigioso.
Liuide Cardeno.
Liure poids Libra.
Liure Libro.
Liuree Librea.
Liurer Librar.
Liuret Librillo.

LO

Locataire Alquiladero.
Locher Menear, sacudir, ladear.
Lodier Fraçada, colcha, alfamar.
Loge Cubertijo, choça, lonja.
Logeable Alojable, ospedable.
Logeablement Alojablemente.
Logement Alojamiento, ospedamiento, ospedaje.
Logette Casilla, cabaña, choçuela, aduar.
Logis Morada, abitacion, aposentamiento, posada, hosteria, casa, aposento, ospedaria, rancho.
Loger Hospedar, acojer, posar, aposentar, alojar.
Loger vne armee Situar el real, acampar.
Loing Luenes, luentes, lexos.
Loingtain Lexo, lexano.
Loingtaineté Lexura.
Loisible Licito.
Loisir Tiempo, espacio, lugar
A loisir De vagar, de espacio.
Long Luengo, largo.
Longuement Luengamente.
Longueur Largueza, largor, longitud, largura, longura.
Longes Cordelejos.
Longe de veau Lomo de ternera.
Longuet Larguillo, longuezuelo.
Lopin Pedaço, çatico.
Loquacité Loquacidad.
Lors Estonces, entonces.

L O

Los Alabança, loor.
Losange Losa, quadro de vidro.
Lot Suerte.
Lotir Echar suertes.
Loüable Loable.
Loüablement Loablemente.
Loüage Alquiler.
Loüange Loor, loa, alabança, abono, abonança, encarecimiento.
Loüer Loar, alabar, abonar, encarecer.
Loüer à loüage Alquilar.
Loüeur Alquiladero.
Loup Lobo.
Loup poisson Sollo.
Louppe Seca.
Loup garou Coco, tarasca.
Lourd, lourdault Bausan, bronco, çafari, çafro, tosco, brutesco, bouo, basto, majadero, badajo, majagranças, pataco, testarudo.
Lourdement Toscamente, rusticamente, bastamente, grossedamente, embotadamente.
Lourdise pachochada, tosquedad, grosseria, pachocho.
Lousche tuerto, turnio, visojo, vizco.
Louscher Entortar.
Loutre animal Lodra, nutria.
Louue Loba.
Louueteau Lobito, lobillo
Louuetier Caçador de lobos.
Louuier Lobero.
Loy ley.
Loyal Leal, fiel

L V

loyaulté Fieldad, lealdad.
loyaulment Lealmente.
loyer Galardon, premio, sueldo.

L V

lubricité Lubricidad.
lubrique Lubrico.
lubriquement Lubricamente.
lucarne Ventana de tejado.
lucratif Gananciofo
lucre Ganancia, logro.
luette Gulilla, gonllo, campanilla.
lueur Resplandor, rayo, lustre.
lugubre Lobrego.
lugubrement Lobregamente.
luire Luzir.
luisant Luzio, luzido, luziente, rayoso.
luite Lucha.
luiter Luchar.
luiteur Luchador.
luiton Trasgo, duende, mampesada.
lumiere Lumbre, luz
lumignon Mecha, pabisa, torcida.
lumineux Luzido, luminoso, lumbreio.
luminaire pauilo, mecha, pauisa, luminaria.
lundy Lunes.
lune Luna.
lunaire Lunario.
lunatique Loco, alunado.
lunettes Espejuelos, antojos.
l'un El vno.

L V

Lupin Entramocos, altramuz, atramuz.
Lustre Lustre.
Lustré Lustroso.
Luxure Luxuria.
Luxurieux Luxurioso.
Luxurieusement Luxuriosamente.
Luy El, esse, esso.
Luth Laud, vihuela.
Lyre Lyra.

M A

Ma Mia.
Macerer Macerar
Macheliere Muela.
Machine Maquina.
Machiner Maquinar.
Macher Mascar, maxcar.
Machination Trampa.
Machoire Mexilla, quixada.
Macule, Manzilla, mancha, tacha, macula.
Maculer Macular.
Madré Ondeado.
Magazin Almazen.
Magicien Encantador, magico.
Magie Magia.
Magistrat Magistrado, corregidor.
Magnanime Magnanimo
Magnanimement magnanimamente.
Magnanimité Magnanimidad.
Magnificence Magnificencia.
Magnifier Magnificar, engrādecer, encarecer.
Magnifique Honrroso, magnifico.

M A

Magnifiquement Magnificamente.
Magnitude Grandeza.
May Mayo.
Maiesté Magestad.
Maigre Magro, flaco
Maigrement Magramente.
Maigreur Magrura.
Mail, maillet Martillo, maço, maçuelo.
Maillet de bois Maço sordo.
Maille en l'œil Nuue del ojo, cataracta.
Maille d'un ret ojo, malla.
Maille, arme Cota de malla.
Faiseur de mailles Mallero.
Maillot Pañal, faxa, mantilla.
Main Mano.
Maint Mucho.
Mainte Mucha.
Maintesfois Muchas vezes.
Maintenant ya, ahora, luego, cedo, ya, ya.
Des maintenant, Desde luego
Maintenir Amparar, mantener.
Maintien mantenimiento, amparo.
Maintien, geste garuo, semblante, brio, ademan.
Mais Mas, pero, empero.
Maison Casa, meson
Maison royale Alcaçar, palacio real.
Maisonnette Casilla.
Maistre Maestro, amo, señor, maesse.
Maistre d'hostel Mayordomo
Maistre de postes correo mayor

M A

Maistrise Maestria, señoria.
Maistriser Mandar, señorear, enseñorear, empoderar.
Mal Mal.
Mal, ad. Erradamente.
Mal de bouche d'enfans Aluarazos.
Malement Malamente.
Malade Enfermo.
Estre malade Adolecer, adoler, enfermar.
Maladie Dolencia, enfermedad.
Maladerie Enfermeria.
Maladif Adolecido, enfermizo, achacoso.
Maladroit Torpe, tosco
Malaisance Descomodidad.
Malaisé Reuiesso, dificultoso, dificil.
Malaisement Dificilmente.
Malandres Axuaguas.
Malapris Descomedido.
Malauenture Malauentura.
Malauenant Desaliñado, tonto.
Malauisé Malmirado, malauisado.
Male Mochila, balija, maleta.
Maleste çurron, maleta, xaques.
Malgré A despecho, a pesar.
Malser Cauallo de carga, maletero.
Malediction Maldicion.
Malefice Maleficio.
Maleficié Maleficiado
Malencontre Malencuentro, noramala.
Malencontreux Desdichado, desgraciado, malaguero.

M A

Malfaiteur Malefico, malhechor.
Malheur Desdicha, desgracia, desuentura.
Malheureux afortunado, desafortunado, desuenturado, desdichado, astroso, desastrado, mallogrado, malauenturado, desafortado, negro.
Malheureusement Desdichadamente, desastradamente.
Malice Engaño, maldad, maliñidad, malicia.
Malicieux Malicioso, taymado.
Malicieusement taymadamente, cauilosamente, maliciosamente.
Maling Maldadoso, maliño.
Malignement Maldadosamente, maliñamente.
Malmener Vexar, correr.
Malotru Mezquino
Malplaisant desgraciado, desapazible.
Maltalent Ruin, voluntad
Malueillance Maleuolencia, malquerencia.
Malueillant Maleuolo, malqueriente.
Maluoisie Maluasia.
Maluouloir Malquerer
Malvoulu Malquisto.
Mamelle Teta, vbre.
Manant Morador.
Manche Cabo, puño, mango.
Manche de cousteau Cachas.
Manche de robe Manga, manija.

M A

Manche de charrue manzera, esteua.
Manché mangorreo.
Manchette manguilla, puñete, puño, postizo.
Manchon de femme Regalillo.
Manchot manco.
Mandement mando, mandado, librança, mandamiento.
Mander mandar
Mandragore mandragora.
Manequin Cestica.
Manger Comer.
Manger viande manjar.
Mangé Comido.
Mangeaille Vianda, comida, manjar.
Mangeoire Pesebre, pesebrera.
Mangeur Comedor.
Grand mangeur paniego, gloton.
Maniable Tratable
Manides Esposas de hierro.
Manicordion Clauicordio, manicordio.
Manie Desatino, locura, furia.
Maniaque Furioso loco.
Maniement manoseamento
Manier manosear, palpar, souajar, manejar.
Maniable Palpable, tratable.
Maniement manoseamiento, manejo, souajadura
Maniere modo, trance, manera.
Manifacture Facion, hechura.
Manifeste, Notorio, manifiesto, claro.

M A

Manifestemēt manifiestamente, notoriamente, a la clara, declaradamente, coñocidamente.
Manne mana.
Manoir manida, morada, posada.
Manople manopla.
Manottes Esposas de hierro, prisiones
Manouurier Bracero, oficial.
Manque manco.
Manquer mancar, faltar, menguar.
Manteau Herreruelo, capa, manteo, capete.
Mantelet manta de guerra.
Manuel manual.
Maquereau, poisson Alache.
Maquereau Rufian, alcahuete, mandilléte, mandilon, tercero.
Maquereller Alcahuetear.
Maquerelage Alcahueteria, rofianeria.
Maquignon Mercador, corredor, ganadero.
Marais Palude, pantano.
Marastre madrastra.
Maraud mendigo, pordiosero, picaño.
Marauder Picarear, mendigar.
Marbre marmol, aljox.
De marbre marmoleño
Marbriere. Canterō de marmol.
marc pois marco.
marc Burujo, hezes, borra, casca, borujo
marcassin Cochino, cochinillo

MA

marcassite marquesita.
marchand mercero, mercader, merchante.
marchander Regatear, mercar, comprar, mercadear.
marchandise mercancia, mercaduria, merceria.
marché Vendeja, mercado, plaça, coco.
marché aux raisins Almuñecar.
marché au poisson Pescaderia.
marche, degré Grada, escalon.
marche, frontiere Comarca, lindero, confin, termino, limite, ora.
marchepied Peaña.
marcher marchar, passar, caminar.
marchure Andadura.
marcote mugron, parrilla.
mardy martes.
mardy gras martes de carnes tolendas.
mare aguaçal, alberca, charco, laguna.
marest pantano, acharcamiento, aguacero.
marée marea.
Tormenté de la marée mareado.
marescage marisma.
marescageux pantanoso.
mareschal Herrero, herrador, albeytar.
marge margen.
mary Velado, marido.
mariage Casamiento, matrimonio.
Faiseur de mariages Casamentero.

MA

mariable maridable, nubil, casadera.
marié Casado, nobio.
Non marié Albarran, soltero.
mariee Nobia, casada, velada.
non mariee Albarrana, soltera.
marier Casar, maridar, velar.
marin marino.
marine marina, mar.
marinier mareante, marinero, grumete, proël.
mariolaine majorana, almoradux.
maritime maritimo.
marmitte marmita, olla de cobre.
marmiteux Grauoso, penoso, mohino.
marmitton Fregon, socarron, sollastre.
marmot marmota, mico, gato paus.
marque marca, nota, señal, señaladera.
marque de fouet Roncha.
marqué marcado, señalado.
marquer bular, señalar, marcar, demarcar.
marqué au visage Herrado en la cara.
marquer au coing Acuñar.
marqueté de menuiserie Ensamblado.
marqueter ensemblar.
marqueterie, ensembladura.
marquis marques.
marquisat marquesado.

MA

Marquise Marquesa.
Marre Marra, almadana.
Marrein Madera, aprestada.
Marreine Madrina.
Marry Triste, doliente.
Marrisson Tristeza, desden.
Marron Castaña.
Marroquin Cordouan.
Mars Março.
Marte animal Martazebellina.
Marteau Martillejo, martillo.
Grand marteau macho de herrero.
Coup de marteau Martillada.
Martel d'amour Amartelamiẽto, martelo.
Donner martel Amartelar.
Martelé Martillado, amartillado.
Martelement Martilladura.
Marteler Martillar, amartillar.
Marteleur Martillador.
Martial marcial.
Martinet oiseau Arexaque, abion.
Martyr martyr.
Martyre martyrio.
Martyriser martyrisar.
Marsouin poisson marsopa.
Masle, masculin macho, masculino.
Mascarade mascarada, carantoña.
Masque Homarrache, mascara, papahigo, caratula, reboço, reboçadura, disfraz.
Masqué Disfraçado, emmascarado, reboçado, caratulado
Masquer Caratular, emmascarar, reboçar, disfraçar.
Massacre matança.
Massacrer matar.
Masse maça, barra.
Massepain Maçapan.
Massier macero
Massif maciço.
Massueté macicez, solideza.
Masson murador, albañir, cantero; murero.
Massonner Labrar de canto, murar.
Massonnerie Albañeria, canteria.
Massue Porra, porrilla, hacha, claua, ferrada.
Mast mastil.
Mastic Almaciga, almastica.
Mastin mastin, perro.
Masure pared cayda
Mat Loco.
Matassins Matachines.
Matelot marinero, galeote, remero, matelote, mareante, grumete.
Matelatz Colchon, almadraque.
Matras, trait passador, passadero
Materiel material.
Matiere materia.
Matin, matinee mañana, mañanita, madrugada, alborada.
Leuer matin madrugar, mañanear.
Matines maytines.
Matrice mache, madre, madriz.
Matricaire, herbe Magaça.
matrimonial matrimonial.

Matrone

MA

matrone, matrona.
mat aux eschets, Xaquymate
mater, Cansar.
maturité, madureza.
maturatif, madurativo.
maudire, maldezir, allomar.
maudisson, maldezimiento, maldicion.
maudit, maldito.
maulue, malua.
maupiteux, desapiadado.
maussade, desaliñado, malcriado.
maussadement, Torpemente.
mauuais, maluado, malo.
mauuaisement, maluadamente, malamente.
mauuaistié, maldad.
mauuis, *osseau*, zorzal.
May, Mayo.
Le may, mayo, arbol.

ME

meche, Pabisa, mecha, pauilo.
medale, medalla, patena.
medecin, medico.
medecine, medicina.
medeciner, medicinar.
medicalement, medicinalmente.
medicament, medicamento.
mediateur, mediator.
mediocre, mediano.
mediocrement, mediocremente, medianamente.
médiocrité, mediania, mediocridad.
meditation, meditacion.
mediter, meditar.

ME

mesfait, delito.
mesfiance, desconfiança.
mesfiant, desconfiado.
mesfier, desconfiar.
megisserie, Oficio de curtir.
megissier, Curtidor.
meilleur, mejor.
melancholie, malenconia, melancolia.
melancholique, malenconico, melancolico.
melancholser, melancolizar.
melilot, Trebol, Corona del rey.
melisse, Torongil, yerua abejera.
melodie, melodia.
melodieusement, Suauemente, melodiosamente.
melodieux, melodioso.
melon, pepon, melon.
melonniere, melonar.
membrane, membrana.
membre, miembro.
membre viril, pixa.
membru, membrudo.
membrure de bois, tabla de madera.
memoire, memoria.
memorable, memorable.
memorablement, memorablemente.
memorial, memorial.
menace, Amenaza.
menacé, Amenazado.
menacer, Amenazar.
menaceur, Amenazador.
mendiant, mendigon, mendigo, bordonero, medigados.
mendicité, mendiguez, pordioseria.

ME

mendier, mendigar.
mene, traido, lleuado.
menee, negocio, junta.
mener, traer, lleuar, guiar.
mener vn aueugle Adestrar, destrar.
meneur d'aueugle destron.
menestrier chirimia, cheneſtril.
meniguette drogue malagueta.
menſonge, mentira.
menſonger, mentiroſo, falſo.
mente, yeruabuena.
mente ſauuage, maſtuerço, maſtraço.
menterie, mentira.
menteur, mentiroſo.
menteuſement, mentiroſamente.
mentir, mentir.
mention, mencion.
mentioner, mentar, mencionar.
menton, barua, baruilla.
menu, eſpigado, ralo, menudo, delgado.
Par le menu, por menor.
menuement, adelgazadamente, menudamente.
menuet, menudico, eſpigadillo
menuiſerie, enſambladura.
menuiſier, enſamblador.
mer, mar, pielago.
Baſſe mer, menguante.
eſtre malade de la mer, marear.
mercerie, merceria, bohoneria,
mercier, tendero, mercero, buhonero.
mercy, merced, gracia.
mercier, agraciar, dar gracias, agradezer.
mercredy, miercoles.
merde, cagado, mierda, cagajó.

ME

merde de fer, eſcoria de hierro.
merdeux, merdoſo.
mere, madre.
meregrand, Abuela, aguela, viſabuela.
meridien, meridiano.
meridional, meridional.
merite, merito, merecimiento.
merité, merecido.
meriter, merecer.
Qui merite, merecedor.
merle, mirla, mierla.
merlus, poiſſon, merluza, abadexo.
merueille, marauilla.
merueilleux, marauilloſo.
merueilleuſement, marauilloſamente.
meſaduenir, Suceder mal.
meſaduenue, meſaduenture, deſuentura.
meſchanceté, ruyna, vellaqueria, maldad, anellacamiento, ruyndad.
meſchamment, malamente, vellacamente, ruynmente.
meſchant, malo, vellaco, perdido, ruyn, auellacado.
meſchef, Deſgracia, Deſuentura.
meſcognoiſſance, deſconocimiento.
meſcognoiſſant, deſconocido.
meſcognoiſtre, deſconocer.
meſconte, deſcuento.
meſconter, contar mal.
meſcontentement, deſcontento.
meſcontenter, deſcontentar.
meſcreant, deſcreyente, infiel.
meſcroire, deſcreer, ſoſpechar,

M E

barruntar.
Mesdire, detratar, dezir mal.
Mesdisance, deslenguamiento, maldicho, mordacidad.
Mesdisant, maldiciente, murmurador, mordaz, deslenguado.
Mesgarde, descuydo.
Meshuy, ya no mas.
Meslange, cachibache, mezcla, mecedura, mezclilla, mixtiõ.
Meslanger, mesler, mecer, mezclar, mesturar.
Meslé, meslangé, mezclado.
Meslee, mezcla, mescladura, mezclamiẽto, brega, refriega
Mesme, esse mismo.
Mesnage, familia.
Mesnage, meuble, axuar, alhaja.
Mesnager, guardoso, casero, cuydadoso.
Mesprendre, oluidar, errar.
Mespris, desacato, menosprecio, menoscabo, desprecio.
Mesprisé, menospreciado, desacatado, despreciado.
Mespriser, desacatar, menospreciar, despreciar, menoscabar.
Mespriseur, despreciador, menospreciador.
message, mensaje, recaudo.
Messager, mensajero.
Messeance, desdon, indecencia.
Messeamment, indecentemente.
MESSIAS., MEXIAS.
Messier, messeguero, guardauiñas.
Messire, Señor.
Mestier, oficio.

M E

Mestier, besoing, menester.
Mestier de brodeur, bastidor.
Mestif, mestizo, podenco.
Mestiues, agosto, siega, miesse.
Mestiuier, Segador.
Mesurage, mesure, medida, mesura, medimiẽto, mesuraciõ.
Mesureemẽt, mesuradamente.
Mesurer, medir.
Mesureur, medidor.
Met ou huche, hintero, artesa, harinero.
Metail, herreyn de grano.
Metairie, granja, quinta, alqueria, alcaria.
Metayer, rentero, censero.
Metal, metal.
Mettre, Poner, meter.
Mettre à fin, Acabar.
Mettre sus, Achacar.
Mets, plato de manjar.
Meu, mouido.
Meubles, axuar, alhaja, mueble.
Meubler, poner casa.
Meuil, poisson, Sargo.
Meule, muela, molinera.
Meule à huile, alfarga.
Meule à main, atahona.
Meur, maduro.
Meure: fruit, mora.
Meurement, maduramente.
Meureté, maduraciõ, madureza
Meurier, moral.
Meurier blanc, morera.
Meurir, madurar, agostar.
Meurs, costumbres.
Meurtre, matadura, matança.
Meurtrier, matador, salteador, matadero.
Meurtrir, Saltear, matar, magullar.

K ij

M E

meurtrissure, magulladura, cardenal.
meusnier, molinero.
mesange, oiseau, ç. bejaruco.

M I

miaulement, maullido.
miauler, maullar.
miche, bodigo, bollo de pan.
midy, medio dia.
mie, miette, Regojo, miga, migaja, migajuela.
miel, miel.
miel mauuais, bamaga.
mielleux, meloso, emmelado.
mielleusement, dulcemente.
mien, mio, mi.
mieux, mejor, mejormente
mignard, melindroso, halaguero, halagueño.
mignardement, Regaladamente.
mignarder, halagar.
mignardise, melindre, halagamiento, alhago.
mignon, queridillo, menino, priuadillo
mignonnement, Galanamente.
mignoter, regalar.
mignotise, çalemas, regalo.
migraine, axaqueca.
mil, milles, mijo.
Milan, Milano.
milice, milicia.
milieu, medio.
mille, mill.
mille plurier, mille.
millier, millar.
million, millon.

M I

mille pertuis, herbe. Coraçoncillo.
mince, delegado, dilicado.
mincement, delgadamente.
mine, geste, Visaje, Semblante, cara, gesto.
mines, grimaces, çuños.
faire mine, garbejar.
mine de guerre, Mina de çapa.
mine de metal, minera.
miniere, minero, almaden, minera.
minieres d'or, Adaruas, mineras.
miner, Socauar, minar.
mineral, mineral.
mineur, menor.
ministre, ministro.
minorité, menoria, menoridad.
minuit, media noche.
minute, menudencia, minuta.
mypartir, partir a medias.
miracle, milagro.
miraculeux, milagroso.
miraculeusement, milagrosamente.
mirer, espejar.
mirer, encarar, assestar.
miroir, espejo.
mise, gasto.
miserable, mesillo, cuytado, miserable, lazerado.
miserablement, lazeradamente, miserablemente.
misere, Lazeria, miseria, cuyta.
misericorde, misericordia.
misericordieux, misericordioso.

M I

misericordieusement misericordiosamente.
missiues missiuas.
mistere misterio.
mistion mixtion, mezcla.
mistionner Adobar, mezclar.
mitaines Regalillos.
mitre mitra.
mitre de suplice Coroça.
mitre par deshonneur Encoroçado.
mitrer par deshonneur Encoroçar.

M O

Mobile Mouible, moble.
mobilité mobilidad.
mode manera, modo.
modele modelo.
moderé moderado.
moderement moderadamente.
moderation moderacion.
moderateur moderador.
moderer moderar.
moderatrice moderatriz.
moderne moderno.
modeste Templado, modesto.
modestement modestamente, templadamente.
modestie Templança, modestia.
moelle meollo, tuetano.
moy Yo, mi.
moyen mediania, concierto, via, medio.
moyennement mediadamente, medianamente.
moyenner Concertar, terciar.
moyenneur Tercero, medianero, interuenidor.

M O

moine monge, frayle.
moine que donnent les Liquais Pesadilla.
moinerie mongia, fraylesca, fraylia.
moineau Gorrion, pardal.
moins menos.
mois mes.
mois des femmes Camisa, flor, regla de muger, costumbre.
moisy mohiento, racioso, mohoso, rancio, mohecido, ahilado, amohado.
moisir marchitar, mohecer, ahilar, emmohecer, almohezer.
moisissure moho, ahilamiento.
moisson Segazon, agosto, mies, siega, miesse.
moissonner Segar.
moissonneur Segador, peon.
moste mojado, humido.
moiteur mojadura, humidad, rociadura.
moitié media, mitad, mediania, medio.
mol Fofo, muelle, blando.
mollet Blandico.
mollet de la main Pulpejo.
mollement muellemente, bladamente.
mollesse Blandura.
moleste Pesado, molesto.
molester molestar.
molestie molestia.
molin molino, aceña.
molinet molinillo, molinejo.
mollir Amollentar, mollecer, mollir.
mollissement molificacion, amollentadura, mollidura.

K iij

Molure Moldura, amoldadura.
Moment Momento.
De moment en momét De quándo en quando.
Momerie Mascarada, disfraze.
Mommeur, mommon Máscara, momo.
Momie Momia.
Mon Mio.
Monarchie Monarchia.
Monarque Monarca.
Monastere Monasterio, conuento.
Monceau Hacina, monton, almiar, rima, rimero, tinada.
A monceaux Amontonadamente, amontones.
Moncelet Montoncillo, montoncico.
Mondain Mundano, mundanal.
Monde Mundo.
Mondification Alimpiamiento, limpiamiento.
Mondifier Mondar, limpiar, alimpiar.
Moniteur Amonestador.
Monitoire Monitorio, monicion.
Monnoye Moneda.
Monnoyer Cuñar, moneda, amonedar.
Monnoyeur Monedero.
Monopole Monopodio.
Monstier Monasterio.
Monstre Monstruo.
Monstrueux Monstruoso.
Monstrueusement Monstruosamente.
Monstre Muestra, mostracion, alarde, reseña.
Monstrer Amostrar, mostrar, presentar.
Mont, montagne montaña, monte, cerro, sierra, collado, serrajon.
Lieu de montagnes Serrania.
Montagnard montañero, serrano, montañes.
Montagnette Sierra, colina, montañuela, montezillo.
Le montant Emmotadura, recuesto, repecho.
Montant Subiente.
Montee Subida.
Monter montar, subir.
Montueux montoso, montuoso.
monture Caualleria.
Monument monumento.
Moqué Escarnecido, escarnido, mofado.
Moquer Escarnecer, mofar, burlar, cocar, apodar, chacotear, fisgar.
Moquerie Escarnio, escarnecimiento, apodo, burla, fisga, mangonada, mofa, mofadura, pulla.
Moqueur Burlario, burló, mofador, chacotero, escarnecedor, fisgador, fisgon.
Moral moral.
Moralement moralmente.
Moraliser moralizar.
Moralité moralidad.
Morceau Bocado, tajada, pedaço, gajo.
Morceau de pain çatico, canterico, pedazo de pan mendrugo.
A morceaux A bocados, apedazos.

Morcelet, Morcillon Bocadillo, pedacillo.
Mordre Adentellar, amordazar, mordiscar, morder.
Mordre, moquer Apodar, motejar, picar.
Mordu mordido, adentellado.
Morsure Bocado, mordacidad, mordedura, adentelladura, mordicon.
Mors de bride Bocado de freno.
More moro.
Moreau morzillo.
Morfondre Arromadizar, acatarrarse, aguarse.
Morfondu Arromadizado, acatarrado
Morfondure Romadizo.
Morne mohino, triste, sombrio.
Mornement Sombriamente.
Morpion Garapata, ladilla.
Morrion morrion, celada, almete, yelmo.
Mort Fallecimiento, muerte.
Mort Fallecido, muerto, finado.
Mortel matadero, mortal, mortifero.
Mortalité mortandad, mortalidad.
Mortellement mortalmente.
Mortification Amortiguamiento, mortificacion.
Mortifié manido, lomienhiesto, mortificado.
Mortifier, mortificar, amortiguar, manir.

mortepaye Pagamuerta.
mortier Almirez, mortero.
mortier à bastir Barro, morteruelo.
morüe poisson merluza, abadejo.
morue mocos, muermo.
morueux mocoso, muermoso.
mosquee mezquita.
mot mote, palabra, vocablo, dicion.
mot du guet Nombre en la guerra.
Dire le mot motejar.
motet de musique motete.
moteur motor, mouedor.
motif Causa, razon, motiuo.
motte Relex, terron, mota, cesped.
motteux Terregoso, motoso.
mouchard Soplon.
moucher Quitar mocos.
moucher la chandelle Despauilar, despauesar.
mouchettes despauiladeras tijeras, alimpiadero, despauesaderas.
moüe Ocico.
moucheture Veta.
mouchoir Lienço de narizes.
moufles Regalillos, mangillas.
mouflu Fofo.
mouille mojado, mollido, aguaçado.
mouiller mojar, remojar, mollir, aguaçar.
mouillure mojadura, remojo.

K iiij

M O

mouldre maxar, majar, moler, machacar.
moulin Aceña, molino.
moulin à bras Atahona.
moulin à huile Alfarge.
moulin à draps Batan.
moule molde.
moule à faire bales Turquesas.
mouler Amoldar, formar.
moules, poisson mexiles, almejas.
moulinet d'enfans Rehilandera.
moulinet, molinejo, molinillo.
moulture molienda, maquila.
Prendre la moulture maquilar.
moulu majado, molido.
moulure moldura.
mourir Finar, morir, fallecer.
mourron herbe muragues.
mousche mosca.
mousche à miel Abeja.
Chasser mousches mosquear.
Chassemouche mosqueador.
Mousche guespe Zangano, abispa, abejon.
mouche de chien Rezno, moscarda.
moucheron mosquilla, mosquito.
mousquet mosquete.
mousquetaire mosquetero.
mousse sans pointe Botado, boto, romo.
mousse moho, escaua.
moussu mohoso.

M O

moust mosto.
moustache Vigote.
moustarde Xenablo, mostaza.
mouton Carnero.
mouuant mouedor.
mouuement mobilidad, mouimiento, mouida.
mouuoir mouer.
mouuoir à force Aballar.
moyeu, d'une roüe maço de rueda.

M V

Muable mouedizo, mudable, mouible.
muablement mudablemente.
muance mudamiento, mudança, mouimiento.
mué mudado.
mue jaula por engordar.
müe d'oyseaux Pelechadura.
mueil poisson Albur.
muer mudar.
muer oyseaux Pelechar el aue.
muet mudo.
Estre muet Emmudecer, mudecer.
musle Rostro, ocico.
mugir Bramar, bayar.
mugissement Bramido, brama.
muguet Enamoradillo, galancete.
mugueter Retoçar.
mulcter multar.
mule mula.
mule aux talons Friera, sauañon.
mule à chausser Chinela.

M V

mulet Azemila, mulo, macho, burdegano.
Troupe de mulets Harria, recua.
Toucher mulets Harrear.
muletier Harriero, mulatero, azemilero, recuero.
mulot Raton de tierra, teron.
multiplication multiplicacion.
multiplier multiplicar.
multiplieur multiplicador.
multitude muchedumbre.
mumie Carnemomia.
muni Guarnecido, pertrechado.
munificence munificencia.
munir Guarnecer, fortalecer, bastecer, pertrechar.
munition Pertrechos, municion, bastimiento, bastecimiento.
mur muro, pared, muralla.
muraille seche Albarrada.
muraille vieille Paredon.
murer murar, ceñir de muro.
murmure murmillo, murmuracion, mormullo, zurrio.
murmurer murmurar.
murmureur murmurador.
musard Embeuecido, embaucado.
muser Embeuecer.
musc Almizque.
musaraigne musgaño.
muscade nuez moscada.
muscatel Vino moscatel.
muscle muslo, murezillo, musculo.
muse musa.
museau Ocico.

M V

museliere Boçal.
musette Gayta.
musicien musico.
musique musica.
musnier molinero, aceñero.
mussé Escondido, arrinconado.
musser Esconder, arrinconar.
mutation mudança, mutacion.
mutilé mutilado, cortado.
mutiler mutilar, cortar.
mutin motin, amotinador, reuoltoso, sedicioso, alborotador.
mutiner Alborotar, amotinar.
mutinerie Alteracion, alboroto, motin.
mutuel Reciproco, mutual.
mutuellement Reciprocamente, mutualmente.
muy Tonel, bota, vaso.
muy mesure Almud.

M Y

Myrrhe myrra.
myrte Arrahyan, myrto.
mystere mysterio.
mystique mystico.
mytridat mitridatico.

N A

Nacre de perles Nacar.
Nagement Nadadura.
A nage A nado.
Nager Nadar.
Nager mort sur l'eau sobreaguar.
Lieu à nager Nadadero.
Nageoire de poisson Ala de pescado, nadadora.

N A

nageur Nadador.
nagueres Poco ha.
naif Natural, natiuo.
naiuement Naturalmente.
nain Enano.
naissance Nacencia, nacimiento.
naissant Naciente.
naistre Nacer.
natiuité Natiuidad, nauidad.
nappe mantel, manteles.
narcisse Narciso, amor myos.
nard Nardo.
narine Nariz.
narration Narracion.
narrer Referir, narrar.
naseau Respiradero de nariz, ventana de la nariz.
nasu Narigudo.
nasse Nassa, garlito.
nasselle Esquife, barquilla, barqueta, tartana.
natif Natiuo.
nation Nacion.
natiuité Natiuidad, nauidad.
natte Estera.
natter Esterar.
nattier Espartero, esterero.
nature Naturaleza, natura.
naturel Natural.
naturaliser Naturalizar
naturellement Naturalmente.
naual Naual.
nauire Nao, nauio, nauc.
nauire de passage Tafuria.
naueau Nabo.
nauetiere, lieu à naueaux Nabal, nabar.
nauette Nabo, luengo.
nauette de tisseran Lança-

N A

dera.
naufrage Naufragio.
Faire naufrage Dar al traues.
nauigable Nauegable.
nauigation Nauegacion.
nauiguer Marear, nauegar, marinear.
nauigueur Nauegador.
Petit nauire Nauichuelo, nauezilla.
nauloge Flete, nolito, almoxarifazgo.
nauré Herido.
naurer Lastimar, herir.
naurure Lesion, herida.
nautonnier Marinero.

N E

Ne Ni, no.
né Nacido.
neant Nada.
neantmoins No embargante, non obstante.
nebuleux Nebuloso.
necessaire Necessario.
necessairement Necessariamente.
necessité Necessidad.
necessiter Necessitar.
necessiteux Menesteroso, necessitado, alcançado.
nef Naue, nao, nauio.
nefle Niespola, nispola.
neflier mespero, niespolo.
negation Negacion, negatiua.
negatif Negatiuo.
negligence Negligencia, descuydo, descoraznamiento.
negligemment Descoraznada-

NE

mente, descuydadamente, negligentemente.
Negigent Descuydado, descoraznado.
Negliger descuydar, descoraznar, negligir.
negoce Negocio.
negociation Negociacion.
negociateur tratante, negociador, negociante, recaudador, agente.
negocier recabar, negociar, tratar.
negromance negromancia.
negromant Negromantico.
neige nieue
neiger neuar.
neigeux neuado, neuoso.
nenufar nenufar.
nepueu Sobrino.
nerf neruio, nieruo.
nerf retiré neruio encogido.
nerueux Neruudo, neruoso.
neruosité neruiosidad
nerprun Cambronera, escambron.
nes nariz
net Mondado, limpio, lindo, polido.
nettement Limpiamente, polidamente, lindamente.
netteté Alimpiamiento, limpieza, lindeza, policia.
nettoyer mondar, descombrar, limpiar, alimpiar.
nettoyeure Alimpiadura, mondadura.
neud ñudo, lazada.
Petit neud, ñudillo, ñudico.

NE

nœud, point de l'affaire Toque, punto.
neuf nueuo, roçagante
neuf nueue.
neufuement nueuamente.
neufuieme noueno, nono.
neufuieme nouena.
neutraliser neutralizar.
neutralité neutralidad.
neutre neutro, neutral

NI

niais necio, tonto, indiscreto.
niaiser necear, boucar, tontear.
niaiserie necedad, tontedad.
nice perezoso, lerdo.
nichee nidada.
nichement Anidamiento.
nicher Anidar
nid nido.
nid du nid nidal.
nid de pie Adrianes.
Petit nid nidezuelo
nielle neguilla, axenus
niepce Sobrina.
niant negador, negante.
niance negacion.
nier negar, denegar, rehusar.
nigault Haragan.
niueau plomada, niuel, brujula.
niuelement niuelamiento.
niueler bruxulear, niuelar.
niueleur niuelador.

NO

noble noble, hidalgo, ahidalgado

Noblement hidalgamente, noblemente.
Noblesse Hidalguia, nobleza.
Nocher Marinero, nochero.
Nocturne Nocturno, nocherniego.
Noël Nauidad, natiuidad, nacimiento.
Noir Negro, prieto.
Noir brun Baço, bruno.
Noir de poisle Tizne.
Noirastre Negrillo, moreno.
Noirceur embaçadura, negrura, denegrimiento, negror, negregura.
Noirteur aux dents Neguijon.
Noircy Denegrido, negrecido, embaçado.
Noircir denegrir, negreguear, embaçar, negrecer.
Noircissement Negrecimiento.
Noise brega, caramillo, riña, cizaña, rifa, riça.
Petite noise Renzilla, riñilla.
Noiser Reñir, rifar, ciçañar
Noiseux Renzilloso, rixoso, riñoso, rifador, ciçañador.
Nois Nuez.
Nois de gale Agalla.
Noyer Nogal.
Noisette, fruit Auellana.
Noisiller Auellano.
Noisillere Auellanedo.
Noyé Anegado, anegadizo, ahogado.
Noyement Anegamiento.
Noyer Ahogar, anegar.
Nom Nombre, apellido.
Nombre, Cuenta, numero, cabal.

Nombré Contado.
Nombrer Contar, numerar.
Nombreux Numeroso
Nombril ombligo.
Nommément Nombradamente.
Nommer Nombrar, appellidar.
Nompair Nones.
Nompareil Sin par.
Nompareillement sin ygual
Non No.
Nonain Beguina, monja.
Nonante Nouenta.
Nonantiesme Nouenteno.
Nonchalant Floxon, descuydado, floxonazo.
Nonchalance Descuydo, floxura.
Nonchalamment Descuydadamente, floxamente.
Nonobstant Noembargante, aunque, puestoque, maguera.
Nopces bodas, casamiento.
Banquet de nopces boda
Nore ou bru Nuera.
Nort Norte
Nostre Nuestro, nuestra.
Notable Notable.
Notablement Notablemente.
Notaire Escriuano, notario.
Note Señal, nota.
Noter Notar, apuntar
Notice Noticia.
Notification Notificacion.
Notifier Notificar.
Notoire Notorio.
Notoirement Notoriamente
Nouale Tierra valdia.
Nouailleux ñudoso.

N O

Nouembre Nouiembre.
Noüel Nauidad, natiuidad, nacimento.
Noüement Añudamiento, añudadura.
Noüer ñudar, añudar.
Noueux ñudoso.
Nouice Nonato, nouicio, nueuo.
Nourry Criado, mantenido.
Nourrice Ama que cria.
Nourrir Criar, mantener, alimentar.
Nourrissier, Amo que cria
Nourrisson Niño que se cria.
Nourrature Cria, criança, mantenimiento, viuienda.
Nous Nos, nosotros.
Auec nous Nosco, con nos otros.
Nouueau Nueuo.
Nouuelle Nueua, nouela.
Nouueauté Nouedad.
Nouuellement Nueuamente.
Nouuelet Nouezillo.
Noyau Pepita, meollo, cuexco.

N V

Nuage ╮ Niebla, nuuada, nu-
Nuee ╯ blado.
Nue Nuue, nube.
Nuageux Nublado, ñubloso.
Nubile Nubil.
Nuble du bled Nublo.
Nuees rouges Arreboles.
Nud Nudo.
Nudité Desnudez.
Nue, despouillee Nuda, desnuda.
Nuict Noche.

N V

Passer la nuict Trasnochar
Nuire Nuzir, empecer, dañar.
Nuisance Menoscabo, daño, empecimiento.
Nuisant Empecible, dañoso, dañador.
Nuisible Dañoso, nociuo
Nuisiblement Dañadamente, dañosamente.
Nul Ninguno, nadie.
Nullement de ninguna manera.
Nuque du col nuca.

N Y

Ny Ni.
Ny encore Ni aun.
Nymfe Ninfa

O B

OBeyr Obedecer.
Obeissamment Obedientemente.
Obeyssance Obediencia.
Obeyssant Obediente
Obelisque Obelisco.
Obiect Objeto.
Obiecter Objetar.
Obit Muerte, obito.
Oblation Oblada, oblacion, dadiua, ofrenda, oferta.
Oblectation Plazer, deleyte, holgura.
Oblecter Deleytar, oblectar, holgar.
Obligation Cedula, obligació, aluala
Obliger Obligar.
Oblique Sesgo, tuerto, obliquo.
Obliquement Detraues, tuertamente, al sesgo

O B

Obliquité Sesgura, torcedad.
Obmettre Omitir, dexar
Obmission Omission.
Obole Marauedi.
Obscur Tenebroso, escuro, desluzido, oscuro, tenebroso, cifrado.
Obscurcir Escurecer, oscurecer, desluzir.
Obscurcissement Escurecimiento.
Obscurement Oscuramente.
Obscurité Tenebregura, escuridad, escurana, lobreguez.
Obseques Honrras, exequias.
Obseruance Obseruancia.
Obseruation Obseruacion.
Obseruer Recatar, acatar, obseruar.
Obstacle Empacho, obstaculo.
Obstant Obstante, embargante.
Obstiné Terco, ostinado, porfiado.
Obstination porfia, ostinacion.
Obstinement Ostinadamente, porfiadamente.
Obstiner Ostinar, porfiar.
Obtemperer Obtemperar.
Obtenir Recabar, alcançar, conseguir, obtener.
Obtention Alcance, obtencion
Obuier Impedir, obuiar.

O C

Ocasion trãce, ocasion, coyuntura, lance.

O C

Par occasion Ocasionadamen- ocasionadamente.
Ocasionner Ocasionar.
Occean Oceano.
Occident Occidente, poniente.
Occidental Ocidental.
Occir Matar.
Occision Matança.
Occis Matado, muerto
Occulte Oculto, secreto.
Occultement Ocultamente.
Occupation Ocupacion.
Ocupé Ocupado
Ocuper Ocupar.
Occurrence Ocurrencia.
Occurrer Ocurrir.
Ocre Almagre.
Octante Ochenta.
Octaues Ochauario.
Octobre Otubre.
Octroy Otorgamiento, otorgacion.
Octroyant Otorgante, otorgador.
Octroyer Conceder, otorgar, acordar.
Oculaire Euidente, ocular
Oculairement, Ocularmente.
Occultement Ocultadamente.
Oculter Ocultar, encubrir

O D

Odeur Olor, odor, flagrancia.
Odorement Odoramiento.
Odorer Oler, odorar.
Odoriferant Oloroso, flagrante.

O D

Odieux, Odioso, aborrecible.

O E

Oeconome Mayordomo.
Oeconomie Mayordomia.
Oeil Ojo.
Grand œil Ojazo.
Oeillade Ojada.
Oeillader Mirar lasciuamente, ojear darojadas.
Oeilleres Colmillos.
Oeillet Clauel, clauellina
Oeuf, Veuo, gueuo, hueuo.
Oeuf couué Veuoguero.
Oeuure Obra, labor.

O F

Offense, Ofension, offensa.
Offensé, Dañado, ofendido.
Offenser Dañar, offender.
Offenceur Offensor
Offert Ofrecido.
Offerte Ofrenda, oferta.
Office Oficio, cargo
Offrande Ofrenda, oferta.
Offrir Proferir, ofrecer.
Offre Ofrecimiento.
Ofuscation Ofuscacion, ofuscamiento.
Ofusquer Ofuscar.

O I

Oignon Cebolla.
Oignonniere Cebolleria.

O I

Graine d'oignon Cebollino, simiente de cebollas.
Oinct Vngido, vntado.
Oindre Vngir, vntar.
Oignement Vncion.
Oing Vntaza, enxundia, vnto.
Oiseau paxaro, aue.
Oiselet paxarico, paxarito, paxarillo.
Oiseleur paxarero.
Oiseux, *oisif* Perezoso, deshazendado, holgazan, ocioso, baldio.
Oisifuement Ociosamente.
Oisifueté Ocio, ociosidad.
Oisillon, Auezilla, paxarillo.
Oison patico, patin, ansarillo.
Oisonnerie Ansareria.
Oisonnier Ansarero.

O L

Oliue Azeytuna, oliua.
Oliuier Azeytuno, oliuo.
Oliuier sauuage Azebuche.
Oliueraye Oliuar.

O M

Ombrage, *ombre* Sombraje, sombra.
Ombrager Hazer sombra, asombrar, obumbrar
Ombrageux Sombroso, sombrio, sombrajoso.
Ombragement Espessura, sombrajo, sombraje.

O N

Ombrageusement Sombriamente.

O N

On Se.
Once, poids Onça
Once, animal Onça.
Onc, onques jamas, nunca.
Oncle Tio.
Onction Vntura, vntadura, vncion.
Onde Onda, ola.
Ondé, Ondoyant Ondeado, ondoso.
Ondee Refriega de lluuia.
Ondoyer Ondear, olear
Onglade Rascuño, araño, arañadura.
Ongle vña, vñuela.
Onglee en l'œil, maladie Orçuelo del ojo, respigon.
Onguent Vnguento
Onze Onze.
Onzieme Onzeno.

O P

Operation Obra, accion.
Operer Obrar.
Opilation Opilacion.
Opiler Opilar.
Opiner Opinar, dezir su opinion.
Opiniastre Tematico, teso, porfiado, capitoso, contumaz, terco, obstinado.
Opiniastremēt porfiadamente, contumacemente.
Opiniastrer porfiar, terquear.
Opiniastreté porfia, tesoneria,

O P

tema, teson, terqueza, obstinacion, porfia.
Opinion Opinion, parecer.
Oportun Oportuno.
Oportunement A tiempo, oportunamente.
Oportunité Oportunidad.
Oposant Oponiente.
Oposé Opuesto.
Oposer Impedir, oponer.
Oposite Enfrente, de frente.
Oposition Oposicion.
Opressé Oprimido.
Opresser Oprimir.
Opresseur Oprimidor.
Opression Opression.
Opprimer Oprimir.
Opprobre Oprobrio, afrenta.
Oppugnateur Opugnador.
Oppugner Opugnar.
Opulence Riqueza, opulencia.
Opulemment Opulentamente.
Opulent Opulento.

O R

Or pues.
Or bié, or donc Ea pues, ara pues, ara bien.
Or Oro.
Oracle Oraculo.
Orage Ventisca, ventisquero, tempestad, nuuada.
Orageux Temporal.
Oraison Oracion, rezado.
Orange Toronja, naranja.
Oranger Toronjo, naranjo.
Lieu plein d'orangers Naranjal.
Orateur Orador.
Oratoire Oratorio.

Orca-

OR

orcanette, lacargama.
ord, Suzio.
ordement, Suziamente.
ordinaire, ordinario.
ordinairement, Ordinariamente.
ordre, recaudo, orden.
Auec ordre, ordenadamente.
ordonnance, Mandado, Orden, ordenança, aranzel, ordenamiento, prematica.
ordonné, ordenado.
ordonner, arrear, ordenar.
ordonneur, ordenador.
ordure, suziedad, vassura, hediondez, podricion.
oree, orilla.
oreille, oreja, oydo.
Qui a grandes oreilles, orejudo.
Branler les oreilles, orejear.
oreiller, cabeçal, cabecera, almohada.
ores, aora, ya, ea.
orfebure, joyero, platero, joyelero.
orfeburie, plateria.
orfelin, uerfano, pupilo, huerfano.
orfelinage, orfandad.
organiste, organista.
orge, ceuada, ordeo.
orgueil, altiuez, soberuia, orgullo, argullo.
orguilleux, argulloso, orgulloso, altiuo, soberuio, engreydo, entonado, soberuioso.
orgueillir, ensoberuecer, engreyr, soberuecer.
orgueilleusement, soberuiamente, argullosamente.
orgues, organo.

OR

Orient, Oriente, Leuante.
Oriental, Oriental.
orifice, boca, orificio.
original, original.
originalement, originalmente.
origine, origen, principio, comienzo.
oriol, oiseau, oropendola.
oripeau, oropel, oro de lata, laton.
orison, orizonte.
orme, olmo.
ormaye, olmeda, olmedo.
orné, atauiado, polido, arreado, asseado, adornado, adereçado, compuesto.
ornement, polideza, ornamiento, atauio, adereço, aliño, amañamiento, arreo, gala, asseo, compostura.
ornémement, Aliñadamente, adereçadamente, arreadamente, atauiadamente, compuestamente.
orner, atauiar, ornar, aliñar, afeytar, assear, arrear, adereçar, agalanar, adornar, galanar, amañar, paramentar.
orniere, carril.
orpiment, oropimento.
orteil, dedo del pie.
ortie, ortiga, hortiga.
ortier, hortigar.

OS

os, uesso, ueso, gueso.
os de seche, xibion, calamar.
osselet, huessezillo, osezuelo.

L

O S

Osselet à jouer, carnicol.
Ossu, Ossudo.
Oser, Atreuer, osar.
Osé, osado, atreuido.
Osier, arbre, vimbrera, mimbrera.
Osier, vimbre, mimbre.
Oseraye, Vimbral, Mimbral.
Ost, ueste, Hueste, Campo, real.
Ostage, Rehen, ostagio.
Osté, lleuado, quitado.
Ostement, Quitacion, Apartamiento.
Ostentation, Ostentacion.
Oster, Apartar, quitar.
Otarde, oiseau, Abutarda.

O V

Ou, O.
Ou, Ado, Adonde.
Ou? Hazia donde?
Ou aussi, O tambien.
Ouale, Ouado, aouado.
Faire en ouale, ouar, aouar.
Ouaille, oueja.
Petite ouaille, ouejuela, ouejita.
Oubly, oubliance, Oluidança, oluido, desacuerdo.
Oublié, Oluidado.
Oublier, trascordar, oluidar, desacordar, desmemoriar.
Oublieux, oluidadizo, trascordado, desacordado, desmemoriado.
Oubliant, oluidador.
Oublieusement, desacordadamente, trascordadamente.

V O

Oublie, Oblea, Oblada, Suplicacion.
Oublieur, crieur d'oublies, el que haze obleas, suplicacionero
Ouy, Si, ha.
Ouy, oydo, entendido.
Ouye, Oydo, Oyda.
Ouyr, Oyr, Entender.
Ouue, ola, onda.
Oultrage, agrauio, sinrazon, afrenta, denuesto, vltraje, fuerça.
Oultragé, Afrentado, Agrauiado.
Oultrager, vltrajar, afrentar, denostar, sopear, agrauiar.
Oultrageux, atroz, vltrajoso, denostoso, agrauiador
Oultrageusement, vltrajosamente.
Oultrance, fuerça.
Oultre, fuera, allende, vltra, mas, demas, sobre.
Oultrecuidance, arrogancia, soberuia.
Oultrecuidé, entonado, soberuio, arrogante.
Oultremer, vltramarino.
Oultrepasse, transgression.
Oultrepasser, vltrapassar, ganar por la mano.
Oultrepercer, Horadar, pasar, calar.
Oultrer, traspassar.
Ourdir, vrdir, ordir.
Ourdisseur, vrdidor.
Ourdissure, ordiembre, comienço, vrdidura.
Ourle, borde, orla, orladura.
Ourler, Orlar, bordar.

O V

Ourleur, bordador, orlador.
Ours, Osso.
Ourse, Ossa.
Petit ours Ossillo.
Outil, Instrumento.
Ouurage, Hechura, Obra, Labor, Hazimiento, Operacion.
Ouurage de point coupé, obra de cadeneta.
Ouurer, Obrar, Labrar.
Ouurier, Artesan, Obrero, Oficial.
Ouuriere, Labrandera, Obrera.
Ouuert, Abierto.
Ouuertement, Abiertamente, Declaradamente, A la clara, patentemente.
Ouuerture, Abertura, boca, boqueron.
Ouurir, Abrir.
Ouuroir, Obrador, tienda.

O Y

Oyant, Oyente.
Oye, Anſar, Ganſo, Pato, Anſaron.
Ozeille, Azedera, acetoſa.

P

P A

Pacification, Paz, pacificacion, pacificamiento.
Pacifié, Apaziguado, Pacificado.
Pacifier, Pacificar, Apaziguar.

P A

Pact, Paction, Concierto, Pacto, Partido, Acuerdo.
Pactioner, Concertar, Pactear.
Paelle, Sarten, payla, paylon.
Paelle à frire, Freydera.
Paelle, pala, paleta.
page de liure, pagina, plana.
page de Cour, paje.
pager, pajecico, pajecillo.
Payement paga, ſueldo, pagamento.
Payer, pagar.
Paillace, Xergon, pajada.
Paillard, Putañero, Rufian, Amancebado, Fornicador, Fornicario, Libidinoſo, barragan.
Paillarder, Ruſianar, Putanar, Amancebar, Fornicar.
Paillardiſe, Ruſiania, fornicacion, fornicio.
Paille, Paja.
De paille, Pagizo.
Pailler, Pajar.
Pain, Pan.
Pain bis, Pan baço.
Pain leué, Pan lleudo, lleudado.
Pain ſans leuain, Pan cenceño.
Pain d'eſpice, Alexur, Alfaxor.
Pain mollet, bollo, mollete.
Morceau de pain, Reuanada.
Couper du pain, reuanar.
Pair, par, ygual.
Pairs de France, Pares.
Paire, Par, yunta, dos.
Païs, Tierra, Pais, Region.

L ij

P A

patria.
Paisage, Paisaje.
Paisun, Destripaterrones, villano.
Paistre, Pacer, Repastar, apascentar, pensar, apastar.
Paix, Paz, apazibilidad.
Paisible, Pacifico, modesto, apazible, sossegado.
Paissiblement, Apaziblemente, Assossegadamente, sossegadamente.
Palais, Alcaçar, palacio.
Palais de la bouche, Paladar.
Pal ou pau, Estaca.
Palis, Palissade, Palenquera, estacada, palizada.
Palisser, palizar.
Palefroy, palafren, cauallo.
Palefrenier, palafrenero, establerizo, moço de cauallos.
Palemail, palamalla.
Pále, palido, descolorido, amarillo.
Palement, descoloridamente, palidamente.
Paleur, Palideza, Amarillez.
Pallir, palecer, amarillecer.
Palme, palmier, Palma.
Palme sauuage, palmito.
Lieu plein de palmes, palmar.
Palombe, Torcaza.
Palu, pantano.
Palpable palpable.
Palpitation palpitamiento, palpitacion.
Palpiter palpitar, palpear.
Palustre, pantanoso.
Pampre pampano.

P A

Pampru, pampanoso.
Pan, Dieu des bergers, Pan.
Pan, Panneau, Tela, caçadora.
Pan d'un habit, falda, faldamiento, trepa, halda.
Pan de muraille, Lienço de muralla.
Panache, Penacho.
Panade, panada, panetele.
Pance, Barriga, pança, vientre.
Pançu Barrigudo, pançudo, ceuon, ventroso.
Panché tendido.
Panchement tendidura.
Pancher, tender, broncar, bornear.
Panetier panadero.
Paneterie arca de pan.
Panetiere de berger çurron, costal.
Panier goja, panera, cesta, esporton, altabaque, capacho, canasta, canasto, tabaque.
Panier de jonc espuerta, sera, cofin, esporton.
Petit panier, canastillo, cestica, esportilla, esportica.
Paniz, panizo.
Panne ou peau pellejo, hollejo.
Pantois, desalentado, carleante.
Pantoufle, alcorque, chinela, chancleta, sandalos, pantuflo.
Paon pauo, pauon.
Paonne, paua.
Papegay papagayo.
Pape Papa.

P A

Papat Papado.
Papier Papel.
Papetier Papelero.
Papeterie Tienda de papel.
Papillon Mariposa, matacandiles.
Papin Puchas, pappas, poleada, gachas.
Paquet Lio, legajo, pliego, paca, fardel.
Par Por.
Parauant Denantes.
Par cy par là Por aca, por alla.
Par la Por alla, por ay.
Par fois A vezes, a ratos.
Parabole Parabola.
Paracheuement Acabamiento.
Paracheuer Acabar.
Parade Aparejo, aparato.
Paradis Parayso.
Paradoxe Paradoxa.
Paragon Remedo, paragon, comparacion.
Paragonner Remedar, paragonar.
Parallele Ygual, distancia.
Paralysie Perlesia.
Paralitique Perlatico.
Parasite Truhan, parasito.
Parauanture Quiça, poruentura.
Parc Parque, majada.
Parcelle Partezuela, partezilla, pedacillo.
Parchemin Pergamino, membrana.
Parcial Parcial, vanderizo, vandero.
Parcialité Parcialidad.
Pardon Perdonança, perdon, indulgencia.

P A

Pardon de la premiere faulte premilla.
Pardonner perdonar.
Pareil, par semejante, parejo, ygual.
La pareille pareja.
Pareillement Semejantemente, ygualmente, parejaméte.
Parent Deudo, pariente, afin.
Parentage, Parenté Deudo, parentesco, linaje, sanguinidad, parentado, parentela, afinidad.
Paré Adereçado, adornado, estirado, galanado.
Parement Atauio, asseo, arreo, ornato, gala, adornamiento, adereçamiento.
Parer Atauiar, entoldar, emparamentar, arrear, assear, componer, agalanar, adornar, adereçar, aliñar.
Paresse Haronia, pereza, haragania, torpedad, torpeza, acidia.
Paresser Enlerdar, emperezar, descorazonar.
Paresseux Haragan, lerdo, descorazonado, perezoso, tardon, torpe.
Paresseusement Descorazonadamente, perezosamente.
Pareure Voyés parement.
Parfait perfecto, cumplido.
Parfaitement Cumplidamente, perfectamente, acabadamente.
Parfaire perficionar, acabar.
Parforcer Efforçar, forçar, forcejar.
Parfournir Cumplir.

L iij

PA

Parfum peuete, sahumadura, perfume, sahumerio.
parfumé Sahumado, perfumado.
parfumer Sahumar, perfumar.
parfumeur Sahumador, perfumero, perfumador.
Boutique de parfumeur pasfumeria.
parier Fiar, abonar, parar.
parietaire, Vidrioia, parietaria.
pariure perjuro, fementido.
pariurement perjuro.
pariurer perjurar.
parlement parlamento.
parlementer parlamentar.
parler Hablar, razonar.
parleur palabrero, dezidor, hablador.
parole palabra, diccion, verbo.
petite parole palabrilla.
parmy por medio, a bueltas.
parotr, paroistre parecer, aparecer, assomar.
paroy pared, paredon.
paroy de plastre Tabique, colaña.
parquet, Corro, talenquera, cerca, palizada, estacada.
parquoy porende.
parrain padrino.
Estre parrain, Apadrinar.
parricide parricida.
paroisse, parrochia.
paroissien parrochiano, feligres.
parsonnier porcionero, aparcero, quiñonero.
part porcion, parte, quiñon.
De part en part, De claro en claro.

PA

A part A solas, señero, a parte, partidamente, a fuera, en quatro ojos.
Partage partija, repartimiento.
Partager partir, repartir.
Partageur Repartidor.
Partant por tanto, con tal.
Partement partencia, partida, yda.
Parterre Era, patio, suelo.
Party Condicion, partido, valia, vanda.
Participans porcionero, participante.
Participer participar.
Particularizer particularizar.
Particulier particular.
Particulierement particularmente.
Partie parte.
Partie, partement partida.
Partir, diuiser partir, repartir.
Partir par mettié Demediar, partir por medio.
Partir, aller partirse, yrse.
Partissement, particion, partimiento, repartimiento.
Partisseur Quiñonero, partidor, porcionero.
Paruenir peruenir.
Paruis Zaguan, açaguan.
Pas No.
Pas passo, tranco.
Passage passaje.
Passage de mer Matalotage.
Passager passajero.
Pasmé Desmayado, pasmado, amortecido.
Pasmer Desmayar, pasmar, amortecer.

PA

pasmoison Desmayo, pasmo.
Pasque Pascua.
passable passable, passadero.
passant passajero.
En passant De passada, de passo.
passé passado.
Le passé Marras.
passee passada.
passedroit Traspasso.
passement Veta, passamano.
passementer Guarnecer de passamano, pasamanar.
passementier passamanero.
passepasse aux cartes Tropelia.
passeport Aluala de guia, passaporte.
passer passar.
passereau Gorrion, pardal.
passetemps passatiempo, regozijo.
passionné d'amour Amartelado.
passion passion.
paste Massa, pasta.
Mettre en paste Empanar.
pasté pastel, empanada.
pasté au jeu de cartes pandilla.
Faire pasté au jeu Apandillar.
pastel Auil, pastel.
pasticerie pasteleria.
pasticier pastelero.
pastenades çanahorias.
pasteur Ganadero, pastor, ouejero, zagal.
pastoral pastoril.
pasturage, pasture pacedura, pienso, pasto, dehesa.
pasturages communs, Dehesas concegiles.

PA

pasturer Apascentar, pascer, repastar.
patte pata.
patent patente.
patentes du Roy patentes del Rey.
paternel paternal, paterno.
paternellement paternalmente, paternamente.
patience paciencia, sufrimiento.
patiemment pacientemente.
patient Sufrido, paciente.
patin Chapin.
patir padecer, sufrir.
patriarche patriarca.
patrie patria, tierra.
patrimonial patrimonial, solariego.
patrimoine patrimonio.
patron Dechado, modelo, dibuxo, traça.
patron de nauire Arrayz, nauchel piloto, patron.
paué, chemin paué pauimiento, arracife, suelo, empedrado, enlosado, enladrillado.
pauer pisonar, enlosar, ladrillar, enladrillar, empedrar, maçonear.
paueur Empedrador, enlosador.
pauillon pauellon, tendejon tienda, toldo, toldillo.
paulme palma.
paulme mesure palmo.
Coup de paume palmada.
paume jeu pelora.
paulpiere pestaña, parpado.
Mouuoir les paupieres pestañear

L iiij

PA

tartir, parpadear.
Pauois paues.
Rang de pauois pauesada.
Armer de paueis Empauesar.
Pauot Dormidera, adormidera.
Pauot des bledz Hamapola.
Pause paradilla, pausa.
Pausément pausadamente.
Pauure Mesquino, probre, miserable.
Pauurement probremente, mezquinamente.
Pauuret pobrete, pobreton, pobretico, pobrezillo.
Pauureté pobreza, mezquindad, miseria.
Payen pagano.
Payennerie paganismo.
Payement pagamiento, paga, pago.
Payer pagar.
Payeur pagador.

PE

Peage Alcauala, peaje, montazgo, peazgo.
Peager peajero, alcaualero, cobrador.
Peau piel, pelleja, pellejo.
Peau de fruict Hollejo.
Peau d'aigneau Añino.
Peau de bouc Zaque, odre, cuero.
Peaux auec la laine Baldres.
Peché pecado.
Pecher pecar.
Pecheur pecador, pecante.
Pecore Bestia, res.
Peculier Singular.
peculierement Singularmente.
pecune Dinero, pecunia.

PE

pecunieux Dineroso, adinerado.
pedant pedante.
peigne peyne.
peigné peynado.
peigner peynar, encabellar.
peindre Dibuxar, pintar.
peint pintado, dibuxado.
peintre pintor, dibuxador.
peinture pintura, dibuxo.
peine Trabajo, pena, penalidad, afan.
peine reciproque Talion.
peiner penar, afanar.
Oster de peine Despenar.
penible penoso, penado, dificil.
pelade pelambre, pelechadura, peladilla.
pelasse d'arbre Corcha, corteza.
peler pelar, descortezar, deshollejar.
pelerin Bordonero, peregrino, romero.
pelerinage Romeraje, romeria.
pelican pelicano.
pelisse çamarra, çamarro.
pelleterie pellejeria.
pelletier pellizero, pellejero.
pelon Erizo de la castaña.
peloton Ouillo.
pelotonner Ouillar, aouillar.
pelotte pella, bala, pelota.
pelu Velludo, peloso, velloso.
peluche Felpa.
pelure peladura, pelechadura, hollejo.
penduble Ahorcadizo.
pendans d'oreille Arrancadas, çarcillos.

P E

pendant Entretanto, en tanto.
penderie Ahorcadura, ahorcamiento.
pendant pendiente, colgado, colgadizo.
pendans d'espee Tiros de espada.
pendard Haragan, perdido, vellaco.
pendre pinjar, colgar, ahorcar.
pendu Ahorcado, colgado, pinjado.
pendereau perdidillo, ladroncillo.
penetrant penetrante, entráte.
penetration penetracion.
penetrer penetrar, pasar.
penible penado.
peniblement penadamente.
penil pendejo.
penitence penitencia.
penitencier penitenciero.
penitent penitente.
pennache penacho.
pennage plumageria.
penne ou plume pluma pédola.
pensee Mente, pensamiento.
pensee fleur Violeta, pintada.
penser pensar, cuydar.
pensif pensatiuo.
pensiuement pensadamente.
pension pension, pupilaje.
pensionnaire pupilo.
pente de montagne Recuesta, ladera, recuesto, halda, repecho.
pentes de lict Colgadura de cama.
Pentecoste Cincuesma, Pentecostes.

P E

pepier piolar, piar.
pepin Granillo, semilla, pepino, grano.
pepiniere Seminario, almaciga.
percé Horadado, agugereado.
percement Horadadura, agugero.
percer agujerar, horadar, agujercar, decentar, taladrar.
perche percha, pertiga, cuento, estaca, varal.
perche d'oyseaux Alcandara.
perche poisson perca.
percher percar.
perclus Tullido.
perdant perdidoso.
perdre perder.
perdition perdicion, perdida.
perdu perdido.
perdreau perdigon.
perdris perdiz.
Chasseur de perdrix perdiguero.
perdurable perdurable, duradero.
perdurablement perdurablemente.
pere padre, tayta, tata, palabra de niños.
pere grand Abuelo, aguelo.
peregrin peregrino.
peregrination peregrinaje, peregrinacion.
peregriner peregrinar.
perennel perennal, perpetuo.
perfection Fineza, perficion.
perfide perfido.
peril peligro.
periller peligrar.
perilleux peligroso.
perilleusement peligrosaméte.

PE

perir, perecer.
perissable perecedero.
perissement perecimiento.
perle Aljofar, perla.
perlette perlica.
permanant permanente.
permis permitido.
permettre permitir.
permission permission.
permutation permudacion.
permuter permudar, conmutar.
pernicieux pernicioso.
pernicieusement perniciosamente.
perpendiculaire perpendiculario.
perpendiculairement perpendicularmente.
Peretrer perpetrar.
perpetuel perpetuo, perpetual.
perpetuer perpetuar.
perpetuellemét perpetualmente.
perpetuité perpetuidad.
perplex perplexo.
perplexement perplexamente.
perplexité perplexidad.
perquisition pesquisa.
perron padron.
perroquet perroquete.
perruque Guedeja, cabelladura.
perruque fausse, Cabellos postizos.
pers Morado.
persecuté perseguido.
persecuter perseguir.
persecuteur perseguidor.
persecution perseguimiento, persecucion.
perseuerance porfia, perseuerancia.
perseueramment perseueradamente, porfiadamente, perseuerantemente.
perseuerer perseuerar, porfiar.
persil perexil, apio.
persister persistir.
personnage, *personne* persona, personage.
personne, *nul* Nadie.
personnellement personalméte.
personnel personal.
perspectiue perspectiua.
perspicacité perspicacidad.
persuadé persuadido.
persuader Induzir, persuadir.
persuasible persuasible.
persuasif persuasiuo.
persuasion persuasion.
persuasiuemét persuasiblemente.
perte perdicion, perdida, perdimiento, quiebra.
pertinent pertinente.
pertuis, *trou* Agujero, horado
pertuisane hazcona, partesana.
perturbation perturbacion.
perturber perturbar.
peruers peruerso.
peruersement peruersamente.
peruersité peruersidad.
peruertir peruertir.
pesamment pesadamente.
pesant pesado, pesante.
pesanteur pesantor, peso.
pesche, *pescherie* pesco, pesca, pesqueria.
pesché pescado.
pescher pescar.
pesche fruict persigo, durazno, prisco.

P E

pefcher, arbre pexego, duraznal, duraznal, priscal.
peser pesar, ponderar.
peste mesle A rebueltas, al redro pelo.
peson Tortero del huso.
peste, pestilence peste, landre, pestilencia.
pestilent, pestilentieux pestilente, pestilencial, apestado.
pestrir Heñir, souar, amassar, souajar, massar.
pestrissement Souadura, souajadura, amassadura.
pestrisseur panadero, amassador.
pet pedo, cuexco.
peter peer.
peteur pedacio, pedorro, pedorrero, pedorro.
petillement Sacudimiento.
petiller patear.
petios pequeñito, pequeñuelo, chiquito.
petit Chico, pequeño.
petit à petit poco a poco.
petit de quelque beste cachorro, cachorrillo.
petitesse pequeñez.
petitement pequeñamente.
petition peticion.
peu poco, poquito, poquillo.
à peu pres Cerquita.
Si peu Tantico.
peuplade poblacion.
peuple Gente, pueblo.
peuplé poblado, populoso.
peupler poblar.
peuplier, arbre Alamo, peuo, chopo.
Lieu de peupliers Alameda

P E

peur grima, pauor, miedo, temor, amedrentamiento.
Faire peur, & au s. peur amedrentar, atemorizar
peureux grimoso, medroso, amedrentado, espantadizo, pauoroso, temeroso, atemorizado.
peut estre quiça.

P H

physique Fisica.
physicien Fisico
phtisic Tisico, trefe.
phtisie tisica, trefa, trefedad.

P I

piaffe pauonada
piaffer pauonear.
pic, oiseau pico verde.
pic, instrument marra, pico.
picquant picante, mordaz
picque pica.
Coup de picque picazo.
piquier piquero.
picotin Celemin.
pie, oiseau Hurraca, pia, pega, picaça.
pic pio
piece Rato, gran rato.
piece pieça, bocado, pedaço, pedaceria, trepa, troço.
piecette pedacillo, pedacico, pedacito, pedaçuelo.
pied pie, pata
pied fendu patihendido.
pied plat patimaciço patudo.
pied tors patituerto, çancajoso.

PI

Coup de pied puntapie, puntillon, puntillazo.
Fraper du pied patear.
A quatre pieds A gatas
Piedestal Carria.
Piege Ceppo, piguela
Pierre Loſa, piedra, canto.
Pierre de touche piedra toque
Coup de pierre pedrada.
Tireur de pierres pedrero.
Pierrette piedrezuela, pedrezita, guija
Pierrerie preſeas, joyas, pedreria.
Pierreux Pedregoſo, pedroſo.
Lieu pierreux pedregal.
Pierriere pedrera, canteria.
Pieté piedad.
Pieton peon.
Pieuſement piamente.
Pigeon palomo, pichon, çorito.
Pigeonneau palomillo, palomito, pichoncillo.
Pigeonnier palomar
Pile monton.
Pile de bois Tina de leña.
Pilement Majadura, moledura.
Piler Machucar, majar, moler.
Pileur Majador, moledor.
Pilier Eſtante, puntal, eſtriuo, pilar.
Pillage Deſtroço, robo, ſaco, botin, pillaje ſacomano, ſaqueamiento, preda.
Piller Deſtroçar, robar, ſaltear, gaſtar, ſaquear
Pillerie deſtroço, &c.

PI

Pillard, pilleur Salteador, robador.
Pilon Pilon, majadero, mano de mortero.
Pilory Argolla del rollo.
Piloriſer poner a la verguença.
Piloſelle Velloſilla
Pilote nauchel, piloto.
Pilule pildora.
Pimpenelle pimpinela
Pin pino.
De pin pinariego.
Pomme de pin piña.
Pinaye pinal.
Pinceau pinzel.
Pincement, pinceure peliſcon, pecilgo, pellizco.
Pinceur pecilgador, pellizcador.
Pincer pecilgar, pellizcar.
Pincettes pinças, tenazuelas, tenacicas.
Pinon piñon.
Pinſon oiſeau pinchon.
Pinte pinta.
Pioche inſtrument Açada.
Pionnier Açadonero, gaſtador.
Pipe pipa.
Pipee Añagaza, reclamo.
Piper Engañar, burlar, eſtafar.
Pipeur engañamundo, eſtafador, fullero.
Piquant picante, pinçante.
Piquer puntar, punçar, picar, eſpinar, acuciar, puncear.
Piqueté pecoſo, tachado.
Piqueure punçadura, picada.
Piramide pyramide.

P I

Pirate Coſſario, pyrata.
Pire peor.
Pirement peormente.
Piretre, herbe pelitre.
Piron, piſon Anſarillo.
Pirouetter Dar bueltas.
Pis peor.
Pis, poitrine pecho
Piſcine eſtanque, picina.
Piſſat Orina, meado.
Piſſement meada, meadura.
Piſſer, orinar, mear, eſcomear.
Piſſeur meador, meadero
Piſtache Alhocigo, alfocigo.
Piſte piſada, patada.
Piſtolet piſtolete.
Piſtolier piſtoletero.
Pitance pitança, racion.
Pitaud picaro, vilan, vergante.
Pite Blanca.
Pitié mauzilla, piedad.
Auoir pitié Apiadar, amanzillar
Pitoyable piadoſo.
Pitoyablement piadoſamente.
Piuerd pico verde.
Piuoine peonia.
Piuot quicio.
Oſter du piuot Deſquiciar

P L

Placart placarte.
Place pueſto, plaça, lugar.
Placet otorgamiento.
Placet à s'aſſeoir banquillo.
Plage de la mer playa
Plaid lid, lite, pleyto.

P L

Plaider litigar, lidiar, pleytear.
Plaidereau pleyteante, tramposo.
plaideur Lidiador, pleytiſta, pleyteador, litigador.
plaidoyer pleyto.
plain llano
plaine Vega, naua, campaña.
plainement llanamente.
planir Allanar, acepillar.
planure llanura.
plaindre llantear, plantear, querellar, guayar, quexar, plañir.
plainte querella, quexa, quexadura, guaya.
plaintif quexoſo, querelloſo.
plaire Contentar, plazer, holgar.
plaiſance, plaiſir Donayre, guſto, ſolaz, regozijo, vicio, holgura.
plaiſant Gracioſo, plazentero, donayroſo, donoſo, guſtoſo, vicioſo, viſtoſo.
plaiſamment Regozijadamente, vicioſamente, guſtoſamente, donayroſamente, donoſamente.
plaiſanter Truhanear, ſolazar, regozijar, regodear.
plaiſanterie Donayre, regodeos, plazenterias.
planche plancha, planchon, tabla.
plancher entablar, ſoberadar.
planché Soberadado.
planchier Sobrado, tablado, entablamiento.

P L

Plançon Planta,estacada.
Plane, arbre Plarano.
Plane, ou rabot Cepillo, plana.
Planir Allanar, alitar, vnir.
Planete Planeta.
Plantain llanten.
Plant nouueau de vignes majuelo.
Plante llanta, planta, cepa.
Plantal Renueuo.
Planter Plantar, trasplantar.
Planter vignes Majuelar.
Plantement Plantadura, trasplantacion.
Plantureux copioso, abundoso.
Plantureusement Abundosamente.
Plastras xabarra, cascojos.
Plastre yesso.
Plastrer Enyessar, xaharrar, enxaluegar.
Plastrier Enyessador.
Plastrure Enyessadura.
Plat Ancho, llano.
Plat Escudilla, plato.
Grand plat Platazo.
Petit plat Platillo, platico.
Plateforme Plataforma.
Playe llaga, herida.
Playé llagado, herido, plagado.
Plein de playes llagoso, plagoso.
Monstrer ses playes Plaguear.
Player llagar, lastimar, herir.
Pleige Fiador.
Pleigement Fiança, abonança.
Pleiger Abonar, fiar.

P L

Plein lleno, arrasado.
Pleinement llenamente.
Pleur, pleurement Planto, llanto, lloro, lagrima.
Pleurer llorar.
Pleurard, pleureux Gemidor, lloron, llorador, lloroso, lloradero.
Pleuresie Dolor de costado.
Pleust à Dieu oxala, plegue a Dios.
Plomb Plomo.
Plomber Aplomar, emplomar.
Plongement Somersion, çabullimiento, çabullidura.
plongeon Somorguion.
Plonger Somergir, çabullir, somorguiar, çapuzar.
plongeur Somorguiador.
plouuoir llouer.
ployable Doblegable, plegable.
ployé Doblegado, plegado.
ployement Doblegadura, plegadura, dobladura.
ployer Doblar, doblegar, plegar.
plumart Penacho.
plumasserie plumageria.
plumage, plume Pluma, plumage.
plumassier plumajero, plumero.
plume Pendola, peñola, pluma.
plumette Plumilla, plumita.
plumer Pelar, margomar.
plumer Desplumar.
plumeux plumero, plumoso.
plus Mas.

P L

plusieurs muchos.
pluuier, oiseau Chorlito.
pluuieux llouedizo, lluuioso.
pluuiner llouiznar.
pluye lluuia.
pluye menue llouizna
ply plique, pliego, bolsa, seno.

P O

poche Faltriquera, escarcela, faldiquera, falsopeto, talegoncillo, taleguilla.
pocher, creuer les yeux Sacar los ojos, desojar.
poëte Trobador, poeta.
poeme Copla, verso
poësie poesia.
poitral petral.
poitrine pecho, pechuga, tetilla
Mal de poitrine pechuguera.
poil Vello, pelo, crin, clin
poil follet pelomalo, boço.
poil blanc Canas.
Arracher le poil Messar.
poële à frire Freydera, sarten.
Coup de poële Sartenazo.
poëlon Caçon, cacin, caçuela, cacico, caço
poinçon punçon.
poinçonner punçar, aguijonear.
poinct punto.
poinct du iour Alua, punta del dia.
A point A tiempo, a cuento.
Au point A pique.
poindre punçar, apuntar, des-

P O

puntar, picar.
poignant punçante, picante.
poignee Manada, manojo, empuñadura, pellada, puñado.
poignard Daga, puñal.
poing puño.
poignet du bras Maneça de la mano.
poinsson de vin pipa.
point puntada, punto.
point No, nada.
pointe punchon, pua, punta, puua, puya.
pointe de drap giron.
pointu puntyagudo, apuntado, puntudo.
poire pera.
poirier peral.
poirier sauuage guadapero, peruetano.
pois, fruit Arueja.
pois chiche Garuanço.
pois, mesure peso, pesa.
poison ponçoña, yerua, tossigo, veleño, zarazas.
poisse pegajoso
poisson pece, pescado.
petit poisson pecezillo.
poissonnerie pescadoria
poissonnier pescadero, pescadelero, pescador.
poissonneux Pescoso.
poictral Petral.
poissement Breadura, empegadura.
poisser Brear, empegar, betunar.
poix Pez, pega, brea.
poiurade Pebrada.
poiure Pepe, pimienta.

P O

poiurer pimentar.
pole polo.
police policia.
polipode polipodio.
poly Acicalado, polido, acepillado, liso, terso
poliment Acicaladamente, polidamente, galanamente
polir Lisar, acepillar, alisar, acicalar, pulir.
polissement, polissure Acicaladura, alisura, polideza, acepilladura, acicalamiento, lisadura, lisura, policia
polissoir polidor, polidero.
polir pierres escodar.
pollu ensuziado, suzio
polluer ensuziar, amanzillar.
poltron Vil, gallofo, poltron, gallofero, haragan, haron, vellaco.
poltronnerie vellaqueria, haronia, poquedad.
poltronnement Vellacamente.
poltronniser Haraganear, haronear, vellaquear.
pommade Cerillas.
pomme mançana.
pomme de capendu, Camuesa.
pommeraye mançanal, mançanar.
pommier mançano.
pommeau d'espee poma de espada.
pompe Fasto, pompa, arrequiue.
pompe de nauire Bomba
pompeux Fastoso, pomposo, suntuoso.
ponant Poniente, occidente.

P O

ponce Piedrapomez, esponja piedra.
poncire, fruit Poncil, limonza.
pondre poner hueuos.
pont puente.
petit pont Pontezuela, puentesilla.
pontife pontifice.
pontifical Pontifical.
pontificat papadgo, pontificado.
populace Vulgacho.
populaire Plebeyo, popular, vulgar.
porc puerco, lechon, marrano, cochino.
porc sanglier jauali, puerco montes.
porc espy Puerco espin
porcelet Lechoncillo, cochinillo
porcher Porquerizo, porquero.
porche çaguan, entrada
porfire Porfido, marfil.
porreau mal Verruga.
porreau, herbe Puerro.
port paradero, ataraçana, puerto, parador.
port de quelque chose Porte.
portail Portal, portada.
portee de beste qui a plusieurs petits Lechigida.
portier Portero
porter lleuar, traer.
port enseigne Alferez.
portefaix Palanquin, ganapan.
porteur Portador, traedor
portion parte, porcion, racion.

portique

portique, paſſeadero, portico, lonja.
poſé, metido, pueſto.
poſé, ſaßis, Reportado.
Poſement, Aſſentadamente.
poſer, poner.
poſition, poſture, poſicion, ſitio, poſtura, pueſto.
Poſſeder, Poſſeer, Apoſſeſſionar.
Poſſible, Poſſible.
Poſſibilité, poſſibilidad.
Poſte, Correo, poſta.
Poſtpoſé, poſpueſto.
Poſtpoſer, poſponer.
Poſterieur, poſterior.
Poſterité, Poſteridad, Decendemia.
Poſthume, poſthumo.
poſtillon, poſtillon.
poſtuler, Demandar, poſtular, pedir.
pot, puchera, jarro, cantaro, olla, orça, puchero, olla.
pot à huile, cangilon.
Pot à piſſer, Orinal, Meadero.
Coup de pot, jarrazo.
potage, Cozina, Potaje, Caldo.
potager, potajero, caldorero.
poteau, picota.
potence, rollo, horca.
potences de boiteux, muletas.
poterie, olleria.
poterne, poſtigo.
potier, ollero.
potion, beuida.
potiron, hongo, xeta.
pots d'apotiquaire, botes.

poucin, pollo.
poulain, pollino, potro, potrico.
poulain, maladie, encordio.
poulce du pied, artejo, dedo mayor del pie.
poulce de la main, pulgar.
poulcee, pulgarada.
pouldre, poluarada, poluo.
pouldre à canon, poluora.
pouldrier, Poluorear, Polucrizar.
pouldreux, poluoroſo.
pouldrier, Saluadera.
pouldroyement, Empoluoramiento, poluorizacion, poluoramiento.
pouldroyer, Empoluorar, poluorar.
poule, gallina, polla.
poulet, polluelo, pollo.
Nourriture de pouletz, Pollazon.
poulet ou billet, Billete, Cartica.
poulette, polluela.
Poulailler, Pollero, Gallinero.
poulie, carrillo, polea, rodaja, rodezno, garrucha.
poulios, herbe, poleo.
poulx, animal, piojo.
poulx, pulſo.
poulmon, liuianos, buetagos, bofes, polmon.
poulpe, poiſſon, pulpo.
pouillerie, piojera.
pouilleux, piojento, piojoſo.
poultre, viga, eſtribo, citantal.
poultre cenale, potranca.

M

P O

Poupee, Copo, Cerro por hilar.
Poupee, Popa.
Poupine, Muñeca.
Pour, Por, para.
Pource, Porende, por esso.
Pource que, porque, que.
Pourceau, Lechon, puerco, cochino.
Tect à pourceaux, pocilga.
Pourchas, pretension.
Pourchasser, pretender, perseguir.
Pourfil, perfil.
Pourfiler, perfilar, hiluanar.
Pourmenade, passeo.
Pourmenement, *Pourmenoir*, passeadero, passeadizo, passeo, passeador.
Pourmener, passear.
Pourparler, Contratar, por palabra.
Pourpenser, Sobrepensar.
Pourpier, Verdolaga.
Pourpoint, jubon.
En pourpoint, En cuerpo.
Pourpre, Purpura, Alconcilla.
Pourpre maladie, Tabardillo, Tauardete.
Pourpré, Purpureo, Purpuroso.
Pour pris, Apartadizo.
Pourquoy, porque.
Pourry, podrido.
Pourrir, Podrecer, podrir.
Pourriture, podricion, podrecimiento, podrimiento.
Poursuite, perseguimiento.

P O

Poursuiure, Perseguir.
Pourtant, Por tanto, porque, porende.
Pourtraire, dibuxar, traçar, retratar.
Pourtrait, *Pourtraiture*, dibuxo traça, retrato.
Pourtrait au vif, trasunto, retrato, traslado.
Pourvoir, proueer.
Pouruoyeur, proueedor, prouisor.
Pourueu, Proueydo, Apercebido.
Poussé, empelido, empujado, compelido.
Poussement, empellon, empujamiento, bote.
Pousser, impelir, empuxar, pujar, echar, empeler, aguijar, botar.
Pousser arriere, arredrar.
Pousser dans l'eau, Varar.
Poussiere, Poluareda, Poluo.
Poussif, Asmatico.
Poussiniere, Las cabrillas.
Pouuoir, poder, poderio, possibilidad.

P R

Pratic, platico, pratico, cursado.
Pratique, vso, platica, pratica.
Pratique, *finesse*, enrredo.
Pratiquer, vsar, platicar.
Pré, *Prée*, Prado, pradera.
Preau, pradillo, pradezillo.

P R

Prealable, primero.
Prealablement, primeramente.
Prealegué, prealegado.
Preambule, prologo, proemio, preambulo.
Prebende, Prebenda, Calongia.
Precedent, precedente, antecedente.
Preceder, Preceder, Anteceder.
Precepte, mandado, precepto, mandamiento.
Precepteur, maestro, preceptor.
Precieux, precioso.
Precieusement, preciosamente.
Precipice, berrueco, despeñadero, precipicio, abarrancadero, derribamiento, derrumbadero, risco, derrocadero, cordillera.
Precipité, arrumbado, despeñado, abarrancado, derribado.
Precipiter, derribar, despeñar, arrumbar, precipitar.
Precis, preciso.
Predecesseur, precessor, antepassado, predecessor.
Predestination, predestinacion.
Predestiné, predestinado.
Predestiner, predestinar.
Predicateur, Predicador.
Predication, Predicacion.
Prediction, Predicion.
Predire, predezir.
Preeminence, Preeminencia.
Preface, Prefacion, Prologo.

P R

Preferé, Antepuesto.
Preferer, anteponer, preferir.
Prefire, antuuiar.
Preiudiciable, perjudicial.
Preiudice, perjuyzio.
Preiudicier, perjudicar.
Prelat, Perlado.
Prelature, prelacia, perladura, prelatura.
Premeditation, premeditacion.
Premediter, premeditar.
Premices, primicias.
Premier, Primero, Delantero.
Premierement, antes, primeramente.
Premier que, antes que.
Prendre, tomar, prender, gafar, apañar.
Preneur, tomador.
Pris, tomado, preso.
Preocuper, preocupar.
Preparation, Aparejo, Aprestamiento, Apercebimiento, Preparacion.
Preparer, Preparar, apercebir, aparejar, aprestar.
Prepuce, Prepucio.
Prerie, Pradera, Praderia
Pres, Cerca, junto, Cabe.
Peupres, cerquita.
Presage, Aguero, presagio.
Presager, agorar.
Presche, Predicacion, sermon.
Prescher, Predicar.
Lieu à prescher, Predicatorio.
Prescheur, Predicador.

M ij

prescription, prescricion.
presence, presencia.
present, presente.
presentement, presentemente.
presentation, presentacion.
presenter, Ofrecer, presentar.
present, dadiua, dones.
presentir, presentir.
preseruation, preseruacion.
preseruer, preseruar.
presider, presidir.
presidence, presidencia.
president, presidente.
presomption, atreuimiento, presumcion, toldo.
presque, casi que.
pressé, premiado, apretado, vrgente.
presser, apretar, apesgar, prensar, increpar, apelluzar, apelluzcar.
presse, pressement, emprenta, prensa, priessa, aprieto, apretura, apretamiento.
presser, voyez hafter, Aquexar.
pressement, apretadamente, a priessa.
pressoir à vin, lagar, husillo.
pressoir à huile, alfarge.
pressurer, Estrujar, Exprimir.
pressure, cuajo.
prest, apuesto, presto, aparejado.
prest, emprestido, prestido, prestito.
prestable, prestadizo.
preste, emprestado.

prester, emprestar, prestar.
prester à perte de finance, mohatrar.
presteur, prestador.
presteur à perte de finance, mohatrero.
prestre, capellan, sacerdote, presbytero, clerigo.
presomptueux, orgulloso, atreuido, presuntuoso.
presomptueusement, presuntuosamente, atreuidamente.
presumer, barruntar, presumir.
presuposer, presuponer.
pretendant, pretendiente.
pretendre, pretender.
pretention, pretension, pretensa.
preterit, preterito, pasado.
pretexte, socolor, pretexto, achaque.
preudhomme, hombre honrrado, cuerdo.
preudhommie, cordura, valor.
preualoir, preualecer.
preuarication, preuaricacion.
preuaricateur, preuaricador.
preuariquer, preuaricar.
preuenir, anticipar, preuenir, antuuiar.
preuention, anticipacion, anticipamiento, antuuio, preuencion.
preuenu, preuenido.
preuoiance, proueymiento, prouidencia, miramiento, preuencion.
preuoyamment, prouidentemente.

PR

preuoiant prouido.
preuoir preueer, antepensar, preuenir.
preuost Capitan de campaña.
preuue probabilidad, prueua, prouança.
preux Valeroso, esforçado, bueno, valiente.
prier Rogar, rezar, orar, suplicar.
priere Oracion, ruego, rogacion, plegaria, pregaria, rogatiua.
prieur prior.
prieuré priorazgo, priorado.
primat primado.
primauté prima, primacia, primor.
primerain primerizo.
primeuere, printemps primauera.
prince principe.
princesse princesa.
principal principal, caudaloso.
principalement principalmente, mayormente.
principaulté principado.
principe Comienço, principio.
pris preso, tomado.
prise Tomo, prendimiento, presa, toma, tomamiento, tomar.
prisé preciado, estimado.
priser Loar, preciar, estimar, apreciar, mejorar, tener en mucho.
priseur Apreciador.
prison jaula, carcel, prision, encerramiento, jaulon.
prisonnier prisonero, prisonero, preso, encerrado.

PR

prix Apreciadura, precio, prez, apreciamiento, estimacion, aprecio.
priuation priuacion.
priué Latrina, necesaria.
priué priuado, duende.
Estre priué priuar.
priuaulté priuança, blandura.
priuement priuadamente.
priuer, oster quitar, priuar.
priuilege Fuero, preuilegio.
priuilegié preuilegiado.
priuilegier preuilegiar.
probable probable.
probablement probablemente.
probleme problema.
proceder proceder.
procedure Termino, procedimiento.
procés Lid, pleyto, processo.
procession procession.
prochain Cercano, proximo, vezino, pariente.
prochainement Cercanamente.
proclamation promulgacion, proclamacion.
proclamer Amonestar, promulgar, proclamar.
procreation procreacion.
procreateur procreador.
procreatrice procreatriz.
procreer procrear.
procurer procurar.
procureur procurador.
prodige prodigio.
prodigieux prodigioso.
prodigieusement prodigiosamente.
prodigalement ement

Prodigament, desperdiciadamente.
Prodigalité Largueza, prodigalidad.
Prodigue Prodigo, perdidoso.
Prodiguer Prodigar, dissipar.
Proditeur Traydor.
Produire Lleuar, produzir.
Profanation Profanacion.
Profane Profano.
Profané Profanado.
Profanement Profanamente.
Profaner Profanar.
Proferer Proferir.
Profession Profession.
Faire profession Professar.
Profit Prouecho, medra, aprouechamiento, pro.
Profitable Prouechoso.
Profitablement Prouechosamente.
Profiter Aprouecer, aprouechar, medrar.
Profond Sumido, hondo, profundo.
Profondement Profundamente.
Profonder Hundir, ahondar, profundar, sumir.
Profondeur, *profondité* Profundidad.
Progeniteur Engendrador, antepassado.
Prognosticatiõ Pronosticacion, pronostico.
Prognostiquer Pronosticar.
Prognostiqueur Pronosticador.
Progrez Progresso.
Prohibé Prohibido.
Prohiber Prohibir.

Prohibition Prohibicion.
Projet Traça.
Projetté Traçado.
Projetter Traçar.
Prolation Prolacion.
Prolixe Prolixo.
Prolixement Prolixamente.
Prolixité Prolixidad.
Prologue Proemio, prologo.
Prolongé Alargado, prolongado.
Prolongement prolongacion, alargamiento.
Prolonger Alargar, prolongar.
Promener passear, espaciar.
Promenoir paseo, andamio.
Promesse promesa, prometimiento.
Promettre prometer.
Promeu promouido.
Promoteur promouedor.
Promotion promocion.
Promouuoir promouer.
Prompt presto, promto, apercebido.
Promptement Luego, presto.
Promptitude presteza, promtitud.
Prononcer pronunciar.
Prononciation pronunciacion.
Prophete profeta.
Prophetie profecia.
Prophetiser profetizar.
Prophetesse profetisa.
Propice Fauorable, propicio.
Proportion proporcion.
Proportionnellement proporcionalmente, proporcionalmente.
Proportionner proporcionar.

propos Intencion, proposito.
propos, parole platica.
A propos A punto.
proposition, proponimiento, proposicion.
proposer proponer.
propre proprio, particular.
Le propre d'un chacun pegujal, cosecha.
propre, joly Apuesto, asseado.
propre Habil.
proprement propriamente.
proprietaire proprietario.
proprieté propriedad.
prorogation prorogacion.
proroger Alargar, prorogar.
proscription Encartamiento.
proscrive Encartar, encartillar.
proscript Encartado.
prose prosa.
prosper prospero, dichoso.
prosperment prosperamente, dichosamente.
prospere prosperar.
prosperité prosperidad.
prosterner postrar, prosterner, prostrar.
prostitué Espuesto.
prostituer Exponer, prostituyr.
prostitution prostitucion.
protection protecion, valia.
protecteur protector.
protectrice prototriz.
proteger, proteger, valer, defender, amparar.
protestation protesto, protestacion.
protester protestar.
protenotaire protonotario.

prou Assaz, harto.
proüe proa, prora.
prouerbe Refran, prouerbio.
Dire prouerbes prouerbiar.
prouesse Hazaña, proeza.
prouin prouena, prucuana.
prouigner prouenar, soterrar prucuanas.
prouidence prouidencia.
prouince prouincia.
prouincial prouincial.
prouision prouision.
prouoqué prouocado.
prouocation prouocacion.
prouoquer prouocar.
prouuer prouar.
prouuoir proueer.
prouueu proueydo.
proximité Cercanidad, proximidad.
proye presa, botin, preda.
prudence prudencia.
prudemment prudentemente.
prudent prudente, cuerdo.
prune Ciruela, puma.
prune de damas Endrina.
prunier Ciruelo, pumar.
prunier sauuage Bruno arbol.
prunelle Bruno fruta.
prunelle de l'œil Niña del ojo niñilla, niñeta.

P S

Psalme, pseaume psalmo.
psalmodie psalmodia.
psalmodier psalmodiar.
psaultier psalterio.
ptisane Ordeata.

M iiij

puant Hediondo.
puanteur Hedor, hediondez, hedentina.
puanteur d'aisselles Sobaquina.
publié pregonado.
public placero, publico, notorio.
publicain publicano.
publication publicacion.
publier pregonar, publicar, encartar.
publieur pregonero, almuedano.
Chose publique publicidad.
publiquement publicamente, placeramente.
pucelle Virgen, donzella.
pucelage Virgo, virginidad.
pudique Vergonçoso, pudico, honesto.
pudiquement pudicaméte, honestamente.
pudicité Verguença, pudicidad.
puir Oliscar, heder.
puis pues.
puis apres Despues.
puis que Ya que.
puisné Hijo menor.
puy pozo.
Ietter dans vn puy Empozar.
Faiseur de puy pozero.
puisement El sacar agua.
puiser Sacar agua.
puissance poderio, pujança, poder, autoridad, potencia, potestad, valia.
puissamment poderosamente.

puissant pujante, poderoso, robusto, rezio, fuerte, potente.
pulce pulga.
plein de pulces pulgoso.
pululler Empollar, pulular.
pulpitre Atril, pulpito, facistol.
puluriser puluerizar.
punais Hediondo.
punaissie Hedor, hediondez.
punaise animal Chinche.
punction picadura, punçadura.
punctuer Apuntar.
punir punir, castigar.
punisseur Castigador, punidor.
punition punicion, castigo, pena.
pupile pupilo.
De Pupile pupilar.
puput oyseau Habubilla
pur puro, syncero, senzillo.
purement De puro, puramente.
pureté pureza, limpieza, integridad.
puree des febues Caldo de hauas.
purgation purga, purgicion.
purgatoire purgatorio
purgé purgado.
purger purgar.
purification purificacion.
purifier purificar.
purpurin purpureo.
pusilanime pusilanimo.
pusilanimité pusilanimidad.
pustule postilla, buba, boja.

P V

pustuleux postilloso.
putain Barbacanera, puta, cortesana, ramera, combleça.
putacer putañear, emputecer, putear.
putatif putatiuo.
putier putañero.
puterie Bordel, mancebia, puteria, rameria.
putrefaction podricion, podrimiento.
putrefié podrecido, podrido.
putrefier podrecer, podrir.
pyretre herbe pelitre.

Q V

Quadragenaire De quarenta años.
Quadran Quadrante.
Quadrangle Quadrangulo.
Quadrangle Quadrangulo.
Quadrangulaire Quadrangular.
Quadrer Auenir, quadrar.
Quadruple Quadruplo, quatro doblado.
Quadrupler Quadruplar.
Quaisse caxa.
Qualifier Calificar.
Qualité Calidad.
Quand Quando.
Quant Quanto.
Quantiesme El quanto.
Quantité Quantidad, contia, quantia.
Quarante Quarenta.
Quarantiesme Quadragesimo.
Quaresme Quaresma.
Quarré Quadro, quadrado.

Q V A

quarrer Quadrar.
quarreure Quadradura.
quarreau Ladrillo.
quart Quarto.
quartier Quartel, quarto.
quartenier Caudillo del quartel.
quartement Quartamente.
quasi Casi.
quatorze Quatorze.
quatre Quatro.
quatre vingt Ochenta.
quatriesme Quarto.
quatriesmement Quartamente.
quay Balcon, muelle, ataraçana.

Q V E

Que Que.
quel Qual, quien, que.
quelque, quelqu'vn Alguno, algun, algo, algüien, alguna.
quelconque Qual quiera.
quenouille Rueca.
Le lien de la quenouille Rocadero.
querelle Brega, querella, riña, pendencia, porfia, puntillo, ciçaña, renzilla, rompimiento.
quereller Reñir, porfiar, cizañar.
querelleux Pendenciero, rixoso, ciçañero, ciçañador, porfioso, renzilloso, renzillador.
querir Buscar.
queste Busca, pesquisa, demanda.

Q V

questeur Demandador.
quester à la chasse Rastrear.
Chien questeur Rastreador, rastrero.
question Question.
questionner Questionar.
questionnette Questioncilla.
queux, cuisinier Cozinero.
queux à aiguiser Aguzadera.
queüe Cola, rabo.
queüe des fruicts peçon.
Remuer la queüe Rabear, colear.
Sans queüe Derrabado, desculado.

Q V I

Qui Quien.
quiconque Quienquiera, qualquier.
quidam Fulano.
quietement Sossegadamente.
quietude Quietud, sossiego.
quignon Quiñon, catico, cantero.
quignet, coing Rinconcillo.
quilles Bolos, birlos.
quille de nauire Quilla.
quinconce En hilera.
quinquagenaire De cinquenta años.
quint Quinto.
quintement Quintamente.
quinze Quinze.
quinziesme Quinzeño.
qui cherche Buscado.
quiter Abrir mano, dexar, quitar, ceder, dar de mano,

Q V

desmentir.
quittance Quitacion, quito, aluala de pago.

Q V

Quoy que.
quote part, quotité Rata parte.
quotidien Cotidiano.
quoter Señar, marcar.

R A

Rabais, rabaissement Abaxamiento, baxa, descuento, descuenta.
rabaisser Abaxar, baxar, descontar.
rabatement Baxa, descuento.
rabatre Descontar, baxar.
rabatu Descontado.
rabillement remiendo.
rabiller Adobar, remendar, reguizar.
rabilleur remendon.
rable Lomo, cerro del espinazo.
rabot Cepillo.
raboter Acepillar.
raboteux Escabroso, fragoso.
rabrouer reñir.
rabroueur regañon, rixoso.
racaille Canalla, picardia.
racourcy Acortado, encogido.
racourcir Acortar, abreuiar.
racourcissement Abreuiacion.

R A

racoustrement Adouio, adobo, remiendo.
racoustrer Remendar, adobar.
racoustreur Adobador, remendon.
race Casta, raça, cepa, linaje, alcuña.
De bonne race Castizo.
rachapt rescate, rançon.
rachapter rescatar, redimir.
rachapteur Rescatador, redemptor.
racine Rayz.
Petite racine Rayzuela.
Grosse racine raygon.
raclé raspado.
racler raspar, raer.
radoir Raspa, rallo, rasero.
raclure Raspadura, rasura, raedura.
Plein de raclures Rasposo
racommoder Recomponer.
raconté Referido, relatado.
raconter Recontar, referir, relatar.
racontement referimiento
raconteur relator, nouelero.
rade Playa, baya, surgidero, orilla de mar.
radieux Luziente, rayoso
radoté Desuariado, desatinado.
radotement Desuario, disparate, desatino.
radoter Desatinar, desuanar, necear, desuariar, deuanear.
radoubement remiendo, remedio, adobo

R A

radouber Adobar, remendar.
radoubeur Remendon, adobador.
radressé Adereçado.
radresser Adereçar.
r'aduiser Mudar de opinion
rafiné refino.
rafinement rafinadura.
rafiner Rafinar.
raflade, Barrisco, abarrisco.
rafle rifa.
rafler rifar.
rafreschy Enfriado, refrescado, resfriado.
rafreschir resfriar, refrescar, enfriar.
rafraischissement refresco, refrescura, refrigerio.
rafreschissoir refrescadero, enfriadora
rafreschisseur Enfriador, refrescador.
rage rauia.
rager regodear.
ragrandir Engrandecer.
raieunir Emmocecer, remoçar, remocecer.
raifort rauano.
railler regodear, burlar, bonear.
raillerie regodeo, donayre, burlilla, dislate, chocarreria.
railleur Donoso, burlon, chocarrero
ralentir relentecer.
rameau rama, ramo.
Petit rameau ramillo, ramito.
ramee ramada, enramada
ramier paloma torcaza

Ramu Ramoso
Raine Rana.
Rasponce Ruyponce, riponce.
Rasre Trasquilar, raer, tusar.
Raisin Razimo, vua.
Raisin cuit passa.
Raison Razon, derecho.
Raisonnable Razonable.
Raisonnablement Con razon.
Raisonnement razonamiento, discurso.
Raisonner Razonar, discurrir.
Rallié Reconciliado.
Rallsement Reconciliacion.
Rallier juntar, reconciliar.
Rallumer encender.
Ramaigrir enflaquecer, emmagrecer.
Ramas mezcla.
Rame, autron Remo.
Rame de papier Rezma de papel.
Ramasser juntar, amontonar.
Ramee Enrramada.
Ramer Remar, bogar.
Rameur Remero.
Ramener boluer atraer.
Ramenteuoir Boluer a la memoria.
Ramoitir Remojar.
Ramollir Remojar, amollentar.
Ramon, balay escoba, escobon, escobajo.
Ramonner Deshollinar, barrer.
Ramonneur de cheminee Deshollinador.
Rampant Rampante.

Rampart albarrada, vallado, reparo.
Ramper gatear, trepar.
Rance, rancy Rancioso, rancio, mohoso.
Rancir Ranciar, emmohecer, enranciar.
Rancissure enranciadura, moho, ranciadura, ranciura.
Rançon Rançon, rescate.
Rançonner Rançonar.
Rançonneur Rescatador.
Ranceur Rancor.
Rang Renglera, hilera, orden, ristra
Ranger poner en hilera.
Ranimer Alentar.
Rapacité Rapacidad.
Rapiage Rebusca.
Rape borujo.
Raper Rebuscar
Rapetasser, rapiecer Remendar.
Rapeller Reuocar, llamar de nueuo.
Rapel Reuocamiento.
Rapel de ban Alçamiento de destierro.
Rapport Referimiento, relacion.
Rapporter Referir, relatar
Raporter Acusar.
Raport Chisme, chismeria.
Raporteur Chismero, acriminador, relator.
Rapt Rapto.
Raquetie Raqueta.
Racoiser Acallar, sossegar.
Rare Ralo.
Rarefier Ralear.
Rarement Ralamente

R A

Rarité Ralea, raleza
Ras, rasé Raydo, raso, rapado.
Rase à raser Raedera, raedero, rapada, raedor.
Raser Arrasar, rasar, rapar.
Rasement, rasure Arrasadura, raedura, arrasamiento, rasura, rapadura, rasadura
Rasoir nauaja, nauajon
Coup de rasoir nauajada.
Raspe Rallo, raspa.
Rasper rallar, raspar.
Rassasié Harto.
Rassasiement Hartura.
Rassasier Hartar.
Rassembler juntar, ayuntar.
Rasseoir Assentar, reposar.
Rasseurer Assegurar
Rassis Assentado, reposado.
Rassoter Enloquecer, alocar.
Rasteau Rastro, rastrillo.
Rastelier à cheuaux Almohaçador.
Rat rata, raton, murgaño.
Raton ratoncillo.
Ratiere ratonera, trampa
Rate Baço.
Rateindre Alcançar.
Ratifier ratificar.
Ratissoire Hierro de acepillar.
Ratraper Alcançar.
Rattendre Esperar
Rature borradura, rasura.
Rauage Saqueamiento
Rauager Saquear, robar.
Rauageur Saqueador
Raualler Abaxar.
Rauaudage remiendo, zorzidura.
Rauauder remendar, zorzir.
Rauaudeur remendon, zorzidor
Raue Rauano.
Rauine d'eau, Auenida de agua, arrezil.
Rauir Arrebatar, robar, rebatar.
Rauissement Arrebatamiento, rapto, rebatina.
Rauisseur Arrebatador, raptor.
Raye, ligne raya, liño, liñuelo.
Raye, poisson Lixa, raya.
Rayer raspar, borrar.
Rayé borrado, raspado
Rayon raydo, rayo, raça del sol.
Rayon de miel Panal de miel.
Rayon pour escouler l'eau desaguadero.
Rayonner rayar.
Rayonneux rayoso.
Rayeure borradura, raspadura.

R E

Reale, monnoye real.
Real real.
Realement realmente.
Reallumer realumbrar
Realsté realidad.
Rebaiser rebesar.
Rebastir restaurar.
Rebattre recutir, recudir.
Rebecquer Contrastar
Rebellé rebelador, rebelde.
Rebeller Alçar, rebelarse.
Rebellion rebeldia, rebelion, alçamiento.

Rebond Rebote.
Rebondir Rebotar.
Rebouché Embotado, remachado.
Rebouchement Embotamiento, rebotadura.
Reboucher Embotamiento, rebotadura.
Reboucher embotar, remachar, rebotar.
Reboucher, fermer Atapar.
Rebouillir Rebullir.
Rebourgeõner Retoñecer, echar renueuos, retoñar.
Rebours Auiesso, reues, reuesado, repelo.
Reboutonner Brotar de nueuo.
Rebroier Majar otra vez.
Rebrouiller Reboluer.
Rebruler Requemar.
Rebut Desechadura, cotral.
Rebuter Desechar, echar, oxear.
Recapituler Recapitular.
Recelé Encubierto.
Recelement, Encubrimiento.
Recelément, Encubiertamente.
Receler Encubrir.
Receleur Encubridor.
Recent, Rezental, recien, reziente.
Recentement, Rezientemente.
Reception, recibo, recebimiento.
Rechercher Requerir, rebuscar, buscar, requestar
Recerche buscadura, pesquisa, busca, requerimiento

Recercheur, Requeridor, pesquisador, buscador, requiriente, pesquesidor.
Receu Acepto, recebido.
Receuable Receptible.
Receueur Recebidor.
Receuoir Aceptar, recebir.
Reception Recibo, acceptació, recepcion.
Rechange Recambio, remudamiento
Rechanger Remudar, recambiar, trastrocar.
Rechasser repeler, ahuyentar, arredrar.
Rechaufement Recobijamiento.
Rechaufer Recobijar, calentar.
Rechault Brasero, braserillo, braserico.
Recheu recaydo.
Recheoir recaer.
Recheute Recayda, recaymiento
Rechigné Encapotado de rostro.
Rechignement Gruña.
rechigner Gruñir, rifar, regañar.
rechigneux Groñon, gruñidor.
recidiuer recaer, reincidir
reciproque reciproco.
reciproquement reciprocamente
reciproquer reciprocar
recit relacion.
reciter relatar, recitar.
reciteur relator, recitador
reclam d'oiseau reclamo.

reclamer reclamar.
recognoissance reconocimiento.
recognoissant reconociente.
recognoistre reconocer.
recognu reconocido.
recoin rincon.
recoler rememorar.
recommendation recomendacion, encomienda.
recommander encomendar.
recommencer recomençar.
recompense recompensacion, recompensa, pago, premio.
recompenser premiar, recompensar.
reconciliateur reconciliador.
reconciliation reconciliacion.
reconcilier reconciliar.
reconfort Consuelo.
reconforter Confortar, consolar.
reconuoyer Acompañar.
recordation recuerdo.
recorder recapacitar, acordar, recordar.
recors testigo.
recorriger recorrigir
recouldre recoser, remendar.
recourber Encoruar.
recourir recorrer.
recours Abono, saneamiento.
recouurable recuperable.
recouurement recobramiento, cobra, cobrança, recuperacion, rescate.
recouurer Cobrar, recobrar, recabar, recuperar, rescatar
recouuert Cobrado.

reconurir ses maisons trastejar.
recouurement Trastejadura.
recouureur Trastejador
recreation recreo, solaz, desenfado, recreacion.
recreatif, Donoso, placentero.
recreatiuement recreatiuamente, donosamente.
recreer Holgar, desenfadar, recrear.
recreu Floxo, cansado.
recroistre recrecer
recteur rector.
rectifier retificar.
recueil recopilacion, sumario.
recuesl Cogimiento, recogimiento acogida.
recueil & bon traitement Agasajamiento, gasajo.
recueillir recopilar, recoger, acoger, coger.
recueillir vn amy Agasajar.
recuire recozer.
recuit recocho, recozido.
reculement Arredradura.
reculé Arredrado, atrasar
reculer Arremolinar, arredrar, recular, atrasar.
recusation recusacion.
recuser Prohibir, recusar.
redarguer redarguyr.
redargution redarguycion, redarguimiento.
reddition rendimiento, entrega.
redemander repedir, redemandar.
redempteur redemptor.
redemption redempcion.

RE

Redenable Deudor, atrassado, de deudas.
Redizer Concertar, ordenar.
Redimer redimir.
Redire redezir.
Redite repeticion.
Redompter redomar.
Redonder redondar.
Redoubler redoblar.
Redouter recelar, temer.
Redoubtable Temeroso, receloso.
Reduction reducion, reduzimiento.
Reduire reduzir.
Reduit reduzido.
Reel Essencial, real.
Refaire rehazer, reformar.
Refait rehecho.
Refection refaccion.
Referer referir.
Refermer Cerrar, soldar.
Reflection refracion
Refleurir reflorecer.
Reflot regolfo.
Refloter reflotar.
Refociler refocillar.
Refondre refundir, rehundir.
Reformateur reformador.
Reformer reformar.
Reformation reforma, reformacion.
Refoulé rehollado, remachado.
Refouler rehollar, remachar, embotar
Refort rauano.
Refrenement refrenada, refrenamiento sofrenada.
Refrener refrenar, sofrenar.
Refrigerer, refroidir Refrescar,

RE

enfriar, resfriar.
Refroidissement, resfriadura, resfriamiento.
Refrongné Encapotado, arrugado, zuñento.
Refrongnement Arrugadura
Refrongner Arrugar, encapotar.
Refrotement refregadura, refregamiento.
Refroter refregar.
Refroteur refregador.
Refuge Guarida, refugio.
Refus rechaça, cotral, rehusamiento.
Refusé rehusado.
Refuser rehusar, rehuyr, dar de mano escusar.
Refuter refutar.
Regle regla, renglon.
Regler rayar, reglar
Reglement reglamiento.
Reglement regladamente.
Regarder Arrostrar, catar, mirar.
Regarder ententiuement bruxulear.
Regard Miramiento, vista, catadura.
Regardeur Mirador.
Regent regente.
Regenter regir.
Reglice regalizia.
Regimbement Coceamiento.
Regimber Cocear, tirar coces.
Regimbeur Coceador.
Regime regimen, dieta, regimento.
Regiment de soldatz Tercio.
Region region.
Registre Empadronamiento
regi-

RE

registro, lista.
registrer, registrar.
renard, zorra, raposa.
renardeau, zorrilla.
regnant, reynador.
regne, reynado, reyno.
regner, reynar.
regorger, desembuchar.
regouster, regostar.
regratter, cardar.
regrateur, cardador.
regratiere, cardadora.
regret, ansia, malagana, desseo, cariño.
regretter, dessear con ansia.
rehausser, realçar.
rehumer, resorber.
rejaillir, resurtir, resilir.
rejetté, desechado.
rejetter, desechar.
rejettement, desechamiento, desechadura, desecuo.
rejetton, breton, pimpollo, rennueuo, sopeton, cogollo, redrojo.
rejetton de mouches à miel, enxambre.
rein, ren, riñon.
reintegrer, reintegrar, reyntegrar.
resterer, reyterar.
relant, mohoso, rancioso.
relasché, suelto, relaxado.
relaschement, relaxacion, soltura, relaxamiento.
relascher, relaxar, soltar.
relation, relacion.
relateur, relator.
relauer, relauar.
relecher, relamer.
releguer, relegar.

RE

relegué, relegado.
releguement, relegamiento.
releuer, enhestar, releuar.
relief de pourtraiture, bulto.
relief, reste, relieue, reliquias, sobra escamocho.
relier, religar, reliar, reatar.
relier liures, enquadernar.
relieur, enquadernador.
relieure, enquadernacion.
relieure, reatadura.
religieux, religioso.
religieusement, religiosamente.
religion, religion.
reliques, reliquias.
lieu à reliques, reliquario.
relire, leer otra, vez.
reloüer, alquilar de nueuo.
reluire, reluzir, resplandecer, relumbrar, trasluzir.
Reluisant, Resplandeciente, reluziente, trasluziente, relumbrante.
relutter, reluchar.
remarier, casar otra vez.
remarquer, remarcar, notar, señalar, apuntar.
remascher, rumiar, remarcar.
rembarquer, reembarcar.
rembourrer, rehinchir el aluarda.
remboursement, rembolsamiento.
rembourser, rembolsar.
remede, remedio.
remedier, remediar
remembrance, rememoracion, remembranza.
rememorer, rememorar,

N

Remener, boluer a traer.
Remerciemet, agradecimiento.
Remercier, agradecer.
Remesler, Remecer.
Remesurer, remesurar.
Remettre, remeter, remitir.
Remettre ses os, reencasar.
Remis, repuesto, remitido, remisso.
Remise, tardança.
Remission, remission.
Remissible, remissible.
Remonter, remontar.
Remonstrance, amonestacion, amostramiento, exortacion.
Remonstré, amonestado, exortado.
Remonstrer, amonestar, amonstrar, remonstrar.
Remonstreur, amonestador.
Remors, remordimiento.
Remordre, remorder.
Remouiller, remojar.
Remparé, reparado.
Remparer, reparar.
Rempart, emparada, reparo.
Remplacer, reuezar.
Remply, embutido, hinchido.
Remplir, atestar, embutir, hinchir, estiuar.
Remplissement, hinchimiento, embutimiento.
Remuant cheual, pateador.
Remuant homme, reboltoso, trasfalnejas.
Remuement, meneo, rebuelta, remudamiento.
Remuer, menear, remouer, remudar.
Remuer le cheual, patear.
Remuneration, remuneracion.

Remunerateur, remunerador.
Remunerer, premiar, remunerar.
Renaistre, renacer.
Rencherir, encarrecer.
Rencontre, tope, encuentro, acierto, encontramiento.
De rencontre, encontradizo.
Rencontrer, topar, encontrar, acertar, apuntar.
R'endebter, reendeudar.
Rendormir, reendormir.
Rendre, boluer, rendir.
Se rendre, rendirse, darse.
Rendurcir, reendurecer.
Rene, grenouille, rana.
Rene de bride, rienda.
Renettoyer, remondar.
Renfermer, encerrar.
Renfoncé, enconado.
Renfoncer, encouar.
Renforcy, reforçado.
Renforcir, reforçar.
Renfort, socorro, nueuo reforçamiento.
Rengager, empeñar.
Rengendrer, regenerar.
Rengreger, enconar.
Reniement, reniego.
Renier, renegar, rehusar, negar.
Renieur, renegador.
Renom, Renommee, nombradia, renombre, fama.
Renommer, affamar, renombrar.
Renommé, affamado, renombrado.
Renoncer, quitar, renunciar.
Renonciation, renunciacion.
Renoüee, herbe, corriola

Renoüer, reatar, añudar.
Renouuellement, Renobamiento, renouacion.
Renouueller, rezentar, renouar, entegrar.
Rente, cañama, renta, recudimiento.
Rentier, Rentero, Arrendador.
Rentes royales, juros.
Rentraire, zurzir.
Rentrayeur, zurzidor.
Rentrer, entrar.
Renuersé, enuesado, buelto, trastornado.
Renuerser, trastornar, enuesar, Retornar.
Renuersement, trastornamiento, Retornamiento.
R'enuy, Rebite.
Renuier, rebidar, rembidar.
Renuieur, rebidador.
Renuoy, embiada.
Renuoyer, Embiar, Remandar.
Repaire, aluergo, posada.
Repaire de bestes, freça.
Repairer, Recoger, posar, aposentar.
Repaistre, apacentar, repastar.
Repas, *Repue*, Repasto, comida, pasto, apacentamiento, pienso.
Repeu, repastado, pacido.
Reparation, Reparamiento, reparacion.
Reparer, Reparar.
Repartir, Repartir.
Repasser, Repassar.
Repeindre, repintar.

Repenser, Repensar.
Repenty arrepiso, arrepentidoi, Repso.
Repentance, arrepentimiento, Repentimiento.
Repentir, arrepentir, Repentir.
Repercuter, Recutir.
Repeter, Repetir.
Repetition, Repeticion.
Replet, relleno, gordo.
Repletion, Replecion, gordura.
Reply, Redoble, Redobladura.
Replier, Redoblar.
Replique, Replicacion, Replica, Repunta.
Repliquer, Repuntar, Replicar.
Reporter, reportar.
Repos, holgança, descanso, sossiego, reposo, assossiego, holgura, quietud.
A repos, descansadamente, sossegadamente, en reposo.
Reposé, descansado, sossegado, assossegado, reposado, quieto
Reposer, holgar, descansar, reposar, assossegar, sossegar.
Reposoir, descansadero.
Repoulsé, rechaçado, rempuxado, repelido.
Repoulsement, rempuxamiento, rechaça, rempuxon.
Reprendre, represar, resumir.
Reprendre, tancer, redarguir, reprehender
Repreneur, reprehensor, reprehendedor
Represaille, represalla.
Reprise, represa.
Reprehension, redarguymiento, reprehension,

N ij

redarguicion.
representation, representacion.
representer, representar.
reprier, rogar.
reprimer, reprimir.
reprobation, reprouacion, reprouamiento.
reprochable, denostable.
reproche, çaherimiento, denuesto, baldon, repto, recto, reproche, remoquete.
reprocher, reprochar, çaherir, reptar, rectar y mocar.
reprouuer, reprouar.
reptiles, sauandijas.
republique, republica.
repudiation, repudiacion.
repudier, repudiar.
repugnance, repugnancia.
repugner, repugnar.
reputation, reputacion.
reputer, reputar.
requerant, requeridor, requiriente.
requerir, requestar, requerir, hemenciar.
requeste, demanda, pedimiento, peticion memorial, requesta.
requis, requestado, requerido.
resusciter, resurtir.
reschault, rescoldo, escaldauiandas.
rescription, rescrito.
rescrire, rescreuir.
reserrer, restriñir, apretar, estrechar.
reseruer, reseruar.
reseruoir de pescheur, garlito.
resident, residiente.
resider, residir.

residu, residuo.
resignation, resiñacion.
resigner, resiñar.
resiné, resina, termentina.
resineux, resinoso, trementinoso.
resiouir, jubilar, holgar, alegrar, regozijar.
resiouissance, jubilo, regozijo, holgança.
resistance, contrasto, resistencia.
resister, contrastar, resistir.
resolu, resuelto, determinado.
resoluement, determinadamente, resolutamente.
resolution, determinacion, hincapie, resolucion.
resonnant, resonante, sonoro.
resonnance, resonancia.
resonner, retronar, resonar, rebramar.
resoudre, determinar, resoluer.
resoufler, rebufar, resoplar.
resource, salida.
resouuenance, remembrança, rememoracion.
resouuenir, remembrar, acordar, rememorar.
respandre, derramar, verter.
respandement, derramamiento.
respect, acato, comedimiento, respecto, acatamiento.
respecter, respetar, acatar.
sans respect, desacatado, descomedido.

respectueux Comedido, respectoso.
respectueusement Comedidamente, acatadamente.
respiration Huelgo, resuello, espiraculo, respiracion, resoplido, resoplo.
respirer resollar, respirar, resoplar.
respit Termino, plazo.
resplandeur resplandor.
resplandir relumbrar, resplandecer.
resplandissant resplandeciente.
responce respuesta.
responce Fiança.
respondant Fiador.
respondre responder.
respondre Fiar.
ressemblance retrato, semejança, remedo, remedamiento.
ressemblant Semejante.
ressembler Semejar, remedar, parecer.
ressentiment resabio.
ressentir resabiar.
ressiner Merendar.
Le ressiner Merienda.
restauration Enteramiento, restauracion.
restaurer Enterar, restorar, restaurar.
reste Sobra, sobrado, dexo, resta, resto.
rester restar, quedar.
restif Trasero, haron, restriuo.
restiuer Haronear, restribar.
restituer restituyr.

restitution restitucion.
restraindre restreñir, estrechar.
restraint restreñido.
restrainte restreñimiento.
restressir Estrechar.
restriction restrennimiento.
reueiller Despertar, desuelar.
resuer Desatinar, desuariar, deuanear, desatinar, despropositar.
resuerie Desatino, desproposito, locura, dislate, disparate, deuaneo, desuario.
resueur Desuariado, despropositado, desatinado, alocado.
resuiure Seguir otra vez.
resulter resultar.
resurrection resurrecion, resuscitamiento.
resusciter resuscitar.
ret red, randa.
Petit ret redezilla.
ret grande à poissons Almadraua, redaya, red barredera, jauega.
Coup de ret redada.
Faiseur de rets redero.
retaillement retajo.
retailler retajar.
retaille retal.
retardement Engorra, retardança, detardamiento, tardança.
retarder Engorrar, retardar, detardar, tardar.
retaxer retassar.
tendre retender.

retenir reportar, retener, encoger, represar.
retenu represado, reportado, retenido, encogido.
retenüe Encogimiento, retencion.
Eau retenue Agua represada.
retentir Zumbar, resonar, retiñir, retronar, repicar, retumbar.
retentissement Zumbido, retiñimiento, repique.
retiré retirado, encogido.
retirement Encogimiento, retirada.
retirément Encogidamente, retiradamente.
retirer Encoger, retirar, recoger, resacar, retraer, acoger.
retistre retexer.
retoiser retesar.
retomber recaer.
retondir retumbar, resonar.
retondre retusar, retundir.
retondu retundido, retusado.
retorceure retorcedura.
retordre retorcer.
retors retorcido.
retortement retorcidamente.
retour retorno, buelta, retornamiento.
retourner trastornar, retornar, desandar, boluer.
retractation retraymiento, retratacion.
retracter retratar.
retraict retrete, latrina.
retraite retraymiento, retirada.

retrancher Atajar, cortar.
retribuer retribuyr.
retribution retribuycion.
retrograder Atrassar.
retroussé Arremangado, arregaçado.
retrousser Arremangar, arregaçar.
retrouuer Hallar.
reuelation Descubrimiento, reuelacion.
reuelateur reuelador, descubridor.
reueler Descubrir, reuelar.
reuencher, reuenger Vangar.
reuendition reuendicion.
reuendre regatear, regatonear, reuender.
reuendeur regaton.
reuenir Tornar, boluer.
reuenir sur le feu Perdigar, emperdigar.
reuenu Esquilmo, cosecha, renta, recudimiento.
reuerberation, resistidero, resistero, reuerberadero.
reuerberé rebatido.
reuerberer reuerberar, rebatir.
reuerdir reuerdecer.
reuerdissant reuerdeciente.
reuerend reuerendo.
reuerence Acatamiento, acato, reuerencia, mesura.
reueremment Acatadamente, reuerentemente, reuerenciadamente.
reuers reues, enues.
reuesche Arisco, brauo, brusco.
reuestir reuistir.

RE

reuene reuista, reseña, muestra.
reuision reuision.
reuisiter requerir, retratar.
reuiure Rebiuir.
reuocation Reuocamiento, reuocacion.
reuoir Reueer, retratar.
reuolte Rebuelta.
reuolté Reboltoso.
reuolter Reboluer, alborotar, alçarse.
reuolu Acabado.
reuolution Reuolucion.
reuomir Rebossar, vomitar, trocar, reuesar.
reuoquer Reuocar.
reüssir Salir.
rhetorique Retorica.
rhetoricien Retorico.
rheume Reuma, romadizo, catarro.

R I

Riard Risueño.
ribaud Competidor, combleço, rufian.
ribler Robar, desualijar.
ribleur Salteador.
riche Hazendado, adinerado, rico, ricazo, ricacho.
Estre riche Adinerar, ser rico.
richesse Hazienda, riqueza, caudal, auer.
richement Ricamente.
ridé Arrugado.
ride Arruga, ruga, arrugamiéto, arrugadura.
rideau Cortina.

R I

rider Rugar, arrugar.
rien nada.
rieur El que rie, risueño, reyente.
rigoureux Riguroso.
rigoureusement rigurosamente.
rigueur Premia, rigor.
rime Copla, rima, verso.
rimer Coplear, trobar, componer.
rimeur Trobador, componedor, poeta.
rincer Recentar, enxuaguar.
riolé Tachado, pintado de votas.
riote Riña, riça.
rioteux Rixoso.
rire Reyr.
rire à gorge desployee Carcajear.
ris Risa.
ris desmesuré Carcajada.
ris, legume Arroz.
riuage Ribera, orilla, ribaço.
riual Combleço, riual, emulo, quartero.
riue Ribera, ria, ribaço.
riuer Remachar.
riuiere Rio.
Cours de riuiere Venaje, raudal.
Lict de la riuiere Madre del rio.
Destour la riuiere Remanso derio.

R O

Robe Veste, vestido, vesti-
N iiij

miento, ropa.
robe des Mores Aljuba.
robe de femme ropa, mongil.
rober Hurtar.
robice Hurto.
robinet Canilla.
roborer Fortalecer.
robuste rollizo, fuerte, rezio, robusto.
robustement reziamente, fuertemente.
roc, rocher Canto, pedernal, peña, peñasco, roca, peñon, peñol.
Lieu plein de rochers peñascal, peñascoso, peñoso, roqueto.
roc d'eschets roque.
roder Correr tierras.
rognon ren, riñon.
rogne Sarna, roña.
rogneux roñoso, sarnoso.
rogue Soberuio, arrogante.
roide rezio, y erto, raudal.
roidement reziamente.
roidir Enertar.
roideur reziura, raudo.
role de la taille Padron.
rolon rollo.
roller Arollar.
romarin romero.
rompre Cascar, romper, franzir, quebrar, quebrantar.
rompeur rompedor, quebrantador.
rompu roto.
rompure rompimiento, quebrantadura, rota, quiebra, franzimiento, quebranto, rotura, quebrantamiento.

rompure maladie Hernia potra.
rompu potroso.
ronce çarça, breña.
ronceux Breñoso.
rond redondo.
ronde ronda.
ronder, faire la ronde rondar.
rondache, rondelle rodela.
rondeau rodaja.
rondement redondamente.
rondeur redondez.
ronflement ronquido.
ronfler roncar, reçongar, refuñar.
rongé roydo.
rongé des ratz Arratonado.
ronger de souris Arratonar.
rongement, rongeure roedura.
ronger roer.
rongeur roedor.
rongné Mocho, cercenado.
rongner Cortar, cercenar, acortar, mochar, desmochar.
rongneur Cercenador.
rongneure Cercenadura, retal, acortamiento, desmochadura.
roquette Xaramago, oruga.
rose rosa.
rose d'aiglantier Gauança, xara.
rose musquee mosqueta.
rosier rosal.
roseau Caña.
rosee rocio, rociadura.
rosoyant rocioso.
rossignol ruyseñor.
rossignol de serrurier Ganzua.

R O

rosty Assado, tostado.
rostie Tostada.
rostir Tostar, assar, chamuscar.
rostisserie Bodegon, assaderia.
rostisseur Bodegonero.
rot regueldo, erutacion.
roter Erutar, regoldar.
roteur regoldador.
roture Estado baxo.
roturier Soez, vil, baxo, pechero.
roturierement baxamente.
rouan ruan.
roue rueda.
rouer autour rodar, rodear.
rouet à filer Aroadillo, torno de hilar.
rouge roxo, colorado, bermejo.
rouge à farder Alconcilla, arrebol.
rougeastre Bermejito.
rouget poisson pagel.
rougir Bermejar, bermejecer, embermejecer, embermejar.
rougeole Tauardete, sarampion, pintas.
rougeur Bermejura.
rouille, rouilleure Herrumbre, orin, aherrumbramiento.
rouillé Oriniento.
rouiller Aherrumbrar.
rouleau palanca.
rouler Arrollar, rodar, bolcar.
roulier Carretero.
roupie Cerrion, carambano.
roupieux Carambanoso.
roux Bermejo, ruuio, roxo.

R O

roussastre, rousselet Bermejuelo, bermejito, algo, bermejo.
route Trocha, rota, pisada, rastro, derrota, bereda.
routier Guia, muestracaminos.
roy rey.
royal real, realengo.
royalement realmente.
royaulme reynado, reyno.
royauté realdad.
royne reyna.
rostelet oyseau reyezuelo, regaliolo.

R V

Ruade Coceamiento, coz, coce, coceadura.
ruban Trançadera, trençado, tira, veta.
ruby ruby.
ruche Colmena.
rude rudo, aspero, duro, brozno, fragoso.
rudement Asperamente, rudamente.
rudesse rudeza, aspereza.
rue herbe ruda.
rue Calle, barrio.
Courir les rues ruar.
ruer Cocear, acocear.
ruerjus Derribar.
ruette Callejuela, calleja, callejon, calleria.
rueur Coceador.
rufian rofian.
rufianner rofianear, putear, rufianzar.

rugir Bramar, rugir.
rugissant Bramante.
rugissement Bramido, rugido, rugimiento.
ruine Destroço, assoladura, ruyna, ruyndad, assolamiento, tala.
ruiner Assolar, talar, destroçar, ruynar.
ruyneux ruynoso, ruyn, caedizo.
ruisseau Arroyo, arroyuelo.
ruisselet riatillo, riachuelo, regadera.
rumeur rumor.
ruminement rumiamiento.
ruminer rumiar, remugar.
rupture rotura.
rural Aldeano.
ruse Treta, artymaña, trampa, tiro, ardid.
rusé Tramposo, artero, astuto, cursado, traposo, taymado, matrero, redomado.
rusticité rustiqueza, torpedad, villania, rusticidad.
rustique Gofo, çafio, villano, barran, rustico, villancillo.
Chanson rustique Villancico.
rustiquement rusticamente.

S A

Sable, Sablon, Arena, sablon.
Sablonneux Arenisco, arenoso.
Sablonniere Arenal, sablonera.
Sabot à jouer Trompo, peonça.
Sabot de bois Abarca de palo, çueco.
Sabot d'vn cheual Vña, pesuña.
Saboulement Sacudimiento.
Sabouler Hollar, sacudir.
Sac Costal, saco, çurron, bolson, talega.
Sac, Sacagement Tala, saco, botin, despojo, sacomano, saqueamiento.
Sacager Saquear, talar.
Sacageur Saqueador, talador.
Sachet Faltriquera, saquillo, costalejo, taleguilla, talegoncillo.
Sacraire Sacristia, sagrario.
Sacre oyseau Sacre.
Sacré Sagrado.
Sacrement Sacramento.
Sacrer Sagrar, consagrar.
Sacrificateur Sacrificador.
Sacrifice Sacrificio.
Sacrifier Sacrificar.
Sacrilege Sacrilegio, sacrilego.
Sacrilegement Sacrilegamente.
Safran Açafran.
Safran bastard Cartamo, alacor.
Safraner Açafranar.
Safrané Açafranado.

S A

safranier Pródigoso, desperdiciador.
sage Cuerdo, sabio auisado, mesurado, reportado, cuesco, recatado
sagement sabiamente, auisadamente, cuerdamente, recatadamente, mesuradamente, proueydamente.
sagefemme Comadre, partera.
Faire l'office de sagefemme Partear.
Estat de sage femme Parteria.
sagesse Cordura, sabiduria, seso, mesura, prudencia
sagette Saeta, xara.
saye sayo.
saye de berger çamarron, pellejo, pellico.
saignee sangradura, sangria.
saigner Desangrar, sangrar.
saigneur sangrador.
saigneux sangriento, sanguinolento
saillir salir, saltar.
saillie salida.
sain Valiente, sano, rezio, entero, bueno.
sainement sanamente.
sain, gresse Enxundia, sayne.
sainct santo.
sanctement santamente.
saincteté santidad.
saisy Embargado, asido
saisir sacar, asir, embargar, secrestar.
saisie, saisissement embargo, asimiento.
saison Tempero, sazon, temporada, tiempo.

S A

De saison Temprano.
salade à manger salada, ensalada.
salade, arme yelmo, zelada.
salaire soldada, salario, estipendio.
salamandre salamanquesa, salamandra.
salarier Asalariar.
sale quadra, sala.
sale du commun chés les grands, Tinelo.
sale, ord suzio, puerco.
salement suziamente, puercamente.
saleté suziedad, salpicadura, ensuziamiento, cochineria, grassa, horrura, porqueria.
salé salobre, salpreso, salado.
saler salar, cecinar, acecinar.
saleure Cecina, saladura.
saliere salera, salero.
saline salina
salir salpicar, ensuziar.
saloir Artessa, cuba para salar
salpestre salitre.
Lieu à salpestre salitral.
salpestreux salitroso.
saliue Baua, escopina, saliua, escopetina.
saliueux saliuoso.
salué saludado.
saluer saludar.
salut salud.
saluit, instrument à pescher Arrexaque.

S A

Salutaire saludable
Salutation saludacion, çala, çalencas.
Salueur Saludador.
Samedy Sabado.
Sanctification Santificacion.
Sanctifier Santificar.
Sang Sangre
Sang meurtry Sanguaza.
Flux de sang Sangrelluuia.
Sanglantement sangrientamente.
Sanglant Sanguinolento, sangriento, sanguinario.
Sangle Cincha.
Sanglement Cinchadura.
Sangler Cinchar.
Sanglier jauali, puerco montes.
Sanglot Solloço, hipo, solloçamiento.
Sangloter Solloçar, hipar.
Sanguin Sanguino, colorado.
Sanguinaire Sanguinario
Sanguinolent Sanguinolento.
Sangsue Sanguijuela, sanguisuela.
Sans Sin.
Santé Salud, sanidad.
Saoul Harto.
Saoulement Hartadura, hartura, hartazga, hartazgo, hartazon.
Saouler Hartar.
Saper çapar.
Sape çapa.
Saphir çafir.
Sapin Pino, pinsabo, abeto.
De sapin Pinariego.
Sarcello Cerceta.

S A

Sardement roçamiento, roçadura, sachadura.
Sarder Sachar, escardar, roçar.
Sardeur Sachador, roçador, escardador.
Sarcloir Escardadera, escardillo, roça, roçador, sacho.
Sardine, poisson Sardina.
Sarge xerga, raxa.
Sarment Sarmiento.
Sarpiliere Emboltorio
Sartre Sastre.
Sas à sasser Cedaço, çaranda.
Sasseur Cernidor.
Sasser Cernir, çarandar.
Sasseure çarandadura, cernidura.
Satin raso.
Satisfaction Satisfacion
Satisfaire Satishazer.
Satisfait satishecho
Satyre Satyro.
Satyre Satyra.
Satyriquement Satyricamente
Sauate zapatolliejo, suela vieja.
Saueterie çapateria.
Sauetier Remendon de çapatos.
Saueur Sabor, gusto.
Sauf Saluo.
Saufconduit, Saluoconduto, pasaporte.
Saulge Saluia
Sauinier Sauina.
Sauce Salsa, sabor, salpiquete, guisado, adobo, mojadura.
Saucer Mojar.
Saucisse Alexixa, longaniza,

S A

salxixa
Saule Sauze.
Saulaye Sauzedal, vimbral.
Saulmon Salmon.
Petit saulmon Salmonete
Saulmonner Salmonar.
Saulmure Salmorejo, salmuera.
Saunier Salinero.
Saulpoudrer Salpicar, salpimentar.
Saulniere Platillo, salseruelo, salserilla, salsero.
Sault Brinco, salto, respingo.
Saulter Brincar, saltar, respingar.
Saulteur brincador, saltador, respingador, trepador.
Saultereau, saulterelle Langosta, gansan hote.
Sauzaye Sauzedal.
Savon jauonete, xabon, xabonete.
Sauonner Enxabonar.
Faiseur de savon xabonero.
Savoureux Sabroso.
Savoureusement Sabrosamente.
Savourer Saborear, gustar, regostar.
Sauuage Siluestre, montes, saluaje, agreste.
Sauuagement Saluajemente.
Sauuageaux Estacas
Sauuegarde Saluaguardia, valia.
Sauué Saluo, sano, valido.
Sauuer Saluar, valer.
Sauueur Saluador, valedor.
Sauuement, sauueté Saluacion, salud, saluo, valia, saluamiento.
Saye, sayon Sayete, sayo, sayuelo.

S C

Scabeau banquillo, escabel.
Scabreux Escabroso.
Scamonee Escamonea.
Scandale Trompeçadero, escandalo.
Scandaleux Escandaloso.
Scandaliser Escandalizar.
Scarification jassadura
Scarifier, jassar.
Scarpin Escarpin.
Scauamment Doctamente.
Scauant Platico, letrado, docto, leydo.
Scauoir Saber.
Scauoir, science, Sciencia, dotrina, sabiduria.
Sceptre Ceptro.
Sceu Sabido.
Sciemment Adrede.
Scismatique xismero, scismatico.
Scisme Chisme.
Scolastique escolastico.
Scolastiquement, escolasticamente.
Sciatique Ceatica
Scie Sierra.
Scier rajar, asserrar.
Scieur Asserrador.
Sceure Aserradura, escobina.
Scintile Cisco, centella
Scintiller Centellar.
Scofion Escofia, aluanega, escofion
Scorpion Alacran, escorpion

S C

Scrupule Escrupulo
Scrupuleux Escrupuloso.
Scrupuleusement Escrupulosamente.
Sculpteur Escultor, entallador.
Sculpture Escultura

S E

Seance Decencia.
Seance Lugar, plaça, assentamiento.
Seamment Decentemente.
Seant Decente.
Seau, vaisseau Herrada, comba
Seau à seller Sello
Sec Seco, secano, enxuto.
Sechable Sequeroso.
Seche, poisson xibia, calamar.
Os de seche xibion.
Sechement Secamente, a secas.
Secher Secar, agostar.
Secheresse Sequia, seca, secamiento.
Second Segundo.
Secondement Segundamente, segundariamente
Seconder Segundar, ayudar, fauorecer.
Secouer Sacudir, batir, alear.
Secouement, secousse Aleada, vayuen, sacudimiento, sacudida.
Secourir Vandear, socorrer, acorrer.
Secours Vandeo, socorro, ayuda, acorro
Secret Poridad, secreto.
Secret Callado, secreto, apar-

S E

tado, recogido.
secretain sacristan.
Office de secretain Sacristania.
secretaire Secretario, escriuano.
secrettement secretamente, calladamente, callandico.
secte secta, vando.
sectaire sectario.
seculier Lego, seglar
secularité secularidad.
seculierement seglarmente, secularmente.
seder, apaiser Aplacar.
Seditieux Alborotador, sedicioso, reuoltoso.
seditieusement Sediciosamente, alborotadamente.
sedition Rebate, rebato, rebatina, alboroto, alborotamiento, chismeria.
seducteur seductor.
seduction seducion.
seduire seduzir.
sedulité sedulidad, diligencia.
seel sello.
seelle sellado.
seeller sellar.
segle Centeno.
seigneur señor.
seigneurial señoril.
seigneurialement señorilmente.
seigneurie Dominio, señorio, ditado, titulo, apoderamiento, empoderamiento.
seigneurier apoderar, señorear, empoderar.
seillon Aporcadura, emelga, caualillo, loba, assulco, sulco,
seillonner sulcar, asulcar, emel-

S E

gar, aporcar
sein seno.
seing signo, firma.
seing au corps Lunar.
sejour abitacion, parada, estancia, manida, paraje
sel sal.
selle, silla.
selle à femme Andilla.
seller Ensillar, emponer.
sellier sillero.
selon Segun, conforme, a fuer.
semaille siembra, sembradura, sementera.
semaine semana.
semainier semanero, edomadario.
semblant Ficion, semblante, semblanza.
semblance similitud, semejança, retrato
semblable semejable, semejante
semblablemēt semejantemente
sembler semejar, parecer.
semé sembrado.
semable sembradizo.
semelle suela de çapato.
semeler solar, echar suelas, sobresolar
semence semilla, simiente
semer sembrar, sementar.
Chose à semer senara.
semer ça & là Desparramar.
semestre Tiempo de seys meses.
semeur sembrador.
seminaire seminario
semonce llamado, llamamiento.

S E

semondre llamar, muñir, combidar.
semonneur Muñidor.
sempiternel sempiterno, sempiternal.
sempiternellement, sempiternalmente.
sempiternité sempiternidad.
senat senado.
senateur senador.
sené sena.
senelles, fruit Majuelas.
seneschal Corregidor.
senestre yzquierdo, siniestro, zurdo.
seneué xenabo.
sens seso, sentido.
sensé sesudo.
sensible sentible.
sensiblement sentiblemente.
sensitif sensitiuo.
sensualité sensualidad
sente, sentier sendero, vereda, reguera, senda, retortero, sendilla.
sentence sentencia.
sentencier sentenciar
sententieux sentencioso.
sentiment sentido, sentimiento.
sentine sentina.
sentinelle, lieu & homme Atalaya, escucha, centinela, atalayero, atalayador, vela
sentir sentir, oler.
sentant Oliente, oloroso.
senteur, sentiment Olor, sentimiento.
sensible sensible, sentible.
sensiblement, sensiblemente, sentiblemente.

SE

Sensualité Sensualidad.
Sensuel Sensual.
Seoir Assentar.
Sep Ceppo, prision, argolla, grillos.
Sep de vigne Cepa de vid.
Separation Separacion, apartamiento.
Separé Apartado, separado.
Separable Apartadizo, separable.
Seperément Apartadamente, a parte.
Separer Apartar, separar, desparejar
Sept Siete.
Septante Setenta.
Septantiesme Setenteno.
Septembre Setiembre.
Septiesme sereno, setimo.
Septiesmement Setimamente
Septentrion Setentrion, norte
Septuagenaire, Septuagenario.
Sepulchre Sepulcro.
Sepulture Sepoltura.
Sepulturer Sepolturar, sepultar.
Sequestre Embargo, medianeria, secresto, secrestacion.
Sequestrer secrestar, embargar.
Seran Carda, rastillo.
Serancer rastillar, cardar.
Seree Serada, tarde, noche.
Serein sereno.
Serenade Algarda, serenada.
Serene Sirena.
Serener Serenar.
Serenité Serenidad.
Serf Sieruo, esclauo.

SE

Sergeant Corchete, alguazil, porqueron, quadrillero, relleguin
Sergeantise Alguaziladgo.
Serieux Importante.
Serieusement De veras.
Seringue xeringa.
Seringuer xiringar.
Serment juramento, jura.
Sermon Predica, sermon.
Sermonner Predicar, sermonar.
Sermonneur Predicador, sermonador.
Serpe Hoz podadera.
Serpe de vignerons Almocafre, hoz de podar
Serpette Hozecilla.
Serpent Sierpe, serpiente.
Serpentin Serpentino.
Serpoulet Serpol.
Serrail Cerraje, serallo
Serré Cerrado, encerrado.
Serrer Cerrar, recalcar, apretar.
Serrer les dents Traspellar los dientes.
Serrement Aprieto, cerramiento.
Serrément Cerradamente, recalcadamente
Serres d'oiseau Garras.
Serrure Cerraja, cerradura
Serrurier Cerrajero
Seruante sierua, seruienta, criada, moça.
Serue Esclaua.
Seruage, *seruitude* Seruitud, seruidumbre, esclauitud, esclauonia
Serui Seruido.

seruice

S E

seruice, seruicio.
seruiable, seruicial.
seruiette, hazaleja, paño de manos, seruilleta.
seruil, seruil.
seruilement, seruilmente.
seruant, seruiteur, sieruo, criado, seruidor.
seue des arbres, çumo.
seuere, seuero, riguroso.
seuerement, seueramente.
seuerité, Rigor, seueridad.
seuil de la porte, vmbral, lumbral.
seul, A secas, A solas.
seulement, solamente.
seulet, solito.
seur, Hermana, Carilla.
seur, seguro, fiel, leal.
seurement, a su saluo, seguramente, en cobro.
seureté, cobro, seguridad, seguro.
seuré, destetado.
seurer, destetar.
Sexe, Sexo.
sextement, sestamente.

S I

si, si, assi, como.
siccité, sequedad, sequia.
siecle, siglo, seculo, era
siege de ville, sitio, cerco.
siege, Assiento, silla, poyo.
sien, suyo, su.
sienne, su, suya.
siflant, Chirriador, Challa-

S I

dor.
siflement, chillo, siluo, chilladura, chillido.
sifler, chillar, siluar, chirriar, chiflar.
siflet, siluido, siluo, chifle, chiflo.
signal, señal.
signalé, señalado.
Signalement, Señaladamente.
signaler, señalar.
signature, signatura, firma.
signe, Seño, Señal, Seña.
Faire signe, Hazer seño, señalar.
Signer, Firmar, signar.
signet, sello.
signification, significacion.
Signifier, Significar, Auisar.
silence, silencio.
siller, Cerrar los ojos.
similitude, similitud.
simonie, simonia.
simple, simple, senzillo, llano, simplon.
simplet, simplezillo.
simplement, simplemente, Llanamente, A la llana.
Simpleße, Simplicité, Llaneza, Simplicidad, simpleza.
simulacre, simulacro.
simulation, simulacion.
simulé, Dissimulador
simuler, dissimular.
Sincere, Sincero, Senzillo.

S I

sincerement, senzillamente, sinceramente.
sincerité senzillez, sinceridad.
singe ximio, ximia, mono, mona.
Singler en mer, prohejar.
Singulier, Señero, Singular.
Singulierement, singularmente.
Singularité, Singularidad.
Sinistre, Siniestro.
Sinon, Sino.
Sinople, couleur, Verde.
Sire, Señor.
Situation, Puesto, Sitio, postura.
Situé, situado.
Situer, situar.
Six, Seys.
Sixieme, Sesto.

S O

Sobre, Templado, Sobrio, Reglado.
Sobrement, Sobriamente.
Sobrieté, templança, sobriedad
Soc de charrue, reja del arado.
Societé, Sociedad, compañia.
Soye, Seda.
Soye de pourceau, cerda.
Soif, Sed.
Soimesme si mismo.
Soy, si.
Soing, Solicitud, Cuydado, Cuyta.
Soigner, cuydar
Soigneux, Cuydadoso, solicito.
Soigneusement, Cuydadosamente, Solicitamente.

S O

Soir, Sera, Tarde, Noche.
Soir, hora, aora.
Soixante, Sesenta.
Soixantiesme, Sesenteno.
Sol, monnoye, Sueldo.
Solacier, Holgar, Solazar, Regozijar.
Solasre, Solar.
Soldat, Soldado.
Soldat nouueau, bisoño.
Solde, Soldada.
Sole, Suelo.
Sole, poisson, lenguado.
Soleil, Sol.
Soleil leuant, Leuante, Oriente.
Soleil couchant, Poniente.
Soleillement, asoleamiento.
Soleiller, asolear.
Solennel, Solene.
Solennellemen, Solenemente.
Solenniser, Solenizar.
Solennité, Solenidad.
Solicitation, Solicitacion, Solicitud.
Soliciter, Solicitar.
Soliciteur, Solicitador.
Solicitude, Solicitud.
Solide, Macico, Solido.
Solidité, Macicez, Solideza.
Solitaire, Señero, Solitario, Escuso.
Solitairement, Señeramente.
Solitude, Soledad.
Soiue, viga, vigon.
Solueau, cabrio.
Solstice, Solsticio.
Solsticial, Solsticial.

S O

Sombre, Sombrio, vmbrio.
Sommaire, Sumario.
Sommasrement, Sumariamente.
Somme, Suma.
Somme, charge, Carga, soma.
Sommer, compter, Sumar.
Sommer, adiourner, Aplazar, citar.
Sommation, Citacion, aplazamiento.
Somme, Sommeil, Sueño, Sopor.
Sommeillant, Sommeilleux, Soñoliento.
Sommeiller, Adormecer.
Sommelerie, Botilleria.
Sommelier, Botiller, sumiller, bodeguero.
Sommet, Sommité, Copa, Cumbre, cima, coronilla.
Sommier, Bagaje.
Somptueux, Somptuoso, costoso.
Somptuessement, Somptuosamente, costosamente.
Somptuosité, Somptuosidad, costa.
Son, Su, suyo.
Son, Son, sonido.
Son de bled, Somas, saluados, Afrechos, Cernidura, semola.
Sonnant, Sonoroso, sonoso.
Sonde de nauire, solda.
Sonde, Calador, Cala, sonda, tienta.
Sonde pour fui euriner, Argalia.
Sonde, Calado.
Sondement, Calamiento, çahondadura.

S O

Sonder, Calar, sondar, tantear, çahondar.
Songe, sueño.
Songeard, soñador, dormilon, soñoliento.
Songer, ensoñar, soñar.
Sonner, Tañer, sonar.
Sonnerie, sonajeria.
Sonnette, Cascauel, Chocallos, sonajas, sonajera.
Sonneur, tañedor.
Sor, Seco.
Sorcelerie, Hechizo, Hechizeria.
Sorcier, Venefico, Hechizero, Bruxo, Hechizador.
Sornette, juguete, Donayre, dixe.
Sort, suerte, hado.
Sorte, manera, suerte, talle, trage, jaez.
Sortable, Apuesto.
Sortie, salida.
Sortilege, suertes.
Sortir, salir, surtir.
Sot, Embouecido, loco, bouo, Necio, Tonto, Tocho, Bouaron, tontazo.
Estre sot, Necear, tochear, tontear.
Sotrelet, necuelo, tontillo.
Sottement, neciamente, locamente, tontamente.
Sottise, necedad, locura, embeuecimiento, tontedad.
Soubassement, piedestal.
Soubs, debaxo, so, sob.
Souchantre, sotochantre.
Soudain, Repentino, presto, supito, ligero.

O

soudainement, Arrebatadamente, subito, luego, de presto, adeshora, repentinamente, subitamente.
soudiacre, subdiacono.
souhait, desseo.
A souhait, holgadamente.
souhaitable, desseoso.
souhaiter, dessear, anhelar.
souillon, sollastre, picaro.
souille, suzio.
souiller, ensuziar, amanzillar, manchar.
souilleure, mancha, ensuziamiento, suziedad.
soulagement, soliuiadura, soliuio.
soulager, soliuiar, soleuar.
soulas, solaz, recreo.
soulder, Atincar, Saldar, Soldar.
Soulder auec plomb, Emplomar.
souldure, Atincadura, saldadura, atincamiento.
souldre, soltar.
souleuement, leuantamiento.
souleuer, leuantar, soleuantar, soleuar, cauleuar.
souleueur, Cauleuador, soleuador.
souloir, soler.
soumettre, someter, abatir.
soumis, sometido, abatido.
soumission, sometimiento, somission, abatimiento.
soupeser, pesar.
soubris, risillo, risita.
sourire, soreyr, sonreyr.
souche, tocon, tronco, cepa.
souchet, juncia, olorosa.

soucy, cuydado.
soucy fleur, marauilla.
soucier, cuydar.
soucieux, Cuydadoso, solicito.
souef, blando, suaue.
souefuement, suauemente, blandamente.
souefueté, suauidad.
souflement, bufido, soplamiento, soplo.
soufler, soplar, bufar, assoplar.
soufler à feu, assoplador, follete, fuelle.
souflet, bofetada, bofeton, tornison, moxicon.
soufleter, Abofetear, Bofetear.
soufleur, *raporteur*, soplon.
soufrance, sufrimiento, padecimiento.
soufre, açufre, alreuite.
soufreteux, menesteroso, pobre, alcançado.
soufrir, padecer, sufrir.
soulier, çapato, calçado.
soupçon, sospecha, barrunta, recelo, barrunto.
soupçonner, barruntar, sospechar, recelar, desconfiar.
soupçonneux, receloso, desconfiado, sospechoso.
soupçonneusement, desconfiadamente, sospechosamente.
soupe, sopa.
souper, cenar.
Le souper, cena.
souple, lento.
source, origen.
source d'eau, Bullidora,

S O

manantial, manadero, chorro, vertiente.
Sourcil Ceja.
Sourd Sordo.
Estre sourd Sordecer.
Sourdault Sordon.
Sourdement Sordamente.
Sourdre Salir, leuantar.
Sourgeon Manantial.
Soury Sorze, ratoncillo, raton, murgaño.
Mangé de souris Ratonado.
Ronger de souris Ratonar.
Souricicre Ratonera.
Souscrire Escriuir ayuso.
Soussigner Firmar a baxo.
Soufmission Abatimiento.
Soustenable Sustentable.
Soustenance, soustenement Sostenimiento, sostentacion, sostento, apuntaladura, estribo.
Soustenir Sostener, sostentar, apuntalar, estribar.
Soustenu Sostenido.
Soustien Sustento, sostentamiento, sostentacion.
Sousterrain Soterraño.
Soustraire Apartar, quitar, sostraer, retirar, sosacar.
Souspir Sospiro.
Souspirail Respiradero, sospiron, brauera.
Souspirer Sospirar.
Souuenance Memoria, recuerdo.
Souuenir Acordar, recordar, membrar.
Souuent Amenudo, muchas vezes, contino.
Souuerain Soberano.

S O

souuerainement soberanamente.
souuerainete soberania, supremidad.

S P

Spacieux Espacioso.
spacieusement Espaciosamente.
spasme Enuaramiento, pasmo.
special Especial, señero.
specialement Especialmente.
specifier Especificar.
spectacle Espectaculo.
spectateur Espectador, bausan.
spectatrice Espectadora.
speculateur Especulador, atalaya.
sphere Esfera.
spirituel Espiritual.
spirituellement Espiritualmente.
splendeur Resplandor.
splendide Esplendido.
spoliation Despojo, expolio.
spolier Despojar.
spongieux Esponjoso, hongoso.

S Q

Squadron Escuadra, escuadron.
squille Cebolla, albarrana.
squinance Esquinencia, papera.

S T

Stable Firme, estable.

O iij

stabilité Estabilidad.
stade Estadio, estado.
statue Estatua.
statuaire Escultor, estatuario.
statuer Establecer, statuyr.
stature Estatura.
statut Estatuto, placarte, ordenanza.
steril Esteril, eril.
sterile Mañera.
stile Estilo.
stiler Estilar.
stimulation Aguijoneamiento.
stimulateur Estimulador.
stimuler Aguijar, estimular.
stipulation Estipulacion.
stipuler Estipular.
storax Estoraque.
stratageme Ardid, stratagema.
structure Estructura, edificio.
studieux Estudioso.
studieusement Estudiosamente.
stupide Enuelesado, amodorrido.

S V

Suader Aconsejar, persuader.
suasion suasion, persuasion.
suaire Mortaja, sudario.
suaue suaue.
suauement suauemente, blandamente.
suauité suauidad, blandura.
subalterne subalterno.
subhastation Almoneda.

subhaster Almonedar.
subiacent subjacente.
subject sudito, sujeto.
subjection sujecion.
subit Repentino, supito.
subitement Luego, a deshora, subito.
subjugué sojuzgado, sujetado.
subjuguer sojuzgar, sujetar.
subjugueur sojuzgador.
sublime soliman.
sublimement Encumbradamente.
sublimer sublimar.
sublimité sublimidad.
submerger çabullir, somergir.
submersion somersion.
submergé çabullido, somergido.
suborné Cohechado, sobornado.
subornement Cohecho, soborno, cohechazon.
suborner Cohechar, sobornar.
subroger surrogar.
subside socorro, subsidio.
subsister subsistir.
substance sustencia.
substantieux sustancioso.
substituer substituyr.
substitution substitucion.
subtil Primor, sotil, agudo.
subtilement Agudamente, finamente, sutilmente.
subtilité Primor, sotileza, agudeza, delgadeza, sotilizamiento.
subtiliser sotilizar.
subuerty Trastornado.

subuersion suuersion.
suc Xugo, çumo, sugo.
succulent Xugoso, çumoso, sugoso.
succer Tetar, chupar, amamantar, mamar.
succeder suceder, reuezar.
successif sucessiuo.
succes Acaecimiento, sucesso, andança.
successeur sucessor, heredero.
succession sucessiou, herencia.
succintement Breuemente.
sucre Açucar.
sucre candy Açucar piedra, açucarcande.
sucre fondu Alminar.
sucré Açucarado.
sucrement Açucaramiento.
sucrer Açucarar.
sueil Lumbral.
suer sudar, trassudar.
Lieu à suer sudadero.
sueux Trassudado.
sueur sudamiento, sudor.
sueur cuisante sahorno.
suffire Bastar.
suffisance suficiencia, abastança.
suffisamment Bastantemente, suficientemente, abasto, abastadamente.
suffisant suficiente, bastante, parte para.
suffocation Ahogamiento, sufocacion.
suffoquer Ahogar, sufocar.
suffrage sufragio, voto.
suggestion sugestion.
suif sebo, seuo.
suif non fondu Renglada, reñonada.
Plein de suif seboso.
Froter de suif Ensebar.
suin Lana grassa.
suiuant siguiente.
suiuamment seguientemente.
suitte Alcance, seguida, seguimiento.
suiure seguir, alcançar, acompañar.
sulphureux De alcreuite.
sumah arbrisseau çumaque.
suouest vent Abrego.
superbe Loçano, soberuio, vfano.
superbité soberuia, loçania, vfania.
superficie, superficie haz
superficiel superficial.
superficiellement superficialmente.
superflu Demasiado, superfluo.
superfluement Demasiadamente, superfluamente.
superfluité Demasia, superfluidad.
superintendant superintendente.
superiorité superioridad.
superieur superior.
superieurement superiormête.
superlatif superlatiuo.
superlatiuement superlatiuamente, en extremo.
supernaturel supernatural.
supernaturellement supernaturalmente.
supernel superno, super-

nal, supremo.
supernellement supernalmente.
superscription sobrescrito.
superseder sobreseer.
superstition supersticion.
supersticieux supersticioso.
supersticieusement supersticiosamente.
suplice suplicio.
supleer suplir.
suplément suplimiento, suplemento.
supliant suplicante.
suplication Peticion, suplicacion.
suplier suplicar.
suport Fauor, apoyo.
suportable sufrible, suportable.
suporter sufrir, soportar, sobrelleuar, consentir.
suposé enechado, supuesto, cohechado.
suposer enechar, suponer.
suposition suposicion.
supositoire Cala, mecha, ayuda, rezmilla.
suprimé suprimido.
suprimer suprimir.
supreßion retencion, supreßion.
sur, aigre Agrio, azedo.
sur deßus sobre.
surabondance sobra, superabundancia.
surabonder superabundar.
suramné Añojo.
surachapter Pujar la compra.
suradiouster Añadir.
surcharger sobrecargar.

surcot Vasquiña, saya, sayuela, faldellin.
surcroist Añadidura, sobornal.
surcroistre Crecer, sobrepujar.
surdité ensordamiento, sordez.
surdorer sobredorar.
surdorure sobredoradura.
sureau Caninero, sauco, sabuco.
surfaire Podir mucho.
surgeon Renueuo, pimpollo.
surgir surgir.
surhaster Apressurar.
surhausser sobrepujar, aumentar, acrecentar.
surjetter Abalançar.
surluire sobreluzir.
surmonter Vencer, sobremontar, exceder, sojuzgar, sobrepujar.
surmonté Vencido, rendido, sobrepujado.
surmontement Vencida, ventaja.
surnager sobrenadar.
surnom sobrenombre.
surnommer sobrenombrar.
suros de cheual sobrehuesso, jarrete.
surpasser sobrepujar, sobrepassar.
surpenser sobrepensar.
surplus sobornal, superfluo.
Au surplus De mas, otro si.
surprendre sobresaltar, coger de repente, de sobresalto.

S V

surprise sobresalto, ruciada.
surroger surrogar.
sursault sobresalto, arremetida, repentina.
sursemer sembrar por encima.
surseoir Dilatar, sobreseer.
surseance Dilacion.
survendre Vender, demasiado.
survenir Acontecer, acaecer.
survenir sobrevenir, socorrer.
survenant sobreveniente.
survenu Acontecido, acaecido.
survenüe sobrevenida.
survestir sobrevestir.
survivance el sobrevivir.
survivre sobrevivir.
survoler Boletear, bolar por encima.
survuider Trassegar.
sus suso, sobre, arriba, encima.
sus donc ea pues.
susceptible suceptible.
susciter suscitar.
suscrire sobrescrivir.
suserain superior.
suspect sospechoso, suspecto.
suspendre suspender.
suspens suspenso.
suspension suspension.
sustenter sostentar.
suye Hollin, jorguin.

S Y

Syllabe Sylaba.
Syllogisme sylogismo.
Symbole symbolo.
Symmetrie symmetria.
Sympathie Compatia, sympathia.
Syncope syncopa.
Syncoper syncopar.
Syndic syndico.
Syndicat syndicado.
Syndiquer syndicar.
Synode synodo.
Synodal synodal.
Syrop jarave, xarope.
Faire syrops Xaropar.

T A

Tabellion Notario.
Tabernacle Tabernaculo.
Tablage Tablazon.
Table Bufete, mesa, tabla.
Tables tablones.
Tablette tableta, tablilla, mesilla.
Tablettes à escrire Librillo de memoria.
Tableau de peinture Quadro, retablo, lienzo.
Tablier de femme Delantal, mandil.
Tablier tablero.
Tache Peca, mancha, tacha, manzilla.
Taché Manchado.
Taché de lentilles Pecoso.
Tache, clou Tachuela.
Tacher Manzillar, amanzillar, manchar, tachar.
Tacheté Pintado, tachado.
Tacheter Pintar de varios colores.

T A

Tacite tacito, callado.
Tacitement tacitamente, calladamente.
Taciturne taciturno, callado, callante.
Taciturnité Silencio, taciturnidad.
Tafetas tafetan.
Tahon tabarro, moscon, moscarda, tahon, tauano.
Tail tajo.
Taillade Cuchillada, cortadura, incision.
Taille Taja, cortadura, rajo, tajadura, tajada.
Taille, imposst Imposicion, sisa, pecho, maltote.
Taille de musique tenor.
Taillé Cortado.
Taillement Podazon, podadura.
Taillant Corte.
Tailler tajar, cortar, podar, tallar.
Tailleur de robes Sastre.
Tailleur de pierres Cantero.
Tailleur graueur escultor.
Taire Callar.
Taisiblement Calladamente.
Taisson, blereau Texon.
Talc Yesso, espejuelo.
Talent enuie Talante.
Talent, monnoye Talento.
Talon Calcaño, calcañar, talon.
Talonner Seguir de cerca.
Talu Repecho.
Tamaris Taray, tamariz, atarfe tarahe.
Tamarins Tamarindos.

T A

Tambour Tamboril, atambor, adufe, tamborejo.
tambour de Biscaye Pandero.
tambour, tabourineur Atambor, adufero, tamborilero, panderetero.
tamis Cedaço.
tamiser Cerner, cernir.
tampon Tapador, tapon.
tamponner Atapar.
tane Leonado.
tan de cuirs çumaque.
taner Curtir, çurrar.
tanerie Teneria, curtidoria.
taneur Curtidor, çurrador.
tandis Entanto, mientras, entretanto, demientras, hasta que, mientra.
taniere tana, madriguera, cauerna, cubil.
taniere de Lions Leonera.
tanser Reñir.
tant tanto, tan.
tante tia.
tantost De aqui vn poco, luego.
tapir Esconder, encoger, encubrir, tapar.
En tapinois Encogidamente, callandico.
tapis de cuir Guadamecil.
tapissier de cuir Guadamecilero.
tapis tapete, alhombra, arambel, alcatifa, tapiz, toldo, alfamar.
tapis de table Sobremesa.
tapisser tapiçar, toldar, enta-

TA

piçar, entoldar, alquetifar, emparamentar.
tapisserie Tapiceria, toldo
taquin Tacaño, escasso, pelon.
taquinerie Tacañeria, escaseza.
tarantole Tarantola.
tard Tarde, tardamente.
tarder Tardar
tardif Engorroso, tardio, espacioso, tardon.
tardiuement Tardiamente, tardamente
tardiueté Tardança.
tare Tara.
tare, dechet Merma.
targe Adarga, broquel, paues, escudo.
tary Seco
tariere Barrena, taladro.
tarir Secar.
tarte quesada, torta, tarra.
tartelette tortilla, quesadilla.
tas Monton, riña.
tasche tarea.
tascher Esforçar.
tasse Copa, taça, vasija.
Grande tasse. taçon.
taster, gouster Saborear, regostar, prouar, gustar.
taster, tastonner tantear, tocar, atentar.
A tastons A tino, a tientas, a tiento.
tauelé pintado, tachado.
taueleure tachadura.
tauerne tauerna, venta, bodegon.
tauerner tauernear
tauernier Ventero, tauernero,

TA

bodegonero.
taulpe topo.
taulpiniere Motilla de topo.
taureau Nouillo, toro, buey vtrero.
taux, taxe tassacion, tassa, apodamiento.
Par taxe tassadamente
tauxer Apodar, tassar.
taxer, reprendre Reprender, reñir, remocar.
taye del œil Nuue del ojo, catarata.
taye d'oreiller Funda de almohada.

TE

tect, toict techo, tejado.
tect, estable Establo, aprisco, apriscon.
tect apourceaux Pocilga, çahurda.
teigne tiña.
teigneux tiñoso.
teindre teñir.
teint teñido.
Le teint tez, color.
teinture teñidura, tintura, tinta.
teinturerire tintoria
teinturier tintor, tintorero.
tel, telle tal.
Vn tel, quidam Fulano.
tellement talmente.
temeraire temerario, sobresalido.
temerairement temerariamente.
temerité temeridad.

TE

Temperance Templança.
Temperé Templado.
Temperement Templadamente.
Temperer Templar.
Tempeste borrasca, tempestad, temporal.
Tempestatif Alborotado.
Tempestatiuement Alborotadamente.
Tempester Alborotar.
Tempester Hazer tempestad.
Tempestueux Tempestuoso.
Temple Templo, yglesia.
Temples du front Sienes, aladar.
Templettes Trençado.
Temporiser Temporizar
Temps Tiempo.
Temps couuert Tiempo pardo.
Espace de temps Rato, ratillo.
Temps bon & mauuais Temporal.
Tenable Tenable.
Tenacité Tenacidad.
Tenant Tenaz.
Tenaille Tenaza.
Tenailler Tenazear, atenazar.
Tenche, poisson Tenca.
Tendeur Tendedor
Tendre Tender, estender.
Tendre des rets Parar, armar.
Tendre Tierno, delicado.
Tendret Ternezuelo.
Tendrement Tiernezito, tiernamente.
Tendresse Terneza, ternura, ternez.
Tendron Ternilla.

TE

Tendu Tiesso, tendido.
Tenebre Tiniebla, tenebregura.
Tenebreux Tenebregoso, tenebroso.
Tenir Tener.
Tenon quicio, encaxe.
Tenser Reñir.
Teneur Tenor.
Tente Tienda, tendejon, pauellon, armada.
Tente, loge botica, tienda
Tente à mettre aux playes Tienta.
Tenter Tentar.
Tentation Tanteo, prueua, tentacion.
Tenteur Tentador.
Tenu Tenido.
Tenue Delgado, tierno.
Terebentine Termentina.
Terme Plazo, termino.
Terme de pension Tercio, termino.
Terminer Acabar, terminar.
Termoyer Aplazar, alargar plazo.
Ternaire Ternario.
Terny Magullado.
Ternir Magullar.
Ternissure Cardeno, cardenal.
Terrace Solana, terrado, açutea, vallada, valladar.
Terracer Terraplenar.
Terre Tierra, suelo.
Terre tremblante Tremedal.
Terrasser, mettre par terre Deribar, derrocar.
Terrestre Terrenal, terrestre.
Terrier Madriguera, biuero

T E

Terrible Terrible.
Terriblement Terriblemente.
Territoire Territorio.
Terroir Terruño.
Terreur Terror.
Terrine barron, bacin, bareño, tarro, tinaja, tinajon.
Tertre Cuesta, cerro, cabeço, collado.
Tes Tus.
Tesmoing Testigo, atestador.
Tesmoignage Atestacion, testimonio.
Tesmoigner atestar, atestiguar, testiguar.
Tesson, animal Texo, texon.
Test de pot Caxco, teja, tiesto, tejuela.
Test de la teste Calauera, calauerna.
Teste Cabeça.
Testament Testamento.
Testateur Testador.
Tester Testar.
La fontaine de la teste Mollera.
Le deuant de la teste Pestorejo.
Le derriere de la teste Cogote, colodrillo.
Testiere xaquima, testera, cauezada.
Testicule Cojon, turma, genitiuo.
Testifier Atestiguar, testificar.
Testu Cabeçudo.
Tette, Tetin Teta, peçon, tetilla.
Qui a grands tetins Tetuda.
Tetin de bestes Vbre.
Texte Testo.

T H

T H

Theatre Theatro.
Theologie Theologia.
Theologien Theologo.
Theorique Theorica.
Theriaque Triaca.
Theriacleur Triaquero.
Throsne Trono.
Thym Tomillo.

T I

Tic, mouches de chiens Garrapata, rezno.
Tiede Tibio.
Tiedeur Tibieza.
Tiedir Atibiar, entibiar.
Tiedement Tibiamente
Tien Tu, tuyo.
Tiercement Terceramente.
Tiercer Terciar.
Tiercelet d'autour Terçuelo.
Tiers Tercero, tercio.
Tige Tallo, astil.
Faire tige Tallecer, entallecer.
Qui a tige Talludo
Tigne, ver Polilla.
Ronger de tignes Apolillar
Rongeure de tignes Apolilladura.
Tigre Tigre.
Tillac Corsia.
Til, tillet Teja.
Tiltre Retulo, titulo
Tiltre Tilde.
Tiltrer Titular.

symbre Tymbre, tonelete, cimera.
timide Timido.
timidement Timidamente.
timidité Timididad.
timon Timon, clauo.
tine Tina, tinaja, cuba, cubilla.
tintamarre Estruendo, estallido, ruydo.
tintement Retinte, retintido.
tinter Retiñir
tiré Sacado, tirado.
tirade Trecho.
tirement Sacamiento.
tiredext Sacamuelas.
tirefond Sacafondo.
tirelaine Capeador.
tirer la laine Capear.
tirelire Alcanzia.
tirer Desparar, hiçar, barahustar, arrojar, sacar, traer, tirar.
tirer à quatre cheuaux Arrastrar.
tireur d'arc Puntero con el arco, certero
tirer au sort Sortear.
tirement de sort Sorteamiento.
tison Tizon, fogon
Coup de tison Tizonazo.
tisonner Tizonear.
tistre Texer, vrdir.
tisseran, tisster Telarejo, texedor.
tissu Texido
tissure Texedura.
titimal Lechitrezna.

TO
TO

Toy. Ti, tu.
toict Tejado, techumbre, techo.
Couurir le toict Techar.
toile Tela.
toile d'or Brocado, tela de oro
toise braçada.
toiser Medir a braçadas.
toiseur Medidor assi.
toison Vellozino, vellon, tuson
toison d'aigneaux Auino.
tolerable Sufrible, tolerable.
tolerance Sufrimiento, tolerancia.
tolerablement Tolerablemente.
tolerer Tolerar, sufrir.
tollir quitar.
tollu quitado.
tombe, tombeau Luzillo, tumba, tumulo.
tombé Caydo.
tombement Cayda.
tomber Caer.
tomber dans vn precipice Abarrancar.
tombereau Marria, trinco.
tome Tomo.
ton Tono.
ton tu, tuyo.
ton poisson Atun.
tondre Trasquilar, tusar
tondeur Trasquilador, tundidor.
tondu Trasquilado, tundido

TO

tufado, atufado.
tonfure Tondidura, trafquiladura.
tonnant Tronador.
tonneau Tonel, barril.
tonnelier botero, cubero, tonelero.
tonner Atruenar, tronar
tonnerre Atruendo, trueno, tronido, eftlatido.
top-ıſſe Topacio.
torceure Entortadura
torche Tea, hacha, antorcha, hacho.
torcher, nettoyer Alimpiar.
torchis ou to-cis Torçal.
torchon Eftropajo, trapo, trapillo.
tordre Torcer, entorcer.
torment Vexacion, anguſtia, tormento.
tormente Tormenta, tempeſtad, borraſca.
tormenté Vexado, atormentado, anguſtiado.
tormenter Atormentar, affigir, acruciar, anguſtiar, vexar.
tormentine trementina.
torpille tremielga, hugia, torpigo.
torrent chorro, arroyo, torrente, raudal, raudo.
tors torcedizo, torcido, retorcido
tortu Tuerto, enroſcado.
Marcher tortu çancajear, çanquear.
tortue tortuga, galapago.
tort Sinjuſticia, agrauio, tuerto, ſinrazon.

TO

tortement Retorcidamente.
tortueux retorcido, enroſcado.
tortu beſo.
torte.au torta, hojaldre
tortillons de cheueux Guedeja.
tortuoſité Roſca, tortuoſidad, corcoba.
torture tortura
toſt Luego, ſupito, preſto, a prieſſa
total total, todo.
totalement Entrañablemente, en todo, totalmente.
touaille toalla, toaja, touaja
touchable tangible.
touchant tocante.
touche punçon, puntero.
touche d'un luth traſte
touchement Souajadura, tocamiento, tiento, toque
touche pierre piedra toque.
toucher tocar, ſouajar.
touffe de cheueux Guedeja
touffu Eſpeſſo.
touffe Eſpeſſura.
touſller bolcar.
toupet Copete.
toupie Peonça, trompo, trompillo.
toupier trompicar, jugar con trompo.
tour buelta, mudança, vez, obra.
tour à tour A veces, arremuda, por vezes, a vegadas.
tour torre, torreon, atorre.

Tour à tourner Torno.
Tour, oiseau Tordo, zorzal.
Tourbillon Ventisquero, remolino, toruellino, ventusca, turbion.
Tourette Torrecilla, torrezuela, torreoncillo.
Tourner pour mourir Entreuerar, enuerar.
Tourner autour Tornear.
Tourner, reuenir Boluer, tornar.
Tourné autour Torneado.
Tourné Buelto, tornado.
Tourneur Tornero, torneador.
Tournement Buelta.
Tournettes à deuider Deuanaderas.
Tournoyant Bolteador, boluedizo, tornadizo, boluible, versatil.
Tournoyement Rodeo, retortero, boluimiento, rodeon, volubilidad.
Tournoy Torneo.
Tournoyer remolinar, dar bueltas, rodear, boltear.
Tourteau Torta, hojaldre.
Tourte, tourterelle Tortola, tortolilla.
Tous Todos
Tous deux Entrambos.
Tous les ans Cada año.
Tousiours siempre, jamas.
Tousseur Tossegoso, tossedor.
Toussir Tosser.
Tout Todo.
En tout & par tout Abarrisco.

Toutesfois Todauia, empero, con todo esso.
Toux Tose, tos.
Toy Tu, ti.

T R

Trac, trace Huella, rastro, pisada, patada.
tracasser Dar ydas y bueltas.
tracer Rastrear, seguir
tracer Traçar.
Qui suit à la trace Rastrero, ventor.
tracquenard Cauallo amblador
traduction Traducion, trasladadura, traslacion.
traducteur Trasladador, traduzidor.
traduire Trasladar, traduzir.
trafic Trato, trafago, feria, comercio.
trafiquer Feriar, mercadear, trafagar, traginar, negociar.
trafiqueur Feriador, negociador, mercader.
tragedie Tragedia.
tragique Tragico.
tragiquement Tragicamente.
trahir Ser aleuoso, hazer aleue, aleuosia.
trahison Aleuosia, aleue, traycion.
trait Treta, trato, trecho.
trait de visage Faycion, facion.
trait d'arbaleste Passador, virote.
traicté Tratado, concierto, acuerdo.

trai-

Traictement, Tratamiento.
Traicter, Concertar, tratar, contratar.
Tramail à pescher, paredilla.
Tramailler, trasmallar.
Trame, trama, lizo de tela, hilaza.
Traistre, Aleuoso, traydor, aleue.
Traistreusement, aleuosamente, aleuemente.
Train, Seguida, Acompañamiento.
Traineau, miarra, rastra, trineo.
Trainer, arrastrar.
Trainer ses robes, haldear.
Traire, tirar, echar.
Traire le laict, ordeñar.
Tramer, tramar, enlizar.
Tranchant, Corte, trinchante.
Tranchee, Trinchea, Trinchera.
Tranchee de ventre, torçon, puxo, retorcijon.
Malade de tranchees, Atorçonado.
Tranche plume, ganiuete.
Trancher, tajar, cortar.
Tranchet, trinchete.
Tranquille, tranquilo, encalmado.
Tranquilement, sossegadamente, tranquilamente.
Tranquilité, tranquilidad, sossiego, bonança.
Transaction, translacion.
Transcrire, Copiar, Trasladar.
Transe, trance, aprieto.

Transferer, transferir.
Transfiguration, transfiguraciõ.
Transfigurer, trasfigurar.
Transformation, Trasformacion.
Transformer, trasformar.
Transgresser, vltrapassar, traspassar.
Transgresseur, trasgressor.
Transgression, trasgression.
Transy, aterido, enuarado, aterecido, transido.
Transir, aterecer.
Transissement, Aterecimiento.
Transitoire, passadero, transitorio.
Translater, trasladar.
Translation, trasladadura, traslacion.
Translateur, trasladador.
Transmettre, trasponer.
Transmuer, trastrocar, trasmudar.
Transmutation, trastrueco.
Transparent, traluziente.
Transpercer, traspassar.
Transplantement, Trasplantacion.
Transplanter, trasplantar.
Transport, transferimiento, traspasso, traslacion.
Transporter, trasportar, mudar, transferir, traspassar, trasladar.
Transporté hors de soy, embelesado, embeuecido, trasportado.
Transposer, trasponer.
Transposition, traspuesta, trasposicion.
Trappe, gros, gruesso, rehecho.

P

Trape, trampa.
Traquenard, cauallo troton.
Traques du moulin, trapala, taranilla.
Trauail, Labor, Obra, trabajo.
Trauail, desassossiego, cansacio, trabajo, dolor, afan, acossamiento, fatiga, pena.
Trauaillé, trabajado, cansado, acossado, fatigado, penado.
Trauail à cheuaux, potro de caualinos.
Trauailler, tener cuydado, trabajar, acossar fatigar penar.
Trauailleur, trabajador.
Trauasson, trauazon.
Trauer, trauar.
Trauee, traua.
Trauers, los lados, traues, trauiesso, trisgo, torcedad.
A trauers, al traste, a traues.
Trauerse, trauiessa, atrauessamiento.
Trauersé, atrauesado.
Trauerser, trauessar, atrauessar, atrauessar.
Trauersin, Cabeçal, Almohada.
Trebuchement, estropieço.
Trebucher, estropeçar, tropeçar, trompicar, trebucar.
Trebuches à peser, peso, pesillo, valanzas.
Trebuches à oiseaux, hornaços, arañuelos.
Tref, pauillon, tienda, pauellon.
Trefle, trebol, alfalfa, mielga.
Treille, carro de viña, parra.

Treillis, rejas, rexa, rejal, verjas, rexado.
Treillisse, enrexado.
Treilisser, rexar, enrexar.
Tremblant, tremulante, temblante, temblador.
Tremblement, temblor, temblamiento.
Trembler, tiritar, temblar, aterecer, estremecer, retemblar.
Tremeser, temor, temblor, grima.
Tremousser, menear, sacudir, arlear.
Trempe, trempement, remojo.
Trempe, temple, templadura.
Trempé, bañado, empapado, mojado.
Tremper, empapar, bañar, remojar.
Tremperer, templar.
Tremue du moulin, tolua.
Trenchant, cortador, agudo.
Le trenchant, corte, filo, afiladura.
Trenchoir, assiette, tajado, tajador, platillo.
Trente, treynta.
Trentiesme, trezeno, treyntañario.
Trepan, barrenilla.
Trepaner, barrenar, taladrar.
Treper, hollar, trepar, brincar, pisar.
Trepié, treudes.
Trepigner, dar brinquillos.
Tres, muy.
Tresor, tesoro.
Tresorier, tesorero, contador.

T R

Tresorerie, tesoreria.
Tresoriser, tesorizar.
Tresse, trença, trençadura.
Tresse de cheual, crineja.
Tresser, trençar.
Treues, tregua.
Faire treues, atreguar.
Treze, treze.
Treziesme, trezeno.
Triangle, triangulo.
Triangulaire, triangolar.
Tribulation, tribulacion.
Tribun, tribuno.
Tribunal, Tribune, tribunal, tribuna.
Tribut, coto, pecho, paria, tributo.
Tributaire, tributario.
Payer tribut, pechar.
Tricher, engañar.
Tricherie, Barratija, engaño, tiro.
Tricheur, Embustero, Embustidor.
Trident, tridente.
Trier, triar, escoger.
Trinquet, trinquete, boneta de la naue.
Triomfe, trunfo, triunfo.
Triomfant, triunfante, trunfante.
Triomfal, triumfal.
Triumfamment, Triunfadamente.
Triompher, Trunfar, Triunfar.
Tripe, tripa.
Tripier, Tripero, grossurero, mondonguero.
Triperie, triperia.
Triple, tresdoblo.

T R

Triplement, tresdobladura, triplicacion.
Tripler, tresdoblar, triplicar.
Tripoly, esmeril.
Tripot, juego de pelota.
Triquehouse, polayna, abarca, calça.
Triquenique, baya, necedad.
Triste, triste, entristecido, mustio.
Tristement, mustiamente.
Tristesse, Entristecimiento, tristeza, tristura.
Troc, trucco, trueque.
Trochisque, Panezillo, pastilla trochisco.
Troesne, Alheña, alfeña.
Trofee, tropheo.
Trois, tres.
Trois cent, trezientos.
Troisiesme, tercero.
Trompe, Trompette, trompeta, trompa, bocina.
Tromper, Defraudar, engañar, cantusar, embustir, marañar, trampear.
Tromperie, Barateria, trampantojo, guadramaña, defraudacion, doblez, engaño, harana, maraña, trampa, triça, embuste.
Trompeur, embaydor, engañador, engañoso, haranero, marañoso, embustero, embustidor, tramposo, baraton, marañador, trafagon, trampeador, trampista, trampon.
Trompette, Trompeteur, trompetero.

P ij

Trompeusement, Engañosamente.
Tronc, tronco.
Tronçon, troço, tronchon.
Tronçonner, tronçonar.
Tronqué, mocho.
Tronquer, cortar, mochar, truncar, destroncar.
Trone, trono.
Trop, demasiadamente, demasiado, muy mucho, demasia.
Troquer, trocar, baratar.
Trot, trote.
Troter, trotar.
Trotier, troton, trotador, andariego.
Trou, horado, agujero, barreno.
Trou du cul, Saluonor, Siesso.
Troüé, horadado.
Troüer, agujerear, horadar, agujerar, barrenar.
Trouble, *troublement*, alboroto, tumulto, turbamiento, turbacion, empacho, alteracion, bullicio, enturbiadura, perturbacion, turbulencia, trabucamiento, desassossiego, alteramiento.
Troublé, alterado, alborotado, bollicioso.
Trouble, Turbio, Rebuelto.
Troubler, alborotar, alterar, reboluer, desassossegar, bulliciar, conturbar, enturbiar, trabucar.
Troupeau de bestes, manada, rebaño, recua, cobre, grey, mesnada, piara, hato.
Mener troupeaux, rebañar.

Meneur de troupeaux, mesnadero.
Troupe, quadrilla, tropel, tropa, manada, trulla.
Trousse, carcax, aljaua.
Trousse, *tromperie*, Guadramaña.
Troussé, regaçado, arremangado.
Trousser, regaçar, arremangar, arregaçar.
Troussis de robe, alhorça.
Troussure, arregaçamiento, arremangadura, arremango.
Trouué, hallado.
Trouuage, hallazgo.
Trouuer, hallar.
Truage, pecho, peazgo.
Truan, truhan, picaro.
Truander, truhanear, picarear.
Truandise, truhania, picardia, huhaneria.
Truchement, faraute, trujaman, lengua, interprete.
Truelle, plana de albañir.
Truffes, fruict, Criadillas, turmas de tierra.
Truite, Trucha, Salmonete.
Truye, Puerca, Lechona, Cochina.

T V

Tuberosité, tolondron.
Tuer, matar, amatar.
Tuerie, Estrago, Matança, Mortezino.

T V

tué Matado, muerto.
tuerie de boucher Matadero.
tueur Omiziano, matador.
tuf Toua.
tuile teja, tejado.
tuilerie tejar.
tuilier tejero.
tumeur Chichon, hinchazon.
tumide Hinchado.
tumulte Rebato, rebate, alboroto, barahunda, ruydo.
tumultuer Alborotar.
tumultueux Alborotador, reboltoso.
tumultueusement Alborotadamente.
tunique tunica.
tuquet ou motte de terre Relex, terron.
turban turbante.
turbit turbit.
turbot Rodauallo.
turbulamment turbadamente.
turbulent Alborotador, bulliciador, turbador.
turc turco.
turquesque, turquesco.
turquin turquesado, azul.
turquoise turquesa.
Arc Turquois Arco turques.
tutelle tutela.
tuteur tutor.
tuyau Atanor, caño, cubo, açacay, arcaduz, arcaduco.

T Y

Tyran Tyrano.

T Y

tyrannie tyrania.
tyrannique tyranico.
tyranniquement tyranicamente.
tyranniser tyranizar.
tyrse tyrso.

V A

VA, imperatif, Ve, anda, vete.
va tierce personne Va.
vacance Vacancia, vacacion.
vacant Vaco, vacante.
vacarme Estruendo.
vacation Vacacion.
vache Vaca.
vache chaude Vaca torionda.
vache à tonneler Boezuelo.
Petite vache Vaqueta, vaquilla.
troupeau de vaches Vacada.
vacher Vaquero.
vacherie Establo de vacas.
vaciet jacinto.
vacilement Vacilacion.
vaciler titubear, vacilar, bacilar.
vacuer Vaziar.
vacuité Vaziedad, Euacuacion.
vagabond Baltrueto, vagamundo, foragido, erradizo, rompepoyos, holgazan, haragan.
vagabonder Vagamundear, errar.
vague Vaco, vago.
vague Onda, ola.
vaguer Errar, vaguear.
vaillance Valia, valor, esfuer-

VA

ço, valentia.

vaillamment Esforçadamente, hazañosamente, valerosamente, valientemente.

vaillant Bravo, valiente, valenton, valeroso, esforçado.

vain vano, vaneador.

Estre vain vanear.

vaincre vencer.

vaincu Rendido, vencido.

vainement vanamente.

vaineté vanidad.

vainqueur vencedor.

vaisseau vasija, vaso, tonel, vasilla, tinaja, bote, bota.

vaisselle vaxilla, vasija.

vaisselle d'argent Baxilla.

val valle.

val Abaxo.

valable valedero.

valet Moço, criado.

valet de chambre Camarero, ayudante de camara.

valet pour tenir le miroir Atrilejo.

valeur Quilate, valor, valia, hazaña.

valeureux valeroso, hazañoso.

valider validar, retificar.

valise valija, alforja, maleta.

vallee, vallon valle, vallejo.

valable valedero.

valletsille Canalla, vellacos.

valoir valer.

valuer Quilatar, aualorar.

van vieldo.

vanner Ahechar, çarandear, despajar.

vanneur çarandero.

vanité vaneamiento, vento-

VA

leria, vanidad, desuanecimiento.

vanter vanagloriar, alabar, jactar, blasonar.

vanterie vanagloria, jactancia, blason.

vanteur Alabancioso, jactancioso, vanaglorioso, halaraquiento.

vanteusement vanagloriosamente.

vapeur Baho, vapor.

vaporer vaporar, abahar.

vaporeux vaporoso.

vaquer vacar.

vaquer, auoir loisir vagar.

variable variable, vario, mudable.

varier variar, desatinar.

varieté variedad.

variet Moço, criado.

vase vaso.

vassal vassallo.

vasselage vasselaje.

vaticination Aguero, vaticinio, profecia.

vaticiner Agorar, vaticinar, profetizar.

vaticinateur Agorero, vaticinador, profeta.

vauderoute Putalpostre.

vaudeuille, chanson villancico.

vaulneant Perdido, vellaco.

vaultour Bueytre.

VE

Veau Vtrero, bezerro, ternero.

veautrement Buelco, rebolca-

dura, atolladura.
veautrer Rebolcar, atollar.
veautrour Lamedal, rebolcadero.
vehemence Hemencia.
vehement vehemente, impetuoso.
vehementement vehementemente.
veillant velador, vigilante, cuydadoso.
veille vela, vigilia.
veillee velada, trasnochada.
veiller vigilar, desuelar, velar, trasnochar.
veine vena.
veines d'or ou d'argent venero, almaden.
veine de metal Minero, vena.
veinu venoso.
veloux Terciopelo.
velu velludo, vedijoso, velloso, vedijudo.
venaison venados.
vendable vendible, vededero.
vendange vendimia.
vendanger vendimiar.
vendangeur vendimiador.
vendeur vendedor.
vendition, vente vendicion, venta.
vendre vender.
vendredy viernes.
venefice veneficio.
vener Caçar.
venerable Honrrado, venerable.
venerablemēt Honrradamente, acatadamente.
vengeance vengança.
venger vengar.

vengeur vengador.
venim Ponçoña, veneno, tossigo, yerua.
venimeux Ponçoñoso, enconoso, venenoso.
venir venir, llegar.
venue venida, llegada.
vent viento, ayre.
vent d'Orient Leuante, solano.
vent d'Occident Poniente.
vent de midy vendaual.
vent de Septentrion Norte, cierço, regañon.
vent de Su Sur.
vent de Suest Lebeche.
vent nordest Greco.
vent Nordouest Maestral.
vent de mer Siroco.
vent d'aual Gallego.
vent Suuest Abrego.
vent rude Zarzagañilo, regañon.
vent doux Oreo.
vent contraire Picuiento.
Au dessous du vent Sotauiento.
ventelet Ayrezillo, ventecico.
venter ventar, auentar, auieldar, ventilar.
ventose ventosa.
ventre Barriga, vientre, pança.
Petit ventre Barriguela, barriguita.
ventre en bas De bruças, debuças.
ventree Preñez.
ventru Barrigudo, ventrudo, pançudo.

P iiij

veneries Venereo, sensual.
voir Veer, mirar, catar, echar de ver.
ver Verine, gusano, lombriz, gasarapa.
verluisant Luciernaga.
verd verde.
verdastre verdescuro.
verd de gris Caparrosa.
verd gay verde claro.
verdeur, verdure verdura, verdor.
verdier Saltero, guardabosque.
verdier oyseau verderon.
verdir Enuerdecer, verdecer.
verdoyant verdeciente.
verdoyer verdeguear, verdecer.
verdurier verdolero, bercero.
vereux Gusaniento, cocoso.
verge Palo, verga, açote, vara, verduga.
vergettes Sedadera, limpiadera, escobilla.
vergier vergel.
verglas Carambano.
vergongne verguença, denuesto.
vergongneux vergonçoso.
verification Aueriguacion, verificacion.
verifié Aueriguado.
verifier verificar, aueriguar.
verisimilitude verisimilitud.
veritable verdadero, acertado.
veritablement verdaderamente, acertadamente, de veras.
verité verdad.

verjus Agraz.
vermeil Ruuio, bermejo.
vermeillet Bermejuelo.
vermellon vermellon.
vermine Gusanos.
vermisseau Gusanito, gusanillo, gusarapillo.
vermoulir Gusanear, podrecer, carcomer.
vermoulu Carcomido, gusaniento, bromado.
vermoulure Carcoma, podricion.
vernis Barniz.
vernissement Embarnizadura, embarnizamiento.
vernisser vidriar, embarnizar.
verole Buuas, viruelas, bubas, buas.
verolé Buboso.
verrat Berraco.
verre vidro.
De verre vidrioso.
verrerie vidreria.
verriere vidrera.
verrier vidrero.
verrouil Pestillo, aldaua, cerrojo.
verrüe Berruga.
Plein de verrues verrugoso.
vers Para, hazia.
vers verso.
versé Echado, vertido, derramado.
versement vertimiento, derramamiento.
verser Echar, vaziar, derramar, verter, enderramar.
verser par dessus Reçumar, rebossar, trassalir.
versificateur Trobador, com-

ponedor, poeta.
versification troba, poesia.
versifier trobar, componer.
vertebre Hueco de los huessos, chueca.
vertu virtud.
vertueux virtuoso.
vertueusement virtuosamente.
vertugadin verdugado.
veruene verbena.
vesce Arueja.
Lieu à vesce Aruejal.
vesce chienne Perra.
vesce putain Ramera, puta.
vespre tarde.
vespres visperas.
vesser Peer, zullonear.
vesseur Pedorro.
vessie vegiga, ampolla.
Plein de vessies Ampolloso, vegigoso.
Faire des vessies Ampollar.
vestige Rastro, pisada.
vestement veste, vestido, vestidura, habito, vestimiento.
vestiaire vestiario.
vestir vestir, arropar.
vestu Arropado, vestido.
Mal vestu Maltrapillo.
vesture vestidura.
veu voto.
veu visto.
veuque Puesto que, visto que.
veue vista.
veuf Biudo.
veufuage Biudez.
veufue Biuda.
Estre veuf Embiudar.

vexation vexacion.
vexé vexado, aflijido.
vexer vexar, afligir.

V I

Visaire Rostro, cara.
viande Manjar, comida, viuienda, vianda.
viandes froides Friãbera, fiambre.
viander Apascentar, repastar.
viandis Pasto, pienso.
vicaire vicario.
vice vicio.
vicier viciar.
vicieusemens viciosamente.
vicieux vicioso.
viceroy virey.
vicissitude Mudança, alternacion.
victoire vencimiento, victoria.
victorieux victorioso.
victuaille vitualla, bastimento.
viduité Biudez.
vie vida.
vieil, vieillart Antiguo, cano, anejo, viejo, anciano, canoso, encanecido.
vieillesse Antiguor, vejez, anciania, canez, encanecimiento, vejedad, senctud.
vieillir Encanecer, enuejecer, añejar, anejar.
vieillot viegezito, vegezuelo.
viellement Ancianamente, antiguamente.

Vierge Virgen, donzella.
Vif Biuo, despierto.
Vigilance Vigilancia.
Vigilant Cuydadoso, vigilante, alerta.
Vigile Vigilia.
Vigne Viña, vid, parra.
Vigne nouuelle Majuelo.
Vigneron Viñadero, vinatero.
Vignoble Vidado, vidueño, viñedo.
Vigueur Vigor.
Vigoureux Vigoroso.
Vigoureusement Vigorosamente.
Vil Suez, soez, baxo, barato, valadi.
Estre vil Vilecer.
Vilain Suzio, apocado, pelon, vellaco, torpe, villano.
Vilainement Suziamente, torpemente.
Vilenaille Picaresca.
Vilenie Torpeza, suziedad, baxeza.
Vileté Vileza, auilanteza.
Vilipender Despreciar.
Village Pueblezuelo, aldea, aduar, villa, villar.
Villageois Aldeano, labrador, villano.
Ville Ciudad, lugar, villa.
Villette Villeta.
Vin Vino.
Vin de valets Aguapie, delgado.
Vin clairet Aloque.
Vinaigre Vinagre.
Vinaigrette Vinagrera.
Vindicatif Vengatiuo.

Vindicte Vengança, vindicta.
Vineux Vinoso.
Vingt Veynte.
Vingtiesme Veynteno.
Violable Violable.
Violence Violencia, arrebatimiento, arrebatada, impetu.
Violemment Violentemente, forçosamente, arrebatadamente, arrojadamente.
Violent Arrebatador, violento, forçoso, impetuoso, violento.
Violateur, violeur Violador.
Violer Violar, forçar.
Violer vne fille Violar, desuirgar, corromper.
Violement Violacion.
Violenter violentar, forçar, arrebatar.
Violet Violado morado.
Violette Violeta.
Violier Cama de violetas.
Viole, violon Vihuela, rabel, violon.
Petit violon Rabelejo.
Vipere biuora.
Vipereau biuorezno.
Vire, trait Vira, virote.
Virement buelta.
Virer boltear, arremolinar.
Virginal Virginal.
Virginité Virginidad, virgo.
Viril Varonil.
Virilement Varonilmente.
Virole Sortijuela de hierro.
Vis Caracol.
Vis à vis Enfrente, defrente.
Visage Rostro, cara, haz.
Visconte Vizconde.
Visconté Vizcondado

V I

Viscontesse Vizcondesa
Viscosite Viscosidad, pegajez.
Visqueux Viscoso, pegajoso.
Visee Assestadura.
En visant Assestadamente.
Viser encarar, assestar, apuntar.
Visible Visible.
Visiere Visera, bauera
Vision Vision.
Visitation, visite Requesta, visitacion, visita, cala.
Visiter Calar, visitar, requerir.
Visiteur Visitador, requiridor.
Viste Arrebatado, veloz, pressuroso
Viste, vistement Velozmente, aquexadamente, luego, presto, subito, arrebatadamente, aceleradamente.
Vistesse Presteza, celeridad, velocidad, aceleramiento
Vital Vital.
Vitre Vidriera, vidriera.
Vitrier Vidrero, vidriero.
Vitriol Carde, coparrosa, vidriol.
Vituperable Vituperable.
Vituperer Vituperar
Vitupere Vituperio.
Vivacité Sagacidad, viueza, viuacidad.
Vivement Biuamente
Vivier biuar, estanque.
Vivre biuir.
Vivres Manjar, bastimiento, biuienda, mantenimiento.
Vive, poisson Araña.
Viuandier Viuandero

V L
V L

Vlceration Enconadura, enconamiento.
Vlcere Vlceracion, vlcera, diuiesso, apostema.
Vicere Afistolado, enconado, vlcerado
Vlcerer Enconar, vlcerar, afistolar.

V N

Vn Vn, vno.
Vn à chacun Sendos.
Vnguent Vnguento
Vniforme Vniforme, conforme.
Vnique Vnico, vnigenito.
Vny ygual, llano, liso, vnido.
Vniment Vnidamente, llanamente.
Vnion Vnion.
Vnir, polir Alisar, allanar, acepillar.
Vnir, ioindre Vñir, vnir, vnzir.
Vnité Vnidad.
Vniuers Vniuerso.
Vniuersalité Vniuersalidad.
Vniuersel Vniuersal
Vniuersellement, Vniuersalmente.
Vniuersité Vniuersidad

V O

Vocable Vocablo.
Vocabulaire Vocabulario

VO

Voyele Vocal.
Vocatif Vocatiuo.
Vœu Voto.
Vogue Boga.
Voguer bogar, prohejar, remar.
Voyageur Andante, caminante, viandante.
Voyage Viaje, viandança, camino.
Voyager Andar, caminar, peregrinar.
Voyant Veyente.
Voye Via, senda, camino, vereda.
Voicy He aqui, ve aqui.
Voila He aqui, he alla, ve aqui, ve alla.
Voile, couuerture Velo, cortina.
Voile de femme Manto, antifaz, toca.
Voile de nauire Vela
Aparel de voiles Velame
Voiler Velar, cubrir.
Voire Si, por cierto, realmente.
Voirre Vassura.
Voisin Cercano, lindero, vezino, comarca, comarcano.
Voisinage Cercanidad, vezindad, comarca.
Voiture Porte.
Voiturer Traginar.
Voiturier Carretero, portador, traginero.
Voix Voz, boz.
Volaille Cosa volatil.
Volage Ligero, volaje.
Vol, Volee Bolo, buelo, voleo.
Vol, larcin robo, hurto.

VO

Volatil Volatil.
Voler bolar.
Voler, desrober Saltear, robar.
Voleter Alear, bolatear.
A la volee Al desgayre
Voleur Volador, boladero.
Voleur, larron Salteador.
Volte buelta, volta.
Voltigement bolteadura.
Voltiger boltear
Voltigeur bolteador, boltario.
Volontaire Voluntario, voluntarioso.
Volontairement Voluntariosamente, voluntariamente.
Volonté Gana, voluntad.
Volontiers De gana, de buena gana, de grado.
Volume baluma, volumen.
Volupté Deleyte, voluptad.
Voluptueux voluptuoso, vicioso, deleytoso
Voluptueusement Voluptuosamente, viciosamente
Vomissement bossada, bossadura, bossadina, rebosadura, vomito
Vomir bossar, trocar, vomitar, rebossar
Vomitif Vomitoso, vomitorio.
Vostre Vuestro.
Vouant Votante, votador.
Voué Votado, votiuo.
Vouer Votar.
Vouloir querer.
Le vouloir querer, voluntad.
Voulté boueda, arco
Voulté Tumbado, aboueda-do.

V O

Voulter Tumbar, abouedar.
Voulture boueda.
Vous Vos, vosotros
Voyer Fiel, medidor de caminos

V R

Vray Verdadero, cierto.
Vrayement Verdaderamente.
Vray semblable Verisimil.
Vrgent Vrgente, importante.
Vrgemment Importantemente.
Vrine orina.
Vrinal Potro, orinal.
Vrne Vrna, odre.

V S

Vsage, vsance Vso, vsado, vsança costumbre.
Vsé Vsado, vsitado, traqueado.
Vser Vsar, vsitar, traquear.
Vsuel Vsual.
Vsufrutier Vsufrutuario.
Vsuraire Vsurario, logrero.
Vsure Vsura, logro
Vsurier Logrero, vsureto.
Vsurpation Vsurpacion.
Vsurpateur Vsurpador
Vsurper Vsurpar.

V T

Vtensiles Axuar, alhajas.
Vtile Vtil, necessario.
Vtilement Vtilmente.
Vtilité Vtilidad.

V V

V V

Vueil, volonté querencia.
Vuyde Vazio.
Vuydement Vaziamiento.
Vuydé Escombrado, vaziado.
Vuyder Vaziar, sacar, escombrar, sanguazar.
Vuydange Vaziedad, vaziadura, escombro
Vulgaire Vulgo, plebe, comun.
Vulgaire Romance, vulgar.
Vulgairement Vulgarmente.

V Z

VZ, vsage Vso, franqueza, fuero, costumbre.

Y A

yacinthe yacinto.

Y E

yeux Ojos.
yeux verds Ojos garços, yzarcos.
yeux ouuerts Ojos rasgados.
yuer Inuierno.
yuerner Inuernar.
yuoire Marfil.
yuraye yojo, joyo, vallico.
yure, yurongne Borracho, beodo, embriago, borrachonazo.
Petit yurongne borrachuelo.
yurongner Emborrachar, borrachear, embeodar, embriagar, brindar.

Z

yurongnerie Embeodez, beodez, borrachez, embriaguez, borracheria, borracheamiento.

ZA

Zagaye, arme moresque, azagaya.

ZE

Zele zelo.
Zelateur zelador.
Zeler zelar.
Zero zero.
Zizanie Cizaña.
Zodiaque zodiaco.
Zoile zoilo, murmurador.
Zone zona.
Zone, ceinture Petrina.

FIN.

Mucho sabe la Zorra
mas sabe el que la toma ./.

www.ingramcontent.com/pod-product-compliance
Lightning Source LLC
Chambersburg PA
CBHW070407230426
43665CB00012B/1277